Unser Tun und Lassen

Unser Tun und Lassen

Leitfaden evangelischer Ethik

von Friedrich Thiele

Christliche Verlagsanstalt Konstanz

Bibel · Kirche · Gemeinde, Band 15

Die Abbildung auf dem Umschlag zeigt eine verkleinerte Seite des Kommentars zu den Paulusbriefen von Florus, Corbie, Nordfrankreich; 1163–1164.

CIP-Kurztitelaufnahme der Deutschen Bibliothek

Thiele, Friedrich:

Unser Tun und Lassen
Leitf. evang. Ethik / von Friedrich Thiele. –
1. Taschenbuch-Orig.ausg. – Konstanz: Christliche Verlagsanstalt, 1984.
(Bibel, Kirche, Gemeinde; Bd. 15)
ISBN 3-7673-7615-6
NE: GT

1. Taschenbuch-Originalausgabe 1984

Umschlagbild: Bibliothèque nationale, Paris
Satz: MZ-Verlagsdruckerei, Memmingen
Druck und Bindearbeiten: Mohndruck, Gütersloh
Printed in Germany
ISBN 3-7673-7615-6

Inhaltsübersicht

Vorwort 15

1. Gegenstand und Bedeutung von Ethik 17

1.1 Was ist Ethik? 17
1.1.1 Ursprung und Begriff 17
1.1.2 Moral 17
1.1.3 Reichweite 18
1.1.4 Aufgabe 19

1.2 Systeme der Ethik 19
1.2.1 Buddhistische Ethik 20
1.2.2 Chinesisch-japanische Ethik 20
1.2.3 Hinduistische Ethik 21
1.2.4 Islamische Ethik 21
1.2.5 Marxistische Ethik 22
1.2.6 Philosophische Ethik 24
1.2.7 Jüdische Ethik 25
1.2.8 Vier ethische ‚Dysangelisten' 26

1.3 Typen der Ethik 28
1.3.1 Individualethik 28
1.3.2 Personalethik 28
1.3.3 Sozialethik 28
1.3.4 Empirische Ethik 29
1.3.5 Positivistische Ethik 29
1.3.6 Kasuistische Ethik 30
1.3.7 Normative Ethik 30
1.3.8 Heteronome Ethik 30
1.3.9 Naturrechts-Ethik 31
1.3.10 Situations-Ethik 31
1.3.11 Kontextethik 31
1.3.12 Evolutionistische Ethik 32
1.3.13 Eudämonismus 32
1.3.14 Utilitarismus 33
1.3.15 Hedonismus 34

1.3.16 Gesinnungsethik 35
1.3.17 Pflichtethik 35
1.3.18 Wertethik 36
1.3.19 Meta-Ethik 37

1.4 Christliche Ethik 37
1.4.1 Zur Geschichte und Gegenwart 37
1.4.2 Methoden und Gliederungen 38
1.4.3 Vom Evangelium bestimmte Ethik 42
1.5 Tun und Lassen 44

2. Grundlegung christlicher Ethik 48

2.1 Das Menschenbild 48
2.1.1 Selbständigkeit und Verantwortlichkeit . . 49
2.1.2 Sündersein und Schuldfähigkeit 50
2.1.3 Staub und doch ewiges Leben 52
2.1.4 Weiß, was gut und böse ist 53

2.2 Rechtfertigung und Heiligung 54

2.3 Nachfolge und Opfer 57
2.3.1 Nachfolge 57
2.3.2 Opfer 59
2.3.3 Opfer und Nachfolge 61

2.4 Leiden und Freiheit 61
2.4.1 Leiden 61
2.4.2 Freiheit 64

2.5 Von der Dankbarkeit (u. Erstes Gebot) 67

3. Das Gebotene 70

3.1 Das Gebot und die Gebote 70
3.1.1 Gesetz 70
3.1.2 Dekalog 72

3.2 Evangelium und Gesetz 75
3.2.1 Dreifacher Brauch des Gesetzes 75
3.2.2 Gesetz und Evangelium 77
3.2.3 Bergpredigt und Paränesen 79

3.3 Norm und Normen 82

3.4 Die Goldene Regel 86

3.5 Naturrecht 88

3.6 Das Gewissen 90
3.6.1 Ermahner und Ankläger 90
3.6.2 Verdammendes und vergebendes Urteil . . 92
3.6.3 Funktionen und Strukturen 93

3.7 Doppelgebot der Liebe 97
3.7.1 Vierfache Qualifizierung 97
3.7.2 Gesetz Christi durch sieben Merkmale . . 98
3.7.3 Feindesliebe 99
3.7.4 Zusammengehörigkeit der Liebe zu Gott und zum Nächsten 100
3.7.5 Verschiedene Begriffe für Liebe 101
3.7.6 Den Nächsten lieben ‚wie dich selbst' . . . 102

3.8 Reich Gottes und Welt 103

3.9 Unterwegs zum Ziel 106

4. Gesinnung und Gefühle 109

4.1 Sinnquelle und Sinnfrage (u. Zweites Gebot) . . . 112

4.2 Sittliches Handeln 116

4.3 Urteilen und Vorurteile 117

4.4 Möglichkeits-Spielraum und Entscheidungsfindung 121
4.4.1 Möglichkeiten und Entscheidungen 121
4.4.2 Adiaphora 122
4.4.3 Pflichtenkollision 124
4.4.4 Konflikte 125
4.4.5 Kompromisse 126
4.4.6 Toleranz 127
4.4.7 Verantwortung 128

4.5 Gedanken und Vernunft (u. Drittes Gebot) 129

4.6 Glück, Sorge, Angst 134

4.7 Askese 136
4.7.1 Ihre Rolle 136

4.7.2 Biblischer Befund 137
4.7.3 Irrwege und Fehlformen 138
4.7.4 Hauptmerkmale 138
4.7.5 Abstinenzen und Enthaltungen 139
4.7.6 Aktive Entfaltungen 140

4.8 Gute Werke 142
4.8.1 Früchte des Geistes 142
4.8.2 Syllogismus practicus 143

4.9 Zeit 144
4.9.1 Zeitbegriffe 144
4.9.2 Uhr und Kalender 145
4.9.3 Ewigkeit 147
4.9.4 Viertes Gebot 147

4.10 Tugend und Laster 149
4.10.1 Tugend allgemein 149
4.10.2 Tugend im Neuen Testament 150
4.10.3 Einige Tugenden und Laster (u. Zehntes Gebot) 151

5. Gemeinschaft und Gruppe 159

5.1 Nächster und Mitmensch 160

5.2 Der Mensch als Triebwesen 162

5.3 Die Scham 164
5.3.1 Bekleidung 164
5.3.2 Erröten 167
5.3.3 Taktgefühl und Höflichkeit 167

5.4 Die Geschlechter 168
5.4.1 Emanzipationsbewegungen 169
5.4.2 Sexualität 171
5.4.3 Prostitution und Promiskuität 173
5.4.4 Homosexualität 175
5.4.5 Transsexualität 177
5.4.6 Siebtes Gebot 177

5.5 Ehe und Familie 180
5.5.1 Ehe 180

5.5.2 Ehescheidung 184
5.5.3 Ehebeginn 186
5.5.4 Ehebruch 187
5.5.5 Ehelosigkeit 188
5.5.6 Familie (u. Fünftes Gebot) 188
5.5.7 Hausgemeinde 191
5.5.8 Familienplanung 191
5.5.9 Gefährdungen der Familie 193
5.5.10 Hausgemeinde und Taufe 194

5.6 Erziehung 195

5.7 Gesundheit und Krankheit 198
5.7.1 Gesundheit 198
5.7.2 Krankenbehandlung 200
5.7.3 Grenzen zwischen Gesundheit und Krankheit 202

5.8 Genetik 203

5.9 Grenzfälle 205
5.9.1 Behinderte, Gefährdete, Flüchtlinge, Süchtige 206
5.9.2 Sterben, Tod und Selbstmord 208
5.9.3 Sechstes Gebot 212

6. Gesellschaft 214

6.1 Grundwerte 215

6.2 Menschenrechte 217

6.3 Gewalt und Revolution 220
6.3.1 Gewalt 220
6.3.2 Revolution 222

6.4 Besitz und Eigentum 226
6.4.1 Eigentum 226
6.4.2 Besitz 227
6.4.3 Begrenzung der Verfügungsgewalt 228
6.4.4 Achtes Gebot 230

6.5 Arbeit und Beruf 232

6.5.1 Allgemeine Bestimmung von Arbeit . . . 233
6.5.2 Zur Arbeit beauftragt 234
6.5.3 Arbeitsformen und Arbeitsteilung 235
6.5.4 Beruf 237
6.5.5 Sinn der Arbeit 238
6.5.6 Recht auf Arbeit 239
6.5.7 Arbeitslosigkeit 240
6.5.8 Leistung und Wettbewerb 242
6.5.9 Mitbestimmung 243

6.6 Gerechtigkeit und Recht 244
6.6.1 Gottes Wille 244
6.6.2 Gerechtigkeit 245
6.6.3 Gültigkeit von Rechtssätzen 246
6.6.4 Staat als Hüter des Gesetzes 248
6.6.5 Rechtsbruch 249

6.7 Weltanschauungen 249

6.8 Verantwortliche Gesellschaft und Gemeinwohl . . 251

7. Gemeinwesen und Staatsethik 253

7.1 Staatsethik und Politik 253

7.2 Staatsformen 255
7.2.1 Haupteinteilung 256
7.2.2 Machtkontrolle und Gewaltenteilung . . . 257
7.2.3 Richtiger, legitimer Staat 261
7.2.4 Tatsächliches Weltregiment 262
7.2.5 Macht 264

7.3 Völkerrecht 265

7.4 Christsein und Staatsgewalt 266
7.4.1 Biblisches Zeugnis 267
7.4.2 Zwei-Reiche-Lehre und Königsherrschaft Christi 270
7.4.3 Widerstandsrecht und Widerstandspflicht . 273

7.5 Friede und seine Gefährdungen 276

7.6 Wohlfahrtsstaat und Lebensqualität 283
7.6.1 Wohlfahrtsstaat 283

7.6.2 Subsidiaritätsprinzip 286
7.6.3 Reiche und Arme in der Welt 288

8. Gemeinwirtschaft, Technik und Energie 292

8.1 Wirtschaft 293

8.2 Wirtschaftssysteme 296

8.3 Geld 299

8.4 Steuern 304

8.5 Technik 305
8.5.1 Mensch als technisches Wesen 305
8.5.2 Technokratie 307
8.5.3 Segen oder Fluch? 310

8.6 Energie 312
8.6.1 Bedarf an Energie 313
8.6.2 Energieversorgung 314

9. Natur 317

9.1 Naturverständnis 318
9.1.1 Wissenschaften und Schöpfungsglaube . . 318
9.1.2 Umgang mit der Natur 319

9.2 Naturschutz und Umweltschutz 321

9.3 Tier- und Pflanzenwelt 324
9.3.1 Evolution 325
9.3.2 Umgang mit der Tierwelt 327
9.3.3 Umgang mit der Pflanzenwelt 329

9.4 Ehrfurcht vor dem Leben 331

10. Kultur 333

10.1 Sprache 336
10.1.1 Macht des Wortes 336
10.1.2 Reden und Hören 337
10.1.3 Der Mensch ist Ant-Wort 338
10.1.4 Wahrhaftigkeit und Lüge 340
10.1.5 Neuntes Gebot 343

10.2 Leumund und Massenmedien 346

10.3 Wissenschaften 351
10.3.1 Grundsätzliches 351
10.3.2 Geschichtsbewußtsein 353
10.3.3 Tradition und Heimat 355
10.3.4 Phantasie 356

10.4 Kunst und Bildung 357
10.4.1 Kunstwerke 357
10.4.2 Schönheit und Ästhetik 359
10.4.3 Kosmetik 360
10.4.4 Bildung 361

10.5 Sitten und Stil 363
10.5.1 Sitten 363
10.5.2 Benehmen 363
10.5.3 Stil 364

10.6 Spiel und Sport 365

10.7 ‚M'-Kulturen 368
10.7.1 Muße 369
10.7.2 Musen (Tanzkunst, Schreiben und Lesen) . 369
10.7.3 Mathematik 371
10.7.4 Memory (Geschichte) und Museum 371
10.7.5 Memoria (Totengedenken) 372
10.7.6 Musik 373
10.7.7 Malerei 375
10.7.8 Mode 375
10.7.9 Maske und Mime 376
10.7.10 Match 377
10.7.11 Mäzenatentum 378
10.7.12 Moneten 378
10.7.13 Maturum 379
10.7.14 Milieu 379
10.7.15 Maßhalten 380
10.7.16 Mahl 380
10.7.17 Manieren 381
10.7.18 Medien 382
10.7.19 Mantik (Aberglaube) 382

10.7.20 Magnifikat (und Messe) 383

11. Gemeinde als Weggemeinschaft 385

11.1 Gemeinde-Ethik 385

11.2 Dreifaches Amt der Glieder Christi 388
11.2.1 Das prophetische Amt 388
11.2.2 Das priesterliche Amt 390
11.2.3 Das königliche Amt 391

11.3 Taufe und Abendmahl im ethischen Bezug 392
11.3.1 Taufe 392
11.3.2 Abendmahl 393
11.3.3 Das wandernde Gottesvolk 395

11.4 Frömmigkeit und Barmherzigkeit 396
11.4.1 Frömmigkeit 396
11.4.2 Barmherzigkeit 398

11.5 Diakonie im ethischen Bezug 399
11.5.1 Die Gemeindeordnung Jesu 400
11.5.2 Alles Tun der Gemeinde ist Diakonie . . . 400
11.5.3 Welche Menschen Hilfe nötig haben 401
11.5.4 Vielfalt diakonischen Wirkens 402

11.6 Heiliger Geist als Begleiter 404
11.6.1 Früchte des Geistes 404
11.6.2 Seligpreisungen 405

12. Gebot und Gebet 408

12.1 Dekalog und Vaterunser 409

12.2 Gebet als ‚Kompaß' 414
12.2.1 Immanuel 414
12.2.2 Kyrie eleison 415
12.2.3 Maranata 415
12.2.4 Hosanna 417
12.2.5 Halleluja 417

Begriffsregister 419

Bibelstellenregister 430

Vorwort

Ähnlich wie mein Leitfaden der Dogmatik „Biblische (Er)Kenntnis" (1978) ist die vorliegende Ethik für den gleichen Leserkreis gedacht: sogenannte Laien und Studierende, Ausbildungsstätten und Gesprächskreise. Deshalb wird sie ohne näheres Eingehen auf fachtheologische Begründungen vorgetragen. Anders ist es mit der durchgehenden Bezogenheit auf die Heilige Schrift als der entscheidenden Autorität, die Gottes Anrede an uns vergegenwärtigt und Wurzelgrund jeder christlichen Ethik ist.

Sie ist bemüht, ihr immer unübersichtlicher werdendes Feld zu umschreiten und damit einen einführenden Überblick des gesamten Gebietes zu verschaffen. Damit schließt sie im deutschen Sprachraum trotz der Fülle einschlägiger Literatur in der Gegenwart eine Lücke. Kenner der Theologiegeschichte wissen, daß solche Häufung mehr oder weniger ethisch ausgerichteten Schrifttums – statt einer hervorgehobenen Beachtung von Glaubensfragen – in fast jedem letzten Drittel der zurückliegenden Jahrhunderte auftrat.

Die Anregung zu diesem Buch ist von Herrn Verlagsleiter Herbert Denecke in Konstanz ausgegangen. Zu Beginn war nicht zu ahnen, welche Schwierigkeiten es bei der Arbeit daran – die neben dem Beruf in der Freizeit zu leisten war – zu überwinden galt, was aber auch eine Fülle an Anregungen brachte.

Im Unterschied zu einer Glaubenslehre ist verstärkt mit Kritik zu rechnen; denn auf diesem Gebiet meinen viele deshalb mitreden zu können, weil überwiegend Sachgebiete behandelt werden, auf denen jedermann ‚Erfahrung' hat oder zu haben wähnt. Ich wünsche mir unvoreingenommene Leser, die sich nicht nur ihr Spezialgebiet herauspicken und dadurch den Zusammenhang der Aussagen zur christlichen Ethik nicht erkennen, sondern die Anregungen geben und vor allem das Gespräch fortführen.

Ein paar einführende Hinweise seien angefügt:

– Der Leitfaden will einen Einstieg in die Probleme der Ethik geben und in gebotener Kürze Orientierungslinien ziehen. Für allzu Bequeme sei hinzugefügt, daß eine christliche Ethik kein Rezeptbuch ist, welches einfach vorkaut: Man nehme . . ., oder einem

Konto vergleichbar, von dem ‚religiös-ethische Werte' zum unmittelbaren Gebrauch abzubuchen wären.

- Die vorangestellte Inhaltsübersicht hat auch die Aufgabe, ethische Fragen in systematischem Zusammenhang aufzuweisen. Damit ist eine Hilfe zum erforderlichen Einordnen angeboten.
- Die häufigen Verweise auf Bibelworte, die zuweilen aus dem Zusammenhang genommen scheinen, laden zum Weiterforschen an der betreffenden Schriftstelle ein. Das ist etwas anderes als das eifrige Suchen nach der ‚passenden' Bibelstelle zu jeder Moralaussage.
- Aufmerksamen Lesern fällt schnell auf, daß die meisten Kapitel in der Überschrift die Vorsilbe ‚Ge-' führen. Das ist Absicht, denn in dieser Vorsilbe, die einen besonders weiten Wirkungskreis hat, sind die Grundbedeutungen der Vollständigkeit und Zusammengehörigkeit festgehalten. Damit sind bereits inhaltliche Aussagen zur Ethik gemacht.
- Manches ist rein darstellend geschrieben, anderes erscheint in einer Art Erbaulichkeitsstil. Das liegt im Wesen religiöser, zumal christlicher Aussagen, für die nicht durchgehend dieselbe Sprachebene möglich ist. So ist auch der Titel „Unser Tun und Lassen" mehr als nur eine Sachanzeige, er hat bereits den Charakter eines Appells.

Die vorliegende evangelische Ethik ist erwachsen aus vieljähriger theologischer Bemühung um die Früchte biblischer Exegese, aus ungezählten Kontakten im beruflichen und persönlichen Leben, auch im Moderamen des Reformierten Bundes, aus Vortragstätigkeit und nicht zuletzt aus über 28 Jahren des Arbeitens in der Diakonie der Kirche. Das letztere veranlaßt mich, dieses Buch als ein Zeichen dankbarer Verbundenheit mit den Mitarbeitern in meiner Dienststelle und im Landesverband des Diakonischen Werkes anzusehen.

Kassel, im Sommer 1984

Dr. Friedrich Thiele

1. Gegenstand und Bedeutung von Ethik

1.1. Was ist Ethik?

1.1.1 Allgemein bekannt ist die Vorstellung, Ethik habe etwas mit Sitte, vorschriftsmäßigem Handeln und Sollen zu tun. Schon der *Ursprung des Begriffes* deutet darauf hin; denn semantisch (nach der Wortbedeutung) führt er sich nach seiner griechischen Herkunft auf zwei Wörter zurück, die sich nur durch den Anfangsbuchstaben unterscheiden. Äthos (mit langem ȩ) bedeutet Gehäuse, Weidegemeinschaft, Stall und Wohnung. Ethos (mit kurzem e) meint Brauch, Sitte und Gewohnheit. Auch im Deutschen sind die Begriffe Wohnung und Gewohnheit verwandt. Schon Aristoteles, der die Ausdrücke im Zusammenhang mit der Einteilung seiner philosophischen Schriften einführte, nahm Bezug darauf und entwickelte sie weiter zur Einübung von Verhaltensweisen bis zur Gewohnheit. Ethik ist also sehr allgemein ausgedrückt das Nachdenken über richtiges, angemessenes und nützliches Verhalten untereinander. Ethik ist die Wissenschaft der menschlichen Lebensregeln und -führung. Sie formuliert Ziele und gleicht damit einem Wegweiser, der Zielrichtungen anzeigt.

1.1.2 Der Römer Seneca übersetzte das Wort Ethos ins Lateinische durch die Wahl des Wortes *Moral* (lat. mores = Sitten, Charakter). Im Laufe der Kulturgeschichte bekam Moral eine eigene Färbung neben der Ethik. Moral befaßte sich immer mehr mit Systemen von Grundsätzen im Verhalten der Menschen untereinander, somit in der Öffentlichkeit. Vom Negativen ‚Unmoral' her ist das deutlich erkennbar. Für evangelisches Nachdenken erfährt – im Unterschied zum römisch-katholischen Verständnis – der Ausdruck Moral eine Bedeutungseinengung und tritt oft hinter dem Wort Ethik zurück.
Trotz der nicht scharfen Abgrenzbarkeit gegeneinander sind die Ausdrücke *Ethik und Moral* nicht beliebig austauschbar. Unter Moral sind meist Systeme von Anweisungen des Handelns verstanden. Sie lassen sich zurückführen auf Normen und Prinzipien des Sollens und setzen eine Beziehung zum anderen hin voraus. Die industriellen Revolutionen haben dabei das Moral-Instrumentarium zu ändern begonnen.

Damit erweist sich Moral als „das Anschauungsmaterial, der Stoff der Ethik, die diese dann ... kritisch prüft: echte Sittlichkeit ist immer kritisch zu und mehr als Moral, da sie sich auf eigene Verantwortung besinnt. Moral ist ‚gesetzlich'; Ethos gründet auf Freiheit und Autonomie" (M. Honecker, Ev. Soziallexikon 1980, S. 924). Moral beschreibt und legt fest; sie kodifiziert, inventarisiert zuweilen, wozu Wertungen nötig sind. Paul L. Lehmann (Ethik als Antwort, 1966, S. 46) sagt, daß „die christliche Ethik nicht auf Moral, sondern auf Reife abzielt. Reife ist im menschlichen Leben die Frucht des christlichen Glaubens. Moral ist ein Nebenprodukt der Reife".

Über Moral, insbesondere moralisches und unmoralisches Verhalten, entwickelt jedermann seine Vorstellungen. Sie sind als selbstgesetzte Verhaltensregulierungen nicht selten unterschiedlich, weil manche sich ‚alter' Moral, andere sich einer ‚neuen' Moral, die etwa am Arbeitsplatz, in Steuerangelegenheiten oder in Sexualfragen großzügig ist, verpflichtet wissen. Diese wird dann gelebt und praktiziert, zumindest in der Öffentlichkeit; denn es ist wichtig, welches Bild man abgibt und was ‚die Leute' über einen denken und sagen. Damit taucht die *‚doppelte Moral'* auf, die in Situationen von Macht und Beherrschtsein auftritt und Gegenstand des Beurteilens in der Ethik wird. Aber privates und öffentliches Leben lassen sich nicht voneinander trennen. So bildet sich die Sitte (ein weiterer ethischer Fachausdruck), die sittliches Verhalten erwartet. Gute Sitte ist – wie jede Ethik – nie wert-neutral, sondern stets wert-voll.

1.1.3 Wir stehen vor der Frage nach den Aufgaben und der *Reichweite* der Ethik. Sie hat grundsätzlich dem nachzugehen, was das Zusammenleben auf Erden ermöglicht und fördert. Sie ist „Wirklichkeitswissenschaft im sozialen Handlungsfeld" (Christopher Frey in: Zeitschr. f. ev. Ethik, 1976, S. 15). Dabei sind mehrere Blickrichtungen zu beachten: die Menschen in ihrem Verhalten untereinander als einzelne oder in der Gesellschaft und unter den Völkern, in ihrem Verhalten zu Tier und Pflanze, überhaupt zur Umwelt. Schließlich geht es für die religiös bestimmte, also auch für die christliche Ethik, um das Verhältnis zu Gott und seinem Willen über Menschen, Welt und Zeit. Solche Ethik ist kultgemäßes Verhalten.

Der Horizont, innerhalb dessen sich ethisches Nachdenken bewegt, ist

sehr weit. Aus christlicher Sicht stellt die Barmer Theologische Erklärung von 1934 dazu in ihrer 2. These fest, es sei zu verwerfen „die falsche Lehre, als gäbe es Bereiche unseres Lebens, in denen wir nicht Jesus Christus, sondern anderen Herren zu eigen wären".
Aus der These folgern wir dreierlei: (1) Die Problemfelder der Ethik sind unbegrenzt und berühren die ganze Wirklichkeit in und um uns. Da wundert es nicht, wie komplex und problembeladen ethische Themen sind. (2) Ethische Aussagen sind so unabgeschlossen und offen wie es die Entwicklung allen Lebens auf Erden über die Zeiten hinweg ist. Das ergibt unter veränderten Gegebenheiten unterschiedliche Gewichtungen und Beurteilungen im einzelnen. (3) Menschliches Leben und Handeln ist indessen auf Gott hin ausgerichtet und von ihm her bestimmt. Deshalb hat christliche Ethik einen festen Grund und ein Ziel außerhalb vom Menschen, eine große Weite und eine besondere Freiheit. „Alles ist euer, ihr aber seid Christi" (1Kor 3,21ff).

1.1.4 Ethik hat die *Aufgabe*, die Voraussetzungen und Bedingungen des menschlichen Handelns in der geschichtlichen und natürlichen Welt zu untersuchen, zu erkennen und zu vermitteln. Während allgemein die philosophisch-weltanschaulich bestimmten Ethiken sich ihre Prinzipien selber schaffen, von denen her sie Handlungsanweisungen entwickeln, ist christliche Ethik gebunden an Gottes guten Willen gegenüber der Welt und uns Menschen, sie kommt aus der Bibelbotschaft her und spricht in die jeweilige Gegenwart und Situation hinein. Alle ausformulierten Ethiken sind grundsätzlich interessiert am Verstehen der Bereiche (Analyse), am Austausch mit anderen Traditionen (Kommunikation) und an hilfreichen, weiterführenden Handlungsanweisungen (Orientierung). Sie sind methodische Verfahren, die nachvollziehbar sind, um ethische Urteile zu gewinnen.
Auf die sich dabei ergebenden unterschiedlichen Systeme ist zunächst näher einzugehen.

1.2 Systeme der Ethik

Wo Menschen zusammenleben, gelten seit jeher Regeln und Verhaltensweisen, die wir ethisch einordnen. Immer gab es Denker, die gründlich, umfassend und systematisierend darüber nachdachten. In knappen Zügen seien einige außerchristliche Ethiken vorgestellt, und zwar nach Völkern und Religionen gegliedert.

1.2.1 *Buddhistische Ethik* ist vor allem ein zu begehender Weg zur Erleuchtung und vollständigen Befreiung von allen irdisch-menschlichen Fesseln, an denen wir vielfältig hängen. Der ‚achtfache Pfad' unterschiedlicher Rechtschaffenheit zu seinem letzten Ziel, dem Nirwana, lehrt die Aufhebung des Leidens und aller Leidenschaften. Für den Buddhisten ist Nirwana als das Nicht-Ich absolute Wonne und Heil in Gestalt völliger Abkehr von den Unbeständigkeiten in der Welt. Unterwegs zu diesem Ziel – das nach unserem Empfinden ein Nichts ist – wird die Welt nicht abgewiesen; sondern durch Befreiung vom selbstischen Ich mit seinem Wollen und Begehren kennt der Buddhist Mitleid und das Angebot einer Art Erziehung zu seinem Pfad. Praktisch gibt es fünf Grundverbote (nicht töten, nicht stehlen, nicht lügen, kein unerlaubter Geschlechtsverkehr und keine berauschenden Getränke), die für Mönche verschärft gelten, und einige Gebote, die den Frommen auf den Mitmenschen hin ausrichten. So kennt der Buddhismus auch die Goldene Regel (Handle gegenüber anderen so, wie du von ihnen behandelt zu werden wünschst) als Maßstab gegenseitigen Respektes.
Wir erkennen zwar einzelne Parallelen und Analogien zur christlichen Ethik; aber dem Buddhismus fehlt unser Subjekt-Objekt-Denken. Was wir unter Ethik verstehen, wird dort in einer Art Vorraum neben dem eigentlichen Weg zum Lebensziel belassen.

1.2.2 Die *chinesische und japanische Ethik*, soweit sie durch die buddhistische bestimmt ist, geht auf die Lehren des Taoismus und des Konfuzianismus zurück. Tao ist der vom Menschen verlangte Weg zur sittlichen Vervollkommnung mit dem Ziel der Übereinstimmung mit der Natur, die ihrerseits vollkommen ist. Dazu gehören Selbstaufgabe und Verzicht, die der Mensch einüben kann. Der Konfuzianismus will dasselbe Ziel nicht durch generelle Passivität erreichen, sondern durch aktives Wirken und weises, gerechtes Handeln. Gutes Beispiel und Kontrolle kann das angestrebte Glück für alle wenigstens annähernd erreichbar werden lassen. Im Schintoismus werden hervorgehoben die fünf Tugenden Tapferkeit, Treue, Loyalität (gegenüber Eltern, Obrigkeiten, was im weitesten Sinne ‚Liebe' ist), Höflichkeit und Einfachheit.

1.2.3 *Hinduistische Ethik* ist eine Lehre vom rechten Leben. Sie versteht sich als ewige Religion, die in den heiligen Schriften niedergelegt ist. Zu ihr gehören Kastenwesen (nicht veränderbares menschliches Stufenwesen vom Brahmanen bis hin zum Paria, damit verbunden Rechte und Pflichten; und aufgrund kosmischer sittlicher Vergeltungsgesetze wird alles eingeordnet), Seelenwanderung, weltabgewandte Versenkung mit Askese (eingeübt und praktiziert durch den Yoga) und Kataloge von allgemein menschlichen Pflichten wie Gerechtigkeit, Verzeihen, Abwesenheit von Ärger, Kontrolle der Sinne, Wahrhaftigkeit.

1.2.4 *Islamische Ethik* ist ein Bündel von Glaubens- und Rechtsvorschriften der Muslime, die ihre Gesetzesreligion in die Säkularisation (also in Staatsverfassungen) einbringen. Sie wird aus dem Koran abgeleitet, den Mohammed (gest. 632 n. Chr.) hinterließ. Die fünf Grundpflichten des Islam (das heißt wörtlich Vollkommenheit als Hingabe) sind: (1) Seinen Glauben öffentlich bekennen, (2) täglich fünfmaliges Gebet, (3) Almosen als Abgaben zur sozialen Fürsorge zugunsten von Glaubensgenossen und für den Kampf gegen die Ungläubigen (der Islam ist die einzige Hochreligion, die Haß und Feindestötung in seinen Pflichten verankert hat). Hinter dem Almosenwesen steckt der Gedanke, daß außer dem persönlichen Lebensbedarf alles Allah gehört. Darin erkennen heutige Muslime ein Drittes gegenüber Kapitalismus und Kommunismus, (4) Fastenvorschriften und (5) eine Pilgerfahrt zur heiligen Stadt Mekka. Neben diesen „fünf Säulen" werden aus dem Koran eine Fülle von Rechtsvorschriften abgeleitet, die das persönliche und soziale sowie vor allem das politische Leben betreffen. Streitfälle ethischer Angelegenheiten, die im Islam zugleich religiöse Angelegenheiten sind, schlichtet der Kadi, der nach Stufenfolgen ethischer Gewichtung urteilt (lobenswerte Pflichten, verdienstliche Werke, verwerfliche und verbotene Handlungen). Es geht nach dem Schema gut–böse, Recht–Unrecht, gottwohlgefällig–Sünde.

Zwar gibt es, mit unseren Begriffen ausgedrückt, unterschiedliche islamische ‚Konfessionen', die sich zum Teil bekämpfen, doch die Grundprinzipien gelten im gesamten Islam. Sie sollen von Angehörigen der Völker mit christlicher Tradition beim Kontakt mit Muslimen (unsere Bezeichnung ‚Mohammedaner' mögen sie nicht hören) gekannt und sorgfältig beachtet werden. Hingewiesen sei hier nur auf die Stellung der Frau im Islam. Nach islamischer Lehre hat die Frau keine Seele (!) und ist, als eine unter mehreren erlaubten Ehefrauen, stark abhängig vom Wollen ihres Mannes. Diese Tatsache wird von westlich geprägten Mädchen bei geplanter Heirat mit Moslems allzuoft mißachtet und später häufig bitter bereut. Zu beachten sind auch besondere, strenge Sitten in arabischen Ländern, die schon Touristen schnell zum Verhängnis werden können.

1.2.5 *Marxistische Ethik*, die gegenwärtig einige hundert Millionen Menschen bestimmt, geht von der Erkenntnis des geschichtlichen, gesellschaftlichen und ökonomischen Wandels in der Welt aus und ist aus einer rein immanenten, das heißt diesseits- und weltbezogenen, also empirischen (das meint auf Erfahrung gründenden) Philosophie (u. a. Hegel und Feuerbach) entwickelt.
Das aus Materialismus und Determinismus (= Bestimmtsein) als gedankliches Fundament heraus entwickelte System eines gesellschaftlichen Bewußtseins ist stetem Wandel unterworfen und zielgerichtet. Sein letztes Ziel ist die weltweite kommunistische Gesellschaft, in der es weder privates Eigentum noch Fremdbestimmtheit des Menschen, weder Staat noch Klassenunterschiede, weder Krieg noch Armut, weder Laster noch Egoismus geben wird. Die beeinflußbare menschliche ‚Natur' läßt sich dazu erziehen. Aber der einzelne Mensch und seine individuelle Würde ist kein marxistisches Hauptziel.
Die bisherige weltgeschichtliche Entwicklung zum angestrebten Ziel hat mehrere Stufen bereits hinter sich, welche jeweils durch die darin herrschenden ökonomischen Verhältnisse charakterisiert werden. Die fünf Epochen, die auch in nichtkommunistischen Ländern manchmal unkritisch als durchlaufen nachgesprochen werden, sind (in ‚historischer' Reihenfolge) die Urgesellschaft, die Sklavenhaltergesellschaft, die Feudalgesellschaft, die kapitalistische Gesellschaft und

schließlich der Kommunismus. Zum letzteren hin müssen die Menschen der Gegenwart erzogen werden. Dazu gehört auf allen Stufen unausweichlich Klassenkampf, der als erste Stufe auf dem Weg zum Kommunismus die ‚Diktatur des Proletariats' hat (lat. proletarius = Bürger der untersten Klasse). Das alles sei wissenschaftlich, weil in Natur und Geschichte nachweisbar belegt.
Weil das ökonomisch-wirtschaftliche Grundverständnis und das Ziel (mit anderer Begrifflichkeit ausgedrückt) eine Art Paradies – oder Schlaraffenland – auf Erden ist, hat kommunistische Ethik insbesondere solche Tätigkeitsbereiche im Blick, die die ‚Verhältnisse ändern' und die der Förderung der Produktion dienen. Demnach hatten bislang einige wenige Besitzende mit Hilfe von Gewalt und Moralforderungen die arbeitenden Proletarier unterdrückt. Diese haben das Joch abgeschüttelt. Das Proletariat hat die Rolle der Träger und Förderer des fortschrittlichen Bewußtseins übernommen, aber davon an die Wissenschaft abgegeben, hinter der wiederum richtungweisend die ‚Partei' steht. Alles, also auch sittliches Verhalten einzelner und Gruppen, ist vor dem Forum der Vernunft kontrollierbar und durch sie regulierbar. Was die Partei dekretiert, ist demnach grundsätzlich vernünftig. Was der eigenen ‚Klasse' dient, ist gut und nützlich. Erkannte Abweichungen sind krankhafte Auswüchse. Deshalb werden Menschen mit religiösen Vorstellungen in letzter Konsequenz als geistig nicht ‚normal' angesehen; denn Religion ist materialistisch nicht faßbar und müßte demzufolge wahnhafte Einbildung sein. Oder Abweichungen verraten rückständige, längst überholte Ideologie, weshalb sie – je nach den Machtkonstellationen – unterdrückt oder durch Mittel der Revolution als zu vernichtende Konterrevolution überwunden werden müssen.
Der Marxismus-Leninismus – mit seinen verschiedenen Richtungen – hat selbstverständlich Moralvorstellungen, die atheistisch sind und sich immer wieder abgrenzen vom Christentum, aus dessen Schoß die Väter der kommunistischen Ethik sich herauslösten. Bei allem gegenseitigen Widerspruch sind in ihr die Betonungen des Leiblich-Materiellen, das Abweisen von ethischer Resignation in Untätigkeit angesichts der gesellschaftlichen Verhältnisse und die Erkenntnis des Wandels mancher Vorstellungen durch die Geschichte und in der Natur grundlegende Prinzipien. Diese Seite des Marxismus, also des Kom-

munismus, der das wirkliche Humanum für alle durchzusetzen behauptet, macht seine Faszination in unserer Zeit aus. Daß er wesentliche und unerläßliche Erkenntnisse christlicher Ethik überhaupt nicht erfaßt, geschweige denn einbezieht, merken viele gar nicht, benutzen hingegen (ahnungslos) die marxistischen Denkweisen sogar im christlichen Bereich.

1.2.6 Mit solchem Ansatz ist die marxistische Ethik für wissenschaftliches Einordnen eine nachreligiöse Ethik und gehört in die Nähe der *philosophischen Ethik*. Diese dreht sich ohne Frage um den Menschen, der sich in seinem Dasein in dieser Welt mit ihrer Natur und dem Ablauf der Zeiten als ein Lebewesen entdeckt, das Bewußtsein, Sehnsüchte, scheinbar Mängel und Grenzen hat, das andere Lebewesen neben sich vorfindet und seit Menschengedenken Verhaltensregeln, Tugenden herausbildete und sie weitergab. Als philosophische Disziplin geht die Ethik auf den Griechen Aristoteles zurück. Jede Lehre vom Menschen, also Anthropologie, hat beschreibende (deskriptive) Elemente ebenso wie lehrende (pädagogische) und Fernziele (teleologisch-finale). Kultur (d.h. ‚Pflege' aller Dinge) gehört hinzu und das Abklären eines Lebenssinnes. Dies war eines der Ziele der spätantiken stoischen Ethik, die bis in die Neuzeit hinein wirkt.
Entscheidend waren von jeher die Fragen nach dem sogenannten Höchsten Gut (summum bonum), dem Schönen, dem Glück (eudaimonia), der Nützlichkeit (Utilitarismus). Daraus ergaben sich weitere Grundfragen: Was ist das ideale Menschsein, und wie ist es zu erreichen, wie ist das richtige Handeln? Das führt zur Frage nach den moralischen Werturteilen. Ferner: Welche Regeln sind zu schaffen und von jedermann zu befolgen, um das Miteinander der so verschiedenen Menschen und unterschiedlichen Ansichten zu ermöglichen? Die Antworten will der Weise unabhängig vom Weltlauf in sich selbst allein erreichen.
Damit sind die Bereiche von Normen, dem Sollen und den Pflichten, von Werten, Selbsterkenntnis und Welterkenntnis, von Humanität und dem Recht des Stärkeren, von Willensfreiheit und Gewissen angedeutet. Das weite Feld des freien Willens ist das dritte Grundproblem philosophischer Ethik neben den Fragen nach dem Höchsten Gut und dem rechten Handeln. Das eigene Wirken soll derart

bestimmt und festgelegt (determiniert) sein, daß es ein allgemeingültiges Gesetz werden könnte. Das meint der kategorische Imperativ von I. Kant (‚kategorisch' bedeutet formales Unabhängigsein von Naturbedingungen). Je nachdem entwickelten die Philosophen ihre Ethiken mehr nach grundsätzlichen Überlegungen aus leitenden Ideen oder als Tugendlehren mit ausführlichen Richtlinien, die stark auf beispielhafte Situationen hin verfaßt sind. Alle aber werden dabei nicht fertig mit dem Problem der ‚Unzulänglichkeit' des Menschen, der das erfüllen soll.

1.2.7 Nun werfen wir einen kurzen Blick auf die *jüdische Ethik*, was sich nicht zuletzt deshalb empfiehlt, weil sie das Alte Testament als heilige Schrift mit dem christlichen Glauben gemeinsam hat. Altes Testament, Talmud, Midrasch, Haggada und die Regeln und Bestimmungen der Halacha (hebr. wörtlich = das Gehen, Wandeln) bilden durch Anweisungen, religionsgeschichtliche Darstellungen und Beispiele die jüdische Ethik. Die von Gott gesetzten, durch Mose und die Propheten verkündeten Gebote, Verbote und Ordnungen regeln umfassend und zureichend ein gottgefälliges Leben. Es umfaßt die Bereiche der Religion, Gesellschaft, Politik, Kultur und Familie. Diese Ethik, die sich in ständiger Fortentwicklung befindet, muß gelehrt und ‚eingeschärft' werden (z.B. Ps 15; Spr 1–9; auch Ijob 31).
Dabei hat sich im Judentum eine bis in viele Einzelheiten gehende Kasuistik herangebildet, also eine Zusammenstellung von Beispielen, Anweisungen und Bestimmungen ‚für alle Fälle' (Kasuistik kommt von lat. casus = der Fall). Auf diese Weise werden sonst nicht geregelte Grenz- oder Konfliktfälle, gegebenenfalls durch Analogieschluß, erfaßt und gelöst. Sonst gilt weithin das altorientalische ethische Grundwissen, etwa „das tut man nicht" (Gen 20,9 u.ö.).
Die jüdische Ethik betont außer den dominierenden Zehn Geboten (Ex 20) auch das dem „größten und vornehmsten Gebot" – wie Jesus den Juden gegenüber erklärte (Mt 22,36–40) – gleichwertige Gebot der Nächstenliebe (Lev 19,18), das neben Glaubensgenossen den Fremdling einbezieht. Im Zusammenhang damit gilt die Goldene Regel. Weil Gott, wie das Judentum unterstreicht, der Gott nicht nur der Barmherzigkeit und Güte, sondern auch der Gerechtigkeit ist,

wird er menschliches Handeln belohnen (z. B. Ijob durch Wohlstand) oder bestrafen (z. B. Sodom und Gomorra durch Vernichtung). Der Vergeltungsgedanke wirkt in die jüdische Ethik hinein durch das oft mißverstandene Jus talionis, das Gesetz der Entsprechung, das sich auf Ex 21,23–25 bezieht (die alttestamentliche Stelle für „Auge um Auge, Zahn um Zahn"; vgl. demgegenüber Mt 5,38). Dahinter steckt der Gedanke von Vergeltung und Genugtuung im Diesseits, der ethische Auswirkungen hat. Es ist die Grundlage zur Regelung einer Wiedergutmachung, welcher Friede folgen soll.
Die jüdische Ethik ist das Bemühen eines Lebens vor Gott in Heiligkeit: „Sprich zu ihnen: Ihr sollt heilig sein, denn ich bin heilig, Jahwe euer Gott" (Lev 19,3).

1.2.8 Heutige philosophische, insbesondere soziologisch und ideologisch verwurzelte Ethiken lassen sich zum Teil zurückführen auf *„vier Dysangelisten"* unserer Epoche. Dieser auf Nietzsche zurückgehende, von Eugen Rosenstock-Hussey geprägte Gegenbegriff (Soziologie II, 1958, S. 16ff) zu den biblischen ‚Evangelisten' deutet auf die Entchristlichung, also Säkularisierung heute verbreiteter Denkweisen hin, die pessimistisch, rein analysierend und entwurzelt argumentieren. Diese Dysangelisten sind typische Kinder der historischen Aufklärung, und sie gewannen sehr weitreichenden Einfluß in unserer Zeit.
Die vier Dysangelisten sind *Charles Darwin* (gest. 1882), dessen Evolutions- und Selektionstheorie sowie seine These vom Kampf ums Dasein (struggle for life) sich insgesamt gesehen als nur begrenzt brauchbar erwiesen. Als Anhang zur Naturgeschichte ist ihm die Geschichte der Menschen ein „Zufallsprodukt". Viele heutige Sozialtheoretiker errichten ihre Systeme auf der darwinistischen Ethik. *Siegmund Freud* (gest. 1939) stützt sich u. a. auf Darwins Ideen und hat im Blick auf die ethischen Komponenten neuzeitlicher Psychologie, als deren Vater er gilt, allgemeingültige Wirklichkeiten des Unbewußten postuliert. Moralvorstellungen mit Wertungen nach Schuld und Unschuld hält er für abwegig. Freud griff in die alten Gefüge der Familie ein und entwurzelte die Keuschheitsregeln. Anpassung und Bedürfnisse spielen dabei wesentliche Rollen. *Karl Marx* (gest. 1883) sodann stellte die Ohnmacht des Geistes fest und griff das Recht zu

Besitz und Eigentum an, womit er die Bodenständigkeit des Menschen und seiner Kultur vernichtete, indem er unter Überwindung behaupteter Klassenstruktur die sozio-ökonomischen Bedingungen der Gesellschaft für den Menschen als verbindlich erklärte. Moral ist ihm eine zu überwindende bürgerliche Angelegenheit. Der vierte Dysangelist unserer Zeit ist *Friedrich Nietzsche* (gest. 1900), der die welthistorische Leistung Israels hinsichtlich seines Geschichtsdenkens vernichtete und statt dessen die längst überwundene ewige Wiederkehr predigte. Zugleich schuf er in seiner „Genealogie der Moral" als Abwehr des christlichen Gedankens der Fürsorge für die Schwachen eine Lehre vom ‚Übermenschen', der durch und durch evolutionistisch ist und eine ‚Herrenmoral' fordert. „Jenseits von Gut und Böse" wertet er alle Werte um und entdeckt den „Willen zur Macht", worin im Sinne heutiger ‚Selbstverwirklichung' Lebenssteigerung erreicht wird.

Jene Dysangelisten, von denen Darwin und Nietzsche protestantische Theologie durchaus kannten, Marx und Freud als Juden um die alttestamentlichen Traditionen wußten, stehen am Beginn von Verhaltensweisen, die heute schwere ethische Probleme aufwerfen und manche falsche Orientierung geben. Durch ihr Denken veranlaßten sie die Auflösung vieler überkommener Ordnungen, ohne in ihren Botschaften belastbare Neuansätze mitzuliefern. Diese Denker gehören in die Reihe unterschiedlicher Systeme der Ethik, von denen wir die bedeutendsten außerchristlichen unserer Zeit vorstellten. Sie sind auf dieselben Gegenstände bezogen und konkurrieren miteinander. So viel von ihnen zu lernen sein mag, für sie gilt der Satz von Martin Gray: „Was Sitten und Moral betrifft, glaube nicht allen revolutionären Ideen" (in: Wörterbuch des Lebens, 1982, S. 328). Die „Opposition gegen die Ethik" (Formulierung von Friedrich Jodl, Geschichte der Ethik als philosophischer Wissenschaft, 4. Aufl. 1929, S. 514, vgl. auch S. 569ff), die um die letzte Jahrhundertwende einsetzte, erwuchs aus den sich stark entfaltenden Wissenschaften Soziologie, Psychologie und Biologie, teils auch Politologie. Es ist im Grunde der Kampf gegen die metaphysische Grundlegung aller Ethik hin zu einer rein humanitär sich auf ‚Menschheitswerte' stützende Sittenlehre.

1.3 Typen der Ethik

Vor der Entfaltung des biblisch bezogenen, christlichen ethischen Systems empfiehlt sich ein Überblick über eine Anzahl ethischer Denkfiguren, Standpunkte und Theorien. Es sind leitende Ideen oder Weltanschauungsmuster, nach denen ethische Forderungen an den Menschen formuliert worden sind. In jedem einzelnen Typus wurden Teilaspekte der Wirklichkeit besonders angesprochen und ethisch Bedenkensnotwendiges beleuchtet, jedoch vereinseitigt. Der folgende Überblick will zugleich – um es mit dem Sprichwort zu sagen – die Glocken, die man läuten hört, kurz vorstellen und zeigen, wo sie hängen.

1.3.1 *Individualethik* befaßt sich seit der Antike (schon im Epikureismus und dann in der Stoa mit ihrer Lehre von der „Unberührbarkeit" u. a.) mit dem einzelnen Menschen, dem Individuum, wie er normal lebt und empfindet, welche Bedürfnisse er hat und welche Verantwortungen er übernimmt. Dazu hat die Psychologie als eines der Ziele des Menschen Selbstverantwortung und die Wege dahin beschrieben. Die ethische Problematik entzündet sich daran, ob der einzelne und sein Wohl absoluten Vorrang haben darf oder nicht. In früheren Lehrbüchern stand Individualethik im Mittelpunkt der Untersuchungen und war im wesentlichen Tugendethik. Das projizierte Menschheitsideal landet letztlich stets beim lieben Ich.

1.3.2 Dem benachbart ist die *Personalethik*, die zwar auch auf das Individuum abhebt, aber dessen persönliches Verhalten innerhalb seiner Gemeinschaft, seiner Ordnungen und Strukturen untersucht. Dabei wird die Person entscheidende Instanz hinsichtlich sittlicher Entscheidungen oder Wertungen. Die Würde der Person wird von den Kindertagen an mit der Erziehung bis hin zu Krisensituationen, etwa in Krankheit oder beim Sterben, vorrangig betont. Diese Ethik setzt an bei der Formel des Protagoras: „Der Mensch ist das Maß aller Dinge" (der sogenannte Homo-mensura-Satz).

1.3.3 *Sozialethik* ist genaugenommen Ethik der sozialen Strukturen, Ordnungen und Institutionen, die sich aus einer Mehrzahl von Men-

schen zusammensetzen. Sie beleuchtet die schier unübersehbar gewordenen Beziehungsfelder der menschlichen Gesellschaft in Wirtschaft, Industrie, Politik und Kultur. Diese Bereiche können durchaus irrig und strukturell ‚böse' sein. „Die heutige Gesellschaft stellt ein Riesensystem solcher institutionellen Vermittlungen dar, die den Menschen zum Menschen bringen ... In den sozialen Rollen und Positionen ergreift sie (sc. die Gesellschaft) also den ‚Einzelnen', der insofern gerade nicht nur Einzelner ist, sondern im sozialen Gefüge steht und an seinem bestimmten Ort seine Funktion vollzieht" (H. D. Wendland, Person und Gesellschaft in evgl. Sicht, 1965, S. 88; zit. bei W. Kreck, Grundlagen christl. Ethik, 2. Aufl. 1979, S. 205).
Sozialethik, Individualethik und Personalethik sind unterschiedliche Gewichtungen desselben Gegenstandes, denn Sozialethik fragt grundsätzlich nach dem Verhältnis von Mensch und Gesellschaft, Person und Gesellschaft, und entwickelt Handlungsstrategien.

1.3.4 *Empirische Ethik* führt alle Erkenntnis und die daraus zu ziehenden Folgerungen streng aus der Erfahrung, die sie in der Natur, in der Geschichte und in den Sozialstrukturen gewinnt. Nicht zufällige Ergebnisse, sondern weitestgehende Systematisierung wird mit den Methoden wissenschaftlicher Forschung betrieben. E. Husserl nannte sie phänomenologische Ethik; andere sprechen von deskriptiver (= beschreibender) Ethik. Empirische Ethik stößt schnell auf die Fragen nach der Zuverlässigkeit der Vernunft und auf das Setzen sowie Verändern von Normen und Werten. Die nachprüfbaren Gesetzlichkeiten und Zusammenhänge erbringen zwar willkommene Erkenntnisse, werden aber im Denken an die Praxis an Grenzen geführt. Beispielsweise kann die medizinische oder physikalische Forschung noch erheblich weitergetrieben werden; ob jedoch alle Erkenntnisse menschlich gerechtfertigt sind (man denke an Gen-Manipulationen oder an die seelischen Bedrückungen des Vaters der Atombombe Oppenheimer), das steht auf einem anderen Blatt.

1.3.5 In der *positivistischen Ethik* wird das soeben skizzierte noch deutlicher. Positivismus (hier geht es nicht um das übliche Verständnis des Gegensatzpaares positiv–negativ, sondern um die Grundbedeutung des aus dem Lateinischen kommenden Ausdrucks: das Gesetzte) ist also ein System von Handlungsanweisungen, die sich aus den Erfahrungen des Zusammenlebens ableiten, also eine Fremdbestimmung des Menschen sind. In unseren Katechismen, in der Familienerziehung und in der Pädagogik wird das in der Regel hingenommen. Neuere Ansichten verwerfen solche Ethik und versuchen, (angebliche) Selbstbestimmung des Menschen und ‚herrschaftsfreie' ethische Systeme vorzustellen.

1.3.6 Ein weiterer ethischer Typ ist die *kasuistische Ethik*. Kasuistik ist eine schon bei den Römern und im alten Judentum geübte Methode zur Entscheidungs- und Rechtsfindung, die möglichst für alle Lebensfälle Beispiele, zumindest nach Analogien sammelt, überdenkt und in der Praxis heranzieht. Das Netz von einzelnen Vorschriften, die die kasuistische Ethik knüpft, wird immer enger und schließlich auch unübersichtlicher. Sie spielte im römischen Katholizismus – im Gegensatz zum Protestantismus – bis in die neuere Zeit eine große Rolle. In der gegenwärtigen staatlichen Gesetzgebung treibt die Kasuistik weiterhin in vielen Staaten sowohl im Osten wie im Westen immer neue Blüten. Jeder hat täglich damit zu tun. Die schier unbegrenzten Möglichkeiten elektronischer Datenerfassung und ihre schnelle Abrufbarkeit fördern diese Denkweisen nicht nur in Naturwissenschaft und Technik, sondern auch schon in der Rechtsfindung.

1.3.7 *Normative Ethik* im speziellen Verständnis entwickelt statische Kataloge von Geboten und Verboten, die durchgehend und grundsätzlich gelten. Unter den Menschen und ihren Gesellschaftsformen in Geschichte und Gegenwart finden sich verschiedene Normensysteme, die herangezogen werden und im jeweiligen Geltungsbereich verbindlich sind. Was die aus der Bibel heraus entwickelte Ethik hierzu sagt, wird später darzulegen sein.

1.3.8 *Heteronome* Ethik erhält ihre Gesetze und Regeln ‚von anderen her' (das bedeutet der Begriff wörtlich). Jeder Mensch erfährt sie als Kind von vornherein in der Erziehung; denn die Mahnung „Das darfst du nicht" kommt von außen an ihn heran und wird zunächst nicht näher begründet. Der oben erwähnte kategorische Imperativ von I. Kant ist heteronom gefaßt.

1.3.9 Die *Naturrechtsethik* will die Starrheiten des ‚gesetzten' Rechtes überwinden, indem sie ein verpflichtendes Gefüge menschlicher Ordnung aus der Natur ableitet; denn die Natur, also die Welt, Umwelt und der gesamte Kosmos, gibt das vor, was nützlich und gut ist. Von der außermenschlichen Natur werden Gesetzmäßigkeiten abgeleitet, die auch für den Menschen gelten. Außerdem hat Gott der Schöpfer alle Naturgesetze vorgebildet, wozu auch die Erkenntnis des sittlich Guten gehört. Über die Folgerungen und die Bedeutung der Naturrechtsethik gibt es zwischen römisch-katholischen und evangelischen Kirchen differenzierende Stellungnahmen.

1.3.10 Gegen Ethiktypen, die wie auch immer entwickelte Normen voraussetzen, wendet sich die *Situationsethik*. In ihr wird versucht, diejenige ethische Entscheidung zu treffen, die für den Betreffenden und Betroffenen sich „hier und jetzt ereignet"; die Situation fordert und schafft selbst das Gebotene. Das ist zunächst unmittelbar einleuchtend. Damit werden im Extremfall ethische Prinzipien nicht berücksichtigt mit Ausnahme des Gebotes der Nächstenliebe allgemein, denn allein die Liebe ist unwandelbare Forderung. Ihr Ziel ist Glückseligkeit, und zwar im vorweggenommenen Gottesreich (antizipatorisch). Doch wiederum ist das an sich einsichtige Schema einfacher als die Wirklichkeit, denn der Liebes-Maßstab wird hier einseitig, ja oft egozentrisch angelegt. Die Situation kann der Norm nicht einfach entgegengestellt werden – und umgekehrt. Solche Alternative ist falsch. In der christlichen Ethik gibt es viel Nachdenken über den rechten Weg zwischen den genannten Extremen. Christliche Situationsethik ist strenggenommen eine Gesellschaftsethik, die sich auf etliche Bibeltexte bezieht und die Spannung zwischen Gegenwärtigkeit und Zukünftigkeit des Reiches Gottes verfehlt.

1.3.11 In dem Zusammenhang wurde eine sogenannte *Kontextethik* entwickelt, überwiegend von protestantischen Theologen der USA. Dabei geht es für das Zusammenleben und Entscheiden unter den Menschen um das Erkennen der mannigfaltigen Wechselwirkungen. Gegenseitige Anerkennung und das Eingehen aufeinander führen alle zur jeweiligen Verantwortlichkeit. Weil hier das Dreiecksverhältnis Mensch, Mitmensch und Gott unbedingt gilt, gewinnt dieser ethische

Ansatz christliche Färbung, wobei Christen und Nichtchristen fast unterschiedslos nebeneinander gestellt werden.

1.3.12 Die *evolutionistische Ethik* (von lat. evolvere = entwickeln) ist die nächste Vorstellung im Rahmen ethischer Typologie. Sie hängt mit den Ideen von Darwin und seiner Schule zusammen und geht von dem Gedanken aus, daß der Mensch in seinem Handeln biologisch und soziologisch festgelegt, jedoch sich dessen bewußt ist. Als Vernunftwesen kann er Lebensprozesse durchlaufen und vermag mit seiner Umwelt auch seine Zukunft zu beeinflussen. Unter ethischem Aspekt wird beim natürlichen Ausleseprozeß, in dem sich der Stärkere durchsetzt, das Gute gewinnen. Evolutionsethik vertritt eine Fortschrittsidee, nach welcher ‚höhere' Arten sich entfalten und das Glück in der Natur vermuten. Im sozialen Prozeß kann solche angestrebte Höherentwicklung durch pädagogische oder politische Regelungen, Gesetze, Sanktionen (Lohn und Strafe) herbeizuführen versucht werden. Hier zeigen sich Verbindungen zum Materialismus.
Es bleiben Fragen offen: Geht Evolution an sich letztlich ‚über Leichen'? Nach welchen Maßstäben gelten die Überlegenen als die Besten? Die Fragen gelten noch bedrängender angesichts der Möglichkeiten zum Manipulieren von Erbanlagen oder zum politischen Durchsetzen bestimmter Machtvorstellungen über ganze Völker und Kontinente. Wo zeigt sich bei gegenwärtigem Fortschritt das Bewältigen neuen Unglücks (z. B. mit immer besserer Verkehrstechnik gibt es zunehmend Verkehrsunfälle zu Land, in der Luft und im Wasser)? Die Praxis von immer mehr Verkehrsregeln und Bestimmungen, die mit ‚Bußkatalogen' versehen sind, offenbart die letztendliche Hilflosigkeit. Dieser ethische Typus ist trotz des Wahrheitsgehaltes im Ansatz das Tummelfeld naturwissenschaftlich-kosmologischer und soziologisch-politischer Utopien geworden.

1.3.13 Der *Eudämonismus* ist eine traditionelle Lehre vom letzten Daseinsziel und dem Höchsten Gut. Der griechische Begriff hängt zusammen mit dem Glücklichsein (eudaimonia, lat. felicitas; für Glückhaben gibt es andere Begriffe, nämlich eutychia, lat. fortuna). Der heutige Eudämonismus ist zunächst eine Lehre vom menschlichen Handeln, das ein Streben nach dem (eigenen) Daseinsglück als höchstes, gutes Ziel ist und vom einzelnen Menschen als sinnvolles Leben, das sich in Harmonie mit der Umwelt weiß, angesehen wird. Es ist ein (im Unterschied zum Tier) spezifisch menschliches Gut. Streng genommen ist das noch kein Gegenstand der Ethik als Handlungswissenschaft. Sodann aber kann Eudämonismus doch eine ethische Form werden, die die gebotenen und angemessenen Erfordernisse zum Erreichen des Daseinsglücks bestimmt. Schließlich ist Eudämonismus das ethische Nachdenken über die Begründungen zum sittlich guten Handeln; denn das alte Problem des Verhältnisses von Glück und Pflicht zueinander bleibt.

Die Geschichte dieser Ethikgestalt durchzieht das ganze abendländische Denken, angefangen in der hellenistisch-römischen Philosophie. Sie bekam viele Gewichtungen und Spielformen, unter denen die der Vergeistigung, ja Weltentrücktheit unübersehbar sind. Genannt sei neben Epikur (für den Wollust der Gegensatz zu Schmerz ist), Sokrates und Platon nur noch Thomas von Aquin, der die Vollendung des höchsten Gutes in der (christlichen) Glückseligkeit sieht. Kant, der den Fachbegriff einführte, betont, hier werde das Prinzip der Selbstliebe besonders deutlich. Nietzsches entsprechende Lehre hat den bezeichnenden Titel „Der Wille zur Macht“. Im Evangelium (Luk 17,33) ist es umgekehrt. Lebensgewinn ist gerade ein „Leben verlieren um Christi Willen“.

1.3.14 Eine Sonderform des Eudämonismus ist der *Utilitarismus* (vom lat. Begriff utilis = nützlich) und wird als Nützlichkeitsmoral bezeichnet, die sich auf psychologische Grundlagen zurückführt und auf metaphysisch-religiöse Voraussetzungen verzichtet. Er ist eine Form normativer Ethik, bei der die Folgen das menschliche Verhalten bestimmen. Die ethischen Anstöße führen zu Wohlwollen und Wettbewerb. Dabei soll die Steigerung von Lust und Glück einzelner sowie aller mit im Visier bleiben. In politischen Programmen spielt der Utilitarismus eine Rolle, weil er eine allgemeine Wohlfahrt zum obersten Moralgebot macht. Sein Ideal ist das größte Glück einer größtmöglichen Anzahl Menschen. Damit scheint der Erfolg im Leben am menschlichen Wohlwollen und Zustimmen anknüpfbar zu sein.

Die Wohlfahrtspolitik im zwanzigsten Jahrhundert, die stark utilitaristisch geprägt ist, macht dessen Probleme allgemein sichtbar: Kann

der aufgeklärte Mensch sein wirkliches Glück überhaupt bestimmen? Wer tut es, und zwar für die ganze Gesellschaft insgemein? Sind die Situationen und Bedürfnisse vergleichbar? Ist das politische, soziale und medizinische Streben nach völliger Abschaffung des Leidens realisierbar, ja überhaupt von uns Menschen in eigener Regie erstrebbar? Schon eine weitestmögliche Minderung des menschlichen Leides wäre ein hohes Ergebnis der utilitaristischen Ethik.
Was aber sind unter Umständen die Folgen für das Wohlergehen der Betroffenen, der ‚Beglückten'? Hier entstehen viele Fragen für die Optik des Christen, besonders auch für die Diakonie. Welche Mittel und Methoden sind beispielsweise christlich verantwortbar? Mit welchen politischen, humanitären oder wirtschaftlichen Gruppen ‚dürfen' Christen dabei kooperieren?

1.3.15 Eine weitere Gestalt des Eudämonismus ist der *Hedonismus*. Der, wiederum griechische, Begriff hädonä bedeutet Lust, Freude. Das will der Hedonismus auch, nämlich Lust und Genuß erleben; die Lust will „Ewigkeit, tiefe, tiefe Ewigkeit", sagt Nietzsche. Tugend wird zur Genußfähigkeit. Damit will der Hedonismus zugleich Unlust und Schmerz vermeiden. Zum Erreichen solcher Ziele braucht der Mensch zunächst die Vorstellung bestimmter oder vieler (Ge)lüste; sodann muß er die Wege zum Erreichen der Lust suchen, begehen und langfristig sichern. Das jeweilige Interesse kann unterschiedlich sein, nämlich Freude an etwas, persönlicher Nutzen (Besitz, Macht, Ehre, Lebensverlängerung). Die Freude kann sich durchaus auf andere beziehen, also auf das Wohlergehen anderer oder auf friedliche Verhältnisse, naturgemäße Umwelt.
Jede Art des uns bekannten Versicherungswesens trägt ebenso hedonistische Züge wie vor allem die moderne Großmacht Werbung und Reklame. Soweit hedonistisches Denken und Streben sich ausschließlich auf materielle Güter, Gewinne oder auf persönliches, ‚egoistisches' Wohlbefinden erstrecken, wird es in den Ethiken verschiedener Hochreligionen abgelehnt. Das gilt nachdrücklich für den christlichen Glauben. In seinen Gerichtsreden nimmt Jesus darauf Bezug, wo er als lebensgefährlichen Irrtum geißelt, daß die Menschen nur „aßen, tranken, freiten und sich freien ließen" (Mt

24,38). Er deutet auch (Mt 16,26) darauf hin, daß der Gewinn der ganzen Welt dem Menschen nichts nütze im Vergleich zum Schaden an seiner Seele.

1.3.16 *Gesinnungsethik* bezieht sich, wie das Wort schon andeutet, auf das subjektive Wissen und Wollen des einzelnen Menschen. Es ist eine Art innengeleitetes Verhalten, wobei der Handelnde seinem Tun einen Sinn, eine Bedeutung beilegt. Dahinter steht selbstverständlich ein philosophisch oder religiös bestimmtes Wirklichkeitsverständnis, das I. Kant mit dem Ausdruck ‚sittliche Neigung' kennzeichnet. Zum Bestimmen des Ansatzes der Gesinnungsethik sind dennoch Kategorien des Glaubens, der natürlich-kosmischen Ordnung (was das auch sein mag) oder eines ‚Allgemeinheitsgebotes' heranzuziehen. Hinsichtlich ihrer Konsequenzen stellte M. Weber der Gesinnungsethik eine *Verantwortungsethik* an die Seite, wonach die tatsächliche Handlung nicht der eigenen Gesinnung entsprechen muß – eine Art doppelte Moral. Und M. Scheler hat unter Ausziehen der Linie von der Eingebung zum ethischen Handeln hin eine *Erfolgsethik* entwickelt. Wenn auch der Begriff Gesinnung nicht die ganze Ethik grundlegend zu bestimmen vermag, so bleibt er doch ein zentrales ethisches Problem; denn selbst die beste Absicht kann in ihren Auswirkungen einerseits schädlich und böse werden, andererseits altruistische (d. h. selbstlose) Auswirkungen haben, die sich bis zur Hingabe des eigenen Lebens (etwa im Kriege) erstrecken. Gesinnungs- und Verantwortungsethik überfordern den Menschen, weil er nie alle Folgen seiner Entscheidungen abzusehen vermag. Die christliche Ethik ist insofern keine Gesinnungsethik, denn sie steht gegenüber Gottes Forderung in seinem Gebot.

1.3.17 Immanuel Kant (1724–1804) orientierte das sittliche Handeln am unbedingt Gesollten und befindet sich damit in der Nachbarschaft der Gesinnungsethik. Sein in der menschlichen Vernunft angesiedeltes Allgemeinheitsgebot wird in den Bereich der *Pflichtethik* gebracht. Gegenüber dem Eudämonismus ist bei Kant die Verbindlichkeit und Unbedingtheit der Pflicht die grundlegende ethische Kategorie mit der (vereinfachten) Regel: Du kannst, denn du sollst. Der Mensch soll das sittliche Handeln auch ernstlich wollen. Pflicht „bezeichnet die

Notwendigkeit und die Nötigung, mit der sich das moralisch Geforderte zur Geltung bringt, unabhängig von Neigungen und auch gegen sie“ (H. J. Birkner, Ev. Soziallexikon, 7. Aufl., 1980, z. St.).
Im erweiterten Verständnis der Pflichtethik wurde später eine „deontologische Ethik“ geprägt (von griech. to deon = das Nötige), die ohne religiöse Bindung auskommt. Sie richtet die Handlungsanstöße streng auf die moralische Verpflichtung dahinter, ohne die Zwecke oder Folgen einzubeziehen. Auf dieser Linie liegt das, was ‚preußische Pflichterfüllung‘ genannt worden ist, die oft blind und gedankenlos bis zum ‚Kadavergehorsam‘ getrieben wurde. „Befehl ist Befehl“ wurde zu einem seiner Schlagworte.
Es überrascht nicht, daß eine Ethik, die sich von persönlicher Willkür fernhalten und statt dessen ‚eherne Gesetze‘ respektieren will, den absolutistischen Ideologien ein willkommenes pädagogisches Instrument ist. Zugleich kommt sie ohne die Gedanken des Gehorsams, Schuldbewußtseins und des Gewissens nicht aus. Für die Liebe im christlichen Verständnis bleibt wenig Raum, wie überhaupt für die biblisch verstandene Ethik.

1.3.18 Aus der These von zeitlos geltenden, idealen Werten, die das menschliche Handeln und Verhalten bestimmten, erwuchs die *Wertethik*. Was dem Menschen als wertvoll erscheint, hängt von seinem Wesen, seiner Zeit, Umwelt, jeweiligen Situation und seinen Bedürfnissen ab. Unabhängig davon gibt es Vorstellungen von höchsten und letzten Werten, von Güterwerten, von Tugendwerten und Grundwerten. Wieder war ein wichtiger Anreger in der Werte-Diskussion F. Nietzsche mit seiner „Umwertung aller Werte“, wobei er die Relativität dieser ethischen Typisierung ins Bewußtsein hob. Auch Jesu Ethik ist keine Wertethik, die uns etwa Werte-Rangordnungen vorhält.
M. Scheler gliederte die Wertqualitäten in vier Modalitätenkreise: Angenehmes und Unangenehmes, Edles und Gemeines, geistige Werte, Heiliges und Unheiliges. Für das gesellschaftliche Zusammenleben, nicht zuletzt zur Grundlegung von Parteiprogrammen, hat die Wertethik ihre Bedeutung. Sie vermag aber keine verbindliche Gesamtorientierung menschlichen Verhaltens und Handelns zu schaffen. Wertethik darf den einzelnen und seine Werte Freiheit sowie Selbstbewußtsein nicht aus dem Blick verlieren.

1.3.19 Im Zusammenhang mit analytischer Philosophie entwickelte sich – vor allem im anglo-amerikanischen Sprachraum – die sogenannte *Meta-Ethik*. Sie untersucht moralisch-sittliche Wörter und Sätze auf ihren ethischen Gehalt hin. Diese sind entweder erstens kognitiv (d. h. erkennbar, nachprüfbar und beurteilbar) oder zweitens nicht-kognitiv (also keiner wissenschaftlichen Erkenntnis zugänglich und somit im subjektiven Gefühl oder im Rahmen allgemeiner Empfehlungen angesiedelt), oder sie sind drittens rein logizistisch (das bedeutet, die Methoden des Argumentes werden aus der Bedeutungsanalyse sittlicher Prädikate abgeleitet, wobei sogar mathematische Logik des Abwägens eine Rolle spielt).
Bei Licht besehen erweist sich die Meta-Ethik als bekannt in den traditionellen Ethiken, nur unter anderen Namen und Gliederungsprinzipien. Die Analyse moralischer Begriffe ist ohnehin unentbehrlich, trägt aber nicht Fundamente der gesamten Ethik. Sehr wichtig, um eine Einzelheit anzusprechen, ist allerdings die ethische Relevanz eindeutiger, ‚sauberer' Sprache, auf die die Meta-Ethik auch hinweist. Sie reflektiert im Bereich der Ethik das Nachdenken als solches.

1.4 Christliche Ethik

Außer in die unterschiedlichen religiösen ethischen Systeme verschafften wir uns bisher einen Einblick in eine Anzahl ethischer Typisierungen, die zwar christlichem Verständnis nicht fremd und in manchem nicht entgegengesetzt sind, aber noch nicht eigentlich christliche Ethik heißen können. Jenseits vieler wechselseitiger Beziehungen, die mit der Lebensführung jedes Menschen im Diesseits zusammenhängen, hat christliche Ethik ihre besonderen Voraussetzungen, Wurzeln, Maßstäbe und Leitlinien. Trotz der Problematik im Adjektiv ‚christlich' verwenden wir das Wort im Sinne des Bezuges auf das aus der Bibel abgeleitete Geschehen mit und durch Jesus Christus, das auf die ‚Christen' zielt.

1.4.1 Zur Geschichte und Gegenwart

Wenn im vorliegenden Buch von christlicher Ethik die Rede ist, ist die theologische Ethik evangelischer Prägung gemeint. Ihre historischen

Entwicklungslinien kommen von der Reformationszeit her, wo außer den Werken von Luther und Calvin aus der Anfangszeit auch Melanchthon und der Heidelberger Katechismus (Teil III) zu nennen sind. Die Ethik der Reformationskirchen war wenig ausgeführt, blieb unfertig. Ihre Linien laufen über das 17. Jahrhundert (etwa die konfessionsübergreifende Ethik von G. Calixt), über den starken Einfluß vom Pietismus einerseits und der Aufklärung andererseits ins 19. Jahrhundert, wo neben britischen und schottischen Denkern der Name Schleiermacher herauszuheben ist. In ihm verbinden sich Pietismus und Aufklärung. Aus unserem Jahrhundert sind in der ersten Hälfte vor allem A. Schweitzer, D. Bonhoeffer und K. Barth die bekanntesten Namen. In der zweiten Hälfte unseres Jahrhunderts gibt es eine Fülle ethischer Entwürfe und Untersuchungen, die in der seit 1957 erscheinenden „Zeitschrift für evangelische Ethik" und im (in evangelisch-katholischer Zusammenarbeit entstandenen) „Handbuch der christlichen Ethik", 1978ff, unter Beteiligung vieler Namen, von denen hier keine aufgereiht sein sollen, einen vorläufigen Höhepunkt erreicht haben.
Damit sind die wissenschaftlichen Forschungen auf dem Felde der christlichen Ethik angedeutet. In der Gegenwart gibt es inzwischen unübersehbar gewordene Entwicklungen, Versuche, Vorschläge, Forderungen und Praktiken, wie sie sich in heutigen Christengemeinden hervortun. Auf Kirchentagen, Konferenzen, Akademien und Fortbildungsveranstaltungen mancherlei Art melden sie sich unter sehr weitgestreuten Akzentuierungen – meist fachgebietübergreifend – zu Wort.

1.4.2 Methoden und Gliederungen

Ethik hat wie jede andere, wissenschaftlichem Anspruch gerecht werden wollende Darstellung methodische Gesichtspunkte zu berücksichtigen. Dabei sind die jeweiligen Traditionen, die besonderen Ziele, die tatsächlichen Verhältnisse der Umwelt sowie Gesellschaft und die zugrundeliegenden Prinzipien zu beachten. Das Vorgehen im einzelnen kann unterschiedlich sein. Meistens sind mit dem Ansatz schon die Schienen gelegt, auf denen das ganze System laufen muß. Dementsprechend sind auch die Gliederungen der Ausführungen unterschiedlich. Die vier hauptsächlichen Methoden und Einteilungen ethischer Darstellungen im evangelischen Raum sind folgende:

Erstens wird die Vielzahl der *Lebenssituationen gesichtet* und geordnet dargestellt, wobei aus den kritisch untersuchten Erkenntnissen *Folgerungen gezogen* und in übergeordnete Zusammenhänge eingefügt werden. Das führt dann zur ethischen Urteilsbildung, die sich an den biblisch begründeten Glaubensaussagen ausrichtet. Auf diese Weise werden die dem Christen gangbaren Wege durchs Leben gesucht.

Zweitens können umgekehrt *theologisch-biblische Vorgegebenheiten* und Ansprüche auf die Konfliktfälle und regulären Verhaltensweisen im Leben bezogen werden. Vorgegeben sind uns vor allem der Dekalog, die zusammenfassenden Appelle aus der Bergpredigt Jesu und die Paränesen (d.h. Ermahnungen und Weisungen) der neutestamentlichen Briefe. Besonders bekannt sind die Ethik-Gliederungen nach den Zehn Geboten. Dieser Verfahrensweg hat für sich, daß das theologisch richtige Verständnis der Gottesgebote von vornherein die christliche Orientierung anspricht und zu keiner Zeit die eigenen Wurzeln vergessen läßt. Gewisse Zwänge ergeben sich allerdings beim Aufteilen des immer größer werdenden Stoffumfanges auf die Zehn Gebote. Das spürt deutlich die bei solcher Gliederung angesiedelte kasuistische Methode. Mit Sorgfalt sind die biblischen Texte von ihrem Sitz im Leben, also unter Beachtung der damaligen Zeitgebundenheiten und Kultur, her zu lesen und als Weisung für heute zu verwenden.

Drittens gibt es eine mehr *dogmatisch ausgerichtete Methode*, wonach alles christlich verantwortbare ethische Handeln unbedingt der Offenbarung Gottes in seinem Wort an uns gemäß sein soll. Die sich hieraus ergebenden Gliederungen haben zwangsläufig oft recht ausführliche ‚Prinzipienlehren' oder Grundlegungen. Dabei werden mit ethischer Zielrichtung behandelt die an sich mehr dogmatischen Teilgebiete der Lehren vom Schöpfer und seiner Schöpfung, vom Menschen und seinem Sündersein, vom Heiligen Geist und des Menschen Heiligung, von der Kirche und der Nachfolge der Christen und von den sogenannten letzten Dingen mit ihren Erwartungen der Vollendung des Reiches Gottes. Diese Ethiken bringen dann in einem zweiten Hauptteil, der nicht selten weit weniger umfangreich ist, Konkretisierungen, die manchmal wie eine Art Beispielsammlung oder gar wie ein Experimentierfeld zur Anwendung der vorausgegangenen Grundlegungen erscheinen. Diese Methode berücksichtigt das grundsätzliche Offen-

sein der Ethik in ihrer Beziehung zur jeweiligen Zeit, Örtlichkeit und hinsichtlich der Freiheit der Kinder Gottes.
Hier könnte der Eindruck entstehen, solche Ethiken seien – nicht zuletzt angesichts der anders sich darstellenden Geschehnisse in der Welt ringsum – bezüglich ihrer Konkretisierungen unsicher, zumindest zurückhaltend im scharfen Dekretieren vom Du-sollst und Du-darfst-nicht. Dahinter aber steht vielmehr das Wissen um die Tatsache, daß der eine Christ in bestimmten Sachen sich so, und ein anderer sich anders entscheidet, jedoch keinem sein Christsein, also seine Bindung an Jesus Christus abzusprechen ist. Bekannte Beispiele sind die Befürworter und Ablehner vom militärischen Wehrdienst, die Befürworter und Bestreiter mancher Großtechniken oder unterschiedliche Ansichten über den eigentlichen Beginn ehelicher Gemeinschaft. Unterschiedliche Situationen und Zeiten oder Gegebenheiten können in einzelnen (keineswegs in allen!) Entscheidungen unterschiedliches Handeln veranlassen, wobei allemal der Bezug auf Christi Grundgebot der Nächstenliebe in Verbindung mit dem Gebot zur Gottesliebe erkennbar bleibt. In solchen Fällen kann für einzelne oder Gruppen die Bekenntnisfrage nach dem Glaubensgehorsam – der sogenannte Status confessionis – erreicht sein. Das darf aber nicht Spaltung bewirken, sondern erwartet gegenseitige Einladung zur Überprüfung und um so festere Bindung an Jesus Christus und sein Wort.
Eine vierte Verfahrensmethode ethischer Gliederung ist indirekt schon angerührt worden, nämlich die *Einbeziehung der Ethik in die Dogmatik*. Das bekannteste Beispiel unserer Zeit ist Karl Barths „Kirchliche Dogmatik“, welche die Ethik in das gesamte System eingliedert. Nicht zufällig sind in der Theologie die Aussagen des Glaubens (Dogmatik) und diejenigen über das Handeln (Ethik) in dem Fachgebiet ‚Systematische Theologie‘ zusammengefaßt und einander zugeordnet; denn Dogmatik zielt mit der Darstellung und Entfaltung des Evangeliums immer auf den Glaubensgehorsam, der im öffentlichen Bekennen, im Verhalten und Tun konkret wird. Und Ethik kann als der Bereich der ‚Werke‘ und Taten nicht vom Glauben getrennt werden, weil im Wirken und Tun des Christen sein Glaube selbst die Ausgangsbasis ist. Anders ausgedrückt: „. . . das Verhältnis von Ethik und Dogmatik wird bestimmt durch den Satz, daß das christliche Werk

die *Frucht* des christlichen *Glaubens*, daß das christliche Gesetz die *Gestalt des Evangeliums*, daß die christliche Ethik der ‚*Imperativ* des *Indikativs* der christlichen Dogmatik' ist" (E. Wolf, Sozialethik, 1975, S. 13 unter Zitierung von K. Barth).

Das ist leichter gesagt als durchgeführt, wie wir an den Beispielen unter der dritten Methode sahen. Verantwortliches Entscheiden und Verhalten erkennt seine Grenzen und Zweifel gerade in unserer Zeit, die auf vielen Gebieten zuvor nicht gekannte Verhältnisse geschaffen hat und immer neue gebiert. Man denke an die in unserer Generation möglich gewordene ‚Unmöglichkeit' (das ist ein ethisches Urteil!) von der Ausrottung der Menschheit durch einen nuklearen Atomschlag. Das nicht gewollte Böse zeigt seine Folgen oft viel später. Aber gerade dieses nicht beabsichtigte Böse tut der Mensch, wie schon Paulus (Röm 7,19f) beklagt.

Indem wir also die Bezogenheit von Dogmatik und Ethik aufeinander feststellen, ist hinsichtlich der Gliederung unseres Gegenstandes Ethik zu sagen, daß sie der Dogmatik nicht einfach symmetrisch eingegliedert zu sein braucht. (Für die hier angebotene Ethik sei auf den vom Verfasser im selben Verlag vorgelegten Leitfaden der Dogmatik mit dem Titel „Biblische (Er)Kenntnis" hingewiesen; dort finden sich dogmatische Grundlegungen, die in dieser speziellen Ethik nicht mehr ausführlich wiederholt werden.)

Einige Hinweise auf *Gliederungsbegriffe*, wie sie sich in evangelischen Ethiken unserer Zeit finden, dürften angezeigt sein, weil in solchem Leitfaden zu einem Fachgebiet der Theologie bekannte Bezeichnungen unter Umständen vermißt werden oder verwendete Begriffe Verwirrung anstiften könnten. Wir zählen lediglich eine Reihe von ihnen auf, ohne den oder die dahinter stehenden Autoren zu nennen, auch ohne im einzelnen zu gewichten.

Um jenseits der erwähnten Grundlegungen und Prinzipienlehren die Konkretisierungen zu ordnen, wird also – selbstverständlich nach jeweiliger Begründung der Begriffswahl – gesprochen von und gegliedert nach: Bereichen, Institutionen, Mandaten, Bezugsfeldern, Rollen, Ordnungen, Bezügen, Forderungen, Freiheiten, Motivationen, Stufen, Freiräumen, Konkretionen, Gestaltungen, Modellen.

Die Aufzählung wird dem aufmerksam Lesenden die Vielfalt und die abgestuften Feinheiten ethischer Entscheidungen andeuten. Sie verraten zugleich, daß dieselbe Sache, von einer etwas anderen Seite her beleuchtet, zu unterschiedlichem Gefälle in den Aussagen führen kann. Das erweist nur die Farbigkeit unseres Erdenlebens, hinter dem jedoch christliche Sicht die eindeutig aus der Bibelbotschaft bezogene Erkenntnis unseres Woher und Wohin zu suchen hat.

1.4.3 Vom Evangelium bestimmte Ethik

Unsere Welt ist Gottes Welt, die er liebt (Joh 3,16). Im Aufopfern Jesu für uns Menschen vollzieht sich Gottes Liebe, sie wirkt unter uns und wirbt um uns. Gottes Liebe setzt uns Menschen in Freiheit, die es zu bewahren gilt (Gal 5,1). Damit erhalten unser Leben und unser Zusammenleben Sinn und Ziel; denn weil Gott sein Erlösungswerk und seine Heilsgeschichte mit der Menschenwelt nicht aufgibt, werden wir Menschen zueinander gewiesen. Aus der unauflöslichen Verbindung zwischen Gott und uns sowie zwischen uns untereinander erwächst das Richtmaß christlicher Ethik. Es ist entfaltet im Neuen Testament, das mit dem Alten Testament zusammengehört. Auf dieses Wort hört und vertraut christliche Ethik.
Die vom Evangelium her bestimmte Ethik ist auf die Wahrheit, die Jesus Christus heißt (Joh 14,6), bezogen. Sie erhält ihre Fragen nicht in erster Linie aus Erwägungen der Zweckmäßigkeit (Was habe ich davon?) oder Nützlichkeit (Wie komme ich beim anderen an?). Jesus weist uns andere Wege, wie es unter anderem an seiner Bergpredigt (Mt 5–7) ablesbar ist. Dort findet sich beides scheinbar nebeneinander, in Wirklichkeit aber aufeinander bezogen ausgesagt: Jesus erhebt strengsten Anspruch gegenüber der Erfüllung des ‚verschärften' Gesetzes (Mt 5,17–48) und stellt dazu seinen Zuspruch der Liebe und Güte Gottes mit dem Hinweis auf die ‚christliche' Sorglosigkeit (Mt 6,26–34). Die in unserer Welt aufgestellten Ranglisten der Werte und Ziele werden umgestoßen. Innerweltliche Absolutheitsansprüche läßt er nicht gelten. Dahinter spiegelt sich die neue Wahrheit, die Jesus Christus bringt, die er selbst ist, und zwar für uns. Er bewirkt dadurch Geschichte, die nie still steht, was also auch keine erstarrte Ethik als Sammlung von Verhaltensregeln zuläßt. ‚Normalitäten' von gestern müssen das nicht allemal auch für heute sein.
Unser Glaube an Jesus Christus ist also der Ausgangspunkt, die ‚Operationsbasis' (wie Gal 5,13 im Wortsinne vom „Raum geben" des

Luthertextes meint), von woher die Freiheit wirksam wird, nämlich nicht Selbstsucht, sondern „einander dienen in Liebe".
Eine ausgeführte Lehre der Ethik, die bestimmte äußere Prinzipien zugrunde legt, kennt das Neue Testament nicht. Selbstverständlich übernimmt es vieles modellhaft aus der Umwelt. Seine „Eigenheiten treten erst hervor, wenn man das (s.c. biblische) Liebesgebot sich durch die übernommenen Regeln und Normierungen hindurcharbeiten sieht" (Ch. Frey, Arbeitsbuch Anthropologie, 1979, S. 244). Seine vielerlei ethischen Aussagen haben die Gestalt von Einladungen und Ermahnungen, auf denjenigen Wegen zu gehen, die jedem nützen, die die wahre Glückseligkeit bringen. Zum Eigentümlichen einer evangelischen Ethik im Vergleich zu ethischen Systemen anderer Art gehört dabei der Freimut immer neuer auf das Evangelium bezogenen Überprüfungen, besser: Rückbesinnung auf diese Ausgangsbasis. Andere (Human)wissenschaften, die sich ebenfalls mit ethischen Fragen befassen, können dabei dienende Funktion haben, nicht weniger, aber auch nicht mehr. So sind Psychologie und Biologie zu befragen (weil es um den Menschen und seine Triebe geht), Soziologie (weil es um die Menschen als Gesellschaftswesen geht), Geschichte und Politik (weil wir nicht ohne Tradition und Ordnungen leben), Philosophie und Weltanschauungen (weil niemand ohne Denkschemata auskommt), Sprachwissenschaften (weil Klarheit des Denkens und angemessenes Tun einander bedingen). Das alles dient der vom Evangelium her bestimmten Ethik, die auf biblisch ausgerichtetem Glauben gründet. Ihre Zeitgemäßheit bleibt verknüpft mit ihrer Schriftgemäßheit.
Bei den späteren Einzeldarlegungen werden wir uns daran zu halten und durchgehend auszurichten haben. Das ist grundsätzlich anders als in vielen Philosophien, für die beispielsweise der Gottesgedanke – wenn er überhaupt vorkommt – allenfalls ein nützlicher Füllstoff für Lücken im eigenen Gedankengebäude und damit in den ethischen Forderungen ist, und zwar meist im harten ‚Du sollst'. Aber „wo der Geist des Herrn ist, da ist Freiheit" (2 Kor 3,17). Dieser Satz steht bei Paulus in einem Zusammenhang, der sich mit dem Sinai-Gesetz befaßt und der in der Erkenntnis mündet, daß hinter ethischen Entscheidungen Gott selbst mit seinem Geist der Liebe steht. Wie ‚unkompliziert' das ist, zeigt eine Bemerkung aus Ex 24,11: „Sie durften Gott sehen, und sie aßen und tranken." Auf Gottes Gabe ist des Menschen Dank

sein „Gehorsam des Glaubens" (Röm 1,5; 16,26). Das ist eine Formulierung, die gewiß nicht zufällig wie eine Klammer zu Beginn und am Ende derjenigen neutestamentlichen Schrift steht, in der besonders umfassend Glaube und Werke, Lehre und Leben, Dogmatik und Ethik vorgestellt werden.

Die vom Evangelium bestimmte Ethik hat Voraussetzungen, die H.-D. Wendland (Ethik des Neuen Testamentes; 1978[3], S. 2f) aufzählt: (1) Die Offenbarung des Gotteswillens, der das „neue Gebot" (Joh 13,34) ist. (2) Jesus Christus ist der dahinter stehende gebietende Herr, durch den seine Ethik zur ‚christlichen Ethik' wird. (3) Neutestamentliche Ethik richtet ihre Erwartungen an die Gemeinde, die in dieser Welt lebt. (4) Diese Ethik ist nie autonom oder absolut – wie philosophische Ethik –, sondern sie gilt in dieser vorübergehenden Weltzeit „nur in Kraft des erschienenen Heils".

Christlich begründete Ethik hat Grenzen darin, daß uns ihre Maßstäbe entzogen sind und daß ihre inhaltliche Entfaltung nicht uferlos ist. Sie bleibt an das Wort Gottes gebundene Besinnung. Sie eröffnet jedoch einen weiten Möglichkeitsspielraum, der Freiheit und Liebe schafft. „Die Einheit von Freiheit und Dienst, von Freude und Opferwilligkeit läßt das christliche Ethos grundmenschlich und gleichermaßen zum Gewöhnlichen wie zum Außergewöhnlichen bereit sein" (G. Ebeling, Zum Verhältnis von Dogmatik und Ethik, in: Zeitschr. f. ev. Ethik 1982, S. 11). Christliche Ethik ist das Bemühen um eine Einheit von Denken, Glauben und Tun, das zeugnishaft auf Gott hinweist, der unsere Welt regiert, erlöst und zur Vollendung führt. Sie ist die Ethik derer, die ‚Christen' heißen und die mit ihrem Verhalten, Reden und Tun oder Lassen ihren Herrn bekennen. Christliche Ethik ist somit auch ein Stück Mission und Evangelisation, wobei Nichtchristen durch den „Lebenswandel ohne Wort gewonnen werden" können (1 Petr 3,1).

1.5 Tun und Lassen

Diese Lehre einer Ethik hat den Titel ‚Unser Tun und Lassen', womit eine andere Wendung anstelle von Gebot und Verbot gefunden zu sein scheint. Dahinter steckt aber mehr. Im Tun und seinem Gegenbegriff Lassen haben wir ein typisch menschliches Verhalten vor uns. Denn von Tieren ist das nicht zu sagen, diese vegetieren, reagieren, erleiden, pflanzen sich fort. Der Mensch aber ‚tut etwas', er handelt einerseits, er vermeidet und unterläßt andererseits. Das erstreckt sich auf alle Lebensbereiche und -phasen. Wenn er sich ‚vertut' – so kann im Wortspiel mit tieferem Sinn ergänzt werden – ist er offenbar von allen guten Geistern ‚verlassen'.

Im Tun und im Lassen kann die ethische Wertung jeweils positiv oder negativ sein. Beides finden wir im Neuen Testament in den beiden Begriffen, die für ‚Tun' vorkommen, nämlich poiein = tun, machen und prassein = tun, verrichten (hierzu gehört das Substantiv praxis). Welches Gewicht das Tun neben dem Bereich des ‚passiven', also reinen, vertrauenden Glaubens hat, erweist bereits die Wortstatistik; denn poiein kommt 565mal und prassein 39mal im Neuen Testament vor. Beide Begriffe stehen gelegentlich nebeneinander, etwa im Gerichtswort Joh 5,29 und Röm 7,14ff, wo Paulus über das Getriebensein zum nicht gewollten bösen Tun spricht. Orthodoxie (= rechter Glaube) und Orthopraxie (= rechtes Tun) gehören zusammen. Das bewirkt die „rechten Früchte der Buße" (Mt 3,8; Lk 3,8).

Tun und Lassen sind Gegenstand jeder Ethik. Wie unmittelbar das auch auf die Grundlage christlicher Ethik bezogen ist, wird beispielsweise aus der Pfingstpredigt des Petrus in Jerusalem deutlich. Seine Worte – so berichtet Apg 2,37 – „stachen in die Herzen der Zuhörer, die ihn sogleich fragten: Was sollen wir tun?" In einer alten Handschrift ist hinzugefügt: „Zeigt es uns!" Der von der Botschaft des Evangeliums ergriffene Mensch wird also sofort von der Frage nach dem nunmehr rechten Tun umgetrieben. Die Antwort lautet zusammengefaßt: Unterstellt euch Jesu Herrschaftsanspruch und bleibt darunter. Lk 6,46 mahnt Jesus entsprechend: „Was nennt ihr mich Herr, Herr, und tut doch nicht, was ich euch sage?" (vgl. auch Tit 1,16).

Welches jeweils unser rechtes Tun und Lassen ist, ist keineswegs immer leicht und für alle eindeutig zu sagen. Obendrein spielen die Beweggründe dabei eine Rolle. Selbst die schönsten Altarbauten der Menschen nützen nichts, wenn „ihr Herz falsch" ist (Hos 10,2). Gott selber wird darüber richten und nur er kann es, erst recht, da alles von ihm herkommt (1Kor 4,5.7). Bei ihm ist das Forum zum ethischen Kriterium, das – Gott sei Dank – nicht bei uns Menschen liegt. „Der

Mensch sieht, was vor Augen ist, der Herr aber sieht das Herz an" (1 Sam 16,7; vgl. Ps 15,2; Joh 2,25).

Von einer weiteren Seite her stehen wir vor dem engen Zusammenhang von Glauben und Handeln. Der Christ richtet sich mit dem, was er tut und was er (unter)läßt, nach Gott und der Führung durch seinen Heiligen Geist. In dem bekannten schlichten Gebetslied von Hartmann Schenk ist die Ausrichtung trefflich formuliert: „Unsern Ausgang segne Gott, unsern Eingang gleichermaßen. Segne unser täglich Brot, segne unser Tun und Lassen. Segne uns mit selgem Sterben und mach uns zu Himmelserben". Unser rechtes Tun und Lassen wird von Gottes geschichtsmächtigem und heilendem Handeln umfangen und ermöglicht. Erst die Verbindung von Gott zu uns (die Vertikale) macht jede Art von tätiger oder zurückhaltender Verbindung zum Mitmenschen (die Horizontale) konkret und wirksam im Sinne des Veränderns. Das kann an Beispielen und Modellen abgelesen werden. Eines, wiederum biblisches, ist der erfolgreiche König Joschafat von Juda. Er befand sich eines Tages in akuter Kriegsgefahr. Als er seine Verteidigungspläne zerrinnen sah, betete er: „Wir wissen nicht, was wir tun sollen; so sind unsere Augen auf dich, Gott, gerichtet" (2 Chr 20,12). Er wurde ‚wunderbar' errettet.

Weil Gott aber allein alle Herrschaft im Himmel und auf Erden gebührt und gehört, ist christliche Ethik stets unter das Soli Deo gloria (= Gott allein die Ehre) zu stellen. Gott liebt unsere Welt, und von uns wird erwartet, daß unser Gottesehren eine entsprechende Hinwendung zur Welt ist. „Trachtet nicht hoch hinaus, sondern wendet euch zu den schlichten Diensten" (Röm 12,16). Gottes Gnade und seine Forderung an uns sind Grundlegung evangelischer Ethik, sie ermöglichen das Gotteslob mitten im Alltag. Paul Gerhardt hat das in einem Choral schlicht ausgedrückt: „Ich weiß, mein Gott, daß all mein Tun und Werk in deinem Willen ruhn; von dir kommt Glück und Segen. Was du regierst, das geht und steht auf rechten, guten Wegen."

Außerchristliche Ethiken und Tugendkataloge, deren es viele gibt, sind keinesfalls beiseitezuschieben, als hätten sie den Christen nichts zu sagen. Im Gegenteil! Paulus weist ausdrücklich darauf hin (Phil 4,8f): „Was immer wahr, edel, rechtschaffen, lauter, liebenswert und erfreulich zu hören ist, was Tugend heißt und lobenswert ist – das bedenkt. Und was ihr gelernt und angenommen ... habt, das tut! So wird der Gott des Friedens mit euch sein." Das Zusammenspiel von ,Go and Stop', wie es Ampelanlagen im Straßenverkehr ordnend regeln, ist unter Menschen unerläßlich.

2. Grundlegung christlicher Ethik

Über unser Tun und Lassen gilt es nachzudenken, und zwar – um es nautisch auszudrücken – über den richtigen Kompaßkurs, auf den die evangelische Ethik uns verweist. Dazu hat E. Jüngel „Erwägungen zur Grundlegung evangelischer Ethik“ angestellt (in Unterwegs zur Sache, 1972, S. 234ff) und gesagt: „Von dem die Gerechtigkeit Gottes offenbarenden Evangelium her differenziert sich die Frage: Was ist zu tun? in die Fragen: Was ist getan? Was bleibt zu tun?“ Auf die unter christlichem Vorzeichen gestellte erste der Fragen ist zunächst zu antworten. Dabei wird die christliche Ethik sich ihrer zugrundeliegenden Anthropologie (= Lehre vom Menschen) ebenso klar zu werden haben wie über das, was denn nun Gott in Jesus Christus für uns Grundlegendes und damit Richtungweisendes getan hat. Dem schließt sich das Nachdenken darüber an, was überhaupt noch zu tun bleibt, wobei wir im einzelnen über Nachfolge und Opfer sowie über Leiden und Freiheit zu reden haben.

2.1 Das Menschenbild

Wenn wir Menschen tätig leben und füreinander dasein sollen, ist zunächt ein Blick auf unser Menschsein als solches zu werfen. „Was ist der Mensch?“ fragt schon Ps 8,5 und zwar angesichts der Unermeßlichkeit des Kosmos. Das ist bereits eine gefüllte ethische Aussage, denn in ihr kommt zum Ausdruck, daß der Mensch in der Welt lebt, also außer der langen Entwicklung vor seiner persönlichen Zeit hat er auch Umwelt und Nachwelt. Biologisch bestimmte Anthropologie vergleicht hierbei den Menschen mit dem Tier, das ebenfalls die Merkmale Stoffwechsel, Daseinssicherung und Arterhaltung trägt. Der Mensch ist also Teil der Natur, ist Geschöpf. Mit diesem theologischen Begriff ist zugleich erklärt, daß er Geschöpf Gottes ist; denn die Frage aus Ps 8,5 setzt fort mit der Anrede an Gott: „... daß du seiner gedenkst und du dich seiner annimmst.“ Auf der Höhe der Schöpfungsberichte steht Gen 1,26f geschrieben: „Und Gott sprach: Laßt uns Menschen machen nach unserm Bilde, uns ähnlich! Sie sollen herrschen ... Und Gott schuf den Menschen; ... als Mann und Frau schuf er sie." Das steht am Anfang des Tuns Gottes für uns. Was ist das für ein Menschenbild, das Gott im Auge hat?

2.1.1 Vorerst sei aus dem Genesis-Satz herausgestellt, wie jeder Mensch zwar abhängig und vergänglich ist, aber in seinem jeweiligen Lebensraum eine gewisse *Selbständigkeit und Verantwortlicheit* hat, und zwar als Einheit von Leib, Seele und Geist. Dadurch kann er wirken, sei es aufbauend und pflegend, sei es störend und vernichtend oder versagend und untergehend. Gott setzt zwar sein Geschöpf Mensch, das eine Person ist, in den Rahmen freier Möglichkeiten; aber jede einzelne dieser Personen bleibt sowohl auf Gott bezogen als auch auf den Mitmenschen.

Damit sind weitere Elemente der Bestimmung des Menschen zum *Ebenbild Gottes* genannt. Er ist Nächster seines Mitmenschen. Weil niemand auf sich selbst und durch sich selbst lebt, ist jeder zur Gemeinschaft mit Gott und mit seinen Mitmenschen bestimmt (vgl. Sir 16,26–17,9). Dreifach ist des Menschen Bestimmung als Geschöpf: (1) als Kind Gottes im vertrauenden Glaubensgehorsam unter der Verheißung ewigen Lebens, (2) als Nächster – auch im Gegenüber als Mann und Frau – in einander ergänzender, helfender Liebe, und (3) als Herrscher der Erde in zukunftsorientierter Verantwortlichkeit (Ps 8,7). Dabei gilt es auf Jesus Christus zu schauen, welcher voll und ganz das wahre Ebenbild des unsichtbaren Gottes (2Kor 4,4; Kol 1,15) und Herr der Welt, also auch aller Menschen ist. In der christlichen Ethik geht es darum, die dreifache Bestimmung des Menschen zu erkennen, zu entfalten und auch zu verkündigen.

Die Bestimmung zum Ebenbild Gottes verfehlen wir, das ursprünglich gemeinte Bild wird zum Zerrbild. Wohl wissen wir, daß wir etwas ‚sollen'; und wir maßen uns Urteile an. „Mensch, wer bist du denn, daß du von Gott Rechenschaft verlangst? Ein Gebilde kann doch nicht zu seinem Schöpfer sagen: warum hast du mich gerade so gemacht?" (Röm 9,20). Trotzdem sind wir zu Statthaltern Gottes über seine Erde berufen. Als solche regeln wir vieles; wir geben der nichtmenschlichen Natur ebenso Namen wie uns selbst. Damit hebt jegliche Wissenschaft an. Diese Eigenschaft ist dem Menschen vorbehalten, welcher als einziges Lebewesen auch seine Erdenzeit einteilt in Werktage (mit

Wirken und Versagen darin) und in Sonn- und Feiertage (der religiöse Aspekt des Herrschers über die Schöpfung mit dem Wissen um das Soli Deo gloria = Ehre gebührt Gott allein). Und wir sind im personhaften Gegenüber einander als Menschen zugeführt. Das verfehlen wir auch auf Schritt und Tritt. Die staunende Frage des Ijob (7,17ff) wird um so drängender: „Was ist der Mensch, daß du, Gott, ihn groß achtest und dich um ihn kümmerst? ... Warum blickst du nicht einmal von mir weg?"
Denn – so geht der Gedanke menschlicher Verselbständigung weiter – wir wollen als Ebenbild Gottes ihn auf Erden ‚vertreten' im Sinne von ‚ersetzen'. Das ist u. a. im Humanismus und Marxismus ein Ziel. Wir Menschen schaffen durch unseren Geist und durch Arbeit jedoch die Weltprobleme. Die von Gott abgewandte Eigenwilligkeit bewirkt immer mehr Zerstörung und Unheil. Die ‚Umwelt-Problematik' ist ein Beispiel; die vielen „auf der Strecke gebliebenen" Menschen sind weitere Beispiele. Es bleibt dabei: „Alles ist an Gottes Segen und an seiner Gnad gelegen über alles Geld und Gut."

2.1.2 Hiermit ist unser *Sündersein* angesprochen, hinter dem das ethische Dilemma steht: wer handelt, wird schuldig. Wir leisten und erreichen nicht, was wir sollen, wozu wir da sind. „In einem bestimmten Sinne kann man sagen, daß die christliche Ethik ihren besonderen Zugang zur Grundfrage des Menschen dadurch gewinnt, daß sie das Problem der Sünde des Menschen zuläßt ... Sie räumt der Differenz von Wollen und Vollbringen einen zentralen Platz im Bewußtsein des Menschen von sich selbst ein ... Ethik ist dann nach christlichem Verständnis nicht allein die Lehre vom Guten und vom richtigen Leben, sondern auch und umfassender die Lehre vom Umgang des Menschen mit der ganzen Wirklichkeit, also auch mit dem, was das andere des Guten ist, mit der Sünde, dem Bösen, dem Widerspruch und Konflikt" (T. Rendtorff, Ethik Bd. I, 1980, S. 41). Die alttestamentliche Weisheit (Weish 5,13) stellt nüchtern fest, daß der Mensch zwischen Geburt und Tod „keinerlei Tugend aufzuweisen" hat. Jesus betont, daß aus dem (unerlösten) Herzen des Menschen böse Gedanken, und damit entsprechende böse Taten kommen (Mt 15,19). Ethik ist biblisch gesehen, immer Ethik nach dem Sündenfall.
Die Sünde zeigt sich in vielen Gestalten der seinen Auftrag verfehlen-

den Ichhaftigkeit des Menschen, dem erstrebbare Tugenden nur die sind, welche ihm selbst nützlich erscheinen. Sünde ist die vielfache und grundsätzliche Fehlentscheidung auf dem Wege des Erreichens unserer menschlichen Verbindung zu Gott und zum anderen hin. Sünde ist der Widerspruch gegenüber Gott und seinem Gebot ebenso wie gegenüber dem Angebot des Evangeliums in Jesus Christus. Sünde ist Auswirkung der *menschlichen Anmaßungen*, die Gen 3 mit dem Sein-wollen-wie-Gott begannen: Der Mensch maßt sich übermütige Herrschaft auf Erden an (Griff zur verbotenen Frucht), das Richten und (Ab)urteilen in fast allem (weil er gut und böse zu unterscheiden weiß), zuletzt noch der Griff zur angeblich erfolgreichen Selbsthilfe (der jämmerliche Schurz aus Feigenblättern). Auch in der Lebenshaltung der bekennenden Christen ist das erkennbar, woraus schnellfertig das bekannte Urteil kommt „Die Christen sind auch nicht besser". Die Bibel ist voller Beispiele dafür, daß die Frommen nicht ‚besser' sind als gottlose Menschen. Sie macht nur die drei Ausnahmen Noach, Daniel und Ijob (Ez 14,14–20). Aber die Bibel zeigt zugleich den Weg, auf welchem Sünder die Orientierungshilfen für ein besseres Leben erhalten, damit es wieder ‚in Ordnung' kommt.
Weniger auf die dogmatische Seite der Überlegungen zur Sünde richten wir uns hier aus – obwohl sie unerläßliche Voraussetzung bleibt, was erneut betont sei – als viel mehr auf die ethische. Dabei kommen Fragen nach der *Gewichtigkeit von Sünde* auf. Nach evangelischem Verständnis gibt es keine Einteilungen in läßliche bis Todsünden; denn „wer das ganze Gesetz hält und nur gegen ein einziges Gebot verstößt, der hat sich gegen alle verfehlt" (Jak 2,10). Weil Sünde Abwendung von Gott ist, ist ein einziger Schritt auf dem Abwege in den Abgrund nicht harmloser als tausend; die Richtung als solche ist verkehrt, ist gott-los. Deshalb kann einen die mitgenommene Büroklammer oder die harmlose Flunkerei im Gewissen genauso quälen wie andere der Mord. Sünde ist weder zu bagatellisieren noch ungeschehen zu machen. Bei allen ethischen Entscheidungen darf das nicht übersehen werden.
Sodann ergeben sich Fragen nach der *‚Schuldfähigkeit'* (im Sinne rechtlicher und psychologischer Beurteilung), wie sie etwa in verschiedenen Lebensaltern unterschiedlich vorhanden sind. Sowohl das Kleinstkind wie der sklerotische Alte sind für manches ‚böse' Verhal-

ten und Tun nicht verantwortlich zu machen. Man denke vergleichsweise rein physiologisch an die Sehschärfe, die beim 20jährigen Menschen im Durchschnitt 100% beträgt und dann allmählich abnimmt, bis sie beim 60jährigen noch 74% und beim 80jährigen nur noch 47% beträgt. Demnach erkennt der 60jährige (ohne den korrigierenden Eingriff in die Natur durch eine Brille) im Straßenverkehr ein Hindernis erst ein Viertel der Zeit später als der junge Mensch. Also nicht in jeder Lebenslage und unter allen Umständen können die gleichen ethischen Forderungen erhoben werden. Ebensowenig darf aber gefolgert werden, die Intelligenz lasse im Alter grundsätzlich nach und bewirke Abbau von Verantwortung. Christliche Ethik berücksichtigt das alles und weiß angesichts der Veränderbarkeit der Menschen auch zu unterscheiden im Begriff der Schuld. „An etwas schuld sein" kann bedeuten, daß jemand das Zustandekommen eines Übels verursachte, wobei dahingestellt sei, wie es dazu kam. Schuld an etwas sein, kann aber auch auf das sittlich bewußt ‚schlechte', verwerfliche und damit verantwortungslose Verhalten zurückzuführen sein, das juristisch faßbar ist. Beim Nachdenken über Grenzsituationen wird diese Erkenntnis vonnöten sein.

Die ethisch nötige Erkenntis der menschlichen Schuldfähigkeit ändert nichts daran, daß er nach biblischem Urteil grundsätzlich zu guten Werken unfähig und infolge seiner Abkehr von Gott wiederum ganzheitlich (nach Leib, Seele und Geist) der Sünde, und damit dem Tode verfallen ist. Wieso der Mensch als Gottes Geschöpf und Ebenbild der Sünde und dem Tod anheimgegeben ist, bleibt letztlich ein Geheimnis. Die Bibel gibt keine Antwort und außerbiblisches Nachdenken findet erst recht keine Lösung. Aber es bleibt die Tatsache, daß Gott den Menschen mit seinem Eigenwillen buchstäblich in sein Verderben „laufen läßt". Paulus gebraucht den Begriff „dahingegeben" (Röm 1,24–27) und zeigt, daß der Mensch, ja die ganze Menschheit (durch Atomkrieg und ‚Overkill' oder Umwelt-Zerstörung!), sich sogar selbst richtet.

2.1.3 Die christliche Botschaft weiß jedoch mehr zu sagen: der Mensch ist vergänglich, *ist ‚Staub'* (Ps 103,14). *Und doch* ist ihm „das *ewige Leben*" verheißen (1 Joh 2,17). Nicht unsere Fähigkeiten und kreatürlichen Besonderheiten sind bestimmend, sondern weil wir zum Bilde

Gottes geschaffen und berufen sind. Gott bleibt bei seinem Plan und schafft durch Christus das neue Menschenbild, die neue Schöpfung (2Kor 5,17). Zwar bleibt in naturwissenschaftlicher Sicht letztlich sich selbsterhaltend der Mensch des Menschen Wolf (homo homini lupus, eine Formel von Th. Hobbes), aber in seinem Sein und Handeln ist er mehr als Biologie erfassen kann. Der Geist des Menschen läßt sich nicht durch Eigenschaften der Gehirnzellen erklären oder nachweisen. Der Mensch ist keineswegs von seinen Genen dirigiert. Das gilt trotz der eindrucksvollen Berechnungen über die ‚genetische Bibliothek' des Menschen, welche so viele ‚Buchstaben' ergeben, wie sie 1500 Bücher von je 500 Seiten Umfang enthalten. Deren Verschlüsselung zum ‚Text Mensch' liegt in seinen 46 Chromosomen vor, und zwar gleich in doppelter Ausführung. Das ist die wunderbare kreatürliche Seite, der Gott sich zuwendet, und zwar im Mensch gewordenen Gottessohn Jesus Christus als Erlöser und Befreier. Das ist Gottes Humanisierung = Menschwerdung, die die ‚Menschwerdung des Menschen' ermöglicht.
Die gestellte Frage aus Psalm 8 bleibt: Was ist der Mensch? Antworten gibt es darauf so viele, wie sich Wissenschaften um den Menschen bemühen, also Anthropologien entwerfen. Neben der erwähnten biologischen Anthropologie gibt es die psychologische, soziologische, pädagogische, ideologisch-politische, philosophische, kulturelle, technische, auch allgemein religiöse Anthropologie. Jeder Entwurf hat seinen Part wie in einem Orchester zu spielen.

2.1.4 Neben und mit allen diesen kommt die theologische Sicht im Zusammenhang mit Gen 3,5 in den Blick, wo der Mensch nach dem „Baum der Erkenntnis" griff und seither *weiß und beurteilt „was gut und böse ist"*. Sofort wendet er seine intellektuellen Fähigkeiten an, um zu trennen, zu scheiden, sich abzusichern und sich zu entschuldigen. Diese Art der ursprünglichen ‚Emanzipation' verschafft dem (durch seine Sünde gefallenen) Menschen alsbald Nachteile und Enttäuschungen. Sein Wirken verschlechtert alles, es wird ärger (das ist das Gegenwort zu ‚besser') mit ihm. Deshalb gilt: „Mensch, ärgere dich nicht!", sondern besinne dich wieder auf deine Bestimmung von Gott her! Das ist die Bekehrung hin zum erneuerten

Menschenbild in Christus, der keine hoffnungslosen Fälle will und den Weg zum vollen Menschsein zeigt.
Gott erweist sich sowohl als der eigentliche Richter (nach dem ‚Sündenfall' die Verbannung aus dem Garten Eden und Auferlegen der Arbeit als Mühe mit dem Hinweis auf das Staubsein des Menschen) und zugleich als der gnädige Erhalter seines Geschöpfes, das er nach wie vor liebt (Bekleidung des Menschen und Anweisung eines Lebensraumes, seinen Kosmos). Der Mensch ist also der Mensch *in* der Welt; theologische Erkenntnis fügt hinzu: er ist „aber nicht *von* dieser Welt" (Joh 15,18f). Gott bietet uns Menschen allezeit im Zusammenspiel der Instrumente der erwähnten anthropologischen ‚Symphonie' immer wieder neue Chancen zum Tun und Lassen. Doch erst in Jesus Christus und seinem Geschenk der Rechtfertigung von uns Sündern eröffnet sich die Richtung zu unserer Heiligung.

2.2 Rechtfertigung und Heiligung

Mitten im Geflecht von Regeln und Vorschriften, von Sollen und von Erwartungen weiß der Mensch um seine Unzulänglichkeit und sein Versagen. Seine Bemühungen zur ‚Selbstverwirklichung' (was tiefenpsychologisch mehr ist als eine Ich-Werdung) in Richtung auf ein meist kaum geklärtes und ausgedachtes Zielbild hin bleiben auf der Strecke. Allenfalls kommt eine Art natürlicher Religion dabei heraus, die mit Gott in Christus kaum noch etwas zu tun hat. Wie wir aus dieser Zwangslage und Klemme herauskommen können, das wird in der Theologie mit dem Hinweis auf die *Rechtfertigung* dargestellt. Sie besagt aufgrund des Evangeliums: Weil Gott trotz unserer Unwürdigkeit Ja zum Menschen sagt und ihn liebt, wird dessen Gottebenbildlichkeit in ihrer dreifachen Bestimmung als Gotteskind, als Nächster und als Herrscher der Erde wiederhergestellt und zum Ziel geführt. Das ist in Jesus Christus ermöglicht und geschehen; „in ihm hat Gott uns erwählt vor der Erschaffung der Welt, damit wir heilig und untadelig leben vor Gott; er hat uns aus Liebe im voraus dazu bestimmt, seine Kinder zu sein durch Jesus Christus" (Eph 1,4f). Durch Jesu Gehorsam wurden die Vielen zu Gerechten (Röm 5,19) und zum Gehorsam berufen (Röm 6,16–18).

Damit ist auf den christlichen Glauben hingewiesen, welcher hört und annimmt, daß Gott zu uns Menschen redet und sagt: Durch das Erlösungswerk Jesu Christi ist unsere Finsternis Licht geworden, sind wir vom abschüssigen Weg zum Verderben hinübergerettet auf den Weg der Wahrheit und des Lebens (Joh 2,19–21; 14,6). Sein Opfertod am Kreuz und seine Auferstehung haben das für uns bewirkt. Der Christenmensch ist der von Gott geliebte Gottlose, er lebt also nur aufgrund dieser Vergebung und des Erbarmens Gottes mit ihm. Jede Art von Vertrauen und Stützen auf sich selbst und die Entfaltung innerer, sittlicher Kräfte oder Leistungsfähigkeiten wird fallengelassen zu Gunsten der klaren Erkenntnis: durch Christi Wirken sind wir Gottes Kinder und Miterben Jesu (Röm 8,17). Die Strafe, die wir eigentlich verdienen, ist uns erlassen, ‚geschenkt'; statt dessen haben wir die Zusage der Gotteskraft, „die alle unsere Tugenden außer Kraft setzt ..., unsere *frommen* Werke unwirksam macht" (Hanfried Müller, Ev. Dogmatik im Überblick, Teil 1, 1978, S. 178).
Das Geschenk dieser Freiheit kommt aus der Sündenvergebung und dem Erkennen, daß wir Menschen auf Gottes Zuwendung und Führung im Heiligen Geist überall und jederzeit angewiesen bleiben. Für den gerechtfertigten Sünder bekommt alles eine neue Sicht, die ihn froh und auf die Zukunft zuversichtlich sein läßt. Nur aufgrund der Rechtfertigung ist die christliche ethische Forderung zu erheben.
Das zeigt sich dann folgerichtig in unserem Lebenswandel und Verhalten. Damit sind wir bei dem anderen Begriff, welcher dem der Rechtfertigung zur Seite gehört: *die Heiligung*. Sie ist die Folgerung aus der Rechtfertigung, gewissermaßen die andere Seite ein und derselben Münze. Der gerechtfertigte Sünder ist zugleich geheiligt; und Geheiligtsein bedeutet, daß Gottes Gerechtigkeit durch uns hindurch wirkt und sich in Liebe dem Mitmenschen und der weiteren Welt zuwendet. Das geschieht durch die Wirkung des dreieinigen Gottes im Heiligen Geist. So ist ebenso die Reihenfolge Heiligung und Rechtfertigung zu betonen.
Unser Gedankengang befindet sich in der Nähe jener uralten Überlegung, was denn nun das Besondere, das Eigentliche, *das Proprium* des christlichen Verhaltens und Tuns gegenüber nichtchristlichem sei. Diese Frage wird im Bereich der Diakonie beim Vergleichen mit humanitärer, sozialer Tätigkeit häufig gestellt. Eine Antwort sei mit

H. Ott (Die Antwort des Glaubens, 1972, S. 330) formuliert: „Das Besondere des christlichen *Handelns* ist das Besondere des christlichen *Glaubens*. Dieser aber bedeutet vertikale Offenheit, radikale Durchbrechung und Überwindung der Verschlossenheit des Menschen in sich selber, des Dranges und Zwanges zur Selbsterhaltung ... Der Hang des Menschen zur Sicherung der eigenen Existenz ... tritt zurück zugunsten der Offenheit für das Du, für die jeweilige andere Person ... Und zwar bringt er dies nicht fertig kraft eigener moralischer Anstrengung ..., sondern kraft des *Geschenkes der Freiheit*, welche das Geschenk der Vergebung der Sünde ist." Das Proprium des christlichen Glaubens und Handelns liegt allein in Christus, der uns sein Liebesgebot gab. Es ist unabhängig von Zeitströmungen und jeweiligen Vorschriften. Je enger die Bindung an Jesus ist, um so ‚christlicher' ist die Ethik.

Die Heiligung ist also uneingeschränkte Hingabe an Jesus Christus und an die Lebensführung durch sein göttliches Wort, wie wir es in der Bibel haben. Das ist im Anfang ein Akt völliger Umkehr von bisheriger Denk- und Verhaltensweise, dann ein Wachsen und Reifen, wie das Neue Testament wiederholt sagt. Es ist eine zielstrebige Jagd, wie Luther Phil 3,12 übersetzte: „Nicht daß ich schon vollendet wäre, ich jage ihm aber nach, es zu begreifen, nachdem ich von Jesus Christus ergriffen bin". In anderer Bildrede stellt Eph 4,24 die Verknüpfung so her: „Zieht den neuen Menschen an, der nach dem Bild Gottes geschaffen ist in wahrer Gerechtigkeit und Heiligkeit." Die Ideale säkular-humanitärer Denkweise werden mit dem Eigentlichen (dem Proprium) des Christseins zusammengestellt; das führt in eine neue Praxis christlich verantworteter Ethik.

Das ist die Grundlegung, die alle christliche Ethik bestimmt, die als solche unmöglich in zementierte Normen und starre, ‚ewige' Gesetzlichkeiten, die für immer und überall auferlegt werden, von Menschen eingefangen werden kann. Angesichts dessen, daß der Christ auf dieser Erde stets und zugleich Sünder sowie Gerechtfertigter bleibt, gehören zu seinem Leben Irrungen und Versuchungen, Versagen und manche Lieblosigkeiten. Dennoch ist sein Leben die Berufung zum Mitarbeiter Gottes in der Heiligung und am Evangelium (vgl. 1Kor 3,9; 1Thess 3,2). Das Handeln des Christen folgt dem Sein des Christen (agere sequitur esse), das ein neues gehorsames Leben in der

Freiheit Christi ist. Im Blick auf unser kreatürliches Menschsein gehören dazu Gottes Wohltaten des Vergessens (unseres Versagens und unserer ungezählten Verfehlungen) und des Erinnerns (an den neben uns lebenden und ebenso von Christus geliebten) Nächsten.
Damit haben wir erste Antworten auf die zu Anfang des Kapitels gestellten Fragen: Was ist getan? und Was bleibt zu tun? Gott hat uns in Christi Heilandswerk grundsätzlich erneuert und in ihm die ganze Schöpfung zur endgültigen Vollendung ausgerichtet. Wir sind als seine Beauftragten und Mitarbeiter zum entsprechenden Glaubensgehorsam eingeladen und befähigt. Unser Verhältnis zu Gott ist bestimmt von dem, was Gott für uns ist und was er uns geschenkt hat. Dem glauben wir, das heißt, wir gründen unser Leben auf dem Felsen, der Christus heißt (1 Kor 10,4). Dieser ist sozusagen die Operationsbasis, der Ausgangspunkt (so die Urtextbedeutung in Gal 5,13f), von wo der Liebesgehorsam ausgeht.

2.3 Nachfolge und Opfer

Mit den Ausdrücken Nachfolge und Opfer haben wir es mit zwei Leit- und Kernbegriffen christlicher Ethik zu tun, die dem biblischen Wortschatz in herausgehobener Stellung angehören. Sie gehören zusammen; denn der Gedanke vom leidenden Opfer ist mit dem der Nachfolge ebenso verbunden wie umgekehrt Nachfolge nicht ohne den Dienst des Opfers christlich möglich ist.

2.3.1 Wir lassen hier jenes Verständnis von *Nachfolge* beiseite, wonach der Ausdruck im biblischen Verständnis fast gleichbedeutend mit ‚Glauben' ist. Uns geht es um die ethische Gefülltheit von Nachfolge, die aber nicht ohne den anderen Aspekt ist, wonach die Nachfolge die Liebe Jesu zu uns und unsere Liebe zu ihm als Voraussetzung und Mitte hat.
Im Neuen Testament lesen wir verschiedentlich, daß und wie Jesus Menschen in seine Nachfolge berief (u. a. Mt 10,34–39; Mk 1,16ff; Lk 9,57–62). In diesen Nachfolge-Texten ist ein Bruch zum bisherigen Leben einschließlich mancher bis dahin selbstverständlichen Sittengebote erwartet. Nachfolge Jesu hat ihren Einsatz. Schon im Alten

Testament ist das der Fall für den, der Gott gehorchen und seinen Bund halten will. Die Folgen sind familiär, persönlich, sozial und politisch (vgl. Abraham, den ‚Ausländer auf Befehl' in Gen 12, Jakobs Versprechen am Jabbok in Gen 32, die Moabiterin Rut in Rut 1,16 u.ö.).

Christliches Dasein ist ein Leben in der Nachfolge. Gott selbst ruft die Menschen durch seine Boten und sein Wort zum Wagnis des Glaubens aus bisherigen Bindungen und Verpflichtungen heraus in eine Zukunft, die vorerst zwar noch mitten in der Welt bleibt, aber unter der Führung des Heiligen Geistes in ihr dem Wirken dieses Geistes Raum gibt. Auf diese Linie wird Nachfolge Christi das Mitgehen seines Weges, wörtlich „hinter ihm hergehen". Christliche Ethik entspringt weder aus irgendeinem befohlenen Sollen noch einer menschlichen Qualität, sondern sie bindet sich an die Person ihres Herrn. Er sendet und beauftragt zum Dienst, der diakonisches Geschehen wird. Und „da der Heilige Geist kein Müßiggänger ist, sondern immerzu Gottes Werk an uns tut, schließen sich Warten und Vertrauen auf ihn und ein angeblich ganz der ‚Gnade' zugewandter ‚christlicher' Müßiggang in jedem Falle aus" (G. Müller, Verantwortliches Leben, 1973, S. 29). Letzteres führte in die Nähe der stoischen Ethik mit ihrer Apathie und Distanz von den Dingen und Menschen. G. Müller baut seine Ethik vom Begriff der Nachfolge her auf und zeigt, wie von der ‚Nachfolge-Ethik' her die Grundlegung christlicher Ethik möglich ist, denn mit ihr ist das tätige Christsein weder durch Institutionen jeder Art einzufangen noch durch Ideologisierungen zu normieren. Die Entfaltung der Nachfolge-Ethik bleibt ebenso an Christus gebunden wie sie weltbezogen ist, ohne sich über deren Zustand Illusionen zu machen.

Wichtig ist, den alten Irrtum zu vermeiden, mit Nachfolge sei eine Nachahmung Christi (Imitation) gemeint. Das legt sich nahe wegen der Sprachverwandtschaft im Deutschen, vor allem wegen der schon zu neutestamentlicher Zeit bekannten und aus der griechischen Philosophie stammenden Forderungen einer Nachahmung etwa göttlicher Eigenschaften wie Vollkommenheit, Barmherzigkeit, oder auch Martyrium (Mt 5,48; Mk 8,34; Lk 6,36). Wenn Jesus jedoch Joh 13,15 sagt: „Ein Beispiel habe ich euch gegeben, damit auch ihr so handelt, wie ich an euch gehandelt habe", dann ist damit Bezug genommen auf

die oben gestellte Frage „Was ist getan?“, die uns aber zu der anderen Frage weiterdrängt „Was bleibt zu tun?“ Nach Dietrich Bonhoeffer, der 1937 eine Studie mit dem Titel ‚Nachfolge‘ schrieb, ist von gerechtfertigten Menschen ein ‚außerordentliches‘ Leben zu erwarten, das als Liebeswerk wohl in ‚Verborgenheit‘ geschieht, aber in der Öffentlichkeit wirkt und damit an seinen Früchten erkannt wird.
Nachfolge ist nach ihrer ethischen Seite kein Drauflos-Wirken, das blindlings einen zufälligen Weg geht. Jesus erwartet von seinen Nachfolgern durchaus Planen und Mitdenken, Ordnen und überschlägiges Vorausrechnen (Lk 14,25–35). Das gilt für den privaten Lebenskreis ebenso wie für die öffentliche Verantwortlichkeit, in der ethisches Wirken als Nachfolge immer die Sachzwänge, Umstände und Möglichkeiten vor dem Handeln zu überprüfen hat. Nachfolge bleibt nicht konfliktfrei, denn der Christ als Christi Nachfolger ist „Kreuzträger“ (Mt 16,24).
Nachfolge ist gegenüber Jesu Ruf ein Akt des „einfältigen Gehorsams“ (wie Bonhoeffer sagt) mit dem Wissen, daß er zum Dienst an der Welt und in ihr führt und zugleich dem Christen das Wagnis der Fremdlingschaft, sogar des Gehaßtwerdens in seiner Umwelt zumutet (Joh 15,18–21; 16,33; 20,20–27; Apg 4,2f; Phil 3,20). Ein Beispiel dafür ist die alte Legende von Christophorus, der nur dem mächtigsten Herrn in der Welt dienen wollte. Der Nachfolgende weiß, daß er von Gottes Geist nicht verlassen ist, daß sein Entscheiden und Tun von der vergebenden Liebe Gottes umspannt bleibt und daß auch für ihn der ‚Lohn‘ die Vollendung des Reiches Gottes in Herrlichkeit ist. Die Antwort des Glaubens auf den Ruf Jesu ist, dem Versöhner selbst nachfolgen. Offb 14,4 (die einzige neutestamentliche Stelle, an der der Begriff Nachfolge außerhalb der Evangelien vorkommt) spricht in dem Zusammenhang von jenen Treuen und Reinen, die „dem Lamm nachfolgen, wohin es auch geht“. Und Paulus sagt 1Kor 3,9 unter Verwendung anderer Bilder, daß „wir Mitarbeiter Gottes sind“, die auf seinem Ackerfeld und Bau tätig sind.

2.3.2 Mit dem Ausdruck Lamm ist ein Wort gefallen, das in den Umkreis des *Opfers* gehört. Wiederum haben wir es mit einem Wort zu tun, das zunächst im religiös-kultischen Bereich vorkommt, hier aber auf seine ethische Bedeutung hin vorzustellen ist. Das darf nicht in dem Sinne geschehen, wie gegenwärtig der Opferbegriff inflationär und verweltlicht gebraucht wird. Wofür und worin alles der moderne Mensch ein ‚Opfer' bringen soll, ist schier unübersehbar. Meist handelt es sich um irgendwelche öffentlichen oder privaten Appelle zum Abgeben oder Verzichten auf Rechte, Vermögen, Vergünstigungen. Das wird auch in die Frömmigkeit christlicher Herkunft übertragen mit dem Verlangen, durch eigene Verzichtentscheidungen und durch Hinwendung zum Unterdrückten oder notleidenden Mitmenschen dessen Besserung zu bewirken. Zwar wird solches Verlangen auf Jesus Christus zurückgeführt, er gilt dabei aber oft nur als der Anreger, das Vorbild, dessen Beispiel nachgeahmt wird.

Zuweilen wird das Wort Opfer verwendet bei jemandem, der sich freiwillig, öfter aber genötigt für andere ‚aufopfert', und zwar so, daß jener dann der ‚Sündenbock' für anderer Verfehlungen ist und ‚in die Wüste geschickt' wird (wie das Sprichwort sagt). Hinter dem Vergleich steht ein in Lev 16,8–10 erwähnter Ritus vom Großen Versöhnungstag, bei dem die Sünde des Volkes aus dessen Mitte hinausgeschafft wird. Man selbst ist danach ‚fein heraus', und vom ‚Opfer' im landläufigen Verständnis ist nichts mehr übrig. Ein anderer Mißbrauch ist die peinliche Verwendung des Opferbegriffes bei Kollektenaufrufen, deren Ergebnis selten etwas von spürbaren Einschnitten ins persönliche Dasein zeigt.

Dennoch gibt es das Opfer der Christen, das ein Anteilhaben am Sühneopfer Jesu Christi ist, welches er am Kreuz vollbrachte, und zwar stellvertretend für uns. Der heilige Gott hat durch das Opfer seines Sohnes uns sündige Menschen und die ganze Welt versöhnt (Röm 5,10; 2 Kor 5,18–20; 1 Joh 4,10). Opfer ist also gerade nicht das Zurückziehen von anderen, wie an Gottes Heilshandeln zu unserer Rettung sichtbar geworden ist. Nur Christus ist – nach Bestimmung von Ewigkeit her – „das Lamm Gottes, das die Sünde der Welt hinwegnimmt" (Joh 1,29; 1 Ptr 1,19f). Durch sein einmaliges und einzigartiges Opfer „reinigt Christus unser Gewissen von toten Werken, damit wir dem lebendigen Gott dienen" (Hebr 9,14).

Während im Blick auf Christus eindeutig vom Opfer zu sprechen ist, sollten wir Menschen strenggenommen den Begriff auf uns nicht oder höchstens sehr zurückhaltend verwenden; denn auf uns fällt keinerlei Ruhm jener Stellvertretung. Menschliches Tun und Erleiden hat keine heilsgeschichtliche Bedeutung. Es ist vielmehr das selbstverständliche Tun „unnützer Sklaven“ (Lk 17,10), die ihre Schuldigkeit tun als Dank gegenüber Christi Opfer für uns. Wenn ein Mensch sich jedoch aufopfert, dann ist das nicht im voraus berechnet. Es widerfährt dem Betreffenden schicksalshaft. Dazu gehört das Wagnis, sein Leben einzusetzen. Jesus erklärt das mit dem bekannten Wort vom ersterbenden Weizenkorn in der Erde, das erst dann und nur so reiche Frucht bringt. Wer also „sein Leben in dieser Welt gering achtet, wird es bewahren bis ins ewige Leben“ (Joh 12,24f). Er fährt fort: „Wenn einer mir dienen will, der folge mir nach“. Das Sterben wird Gewinn (Phil 1,21), das Erdenleben ist Dasein für andere. Dies ist das Vorzeichen eines Lebens mit Jesus. Opfer in diesem Zusammenhang ist mit der Teilhabe an Christi Opfer das Nachordnen des eigenen Willens unter der Leitung des Geistes Christi; und das hat sich im täglichen Leben zu bewähren.

2.3.3 Hiermit sind wir bei der *Verklammerung der Begriffe Opfer und Nachfolge*. Opfer einerseits meint, daß der Mensch nicht im Sinne heutiger Lebensanschauung irgendwelcher Selbstverwirklichung nachzujagen braucht, sondern als Mitfolgen auf dem Weg Jesu die grundsätzliche Hinwendung zum anderen Menschen vollzieht. Und Nachfolge andererseits ist mit seinem Charakter als Verzicht auf Sicherungen, Selbstbehauptung und eigenwillige Lebensgestaltung das Freiwerden, sein durch Christi Opfer geschenktes Leben einzusetzen. Hierbei vom Opfer zu reden, ist keinesfalls isoliert möglich im Blick auf uns Menschen, für die Jesus Christus sich selbst aufopferte, so daß uns nichts mehr zu opfern übrigbleibt. Deshalb kommt in vielen Ethik-Lehrbüchern das Stichwort Opfer gar nicht vor.

2.4 Leiden und Freiheit

2.4.1 Zu den bekannten vier „Stationen auf dem Wege zur Freiheit“ von Dietrich Bonhoeffer gehört nach Zucht und Tat als dritte das *Leiden*, welches dort mit Gebundenheit, Ohnmacht und Einsamkeit skizziert ist. In biblischem Verständnis werden Leiden und ausgerechnet Freude zueinandergestellt (Spr 14,13 u. ö.). Leiden trägt unübersehbar positive Werte (trotz Sir 30,17); denn Leid führt weit über den Gedanken an Strafe oder dunkles Schicksal hinaus, wie es philosophisches Denken jeder Epoche sah. Im christlichen Verständnis hat Leiden eine besondere ethische Seite, die beispielsweise bei Paulus' (nicht näher bekanntem) eigenen Leiden in einer Gottesantwort an ihn gewertet wird: „Meine Gnade genügt dir; denn sie erweist ihre Kraft in Schwachheit ... Deswegen bejahe ich meine Ohnmacht" (2Kor 12,9f). Ähnliches beobachtete der Philosoph Nicolai Hartmann in seiner Ethik (1962, S. 347ff): Im Christentum gilt das Leiden „als das Freiwerden einer tiefinneren, geheimnisvollen Kraft ... Und Leiden ist der eigentliche Lehrmeister des Wertbewußtseins". Auch für Sören Kierkegaard ist Nachfolge Christi erst im Leiden verwirklicht.

Schlicht verkündet Jesus (Mt 5,4): „Selig sind, die da Leid tragen; denn sie sollen getröstet werden". Das ist ein Hinweis auf das kommende Reich Gottes. Dem Satz gehört zur Seite, daß Christen einander die Lasten zu tragen helfen sollen (Gal 6,2), womit wiederum die ethische Bedeutsamkeit des Leidens angesprochen ist, worin das ethische Handeln einen Höhepunkt erreicht. 1Kor 12,26 sagt Paulus zur Herstellung der Zusammenhänge: „Wenn ein Glied (gemeint ist am Leib, der die Gemeinde Christi darstellt) leidet, leiden alle Glieder mit". Damit wird das Lied von Johann Lindemann aus der Zeit des 30jährigen Krieges verständlich, das mit dem scheinbaren Widerspruch beginnt: „In dir ist Freude in allem Leide, o du süßer Jesu Christ". Zur selben Erkenntnis dringt schließlich auch Ijob durch, der das alttestamentliche Hauptbeispiel für den leidenden Menschen darstellt, und der sehr lange mit der Sinnfrage ringt. Karl Barth stellt dazu (Kirchliche Dogmatik IV/3, 3. Aufl. 1979, S. 463) fest: Das eigentliche Leiden von Ijob besteht „in dem Zusammentreffen seines tiefen Wissens darum, daß er es in dem, was ihm widerfahren ist und aufliegt, mit Gott zu tun hat – mit seinem ebenso tiefen Nicht-Wissen darum, inwiefern er es darin mit Gott zu tun hat. Im Streit seines Nicht-Wissens gegen sein Wissen tut und hat er Unrecht, (denn) er weiß, daß er es mit Gott zu tun hat. Darin ist und bleibt er im Recht".

Wir stehen vor der uralten, zutiefst menschlichen Frage nach dem Warum (Theodizee ist der theologische Fachausdruck). Nur christliche Botschaft kann darauf hinweisen, daß noch so tiefe Dunkelheit im

Menschenleben von Gott her Licht wird (2Kor 4,6; Joh 1,4; 3,19ff). Dem ist der Aufruf angefügt (Eph 5,8f; Kol 1,12): „Jetzt seid ihr durch den Herrn Licht geworden. Lebt als Kinder des Lichtes!"

Zusammenfassend läßt sich folgern: Das Leiden ist in mehr oder weniger großer Nähe ein steter Lebensbegleiter des Menschen. Alle Versuche, es abzuschaffen, es wenigstens aus dem Gesichtsfeld zu verdrängen oder es zu lindern, bleiben letztlich ergebnislos. Das mühsame Leben der Behinderten gehört ebenso in diese Reihe wie Krankheiten und Traurigkeiten, Unterdrückungen, Einsamkeiten und der Mangel an nötigen Lebens-Mitteln, zu denen auch unerwünschte Arbeitslosigkeit gehört. Aber trotz solcher bedrängenden Tatsachen kann der Christ in letzter Folgerung nicht von der Zwecklosigkeit des Leidens reden.

Leiden hängt dennoch mit Tun zusammen, entsprechend wie in der Grammatik Passiv und Aktiv, also die Leide- und die Tätigkeitsform zusammengehören. Gott hört unser Schreien (Ps 18,7) und läßt den – manchmal auch schweigenden – Leidenden wissen: „Gott gedachte es gut zu machen" (Gen 50,20); und dann „schenkt er auch einen großen Erfolg" (Jes 28,29). Ist Gott hinter einer Sache, so können Menschen sie nicht hindern (Apg 5,39).

Der Jünger hat wie sein Meister Jesus das Leidensgeschick zu erwarten (Mt 10,24f). Der Christ wird in die ‚Passion' Jesu mit hineingenommen und gemäß dem „Gesetz Christi" (Gal 6,2) im Kampf gegen das Leid aktiviert. Es führt zum ‚Mit-Leid' (Hebr 4,15; im Griechischen heißt es wörtlich sympathisieren!), also zur wahren Mitmenschlichkeit. Als Folge ist der Einsatz aller persönlichen und gesellschaftlichen Kräfte zum Vermeiden oder wenigstens Lindern des Leides zu erwarten. Eine Reihe von Berufen widmet sich dieser Aufgabe. Jedes ethische Wirken ist zugleich vor die ebenso ernüchternde wie tröstliche Erkenntnis gestellt, „daß die Leiden der gegenwärtigen Zeit nichts bedeuten im Vergleich zu der Herrlichkeit, die an uns offenbar werden soll" (Röm 8,18).

Daneben sei aus der alttestamentlichen Weisheit ein Gedankengang vorgestellt, der in Verbindung mit den christlich oft kaum verantwortbaren Reden gebraucht wird, die Todesfälle durch Unglück, Unfall, Hinrichtung, Mord als ‚das Schlimmste' bezeichnen. Der alte Weise schrieb (Weish 3,1–4): „Die Seelen der Gerechten sind in

Gottes Hand, und keine Qual kann sie berühren. In den Augen der Toren sind sie gestorben, ihr Heimgang gilt als Unglück, ihr Scheiden von uns als Vernichtung; sie aber sind im Frieden. In den Augen der Menschen wurden sie gestraft; doch ihre Hoffnung ist voll Unsterblichkeit". Aus diesen Gründen sind Verzweiflung, völlige Mutlosigkeit oder gar Nihilismus (ein Verhalten, das auf dem Gefühl der Leere und Sinnlosigkeit des Lebens beruht und von völliger Trägheit oder Funktionierbarkeit als Rädchen im technischen Weltgetriebe bis hin zur Verachtung jeder Sitte treiben kann) keine für Christen gemäße Lebenshaltung.

2.4.2 Wir erinnern uns, daß Leiden nach Bonhoeffer eine der Stufen auf dem Wege zur *Freiheit* ist, zu denen schießlich noch der (soeben erwähnte) Tod hinzugehört als „höchstes Fest auf dem Wege zur ewigen Freiheit". Bonhoeffer schließt seine Besinnung, deren Verwirklichung er selber erlitt, mit den Worten: „Freiheit, dich suchten wir lange in Zucht und in Tat und in Leiden. Sterbend erkennen wir nun im Angesicht Gottes dich selbst".

Ethisches Handeln des Christen ist ein Handeln aus einer Freiheit heraus, zu der „uns Christus befreit hat" (Gal 5,1.13). Diese Freiheit beläßt uns Gott auch dann, wenn wir Menschen sie beschmutzen und mit Füßen treten; denn jede Freiheit ist Freiheit zum Guten und zum Bösen. Gottes Freiheit für uns ist der Auftrag, ein christliches Leben zu führen, und vor allem schafft er die Möglichkeit dazu. Jak 1,25 spricht dabei vom „vollkommenen Gesetz der Freiheit"; wer danach tatsächlich handelt – statt es sich nur anzuhören und alsbald zu vergessen – „der wird durch sein Tun selig sein".

Das scheint eine zwar gut gemeinte, aber letztlich unwirkliche Erklärung zu sein. Allgemein bekannt ist doch, daß jeder Mensch den Gesetzen des Stirb und Werde, den Gesetzen von Physik, Chemie und Physiologie unterliegt. Außerdem ist er abhängig von seinen Veranlagungen, seinem Lebensverlauf, seiner ihn umgebenden Gesellschaft und vielen anderen Bedingungen. Es ist also festgelegt (= determiniert). Der Mensch unterliegt somit erheblich der Fremdbestimmung, ist ‚außengelenkt', wobei ihm weder eine rechte Willens- noch eine nennenswerte Handlungsfreiheit übrigbleiben, oft nicht einmal Gedanken- und Redefreiheit, geschweige denn Gewissens- und Reli-

gionsfreiheit, um nur einige Freiheiten als Erscheinungsformen dieses hohen ethischen Prinzips zu nennen. Hinzugefügt sei nur noch die angebliche Fremdbestimmtheit durch die Sterne, also das (freiwillige!) Vertrauen auf die Gesetze der Astrologie oder auch der manipulierte Mensch der Moderne. Angesichts solcher Determiniertheit bleibt scheinbar kaum Platz für das Gegenteil, den Indeterminismus mit der dazugehörenden Autonomie des Menschen. Und die christliche Botschaft ist dann gänzlich verdrängt.
Trotz der biologischen, psychologischen, soziologischen, ökonomischen und politischen vielfachen Abhängigkeiten und Bindungen bleibt die biblische Erkenntnis dabei, daß der Christ entgegen allem Anschein in einer herrlichen Freiheit lebt, die mit der Entlassung aus dem Verhaftetsein an Schuld, Umwelt und Vergänglichkeit beginnt. Die enge Verbindung mit Christus und seinem versöhnenden Heilswerk, das er im Leiden für uns vollbrachte, besteht in der Mitfreude über die Wirkung der Vergebung (Glaube), dem Mitleiden auf dem Weg der Kreuzesnachfolge samt der Hinwendung an den Nächsten (Liebe) und in der Miterwartung der Vollendung in Herrlichkeit (Hoffnung): es sind drei Elemente christlicher Befreiung, die der Heilige Geist bewirkt. Das ist die Freiheit derer, die sich – scheinbar widersprüchlich – an Christus gebunden wissen und nach seiner Ordnung leben, die insofern in Verantwortung leben.
Entsprechend sind *die Zehn Gebote* (über die wir noch an anderen Stellen nachzudenken haben) Zeugnis wahrer Freiheit des Menschen. Hiermit ist die Zusammengehörigkeit von Freiheit und Ordnung angedeutet. Jene für sich genommen führt zu Sinnlosigkeit und Willkür, diese für sich genommen ist sehr bald keine Ordnung mehr, sondern das Grauen vom Entzug aller Entscheidungsfreiräume und letzten Endes totale Unmenschlichkeit. Zusammen bilden Freiheit und Ordnung eine lebensfähige Einheit. Sie sind wie die beiden Seiten einer Münze.
In der Praxis verschiebt sich das mögliche Erstreben einer ‚Freiheit von' allerhand Fesseln des Lebens (auch der Sünde) hin zur ‚Freiheit in' bewährten Formen des Zusammenlebens und des durch Christus geschenkten neuen Daseins, ja bis hin zur ethisch qualifizierten ‚Freiheit für' andere. Dann wird Freiheit wahrgenommen in Verantwortungsbereitschaft. So kann Paulus über die Freiheit des Christen

schreiben „Mir ist alles erlaubt“ (1Kor 10,23); jedoch der höchst wichtige Zusatz lautet, „aber nicht alles ist nützlich, heilsam und auferbauend“. Darauf kommt es beim Gebrauch der Freiheit an. Zu ihr gehören die Nächstenliebe und der Gebrauch der Vernunft.
In einem berühmten Doppelsatz hat Martin Luther 1520 das biblische Verständnis gerafft. Er begann sein Sendschreiben „Von der Freiheit eines Christenmenschen“ im deutschen Text mit den Sätzen: „Ein Christenmensch ist ein freier Herr über alle Dinge und niemandem untertan. Ein Christenmensch ist ein dienstbarer Knecht aller Dinge und jedermann untertan.“ Wir merken, eine Freiheit an sich und für sich gibt es nicht; denn Freiheit ist eine Relationsgröße, das heißt ein Gottesgeschenk, das nur im Vollzug der Beziehung zu Gott und zum Mitmenschen verwirklicht wird. Solche gebundene Freiheit ist ein Geheimnis, das „darin dimensionale Weite gewinnt, daß Freiheit und Gebundenheit ineinander liegen und ineinander lebendig sind ... Das freiheitliche Wollen ist zugleich ein Sollen, und das gebundene Sollen ist zugleich ein freiheitliches Wollen“ (P. Jacobs, Grundlinien christlicher Ethik, 1959, S. 29f). Darin unterscheidet sich christlich bestimmte Freiheit vom naturrechtlichen Freiheitsbegriff. Das im Neuen Testament verwendete griechische Wort für Freiheit deutet das an: eleutheria (daher stammt unser Wort ‚Leute‘!) war ursprünglich das politisch freie Volk, in dem sich jeder in die Ordnung der Bürgerschaft eingebunden hatte. Im christlichen Verständnis bleibt die geschenkte Freiheit an ihren Geber gebunden, der sie zum Wohl aller Menschen eingesetzt wissen will. Christliche Freiheit ist Mündigkeit zur christlichen Verantwortung.
Die praktizierte Freiheit und das Leiden werden zusammengeführt. Das betont Jesus in seinem Gleichnis vom barmherzigen Samariter (Lk 10,25–37), worin er zeigt, daß manche Menschen ihre Freiheit insofern mißbrauchen, als sie am Leidenden vorüberziehen, während ein anderer buchstäblich gestoppt wird („hatte er Mitleid“) und dann ein ganzes Bündel freier Entscheidungen trotz Gefahren, Zeitverlust und Lästigkeiten in die helfende Tat umsetzt. Der Samariter war jenseits von selbstsüchtiger Angst und frei zur gebotenen Sachlichkeit. Darin war er gebunden an den Nächsten. Er ordnete im Augenblick, als er den Überfallenen in seiner Hilflosigkeit sah, seine Prioritätenliste an Vorhaben neu und gewann die Freiheit, auf den anderen umfas-

send einzugehen. Das Gleichnis ist also auch ein Lehrbeispiel für die ethische Forderung, die in der von Christus geschenkten Freiheit steckt.

In seiner breit angelegten Ethik hat Karl Barth in dem Teil, den er „das Gebot Gottes des Schöpfers" nennt, (auf 739 Seiten!) vier Kapitel mit dem Begriff der Freiheit verknüpft. Er nennt sie Freiheit vor Gott, Freiheit der Gemeinschaft, Freiheit zum Leben und Freiheit in der Beschränkung. Stets bleibt Gott der Herr über alle und alles, doch sein Geschöpf Mensch darf als Bittender zu ihm kommen und als Freier leben und handeln.

Von diesem Ansatz her ist die Freiheit im weitesten Verständnis in alle ethischen Überlegungen einzubeziehen; sie wird eine Art Schlüssel, mit dem die Pforten zur Entscheidung über das Tun und Lassen erschlossen werden. Der Mensch wählt oft seine Ziele frei, muß aber deren Nützlichkeit und vor allem die Möglichkeiten ins Planen einbeziehen. Aus beiden folgt der Beschluß zum Handeln oder Unterlassen. Freiheit erweist sich somit auch im außerreligiösen Bereich als auf die Zukunft hin ausgerichtet.

2.5 Von der Dankbarkeit (v. Erstes Gebot)

„Lobe den Herrn, meine Seele, und vergiß nicht, was er dir Gutes getan hat", damit beginnt Ps 103. Und Eph 5,20 ist dasselbe mit einem Appell aufgegriffen, Gott „jederzeit Dank für alles" zu sagen. Dankbarkeit ist weit mehr als eine Art Quittieren einer genossenen Wohltat. Das ist sie auch, und das Danken gehört zu den bereits dem Kleinkind beigebrachten Benimmregeln. Im christlichen Verständnis ist Dankbarkeit eine bleibende Grundgesinnung und Lebenshaltung, die sich auf das Geschenk der vergebenden Rechtfertigung bezieht. Doch die Grundhaltung und -gesinnung genügen nicht. Dankbarkeit ist nach biblischem Verständnis etwas Aktives, wie Kol 1,12f; 2,6f zum Ausdruck kommt: „Dankt Gott, der euch befähigte zum Erbteil der Heiligen" und „hört nicht auf zu danken". Christliche Ethik ist Glaube in Aktion, ist tätiges Danken.

Folgerichtig hat in der Reformationszeit der Heidelberger Katechismus seinen Ethik-Abschnitt – nämlich die Auslegung der Zehn

Gebote – unter die Hauptüberschrift ‚Von der Dankbarkeit' gesetzt, und das mit einem theologisch gefüllten Satz begründet: „Nachdem Christus uns mit seinem Blut erkauft hat, uns auch durch seinen Heiligen Geist erneuert zu seinem Ebenbild, sollen wir mit unserem ganzen Leben uns dankbar gegen Gott für seine Wohltat erzeigen ... und mit unserem gottseligen Wandel unsere Nächsten auch für Christus gewinnen." Das gleiche sagt M. Luther (im Lied „Es wolle Gott uns gnädig sein") mit dem Aufruf: „Es danke, Gott, und lobe dich das Volk in guten Taten."

Die Paulus-Briefe sind Beispiele dafür. Sie beginnen mit Dank an Gott und wiederholen diesen Dank darin, daß sie die Gemeinden zu gleichem dankbaren Verhalten „mit Herzen, Mund und Händen" auffordern. Dankbarkeit ist ein Stück Gotteserkenntnis und ein Teil des von uns geschuldeten Lobpreises. Sie ist auch das in Taten umgesetzte Echo auf Gottes gnädige Einladung zum neuen Leben in Christus. Von daher fällt Licht auf die Beobachtung, daß es im Aramäischen (der Muttersprache Jesu) keinen direkten Ausdruck für unser „danken, Dankbarkeit" gibt.

So kann christliche Ethik als lebendige und von Herzen kommende Dankbarkeit erkannt und daran ermessen werden. Zuweilen ist es ausgerechnet lediglich der Fremdling, der angesichts der erfahrenen Hilfe „umkehrte, als er sah, daß er geheilt war, sich vor den Füßen Jesu zu Boden warf und ihm dankte" (Lk 17,11–19). Bekanntlich ist in jenem Bericht das Verhältnis 9:1, das Jesus angesichts der selbstsüchtigen Gedanken- und damit Danklosigkeit der ‚Frommen' zu der mahnenden Frage veranlaßte: „Ist denn keiner umgekehrt, um Gott zu ehren, außer diesem Fremden?"

Hierher gehört die Botschaft vom *Ersten Gebot*: Der dreieinige Gott ist unser Herr, neben dem wir keine anderen Götter haben sollen und es auch nicht brauchen (Ex 20,2f). Wir können „Gott über alle Dinge fürchten, lieben und vertrauen" (Martin Luther, Kleiner Katechismus). Das bewahrt vor ‚Werkgerechtigkeit' und menschengemachten ‚Norm'alitäten. Das Erste Gebot ist eine Freiheitsurkunde von Gott an uns, die aus gottlosen Bindungen jeder Art hinausführt. Dies Geschenk göttlicher Verheißung und Zusage der Nähe des Heiligen Geistes hat außerordentliche ethische Auswirkungen.

Weil Gott in Christus schon alles getan hat, was zu tun ist, bleibt für uns das Tun der Dankbarkeit als richtungweisende Aktivität, die zur Grundlegung christlicher Ethik gehört. Solche Dankbarkeit gehört zu den Freiheiten, die, wie Paulus Röm 12,1 schreibt, Teil des „angemessenen, vernünftigen Gottesdienstes“ sind. Zu danken gilt es aber nicht nur mit Worten, sondern auch mit der Tat, mit dem Herzen.

3. Das Gebotene

Bei aller Betonung der Freiheit, zu der wir berufen sind, brauchen wir Maßstäbe und Richtlinien für ein Leben, das Gott gefällt. Zu Beginn seines ethischen Teils im Römerbrief (12,1 ff) kommt Paulus darauf zu sprechen und warnt zuerst vor jeglicher Gleichschaltung mit dem Gefüge dieser Weltzeit. Richtig und nötig ist ein Verhalten (‚Wandel‘) nach dem neuen Leben. Auf diese Neuheit des Lebens weist Paulus wiederholt ebenso hin (Röm 6,4; 7,6; 12,2; neue Schöpfung: 2Kor 5,17; Gal 6,15) wie es andere Stellen im Neuen Testament tun (neuer Bund: Lk 22,20; Hebr 8,8.13; neues Gebot: Joh 13,34; 1Joh 2,7f). Damit wird ein neues Tun geboten, das frei von Selbstbezogenheit, Sorge und Angst ist und dennoch glaubwürdig und vernünftig.
Hinter solchem Vorzeichen sind die folgenden Überlegungen anzustellen, die den guten Willen Gottes und die Bahnen aufzeigen, in denen unser Glaubensgehorsam vollzogen werden soll und kann.

3.1 Das Gebot und die Gebote

In der Grammatik haben wir drei Aussagearten (Modi) vom Tätigkeitswort, nämlich Indikativ (Wirklichkeitsform), Imperativ (Befehlsform) und Konjunktiv (Möglichkeitsform). In der Theologie wird oft auf den Zusammenhang zwischen dem Indikativ der vollendeten Heilstat Gottes in Christo und dem Imperativ von Gottes Anordnung zum entsprechenden Verhalten der Menschen hingewiesen.

3.1.1 „Christus ist das Ende des *Gesetzes*“ (Röm 10,4). In diesem deutlichen Satz bedeutet im Griechischen das Wort für ‚Ende‘ (= telos) auch Ziel, Abschluß, Endergebnis. Hier ist gemeint, mit Kreuz und Auferstehung Christi ist das Gesetz als Heilsweg aufgehoben, zu Ende. Der Mensch wird ohne Gesetzeswerke gerecht (Röm 3,28). Das aus dem Alten Testament bekannte Gesetz ist als Gottes Wort die Offenbarung seines gnädigen Willens, den Christus erfüllt hat. Das ist der Indikativ. Wieder ergibt sich die mehrfach gestellte Frage, was dann noch zu tun bleibt, was nun noch der Imperativ soll?

Gott stellt in seinem Bundesgebot an uns den Anspruch, seinem Angebot zu folgen. Wir hören immer noch – wie einst das Volk Israel – den Appell des Josua (24,14): „Fürchtet Gott und dient ihm verläßlich, ganz und treu." Das hebräische Wort, welches wir mit ‚verläßlich und ganz' übersetzten (= tamim), hängt mit dem eben erwähnten neutestamentlichen Begriff ‚telos' zusammen.
Gottes Gebot befreit uns zum Leben; er erwartet von uns die entsprechende Lebenshaltung. Gott zielt mit seinem ewigen Gebot (das nicht zeitlos ist!) darauf, daß die Seinen „... heute und hier etwas Bestimmtes tun und lassen, nicht darauf, daß immer und überall eine allgemeine Regel als ewige göttliche Gesetzlichkeit an und für sich gilt" (H. Müller, Ev. Dogmatik im Überblick, Teil I, 1978, S. 138). Gott schenkt seinem Volk sein Gebot, sein Gesetz. Für den frommen Israeliten ist das die Tora, die ihm bis heute niemals Last, sondern Befreiung, Glück und Schalom (= Friede) bedeutet (vgl. Ps 119). Dies gute Gebot Gottes ist durch das Neue Testament nicht aufgehoben, wie Jesus nachdrücklich sagt und betont: Er ist nicht gekommen, das Gesetz aufzuheben, sondern zu erfüllen. Und solange Himmel und Erde bestehen, „wird auch nicht der geringste Buchstabe des Gesetzes vergehen" (Mt 5,17–19); weil Gottes Gebot in seiner Schöpfung die Ordnung (Griech. = Kosmos) setzt und erhält. Dennoch hat das Gesetz ‚vorbereitenden Charakter' (wie Hendrik van Oyen sagt in Ev. Ethik, Grundlagen, 1952, S. 109); denn es weist auf Jesus Christus hin.
Unser Gehorsam gegenüber Gottes Gebot besteht zunächst in dessen Anerkennung mit der Erfahrung, daß es das gnädig wirksame Gesetz Gottes ist (Röm 8,1–4). Da es mit der Person und dem Werk Christi verbunden ist, wird es für uns Zuspruch und Anspruch, also Indikativ und Imperativ. Die zusammenfassende Anrede hierfür gegenüber Abraham lautet einfach: „Wandel vor mir und sei fromm!" (Gen 17,1; im Hebräischen steht wieder das Wort ‚tamim'). Damit sagt Gott nicht: wandele fehlerlos und korrekt, sondern trotz deiner Fehltritte behalte mich fest dabei im Auge, „schäme dich ehrlich deiner Schwäche und sündlichen Art und Natur, aber entfliehe nicht von meinem Angesicht ... und fasse gläubiges Vertrauen zu mir" (J. H. A. Ebrard, Apologetik, 1874, S. 525). So „... steht das Gebot nicht mehr außer und über uns, sondern offenbart sich in uns in dem, was wir denken,

wollen und tun; und der Gegenstand der Ethik sind nicht mehr nur Normen, sondern Erlebnisse, durch die die Normen geschehen, nicht nur Zielbegriffe, sondern Geschichte, durch die wir zu jenen Zielen gelangen" (A. Schlatter, Die christliche Ethik, 4. Aufl. 1961, S. 25f). Gott, der Erhalter seiner Schöpfung, schreibt sein Gesetz in die Herzen (Jer 31,33), das der Glaube an das Evangelium freilegt. Als Gottes Eigentum, was wir durch Christus sind, bleiben wir an diesen Herrn (= Kyrios) gebunden. Er hat uns durch seinen Heiligen Geist „von Herzen willig und bereit" (Heidelb. Katech. 1) gemacht, in ihm und für ihn zu leben. Das ist bald gesagt, aber angesichts unserer Sündhaftigkeit von uns selbst her nicht zu halten. Auch dafür haben wir Hilfe von Gottes Geist nötig. Danach erst gelingen uns ‚gute Werke'. Der eben zitierte Katechismus (in 91) fragt hier: „Was sind gute Werke? – Allein die aus wahrem Glauben nach dem Gesetz Gottes ihm zu Ehren geschehen und nicht, die auf unser Gutdünken oder Menschensatzung gegründet sind". In dieser Richtung schenkt Gott Urteils- und Unterscheidungsvermögen über Gut und Böse (1Kön 3,9).

3.1.2 Gott schenkte seinem Volk Israel dazu die *Zehn Gebote*, den *Dekalog*. In einem Bußgebet erwähnt der viel später lebende Nehemia das Geschenk (9,13) und teilt Gottes Weisungen ein, mit vielsagenden Adjektiven dabei, in „klare Ordnung, zuverlässige Gesetze, gute Satzungen". In ihnen offenbarte Gott, daß und wie das neue Leben in der Freiheit der Gotteskinder zu führen sei.
Ohne näher auf die wahrscheinlich komplizierte Entstehungsgeschichte des Dekalog (Ex 20,2–17; Dtn 5,6–21; Zwölferreihen begegnen in Lev 19,13ff und Dtn 27) einzugehen, stellen wir erst einmal fest: mit den Zehn Geboten wurde dem Volk Israel der Anfang einer Rechtsordnung gegeben, die auf ein geregeltes Zusammenleben zielte. Die Gebote sind ein Dokument der Hilfe und Wegweisung. Sie haben als das „Grundgesetz der Menschheit" (H.-J. Fischer) erhebliche juristische Bedeutung; aber sie können nicht für sich allein stehen. Unter christlichem Blickwinkel hat der Dekalog die Aufgabe, auf Jesus Christus und den neuen Bund hinzuweisen. Insofern sind die Zehn Gebote Anfang und Ausgangspunkt der christlichen Ethik. Ebenso wie zur Zeit des Alten und Neuen Testamentes und wie bei den Reformatoren haben auch wir die Gebote täglich in unserem

Leben zu verwirklichen, wobei sie Anspruch und Zuspruch Gottes für uns werden.
Schon im sprachlichen Gehalt der hebräisch formulierten einzelnen Gebote wird ihr Wesen als Hilfe und Stütze erkennbar. Denn entgegen dem vordergründigen Verständnis, neun der zehn Gebote mit ihrem „Du sollst nicht" seien Verbote und ‚Stop'-Zeichen, ist zweierlei zu beachten: Erstens ist der grammatische Sinn des hebräischen Textes umschreibend so zu verstehen: Weil Gott dir seine Begleitung und Bewahrung im Leben verspricht, „brauchst du nicht" zu lügen, stehlen, begehren. Entsprechend war Gottes Verbot, im Garten Eden nicht von den in der Mitte stehenden beiden Bäumen die Früchte zu essen, keine Zurückweisung, sondern eine Anordnung seiner Fürsorge für die Menschen. Sie hätten die Mißachtung der Anordnung nicht nötig gehabt, sondern Gottes Vertrauen erhalten sollen.
Zweitens sind die Gebote (nicht ‚Verbote'!) letztlich nach ihrem Inhalt und ihrer Zielsetzung positiv. Sie stellen im Zusammenhang des Bundes Gottes eine Beziehung her zwischen Gott und Mensch. Sie weisen gleich mit ihrer Einleitung „Ich bin der Herr, dein Gott", auf dessen Angebot seiner Liebe und Nähe hin. Die ‚Front', also das, was mit dem ‚Du sollst nicht' abgewiesen wird, verläuft außerhalb der Verbindung zwischen Gott und Mensch dort, wo die gottfeindlichen Mächte toben. Diese sehen ihre Macht gebrochen am Schutzwall des gnädigen Willens Gottes im Dekalog, dessen Grundgedanken die ganze Bibel durchziehen. Deshalb weist Martin Luther in der zweiten Vorrede zu seinem Großen Katechismus besonders darauf hin: „Wer die Zehn Gebote wohl und ganz kann, der muß die ganze Schrift können, um in allen Sachen und Fällen sowohl in geistlichem als in weltlichem Wesen raten, helfen, trösten, urteilen, richten zu können." Gottes Gebote und Verbote „kanalisieren Natur zu Ordnungen" (H.-G. Fritzsche, Leittexte der Bibel, 1981, S. 32), die dadurch dem Menschen dient. Jeder Abbau der Gebote führt zur Zerstörung der Schöpfung, unseres Kosmos, treibt in den Nihilismus.
Die Entfaltung der christlichen Ethik, die mit dem Dekalog anhebt, muß von der Fülle des Glaubensverständnisses und Glaubensgehorsams umschlossen sein. Dann erst wird ihre ‚Lebensqualität' erfahren. In dem Sinne gibt Dtn neunmal (4,1; 5,33; 6,2; 8,1; 16,20; 22,7; 30,16.20; 32,47) den Hinweis: Wenn ihr die Gebote haltet, „werdet ihr

(lange) leben“. Das Volk Israel beachtet diese göttliche Zusage bis heute. Nehemia wiederholt dasselbe (9,29): „Sie hörten nicht auf deine Gebote . . . und doch lebt durch sie der Mensch, der sie befolgt.“ Wir tun gut daran, ebenso darauf zu achten; denn trotz gegenteiligen Anscheins, daß die Zehn Gebote heutzutage nicht mehr umfassend greifen, zeigt sich das Gegenteil. „Gott redete alle diese Worte“ beginnt der Dekalog Ex 20; und wir können mit Jes 55,11 fortfahren: Kein von Gott gesprochenes Wort „kehrt leer zurück; sondern es bewirkt, was er will“. Das ist eine nicht zeitgebundene Erklärung, sie gilt auch uns heute, und zwar mahnend, helfend und durch Jesus Christus Richtung gebend.

Luther hat bekanntlich seine Katechismen mit der Auslegung des Dekalogs begonnen und alle Gebote auf ihre Aktualisierung im täglichen Leben hin ausgelegt. Dabei wird – selbstverständlich nicht nur bei Luther – deutlich, daß der Dekalog in gewissem Sinne umfassend, ja erschöpfend ist. Das wird erkennbar, wenn er nicht rein juristisch als Einzelanweisungen verstanden und befolgt wird, sondern wenn er auf seinen Kern und die jeweilige Grundlegung hin durchgedrungen wird. Trotzdem ist der Dekalog kein überzeitliches Sittengesetz, das auf alles eingeht. Und ebensowenig wie es gelänge, ein weiteres solches Gebot, wie sie im Dekalog stehen, aufzustellen, ist die Suche nach Überflüssigem in den Zehn Geboten vergeblich.

Das gilt im Blick auf die biblische Zählung des Dekalogs, die sich von derjenigen in Luthers Katechismen und in der römisch-katholischen Kirche unterscheidet. Dort ist das zweite Gebot ausgefallen – oder als im ersten enthalten erklärt. Infolgedessen muß zum Erreichen der Zehnzahl eines geteilt werden, was im letzten geschah. Man verteilte das Abweisen des Begehrens auf des nächsten Weib einerseits und auf des Nächsten Hab und Gut andererseits.

Wir entfalten an dieser Stelle die einzelnen Gebote nicht zusammen hintereinander. Diese Ethik wird trotz der soeben gemachten Feststellungen in ihren näheren Darlegungen auch nicht nach dem Dekalog gegliedert. Die einzelnen Gebote werden an den in Frage kommenden Stellen beachtet und alle zusammen am Schluß noch einmal in einen weiteren Zusammenhang gebracht und zwar mit dem Gebet, das Jesus uns lehrte.

3.2 Evangelium und Gesetz

Der Kundige weiß, daß mit dieser Überschrift ein innerprotestantischer Streit angerührt ist, auf dessen anderer Seite die Formel ‚Gesetz und Evangelium' steht. Worum geht es? Wir gehen zunächst auf die Frage nach dem Gesetz ein, bevor das verbindende „und" zwischen diesem und dem Evangelium theologisch zu werten ist.

3.2.1 „Das Wort ward Fleisch" (Joh 1,14) um unserer Rettung willen. Gottes Gebot ist uns als konkrete Hilfe gegeben. Denn trotz des Erlösungswerkes Jesu Christi zu unserer Freiheit brauchen wir Menschen Anleitung und Weisung für unser ethisches Handeln. Gesetz ist zunächst alles, was wir als ‚Erwartung' an unser Leben und Verhalten kennen, also Bestimmungen, Anordnungen und geordnete Einrichtungen, Gesetze jeder Art, auch Befehle, Aufträge, Maßstäbe und Leitlinien durchs Leben. Jeder Mensch kennt, befolgt oder mißachtet sie. Jeder ist dann zufrieden oder im Gewissen getroffen. Das Gesetz spricht den Menschen auf sein Tätersein an. Am Schluß wird deutlich, daß wir Menschen trotz aller ‚Humanität' und sozialer Bemühungen (um Neuerungen und gesellschaftliche Verbesserungen ebenso wie beim Bewahren des Bewährten durch ‚Gesetze') die hehren Ziele nicht erreichen. Doch das Bemühen darum bleibt, schon angesichts der Tatsache, daß das Gesetz für Christen und Nichtchristen Wirklichkeit bleibt.
Aus den biblischen Schriften läßt sich in dem Zusammenhang ein *dreifacher Gebrauch des Gesetzes* ablesen, der unter Theologen mit lateinischen Bezeichnungen bekannt ist. Die Reihenfolge der Aufzählung, und damit ihre Gewichtung, ist in den lutherischen und reformierten Bekenntnisschriften unterschiedlich. Die Einheit des Gesetzes bleibt trotz seines dreifachen Brauches bestehen.
Das Gesetz Gottes hat Bedeutung (1) im *usus politicus legis* (dem politischen Brauch des Gesetzes, auch civilis legis), also für die Ordnungen in der Welt des politischen, gesellschaftlichen, naturwissenschaftlichen und kosmischen Lebens. Es handelt sich dabei um die jedermann bekannten Bestimmungen, Regeln, Verfassungen, Ordnungen und Rechte, welche die Gesetzgeber erlassen und durch ihre Organe auf deren Beachtung hin kontrollieren. Übertretung wird mit

Strafen und Sanktionen belegt. Dieser Brauch ist (wie man sagte) eine Art ‚Zügel' für die Menschen. Der usus politicus betrifft auch das unmittelbare menschliche Zusammenleben und Verhalten untereinander, wie es in allen Kulturen gebildet wurde. So kann es kommen, daß diese Gesetzesfunktion auch als ‚Naturgesetz' und als göttliches Gesetz angesehen wird. Diese Gesetzesfunktionen müssen sein, schon um zu verhindern, daß der Mensch des Menschen Wolf wird und allgemeines Chaos entsteht.

Daneben gibt es (2) den *usus paedagogicus legis* – auch usus elenchticus oder theologicus legis genannt – (der sogenannte zweite Brauch des Gesetzes. Die Ausdrücke stammen von Melanchthon). Das Wort elenchticus kommt über das Griechische und meint so viel wie ‚überführen' (des Gesetzes-Übertreters). Es geht um die Sündenerkenntnis dadurch, daß dem Sünder Gottes Gebot wie ein ‚Spiegel' vorgehalten wird, um ihn zur Buße zu führen (vgl. Röm 3,19ff); denn das zum Leben gegebene Gesetz führt uns in den Tod (Röm 7,10). Dieser Gesetzesbrauch hat ein besonderes Gewicht deshalb, weil damit – gewissermaßen in pädagogischer Weisheit und Führungskunst Gottes – den Menschen Vergebung durch Christus angeboten wird und er auf den Weg der Heiligung geführt werden soll. Der Begriff ist angeregt durch Gal 3,24f, wo (nach Luthers Übersetzung) „das Gesetz als unser Zuchtmeister auf Christus hin" bezeichnet ist.

Dann gibt es noch (3) den *usus in renatis*, auch usus didacticus oder einfach *usus tertius legis* genannt. Dies ist der Gesetzesbrauch „an den Gläubigen", den „Wiedergeborenen" (wie der von Melanchthon geprägte und von Calvin übernommene Ausdruck wörtlich heißt), welche nach wie vor Ermahnung und Weisungen nötig haben. Dabei ist kein Augenblick zu vergessen, daß die den Sünder tödlich bedrohende Gewalt des Gesetzes jedoch durch Christus ‚abgetan' ist, denn „er hat den Schuldschein, der gegen uns sprach, durchgestrichen und seine Forderungen, die uns anklagten, aufgehoben" (Kol. 2,13f). Dieser usus tertius, also der dritte Brauch des Gesetzes, ist die Wegweisung für das Christenleben zwischen den Abgründen der Gesetzlichkeit und Gesetzlosigkeit hindurch (als ‚Riegel'). „Das Abgleiten nach links ist der Verzicht auf die durchdringende Salzkraft des Evangeliums in bezug auf die Gesetze dieser Welt, der Verzicht auf die Rathäuser. Das Abgleiten nach rechts ist der Verzicht auf die Anders-

artigkeit des Evangeliums gegenüber den Gesetzen dieser Welt“ (P. Jacobs, Grundlinien christlicher Ethik, 1959, S. 53). Völlig mißverstanden wäre dieser dritte Brauch des Gesetzes aber, wenn jemand daraus ein besonderes, weiteres Gesetz für die Wiedergeborenen machen wollte. Den Gläubigen begegnet dasselbe Gesetz wie vorher, nur ohne den Todesstachel und gelenkt durch Christus und seinen Heiligen Geist.
In der knappen Skizzierung des dreifachen Gebrauches des Gesetzes sollte deutlich werden: alle drei Gesetzesfunktionen kommen vor, alle drei sind unerläßlich, eine prinzipielle Reihenfolge und starre Rangfolge wird nicht möglich. Es entspricht dem Geheimnis des dreieinigen Gottes. Andernfalls drohen Irrwege, wie sie im Laufe der Kirchengeschichte immer wieder aufgetreten sind und in konfessionellen Fronten- sowie Sektenbildungen zutage traten. „Das Verhältnis kann nur das eines polaren wechselseitigen Ineinander sein, in jedem Usus legis geht es um das eine, ganze Gesetz, das sich als solches in seiner jeweiligen Funktion repräsentiert ... Im inneren Zusammenhang der drei Usus legis wird die immerwährende Spannung menschlichen Handelns offenbar. Wo man diese Spannung abschütteln will, hat man sich außerhalb der Wirkung des Gesetzes begeben“ (P. Jacobs, a. a. O., S. 48). Da treibt dann das Gesetz den Menschen schließlich in den Tod allein schon dadurch, daß er der Naturordnung der Vergänglichkeit allen Fleisches ausgeliefert ist. Der ‚Gesetzesmensch‘, der auf seine eigenen Werke traut, geht mit ihnen zugrunde.

3.2.2 Erst in diesem Jahrhundert tauchte das Thema *Gesetz und Evangelium* in der theologischen Diskussion wieder auf, wobei Karl Barth in einer kleinen Schrift (Evangelium und Gesetz, 1937, S. 3) feststellte: „Das Evangelium ist nicht Gesetz, wie das Gesetz nicht Evangelium ist; aber weil das Gesetz im Evangelium, vom Evangelium her und auf das Evangelium hin ist, darum müssen wir, um zu wissen, was Gesetz ist, allererst um das Evangelium wissen und nicht umgekehrt.“
Durch die Rechtfertigung des Sünders durch Christus, die in der frohen Botschaft des Evangeliums uns zugesprochen wird und die uns zu Empfängern der Gottesliebe macht, ergibt sich eine neue Bewertung unserer Werke und Taten, die als ethische Leistungen des

Geschöpfes Mensch ohnehin keine Heilswirkung haben, aber dem Mitmenschen dienen und Gott gegenüber Akte der Dankbarkeit sein sollen für das, was Gott getan hat. Das führt zum tätigen Glauben, zur Heiligung. Damit ist der gerechtfertigte Sünder, der unter Gottes Barmherzigkeit in Christus lebt, insofern Mitarbeiter Gottes, als seine Werke durch den Heiligen Geist eine neue Wertigkeit, Qualifikation bekommen. „So ist das Ziel jener Unterscheidung von Gesetz und Evangelium die Freiheit des Glaubens; die Einheit beider aber besteht darin, daß da, wo Glaube ist, das Gesetz in seiner wahren, göttlichen Bestimmung erfüllt ist, denn jetzt geschehen die Werke, die Gott ‚zuvor bereitet hat, daß wir in ihnen wandeln sollen' (Eph 2,10)" (H.-J. Iwand, Ev. Kirchenlexikon, Band I, 1956, Sp. 1566).
Gesetz und Evangelium sind im Neuen Testament deutlich voneinander zu unterscheiden, aber zugleich beziehen sie sich aufeinander. Von Gott her bleibt die Einheit von Gesetz und Evangelium fest bestehen, sie hat sich in Person und Werk Jesu Christi offenbart. Auf unserer (Menschen)seite kann diese Einheit voller Dank anerkannt werden, auch wenn wir sie nicht erkennen, obschon uns darin sowohl das fordernde wie auch das vergebende Wort Gottes begegnet. Das Evangelium kommt auf den Menschen zu, welcher Empfänger der Gnade Gottes ist. Das Gesetz spricht den Menschen auf sein Tätersein an und zeigt ihm sogleich seine Grenzen und Gefährdungen. Das „Wichtigste im Gesetz" (gegenüber äußeren Regel-Erfüllungen) sind rechtes Urteil, Erbarmen, Glaube und Gottesliebe, wie Jesus betont (Mt 23,23 u. Lk 11,42; vgl. Mt 24,12). Jetzt wird der Glaube als Gehorsam verstanden, und es zeigt sich, daß Evangelium und Gesetz ungleiche Pole sind. Und gute Werke sind Frucht des Glaubens durch den Heiligen Geist (Gal 5,22). Hiermit ist erkennbar: Gott und sein Geist wirkt das Gute, das Evangelium also, das uns Menschen rettet, fördert, führt. Unser Tun (nach den Erwartungen des ‚Gesetzes') wird dadurch umfaßt, geläutert und geheiligt. Der Geist wirkt durch uns, von seiner Gemeinde ausgehend, in der Welt.
Die Verbindung von Gesetz und Evangelium betont Papst Johannes Paul II. in seiner Apostolischen Konstitution, die er 1983 dem neuen katholischen „Codex des kanonischen Rechtes" voranstellte. Darin heißt es (nach dem deutschen Text): „Denn Christus, der Herr, hat das überaus reiche Erbe des Gesetzes und der Propheten, das aus

Geschichte und Erfahrung des Volkes Gottes im Alten Testament allmählich gewachsen war, keineswegs aufgehoben, sondern erfüllt (vgl. Mt 5,17), so daß es in neuer und vertiefter Weise zum Erbe des Neuen Testamentes gehört. Obwohl also der heilige Paulus bei der Auslegung des Ostergeheimnisses lehrt, daß die Rechtfertigung nicht aus den Werken des Gesetzes, sondern aus dem Glauben erfolgt (vgl. Röm 3,28; vgl. Gal 2,16), schließt er dennoch weder die Verpflichtungskraft des Dekalogs aus (vgl. Röm 13,8–10; vgl. Gal 5,13–25; 6,2), noch leugnet er die Bedeutung der Disziplin in der Kirche Gottes (vgl. 1 Kor, Kap. 5 und 6)."

3.2.3 Mit dem Annehmen des Evangeliums und somit dem Scheitern des eigenen Lebensplanes werden die Christen zu neuen Menschen und in einen neuen Gehorsam gestellt, wie er uns in der *Bergpredigt Jesu* (Mt 5–7 und Lk 6,20–49) in vielen einzelnen, knapp formulierten Weisungen als Gottes Wille und Maß entgegentritt. Dabei greift Jesus viel auf das Alte Testament zurück, dessen Weisungen und Gebote er allerdings nicht einfach wiederholt. Aus der ethischen Verkündigung Jesu, der zugleich der kommende Weltenrichter ist (Mt 7,21–23), gewinnen die Christen Maßstäbe für ihr Verhalten und Handeln. Die Bewährung kommt, und zwar dort und zu jener Zeit, wo, wie und wann jemand lebt. Damit wird Jesu Botschaft sehr konkret und spannungsvoll. In der Bergpredigt erfahren wir das Neuartige des Evangeliums, das den Menschen aus bisherigen Ordnungen und Institutionen herausholt und ihn in eine neue Bürgerschaft hineinstellt, die Matthäus ‚Himmelreich' nennt. Das ist ein völlig „neuartiges Kraft- und Beziehungsfeld", in dem andere, nämlich „personale Verantwortungen" gelten, die unmittelbar gegenüber Gott und gegenüber dem Nächsten wirksam werden und zwar privat wie öffentlich oder politisch (vgl. D. von Oppen, Das personale Zeitalter, 1960). Das Wollen und Vollbringen der Bergpredigtweisungen bewirkt Gottes Geist; und die christologische sowie eschatologische Ausrichtung der Bergpredigt darf nicht übersehen werden, was bei den Eiferern leicht geschieht. Sie ist zunächst Heilszusage und Zuspruch, woraus der Anspruch von Gottes Liebe zur Welt als Bußruf und Auftrag an uns erwächst. Die Bergpredigt ist daher kein Regel-Katalog mit fertigen Handlungsanweisungen, aber sie gibt vertrauenswürdige Orientierung zum wahren Leben.

Zum neuen Gehorsam, den Jesus in der Bergpredigt verkündigt, gehört sein unerbittliches Verwerfen aller Heuchelei (griech. = Hypokrisie; Mt 6,16; 7,5; vgl. sonst noch Ps 12,3f: „falsche Lippen und doppelte Herzen"; Jer 12,2; Mt 23,13–29; Lk 20,20; Gal 2,13; 1Petr 2,1 u.ö.). Trotz des Wissens um den klaren Weg treiben die Menschen falsches Spiel oder hängen ihren Mantel nach dem Wind. Jesus hält ihnen ihre Verstellung und doppelte Moral vor und zeigt ihnen zugleich die Folgen der Heuchelei. Sie ist vor Gott verhängnisvolle Verblendung, im besten Falle selbstgerechte Gesetzesfrömmigkeit. Heuchelei ist praktizierter Unglaube (vgl. u.a. Ps 15). Mehrfach wird im Neuen Testament auf das Gegenteil hingewiesen, nämlich auf ein Denken und Handeln ohne Hintergedanken und aus „einfältiger, ungeheuchelter" Liebe (Röm 12,9; 2Kor 6,6; 1Petr 1,22) sowie aus aufrichtigem, ungeheucheltem Glauben (1Tim 1,5; 2Tim 1,5).

Immer schon fiel auf, daß neben der Bergpredigt Jesu die neutestamentlichen Briefe, besonders die von Paulus und die späteren, ethische Weisungen enthalten, die *Paränesen* – oder Paraklesen – (= Weisungen) genannt werden und fraglos zur biblischen Botschaft hinzugehören. Wir kennen einige der katalogartigen umfänglichen Aufzählungen auch unter der Bezeichnung ‚Haustafeln'. Sie gehen entweder auf damals angesprochene Probleme in den Gemeinden ein oder sind geraffte Gesamtdarstellungen christlicher Lebensführung, wie sie in der damaligen – durchweg patriarchalisch geordneten – Zeit verstanden aber ‚verchristlicht' wurden und bürgerlich konventionell erschienen. (Vgl. Eph 4,1–7; 5,22–6,9; Kol 3,18–4,6; Tit 2,1–10; 1Petr 2,13–3,9). Das speziell Christliche liegt also nicht in den Katalogen als solchen, sondern in der geschenkten Freiheit, sie zu handhaben.

Neben diesen Paränesen – auch Tugendkataloge genannt – gibt es als negative, warnende Weisungen auch viele Lasterkataloge in der Bibel, die aufzeigen, daß des Menschen abtrünniges Herz Quelle alles lasterhaften Handelns ist (vgl. Gen 6,5; Ps 51,12; 139,23f). Diese Art Mahnungen finden sich im Alten Testament beispielsweise Ex 21–23; Jes 59,2–8; Jer 9,1ff; Spr 12–19; Am 2,6–8. Insgesamt befassen sie sich mit dem Leben des Frommen, des Christen, nach seiner sittlichen Seite hin. Im Neuen Testament sind sie

oft verknüpft mit den dort aufgeführten Tugendkatalogen (über die an anderer Stelle zu handeln sein wird).
Während die Forderungen Jesu auf ein Herausgerufen-Werden, also einen Bruch mit dem bisherigen Leben abzielen und ganz neue Beziehungen gründen, sind die Paränesen in den Haustafeln mehr auf den Alltag des bestehenden Daseins und auf die Zusammenhänge gerichtet, in denen die Christen leben. Jenes könnte man (etwas mißverständlich) den ‚Ausnahmefall' nennen (bis hin zur Konsequenz des Lebens von Mönchen oder Diakonissen); dieses wäre demnach der ‚Normalzustand' von Christen in einer nichtchristlichen oder säkularisierten Umgebung, die er aber ‚wie von selbst' mit dem Geiste Christi prägt. Das kann ihm sowohl Anerkennung und Vertrauen wie Spott, Widerstand und Haß eintragen. Wohlgemerkt: Ausnahme- wie Normalfall gelten beide für jeden, der Christ sein will.
Fraglos hat sehr bald die zunächst kleine Gruppe von Christen zu erheblichen Wandlungen der damaligen Ethik geführt, was Vergleiche mit antiken Philosophie-Systemen und Kenntnisse über damaliges Leben erweisen. Ähnliche Beobachtungen gibt es in den einstigen Missionsgebieten und im heutigen Japan auf vielen gesellschaftlichen Gebieten. Die Christen waren von vornherein „das Salz der Erde" (Mt 5,13), wozu Jesus sie berufen hat. Es begann mit dem Verändern, unter Umständen Auflösen der Standes-, Rang-, Rassen- und Geschlechter-Unterschiede. Die Anrede Brüder und Schwestern setzte sich durch, zuerst erwähnt vom auferstandenen Christus (Mt 28,10 und Joh 20,17). Pflichten waren keine drückende Last mehr, sogar staatliche Forderungen wurden gewissenhaft erfüllt (vgl. den berühmten Diognet-Brief). Alles wurde vom Mitmenschen her gesehen, dem der Christ sich liebend zuwandte.
Die Paränesen des Neuen Testamentes, für deren ethischen Inhalt es keine vorgefundenen Normen gab, befreien den Menschen zur gegenseitigen Liebe, wodurch „das Gesetz erfüllt" (Röm 13,8), insbesondere „das Gesetz Christi erfüllt" (Gal 6,2) wird. Das ist ein Prozeß, ein Wachsen und Unterwegssein miteinander (Phil 1,6). Die Paränesen, und damit die Christen, richten sich aus nach dem lebendigen Herrn, der inmitten der Gemeinde wirkt. Sie sind zwar Beispiele, aber in Übereinstimmung mit der ethischen Botschaft Jesu sind sie durchaus verbindlich.

Aus den neutestamentlichen Paränesen läßt sich keine systematisch zureichende Ethik zusammenstellen, die bestimmte Normen und Regeln für alle festlegt. Sie bieten kein Rezeptbuch für ‚christliches' Verhalten. „Die Paränese ist auf ärgerliche Weise unprinzipiell. Aber eben deshalb ist sie *konkret*. Sie ist nicht auf eine Veränderung der Verhältnisse, sondern auf die Erneuerung des *Menschen* aus, weil sie von dieser bereits *herkommt*. Sie proklamiert nicht Prinzipien, sondern die Liebe. Und diese ist gerade kein Prinzip" (O. Weber, Grundlagen der Dogmatik, Band II, 1962, S. 455). Diese Feststellungen haben für unsere Zeit erhebliche Folgen, beispielsweise bei der Beteiligung von Christen in staatlichen, wirtschaftlichen und sonstigen gesellschaftlichen Prozessen und „Bewegungen", in denen Ideologen jeder Art in der Regel die Verhältnisse ändern wollen, meist mit Gewalt oder durch Unterdrückung Andersdenkender. Daher kommt es, daß Christen sich aus der Sicht der Weltverbesserer ein um das andere Mal ‚merkwürdig' verhalten und keineswegs immer ‚berechenbar' sind. Denn sie fragen nach dem, was ihr Herr Jesus Christus ihnen jeweils zu tun oder zu lassen zeigt und was dem Mitmenschen nützt, sie denken vom anderen her (sollten es tun). Vor allem aber sind sie darauf bedacht, daß Gott die Ehre gegeben wird. Hiermit kommt die eschatologische Grundhaltung zum Ausdruck, neben der „von allem Anfang an auch konkrete Einzelmahnungen zu finden sind", neben der zukunft-bestimmten ‚Motivkraft' wird auch eine ‚Normkraft' für den Alltag ausgeübt (W. Schrage, Zur formalethischen Deutung der paulinistischen Paränese, Zeitschrift f. ev. Ethik, 1960, S. 211ff).
Die neutestamentlichen Haustafeln, die Paränesen, sind also nach wie vor hochaktuell in ihren Zielsetzungen wie in Einzelaussagen, die auf die gegenwärtige Situation übertragbar sind. So haben sie sorgfältige Beachtung beim Nachdenken über christliche Ethik zu erfahren.

3.3 Norm und Normen

Es dürfte bereits deutlich geworden sein, daß christliche Ethik sich nicht nach irgendwelchen ‚ewig-ehernen' Normen ausrichtet. Das weckt die Frage, ob es praktikable sittliche Normen für das menschliche Zusammenleben gibt, und wenn ja, ob sie wandelbar sind. Wie steht es dabei um den ‚Normalfall'? Anthropologen und Völkerkundler, aber auch Soziologen und selbstverständlich Juristen befassen sich vergleichend mit diesem Problem. Die Frage kann schnell mit Ja beantwortet werden; denn alle Kulturen haben ihre festen Lebensregeln und Vorstellungen, die normierenden Charakter haben und oft über ungezählte Generationen hinweg kaum verändert gelten.

Norm ist Zusammenfassung und „Inbegriff einer gewachsenen Lebensordnung, die sich innerhalb einer Gemeinschaft etabliert hat" oder die „aus Nützlichkeitserwägungen um des Gemeinwohls willen erlassen wurde" (J. Gründel, Ethik ohne Norm?, 1970, S. 19). Es gibt weitergehende Beschreibungen der ‚Norm', die das mitmenschliche Verhalten oder das eigene Gewissen ansprechen. Grundsätzlich haben alle Normen die Funktion, das einzelne Leben und das Zusammenleben zu schützen und zu fördern. Sie sind Hilfen zum Erkennen und Erstreben von Werten. Dazu sind die erforderlichen Regelungen festzulegen, was sogleich zu Zwängen führt. Kann das alles für die christliche Ethik gelten?

Die vom Evangelium her geprägten und durch den Heiligen Geist bestimmen und praktizierten Erscheinungsformen der Ethik sprengen die festen Bindungen des außerchristlichen Normenbegriffes. Denn dieser würde in letzter Konsequenz den Christen in seinem Gewissen binden.

Norm in der christlichen Ethik ist *vom Willen Gottes bestimmt.* Dieser Wille ist sein Heilswille für die ganze Welt und alle Menschen. Er begegnet uns in seinem Wort. Dies hat zur Folge, daß kein Bereich menschlicher Tätigkeit auf Erden von diesem Gotteswillen ausgespart bleibt. Daher richtet christliche Ethik – im Bild gesprochen – seine Scheinwerfer auf alle Gebiete menschlichen Tuns und Treibens und konfrontiert sie dann mit dem guten Angebot Gottes sowie mit dessen Urteil, soweit es erkennbar und aus dem Wort Gottes für uns ablesbar ist.Das Ergebnis kann insofern unterschiedlich ausfallen, als für den einen Menschen keineswegs immer auch gelten muß, was bestimmende Norm für den anderen ist. Die Ausdrücke ‚Norm und Normen' weisen jedoch darauf hin, daß kein Mensch für sich, sondern erst viele miteinander Normen zum Sollen entwickeln können. Der Philemonbrief im Neuen Testament enthält allerhand Anschauungsmaterial dazu.

Dabei werden Menschen einander sogar gegenseitig zur Norm, wie es sich beispielsweise im Umgang mit Behinderten zeigt, die vollwertige und gleichwertige Menschen sind: dieser beeinflußt durch sein Dasein und Sosein den ‚Gesunden'; und wenn beide miteinander dauernden Kontakt haben, ‚normiert' der Behinderte viele Verhaltensweisen und Ansichten des Nichtbehinderten. Jesus selbst hat deutlich erklärt, er sei nicht für die Gesunden, sondern für die Kranken da (Mk 2,17). Deshalb werden die Leidenden den Gesunden zur Norm, indem jene mit ihren (nötigen) Erwartungen hervorgehoben werden. Gemessen wird also nicht an der ‚Normalität' der Gesunden und deren Leistungsfähigkeit, sondern daran, wie und wo die Hinwendung zu den Schwachen und Armen erfolgt. Auf deren ‚enormes' (das bedeutet außerhalb der sonst üblichen Norm liegendes) Geschick kommt es dabei an, dem gilt es sich zuzuwenden. Die Situation bestimmt in diesen Fällen also die Norm dessen, was zu tun ist. „Um Gottes Willen" ist zu handeln, wobei die eigenen Interessen des Vorübergehenden zunächst beiseite gestellt sind. Dies alles schwingt mit im Gleichnis vom barmherzigen Samariter (Lk 10,25ff). Es darf aber nicht einziger Beweggrund für das Nachdenken über christlich beurteilte Normen sein; denn das würde zu einer punktuell und schließlich sehr auseinandertreibenden reinen ‚Situationsethik' führen.
Immerhin wird damit eine Gefahr gebannt, die für jeden Menschen besteht. Das Selbstverständnis der eigenen Zeit und Umgebung samt dem, was Erfahrung genannt wird (die oft nichts anderes ist, als das ständige Praktizieren immer derselben Aktivität, ohne jemals Vergleiche angestellt zu haben; vgl. 1Thess 5,21) wird bezüglich des Glaubens und der Ethik zur Norm ‚erhoben'. Die Prüfung dessen aber am Willen Gottes, wie er täglich neu, jedoch in seiner Liebe und Treue unwandelbar vor uns tritt, wird vergessen.
Hierher gehört ein Gedankengang über den angemessenen Umgang mit der *Kasuistik*. Das ist die methodische Anleitung für die Anwendung eines Sittengesetzes, Grundsatzes oder Rechtes auf konkrete Handlungen, Situationen und Einzelfälle des Lebens. Während wir zuvor das Verhalten ‚einfach' vom Nächsten her bestimmt sein ließen, geht es hier um das Vergegenwärtigen von gewesenen, vergleichbaren Ereignissen und mit deren Hilfe um eine zufriedenstellende Urteilsfindung. Der Begriff Kasuistik kommt vom Lateinischen casus = Fall.

Die jeweilige Regel wird von einer moralischen Autorität aufgestellt, die ein einzelner sein kann, meist aber eine Institution ist. Nur, ob die Regel für den jeweilig vorliegenden Fall tatsächlich unmittelbar anzuwenden ist, muß oft bezweifelt werden. Die Kasuistik kann allenfalls Anregungen und Hilfestellung geben. Während in der Jurisprudenz ‚Kasuistik' eine wohl unentbehrliche Methode der Rechtsfindung ist, und während sie in der früheren Beichtpraxis der römisch-katholischen Kirche Bedeutung hatte, wurde sie im evangelischen Raum stets abgewiesen als ungeeignetes Mittel, Gewissensfälle zu bewältigen. Ähnliches gilt seit dem II. Vaticanum auch für die katholische Kirche. Der dahinterstehende abstrakte Normenbegriff ist als unangemessen erkannt.

Nun bemühen sich beide Konfessionen „darum, das Problem der Konkretheit der Ethik zu lösen und dabei zu einem Ethos zu kommen, das zwar nicht zusätzlich, aber doch verbindlich ist" (H. H. Schrey, Ev. Soziallexikon, 7. Aufl. 1980, z. St.). Die Maßstäbe sind weder irgendwelche vorgegebenen Normen noch Entscheidungen aus dem Augenblick der zufälligen Situation heraus. Der Maßstab im Hintergrund ist das Doppelgebot der Liebe. Dabei weiß der Christ, daß alle seine Entscheidungen mit Schuld und Unzulänglichkeit verknüpft bleiben, er sich jedoch der Vergebung und der Leitung durch den Heiligen Geist trösten kann. Dennoch gibt das Neue Testament eine Fülle von Hinweisen und Anregungen, die zu einer „synthetischen Kasuistik" und zu „Quasi-(Regional)-Normen" führen (vgl. A. Denecke, Evangelische Kasuistik – entwickelt am Modell Notlüge; in Zeitschr. f. ev. Ethik, 1973, S. 78ff). Denecke stellt dabei eine Alternative vor, sie „heißt nicht Kasuistik oder Gesinnung, sondern Evangelium oder Gesetz". In dieser Richtung kann eine – hier nicht näher auszuführende – Lebenshilfe geordnet und verantwortlich für solche Menschen entwickelt werden, die ethischen Rat erwarten. Christliche Ethik braucht keineswegs im Ungewissen zu schweben.

Auf die Normenfrage geht Jesus Mt 15,17–20 u. Mk 7,18–23 ein, wo wir zugleich sogenannte Lasterkataloge finden. Dort stellt er äußere Reinigungsregeln als unwesentlich dar im Vergleich zu dem, was vom Herzen herkommt und den Menschen durch seinen Mund (mit Auswirkung auf sein Tun und Lassen) verläßt, ihn somit ‚verunreinigen' kann. Das im Menschen von Gott selbst geschaffene reine Herz (Ps

51,12) ist die Voraussetzung zur Lebensführung, wie sie für Christen ‚normal' und ethisch angemessen ist.

3.4 Die Goldene Regel

In dem Sprichwort „Was du nicht willst, das man dir tu, das füg auch keinem andern zu" ist das Prinzip der Goldenen Regel allgemein bekannt. Sie wurde schon in vorphilosophischer Zeit vertreten und findet sich in allen höheren Kulturen. Im apokryphen Buch Tobias begegnet sie uns in der Fassung: „Was dir selbst verhaßt ist, das mute auch einem anderen nicht zu" (Tob 4,15; vgl. auch Sir 31,15). Die Bezeichnung ‚Goldene Regel' kam vermutlich im 17. Jahrhundert auf und schien eine Anspielung auf den ‚goldenen Mittelweg' (aureas mediocritas) – eine andere aus der Antike bekannte Sittenregel – zu sein. Im christlichen Abendland galt sie vom Kirchenvater Augustin (354–430) an als Umschreibung des Kerngehaltes des Naturrechts. Ihre weitere abwechslungsreiche und aufschlußreiche Geschichte lassen wir beiseite. In der Justiz und Pädagogik wie in der philosophischen Ethik zieht sie ihre Bahnen bis hin zur bitteren Ironie ihrer Verdrehung „Wer das Gold hat, bestimmt die Regel". Wir wenden uns jetzt ihrer Bedeutung in der christlichen Ethik zu.
Jesus übernimmt in der Bergpredigt (Mt 7,12) die Goldene Regel als das, was das Gesetz und die Propheten sagen. Die entsprechende Stelle in seiner Feldrede ist Lk 6,31. Matthäus stellt die Regel in den weiteren Zusammenhang mit der Frage nach dem Richten. Sie berührt das sogenannte Jus talionis (das Recht der Vergeltung), welches in Übereinstimmung mit dem Alten Testament – das sich darin von seiner Umwelt abhebt – warnt, keine Verurteilungen auszusprechen, „damit ihr nicht gerichtet werdet" (Mt 7,1 ff). Rache ist in Israel verboten (Lev 19,18; Dtn 32,35). Und bei Lukas ist die Goldene Regel ebenfalls eingebaut in den Abschnitt von der Vergeltung und von der Feindesliebe.
Wichtig ist die Umwandlung der Goldenen Regel ins Positive; denn Jesus formuliert: „Alles, von dem ihr wollt, daß es die Leute euch tun, das tut ihr ebenso auch ihnen." Mit dieser Umkehrung befreit Jesus seine Jünger von aller Kasuistik und vom Kleben an niedergelegten

Sittenkatalogen. Es fordert auf, dem zu folgen, was das eigene Bedürfnis und Empfinden lehrt. Und weil er durch den Heiligen Geist den Jüngern seine Liebe ins Herz gegossen hat (vgl. Apg 2,17; Röm 5,5; 1 Joh 4,12 f), stellt er sie über das Gesetz, anders ausgedrückt: dadurch kam das letzte (eschatologische) Ziel des Gesetzes zur Wirkung. Gleich wie Gott alle Menschen liebt und will, daß alle Menschen an seiner Gnade Anteil bekommen (Joh 12,32; Tit 2,11 u. a.), so sollen auch wir diese selbstlose Liebe gegenüber jedermann üben, „die zum Ziel unseres Handelns nicht die Steigerung unseres eigenen Lebens, sondern die Förderung des anderen macht" (Adolf Schlatter, Die christliche Ethik, 4. Aufl., 1961, S. 67 f). Das ist ein Verständnis der Goldenen Regel, die sich deutlich von außerchristlichem Denken, etwa im Islam, unterscheidet.

Die Goldene Regel, wie Jesus sie verwandelt und verwendet, zeigt ihre eschatologische Ausrichtung besonders deutlich im Zusammenhang von Lk 6,31, wo der mögliche und sehr menschliche Ausweg verbaut wird, mit dem Hintergedanken jenes „Ich gebe, damit du gibst" (das lateinische ‚do ut des'; womöglich in der Gestalt des Werfens mit der Wurst nach der Speckseite, eine gängige und in gewissem Rahmen auch vertretbare Verfahrensweise und Klugheitsregel im Geschäftsleben und in der Werbung). Lukas stellt die letztendliche Nutzlosigkeit eines ausgewogenen ‚Gebens und Nehmens' dem christlichen Verhalten gegenüber, bei dem gilt: „Gutes zu tun und zu leihen, auch wo ihr nichts dafür erhoffen könnt; dann wird euer Lohn groß sein, und ihr werdet Kinder des Allerhöchsten sein" (Lk 6,35). Dasselbe ist Apg 20,35 mit dem Hinweis auf Jesu Wort gemeint: „Geben ist seliger als nehmen." Das ist die ungeteilte Liebe, die sich verschenkt und nicht berechnet. Sie wird denen zum Weitergeben gegeben, die ‚in Christo' leben, bei denen Glaube und Tun aufeinander bezogen bleiben.

Diese zentrale neutestamentliche Form ‚in Christo' hat unmittelbar ethische Bedeutung, weil in ihr die Unlösbarkeit vom Wirken des Heiligen Geistes in den Erlösten und deren Handeln ausgedrückt ist. Paulus verwendet sie oft, bezeichnenderweise auch in seinen Paränesen. Ein Schlüsseltext für die Bedeutung des In-Christo-Seins im Zusammenhang der Ethik ist Eph 2,10: „Wir sind sein Werk, geschaffen in Christus Jesus, um Gutes zu tun; im voraus hat Gott uns zu solchem Wandel tüchtig gemacht.“ Ähnlich verbindet das Leben in Christo, wie Kol 2,6f sagt, Glauben und Handeln, Wandel und Dankbarkeit miteinander als Grundeinstellung der Christen. Für unser Zusammenleben als Menschen, die wir heutzutage mehr als je zuvor aufeinander angewiesen sind (und zwar über die Kontinente hinweg!), behält auch außerhalb ihres dargelegten, positiven christlichen Verständnisses die Goldene Regel ihren hohen ethischen Rang. Sie zu praktizieren ist im immer komplizierter gewordenen Gefüge der Weltpolitik und Weltwirtschaft zum Überleben unerläßlich geworden.

3.5 Naturrecht

Der Mensch ist ein Stück Natur, und alle Beziehungen unter den Menschen entstehen in der Natur und vollziehen sich in ihr. Alles Leben auf Erden ist natürlich geordnet. Die Naturwissenschaften erforschen sie und suchen zu ergründen, „was die Welt im Inneren zusammenhält“ (J. W. Goethe, Faust I). Daraus werden dann Naturgesetze, Normen und vielleicht auch Postulate abgeleitet. Die Annahme von Gesetzlichkeiten in der belebten und unbelebten Natur führt den Menschen dazu, sie zu erkennen und als Normen seines ‚naturgemäßen‘ Verhaltens und Tuns zu übernehmen. Naturrechtslehren führen zu Pflichtenlehren.
Damit verknüpfen sich die beiden Seiten im Menschen, der sowohl Natur- als auch Kulturwesen ist. Beim ersteren ist er mit allen außermenschlichen Lebewesen eingebunden in die natürlichen Gebundenheiten; beim zweiten kommt seine ihm eigene Menschenwürde in den Blick, die ihm mitten in der Natur Verantwortung gibt und ihn – scheinbar widersprüchlich – damit zu einem Gegenüber zur Natur macht. Über das Wie der Verteilung beider Seiten soll hier nicht gestritten werden; es geht dabei um die weltanschaulich, psychologisch und pädagogisch heißumkämpfte Frage, ob der ausgewachsene, handelnde Mensch mehr Naturwesen oder mehr Produkt seiner sozialen Umwelt ist, ob Veranlagung oder Milieu, ob also Natur oder Kultur das Entscheidende beim Menschsein ausmachen.
Damit befinden wir uns beim gegenwärtigen Stand der langen Entwicklungsgeschichte des Naturrechtes, die auch eine kirchenge-

schichtliche Seite hat, welche bis in die Ökumenische Bewegung hineinwirkt. Für christliche Sicht stand immer fest, daß Gott der Schöpfer der ganzen Natur, also auch von deren Gesetzen ist. Und es steht fest, daß Gott als der Erhalter und Lenker der Welt sich nicht aus ihr zurückgezogen hat. Die Folgerungen aus der jeweiligen Naturrechtslehre haben unterschiedliche Akzente. Luther richtete seine Zwei-Reiche-Lehre daran aus, der Calvinismus zog Konsequenzen für sein soziales und politisches Denken. In neuerer Zeit entstand in Verknüpfung mit ihr ein christlich-sozialer Humanismus.

Mit Hilfe des auf Gottes Willen bezogenen Naturrechtes werden Systeme aufgestellt, die das menschliche Zusammenleben so regeln, wie es ‚gottgewollt' sei. Weil Gott der Schöpfer aller Welt und Natur ist, muß folgerichtig sein Gebot zur wahren Humanität mit dem Gebot des Naturrechtes inhaltlich übereinstimmen. Daher kommt Ernst Wolf (Sozialethik, 1975, S. 89ff) in Beantwortung der Frage „Naturrecht oder Christusrecht?" zum Ergebnis, daß es durchaus einen Unterschied zwischen beiden gibt: „Beim Naturrecht sucht der Mensch sein Wesen und seine Bestimmung vom Wesen des Rechtes her zu gewinnen, das als eine metaphysisch verankerte Ordnung über dem Leben des Menschen postuliert und dann von daher entfaltet wird ... Beim Christusrecht hingegen handelt es sich um das Leben des Menschen als Menschen im Recht, in der Sphäre jener Richtigkeit, die er von Gott empfängt, sofern Gott ihm ... das ‚Urrecht' der Personalität schenkt und ihm die Freiheit zur ‚Urverfassung' der Solidarität gewährt". Das christliche Naturrecht zeigt sich als gebunden an die dreifache Bestimmung des Menschen zum Ebenbild Gottes als dessen gehorsames Kind, als aufmerksamer Nächster und als verantwortungsvoller Erhalter der Erde.

Nicht alle Menschen nehmen das Geschenk des Christusrechtes an. Sie stützen sich – als vernunftbegabte Lebewesen – auf ein rein rationales Vernunftrecht, das in der Geschichte jeweils in einer Summe von Rechtsgrundsätzen festgestellt worden ist. Damit begann das ‚positive' (das heißt wörtlich ‚festgesetzte') Recht, wie es juristisch gefaßt und für bestimmte Bereiche (staatsrechtlich oder völkerrechtlich) verbindlich gemacht werden muß. Daß damit dem Mißbrauch, der Unterdrückung, aber auch ‚nur' dem Irrtum Tor und Tür geöffnet sind, versteht sich von selbst. Wir werden an anderer Stelle darauf einzugehen haben. Auf jeden Fall bleibt das innerweltliche ethische Ziel des Naturrechtes, zumal des christlichen Naturrechtes, eine gemeinsame Basis dafür zu finden, daß die Welt und die Menschen in ihr wahrhaft human und in der rechten Freiheit leben können. Dennoch bleibt die Verlegenheit zu wissen, was denn nun eigentlich Recht und Naturrecht sei. Die Suche nach Antworten kann uns nicht zur Ruhe kommen lassen; denn dahinter stehen sehr bedeutende Fragen, wie die nach dem ‚richtigen' Eherecht, Bürgerrecht, Asylrecht, Eigentumsrecht, Sozialrecht, Menschenrecht und vieles weitere.

3.6 Das Gewissen

In den Zusammenhang mit der Natur des Menschen und dem Feststellen von Normen bringen wir eine Besinnung über das Gewissen. In Beziehung zum Recht hat das Gewissen die Aufgabe, ‚gesetzte' Normen zu unterstützen. Und in Beziehung zur Natur sind Aussagen über das Gewissen zwar schwierig, aber selbstverständlich, weil es zum Menschsein hinzugehört. Es ist außerdem in hohem Maße religiös gefärbt.

3.6.1 Das Wort Gewissen ist aus dem klassischen Griechisch abgeleitet, wo es ‚syneidesis' heißt, auf Deutsch etwa ‚ich bin (mein eigener) Mitwisser'. Das lateinische Wort dafür (conscientia) ist inhaltlich ähnlich. Man hält Rückschau auf Erlebtes und versucht, mit Hilfe des Erinnerungsvermögens und von Vergleichen bewußte und verantwortliche Folgerungen zu ziehen. Zuvor aber und von vornherein verschafft das Gewissen Unruhe in uns, es schlägt einem das Herz. (Hierzu vergl. aus der Bibel als bekanntes Beispiel David: 1Sam 24,6; 2Sam 24,10; Ps 25,17; 2Sam 12,7ff).
Das Gewissen wird verstanden als *Ermahner und Ankläger*. An den genannten Bibelstellen wird es in das Herz verlegt, das im alten Israel auch die Gewissensfunktion hatte. Das bekannte Herzklopfen legt dies nahe („Hand aufs Herz"!). Daneben finden sich auch Lokalisierungen in den Eingeweiden und Nieren, die die ‚Gewissensbisse' zu spüren bekommen. Als eigenes Organ oder in einem solchen ist das Gewissen medizinisch nicht faßbar, was aber nicht ausschließt, daß es

sich sehr deutlich und vernehmbar meldet und den betreffenden Menschen dabei erheblich ‚unter Druck setzt'. Es richtet sich nach erkennbaren Maßstäben mit den Werten gut und böse, richtig und falsch, erlaubt und verboten, möglich und unmöglich. Gradstufen dazwischen zu schaffen, ist der Versuch, das Gewissen zum Schweigen zu bringen oder es mindestens zu übertönen. Hier gibt es tatsächlich nur ein Entweder-Oder, aber keine ‚Hintertürchen'. Wo die Grenze dazwischen verläuft, wird oft sehr unterschiedlich beantwortet, auch wenn Kriterien-Kataloge geschaffen werden. (Wo verläuft zum Beispiel die Grenze zwischen Totschlag und Mord, Kunst und Pornographie angesichts einer Nacktdarstellung, Wahrheit und Unwahrheit im vertieften Sinne, Faulheit und Unfähigkeit?)

Das Alte Testament handelt vom Gewissen insofern, als der Mensch Rechenschaft vor Gott abzulegen hat, und zwar in bezug auf die dem Menschen bekannten Gebote, Ordnungen und Gesetze. Gott vermittelt das Wissen darum für alles (man beachte das Wort *Ge*-wissen) durch Predigt, Sprache, Mahnungen, Warnungen, Erziehung, Erlebnisse.

Der neutestamentliche Befund ist schon hinsichtlich der Wortwahl aufschlußreich; denn das Tätigkeitswort steht nur 1Kor 4,4 (sichbewußt-sein) und Apg 5,2 (mitwissen). Das Hauptwort kommt dreißigmal vor. Es hat die Aufgabe, das ins Herz geschriebene Gesetz zu aktivieren. Dabei bleibt der Mensch grundsätzlich in seinem Denken und Handeln von außen her bestimmt. Er lebt stets ‚vor Gott' als Auftraggeber und Prüfstelle, ob er es weiß oder nicht, ob er es wahrhaben will oder nicht. Es ist, um einen technischen Vergleich zu nehmen, wie zwischen einem Sender und einem Empfänger. Das Gewissen im Menschen stellt das Empfangsgerät dar und hat die Funktion eines Meßreglers (vgl. 2Kor 5,10f). Vom Gewissen, das von Gottes Geist beeinflußt ist, ist dem Menschen die Norm für sein Verhalten inmitten der Verhältnisse gegeben, von daher kommen Forderungen an ihn. Für Paulus entspricht das an Gott gebundene Gewissen dem gehorsamen Glauben (Röm 14,22f), während das (unmöglicherweise) ungebundene Gewissen dem Unglauben entspricht (Röm 2,14f). Da ist vom Gewissen der Heiden die Rede. Von hierher ergeben sich rein denkerisch Vorstellungen einer Verbindung zwischen Gewissen und Naturrecht, die

besonders im Mittelalter und in der römisch-katholischen Kirche ausgeprägt waren.
Die herausgehobene Bedeutung des Gewissens für den Menschen, und damit für die Ethik, kann Paul Jacobs (Grundlinien christlicher Ethik, 1959, S. 36f) mit der einfachen Feststellung unterstreichen, daß „der Mensch als Gewissen" existiert: „Im Gewissen spricht die Ebenbildlichkeit wie die Erdhaftigkeit, die Freiheitlichkeit wie die Gebundenheit, die Individualität wie der Gemeinschaftsbezug, und dies alles in der Botmäßigkeit von Sünde und Tod. So ist das mehrschichtige Geheimnis des Menschen das Geheimnis des Gewissens". Das „Mitwissen" ist ein Wissen um Gottes Willen über uns.

3.6.2 Der vom Evangelium getroffene Mensch erlebt, wie sein Gewissen erwacht. Es geht ihm gewissermaßen ein Licht auf. Er erfährt von Gott her, der schon zu Anfang rief „Es werde Licht" (Gen 1,3) und uns in Jesus Christus, der das Licht ist (Joh 8,12), liebt, sowohl *das verdammende wie das vergebende und rettende Urteil*. Das kann für den Christen zu einem gereinigten und guten Gewissen führen, er wird aus der Finsternis ‚ins Licht gesetzt' (vgl. 1Tim 1,5.19; 3,9; Hebr 9,14; 13,18 u.ö.). Auf diese Weise führt das Gewissen den Menschen, der ‚in Christus' lebt, zu einer besonderen Freiheit, die ihn eigenständig und von anderer Leute oder der allgemeinen Meinung unabhängig macht. Der einzelne Mensch erfährt im Gewissen ‚die Stimme Gottes', und er ist getrieben, ihr zu folgen. Wirkliche Gewissensentscheidungen sind nicht vergleichbar mit dem Abwägen von Vor- und Nachteilen. Ein Signal ist oft das Wählen der – äußerlich gesehen und berechenbar – ungünstigeren Seite oder des beschwerlicheren Weges. Das wird vielfach übersehen, zum Beispiel bei der Entscheidung über die Verweigerung des Wehrdienstes „aus Gewissensgründen" (die obendrein manchmal mit politischen oder weltanschaulichen Ansichten verwechselt werden). Ein christlich geschärftes Gewissen bleibt dennoch nicht unpolitisch.
Das führt nicht selten dazu, daß der Christ zum ‚outsider', zum Randsiedler seiner Umgebung wird, aber trotz aller Anfeindungen und Vorwürfe oder Spott sich nach seinem vom Wort Gottes und dem Heiligen Geist her geschärften Gewissen richtet. Dabei wird auf beiden Seiten durchaus die Vernunft eingesetzt, die zweifelt und prüft

und um die menschliche Irrtumsfähigkeit weiß. Je ernster um die anstehende Entscheidung samt ihren Folgen gerungen wird, um so deutlicher kommt die Gewissenhaftigkeit der Vernunft ins Spiel. Das Gewissensurteil, also ob etwas Pflicht sei oder nicht, ob etwas zu tun oder zu unterlassen ist, wird so gefällt, daß der ‚gewissenhafte' Mensch sich mit sich selbst in Übereinstimmung befindet. Und wenn dieser Mensch als Christ sich von Gott her gebunden weiß, ist der Gedanke so zu verbessern: daß der Christ sich mit Gottes Willen für ihn in Übereinstimmung weiß. Sage niemand, das sei schnell entschieden. Oft wissen alle um das Verkehrte einer Maßnahme, nur der Täter hat ein ruhiges Gewissen dabei. Oder man erinnere sich an die mittelalterliche Inquisition mit ihren Glaubensprüfungen und dem Hexenwahn. Ebenso war es beim Hohen Rat, der Jesus wegen offenkundiger ‚Gotteslästerung' gesetzesgemäß zum Tode verurteilte. Alles das geschah keineswegs immer aus niederen Beweggründen, sondern ‚nach bestem Wissen und Gewissen'. Unser Alltagsleben kann eine Fülle an Beispielen hinzufügen.

3.6.3 Wir unterscheiden zwischen *Funktionen und Strukturen* des Gewissens.

(1) Das Gewissen ist *bildbar und erziehbar*. Die erwähnte Bindung des Gewissens verlangt den Bezug zur Vernunft und zur Wahrheit. Dazu gehört das Wissen um die Irrtumsmöglichkeit. Dies aber treibt zum steten Überprüfen der Entscheidung, und zwar letztlich am Maßstab des Wortes Gottes und im Gebet zu dem, an den sich der Christ gebunden weiß. Die Erziehbarkeit des Gewissens ist aus der Pädagogik bekannt. In ungezählten Dingen macht sich das Kind und der Heranwachsende keinerlei Gewissen. Je früher aber der junge Mensch mit dem Evangelium in Berührung kommt, um so eher wird sein Gewissen (neben der kindlichen Erziehung) geschärft, geweckt, und damit zu einem immer besseren Werkzeug für Lebensentscheidungen. Dazu gehören Vorbilder und positive Erziehungsziele. Unverständig ist es, wie angesichts dieser lebenswichtigen Prüfung, heutige pädagogische Konzepte meinen, bei Heranwachsenden so früh wie möglich und verstärkt die Kritikfähigkeit fördern zu sollen, damit der junge Mensch seine Umgebung, die Gesellschaft, die politischen und religiösen Verhältnisse hinterfragen und kritisch beurteilen

kann. Wenn das nicht gewollte Manipulation ist, kann es nur ein unverantwortliches Übersehen dessen sein, daß solchem Verfahren, wenn es schon in der Erziehung als wichtig angesehen wird, das Einsenken der Grundlagen vorauszugehen hat. Das ist uralte, auch biblische Selbstverständlichkeit. Paulus erwähnt in dem Zusammenhang (2Tim 1,3) die gute Überlieferung, nämlich „von seinen Vorfahren her ein reines Gewissen".

(2) Das Gewissen ist *nachfolgend*, womit gesagt ist, man weiß rückschauend um das Falsche oder Zutreffende einer Handlung oder Verhaltensweise. Im ersteren Fall beginnt das unruhige Gewissen (ein ‚schlechtes' Gewissen gibt es genau genommen nicht) zu schlagen, man hat Angst vor Entdeckung und Blamage, man fürchtet vor allem Strafe und Sühne, erwartet sie aber als gerecht.

Zuweilen ist Wiedergutmachung möglich. Hier haben die Beichte und der tröstende Zuspruch ihren Ort. Hier gilt es in hervorgehobenem Maße auf das (vielleicht nur leise) Mahnen des Gewissens zu achten; weil es nicht selten heißt ‚zu spät'. Der Tod zum Beispiel schneidet die Möglichkeit zur Regelung einer Angelegenheit oder zum Dank des Sohnes an die Mutter unwiederbringlich ab.

(3) Das Gewissen wirkt auch *vorausgehend*, weil es gelernt hat und gebildet wurde. Aus vorangegangenen Lebenserfahrungen, die durchaus übernommen sein können (um die Wirkung von Gift zu erfahren, muß man es nicht unbedingt selber getrunken haben), weiß man um gut und böse, um sündhafte Erwägungen und Versuchungen. Alles das läßt das Gewissen schlagen und zum Besseren, Richtigen aufrufen, das Falsche und Zerstörende zu unterlassen oder das Nötige endlich zu tun.

(4) Mit den Lebensereignissen und -entscheidungen wird das *unruhige* Gewissen nicht leichtfertig umgehen. Die verfügbaren Maßstäbe sind immer wieder anzulegen. Das Geschick anderer – Hungernder, Unterdrückter, Fremder, Kranker oder dessen, der sich ‚draußen im Leben' zu bewähren versucht – treibt einen um, treibt den Christen ins Gebet. Die tägliche Zeitungslektüre bringt überreichlich Stoff, das Gelesene vor das Gewissensforum mit der Frage zu stellen: Was geht das mich jetzt und hier an? Das unruhige Gewissen hat in unserer Zeit vielen Menschen die Augen geöffnet für das, was allein unsere Generation mit ihrem technischen und zivilisatorischen ‚Fortschritt' zur

Zerstörung unseres Globus vollbrachte. Die weltweit immer lauter werdenden Appelle und Forderungen an die Regierenden haben ernst zu nehmende Gewissensursache. Die Gefahr einer Übertönung der Stimme des Gewissens vom sonstigen Lärm ringsum ist groß. Das gilt für die Masse wie für einzelne: die Stimme des Gewissens kann bewußt überhört oder brutal zum Schweigen gebracht werden.

(5) Trotz des Wissens um die eigenen – oder gesellschaftlichen – Unzulänglichkeiten darf der Christ vom *befreiten* Gewissen reden. Er weiß einerseits um die eigenen Grenzen oder seine kleine Kraft, andererseits um die grenzenlosen und wunderbaren Möglichkeiten von Gottes Wirken. Wo die unwandelbare Autorität Gottes über uns anerkannt und gelebt wird, kann das unter der Vergebung lebende Gewissen sich auch einmal einen Gewissensirrtum leisten. Denn unser menschliches Tun bleibt Stückwerk, ist zeitgebunden und von Überlieferungen abhängig, von Mißerfolg bedroht. Das Gute, das der Mensch tun will, schafft er gerade nicht, sondern er tut das Böse. So klagt Paulus Röm 7 und eilt zu Jesus Christus hin, der uns aus solcher Verdrehtheit befreit hat und uns bewahrt. Mit befreitem Gewissen brauchen wir auch nicht immer wieder zu fragen ‚War es so recht‘? – sei es bei einer Einzelangelegenheit, sei es bei der Rückschau auf ein langes Leben. Mit befreitem Gewissen legen wir alles getrost in Gottes Hand zurück und sind zufrieden (im tiefsten Verständnis des Wortes). Nur in dem Sinne ist das „gute Gewissen ein sanftes Ruhekissen“, wie das Sprichwort vereinfachend sagt. Das befreite Gewissen folgt dem Ruf, den es vernimmt, es geht mit Christus den Kreuzesweg.

Jesus Christus hat uns eine Richtung und einen Maßstab angeboten, den es bei der Gewissensprüfung zu unserem Verhalten anzulegen gilt. Das ist *das Doppelgebot der Liebe* zu Gott und zum Mitmenschen. In beide Richtungen geht die Bindung, jedoch in dieser sachlichen und zeitlichen Reihenfolge. Das schafft in christlicher Freiheit ein Handeln, welches verantwortet werden kann. Es „ermöglicht eine rationale Erarbeitung ethischer Prinzipien und dadurch eine ethische Orientierung, die nicht mehr unter dem Zwang einer erst noch zu leistenden Identitätsfindung steht (und gerade deshalb das Geforderte – die Liebe – verfehlt), sondern von der gefundenen (geschenkten) Identität her die Freiheit zum selbstverantwortenden liebenden Handeln eröffnet“ (W. Härle, Ev. Staatslexikon, 2. Aufl. 1975, Sp. 874).

Paulus drückt das zusammenfassend so aus: „Mir ist alles erlaubt, aber nicht alles ist heilsam und nützlich, ... ich darf mich von nichts beherrschen lassen“ (1Kor 6,12; 10,23).

Im täglichen Leben mögen die einzelnen vorgetragenen Gewissensgründe und -entscheidungen unterschiedlich sein. Man denke etwa an die Ablehnung der Abtreibung. Hauptsache ist, daß die persönliche Bindung an Gottes Weisung hinreichend tragfähig ist und wir uns der Vergebung durch Christus trösten.

Das bedeutet wiederum nicht, bei Christen, deren Gewissen durch die ‚Gemeinschaft der Heiligen‘ und im Wort Gottes geschärft und geweckt ist, müsse es dauernd zu unterschiedlichen Entscheidungen kommen. In der Mehrheit der Fälle werden Christen überall dieselben Normen gewissenhaft beachten und als eindeutig erkennen, anerkennen und befolgen. Wenn sie jedoch in manchen Angelegenheiten nach ‚gewissenhafter‘ Prüfung zu unterschiedlichen Entscheidungen kommen und dann verschiedene Wege meinen gehen zu müssen, gilt für beide unbedingt Jesu Wort gegen den Richtgeist (Mt 7,1ff): „Richtet nicht, damit ihr nicht gerichtet werdet! Denn wie ihr richtet, so werdet ihr gerichtet werden, und nach dem Maß, mit dem ihr meßt und zuteilt, wird euch zugeteilt werden“. Dann folgt der Satz vom Splitter und Balken im Auge, den sich auch Christen im Umgang miteinander – zuletzt in Fragen unterschiedlicher Frömmigkeitsauffassungen – merken müssen. Und in solchem Falle unterschiedlicher Entscheidung gilt der Vorrang des Liebesgebotes vor dem puren Rechthaben.

Paulus ergänzt den Gedanken vom Unterlassen des gegenseitigen Richtens mit dem Hinweis (Röm 14,12f), daß „jeder von uns für sich selbst vor Gott wird Rechenschaft ablegen müssen“. Das verdeutlicht er dann in seinem, bei 1Kor 8 angesprochenen Beispiel vom Essen des Götzenopferfleisches.

Hiermit begegnet uns nochmals das Gewissen als die Instanz im Menschen, die letztlich nur an Gott gebunden ist, ihm allein verantwortlich bleibt, aber im sittlichen Handeln durchaus in einer Freiheit wirkt, die im Glauben verankert ist. Die Dialektik von Freiheit und Gebundenheit, die „das Gewissen als normgebundene und normsetzende Instanz“ (H. Schulze, Theologische Versuche IV, 1972, S. 145ff) kennt, zeigt sich darin, daß das Gewissen „den Willen Gottes zur Geltung zu bringen sucht, (dieser aber als) ... Gottes Liebe immer wirklichkeitsbezogene Liebe ist“ (a. a. O., S. 158). Ethische Entscheidungen sind Glaubensentscheidungen und Gewissensentscheidungen.

3.7 Doppelgebot der Liebe

Jesus hat das alttestamentliche Gesetz nie bestritten, sondern an ihm als längst geoffenbarten Gotteswillen festgehalten. Als er einmal nach dem größten und wichtigsten Gebot gefragt wurde, zitierte er das Alte Testament, indem er neben das alte jüdische Glaubensbekenntnis aus Dtn 6,5 ein Gebot aus Lev 19,18 stellte und sagt: „Du sollst den Herrn, deinen Gott lieben mit ganzem Herzen, mit ganzer Seele, mit allen deinen Gedanken und mit all deiner Kraft. Dies ist das größte und erste Gebot. Das zweite ist ihm gleich: Du sollst deinen Nächsten lieben wie dich selbst.“ Dem fügt Jesus den Hinweis an: „An diesen beiden Geboten hängt das ganze Gesetz samt den Propheten“ (Mt 22,37–40; vgl. Mk 12,29–31; Lk 10,27f). Dieselbe Antwort hielten auch Schriftgelehrte seiner Zeit bereit (Lk 10,27). Es war also kein Wort ‚neu‘ außer der Zusatzbemerkung Jesu, darin bestehe das ganze Gesetz. Das war eine radikale und uneingeschränkte Erweiterung an jedermann.
Was unterscheidet nun das Doppelgebot der Liebe, wie Jesus es uns vorstellt, von anderen Geboten der liebevollen Hinwendung zum Mitmenschen? Und wieso ist Liebe „die Grundlösung der ethischen Probleme“ (G. Friedrich, Zeitschr. f. ev. Ethik, 1967, S. 283), um die es hier im größeren Zusammenhang geht?

3.7.1 Die im Text vorgegebene *vierfache Qualifizierung* der Liebe weist schon die Eigenartigkeit der von Jesus Christus gemeinten und uns aufgetragenen Liebe an. *„Von (mit) ganzem Herzen“* soll die Liebe kommen, also mit voller Beteiligung des Menschen, sozusagen mit Haut und Haaren. Man vergleiche es mit dem Verliebtsein; dabei ist der Betreffende beständig mit seinem Denken und Sehnen beim Geliebten, der ihn erregt und anregt. Das genau will die antike und asiatische ‚stoische‘ Affektlosigkeit vermeiden. „Befrage nur dein eigenes Herz, das wird dich im Überfluß lehren, dein Nächster sei zu lieben wie du selbst“ (Martin Luther).

„Von (mit) ganzer Seele" lieben deutet auf die Lebendigkeit und damit auf die Leben übertragende Absicht der Liebe hin. Hier gilt auch unverrückbar die Rangordnung „Menschen kommen vor Sachen und Prinzipien". Und hier gilt der Hinweis, daß die Gottesliebe lebenslang, also von der Wiege bis zur Bahre, erwartet und möglich ist.
„Mit allen deinen Gedanken" meint den Einsatz der Vernunft; denn christliche Liebe ist weder blind noch reine Gefühlssache. Sie bedenkt die Umstände und Folgerungen mit. Im Gleichnis vom barmherzigen Samariter (Lk 10,25–37) ist das deutlich ablesbar.
Und schließlich meint *„von ganzer Kraft"* lieben den hundertprozentigen Einsatz. Denn Liebe ist nicht in kleinen Rationen austeilbar, sondern entweder ganz oder gar nicht. Damit wird auch die als Naturgesetz verstandene ‚Selbstliebe' (amor sui, seit Augustin) kritisiert, in welcher der Gedanke mitschwingt, man soll nicht nur an sich selbst denken, sondern einige Kraft auch für den anderen übrig lassen. Der Ausdruck für ‚Kraft' meint im Urtext noch ‚mit ganzem Vermögen', wobei an Fähigkeiten und Begabungen (vgl. Lk 19,15ff; 12,48b) ebenso zu denken ist wie an materielle Güter. Man beachte, daß ein Geldwert das einzige ‚Vermögen', die einzige (Gnaden)gabe ist, die fortgegeben werden kann, um – etwa als Spende oder Kollekte – anderswo Gutes zu bewirken und somit eine Liebestat ist.

3.7.2 Zum *Gesetz Christi* (Gal 6,2) wird das Doppelgebot der Liebe *durch sieben Merkmale* (nach P. Jacobs, Grundlinien der Ethik, 1959, S. 115): (1) Christus selbst stellt die beiden Gebote zusammen. (2) Er stellt sie einander gleich. (3) Der Weg der Gottesliebe und der Weg der Nächstenliebe werden durch Christus zu einem Weg. (4) Jesus geht in seinem Leben selbst diesen Weg. Damit fallen bei ihm Wort, Tat und Leben zusammen. (5) Jesus Christus geht diesen Weg gehorsam bis ans Kreuz, wodurch er ihn mit dem Tod besiegelt. (6) Sein Tod ist nicht das Ende dieses Weges, sondern er wird durch die Auferstehung der Weg des Lebens in Ewigkeit. (7) Wer mit Jesus Christus diesen Weg geht, erfährt die Einmaligkeit und Andersartigkeit dieser Liebe Christi. Vielerlei religiöse und gesellschaftliche Regeln beachten ist nichts, wenn jemand „am Recht und an der Gottesliebe achtlos vorübergeht" (Lk 11,42).
Mit diesen Gedankengängen kann der Unterschied zwischen christli-

cher Nächstenliebe und allgemein humanitärer Mitmenschlichkeit erkannt werden; denn die von Christus gebotene Liebe bleibt auf ihn und auf seinen Heilsweg bezogen, auf den er diejenigen einlädt mitzugehen, die zur Nachfolge willig und bereit sind. Insofern ist christliche Liebe immer auch Wagnis und Gehorsam des Glaubens, der sich völlig der Führung des Heiligen Geistes anvertraut. Irgendwelche Rückversicherungen oder ‚Besorgungen' entfallen, wenn Gott in uns bleibt und seine Liebe in uns vollendet und vollkommen ist (1 Joh 4,12.17f). Die Agape besteht aber nicht aus Superleistungen (vgl. z.B. 1 Kor 13,4–7), sondern sie will unauffällig und selbstverständlich sein. Die linke Hand braucht nicht zu wissen, was die rechte tut (Mt 6,3); dabei ist jede Selbstbewunderung ausgelöscht, der Mensch wird frei von sich selbst, weil er an Jesus Christus gebunden ist. Und er braucht dann für seine Entscheidung nicht immer nach rechts und links zu blicken, nicht sein Tun stets von einem Team vorher ‚absegnen' zu lassen (wie ein häßlicher Ausdruck es nennt). Der Nächste ist nicht Objekt einer guten Tat, sondern Ziel der Liebe.

3.7.3 In Fortsetzung dieser Linie kommt die Universalität des Liebesgebotes in Sicht; denn es zielt auch auf Bereiche und Menschengruppen, die durch ihre außerhalb des christlichen Glaubens liegenden Denk- und Verhaltensweisen ausgeschlossen scheinen. Jesu Liebesgebot meint sogar die *Feindesliebe* (Mt 5,39–47; Lk 6,27–35; Jona 4). Zwar spricht schon vor Christus der Philosoph Epiktet von ihr, versteht sie aber egozentrisch. Jesu Aufforderung zur Feindesliebe sprengt geradezu überkommene zwischenmenschliche, auch politische Vorstellungen und Regeln. Denn Feindesliebe antwortet auf Fluch mit Segen, auf Haß mit Wohltat, auf Beleidigung und Verfolgung mit Fürbitte, auf hartnäckige Forderungen mit klugem Nachgeben, auf Ideologien mit der Wahrheit in Christus (vgl. Röm 12,14; 1 Kor 4,12; Apg 7,60; 1 Petr 3,9). In der Feindesliebe ist die Fülle und Reichweite der „herzlichen Barmherzigkeit" Christi offenbar (Lk 1,78; Joh 1,4f; 3,16). Gerade im Alltags- und Berufsleben, auch bei Nachbarschaften gilt es zu prüfen, wie weit wir von praktizierter Feindesliebe entfernt sind. Hier gilt die von Paulus formulierte Aufforderung (Röm 12,21): „Laß dich nicht vom Bösen besiegen, sondern besiege das Böse durch das Gute". Dem Gebot der Feindesliebe ist

durchweg die Aufforderung zum Segnen des Widersachers angefügt. Darin wird auf Vergeltung verzichtet (das Jus talionis überwunden) und Gottes Liebe allen Menschen sichtbar.
Pinchas Lapide hat als Kenner der hebräisch-jüdischen Denkwelt darauf hingewiesen, daß die Rückübersetzung des Jesus-Gebotes zur Nächstenliebe ins Hebräische aufdeckt, daß dort kein Akkusativ, sondern ein Dativus ethicus steht. Das ist schwer ins Deutsche zu übertragen, es meint: dem Nächsten Liebe antun, ihm zuliebe leben. Entsprechend ist es mit der Feindesliebe, die das Ziel verfolgt, den Feind aufhören zu lassen, noch Feind zu sein. Feindesliebe ist genauer ‚Entfeindung'. Das ist ein wesentlicher Anteil der menschlichen, ethischen Verantwortung in der Geschichte und in jeder Gesellschaft.

3.7.4 Die unlösbare *Zusammengehörigkeit der Liebe zu Gott und zum Nächsten* ist mit dem Gesagten vorausgesetzt. Im biblischen Verständnis ist die Liebe zu Gott das volle und ungeteilte Vertrauen auf Gott und seine Liebe zu uns in Jesus Christus. Darin ist der „leidenschaftliche Eifer" unseres „eifersüchtigen" Gottes (Ex 20,5; 2Kön 19,31; Jes 9,6) angesprochen, der seine Ehre keinem anderen geben will (Jes 42,8; Röm 11,36 u. ö.). Deshalb ist alles Tun der Christen ein Tun zur Ehre Gottes (1Kor 10,31; Joh 9,24 u. ö.). Gleichzeitig ist jede Art anderer ‚Götter' ausgeschlossen, denen Menschen hingebende Zuwendung – und das ist dann ein Stück ‚Liebe' – zollen, mögen diese Götter Mammon heißen (Mt 6,24) oder der Herrscher dieser Welt (Joh 12,31) oder das vergöttlichte Tier aus dem Abgrund (Offb 11,7).
Der Grund für die Liebe zu Gott „liegt in Gott selbst: (alttestamentlich) in seiner Erwählung des Gottesvolkes und (neutestamentlich) in der in Jesus wirklich gewordenen Vergebung der Sünden (vgl. 1Joh 4,19: Lasset uns lieben, denn er hat uns zuerst geliebt)" (H.-H. Schrey, Ev. Soziallexikon, 7. Aufl., 1980, Sp. 830). Gott ist der Schöpfer und Erhalter der Welt. Sein Sohn Jesus Christus hat sie vom Verderben erlöst und den Weg zur Vollendung des Schöpferwillens, nämlich Liebe in Ewigkeit, bereitet. Gott macht in seiner Barmherzigkeit uns zu seinen Mitarbeitern auf seinem Weg, wobei die Liebe das von ihm geschenkte ‚Betriebsmittel' dazu ist. In dem Sinne ist das Liebesgebot das neue Gebot und die Grundordnung der ethischen

Probleme (vgl. dazu 1 Joh 3,23; 4,10; auch Röm 15,1–3). Daß und wie Jesus dieses Doppelgebot praktizierte und lebte, erweist auch eine Exegese seiner sieben Worte am Kreuz. Sie verdeutlichen diese Liebe als ein „Geschehen".

3.7.5 Eine *Reihe verschiedener Begriffe für Liebe* hat unsere deutsche Sprache, wodurch unterschiedliche Inhalte ausgedrückt sind. „Daher kann Liebe nur von der jeweiligen Relation her definiert werden, in der sie steht (z.B. die Liebe zur Kunst, Wissenschaft, die Liebe zwischen Mann und Frau, Eltern und Kindern usw.)" (W. Günther, Theol. Begriffslexikon zum Neuen Testament, Band II/1, 1969, S. 903). In der griechischen Sprache gibt es bekanntlich für unser Wort Liebe verschiedene Ausdrücke, die zum Teil als Fremdwörter und Fachausdrücke bei uns Verwendung finden. *Philia* ist die Neigung zu einem Menschen oder einer Sache. *Adelphia* – oder Philadelphia – ist die Freundes- und Verwandtenliebe im üblichen Sinne. *Eros* ist die begehrende, besitzergreifende und strebende Liebe, die sich dem anderen Geschlecht ebenso zuwenden kann wie sie in Künstlern zur Wirkung drängt. *Sexus* schließlich (aus dem Lateinischen) ist in unserem Sprachgebrauch unter den Oberbegriff Liebe gestellt und meint die geschlechtlich begehrende, kreatürlich-triebhafte Liebe.
Die im Doppelgebot der Liebe – und in den dazugehörenden Aussagen der Bibel – gemeinte Liebe heißt im Griechischen *Agape* (lateinisch Caritas). Es schien ein damals vergessenes Wort gewesen zu sein, dem man außerbiblisch fast gar nicht begegnet. Dies Wort Agape wurde zum zentralen neutestamentlichen Begriff für Liebe. Dort kommt es als Subjekt, Verb und Adjektiv zusammen 318mal vor. Doch nicht nur von der Wortstatistik her ist Liebe ein zentrales Thema in der Bibel, im christlichen Glauben und damit auch in der christlichen Ethik. Agape ist derjenige Ausdruck für Liebe, von dem her die übrigen, zuvor aufgezählten Begriffe qualifiziert werden. Sie alle haben ihren je eigenen Platz im Leben und Zusammenleben der Menschen. In der Liebe zum Nächsten, wie Christus sie uns zu üben gibt, lieben wir ihn selbst, ohne es unmittelbar zu wissen.
So lebt ‚Christus in mir' und ich lebe ‚in Christus' (Gal 2,20; 2 Kor 5,14–18). In Christus, der selbst die Liebe ist, sind wir neue Menschen. Deshalb brauchen Christen auch keine neue Moral, die sich

eigene Regeln des Umganges miteinander schaffen muß; sondern in der Agape wandelt der Christ auf dem Weg, der Wahrheit und Leben ist (Joh 14,6.15–17). Auf diesem Weg wird der Nächste nicht übersehen. Liebe ist kein ,Was', sondern ein ,Wie' des Handelns. Sie bewegt sich außerhalb aller naturgesetzlichen Zwänge des Menschen als ein Auftrag Gottes und als eine Möglichkeit, ihn zu verwirklichen. Liebe als Agape ist eschatologisch ausgerichtet, sie vergeht nie (1Kor 13,8), und sie wird das kommende Reich Gottes gänzlich erfüllen, das Klima in ihm bestimmen.

3.7.6 Was bedeutet, *den Nächsten lieben, ,wie dich selbst'?* Hierüber ist viel nachgedacht worden, zumal damit so etwas wie ,Eigenliebe' in dem Gebot Gottes zu stecken scheint und von woher jene erwähnte ,Selbstliebe' als naturgegeben in die Theologie eingezogen war. Doch von einer Art Eigenliebe als ein Kreisen um sich selbst oder einer Liebestätigkeit als Selbstzweck kann ebensowenig die Rede sein wie von einem Haß gegen sich selbst oder gegen das eigene Leben.

Das ,Wie dich selbst' (Luther übersetzte „als dich selbst") ist der Maßstab, mit dessen Hilfe gegenüber dem Nächsten gehandelt wird. In Verbindung mit der durch Jesus positiv abgefaßten Goldenen Regel läßt sich erkennen, was gemeint ist: Das, was man für sich selbst wünscht oder befürchtet, braucht oder abweisen möchte, wird in jeder Phase der Zuwendung zum Nächsten mit berücksichtigt. In jüdischen Verdeutschungen des Doppelgebotes der Liebe, jedenfalls dem aus Lev 19,18 stammenden zweiten Teil des Doppelgebotes, haben wir die verdeutlichende Formulierung „denn er ist wie du" (Martin Buber). Die Agape hebt den Gegensatz zwischen Ich und Du auf. Wir erkennen das Gemeinte auch daran, daß das Gegenteil von Liebe nicht etwa Haß ist, sondern jede Art von Herrschaft über den anderen, das Besitzen- und Kontrollierenwollen. Agape aber tut im Gegenteil „dem Nächsten nichts Böses. So ist nun die Liebe des Gesetzes Erfüllung" (Röm 13,10). Der (bedürftige) Nächste ist nie ,Objekt' der Nächstenliebe; denn sie begründet eine Gemeinschaft, die beide einschließt. So steht das ,Wie dich selbst' „nicht am Anfang alttestamentlicher ,Ethik', läßt sich aber durchaus als ihr geheimes Ziel bezeichnen" (R. Smend, Theol. Realenzyklopädie, Bd. X, 1982, S. 432).

3.8 Reich Gottes und Welt

Um die ihnen ärgerliche Erinnerung an Jesus Christus zu verdrängen, vermieden Freigeister zu Anfang dieses Jahrhunderts, in der Nazizeit sogar amtlich, die Jahresangaben ‚vor oder nach Christus' und setzten statt dessen die Rede von der ‚Zeitenwende'. Das ist der Anfang des Auftretens Jesu tatsächlich gewesen; denn er begann seine Predigt mit dem Ruf (Mk 1,15 par): „Die Zeit ist erfüllt; das Reich Gottes ist nahe", die Wende ist da. Sie bedeutet Freiheit und Erlösung, Überwindung menschlicher Ausweglosigkeiten. Das Reich Gottes als die Herrschaft Christi ist eine Gabe, die aus dem Jenseits von Gott her einbricht. Damit wird das für Menschen nicht greifbare ‚Jenseits' (Joh 18,36: „Mein Reich ist nicht von dieser Welt") ganz diesseitig. In Jesu Verkündigung erfahren wir, daß Gott soweit ‚diesseitig' wird, indem er sich sogar um die Vögel unter dem Himmel kümmert (Mt 6,26). Das Reich Gottes ist in Jesus Christus zu uns gekommen und bleibt an ihn gebunden. Gottes Herrschaft und Christusherrschaft sind eins.

Gottes Regieren in Jesus Christus ist für uns schwer zu fassen, jedenfalls erfahren wir es ‚nur' als Geschehen, als Ereignis. Das kann an den sogenannten Himmelreich-Gleichnissen abgelesen werden, die Mt 13 stehen. Nach ihrer ethischen Seite hin stellen sie Verschiedenes vor Augen: (1) Das Gleichnis vom vierfachen Acker zeigt Gottes indirektes Handeln, in das er den Menschen mit der Arbeitsmühe, teilweiser Erfolglosigkeit und vielfältigem Ernteergebnis hineinnimmt. (2) Das Gleichnis vom Unkraut unter dem Weizen zeigt den Christen mitten in der Welt, der sein Wirken für andere – etwa in diakonischer Ausrichtung – jedermann zuwendet ohne Ansehen der Person, der Herkunft, Rasse oder Religion. Das ‚Jäten' (sprich: Aussondern) ist nicht unsere Sache. (3) Das Gleichnis vom Senfkorn ermutigt zur noch so unscheinbaren Tat menschlicher Zuwendung, aus der ein riesiger ‚Baum' der Nächstenliebe erwachsen kann. Die Energie der Gotteskraft ist ungeahnt. (4) Das Gleichnis vom Sauerteig ähnelt dem insofern, als es seine zunächst unerkannte Kraft für das Ganze einsetzt und im Ganzen durchsetzt. (5) Das Doppelgleichnis vom Schatz im Acker und der kostbaren Perle deutet auf den Lohn vollen Einsatzes und die Risikobereitschaft im Christenleben

hin. Hier wird auch die überwältigende Freude ausgedrückt über Gottes Gabe der Liebe, Güte und Seligkeit, die wir handhaben, also gebrauchen und einsetzen dürfen.
Im Reich Gottes – Matthäus sagt ‚Himmelreich' und Johannes ‚ewiges Leben' – ist Gottes verborgenes Wirken erkennbar. Es entspricht der Verborgenheit des Sieges Christi am Kreuz, dem seine Auferstehung folgt. Die Erfüllung des Reiches Gottes steht noch aus, es ist also eschatologisch ausgerichtet, wie Theologen es nennen. Das entspricht der Bitte im Herrengebet: „Dein Reich komme!" Diese Bitte hat neben dem persönlichen Erreichen des Lebenszieles für den Beter zum Inhalt die Bitte um Befähigung zur Nächstenliebe und Nachfolge. Niemand wird vollkommen schaffen, was das Gebot der Nächstenliebe meint und ernste Nachfolge (vgl. Lk 9,57–62) bedeutet. Aber anfangen sollen wir und vertrauen darauf, daß „Wachstum und Gedeihen steht in des Himmels Hand" (Matthias Claudius). Das ist die ‚Wirk'lichkeit im doppelten Verständnis des Wortes: Realität sowie Bewegung, Veränderung, also Wirkung in unserer Zeit und Welt. Das Wirken des Christen je an seiner Stelle mitten in der Welt, die ihm eine säkulare Umwelt bleiben wird, ist nie vergeblich und nie ohne Hoffnung auf das Nahekommen des Reiches Gottes, das aber menschliches Handeln nicht erreichen kann. Die Wirklichkeit (im Sinne von Wirksamkeit) ethischen Tuns des Christen in der Welt verbindet sich mit der im Evangelium angebotenen und geschenkten Wirkkraft des Heiligen Geistes. Das Bittgebet „Dein Reich komme" heißt somit „Gib uns deinen Geist".
Beim Nachdenken über das Reich Gottes und dessen Wirklichkeit in der Welt, wie wir sie kennen, kommt manchem Zweifel daran auf. Viele meinen, daß zweitausend Jahre Predigt vom Reich Gottes schließlich nichts anderes als Weltkriege und die Möglichkeit der Vernichtung allen Lebens auf dem Globus durch Nuklearenergie als Ergebnis habe. Das aber ist eine gottfeindliche und außerdem falsche Meinung. In Jesu Verkündigung hören wir beides: das Reich Gottes ist da (Mt 12,28), „es ist vollbracht" (Joh 19,30), und: das Reich Gottes ist im Kommen und schon nahe (Mt 4,17; 6,10). Entgegen menschlicher Logik gilt jenes ‚Schon jetzt und noch nicht', das uns ethisch zu dem Verhalten herausfordert und in eine Welt und Zeit umspannende Bewegung hineinnimmt, wie wir es in den Himmel-

reich-Gleichnissen aus Mt 13 lernen. Das existierende Böse wird durch Christus gebunden und gefangen gehalten; aber es ist noch da.

Entscheidend ist die Reaktion gegenüber Jesu Ruf vom Herbeikommen des Reiches Gottes. Der Text in Mk 1,15 fährt bekanntlich fort mit dem Aufruf: „Kehrt um und glaubt an das Evangelium". In dieser Entscheidungssituation wird Gehorsam erwartet. Wer diese Rede Jesu hört und tut, wer also nicht bloßer ‚Herr, Herr'-Sager (Mt 7,21f) ist, der ist mit Jesus Christus verbunden und hat dadurch Anteil an seinem Reich, das „schon mitten unter uns" (Lk 17,21) ist, also mitten in der Welt, deren Gestalt und Wesen vergehen.

Das Eingebunden-Bleiben der Christen in die Welt, aus der sie Christus heraus erlöst hat, ist das Eingebunden-Bleiben in der vorfindlichen Welt, in der wir Menschen uns Tag für Tag plagen, mühen und weiterbewegen. Das dient zum Bewähren des Glaubens und zum Gehorsam in der Liebe zu Gott und dem Nächsten. Reich Gottes und Welt stehen einander gegenüber und sind doch ineinander verwoben. Für Christen und ihr ethisches Verhalten gilt dabei die Warnung (1 Joh 2,15f): „Liebt nicht die Welt und was in der Welt ist! Wer die Welt liebt, hat nicht die Liebe zum Vater. Denn alles, was in der Welt ist, die Begierde des Fleisches, die Begierde der Augen und das Prahlen mit dem Besitz, ist nicht vom Vater, sondern von der Welt. Die Welt und ihre Begierde vergeht; wer aber den Willen Gottes tut, bleibt in Ewigkeit." Damit sind Kategorien von Sitte und Moral zusammengefaßt, dem Wesen des Reiches Gottes als Ziel der Absichten Gottes mit der Welt zugeordnet und es ist eingeladen, das Verhalten von der Führung durch den Heiligen Geist bestimmt sein zu lassen. Das macht sorglose Leute; denn Jesus verspricht Versorgung mit allem Nötigen, sofern es uns „zuerst um das Reich Gottes und seine Gerechtigkeit" geht (Mt 6,33).

Das ist ein ethischer Ansatz, der christliche Ethik zu einem freien und möglichen Unterfangen werden läßt. Der Christ unterliegt damit letzten Endes nicht den sogenannten Sachzwängen der Zeit – mögen sie Ökonomie, Technisierung, Biologismus oder ideologische Polarisierung und noch anders heißen –, weil er durch Christus eine andere Weltsicht und ein anderes Verhalten in der Welt an den Tag legen kann. Seine Prioritätenskala vom Wichtigen zum Nichtigen sieht im

Reich Gottes ganz anders aus als in der Welt, die der Sünde verfallen ist. Zum Leben zwischen damaliger Ankunft und noch ausstehender Wiederkunft Christ im Reich Gottes gehört eine Art ‚Interims-Ethik', wie Albert Schweitzer es nannte. Das hat aber nichts mit einer Art Provisorium zu tun, denn was Gott will, hat er von jeher gewollt und wird dabei auch bleiben.

3.9 Unterwegs zum Ziel

Wir sind auf das kommende Reich Gottes hin ausgerichtet, merken aber, daß uns nicht gelingt, den theologischen „Nachweis der zum Reich Gottes führenden Straßen durch das Dickicht der historischen Gegebenheiten" zu führen (E. Wolf, Sozialethik, 1975, S. XVI). Aber die Christen sind dennoch Mitarbeiter Gottes auf diesem Wege.
Wir sind also auf dem Wege. Das Wort hängt innerlich mit dem Ausdruck ‚Wandel' zusammen und hat damit sofort ethischen Klang. Im Wortgebrauch sind im Deutschen Weg und Wandel ebenso verwandt wie es im Englischen der Fall ist (way = manner, custom, mode of life), im Französischen (chemin) und in weiteren Sprachen. Das gilt auch für die beiden Sprachen der Bibel. Im Hebräischen bedeutet ‚däräk' nicht nur Weg und Wegstrecke, sondern auch Lebenslauf, Verhalten, Brauch und Wandel. Im neutestamentlichen Griechisch steht neben ‚Weg' (hodos) das Tätigkeitswort ‚wandeln' (peripatein). Beide Ausdrücke haben als Bildrede stark ethische Färbung. So verwendet Paulus das Wort Wandeln als Bezeichnung des Lebenswandels, und zwar in ethischem (sowohl positiv-auffordernden als auch negativ-abwehrenden) Verständnis (Gal 5,16; Kol 1,10; 1Thess 2,12; 2Thess 3,6.11 u.ö.). Unser Lebenswandel vollzieht sich vor Gott, „denn der Weg eines jeden liegt offen vor den Augen des Herrn, er achtet auf alle seine Pfade" (Spr 5,21–23).
Die Ausrichtung des Christenlebens im Tun und Lassen ist ein Unterwegssein, der Wandel auf ein Ziel hin, das Vollendung des Reiches Gottes heißt. Auf das Kommen dieses Reiches hoffen die Christen und wollen sich dem würdig und angemessen erwartungsvoll verhalten. Das gelingt zwar keinem, aber – wie Jesus im Gleichnis von den zehn Jungfrauen (Mt 25,1–13) zeigt – auch die ‚schlafenden', klugen

Jungfrauen (die also ebenfalls schuldig und säumig wurden) bleiben nicht unterwegs ‚auf der Strecke', sondern gelangen zum Ziel. Damit bekommt das Gebet als ‚Wegweisung' seinen Ort, wie die Bibel oft rät, etwa Ps 37,5: „Befiehl dem Herrn deinen Lebensweg und vertraue ihm; er wird es fügen." Und am Ende des Weges vom „wandelnden Gottesvolk" (vgl. Hebr 4,11 u.ö.) wartet ewige Gottesruhe.
Gelegentlich wird daher von einer ‚Adventsethik' geredet, mit der die Ausrichtung des Christen nach vorn hin gemeint ist. Alles, was sachdienlich im unmittelbaren Sinne des Wortes ist, das führt zum Ziel.
Im strengen theologischen Verständnis zeigt sich die Ethik gebunden an das Gebot Gottes. Gott selbst ist überzeitlich, somit auch vor- und nachzeitlich, also an keine Zeit gebunden. Wir Menschen sind die wenigen Jahre unserer verfügbaren Verlaufszeit, die wir zum Lebenswandel haben, zum Wirken aufgerufen. Das gilt auch angesichts dessen, daß wir unentwegt einer Weltkatastrophe entgegen zu gehen scheinen. Sie ist dem Christen durchaus nicht fremd, weil er um hinweisende Aussagen aus dem Neuen Testament weiß. Dadurch kann sich sein Verhalten in ökologischen oder Friedensbewegungen von manchem selbstverständlich Scheinendem abheben.

Weiterhin ist ein Gedanke über das Unterwegssein zum Ziel zu beachten. In der Ethik zeigen sich Wandlungen in den Auffassungen und Verhaltensweisen, die sowohl in unterschiedlichen Weltregionen wie auch zu verschiedenen Epochen anders gewertet werden. Ein krasses Beispiel, das zugleich die Grenzen des Urteilens offenlegt, ist aus jüngerer Zeit das Erschlagen junger Robben in kanadischen Eskimo-Regionen. Empörte Europäer, die entsprechende Blutbilder zu sehen bekamen (für sich schon eine Frage der Ethik), erkannten nur Grausamkeit und Habgier dahinter. Sie klagten ihre (räumlich fernliegenden) Regierungen und die einschlägige Industrie an, vergaßen dabei aber auf die möglichen Käuferinnen der Robbenfell-Mäntel einzuwirken. Schon gar nicht wurden Gedanken daran gewandt, ob die jährliche Robbenkampagne vielleicht die seit Generationen nötige Haupteinnahmequelle der dort lebenden Eskimos ist oder Bedeutung im ökologischen Gleichgewicht hat.
Hier kommen Unterschiede der Gesinnung zum Vorschein, die jeweils der Prüfung von einem übergreifenden Gesichtspunkt her

bedürfen. Vielleicht ist das Ergebnis hinterher ein Erkennen, daß andere Menschen zu anderen Zeiten und in anderen Weltteilen in manchem auf anderen Pfaden unterwegs sind, die durchaus zum großen Ziel führen, das Reich Gottes heißt. Und ohne Schuld ist kein Mensch unterwegs. Jeder hat den in seiner Zeit und an seinem Ort ethisch angemessenen Lebensstil zu suchen.

Der Abschluß des Kapitels mit einem Gedankengang über den Lebenswandel als Unterwegssein, will verdeutlichen, daß christliche Ethik letztlich nicht etwas ist, das wir im Griff haben. Wir dürfen nicht zu selbstsicher operieren und die Welt bewegen wollen. Christliche Ethik ist und bleibt eine Bewegung, die von Jesus Christus her bestimmt wird und dann zielgerichtet ist, wenn sie auf sein Kommen für alle Welt hofft. Deshalb ist letztlich ein – im weiteren politischen Sinne – präventives, also zuvorkommendes Handeln nicht möglich, ja ‚unchristlich', wie D. Bonhoeffer feststellt; denn das entspräche dem Übernehmen des Regimentes in der gefallenen Welt.

Das Fremdwort zu ‚unterwegs' heißt Methode, nämlich das planmäßige und zielgerichtete Nachgehen, das geordnete Verfahren. Das kann zu geschlossenen Systemen führen, die die Verhältnisse und vor allem die Menschen in ihren Rahmen zwingen und vergewaltigen. Es ist nicht alles ‚machbar', selbst wenn die Methode noch so verfeinert und erfolgversprechend ist. Christen lassen ihr, selbstverständlich methodisches, Handeln regulieren vom Heiligen Geist, um dessen Führung sie beten. Wer mit ihm rechnet, ist trotz seiner Handlungsmethoden offen für neue Erfahrungen, Überraschungen, Begegnungen, unterwegs im Lebenslauf und im Weltenlauf. Das ist dann auch ein Stück ethische Methode, von der Theophil Müller (Methode contra Heiliger Geist, im Vortrag 1981 in Leuenberg/Schweiz) verlangt, daß sie ein „Medium ist für das Bestreben, Aufgaben möglichst gut zu erfüllen. Methode, die Verwirklichung ist von Verantwortung für das eigene Handeln und für die Zuwendung zu Partnern vor Gott". Evangelische Ethik ist eine Hilfe zur Orientierung, eine Art Wegweiser, wie er an Weggabelungen als Entscheidungshilfe steht, oder in moderner Bildrede ausgedrückt: eine Anlage zur Verkehrsregelung mit Ampeln und Schildern.

4. Gesinnung und Gefühle

Gesinnung ist das Ergebnis verschiedener Voraussetzungen, die alle eine Rolle dabei spielen, wie sich ein Mensch letzten Endes verhält und in welcher Richtung er seinen Lebenswandel führen soll. Der Mensch in seiner Dreiheit als Leib, Seele und Geist weiß mancherlei und will Bestimmtes. In der Gesinnung werden Denken und Wollen einträchtig miteinander verbunden und vom Gewissen reguliert. Der Mensch hat Vorstellungen über das nützliche Gute und nachteilige Böse. Er strebt gewisse Ergebnisse an, die abhängig sind von seiner persönlichen Verfaßtheit, seiner Umwelt, seinen Denkweisen und seinen Möglichkeiten. Das alles bündelt sich schließlich zu seiner Gesinnung, die hinter seinen Entscheidungen und seinem Handeln ebenso steht, wie seine Charaktereigenschaften in Tugenden zum Ausdruck kommen. Dabei wird deutlich unterschieden, ob eine Handlung erlaubt oder nur frei von nachteiligen Folgen für einen selbst ist, oder ob sie in innerer Übereinstimmung mit dem jeweiligen Sittengesetz ist, das jemand hat. Für den Menschen ist die Gesinnung „die unmittelbare Sprache seines Herzens. Freilich ist das Ich seinen Gesinnungen auch nicht willenlos hingegeben. Es kontrolliert und bewacht seine Gesinnungen. Es steuert seine Gesinnungen und strahlt sie aus. Das Ich wird sich seiner Gesinnungen bewußt. Es pflegt sie oder vernachlässigt sie“ (W. Trillhaas, Ethik, 1959, S. 98).
In den neutestamentlichen Schriften verbindet sich die Gesinnung des Gläubigen mit dem Christusgeschehen: Seid eines Sinnes und vor allem seid gesinnt, wie Jesus Christus war (Phil 2,2.5; Röm 15,5).
Trillhaas systematisiert die Gesinnungsethik und teilt sie ein in (1) aufblickende Gesinnungen (Hochachtung, Unterordnung und deren Gegenteil Ablehnung, Auflehnung), in (2) gleichblickende Ablehnung (Haß, Mißgunst), und in (3) herabblickende Gesinnungen (Wohlwollen, Mitleid und deren Gegenteil Verachtung, Grausamkeit). Diese Grobgliederung zeigt die grundlegende Bedeutung der Gesinnung im Menschenleben.
Wir gliedern erneut. Die reine Gesinnung wird erst erkennbar durch die Verwirklichung von Absichten, sofern sie offenkundig werden. Beispielsweise ist die Gesinnung zugunsten einer Entscheidung in der

geheimen politischen oder sonstigen Wahl nur dann erkennbar, wenn sich der Betreffende selbst dazu äußert und durch sein Verhalten die hinter der Entscheidung stehende Gesinnung aufdeckt. Gesinnungen hängen sodann mit der einzelnen Person zusammen und können lauter und redlich wie auch unecht, also vorgetäuscht, heuchlerisch sein. Hier darf nicht vorschnell der Stab gebrochen werden; denn in nur scheinbarer Nachbarschaft zum Heuchlerischen steht die Gesinnung des Kaufmannes oder Diplomaten, die beide oft nicht mit dem Herzen auf der Zunge (wie das Sprichwort sagt) arbeiten können. Hier befinden wir uns auch an der Grenze der modernen Forderung, alles und jedes müsse offengelegt, in die Medien gebracht und von jedermann durchschaut werden können. Es ist auch eine schwere ethische Frage, ob bestimmte Gesinnungen gefordert werden dürfen. In gewissen politischen Machtbereichen ist das gang und gäbe, was im Extrem zum Gesinnungsterror führt. Für Christen haben sich Gesinnungen unbedingt am Doppelgebot der Liebe messen zu lassen. Dieses ist aber eine Forderung Gottes an uns.
Gesinnung kann sich wandeln, auch wenn in der Regel Beharrlichkeit in ihr, also Treue zum einmal gewonnenen Standpunkt, zu einer Sache oder einer Aktion das Erwartete ist. Bei neuen Erkenntnissen und Entwicklungen kann sich eine Gesinnung durchaus verändern, und zwar dann, wenn erneute Überprüfung und Voraussetzungen zur Bildung einer gefundenen Gesinnung ergeben, daß weitere Gesichtspunkte eine Änderung der Grundeinstellung verlangen. Man denke etwa an den Wandel der Stellungnahmen zum Bau weiterer Flughafen-Startbahnen oder zum Umgang mit Erdöl, weil man sowohl den wirtschaftlichen Nutzen nicht mehr erkennt als auch inzwischen sehr viel umweltbewußter (ein früher gar nicht gekanntes Wort) geworden ist. Hier wandelt sich die Gesinnungsethik aufgrund einer überprüften Güterabwägung. Damit ist von anderer Seite her der, das vorausgehende Kapitel abschließende Gedanke des Unterwegsseins angesprochen und damit die Verbindlichkeit der geprüften Erfahrungen in einzelnen Auswirkungen. Eines darf dabei nicht vergessen werden: Neu gewonnene Gesinnungen verleiten leicht Nachgeborene zum Verurteilen derer, die früher anders dachten und entschieden. Bekannt ist die Besserwisserei der heutigen Generation gegenüber denen, die in den 30er Jahren teils leichtfertig, teils ahnungslos in die

Tyrannei der Naziherrschaft glitten. Gewissenhafte Geschichtsforschung weiß um die hier anstehenden Probleme und forscht vor der Beurteilung nach den leitend gewesenen Motiven und den damaligen Rahmenbedingungen, wodurch ein abgewogenes Urteil zustande kommt.

Indem wir die Ausprägung der Gesinnung weithin im Blick auf den einzenen Menschen darlegten, so zeigt sich damit die Unmöglichkeit, in der Ethik bei persönlichen Gesinnungen stehen zu bleiben. Die Ethik muß „trotz des ständigen Wandels der Entscheidungssituationen versuchen, allgemein verbindliche, inhaltliche Dringlichkeiten aus dem Prozeß der sozialen Kommunikation selbst zu erhellen" (G. Virt, Handbuch der christlichen Ethik, Bd. III, 1982, S. 547).

Gefühle sind der Gesinnung benachbart. Neben dem reinen Tastsinn verstehen wir unter Gefühlen eine Reihe von Erscheinungsformen, die körperlicher Art (Lust, Schmerz, Erholung, Ermattung, Hunger, Streß – aus anderem Blickwinkel sind das Sinnesempfindungen) wie auch seelischer Art (Freude, Angst, Schuld, Liebe, Haß, Mitleid, Kunstgenuß, Andächtigkeit) sein können. Die Psychologie weiß, daß beides selten frei nebeneinander vorkommt, daß also alle Gefühle psychosomatische Auswirkungen haben. Gefühl wird auch als wertempfindende Stellungnahme, als sittliches Urteilsorgan verstanden, also im Sinne des Satzes: Ich habe das Gefühl, hier stimmt etwas nicht.

Das Gefühl kann dabei mehr triebbedingt-intuitiv sein oder mehr vernunftbeeinflußt-logisch. Es gibt Forscher, die das intuitive und das logische Gefühl auf die beiden Gehirnhälten aufteilen. Solches Gefühl kann aber keine unbedingte Verpflichtung begründen.

Gefühle sind in hohem Grade von den verschiedenen Epochen, Kulturen und zum Teil auch von der Erziehung abhängig. Insoweit sind Gefühle beeinflußbar, und sie können abstumpfen.

Gefühle sind meistens zukunftorientiert. Sie sind eine Art Projektion, vielleicht sogar (nicht biblisch verstandene) Prophetie. Unsere Umgangssprache redet dann vom ‚Sechsten Sinn', der in der Praxis des Lebens viel Beachtung findet – und finden sollte. Wissenschaft und Forschung machen ihn sich zunutze. In der sogenannten Delphi-Methode heutiger ‚Denk-Fabriken', bei Persönlichkeitsbeurteilungen und überhaupt im alltäglichen Umgang miteinander spielt das Gefühl

eine wichtige, unentbehrliche Rolle. Im christlichen Verständnis ist darüber hinaus die Rede vom ‚Geist' des Menschen (dasselbe Wort steht auch für den Heiligen Geist und sonstige Geister). Dieser Geist des Menschen wird erfüllt, getröstet, gelenkt, gemahnt und bewahrt durch Gottes Geist (vgl. Röm 8,14–16; 1Kor 2,10f u.ö.).
Die beiden Begriffe Gesinnung und Gefühl sind aufeinander bezogen. Sie stehen hier als eine Art Ouvertüre vor einer Zusammenstellung von Bereichen der christlichen Ethik, die nach manchen Einteilungen unter die Überschrift *Individual-Ethik* kamen. Darin wird jeder einzelne Mensch als Person, als Persönlichkeit angesehen; denn jeder Mensch ist vor Gott und in der Welt gänzlich Original. Er ist auch unmittelbar durch ethische Forderungen angesprochen und daher auch allein verantwortlich. Schwer zu trennen ist davon die *Sozial-Ethik*. Nur der Zwang, letztlich Zusammengehörendes nacheinander darlegen zu müssen, kann eine gewisse Trennung zwischen Individual- und Sozialethik rechtfertigen.

4.1 Sinnquelle und Sinnfrage (u. Zweites Gebot)

Beim Stichwort Sinn fallen uns rein äußerlich unsere ‚fünf Sinne' ein, also die *Wahrnehmungsorgane*, die uns Hören, Sehen, Schmecken, Fühlen und Riechen ermöglichen. Was an Eindrücken und Signalen von außen an uns herankommt, sind Sinneseindrücke, die im Gehirn verarbeitet werden. Bewirkt werden – meist unbewußt oder in der Reaktion – Fragen wie: Hat dieser Sinneseindruck ein besonderes Gewicht? Was ist der ‚Sinn'? Unversehens stehen wir vor der weitergehenden Bedeutung, die nach der *Sinnhaftigkeit* fragt, die wissen will, welches das Ergebnis, der Zweck oder die Bedeutung eines erfahrenen Eindruckes ist. Das Ganze wird dann auf ein Ziel hin eingeordnet. Im weiteren Verständnis tauchen hinter der Bemühung um die Einsichtigkeit (Plausibilität) und den Nutzen eines Geschehens die Fragen nach den großen Zusammenhängen auf, zum Beispiel die nach dem *Sinn der Geschichte*. Hierbei ist die Sinnfrage rückwärts gewandt, aber mit der Absicht, Lehren für Gegenwart und Zukunft daraus zu ziehen.
Jetzt stehen wir schon vor den Fragen nach dem *religiösen Sinn* aller

Welt und dem Geschehen in ihr. Gott sagt Ja zu seinem Werk, seiner Welt, zum Menschen. Das ist in der Heilstat Christi besiegelt. Alles Leben und jegliche Geschichte ist von daher verständlich. Im Wort Gottes ist uns das verkündigt. Gott liebt diese Welt, und somit bekommt alles ethische Tun der Menschen seine Ausrichtung, seinen Sinn. Weil Christus uns in die Freiheit seines Reiches hinein erlöst hat, kann es für Christen keine Sinnlosigkeit im Leben geben und damit auch keine Auswegslosigkeit. Denn „wir wissen, daß Gott bei denen, die ihn lieben, alles zum Guten führt“ (Röm 8,28), also auch das (in dem aktuellen Zusammenhang scheinbar) Nachteilige und Schreckliche. Der nach Gottes Ebenbild geschaffene und erlöste Mensch hat die Möglichkeit und Aufgabe, in seiner Zeit und Umwelt zu wirken, egal ob er in ‚westlicher‘ Freiheit oder in Unterdrückung lebt. Er kann mit einer Erfüllung rechnen, die in der Bibel *Segen* genannt wird. Das deutet auf einen Lebenssinn hin, der neue Durchblicke und Aussichten eröffnet. Die Wünsche für ‚Gottes Segen‘ in Briefen, bei Gratulationen an verschiedenen Wegmarken des Lebens und beim Auseinandergehen weisen auf eine Wirklichkeit hin, die sich jenseits von den vor Füßen liegenden ‚Segnungen‘ der Erde erschließt. Das mußte in langem Leiden Ijob erfahren, der allerdings nach seinem Festhalten an Gott zum Schluß ‚obendrein‘ noch mit unermeßlichem irdischem Reichtum ‚gesegnet‘ wurde.

Die Quelle eines sinnvollen Lebens ist für den Christen uneingeschränkt Gott und seine Liebe zum Menschen. Was dem, der Gott vertraut, auch widerfahren mag, der weiß, daß ihn gar nichts mehr von dieser Gottesliebe scheiden kann (Röm 8,37–39). In der Praxis der Ethik und den dahinter stehenden ‚Ansichten‘ führt das zu einer „Umwertung aller Werte“, wie Nietzsche sagte. Das führt zu Überlegungen, zu Sinnfragen, die uns in unserem Alltag eigentlich beständig zum Nachdenken – und zum Danken! – nötigen und zu Folgerungen daraus zwingen. Da sind Antworten auf viele Fragen zu geben, die alle das Führen eines sinnvollen Lebens betreffen.

Wie ist ein sinnvolles Leben zu erreichen? Einige Antworten lauten so: Mancher sieht in der Sinnerfüllung das Wirken und Leben für seine Familie, für den Ehepartner. Andere setzen viel Kraft und Mittel für die Freiheit ein, sie jagen dem Glück nach. Auf der entgegengesetzten Seite finden sich die Einzelgänger, die in sich selbst vergnügt sind. Für

andere ist der Hauptsinn des Lebens, daß „der hat sein Leben am besten verbracht, der viele andere glücklich gemacht“, also die unübersehbaren Formen der Zuwendung für andere.
Die Sinnfrage läßt sich jedoch auch aus anderer Sicht stellen: Zu welchem Sinn bemühen wir uns um mehr Wachstum, mehr Technik, mehr Energie? Alle drei Bestrebungen sind für die in den hochzivilisierten Ländern lebenden Menschen neuerdings äußerst bedenklich geworden. Allerdings werden von vielen nicht aus ethischer Gesinnung heraus, sondern aus eigensüchtigen Zweckmäßigkeitsgründen erschrocken die Grenzen des Wachstums bemerkt. Mit welchem Sinn streben wir nach mehr Wohlfahrt und Wohlleben, mehr Wohlgefühl und mehr Wohlstand? Wieso ‚müssen‘ jährlich Tarifkämpfe um mehr Lohn in der Tüte gefochten werden, als sei das ein Naturgesetz?
Keine der aufgeworfenen Fragen ist für sich zu verwerfen oder gar als böse zu kennzeichnen. Im Gegenteil! Aber wir kennen auch hier schon die Grenzen, wobei nicht einmal der weit entfernt lebende Notleidende gleich im Blick ist. Der im Schatten jeglicher Wohlfahrt lebende, richtiger: dahinvegetierende Mensch sucht erst recht nach dem Sinn dieser Unterschiede und vor allem nach dem Sinn hinter seinem Leid. Die Antwort kann flammende Anklage gegen Gott ebenso sein wie gleichgültiges Dahindämmern oder – die ‚aktive‘ Seite der völligen Verzweiflung und Selbstaufgabe – der Selbstmord. Die Fülle der Betrachtungen über das Schicksal in der Literatur dreht sich ewig kreisend um die Sinnfrage, um die Rätsel, die das Dunkel der Zeit uns aufgibt.
Die unterschiedliche Lebensbewegung auf der Suche nach dem letzten Sinn unseres Daseins hat Jesus eindrücklich in seinem Gleichnis vom verlorenen Sohn dargestellt (Lk 15,11–32). Der dort erwähnte jüngere Sohn wollte endlich etwas ‚Sinnvolleres‘ mit seinem Leben anfangen als nur alle Tage den Wohlstand im Elternhaus zu haben. Das ist eine in unserem Land zu unserer Zeit bekannte Haltung. Jener junge Mann wollte den ‚Duft der weiten Welt‘ erfahren und genießen. Die Mittel dazu, ohne die es nicht geht, ertrotzte er sich vom Vater, der sie ihm rätselhafterweise sofort gab. Heutzutage wird das Beschaffen des ‚Startkapitals‘ ins bessere Leben Woche für Woche im Lotteriespiel versucht. Wir wissen, wie es dann damals im Gleichnis weiterging, weitergehen mußte: Der Aussteiger wurde zum Absteiger, dann zum

Außenseiter, schließlich zum Ausgestoßenen und Abschaum. Erst in druckvoller Not und bei den Schweinen kam ihm die Sinnfrage erneut und mit ihr die Sehnsucht, nach der Quelle eines sinnerfüllten Lebens zurückzukehren. Er wandte sich wieder um – das ist bekanntlich das Bußetun des Evangeliums – und begab sich in Richtung auf den Vater zu, der ihm schon voller Liebe entgegenkam. Erst bei der Sinnquelle, die Gott in Christus heißt, finden wir die Antwort auf alle Sinnfragen.
Eine alttestamentliche Antwort darauf gibt Ps 73, worin nachgedacht wird, wieso der Gottlose derart gut dahinleben darf und der Fromme oft nur Plage und Erfolglosigkeit kennt. Kurz bevor dieser verbittert in Trostlosigkeit zu versinken droht, sucht er in Gottes Wort die Antwort und entdeckt: auf das Ende, das Ziel gilt es zu blicken. Wer sich an Gott festhält, sich nach seinem Ratschluß leiten läßt, kommt in die Herrlichkeit, in das Reich der Freiheit des Herrn.
Diese Erfahrung des Lebenssinnes birgt starke ethische Anstöße in sich. Dem Mitmenschen wird Freiraum gewährt, Nachsicht und Rücksicht wachsen, die sittlichen Normen und die Gesinnungen bestimmen das Tun und Lassen. Zufriedenheit und Bescheidenheit (im Ursinne der Worte) greifen Platz. Das Schicksal wird nicht einfach hingenommen, sondern als aus Gottes Hand getragen.
Hinter der Frage nach dem Sinn und seiner Sinnquelle stoßen wir auf das (nach biblischer Zählung) *Zweite Gebot:* Du sollst dir kein Gottesbild noch irgendeine Kultdarstellung machen, weder von dem, was oben im Himmel, noch von dem, was auf Erden, noch von dem, was im Wasser unter der Erde ist. Bete sie nicht an und diene ihnen nicht! (Ex 20,4–6). Im Blick auf das uns hier leitende Sinn-Thema warnt das Zweite Gebot vor jeglichem festen Vertrauen auf irgend etwas, das nicht Gott ist, sei es eine Sache, sei es Geld, Gesundheit, Leistung, Erfolg oder die Mitgliedschaft in einem überlegenen Volk oder sonstige Abhängigkeiten. Vor allem soll auch nicht mittelbar, gewissermaßen über eine Zwischenstation, auf den lebendigen Gott Einfluß zu nehmen versucht werden, damit er den Menschen in ihren Lebenswünschen willfährig werde.
Es genügt der Blick auf den gekreuzigten und auferstandenen Herrn Jesus Christus, der Urheber und Vollender unseres Glaubens ist (Hebr 12,2). Das macht jede Entscheidung im Leben sinnvoll und

trägt Gottes Lohn in sich. Das schafft zugleich Menschen, die sehr großzügig im Dasein für andere, die „fröhliche Geber" werden (2Kor 9,6ff). In dieser Paulusbrief-Stelle ist zunächst von einer Spende, einer großen Kollekte die Rede, die neben ihrer sozialbedingten Auslösung, ihrer diakonisch nützlichen Wirkung noch als Frucht den Kontakt zwischen den bis dahin einander fremden Menschen hatte, also die ‚Gemeinschaft der Heiligen' förderte. Und sie führte schließlich zum eigentlichen Sinn des Geschöpfes gegenüber seinem Schöpfer und Heiland, zum Lobpreis Gottes. Das prägt eine gottwohlgefällige Gesinnung des Menschen.

4.2 Sittliches Handeln

Besonders von den Philosophen Kant und Fichte an über Hegel bis zu Sartre und Bloch ist über das Prinzip der Sittlichkeit nachgedacht worden. Man hat dafür Verhaltensregeln sehr unterschiedlicher Art aufgestellt. Das Thema Sittlichkeit ist viel älter und füllt ganze Bibliotheken. Alle führen auf die Lehre vom Menschen und sein Vermögen zurück, Gut und Böse zu unterscheiden. Schon Gen 3,4ff ist davon die Rede. Jeder Mensch weiß um Gut und Böse, in jedem gibt es ein Bewußtsein von Recht und Unrecht, alle leben nach festen Formen gemeinsamen Handelns, das die Menschen untereinander verbindet, auch wenn der natürliche Mensch über das Woher der sittlichen Forderungen keine Antwort weiß. Er weiß aber, daß das Böse Verantwortungslosigkeit ist und durch Erklärungen (wie entwicklungsgeschichtlich oder logisch nötig für den Weltablauf) weder durchschaut noch ethisch ‚salonfähig' werden kann.
Christlich verantwortbares, sozialrechtliches Handeln vermeidet sowohl ein Verhalten, nach dem jemand alles einfach gehen und treiben läßt (als gäbe die Natur oder das Schicksal den nötigen Anstoß zum Handeln oder als liefe, entsprechendem Verständnis im Islam gemäß, alles zwangsläufig ab), als auch blinde Unterwerfung unter die nackte Vernunft menschlicher Gesetzlichkeiten (als könne die Vernunft alles fehlerfrei regeln und befehlen). Mit dieser Feststellung sind beiläufig Ausdrücke eingeführt, die Verwechslungen schaffen können. ‚*Verhalten*' ist etwas anderes als ‚*Handeln*'. Beides ist ethisch

voneinander zu unterscheiden. Lachen oder Husten, Angst oder Verstehen sind Weisen des Sichverhaltens, aber kein Handeln. „Dafür können wir nichts“, sagt die Umgangssprache; aber für unser Handeln werden wir ethisch verantwortbar gemacht. Beim sittlichen Handeln treffen außer Gegebenheiten, also ‚Situationen‘ und Natur- und Kulturumstände (wie Wilhelm Kamlah, Philosophische Anthropologie, 1972, S. 51 es nennt), zusammen mit Forderungen an den Menschen, wie sie auf den Christen aus der Bibel zukommen. Dabei steht die Gesinnung im oben dargelegten Verständnis Pate. Die Verbindung der inneren Seite (Gesinnung) mit der äußeren Seite (Gesetzesnorm) bestimmt das sittliche Handeln. Damit berühren wir die von Immanuel Kant klar unterschiedenen Seiten der Moralität und Legalität in einer ethischen Handlung. Beide sind, wenn wir das sittliche Handeln auf seine philosophisch-logischen Hintergründe hin betrachten, miteinander verbunden zu sehen. Daher kann auch niemand sein ‚privates‘ christliches Verhalten vom öffentlichen Handeln trennen wollen.
Das Verhalten erwächst aus physischen und psychischen Gegebenheiten, aus Geschehnissen und Reaktionen, die einem widerfahren. Das Handeln kann der Täter unternehmen oder unterlassen. Dabei ist zu bedenken, daß er es gewollt oder ungewollt (vgl. Röm 7,19f), bewußt oder unbewußt tut. Dies ergibt jenes sittliche Handeln; und nur Handlungen sind ethisch-moralisch zu beurteilen.

4.3 Urteilen und Vorurteile

In der Ethik genügen nicht Grundlegungen, Sinnfragen sowie Reihen von Normen und Gesetzen, die das gebotene oder verbotene Handeln bestimmen. Die Handlungen müssen als solche bestimmbar und begreifbar werden, müssen beurteilt werden können. Dazu gehören Festlegungen über das, was erlaubt ist und was nicht, was nützt und was nicht, was Gott wohlgefällig ist und was nicht. Die Zehn Gebote, die ethischen Hinweise im Neuen Testament wie auch die Paränesen und Haustafeln dort geben konkrete Hilfen und Maßstäbe. Ebenso ist es mit Worten Jesu und viel später durch die reformatorischen Katechismen, die die biblische Botschaft und deren Handlungsanweisungen in die Sprache der Zeit übersetzten. Das Bemühen um die Schriftgemäßheit der biblisch-christlichen Ethik wird jede Generation von neuem umtreiben.

Mit solchen Überlegungen stehen wir vor der Frage nach verantwortlichem ethischen Urteil. Abgesehen von den Begründungsmitteln und -methoden, die aus der philosophischen Logik stammen, sind mehrere Gesichtspunkte bei der Urteilsfindung zu berücksichtigen, nämlich die ethischen Ziele, das Abwägen verschiedener sowohl vertretbarer wie verantwortbarer Interessen und natürlich die betroffenen Personen. Leitender Gesichtspunkt ist das Doppelgebot der Liebe. Alles aber steht unter dem Wort der Versöhnung durch Christus, zu dem Paulus in seinem Gedankengang über unser Unvermögen, das beabsichtigte Gute zu tun, mündet in dem Aufschrei: Errettung aus dem Elend unseres Versagens geschieht allein durch Jesus Christus (Röm 7,24f).

Der Hinweis auf das Doppelgebot der Liebe führte einst zu dem Satz des Kirchenvaters Augustin „Liebe, und tu, was du willst" (dilige, et quod vis fac). Dies Rezept enthebt allerdings nicht der Pflicht, ein Urteil über das Handeln zu finden, weil Ethik sich denkend und verantwortend entfaltet. Ethiker alter und neuer Zeit entwickelten Schemen zur Urteilsfindung. In ihnen beginnt es mit der Feststellung des Problems, dem folgt die Untersuchung der Zusammenhänge, die dann zum Vergleich nach unterschiedlichen Verhaltensmöglichkeiten Ausschau hält. Schließlich werden die vorgegebenen oder abzuleitenden Normen gesichtet, wonach eine Entscheidung getroffen, ein Urteil gefällt wird. Das ist in etwa auch der Weg zum ethischen Urteil, wobei christliche Ethik auf jeder Stufe nach dem wirkenden Willen Gottes und nach seinem Leiten fragt. Rein logisches Ableiten wird dann nicht genügen, das Gebet um Führung durch den Heiligen Geist bei der Entscheidung gehört dazu. Christliches Urteil ist bemüht, Gottes Gnade und seine Gerechtigkeit nicht aus dem Blick zu verlieren. Das kann als Ergebnis haben, was ein Sprichwort empfiehlt: Der Klügere gibt nach. Warum? Weil er erstens weitblickender ist und weil er – christlich geurteilt – vom Doppelgebot der Liebe her entscheidet. Und dieses stellt beim Abwägen das Element verbindender Liebe über denkbare Rechtspositionen.

In den Zusammenhang gehört das Untersagen des richtenden, ‚abur-

teilenden' Handelns, von dem Jesus deutlich spricht (Mt 7,1–5; Lk 6,37–42). Er zeigt mit dem Gleichnis vom Splitter und Balken im Auge, wie eng Heuchelei und Überheblichkeit mit einer angeblichen besorgten Zuwendung vermischt sind. An dieser Stelle setzte Jesus seinen Widerstand gegen „Pharisäismus" an, hinter dem wir heutzutage das frömmelnde besserwisserische Meinen, Urteilen und Ablehnen verstehen, das manche Gruppen üben. Es sind zuweilen solche, die es besonders streng mit Bibel, Glaube und Gemeinde nehmen. Der ‚Pharisäer' steckt in jedem von uns.
Wie unbewußt solches Verhalten oft ist, mag ein Beispiel aus dem Bereich der Massenmedien zeigen. Täglich begegnen uns Reportagen und Gespräche vor der Kamera und dem Mikrophon. Weil die Befragten um die unmittelbare und sehr weite Verbreitung ihrer Meinungen wissen, entwickelte sich eine sprachliche Absicherung durch den Gebrauch des Konjunktivs, die längst zum (schlechten) Umgangsdeutsch wurde. So hört man beständig „Ich würde meinen ..., wäre der Ansicht ..., ich würde denken ..., man könnte sagen ...". Wo bleibt da die Würde einer freimütigen Gesinnung? Reporter andererseits beurteilen eine geäußerte Meinung, ein Geschehnis, eine Situation natürlich vom eigenen Standpunkt aus, obwohl sie sich selber zurückhalten sollten. Sie bestimmen die Fragerichtung und urteilen dabei oft – unbewußt – vom eigenen Demokratie- oder Menschenrechts-Verständnis her, das jedoch häufig die völlig anderen Gegebenheiten und Rechtslagen in Übersee oder schon im Nachbarland nicht einmal würdigt und ins Resümee einbezieht. Sie haben meist auch ‚das letzte Wort'. Und wenn man bedenkt, daß in unserem Lande der Prozentsatz der aus ihrer Kirche ausgetretenen Personen im Bereich unserer öffentlichen Medien jeder Art sehr viel höher als beim Durchschnitt der Bevölkerung liegt, ist für Christen Aufmerksamkeit um so mehr geboten.
Dem sei ein anderes Beispiel gegenübergestellt, worin ein Schüler beim Nachdenken über die NS-Zeit mit alledem, was die Vätergeneration damals tat und geschehen ließ, ethisch sauber verantwortet feststellte, „wie schwer es ist, moralisch zu urteilen, und wie leicht es ist, moralisch zu verurteilen, wie schwer es ist, zu differenzieren, wie leicht es ist, zu pauschalieren".
So gehört zum urteilenden Abwägen größte Sorgfalt und letztlich ein

von Gott geschaffenes ‚reines Herz' (Ps 51,6.8.12–14) mit dem Bitten: „Richt unsre Herzen, daß wir ja nicht scherzen mit deinen Strafen, sondern, fromm zu werden, vor deiner Zukunft uns bemühn auf Erden" (Paul Gerhard). Ein vorzügliches Beispiel dafür ist die Bitte von Salomo an Gott um die Fähigkeit, ein gerechter König zu werden (1Kön 3,1–15; bes. Vs 9) und das sich anschließende (Vers 16–28) berühmte „salomonische Urteil". Gott selbst ist der eigentlich Richtende, der uns jedoch vergibt und uns Neuanfänge ermöglicht. Wer verurteilend richtet, wird selbst gerichtet werden (Mt 7,1). Das ‚Gefühl' für den anderen und für Christi Erwartung an uns ist beim ethischen Urteilen zu schärfen.

Anzufügen ist ein Wort über das *Vorurteil* in seiner mehrfachen Bedeutung für uns; denn unser Dasein ist von Vorurteilen geradezu durchsetzt, seien es solche gegenüber Angehörigen anderer Religionen, Parteien, Völker, oder seien es solche, die die eigene Erziehung in uns einsenkte. Vorurteile sind oft bequem und prägen häufig den ‚eigenen Standpunkt'. Es gibt drei Arten von Vorurteilen, die alle jeden betreffen. (1) Vorschnelles und besserwissendes Urteilen kann unsachlich die Wirklichkeit und die Zusammenhänge verzerren (‚Prinzipienreiterei'), führt also zu Entscheidungen und Handlungen, die Unrecht bewirken, lieblos sind, Leid verursachen und Mitmenschen schaden. Es ist oft ein Zeichen der Unreife. Dennoch sind (2) Vorurteile auch Erkenntnisse aus vorweg gefaßten und gesicherten Gegebenheiten, die auf den jeweiligen Fall angewendet werden. Das trifft etwa zu beim Einsetzen von Berufs- oder Lebenserfahrung gegenüber einem Neuling oder heranwachsenden Menschen, also im Bereich der pädagogischen Bemühungen. Es gehört auch zu Entscheidungsfindungen jeglicher Art, die abwägendes Urteil verlangen. Und in christlicher Sicht gibt es (3) das Vorurteil Gottes, das uns im Evangelium begegnet. Dies ist das Werk Jesu Christi, das er um unserer Verlorenheit und Irrungen willen vollbrachte. Es ist das Urteil des Vaters im Himmel über den Sohn, der ans Kreuz ging und das damit vorweg vollzogene Urteil an sich selbst ‚für uns' (pro nobis) erlitt. Dieses Vorurteil Gottes ist sein Heilsplan von Ewigkeit her über Jesus Christus; „denn in ihm hat Gott uns erwählt vor der Erschaffung der Welt, damit wir heilig und untadelig leben vor Gott" (Eph 1,4). „Das positive Vorurteil Gottes aber provoziert Menschen zu kritisch bewußtem Umgang mit Vorurteilen" (H. Dembowski, Ev. Soziallexikon, 7. Aufl., 1980, z. St.).

4.4 Möglichkeits-Spielraum und Entscheidungsfindung

4.4.1 Unsere Wirklichkeit ist durch Raum und Zeit umrahmt, in denen eine Fülle von Kräften wirken. In seinem Lebensraum trifft der Mensch auf die Natur, auf Kampf und Notwendigkeiten ebenso wie auf Wahlmöglichkeiten und Freiheiten. In seiner Lebenszeit ist der Mensch beeinflußt vom Woher (Vergangenheit) seines Alters, seiner Traditionen, seiner Kultur und vom Wohin (Zukunft) durch Neuheiten, Wandlungen und Überraschungen. Damit sind Kräfte der Gemeinschaft einbezogen, die in mannigfacher Zusammensetzung jeden Menschen beeinflussen (z. B. Gemeinschaft in Form der Geschlechter, der Generationen, der Völker, der Berufsgruppen, der Weltanschauungen). Das alles sind die ‚*Spielräume*' für den Menschen. (Der Ausdruck Spielräume wird ausführlich dargelegt in der Soziologie, Band 1, 1956, von Eugen Rosenstock-Huessy, dessen wertvolle Erkenntnisse gerade in der christlichen Welt viel mehr Beachtung verdienten.)

In diesen Spiel- und Lebensräumen bieten sich uns viele *Möglichkeiten*, die gewählt werden können. Es gibt sowohl nützliche und förderliche als auch unwichtige, belanglose und zurückwerfende Möglichkeiten des Wählens im Leben. Letztere sind im Bereich der *Allotria* anzusiedeln (griech. = fremdartig, unpassend), womit Nebendinge und Unfug gemeint sind. Dies liegt auf anderer Ebene als etwa das Spiel, wovon gesondert zu handeln ist. Allotria ist das Befassen mit Dingen, die einen weder angehen noch nützen (vgl. auch Lk 16,12). In ähnlichem Zusammenhang findet sich der Ausdruck 1 Petr 4,15, wo das Einmischen in fremde Angelegenheiten verboten wird. Im Blick auf das Kommen des Reiches Gottes, wonach der Christ sich vor allem und zuerst auszustrecken hat (Mt 6,33), werden ihm Möglichkeiten im biblischen Gebot und in den Reden Jesu zum Berücksichtigen und Befolgen angeboten, die auf die von Gott gewollte gute Zukunft der Welt und der Menschheit hinwirken, die das Sachgerechte und Wahre bewirken.

Das Finden von *Entscheidungen*, die dann in die Tat umgesetzt werden oder zu Unterlassungen führen, bewegt sich auf einem weiten Feld von Möglichkeiten, unter denen viele reine Unmöglichkeiten sind, die jedoch oft ergriffen werden, auch wenn sie nur böse oder keine Frucht bringen. Zur Methodik von Entscheidungsfindungen gibt es in heutigen Management-Lehren viel Angebote, auf die hinzuweisen hier genügt. Wir beachten die ethische Seite davon und stellen fest, daß um uns stets ein mehr oder weniger großer Spielraum verfügbar ist, in dem uns Entscheidungen nach Möglichkeiten, Nützlichkeiten oder Notwendigkeiten vor die Füße gelegt werden. Nicht in jeder Entscheidung geht es um das Ganze, nicht jede hat höchste Dringlichkeitsstufe; doch entschieden werden muß.

4.4.2 Damit haben wir uns der Lehre vom *Adiaphoron* (Mehrzahl: Adiaphora, griech. = ununterschieden, indifferent) genähert, die aus der alten Stoa über das Mittelalter und Kant zu uns kam. Es handelt sich dabei um Entscheidungen für Handlungen, die weder geboten noch verboten sind, also moralisch gleichgültig oder wirkungslos sind. Ob es so etwas im Bereich der Ethik geben kann, ist ein alter Streit, der zu keiner Lösung führte, weil die Frage „Was ist erlaubt und was verboten?" falsch gestellt ist. Daher können Antwortversuche auf eine solche Frage auch nur falsch werden. Welche Auswirkungen eine lange Kette an Folgerungen hat, die harmlos begann, ist im voraus selten übersehbar.
Wir haben es hier mit einem unerschöpflichen Thema christlicher Kreise zu tun, denn dies ist das Feld jener bekannten Darf-man-Fragen, die zugespitzter mit den Worten beginnen „Darf man als Christ . . .?" Also darf man (wer ist eigentlich dieser ‚man', wo und wie lebt er?) als Christ öffentlich oder überhaupt tanzen, an Glücksspielen teilnehmen, Freikörperkultur betreiben, atheistische Parteipolitik unterstützen, seine Gesundheit wissentlich aufs Spiel setzen (etwa durch Alkohol- oder Nikotingenuß, durch unmäßige Arbeitswut = Streß), angesichts staatlicher Übergriffe und Unrechtsregime deren Gesetze zu unterlaufen versuchen? Die Fragenreihe kann unendlich weitergehen. Hinter den Antworten erhebt sich die grundsätzliche Frage, ob es Freiräume und Bezirke des vom Gesetz Erlaubten oder vom Gesetz gar nicht Geregelten geben kann und darf. Die christliche

Antwort ist eindeutig: die ganze Schöpfung Gottes ist gut, und jeder Mensch ist mit dem, was er tut und läßt, grundsätzlich Sünder. Die Dinge und Verhältnisse in der Welt sind zunächst neutral, geraten aber durch das Böse in der Welt in den Zusammenhang der Sünde. Das Suchen nach handfesten Antworten auf jene ‚Darf-man-Fragen' will die Spannung übergehen, die in der Tatsache des gerechtfertigten und geheiligten Sünders liegt.

Ein neutestamentliches Hauptbeispiel dafür ist die Antwort des Paulus auf die Frage der Korinther, ob der Christ das auf den antiken Märkten angebotene Götzenopferfleisch essen dürfe oder nicht (1 Kor 10,23 ff). Paulus sagt ‚Ja, aber' und damit ‚lieber nein'. Er selbst würde jenes Fleisch unbefangen essen, sofern es genießbar ist, tatsächlich jedoch ißt er es nicht. Warum? Paulus schreibt Vers 23 (ähnlich Kap. 6,12 ff): „Alles ist erlaubt, aber nicht alles nützt, nicht alles baut auf." Der anzulegende Maßstab ist wieder das Doppelgebot der Liebe: Wenn der etwas engherzige Mitchrist dadurch bekümmert wird und sich in seinem Glauben bedrängt fühlt, dann unterlasse ich das Essen jenes Fleisches, das zuvor den Götzen geweiht wurde.

Dieses Beispiel ist ein heute belangloses Problem, aber ein wichtiges Beispiel für ungezählte ähnliche Fälle in unseren Glaubensverständnissen. Es ähnelt in gewisser Hinsicht dem Boykottaufruf unserer Zeit, keine südafrikanischen Früchte zu kaufen, bei dem allerdings die (ethische) Entscheidung eine politische Pression und eine Gewissensschärfung bewirken will. Hinter dem Beispiel aus Korinth werden sichtbar die Gruppierungen derer, die wir heute Fundamentalisten und Liberale, Konservative und Fortschrittliche nennen. Das Gefälle der moralischen Bedrängnis im Gewissen geht keineswegs immer nur vom Liberalen zum Konservativen hin, sondern ebenso oft findet sich in des letzteren Auge der ‚Balken', während der ‚Splitter' bei dem ersteren ist (vgl. Mt 7,3).

Im *Status (oder casu) confessionis* aber, also wenn es um das Handeln bezüglich des Glaubensgehorsams gegen Christus geht, gibt es keine Adiaphora mehr. Hier gilt die Frage, ob etwas ‚nützt' für Zeit und Ewigkeit, ob Gott damit die Ehre gegeben wird. Vom Status confessionis wird neuerdings auf ethischem Felde bei der Ablehnung jeglicher Nuklear-Rüstung gesprochen; dabei darf nur nicht übersehen werden, daß niemand für andere einen Status confessionis, womöglich in Form einer Absonderung, verlangen kann. Ob dieser ‚Grenzfall' erreicht ist oder noch nicht, muß jeder einzelne oder dessen bestimmte Gruppe jeweils für sich entscheiden und verantworten.

4.4.3 Eine den Adiaphora benachbarte Problematik ist die Frage nach der *Pflichtenkollision*, nach der ethischen Entscheidung an der Weggabelung des Entweder-Oder. Ein Mittelding gibt es nicht, ein Zurück auch nicht, und beides zu tun, ist ebenfalls unmöglich. Das bekannte Beispiel aus der Medizin ist die Entscheidung des Gynäkologen zwischen dem Leben der gebärenden Mutter und dem des in sein Erdendasein drängenden Kindes. Andere Beispiele gehören zum Staatsmann oder Einsatzleiter von Rettungsaktionen, in denen zu entscheiden ist: um die eine Gruppe zu retten, muß eine andere ihr Leben einsetzen. Weitere Beispiele können Prüfende sein, die sich zuweilen entscheiden müssen, zwischen dem Bestehenlassen eines Examens (mit dem sicheren Wissen, daß der Betreffende mit seinem Diplom nichts Gescheites anfängt – man denke nur an Zulassungen zum Pkw-Führerschein) oder dem Verweigern des Bestehens (mit dem Wissen, daß damit Nachteile für den Durchgefallenen beginnen). Das Abwägen des Unternehmerrisikos beim Schließen von Betriebsteilen durch Entlassung von Arbeitnehmern, um anderen Mitarbeitern durch weiteres Produzieren den Arbeitsplatz zu erhalten, ist ebenfalls solches Zusammenprallen von Pflichten.
Wo sind die Auswege aus solchen Verlegenheiten? Wieder sind die ethischen Entscheidungen nach Maßstäben zu treffen, die sowohl in der handelnden Person liegen als auch in seinem Gegenüber (seien es Menschen, Geschehnisse oder Sachen). Der als Christ Geforderte wird aus seinem Leben vor Gott heraus entscheiden, das heißt, er wird aus dem großen Zusammenhang heraus handeln, den für ihn der regelmäßige Umgang mit Gottes Wort und das Gebet zeigen und aus dem Vertrauen auf die Leitung seines Tuns und Lassens durch den Heiligen Geist Gottes und die Zuversicht auf die Vergebung der Schuld. Selbstverständlich kann und soll er sich dazu den Rat anderer einholen. Ebenso selbstverständlich dürfen ihn diese andere weder durch neugieriges Befragen oder gar kritisierendes Kontrollieren in seiner gefällten Gewissensentscheidung bedrücken. Hier hat dann auch teilnehmendes, oft nur neugieriges Fragen zu unterbleiben, hier

hat aber das Fürbittgebet seinen Platz. Im übrigen gilt, was Luther in einem gewagten knappen Satz an Melanchthon schrieb: „Sündige tapfer, aber tapferer vertraue und freue dich in Christus, der Sieger ist über die Sünder, Tod und Welt“ (das berühmte pecca fortiter, sed fortius crede). Das bedeutet nicht etwa: Mensch, nun wirke ruhig drauf los, sondern: wir wissen um die Sünd-Verwobenheit allen menschlichen Tuns ebenso wie um die uns tragende Liebe und Vergebung Gottes. Was vor unseren Augen eine menschliche Fehlentscheidung gewesen sein kann, mag bei Gott durchaus seinem Willen entsprochen haben.

4.4.4 Im Zusammenleben geht es nicht ohne *Konflikte* ab. Wir müssen „mit Konflikten leben“ (wie das Thema vom Kirchentag 1963 hieß). Konflikte (lat. confligere = streiten, aneinandergeraten) sind Gegensätze zwischen Personen, größeren oder kleineren Ordnungen, Anschauungen, Handlungen, die immer dann ausbrechen, wenn Berührungen oder Überschneidungen von Gegensätzlichkeiten passieren. Bei Staaten pflegt es dabei zum Austausch diplomatischer Noten zu kommen oder zum Krieg; im alltäglichen Leben gibt es Auseinandersetzungen oder Versuche, den Konflikt zu überwinden, etwa auf juristischem Wege oder durch ‚Aussprechen‘. Die meist psychologische oder soziologische Konfliktforschung untersucht Ursachen und Voraussetzungen von Konflikten (Aggressionstrieb, Erziehung, Identitätssuche, Imperialismus u. a. m.). Viele Konflikte hängen grundsätzlich mit dem Menschsein in dieser Welt zusammen. Sie sind keineswegs nur negativ zu bewerten; denn am Konflikt kann der Mensch wachsen und reifen. Wer in Christus neu geworden ist (2Kor 5,17), geht jeden Konflikt an mit Liebe im Sinne der biblischen Agape. Das bewahrt ihn in der durch Christus erworbenen Freiheit und hilft ihm, Verkrampfungen und Verkrustungen von Positionen zu vermeiden oder sie zu überwinden, vielleicht auch nur zu ertragen. Gewaltsame Lösungen gehören zu den bedauerlichen Grenzfällen. Beide Konfliktparteien sind der Vergebung bedürftig und können im Aufsehen auf Jesus Christus (Hebr 12,2) neue und bessere Wege jenseits des Konfliktes entdecken und begehen. Zur grundsätzlichen Feindschaft sollen Konflikte, an denen Christen beteiligt sind, nicht führen, weil jenes Liebesgebot auch die Feindesliebe einschließt (vgl.

Spr 25,21f; Mt 5,44f). In diesen Rahmen gehören die Rassenkonflikte verschiedener Länder auf Erden.

4.4.5 Wo Konflikte mit der Suche nach *Kompromissen* entschieden werden sollen, statt durch radikale Forderungen Ergebnisse zu erzwingen, leuchtet bereits wahre Menschlichkeit auf. Das Wort Kompromiß kommt vom lat. compromittere = (sich) gegenseitig versprechen, übereinkommen. Dazu gehört ‚Offenlegung der Karten', Nennen von Namen, Angeben von Motiven, einander mit offenem Visier (unvermummt) und der Bereitschaft gegenübertreten, einen für beide Seiten vertretbaren Weg zu beschreiten. Wenn die Offenheit zu weit getrieben wird und an die Menschenwürde rührt, gerät das Offenlegen zum Bloßstellen (daher kommt das aus derselben Wortwurzel abgeleitete ‚kompromittieren').
Ohne Kompromisse zu schließen, funktioniert kein Zusammenleben, weder im Großen noch im Kleinen, weder unter Staatenblöcken noch unter Eheleuten. Christliche Ethik führt im Bereich der Möglichkeiten des Zusammenlebens und bei Entscheidungen häufig hin zum Kompromiß, in welchem keine Seite vergewaltigt wird und nicht nur immer einseitiges Nachgeben verlangt wird. Hier hat die kindliche Erziehung, die nicht früh genug einsetzen kann, hier haben die Kunst der Menschenbeobachtung und der Gesprächsführung ihr Betätigungsfeld, das die Gestalt des Strebens nach Ausgleich hat.
Mit Kompromiß darf nicht die bekannte Erwartung verwechselt werden, Christen hätten grundsätzlich nachzugeben, denn Ihnen sei Sanftmut und Demut geheißen. Demut ja, aber – wie die einschlägigen biblischen Stellen (Eph 4,2; Phl 2,3; 1Petr 5,6; u. Jak 4,10) deutlich zeigen; sie gilt gegenüber Gott und gehört „unter seine mächtige Hand". Das bewirkt Rücksicht gegenüber den Mitmenschen, keineswegs aber immer Nachgiebigkeit und die Haltung dessen, der sich dauernd zurücksetzen läßt.
Kompromißbereitschaft hat ihre Grenze dort, wo ihr Gottes Wille entgegensteht, der nicht mit einer buchstäblichen Befolgung von religiösen Vorschriften verwechselt werden darf. Jesus berührt dieses Thema in einem Gespräch mit Pharisäern, die ihn auf das alttestamentliche Verbot des Abreißens von Ähren am Sabbat hinweisen (Mk 2,23–28). Er weist sie darauf hin, daß „vor Gott eine im Glauben

gewagte Entscheidung richtig sein kann, auch wenn sie die Widersprüche des wörtlich Gebotenen nicht voll zu verneinen vermochte, während der selbstherrliche Eifer um das Gute auch bei hoher sittlicher Leistung sündig bleibt (Röm 10,2)" (E. Müller, Ev. Soziallexikon, 7. Aufl., 1980, Sp. 741).
Somit ist vom Christen nicht verlangt, daß er mit dem Ausdruck Kompromiß immer und überall benachteiligt wird und sich womöglich grundsätzlich Unrecht gefallen lassen muß. Das führt zu einer verabsolutierten und damit mißverstandenen Liebesethik, die nichts mehr mit christlicher Freiheit und Menschenwürde vor Gott zu tun hat.

4.4.6 Ein weiterer Begriff, der ethischen Entscheidungen vorausgeht, ist die *Toleranz* (lat. tolerare = ertragen, dulden). Sie wird unterschiedlich verstanden, und zwar als verfassungsrechtliche Regelung zwischen Staat und Bürgern (z.B. Gewissens- und Religionsfreiheit), als soziales Prinzip der Duldung des Pluralismus unterschiedlichster Gruppen und Lebensäußerungen in der Gesellschaft und schließlich als allgemein moralischer Appell an jedermann zur Rücksichtnahme gegenüber seinen Mitbürgern. Toleranz erweist sich somit als ein wichtiges Element jeder humanen Staatsordnung, die das Zusammenleben aller in Menschenwürde und Achtung voreinander fördert, erst recht, wenn dabei die ‚Grundregel' aus Mt 20,25–27 par beachtet wird. Toleranz und Intoleranz sind seit Kain und Abel (Gen 4) menschliche Probleme. Die Intoleranz entspringt dem Aggressionstrieb, also der tätig werdenden Unmenschlichkeit aus Sünde.
Das sind selbstverständliche Grundsätze auch der christlichen Ethik. Die Christen werden immer wieder gefragt, ob und inwieweit sie Andersgläubigen gegenüber ‚tolerant' sein und von ihnen manches ‚erdulden' müßten. Hier wird einiges verwechselt. Grundsätzlich und ohne jeden Abstrich gilt, daß nur in Jesus Christus, sonst „in keinem andern das Heil zu finden ist, und uns kein anderer Name unter dem Himmel gegeben ist, durch den wir selig werden sollen" (Apg 4,12). In diesem persönlichen Glaubensbekenntnis kann der Christ keine sogenannte Toleranz gegenüber anderen Religionen oder Weltanschauungen oder Sekten üben (vgl. die Schärfe in Gal 1,9). Dies ist sein eigentlicher Status confessionis, also der Standpunkt (und Untergrund) seines Glaubensbekenntnisses.

Diese „rettende Intoleranz der Offenbarung“ als Grenze schließt aber in sich ein, daß der Christ dem Andersdenkenden das Angebot der Rettung zum ewigen Leben in Christus macht. Es gilt, „die Wahrheit (intolerant) in Liebe (tolerant) festzuhalten“ (Eph 4,15). Dabei handelt es sich um das Evangelium, also um eine frohe und gute Nachricht, nicht um Bedrohung und Nötigung (vgl. dazu Lk 14,23!). Ob der Hörer des Evangeliums es annimmt oder nicht, liegt in dessen Entscheidung. Gezwungen wird er nicht, wie Jesus selbst deutlich praktizierte. Die Achtung vor dem andersgläubigen Menschen, den Gott ebenfalls liebt (vgl. Röm 14,15), wird dadurch ebensowenig berührt wie das jedermann geltende Gebot zur Nächstenliebe. Die großen Aktionen BROT FÜR DIE WELT oder MISEREOR sind Hilfstätigkeiten in aller Welt ohne jegliches Schauen nach Gesang- oder Parteibuch; aber sie bleiben unverrückbar fest, wenn es um das Bekennen zu Jesus Christus geht. Der Islam als Gegenbeispiel praktiziert gewisse Toleranz gegenüber Moslems, ist aber sowohl in Glaubensfragen wie auch in Fragen des Zusammenlebens gegenüber Andersgläubigen intolerant, er verlangt sogar den Kampf gegen die aus seiner Sicht ‚Ungläubigen‘ und hält ihn als religiös geboten. Überhaupt wird in Gruppierungen verschiedenster Färbung, gestützt durch das Gruppenverhalten, häufig Intoleranz totalitär gepflegt. Da hat sich der Glaube zu bewähren durch Verwirklichen der Toleranz.

4.4.7 Beim Fällen von Entscheidungen ist mit zu bedenken, daß deren Ergebnisse und Folgen *verantwortet* werden müssen, und zwar vor denen, die ‚betroffen‘ sind, vielleicht auch vor der Gesellschaft oder vor der Geschichte (das sind abstrakte Größen), auf jeden Fall vor dem eigenen Gewissen und vor Gott. Übernommene Verantwortung kann schwer auf jemandes Schultern liegen. Nicht wenige Menschen drücken sich an ihr vorbei. Manche verzichten auf dienstliche Beförderung in einen größeren Verantwortungsbereich, weil sie sich der anstrengenden Belastungen nicht gewachsen fühlen. Andere nehmen sie als Herausforderung und voller Vertrauen – oder auch leichtsinnig – an im Wissen, daß ihnen ein Möglichkeitsspielraum zum Wirken und Bewegen eröffnet ist.
„Was zu tun ist, versteht sich nicht von selbst, sondern muß im Prozeß der Verantwortung wahrgenommen werden ... Zu ihm gehört das

vernünftige Erkennen, Urteilen und Handeln im Blick auf Ziel und Folgen, Flexibilität und Stetigkeit, Bemühen und Einverständnis und Durchstehen von Streit. Dieser Prozeß erfordert Kompetenz" (H. Dembowski Ev. Soziallexikon, 7. Aufl., 1980, z. St.).
Verantwortung jeder Art hat sich vor Gott zu rechtfertigen, welcher den Menschen in zu verantwortende Situationen des Lebens stellt, ihm aber zugleich auch Hilfe, Begleitung, Tröstung und Vergebung schenkt. Verantwortung, die zu Entscheidungen und folgenden Handlungen führt, entspricht dem Kulturgebot Gottes an den Menschen, von der der Schöpfungsbericht Gen 1,28 handelt. Verantwortung in diesem biblischen Sinne ist dankbares, gehorsames und zuversichtliches Echo (= Antwort) auf Gottes Wort an uns, das wir in unserem Herrn Jesus Christus bekommen haben.

4.5 Gedanken und Vernunft (u. Drittes Gebot)

Gott gab uns Menschen die Fähigkeit zum Denken. „Die ganze Würde des Menschen besteht im Denken" (Blaise Pascal). Sinneseindrücke erreichen das Gehirn und setzen sich in Wissen, Anschauungen, Erinnerungen, *Gedanken* um. Umgekehrt machen wir uns Gedanken ‚von innen heraus' und geben sie von uns oder behalten sie für uns. Von uns wird erwartet, das Aufgenommene gedanklich zu verarbeiten. Unser Denken geht weiter, solange wir leben, sei es gründlich und geordnet, sei es ungeschult und intuitiv (einfühlsam), sei es eingeschränkt und kümmerlich.
Für den Christen vollzieht sich das alles vor dem Hintergrund, daß unser Denken im Zusammenhang mit Gottes Werken und Willen steht. Gott kennt die Gedanken der Menschen (Ps 33,10; 94,11; Jes 55,8; Mt 9,4; Lk 24,38 u. ö.) und weiß, daß sie oft böse und überheblich sind, oft ratlos und voller Angst. Gott lenkt unsere Gedanken und führt sie zu der Wahrheit, die er selber ist. Damit können sich Denken und Handeln miteinander zum Nutzen der Menschen verbinden.
Indem der Mensch ein denkendes Wesen ist, hat er die Fähigkeit zur *Vernunft*. Das gehört zu seiner Sonderstellung im Vergleich zum Tier. Gleich im Artikel 1 der Allgemeinen Erklärung der Menschenrechte durch die UNO vom 10. 12. 1948 heißt es dazu: „Alle Menschen sind

frei und gleich an Würde und Rechten geboren. Sie sind mit Vernunft und Gewissen begabt und sollen einander im Geiste der Brüderlichkeit begegnen". Der Mensch ist – wie die alten Philosophen sagten – das animal rationale. Die Geschichte des Denkens ist eine lange Kette von Überlegungen zum Gebrauch der Vernunft und ihrer Bedeutung für das Menschsein. „Habe Mut, dich deines eigenen Verstandes zu bedienen", sagt I. Kant; denn „alle unsere Erkenntnis hebt von den Sinnen an, geht von da zum Verstand und endigt bei der Vernunft, über welche nichts Höheres in uns angetroffen wird, den Stoff der Anschauung zu bearbeiten und unter die höchste Einsicht des Denkens zu bringen" (in seinen Kritiken der reinen und der praktischen Vernunft).

Der Denkprozeß entsteht aus sich selbst. Aber Kant weiß ebenso wie das Evangelium neben der fortschreitenden Säkularisierung der Vernunft auch um die Grenzen der Alleinherrschaft der Vernunft.

Im praktischen Leben erfahren wir es täglich: entgegen medizinischer Vernunft treiben viele Raubbau mit ihrer Gesundheit durch Überarbeitung oder durch sogenannte Kulturgifte wie Alkohol und Nikotin. Wider die Vernunft, aber unter Hinweis auf ihre Informationspflicht zerren Journalisten Dinge an die Öffentlichkeit, über die besser Schweigen ausgebreitet geblieben wäre. Sei vernünftig! sagt die Mutter vergeblich zur Tochter, die trotz kalter Witterung in unpassender Kleidung losgehen will, weil das schick ist und es (angeblich) alle tragen. Trotz Warnung durch vernünftige Überlegungen überschuldet sich mancher. Den Vernunfterkenntnissen werden machtpolitische Interessen (leider auch mit Täuschungen verbunden) immer wieder in Wahlkämpfen vorgezogen. Kritische Vernunft hat durch die Entwicklung manche überkommenen Sitten und Gebräuche inzwischen innerlich ausgehöhlt, aber es wird weiterhin an ihnen festgehalten. „Es erben sich Gesetz und Recht wie ew'ge Krankheit fort, Vernunft wird Unsinn, Wohltat Plage", urteilt Goethe in seinem Faust. Er erklärt dort im Blick auf Entartungen und Unmenschlichkeiten über den „kleinen Gott der Welt": „Er nennt 's Vernunft und braucht's allein nur tierischer als jedes Tier zu sein." Vieles geschieht wirklich ‚gegen alle Vernunft' und damit gegen die Humanität (vgl. Lk 6,11: auch blinder Zorn macht ‚unvernünftig').

Von der Aufklärung an bis in unsere Zeit, die auf dem Wege der

Vernunft bei dem viel Verwirrung stiftenden religiösen Wort von der Selbstverwirklichung gelandet ist, wurde dieser Begriff beherrschend vor allem im Bereich der Erkenntnis und des Handelns. Aus christlicher Sicht kann das zuvor Angedeutete zu Mißtrauen gegenüber der Vernunft führen, zumal wenn psychologische Überlegungen mit in Betracht gezogen werden, zu denen der Intelligenz-Quotient samt den IQ-Tests gehört. Das geschieht, wenn die beiden Begriffe von Vernunft nicht auseinandergehalten werden, worauf Paul Tillich (Systematische Theologie, Bd. I, 1956, S. 87ff) hinweist. Die vorangestellten Andeutungen und Beispiele über Fehlverhalten in der Vernunft gehören zu der instrumentalen, technischen Vernunft. Sie ist geschichtlich begrenzt und der Endlichkeit sowie Bedingtheit der menschlichen Natur unterworfen. Diese Art der Vernunft aber kann jene andere an die Offenbarung Gottes gebundene Vernunft weder begreifen noch beeinflussen. Davon redet im Alten Testament Spr 3,5: „Verlaß dich von ganzem Herzen auf den Herrn, und verlaß dich nicht auf deinen Verstand." Den Satz hat der marxistische Bibelkritiker Helmut Preißler (Redet ein menschliches Wort, 1946, S. 42f) aufgegriffen, den KZ-Morden gegenübergestellt und gefordert, daß wir Menschen ganz im Gegenteil uns unbedingt auf unseren Verstand verlassen müssen. Wir erkennen sofort die unverstandene Vermischung der beiden Vernunftbegriffe, die in dem Vorwurf auftaucht, das Christentum habe versagt; denn in zweitauend Jahren Friedenspredigt sei (angeblich) nichts erreicht worden. Auf welcher Erfahrungsstufe oder in welchem Lebensalter der Verstand total einzusetzen sei, das wird vollends nicht bedacht.

Die instrumentale, technische Vernunft beginnt auszuführen, was denkbar, machbar, wünschbar erscheint, und zwar ohne Rücksicht auf die Auswirkungen. Wie gefährlich solche Denkweise ist, erwies die Konstruktion der Atombombe, über die Max Born sagte, sie sei ein Sieg des Verstandes, aber eine Niederlage der Vernunft gewesen. Die fast schon zur Gläubigkeit gewordene Datenerfassung und -verarbeitung unserer Zeit weist darauf hin, daß der Mensch immer noch nichts begriffen hat und meint, durch zunehmende Forschung, Sicherung ihrer Ergebnisse und berechenbaren Folgerungen für das Leben in der Welt könne Vernunft kontrollierte Wirklichkeit, also das Heil und Wohl der Menschen herbeischaffen.

Trotz dieser Warnungen wird die dem Menschen aufgetragene *Denkarbeit* um keinen Deut zurückgenommen. Es geht vielmehr um ihre Einordnung unter den Willen Gottes durch das Evangelium. Den Übergang zum richtigen Verstehen, das zur richtigen Gesinnung wird, formuliert Eph 4,17–23 „Wandelt nicht mehr wie die Heiden in ihren törichten Gedanken ..., sondern werdet neu im Geist eurer Gesinnung". Das griechische Wort, das wir mit Gedanken wiedergeben, heißt ‚Nous' und meint den ganzen Umkreis von Sinn, Verstand, Urteilsvermögen, Denken, Erkenntnis. Für unseren Sammelbegriff Vernunft gibt es im Neuen Testament weitere Wörter, die sich auf das verstehende Übernehmen, Anerkennen und Befolgen von Gottes Heilswillen ausrichten. Dasselbe meint auch der oben aus Spr 3,5 zitierte Gedanke, worin vom Herzen die Rede ist, welches in der Bibel als Personkern angesehen wird. Herz und Nous können nebeneinander stehen und austauschbar sein (2Kor 3,14f; Phil 4,7). In dieser Philipperbrief-Stelle ist unübersehbar ausgesprochen, daß entgegen von Kants und sämtlicher aufklärerischer Nachfolger Ansicht die Vernunft nicht letztes Instrument des erfolgreichen Denkprozesses ist; sondern weiter als alle Vernunft reicht der Gottesfriede. Das macht bescheiden und zugleich froh; denn kein Mensch kann den Sinn des Herrn begreifen oder ihn gar belehren (1Kor 2,16). Das Evangelium erneuert die Vernunft.
Im Glaubensgehorsam wird erkannt, „daß das Vernünftige nicht immer das Plausible, sondern oftmals das Paradoxe ist – das zu tun Wagnis, Risiko, Einsatz, Glaube bedeutet, Opfer und Verzicht verlangt" (H. G. Fritzsche, Leittexte der Bibel, 1981, S. 242). Das zeigt sich, wenn ein „an sich ganz vernünftiger und erfolgreicher Mensch" plötzlich Mönch wird, als Missionar nach Übersee geht, eine glänzende Laufbahn zugunsten einer ‚unansehnlichen' Sozialarbeit aufgibt, oder andere Zeichen der Aussteigermentalität (wie neuerdings gesagt wird) von sich gibt und sie vernünftig (!?) begründet. Der durch die Erlösung Christi total erneuerte Mensch, wozu auch seine Vernunft gehört, hat einen neuen Blick für die Werteskala der Lebensgüter bekommen, verläßt sich auf Gottes Versprechen, zielstrebiger Lebensführung und stellt sich so mit seinem Denken, Können und seiner begnadeten Vernunft Gott als Mitarbeiter in seinem Reich zur Verfügung. Vernunftgebrauch gehört zum ethischen Handeln, und

zwar umfassend als Einsicht in eine Situation, als Erkennen der Zusammenhänge, Suchen der Möglichkeiten zum Handeln und als prüfendes Begleiten bei der Durchführung.
Als das vernunftbegabte Wesen setzt der Mensch seine durch den Heiligen Geist geläuterte Liebesfähigkeit ein. Für ihn gibt es auch keine Unterscheidungen, geschweige denn eigensüchtige Zurücksetzungen mehr unter den Menschen verschiedener Rassen, Religionen und Fähigkeiten (Gal 3,28; Kol 3,11). Das gilt es zu beachten – durchaus unter Einsetzen abwägender, jedoch von der Nächstenliebe bestimmter Vernunft – bei der Frage nach den vielen Ausländern und Religionsfremden in unserem Lande, womit die kommende Generation weit mehr zu schaffen haben wird, als es jetzt schon der Fall ist.
Die Verbindung von Glaube und Vernunft zeigt Jesus in seinem Schlußgleichnis zur Bergpredigt (Mt 7,24 ff), worin der kluge Mann (= Vernunft) sein Haus (= Lebensgestaltung) auf Felsen (= Glaube an Jesus Christus) gründet. In weiteren Vergleichen zeigt Jesus das Praktizieren eines verantwortlichen Gebrauches der Vernunft durch den Christen in unserer immer komplizierter werdenden Welt: Wer etwas bauen will, stellt zuvor eine Kostenrechnung auf, und wer politische Ziele verfolgt, entscheidet sich angesichts der Stärke seiner Widersacher (Lk 14,26–33). Warum lobt Jesus ausgerechnet den betrügerischen Haushalter (Lk 16,8)? Einzig darauf bezieht sich sein Lob, daß der Mann phantasievoll und energisch seine Zukunftssicherung besorgt, also vom angestrebten Ziel her urteilend seine Vernunft sinnvoll einsetzt.
Im Zusammenhang des Nachdenkens über die Vernunft sei auf das *Dritte Gebot* (biblischer Zählung) hingewiesen. „Du sollst den Namen des Herrn, Deines Gottes, nicht mißbrauchen“ (Ex 20,7). Wir wissen, dazu gehört das Nicht-fluchen, Nicht-schwören, Nicht-zaubern, Unrecht nicht stillschweigend mit ansehen. Das alles kann aus Vernunfterwägungen heraus scheinbar persönlich nützlich und geraten sein; aber es ist Verrat des allmächtigen Gottes und seines Angebotes der umfassenden Begleitung durch das Leben. Stattdessen wird der Christ seine Vernunft an Gott binden, zu ihm beten um Erleuchtung seines Verstandes und um die Kraft, mutig und zuversichtlich die nötigen Schritte zu tun. Er weiß, daß dies alles nur durch Vergebung möglich ist. Wo einige in Jesu Namen versammelt sind und wirken,

wird der Herren-Name nicht mißbraucht, sondern seine Kraft erfahren.
Auch beim Gebet wird sich der Christ keineswegs immer und sogleich sicher darin, was denn nun Gottes Wille ist, um den zu erkennen er betet. „Wir wissen nicht, was wir beten sollen, wie es sich gebührt, sondern der Geist tritt von sich aus für uns ein“ (Röm 8,26). Dann kann in der Zuversicht gehandelt werden, daß unser vernünftiges Denken und das daraus folgende Tun ebenfalls von Gottes Geist gelenkt werden. Seine Gedanken sind nicht unsere Gedanken; es sind aber Pläne des Heils, in denen er gute Zukunft für uns vorgesehen hat (Jes 55,8; Jer 29,11). Für den Christen ist vernünftig, was geistlich vom Barmherzigkeitshandeln Gottes in Christus geläutert ist (Röm 12,1). So wird der Name Gottes durch uns geehrt; denn im Gebet wird der Mensch an Gottes Regieren beteiligt.

4.6 Glück, Sorge, Angst

Die drei Begriffe in der Überschrift hängen trotz ihrer außerordentlichen Unterschiedlichkeit aneinander, wie wir aufzeigen wollen. Alle drei sind ethisch gefärbt und beeinflussen erheblich die Gesinnung des Menschen und seine Gefühle.
Glück gilt als eines der Werte und Ziele, die jeder Mensch erstrebt. Auf primitiver Ebene ist Glück das Umgebensein mit materiellem Reichtum, womit der anspruchsvollere Mensch sich auch gleich höhere Werte verschaffen kann, sei es im Musischen, sei es im Gesellschaftlichen. Glück in der Liebe oder im Zusammenleben mit anderen Menschen wie auch in politisch und wirtschaftlich günstigen Zeiten sind weitere Glücksmöglichkeiten.
Beim Vorstellen des Eudämonismus mit seinen Sonderformen Utilitarismus und Hedonismus sprachen wir bereits von diesem Glücksstreben. Hoffen auf Glück, vor allem der Glaube an seine Machbarkeit, sind unausrottbare menschliche Züge. Der Besitz eines glücklich machenden Wertes an sich genügt nicht, entscheidend ist das Glücksgefühl. Die vielen unglücklichen Superreichen sind dafür Beweis genug, zugleich auch unerschöpflicher Stoff für Romane,

Zeitschriften und Filme. Heirats- und Bekanntschaftsanzeigen und die Realität dahinter sind weitere Beispiele.
In vielen Staaten unserer Welt wird das Glück für alle geplant. Um es technokratisch herbeizuschaffen, muß es zuvor weithin normiert werden. Dann läßt es sich nicht nur auf die Bereiche der Gesellschaft, sondern auch auf die private Freizeitgestaltung anwenden. Von „mehr Lebensqualität" ist dabei zuweilen die Rede, welche versprochen wird. Solches Glücksstreben steht obendrein unter Erfolgszwang. Glück ist aber immer unverhofftes Geschenk, sein Erkennungszeichen ist freie, ungetrübte Freude.
Glück kann nicht gespeichert werden, weder in sachlichen Dingen, geschweige denn in menschlichen Beziehungen. Zwar gelingt bei der heute bekanntesten Jagd nach dem Glück, durch wöchentliches Lotto- und Totospielen, einigen wenigen der große Treffer, von denen nur wenige die gewonnenen Summen sicher und klug anlegen; ob sie damit aber das Glück im Griff haben, steht auf einem anderen Blatt. Festhalten kann keiner dieses Glück. Ein bekanntes Beispiel dafür ist die alttestamentliche Lebensgeschichte des Josef (Gen 37–50), der in seinem Leben immer abwechselnd vom Glück begünstigt und vom Unglück verfolgt war. Und im Neuen Testament ist eine entsprechende Schlüsselgeschichte das Gleichnis vom reichen Kornbauern, dem Narren (Lk 12,13–21). Glück finden wir aber in der Freude des Hingebens; „Geben ist seliger als nehmen" (Apg 20,35).
Welches nun auch die wirklichen menschlichen Bedürfnisse sein mögen, die zum Glück führen, der Mensch macht sich *Sorgen*. Sie lassen ihn nicht zur Ruhe kommen, sie quälen ihn, sie bringen ihn unter Umständen auf unredliche Gedanken. Ziel ist ihm das Absichern der Bedürfnisse jeglicher Art für Gegenwart und Zukunft. Je mehr der Mensch sich müht, vor allem bei wenig oder keinem Erfolg seines Mühens, um so näher ist die *Angst* als Schwester der Sorge. Sie schnürt ihm schließlich das Herz ab; denn Angst kennt – im Unterschied zur Furcht – ihren ‚Gegenstand' nicht, der unbestimmt bleibt. In dem Gespräch Jesu mit Maria und Marta (Lk 10,38–42) öffnet er den beiden Frauen die Augen dafür, worum es sich zu ‚sorgen' lohnt und welches die Gewichtungen sind.
Auf das alles geht Jesus besonders auch wieder in der Bergpredigt ein (Mt 6,25–34; vgl. auch Lk 12,22–31) und zeigt: Sorge und Angst sind

Verhaltensweisen, die für das wahre Leben nichts erzwingen können, die vor allem das Leben ohne Gott zu bewältigen versuchen. Durch die anbrechende Herrschaft des Reiches Gottes ist der Mensch von Angst und Sorge befreit. Dann wird auch das Glück – das durchaus ein biblischer Begriff ist – immer wieder erfahren in Ereignissen und Begegnungen des Lebens und im Erfahren der Gottesliebe. Im Reich Gottes „finden alle Bedürfnisse des Menschen ihren rechten Platz, weil die Liebe des Vaters Kleines und Großes, Alltägliches und Besonderes (z.B. die Fähigkeit des richtigen Redens in der Verfolgungssituation Mt 10,19 par) gleichermaßen bereitstellt" (J. Götzmann, Artikel Sorge, Theol. Begriffslexikon zum NT, 1971, S. 1180). Das ist zugleich die erlaubte wahre Humanität.
In scheinbar unerreichbarer, zumindest ferner Zukunft, liegen die neun Seligpreisungen, also Glückszusagen von Mt 5,3–11. Sie sind aber schon Gegenwart für den, der sich auf diesen Weg der Ethik Jesu begibt und ihm vertrauensvoll nachfolgt. Er lebt unter dem Segen Gottes (vgl. Num 6,24–27), in dem Schutzbereich des wahren Christseins, das eben Glück ist und den Lobpreis sowie Dank gegenüber Gott wie von selbst hervorquellen läßt.

4.7 Askese

Der Begriff Askese (griech. = Übung, Bemühung) bedeutet zunächst zuchtvolle, mit Anstrengung verbundene Zielstrebigkeit im Leben. Sie ist planmäßiges Fördern der leiblichen und geistigen Fähigkeiten, die nicht nur durch Enthaltsamkeiten, sondern auch durch Arbeiten erreicht werden. Askese ist keineswegs von vornherein Weltflucht und auch nicht nur Strapaze.

4.7.1 In allen Epochen, Religionen und Gegenden der Welt spielt die Askese eine *Rolle*. In die theologische Ethik wurde Askese durch Philo eingeführt. Manchmal ist sie außerordentlich stark ausgeprägt. In der nach Europa geratenen Praxis der Yogafrömmigkeit ist sie stark verzerrt und von vielen mißverstanden ins abendländische Bewußtsein eingedrungen. Manche wollen durch Askese an die Stelle des Stofflichen das Geistige setzen, andere wieder haben die Ertüchtigung

des Körpers vor Augen, wieder andere wollen durch Askese ihre Lustgefühle überwinden.
In religiösen Bahnen ist Askese das Instrument zum Anstreben selbstbestimmter Heiligkeit, wobei die Botschaft der Rechtfertigung durch Jesus Christus verdrängt ist. Asketisches Bemühen mündet keineswegs immer nur in falschen Wegen. Es ist durchaus gutes christliches Handeln, wofür die Kirchengeschichte zahllose Beispiele hat.

4.7.2 Nach dem *biblischen Befund* sehen wir zunächst, daß zwar nicht der Begriff, wohl aber die Sache der Askese im Alten Testament zu finden ist. Das mit Dankbarkeit erfahrene Wohlergehen soll und darf nicht ins Maßlose gesteigert werden und zur Gottlosigkeit entarten. Das hat der Prophet Amos scharf gerügt. Es gab eine Reihe von sittlichen Verpflichtungen und Normen, wie geschlechtliche Enthaltsamkeit oder Fasten, dem sich einzelne oder Gruppen anläßlich von Trauer oder zur Gebetsvorbereitung unterzogen. In altisraelitischen Sekten und Orden gab es strenge Ordnungen, wie straff gegliederte Gemeinschaft, Ehelosigkeit und Armut. Damals tauchten diese später sogenannten „Evangelischen Räte" auf. In 2Makk 15,4 findet sich in der griechischen Übersetzung erstmalig der Begriff Askese in der Bibel, und zwar im Zusammenhang mit dem Sabbatgebot (vgl. auch 4Makk 13,22, wo es um die Übung in der Gesetzesbeobachtung geht).
Das Neue Testament hat als typischen Asketen Johannes den Täufer, der sich allerdings in seinem Verhalten deutlich von Jesus unterscheidet. Dieser fordert die Ausrichtung des Lebens auf das Geführtsein durch Gott hin. In dieser Linie sind die paulinischen Gedanken über die Askese (das Wort kommt nur Apg 24,16 vor) zu sehen, der das Bild vom Sportkampf (1Kor 9,25–27) oder auch die Ehelosigkeit (Zölibat 1Kor 7,1–9) als Beispiele verwendet. Richtungweisende Texte sind Kol 3,5–17; 1Tim 4,7f und Gal 5,16–26, wo die Askese zum geistlichen Mittel christlichen Lebenswandels empfohlen wird. Die Sonntagsheiligung ist ein Stück Askese als Einkehr. Biblische Askese trägt also Züge mit Verzichtcharakter ebenso an sich wie eine weltaufgeschlossene Haltung. Askese ist Teil des wahren Menschseins, wie es uns in Jesus vor Augen steht. Sie ist kein starres Gesetz, sondern je nach Zeit, Situation und Personenkreis anders. Wahre

Askese rechnet immer mit Gott in den Wirklichkeiten dieses Lebens; und damit hat sie eine Beziehung zur Passion Jesu als Teilhabe an seinem Lebensweg. Sie hat nichts von Selbstheiligung oder Verdienstlichkeit an sich. Sie hängt zusammen mit dem Fasten und Beten aus den Evangelien, gehört zur Meditation und ist ein Zeichen wahrer Gemeinschaft.

4.7.3 *Irrwege und Fehlformen* der Askese sind: (1) Asketisches Heiligkeitsstreben einzelner oder ganzer Gruppen, also die ‚Scheinheiligen'. (2) Ein Verdienstgedanke ist unbiblisch; alles liegt an Gottes gnädigem Erbarmen und nicht an menschlichem Wollen oder Laufen (Röm 9,16). (3) Streben nach Perfektionismus, also Vollkommenheit, ist nicht das Ziel biblischer Askese. Das kann der Mensch nicht erreichen, er braucht es auch nicht. (4) Weltflucht ist ebenfalls ein ausweichendes Bemühen, den Verlockungen der Sünde zu entgehen. Ob diese Weltflucht total (Einsiedlertum oder exklusive Gemeinschaften) oder teilweise (Absonderung nur in bestimmten Lebensbereichen) ist, sie kann nützlich sein, ist aber nicht der Weg zum Heil unmittelbar. Er führt nur über das Kreuz Jesu Christi. (5) Eine andere Fehlform der Askese ist die Mißachtung der Ordnungen dieses Lebens, wie sie zuweilen in auffallenden Verhaltensweisen von einzelnen oder Gruppen praktiziert werden. (6) Es gibt auch falsche Bindungen durch unbesonnene Gelübde, die zu Fehlformen der Askese gehören und zu Krampf und fruchtlosem Leben führen.

4.7.4 Den asketischen Irrwegen seien neun *Hauptmerkmale positiver* christlicher Askese gegenübergestellt.
(1) Christliche Askese ist grundsätzlich am Herr-Sein Jesu Christi ausgerichtet. Sie ist rechter Glaubensgehorsam. (2) Somit ist sie der Nachfolge und Heiligung benachbart, dem Leben in Christo. Sie vollzieht sich in der Sünden- und Todverfallenheit unseres irdischen Lebens.
(3) Askese ist eine Form christlicher Freiheit im Gebrauch irdischer Gegebenheiten und Möglichkeiten. Sie ist nicht leibfeindlich, weil jeder Mensch nur in der Einheit von Leib, Geist und Seele Gottes Geschöpf ist. Ebensowenig ist sie grundsätzliches Abstandnehmen von natürlichen Gütern. (4) Dazu gehört die Unmöglichkeit einer

individualistisch-egozentrischen Haltung, weil jeder Mensch als Ebenbild Gottes auf ihn und den Nächsten hin angelegt ist. Askese ist von der Nächstenliebe bestimmt und geschieht in möglicher Bindung und nötiger Distanz (überall, auch in der Ehe).
(5) Als solche kennt Askese das Mit-Leiden, jene Sympathie von Hebr 4,15. Dennoch ist (6) Askese mit Freude und auch Fröhlichkeit verbunden; der sie übende Mensch soll „nicht sauersehen“ und seine Askese nicht zur Schau tragen (Mt 6,16–18).
Wahre Askese (7) ist nur im Frieden mit Gott möglich, der uns durch die Versöhnung Christi am Kreuz geschenkt ist. Jede Angst (zu kurz kommen!) und Sorge (es reicht nicht!) sind bei wirklicher Askese ausgeschlossen. Die Kraft zu dieser Haltung wird im Gebet um den Heiligen Geist gesucht. Christliche Askese lebt (8) in Erwartung der Neuschöpfung des Menschen und setzt alle Hoffnung auf den wiederkommenden Herrn.
So ist (9) in ihrer Durchführung Askese einerseits Enthaltung und andererseits Entfaltung. Beides hat Folgen und ist nötige Haltung christlicher Ethik.

4.7.5 Askese wird konkret *in Form von Abstinenzen*, also *Enthaltungen*. Solche sind (1) die Konsumaskese, die unter christlichem Aspekt einen zweifachen Zweck hat; nämlich das eigene Fleisch zu zähmen, um besser beten zu können und Zeichen der Demütigung vor Gott zu sein. Außer Nahrungs- oder Sensationsaskese ist heutzutage die Konsumaskese hochaktuell bei den Massenmedien mit ihren Reizüberschwemmungen und der Verleitung zur Urteilsunfähigkeit.
Mit (2) Lebensraumaskese ist das besonnene Umgehen mit Kleidung und in Abwehr jeglicher Moderichtung ebenso gemeint wie andererseits die Gleichgültigkeit in der Kleidung bis zur sogenannten Freikörperkultur. Hinzu gehört auch Verzicht auf Besitz oder Wohnung, wie es manche Ordensgelübde verlangen und politische Systeme durchführen. Neuerdings verlangt die ‚ökologische‘ Askese hohe Aufmerksamkeit, und zwar mit der Leitfrage: welches sind die jeweiligen notwendigen Bedürfnisse der Menschen? (3) Sexuelle Askese gibt es als freiwillige Ehelosigkeit wie auch als geschlechtliche Enthaltsamkeit innerhalb der Ehe. In einer Zeit, in der sexuelle Momente in fast alle Lebensbereiche eindringen, ist sie hoch zu bewerten und keines-

wegs zu belächeln. Diese Form der Askese wünschte man sich gleichzeitig bei der Gestaltung vieler Zeitschriften, Filme und Werbemethoden. (4) Verzicht auf weitere besondere Funktionen des Leibes mag zeitweise sehr sinnvoll sein. Man denke an Schweigezeiten oder vorübergehenden Verzicht auf Schlaf, etwa zum Zweck ewiger Anbetung, wie auch vorübergehendes Zurückziehen unter Verzicht auf Körperpflege mit dem Ziel der vollkommenen Konzentration oder Kontemplation.

(5) Unter Abhärtungsaskese versteht man Übungen als Mittel zur Disziplinierung um ‚höherer Lebensnotwendigkeiten' willen. Sie äußert sich gegenüber Hitze oder Kälte als Vorbereitung auf Dienst in tropischen Ländern, ist bekannt meistens aber beim Hochleistungssport jeder Art. Die (6) Peinigungsaskese irrt leicht ab und gerät in Selbstverstümmelungen. Gute Bedeutung hat sie in der Bereitschaft zum Ertragen von Schmerz um anderer willen, auch starkem körperlichem Schmerz, etwa der Organspende oder Hauttransplantation.

(7) Schließlich gibt es soziale Askese in Gestalt des Aufgebens persönlicher Selbstbestimmung und in die Abhängigkeit strengen Gehorsams. Wir kennen sie bei Mönchen, Nonnen, Diakonissen und manchen anderen auch nicht unbedingt religiös bestimmten Gruppen, die ihr Zusammenleben durch streng festgelegte ‚Spielregeln' sorgfältig pflegen. Soziale Askese steht auch Politik und Staat gut an, denen mehr Selbstbeschränkung hinsichtlich der Regelung und Beeinflussung vieler Gebiete (z.B. Erziehung, Verkehr, Besteuerung, Gesetzes‚produktion', Sozial- und Medienpolitik) ratsam wäre. Hierher gehört Jesu Appell zur Selbstverleugnung (statt Selbstverwirklichung; vgl. Mt 16,24 par).

4.7.6 Neben den Katalog von Enthaltungen seien nun einige *positive Entfaltungen* gestellt, die uns den hohen Wert christlicher Askese von einer anderen Seite zeigen.

(1) Askese hat eine eschatologische Ausrichtung, zielt also auf die Endzeit der Welt und des persönlichen Lebens hin. Sie stellt die Frage nach der Buße im Sinne der Um- und Hinwendung zum Reich Gottes, das mitten in der Welt unter den Menschen da ist (Joh 17,14–18; Hebr 4,15). Hinter dieser Gestalt der Askese steht immer geistli-

che Erfahrung, die sich in der Lebenshaltung äußert und zu dem kommenden Herrn Christus bekennt.

(2) Die bereits erwähnte mitmenschliche Ausrichtung ist ein weites Feld für die Askese, die nie zur Trennung vom Nächsten führen darf, wozu die Gefahr groß ist. Auf der anderen Seite ist ein völliges Aufgehen in einer Art Wohltätigkeits-Betriebsamkeit ebenso zu vermeiden. Das Immer-im-Dienst-sein des Christen meint nicht ununterbrochene Betriebsamkeit, jedoch Zeitnehmen für den Nächsten, wo es geboten ist, beispielsweise im Straßenverkehr und außerhalb der ‚Berufszeit'. Hingewiesen sei auf Jes 58,6–12, wo über die Askese – und das dazugehörende Fasten – einiges Praktische hochaktuell ausgeführt ist, wobei die Grundrichtung das Praktizieren der Nächstenliebe mit den je eigenen Möglichkeiten ist.

(3) Der Toleranz-Charakter der Askese ist hervorzuheben. Seinen Platz hat er im Gespräch zwischen den Konfessionen, bei der Begegnung unterschiedlicher Ansichten auch in der eigenen Familie und Nachbarschaft.

(4) Askese hat ermahnenden Charakter, der sich dreifach äußert, nämlich als Disziplin, nicht zuletzt auch in der Gemeinde mit ihrer Verkündigung, ihrer Mahnung und Zucht, die dem einzelnen nahegebracht wird; in pädagogischer Abzielung als Vorbild (1 Tim 3,1 ff), wo sich der Ansatz für den außerordentlich hohen Beitrag christlicher Askese zur Kultur, zur Staats- und Privatwirtschaft findet. Der ermahnende Askese-Charakter äußert sich dann im ursprünglichen Wortverständnis als Übung (Training, vgl. Apg 24,16), und zwar im Sinne der „Einübung im Christentum", wie es der dänische Philosoph Kierkegaard nannte.

(5) Askese hat schließlich zeichenhaften Charakter. Er darf aber nicht bewußt gewollt sein, womit die Askese falsch wäre. Das Zeichenhafte ist jeweils Zugabe des wirkenden Gottesgeistes und auf den Nächsten hin ausgerichtet, wobei „die linke Hand nicht wissen soll, was die rechte tut" (Mt 6,1–4).

4.8 Gute Werke

4.8.1 Evangelische Christen werden mißtrauisch, wenn sie von guten Werken der Frommen hören und das Fragen beginnt: Sind sie zur Seligkeit notwendig, oder sind sie gar schädlich zur Seligkeit? Beides ist behauptet worden. Müssen sie zum Heilshandeln Gottes hinzugezählt werden, oder kann es wegen der Erbsünde des Menschen gar keine guten Werke geben? Und steht die Liebe nicht höher als die guten Werke? Hinter den Fragen erhebt sich die oft unbewußte Meinung, der Mensch müsse die angenommene freie Gottesgnade mitwirkend weiterführen. Der Mensch wird aber nicht Gottes selbständiger Partner im Erlösungswerk, sondern die vom Geist Gottes geschenkte Freiheit bewirkt Gehorsam (vgl. Röm 3,20). „Daß Freiheit und Gehorsam im *Geist* zusammenfallen, *ohne* daß dabei der konkrete Mensch aus der Entscheidung herausgenommen, wird, das ist das Geheimnis der christlichen Existenz" (O. Weber, Grundlagen der Dogmatik, Band II, 1962, S. 367). Das ist Glaube, „der in der Liebe wirksam (= energisch) wird" (Gal 5,6). Er drängt in gute Werke, die sich als Diakonie der Kirche äußern.
In dem Zusammenhang kann festgehalten werden, daß gute Werke nicht schädlich sind, weil sie Werke, nämlich *Früchte des Heiligen Geistes* sind. Gute Werke fallen mit Glaube und Liebe in eins zusammen. Menschliche gute Werke sind als ‚Früchte' aus dem Leben Gottes herausgewachsen, sie sind Folge und Begleiterscheinung des Wirkens Gottes (vgl. Joh 3,19–21). Das gute Werk des Menschen versteht sich dann von selbst; denn die guten Werke sind – im vollen Gewicht des von der Bibel gewählten biologischen Sprachgebrauchs – eben Früchte, und zwar Früchte der Dankbarkeit gegenüber Gottes Geschenk der Vergebung, der Liebe, der Freiheit. Was Gott will, ist dem Menschen mitgeteilt, er wird keineswegs überfordert. Eher im Gegenteil: er tut gerade das Nötigste (vgl. Lk 17,10), und ein Verdienst ist das nicht. Das kennen wir schon von Mi 6,8: „Es ist dir gesagt, Mensch, was gut ist und was Jahwe von dir erwartet: nichts anderes als Recht üben, Freundlichkeit lieben (= Güte und Treue lieben) und aufmerksam mitgehen mit deinem Gott". Ähnlich lesen wir eine Summe des Guten in Hos 12,7. Paulus rafft in Röm 13,8–10 den Gedanken mit dem Liebesgebot. Zum Alltag der Gemeinde

gehören gute Werke, die einzuüben, nicht früh genug eingesetzt werden kann. Das gehört mit zur Diakonie der Gemeinde.
Der an Gott gebundene Mensch tut gute Werke. Sie folgen ihm nach in Ewigkeit (Offb 14,13); sie eröffnen ihm nicht das Tor zur Ewigkeit, sondern sie sind des Frommen ‚Begleiter', der herzliche Freude sowie Lust und Liebe hat, in ihnen zu leben (nach Heidelb. Kat. 90). Sie sind zwar verwechselbar mit sozialem Wirken von Nichtchristen, aber erstens ‚konkurrieren'(im Sinne von ‚miteinander wetteifern') sie mit ihnen, und zweitens verschweigt der Christ nicht, aus welchem Grund heraus er wirkt. So „reizen Christen einander an zur Liebe und zu guten Werken" (Hebr 10,24).

4.8.2 Die Überlegungen zu den guten Werken, die nur als Ergebnis einer Gedankenkette theologisch gültig sind, verleiten leicht zu einem logischen Denkschluß. Wenn die guten Werke aus dem wahren Glauben hervorgehen, so müßte von offenkundigen guten Werken her auf einen wahren Glauben dahinter und damit auf das Erwähltsein und die Seligkeit geschlossen werden können. Das ist philosophisch-logisch zutreffend, und es kann in Gestalt eines Glaubenszeugnisses zutreffen. Wenn aber von einer vor jedermanns Augen liegenden Leistung im Sinne eines guten Werkes oder einer sonstigen Handlungskontrolle der Gedankensprung in die geistliche Ebene des wahren Glaubens versucht wird, beginnt der Fehler. Dies ist das Problem des *Syllogismus practicus* (= praktisches Schlußverfahren), worin von Glaubensfrüchten auf diesen selbst geschlossen wird. Als die neutestamentlichen Belegstellen gelten 1 Joh 3,14: „Wir wissen, daß wir aus dem Tode in das Leben hinübergegangen sind, denn wir lieben die Brüder" und 2 Ptr 1,10: „Bemüht euch noch mehr darum, daß eure Berufung und Erwählung Bestand hat; wenn ihr das tut, werdet ihr niemals scheitern". Der Denkfehler tritt dann und dort zutage, wo vom Tun angeblich guter Werke her der Glaube bewiesen wird (womöglich für sich selbst!), oder wo von scheinbarem Fehlen jeglicher Werke auf fehlenden Glauben im Sinne des Seins in Christus geschlossen wird.
Als berühmtes Beispiel für den Syllogismus practicus gelten einige calvinistisch-reformierten Kirchen, besonders im angloamerikanischen Raum. Die Mitglieder dieser Kirchen sind vor 200 Jahren im Vergleich zu Kontinentaleuropäern auffallend reich geworden. Sie

selbst erklärten es sich mit Gesegnetsein durch Gott, und einige folgerten daraus, wie fromm und Gott wohlgefällig sie lebten. Übersehen wurde dabei, daß sie zwar fleißig und tüchtig in ihrem Wirken waren, aber wegen sehr strenger Moralgesetze (schlichte Kleidung, kein Luxus, keine Vergnügungen, keine Gelegenheit zu Ausschweifungen) vermochten sie ihr Geld nicht auszugeben und wurden so immer reicher. Die Beobachtung dieser innerweltlichen Askese führte den Nationalökonomen Max Weber 1905 zu seiner berühmten Studie „Die protestantische Ethik und der Geist des Kapitalismus". Aus dem Zusammenspiel vom sittenstrengen Puritanismus mit Berufseifer und moderner Wirtschaftsgesinnung wurde nach ihm auf Gottes Wohlgefallen und Segen geschlossen.
In neuerer Zeit wird das zielgerichtete Bemühen um Erfolg, Anerkennung und Weiterkommen, was nur dem Menschen eignet, mit dem Begriff *Streben* zusammengefügt und als ein sittlich zu bejahendes Ziel angesehen, sofern die Ziele im Rahmen der grundlegenden Gottesgebote bleiben und nicht Selbstzweck sind.

4.9 Zeit

Der gewiß auf breite Zustimmung treffende Satz „Ich habe keine Zeit" ist logisch und sachlich Unsinn; denn jeder lebende Mensch hat alle Zeit, die es gibt. Zum Leben gehört Zeit. Nur Tote haben keine Zeit (mehr). Bei näherem Untersuchen des Verständnisses von Zeit, und zwar aus biblischer Sicht, ergeben sich Unterscheidungen, die ethisch bedeutsam sind.

4.9.1 Das Neue Testament kennt *vier Zeitbegriffe*, nämlich die Ausdrücke Chronos (54mal) im Sinne des Ablaufes. Der Chronometer ist das Gerät, welches den Zeitablauf mißt, stückelt und meldet. Der Kairos (85mal) im Sinne des Geschehnisses, ist die inhaltlich gefüllte Zeit. Die Hora (106mal) als Zeitpunkt, als die herbeigekommene Stunde, ist der dritte Zeitbegriff. Schließlich haben wir noch den Äon (123mal) im Sinne von langer Lebens- oder Weltzeit und von Ewigkeit.
Der Mensch ist eingeordnet mit seiner Lebenszeit in übergreifende

Zeitabläufe, die sein Zeitgefühl beeinflussen: Ist er glücklich, so vergeht ihm die Zeit wie im Fluge; hat er Kummer und Schmerzen, scheint sie stillzustehen; ist er termingejagt, so rast die Zeit dahin. Geht es ans Sterben, so weiß er nicht, wo seine Zeit geblieben ist. ‚Tempo, tempo'! ist ein Gesetz heutigen Denkens, das uns überall begegnet: im Straßenverkehr, in der industriellen Produktion, im Sport selbstverständlich, bei der Schnellwäsche, dem Schnellimbiß ebenso wie beim Schnellkursus und sogar bei Schnellheilungen.
Auf diese Weise sind die menschliche Arbeitskraft und die Leistung durch Technik berechenbar und maximierbar, unsere Zeit ist ‚präpariert und entfremdet' worden.
Wir kommen ohne Terminkalender (treffender müßte es heißen ‚Datumskalender') und vorausschauender Zeiteinteilung nicht mehr aus. Dazu findet sich ein hilfreicher und mahnender Hinweis schon in Jak 4,13–15, wo es heißt: „Heute oder morgen werden wir in diese oder jene Stadt reisen, dort werden wir ein Jahr bleiben, Handel treiben und Gewinne machen. – Ihr wißt doch nicht, was morgen mit euerem Leben sein wird. Was ist denn euer Leben? Es gleicht einem leichten Nebel, der aufsteigt und sich wieder auflöst. Sagt lieber: wenn der Herr es will, werden wir leben und dies oder jenes tun." Unsere Chronologie mit dem unablässigen Planen ist also eingebunden in den von Gott bestimmten Äon und der uns verfügbaren Zeit, sie ist berührt von den Geschehnissen des Kairos, von den Schickungen Gottes in unserem Dasein. Dann ist wichtig zu erkennen, was die Stunde geschlagen hat und ob Gott selbst in dieser Stunde einladend und mahnend zu uns redet.

4.9.2 Der Mensch hat sich Geräte zum Messen seiner Zeit geschaffen. Die *Uhr* ist eines. Sie teilt den Tag ein, sorgt für Ordnung in seinem Ablauf, für Pünktlichkeit, welche wiederum ein Stück Nächstenliebe ist. Erst mit dem (christlichen) Mönchtum kam umfassende Zeiteinteilung – mit Arbeit, Muße und Gebet – auf, was zur Entwicklung der Uhr führte.
Durch *Kalender* versetzen wir unser Dasein in bestimmte Rhythmen, die das Menschenleben erheblich bestimmen. Es gibt mehrere Kalendergestalten, mit denen wir (weithin unbewußt) zu tun haben: (1) Die Jahreskalender sind in Tage eingeteilt, sie zeigen den Wechsel von

Arbeit und Ruhe an. (2) Die Terminkalender sind dem benachbart, denn sie verhelfen uns, den Überblick in dem Gewirr der Verpflichtungen und Pläne zu behalten. (3) Nach dem Familienkalender leben viele, denn er verzeichnet die Familienereignisse (Geburtstage, Hochzeitstage, Examen, Urlaubswochen, Jubiläen, Gedenktage), die oft die ersehnten besonderen Tage im sonst abwechslungslos verlaufenden Dasein sind. Ein (4) weiterer, vielen kaum bewußter, ist jener Kalender, der die ‚Genüsse' bestimmt: Theaterabonnement, Vereins- oder Clubleben, alle vier Jahre Olympische Spiele, dazwischen Fußball- oder andere Weltmeisterschaften, Fernsehprogramme mit bestimmten Serien einschließlich dem Auslosen der Lottozahlen. Die Liste ließe sich fortsetzen. Schließlich gibt es (5) den Kirchenjahrskalender, welcher in allen Religionen und Völkern seine Bedeutung hat und ebenfalls das Leben einteilt in Abschnitte wie Passionszeit (mit dem Karneval voran), Osterzeit, Advents- und Weihnachtszeit mit dem unübersehbar gewordenen Kaufen und Verschicken oder Überbringen von Geschenken. Manche haben noch einen ‚Kalender' nach Bibeltexten, wie die Herrnhuter Losungen. Diese erwähnten Kalender sind, wie deutlich wurde, nicht alle gedruckt und nebeneinander geordnet. Sie bestimmen jedoch in erheblichem Umfange den jeweiligen Rhythmus unseres Lebens.

Die Tatsache dieser Kalender wird von Jesus Christus durchstoßen, der aus allen fünf Kalendern ‚ausstieg'. Er hat die Zeitordnungen seiner Kultur, Sippe, Religion und sogar Natur durchstoßen und eingeladen: „Die Zeit (Kairos) ist erfüllt und das Reich Gottes nahe" (Mk 1,15). Und er selbst wird für alle Menschen völlig überraschend zu einer Zeit (Hora) kommen, die niemand kennt (Mt 24,36.44.50). Durch Jesus Christus werden wir von unserer Zeit und unseren Kalendern befreit und in einen Freiraum der Gelassenheit jenseits von ihnen gestellt, worin das Nötige und das Wesentliche getan werden kann. Dann wird unsere Zeit erfüllt und sinnvoll werden. Dann werden unsere Kalender – aus denen wir nicht auszusteigen brauchen – aufgewertet. So gilt der Aufruf zum Ausnützen der Zeit mitten in den bösen Zeiten (Eph 5,16) und im Wissen darum, daß jede Zeit zur Gnadenzeit werden kann. Dann vermag man sogar Zeit an andere zu verschenken.

4.9.3 Neben der Zeit steht der Begriff *Ewigkeit*, der keineswegs jene unendlich verlängerte und buchstäblich endlose Zeit meint, wie üblicherweise angenommen wird. Ewigkeit kommt wesenhaft Gott selbst und seinem Heilsweg zu. Alle verlaufende Zeit ist umgriffen von Ewigkeit. Mit einem (gewiß unzureichenden) Vergleich läßt sich ein Hohlkörper vorstellen, der die Ewigkeit darstellen soll, in dem sich unsere Zeitlinie, genauer unser Zeitstrahl, befindet. Auf der Zeitlinie ist jeder Mensch eine kurze Weile, bis er durch den Tod von ihr herunterfällt, und zwar in jenen Hohlkörper = Ewigkeit hinein. Mit diesem Bild ist ein bißchen vorstellbar, daß Ewigkeit sowohl nichts mehr mit Zeit zu tun hat als auch es dort kein Einst und Jetzt gibt. Deshalb ist auch der Opfertod Jesu am Kreuz nicht etwas Vergangenes und Gewesenes aus dunkler Vorzeit, sondern ein Geschehen, dessen Ewigkeitsbedeutung jeden auf der Zeitlinie jederzeit berührt. Jesus Christus ist der Herr aller Zeit, die wir demnach mit Sinn erfüllen, sei es durch gestaltete Einteilung, sei es durch Einkehr und Besinnung, sei es durch Begegnungen.

4.9.4 Im *Vierten Gebot* (biblischer Zählung) lesen wir: „Gedenke des Sabbats und halte ihn heilig. Sechs Tage darfst du schaffen und jede Arbeit tun. Der siebte Tag ist ein Ruhetag, dem Herrn, deinem Gott, geweiht. An ihm darfst du keine Arbeit tun, auch nicht dein Sohn, deine Tochter, dein Knecht, deine Magd, dein Vieh und auch nicht der Fremde, der in deinem Stadtbereich Wohnrecht hat“ (Ex 20,8–11). Was ist damit bestimmt?
Gott hat grundsätzlich jeden siebten Tag für sich mit Beschlag belegt. Selbstverständlich ist das auch ein Stück Zeit des Menschen, in der er wieder neue Kraft für weiteres Wirken sammeln kann. Wichtiger ist die Besinnung darauf, daß wir mit unserer ganzen Zeit, also unserem Leben, in Gottes Hand sind (Ps 31,16), dem wir alles verdanken und dem unser Dank gebührt.
Von den 168 Stunden der Woche ist dafür die eine Stunde Gottesdienst gewiß nicht zuviel, wenn wir einmal alles auf diese wenigen Minuten des ‚Gottesdienstes‘ zurückzuschrauben wagen. Gott zeigt uns mit dem Sabbat, was wörtlich ‚ablassen von‘ bedeutet, daß er selbst im Regiment des Weltgeschehens sitzt und nicht wir. Also viel mehr Gelassenheit und Muße ist nicht nur der geistigen und leiblichen

Gesundheit förderlich, sondern ein Akt klugen Menschseins. Gott will, daß wir zu seiner Ruhe kommen (Hebr 4,1–11), nämlich in seine Ewigkeit. Die Heiligung des Sonntages ist ein Bekenntnis zu diesem Herrn und ist das Befolgen seines Rufes in den wahren Frieden.

Das Vierte Gebot hat im Zusammenhang des Nachdenkens über Zeit und Ewigkeit die Bedeutung des Hinweises zum Klugwerden und klugen Verhalten. Ps 90,12; 102,24–28 und Koh 3,1–8; 12,1 und andere Bibelstellen erinnern an das Dahineilen unserer Zeit und an jenen Augenblick, an dem wir – um das verwendete Bild aufzugreifen – von der Zeitlinie herabfallen. Hoffentlich dann in Gottes Hand und nicht in die ewige Verdammnis! Wer nicht an seinen Tod denkt, ist in Gefahr, seine verfügbare Zeit nicht zu nutzen oder sie sinnlos ‚totzuschlagen'.

Das Beachten des Sabbat, also des Sonntages wie wir sagen, hat in Verbindung mit dem Vierten Gebot unter ethischem Gesichtspunkt eine besondere Beziehung unter den Menschen hergestellt. Denn das Gebot zählt ausdrücklich auf und untersagt das Arbeiten den Familienangehörigen jeder Art, sogar dem Vieh und auch dem Fremden. Hier ist ein theologischer Ansatzpunkt für das Recht gewerkschaftlicher Bemühung um die Arbeitnehmer und ihre durch Gott eingeräumten Freiräume. Christliche Verantwortung wird in diesem Bereich jedoch von beiden Seiten her nicht unterdrücken dürfen, daß einfaches Ausruhen und vorübergehendes Recht zur Selbstbestimmung nur ein Teil dessen ist, was das Gebot von uns erwartet.

Wie eine gute Sonntagsgestaltung im einzelnen aussehen kann, das sei hier nur angedeutet. Vom Gotteslob, also dem Gottesdienst als Mitte, wird nicht abgegangen; gewisse Aufgaben sind selbstverständlich zu erledigen (wie Essen und Trinken, Vieh füttern, Kranke pflegen, Verkehrsmittel unterhalten). Dann aber gehen die Interessen weit auseinander. Kriterium bleibt, ob das jeweilige Tun und Treiben zur persönlichen Arbeit gehört, ob es in die Ordnung der jeweiligen Gesellschaft paßt oder nicht, ob es vor den Anfragen aus dem Evangelium bestehen kann.

4.10 Tugend und Laster

4.10.1 Das deutsche *Wort Tugend* hängt zusammen mit taugen, Tüchtigkeit und Tauglichkeit. Der entsprechende griechische, auch im Neuen Testament vorkommende Ausdruck heißt aretä. Und der lateinische Begriff kann heutzutage sogleich Ärger wecken, denn er heißt virtus und hängt dort unmittelbar mit Mannhaftigkeit und sittlichen Vorzügen zusammen. Der Ärger bezieht sich also auf Überlegungen zur Gleichberechtigung. Vielleicht regt das aber gar nicht mehr sehr auf, denn geschichtlich ist der Verfall der überkommenen Tugenden nicht zu übersehen, seien es nun philosophische (die vier Kardinaltugenden Tapferkeit, Gerechtigkeit, Besonnenheit, Weisheit), bürgerliche (Gehorsam, Bescheidenheit, Großmut, Pflichterfüllung) oder religiöse (Glaube, Hoffnung, Liebe). Dennoch formen sie den Charakter des Menschen und drücken bestimmte Gesinnungsäußerungen aus. Insofern nannten die alten Kirchenväter das Bittgebet Tugend. Mit dem Verfall der Tugenden in unserer Zeit hängt ihr pädagogischer und staatlicher Mißbrauch zusammen; denn auch der einem Diktatorauftrag gehorchende Verbrecher (sei es mit der Waffe in der Hand, sei es als Schreibtischtäter) tut nur ‚seine verdammte Pflicht und Schuldigkeit' als jemand, der dem Befehl über sich gehorcht. Das ist Selbstbetrug, der sich auch in weit weniger krassen Beispielen täglich zeigt. Die Nöte mit der heutigen um mehrere Lebensjahre zurückverlegten Selbstverantwortlichkeit der ‚jungen Erwachsenen' (denn von Jugendlichen, Reifenden, Lehrlingen oder Kindern wagt mancher gar nicht mehr zu sprechen) sind sattsam bekannt.
Was alte, uns überlieferte Tugenden leisten, ist vielen aus dem Bewußtsein verlorengegangen. An ihre Stelle sind Systeme von Rechten und Ansprüchen (gegenüber der Gesellschaft!) getreten. Neue Ausdrücke, verräterisch genug, traten an die Stelle des Tugendstrebens, nämlich Selbstwerdung, Selbsterfahrung und Selbstverwirklichung. Es sind Begriffe der Selbstliebe (vgl. 2Tim 3,2). Wir lassen sie hier einfach stehen und fragen nach einer ethischen Neubestimmung der Tugenden in christlicher Sicht. Diese unterscheidet sich von der humanitär-ideologischen Tugendlehre, die deshalb nicht verachtet sein muß, wenn sie etwa von Friedrich Schiller genannt wird in seinen ‚Worten des Glaubens':

„Und die Tugend, sie ist kein leerer Schall,
Der Mensch kann sie üben im Leben;
Und sollt er auch straucheln überall,
Er kann nach der göttlichen streben;
Und was kein Verstand der Verständigen sieht,
Das übet in Einfalt ein kindlich Gemüt.“

Es war nicht falsch, wenn die in eine Fülle von Riten eingespannte Tugend im alten Rom das Gemeinwesen ordnen half, und wenn im alten Hellas der taugliche Sinn des einzelnen durch die Tugend geprägt wurde. Die rechte Gesinnung und nicht erzwungene Rechtsordnungen ist der Boden, auf dem die Tugend der Pflichterfüllung wachsen kann. Aus Gottes Geist ist sie uns geschenkt (2Tim 1,7).

4.10.2 Die wenigen Stellen, an denen das Wort *Tugend im Neuen Testament* vorkommt (Phil 4,8; 2Petr 1,5 sprechen von menschlicher Tugend; 1Petr 2,9 und 2Petr 1,3 sind auf Gottes Vollkommenheiten und Ruhmestaten bezogen), betonen den Gehorsamscharakter christlichen Handelns. Dieser stammt aus dem Anspruch Gottes auf den Menschen, der in Jesus Christus geliebt ist und sein Leben in demselben Geist führen soll und kann. In dem Sinne verstehen wir Tugenden als positive Kräfte, die das menschliche Leben und Zusammenleben beeinflussen und ermöglichen. Ihnen stehen als negative Mächte und Gegenbilder die *Laster* gegenüber, die jedesmal Äußerungen der menschlichen Entscheidung zur Sünde, also zur Trennung von Gott, sind.

In den paulinischen Schriften finden sich elf Lasterkataloge (Röm 1,29–31; 13,13; 1Kor 5,10f; 6,9f; 2Kor 12,20f; Gal 5,19–21; Eph 4,31; 5,3f; Kol 3,5.8; 1Tim 1,9f; 2Tim 3,2–5), deren Vorbilder aus der Stoa unübersehbar sind. Das positive Gegenstück sind die 3×3 Tugenden in Gal 5,22f, welche Paulus ausdrücklich als „Früchte des Geistes“ bezeichnet. In gewissem Zusammenhang damit stehen im Neuen Testament noch entsprechende Kataloge in 1Kor 13,4–7; Eph 4,32; Kol 3,12–14; 1Tim 6,11 und Jak 3,17. Die Exegese der einzelnen dort aufgezählten Tugendbegriffe ist ethisch nützlich und zeigt, daß sie der Ehre Gottes dienen und die gegenseitige Liebe unter den Menschen ermöglichen helfen. Diese Tugenden sind Charismen, zu Deutsch: *Gnadengaben*, und damit Kennzeichen des Menschen, der in

Christus ein neues Geschöpf geworden und „tauglich gemacht ist zum Erbe der Heiligen im Licht“ (Kol 1,12).

4.10.3 Mehr beispielhaft, also keineswegs erschöpfend, nennen wir *einige Tugenden und Laster* und beschreiben sie mit ihren theologisch-ethischen Merkmalen.

Begonnen sei aber mit einem prophetischen Gerichtsspruch aus *Hos 4,1–3*. In diesem Wort sind die Elemente zusammengetragen, die sich bei lasterhaftem Leben einzelner und eines Volkes auswirken. Dort heißt es: „Hört Jahwes Wort: Es fehlen Zuverlässigkeit, Gemeinschaftssinn und das Wissen um Gott im Lande. Statt dessen machen sich Fluchen, Betrug, Mord, Diebstahl und Ehebruch breit, Bluttat reiht sich an Bluttat. Darum soll das Land verdorren. Jeder soll hinwelken, der darin wohnt, samt den Tieren des Feldes und den Vögeln des Himmels, auch die Fische im Meer sollen zugrunde gehen.“ In diesem unheimlich ‚modernen‘ Text sind die schlechten Auswirkungen von dem genannt, was bei ethischem und religiösem Versagen mit ganzen Völkern geschieht. Weil Zuverlässigkeit (= Treue) und Gemeinschaftssinn (= Liebe) fehlen, greifen solche Verhaltensweisen um sich, von denen wir täglich in den Zeitungen lesen oder die – weitaus bedrückender – viele Leute als Methode ansehen, um in diesem Leben persönlich zurechtzukommen. Hinter dem ethischen Versagen steckt der Mangel an Gotteserkenntnis. Das Verbringen der Lebenstage und -jahre läuft ab, ohne daß Gott darin noch bewußt vorkommt, sei es durch Bibellese und Gebet, sei es durch Gottesdienstbesuch und Leben in der Christengemeinde. Es ist kein unerlaubter Brückenschlag, wenn von daher (genauso wie es der Hosea-Spruch tut) die Verbindung zum Zerstören unserer Umwelt und den Lebensbedingungen, zur Plünderung unseres Globus gezogen wird. Die Einheit von Theologie (Gotteserkenntnis), Anthropologie (wahres Menschsein und Ethik) und Kosmologie (Welterhaltung) ist unauflösbar. „Die ganze Schöpfung wartet sehnsüchtig auf das Offenbarwerden der Gottessöhne“ (Röm 8,19). Das sind die, welche Gott lieben und damit auch den Nächsten lieben (1 Joh 2,5; 3,14ff; 4,21), also mit der Gotteserkenntnis wieder Treue und Liebe auf Erden um sich herum wachsen lassen. Das sind die geistgewirkten Gegenkräfte gegen die Macht des immer nur zerstörenden Bösen, das Laster gebiert.

Dieser Prophetenspruch ist eine biblische Folie, vor der nun einige Tugenden und Laster vorgestellt werden. Dabei sei darauf hingewiesen, daß weitere Tugendbegriffe (und ihre Gegenbilder) an anderen Stellen dieser Ethik Erwähnung finden.

(1) *Geiz* im Sinne von Habgier und Gewinnsucht ist Kennzeichen des Menschen, der ohne Gott lebt und dann sein ganzes Bestreben auf Absicherung einstellen muß (Mk 7,21f). Er verweigert das Teilen und Mitteilen. Folgerichtig vergleicht das Neue Testament den Geiz mit Götzendienst (Kol 3,5). Geizige haben sich den Zugang zum Reich Gottes verschlossen. Eher geht ein Kamel durch ein Nadelöhr, wie Jesus sagt (Mt 19,24). Geiz ist eine antichristliche Lebenshaltung, mit der Christen nichts zu tun haben sollen, ja sogar die Gemeinschaft von Menschen solcherart ist den Christen verwehrt(1Kor 5,11). Geiz oder Habsucht als Geld- und Mammongier ist (wohlgemerkt) eine Sucht, und zwar eine „Wurzel alles Übels" in der Welt (1Tim 6,10). Statt dessen ist Freigebigkeit Zeichen nicht nur praktizierter Nächstenliebe, sondern auch wahrhafter Sorglosigkeit im Glauben. Hier haben Überlegungen zum Kollekten- und Spendenwesen einen Ansatz. Hierher gehört sogar das Nachdenken über den ethischen Wert von staatlichen und anderen Steuern.

(2) Auf der anderen Seite ist eine Frucht des Heiligen Geistes die *Geduld*. Das Wort faßt verschiedene biblische Ausdrücke zusammen, nämlich Beharrlichkeit, Nachsicht, Langmut und Ausharren. Es sind alles Ausdrücke, die auf den Kern biblischer Ethik hinweisen, weil sie von der Erkenntnis des göttlichen Verhaltens gegenüber dieser Welt und uns Menschen ausgehen, der seinerseits mit unseren Sünden unendliche Geduld hat und sich das sogar den Opfertod seines Sohnes Jesus Christus kosten läßt. Um der Gottesgeduld willen ist es noch nicht aus mit uns (Klgl 3,22). Das Warten auf Gott lohnt sich. Mit Geduld können wir den anderen Menschen anders sein lassen, sei es das Familienglied, der Nachbar, der Kollege, der Kunde oder ein Fremder, selbst wenn jener einem unfreundlich oder böse begegnet. „Wer sich in solcher Geduld übt, geht in Freiheit selbst in die Welt des Feindes hinein und beginnt vielleicht gerade in ihm den von Gott Geliebten zu erkennen, gerade ihn in seine eigene Welt hineinzulassen und an ihm die Liebe zu bewähren" (U. Falkenroth, Theol. Begriffslexikon zum NT, 1967, S. 466). Die Ethik der Geduld in Gestalt der

Nachfolge Jesu Christi hat ein weites Ziel, von dem die Offenbarung des Johannes (u.a. Offb 3,21) deutlich spricht. Sie deutet je nach Situation unterschiedliches Verhalten in der Geduld an. „Das Sich-Beschränken auf geduldiges Aushalten war nahezu die einzige Verhaltensmöglichkeit, die den gegenüber kaiserlichen Behörden ohnmächtigen Christen blieb" (P. Lampe, Die Apokalyptiker – ihre Situation und ihr Handeln, in Eschatologie und Friedenshandeln; 1981, S. 98). In anderen Situationen wird die von der Vollendung her bestimmte Haltung der Geduld aktiver sein können.

(3) Der *Neid* schielt immer auf den anderen, aber nicht mit barmherzigem Blick oder mit Freude, sondern voller Gier. „Beim Neid handelt es sich um eine Kernfrage der sozialen Existenz, die vorgegeben ist, sobald sich zwei höhere Lebewesen miteinander vergleichen können", stellt Helmut Schoeck in seiner Theorie der Gesellschaft mit dem Titel „Der Neid" (zuerst 1966) fest. Diese wichtige Studie beleuchtet den Neid als Negativ-Wurzel menschlichen Zusammenlebens nach vielen Seiten hin, unter anderem in der Sprache, als Problem der Entwicklungsländer, in der Politik, bei der Idee der Gleichberechtigung, in Fragen der Besteuerung und in den Revolutionen verschiedener Art.

Der Mensch ohne Gott kann vor dem Neid nur kapitulieren; denn er ist eines der beherrschenden „Werke des Fleisches" (Gal 5,19), das in die Unfreiheit treibt. Neid-Appelle jeder Art haben zu allen Zeiten Massen von Menschen in Bewegung versetzt und Änderungen, meist verbunden mit viel Leid und Tränen, bewirkt.

(4) Wir stellen dem eine Besinnung über die *Ehre* zur Seite. Adolf Schlatter erwähnt in seiner Christlichen Ethik (4. Aufl. 1961, S. 322.343) die Ehre im Zusammenhang mit der „Reinigung der Gefühle", worunter er „die richtigen Gefühle zu empfangen" versteht.

Gott erweist dem Menschen als das von ihm geschaffene Geschöpf seine Ehre, indem er ihm einerseits sein Gebot gibt und andererseits den Menschen in die Freiheit und in seinen Dienst beruft. Nach biblischem Verständnis ist ehrenhaftes Handeln ein dienstbares Handeln, das gegenüber Gott aus Dankbarkeit und Demut besteht, also ausdrücklich nicht bedienende Ehrung des Geschöpfes ist (Röm 1,25). Dem kommt noch – wie Karl Barth in seiner Ethik (Kirchliche Dogmatik III/4, 1951, S. 744ff) sagt – ein freier Humor hinzu; denn „Humor ist das Gegenteil von aller Selbstbestaunung und Selbstbelobigung".

Mit dieser Voraussetzung wird deutlich, daß die Ehrbegriffe unter den Menschen eine besondere Färbung haben. Erinnert sei an die Knecht-Gottes-Lieder in Jesaja 42; 49; 50 und 53 und an die Seligpreisung derer, die um Christi willen verfolgt und beschimpft werden (Mt 5,10f). Daran hängt auch, daß die ‚Kleinen' in der Gemeinde besondere Beachtung haben (sollen) (vgl. Mt 18,1–6; auch 1Kor 12,23). Mit alledem werden Rangunterschiede (etwa dort, wo einzelne Personen als die ‚Säulen' in der Gemeinde gelten, wie in Gal 2,9), also sogenannte Ehrungen anläßlich von Jubiläen und aus anderen Gründen, nicht grundsätzlich verworfen. Nach christlicher Ethik werden wir aber darauf hingewiesen, daß wir „nicht eitler Ehre nachjagen, einander nicht herausfordern und einander nicht beneiden" dürfen (Gal 5,26). Vor allem aber gilt in allem und zu jeder Zeit das Soli Deo gloria = Allein Gott die Ehre. Das ist der angemessene Stellenwert der Ehre in unserem Leben.

(5) Im Katalog der Tugenden und Laster folgt das *Begehren*, das in der Bibel sowohl wertneutral und positiv als auch im negativen Sinne gebraucht wird. Auf letzterem liegt das höhere theologische Gewicht. Es kann als Begierde und (böse) Lust sich richten auf allerhand Genüsse, wie Völlerei beim Essen und Trinken, im Drängen nach den mancherlei Gütern und Werten dieser Welt und auf die geschlechtliche Begierde (Mk 4,19; Mt 5,28; Eph 4,22). Dieses Begehren ist Ausfluß eines bösen Herzens, ist das Antreibende in der ‚Fleischlichkeit' des Menschen, also Sünde (Gal 5,16; Tit 2,11–13; 1Ptr 4,3; Joh 8,44; 1Joh 2,16). Im Begehren offenbart sich der Zusammenhang von Gesinnung und Tat. Auf diesem weiten Gebiet tut sich das unübersehbare Feld der vielerlei Begehrlichkeiten auf, von denen wir beständig umgeben sind. Sie sind der Motor der meisten Aktivitäten in der Welt, auf die eine Fülle von Industrien samt ihren riesigen Werbeorganisationen abzielen.

Hier ist ein Ansatz für das *Zehnte Gebot* (biblischer Zählung), welches uns mahnt: Laß dich nicht gelüsten des Hauses deines Nächsten, auch nicht seiner Frau noch seiner Angestellten oder seines Viehs, überhaupt alles, was dein Nächster hat (Ex 20,17). Dies alles treibt in die

Gottlosigkeit, welche nur durch Neuwerden in Christus und durch die Kraft des Heiligen Geistes zu überwinden ist. Die Ausrichtung danach und nach Gottes Willen füllt das Begehren und Verlangen positiv (z. B. Röm 6,12f; 1 Thess 2,17; Hebr 6,11), wobei Gott selbst Herr bleibt über jegliche Werte und Besitztümer.
(6) Wir fügen die *Freude* an, die in Verbindung gebracht wird mit dem *Maßhalten*. Seit Aristoteles ist der Grundsatz des ‚mittleren Maßes' (griech. = mesotes) die entscheidende Tugendhaltung, die durch Vernunft bestimmt wird. So kommt es zur Ausprägung bestimmter Tugenden, wie Tapferkeit, die zwischen Feigheit und Tollkühnheit steht, oder Freigebigkeit, die zwischen Knauserigkeit und Verschwendungssucht angesiedelt ist. Paulus ruft auch zur Mäßigung auf (Röm 12,3) und zur Nüchternheit. Dadurch kann der Christ sein Leben in dieser gefallenen Welt durchhalten. Aber es ist eine Gestalt der Besonnenheit, die für jeden aus dem ihm zugeteilten „Maß des Glaubens" erwächst.
Wo der Christ so lebt, wächst die wahre Freude, die ihrerseits wiederum zwischen Trübsal und Gefühlsseligkeit eingeordnet ist. Sie wird an den Christen auch erlebt als eine in Gott ruhende Heiterkeit. Die menschliche Freude sprudelt aus dem geschenkten Heil (Lk 2,10; 13,17; 24,52). Die Freude am Herrn und in ihm (Neh 8,10; Phil 4,4f) ist für den Christen Stärke und Anregung, Erlebnis des genügenden Versorgtseins. Mit dieser Freude kann der Christ unbefangen mitten in einer Welt leben, die den Freuden jeder Art (richtiger: Vergnügungen und Berauschungen) nachjagt. „Glaubhaft kann er nur werden, wenn er durch sein Wesen und seine Lebensführung unaufdringlich und darum sehr dringlich auf die Freude hinweist, die bleibt, die sich ‚verklärt' und in der Anfechtung nicht erstirbt, sondern überhaupt erst zur vollen Reife kommt" (E. Beyreuther, Theol. Begriffslexikon zum NT, 1967, S. 387).
Auf der Grundlage und mit der Brille biblischer Ausrichtung gesehen – aber nur von daher – kann das berühmte Lied „An die Freude" von Friedrich Schiller eine Reihe ethischer Anregungen geben, die bei ihm viele Lebensbereiche erfassen, nämlich Arm und Reich, Trauer und Glück, Vertrauen und Forschung, „Männerstolz vor Königsthronen" und „Freude heißt die starke Feder in der ewigen Natur". Beim zuletzt Genannten ist der Ansatzpunkt für eine Ethik des Tourismus, die zu entwickeln die Zeit reif ist.

(7) Eine menschliche Gemütsbewegung ist der *Zorn*, der in der Bibel gegenüber dem Zorn Gottes vorkommt. In ethischer Abzielung werden Zorn und Grimm des Menschen als Untugenden verurteilt (Eph 4,31; Kol 3,8), denn sie „wirken nicht, was vor Gott recht ist" (Jak 1,19f). Im Zorn erweist sich der Mensch als unweise, weil er nicht mehr beherrscht und damit unverantwortbar in dem ist, was er tut (Spr 12,16; 29,8: da ist die Aufwallung des Zornes dem Toren zugeordnet). So soll niemand über seinem Zorn, wenn er schon von ihm eingeheizt wurde, die Sonne untergehen lassen (Eph 4,26). Und Gebet im Zorn ist vollends unmöglich (1Tim 2,8). Gottes Zorn wird von seiner unergründlichen Geduld gegenüber uns Menschen übertroffen, die unseren Zorn ebenfalls untergehen läßt und unser Tun und Lassen mit jener Geduld erfüllt, die um die Vollendung aller Menschenwege bei Gott weiß. Zorn und erst recht jegliche Rache sollen wir getrost Gott überlassen (Röm 12,19f).

(8) Gegenüber der Untugend Zorn stehen als Merkmale der Herrschaft Christi die *Demut und Sanftmut*, die eine von Christen verlangte Haltung sind, welche Christus schenkt als Wirkung des Heiligen Geistes (Gal 5,22; Eph 4,2). Die Demut ist zunächst der Vertrauenshaltung des schwachen Kindes vergleichbar (Mt 18,1–5), daher streng genommen keine ‚Tugend'. Es geht hier nicht um eitle Höhenflüge irgendwelcher Art, sondern „laßt euch zu den niederen Diensten in Anspruch nehmen" (Röm 12,16). Im „Kapitel über die Demut" Mt 18 ist der christologische Gehorsams-Bezug herausgestellt.

Demut ist keineswegs die vom ‚Herrenmenschen' verachtete vermutliche (feige) Unterwürfigkeit. Demut ist die Gesinnung dessen, der sich unter der Hand Gottes und in der Hand Gottes weiß. Sie ist eine der Früchte des Geistes, die sich nicht dadurch kennzeichnen, daß sie sich nach innen verkriechen, sondern aus dem Wissen der vergebenen Schuld heraus wird der demütige Mensch, der Christ, vor allen Menschen in großer Freiheit das wirken, was zu tun nötig ist. Und Demut lenkt die Vernunft zu sachgerechten Beurteilungen.

(9) Ein üblicherweise im Bereich der Erziehung angesiedeltes Wort ist die *Faulheit*. Sie kommt im Neuen Testament mit verschiedenen Begriffen vor als Trägheit und Saumseligkeit von Personen (der faule Knecht in Mt 25,26; die selbstsüchtige Trägheit in 2Petr 1,8; in Röm 12,11) und als Fäulnis und Unlust verursachend von Dingen (der arge

Früchte bringende faule Baum in Mt 7,17f; Lk 6,43; die schlechten Fische im Netz Mt 13,48; das faule Geschwätz Eph 4,29). Die ethische Erkenntnis zeigt deutlich zweierlei: Es geht einerseits um den Gehorsam gegenüber Gottes Erwartung und um den Ernst des Endgerichtes. Der Faule – in diesem Zusammenhang also der ‚religiös Gleichgültige' – kann nur faule Früchte ernten, die nur noch fortzuwerfen sind. Andererseits ist die Faulheit in Verbindung gebracht mit der nützlichen Begegnung der Menschen untereinander, die durch den Heiligen Geist entflammt werden kann (Röm 12,11). Faulheit ist nicht unmittelbar der Gegenbegriff zu rastloser Tätigkeit, sondern ein Ausdruck, mit dem menschliche Gleichgültigkeit und Selbstsucht als schädliches Laster angeprangert wird.

(10) Wir betrachten nun die Tugend der *Treue*. Im soeben erwähnten Gleichnis von den faulen und getreuen Knechten (Mt 25,21ff) ist der Umgang mit den einem jeden unterschiedlich zugeteilten ‚Talenten' die Rede, die wir gleich umschreiben können mit Begabungen, Beauftragungen, verfügbaren Mitteln, Möglichkeiten. Die Treue in der Ehe, aber auch im Beruf oder in einer sonstigen Aufgabe (z.B. das Ausharren in einer unter Umständen wenig ‚reizvollen' Pflicht, in einem Ehrenamt, in diakonischer Tätigkeit) bezieht sich sowohl auf die Sorgfalt in der Durchführung wie auf die Ausdauer im jeweiligen Dienst. Gerade in unserer sogenannten schnellebigen Zeit, in der sich viele möglichst nie längerfristig binden wollen und in der die beständige Jagd nach Neuem durch Konsumwirtschaft und Massenmedien mit ständig wechselnden Programmen angereizt wird, ist der Hinweis auf die so altmodisch erscheinende Treue hochnötig. Heutzutage ist die tägliche Aufkündigung einer Verpflichtung oder partnerschaftlichen Bindung geradezu das Übliche. ‚Lebenslänglich' riecht nach Zwang und Haft.

Schon Hos 4,1 klagt, es sei „keine Treue, Liebe und Gotteserkenntnis im Lande". In biblischem Verständnis hängt (auch begrifflich) Treue mit Glaube eng zusammen. Damit wird sichtbar, daß menschliche Treue keine Leistung ist, die von sich aus auch keine ehrende Belohnung, etwa durch Verdienstorden, wünscht. Treue ist gute Glaubensfrucht, das Gegenteil von fauler Frucht. Unserer Untreue wird immer wieder dadurch aufgeholfen, daß Jesus Christus sich selbst und uns gegenüber unwandelbar treu bleibt (2Thess 3,3; 2Tim 2,13; 1Joh 1,9;

Offb 2,10 u.ö.). Unser Glaube und Handeln hängen besonders im Treueverständnis aneinander und ineinander (vgl. Jes 7,9). Der seelisch gesunde Mensch will durchaus treu sei und bleiben; er kann es nur, wo das Können dazu durch Gottes Geist ermöglicht wird.
(11) Zuletzt sei nochmals der *Humor* genannt, der die kleine irdische Welt mit der Unendlichkeit verknüpft und in der Bibel nicht selten ist. Er durchschaut die vielen Menschlichkeiten und deutet das Leben auf Erden im Wissen um die von Gott gewollte Sorglosigkeit und Fröhlichkeit des Herzens. Humor ist keine Glaubensbedingung oder zwingende Äußerung, aber eine wichtige Gottesgabe für das Zusammenleben der Menschen. So betete die Fünfte Vollversammlung des Ökumenischen Rates der Kirche 1975 in Nairobi: Gib uns Macht, Gott, „mit Glauben und Humor in deinem Dienste auszuharren".
Die Tugenden zielen auf das Zusammenleben der Menschen, damit es glückt. In heutiger Begrifflichkeit gehören zu ihnen noch Konfliktfähigkeit, Hilfsbereitschaft, Friedfertigkeit, Unbestechlichkeit, Wahrhaftigkeit, Pflichtbewußtsein und Gespür für Anstand. Diese Tugenden sind die uneigennützlichen Verbindungen zum Praktizieren unerläßlicher Sozialmoral.

5. Gemeinschaft und Gruppe

Wir stellten fest, daß jeder ein unbedingtes Original, Einzelexemplar der Gattung Mensch ist. Das hat Bedeutung für unser Christsein. Doch obwohl jeder Mensch einzelner ist, soll er *nicht einsam bleiben*. Die anderen Menschen sind grundsätzlich einzubeziehen, ob es um Tugenden und Werte geht oder ob das Zusammensein jeder Art im Blick ist. Unter diesem Gesichtspunkt gibt es keine Einteilung in Individual- und Sozialethik. Jeder Mensch ist in Ordnungen und Institutionen eingebunden, deren Abläufen und innerem Geschehen er nicht entweichen kann.

Der Mensch gehört in die *Gemeinschaft*, die ein sinnorientiertes Beziehungsgefüge ist. Sein Leben entstammt der Gemeinschaft seiner Eltern; er unterliegt dem Gesetz des Stirb und Werde aller Gemeinschaften. Seinen Lebensunterhalt bekommt er durch seine Gemeinschaft, sein Denken und Streben sind von ihr geprägt. Wir leben einerseits vom Empfangenen und den naturgesetzlichen Zwängen, andererseits als Mitverantwortliche innerhalb einer Gemeinschaft. Einzelpersönlichkeit und Gemeinschaft bedingen einander. So ist zu verstehen, daß einige alte Völker und deren Sprachen keinen Begriff für das Ich haben. „Menschlichkeit ist rein schöpfungsmäßig, naturhaft Mitmenschlichkeit. Das gilt auch von der Menschlichkeit des Christen und von ihr erst recht“ (K. Barth, Kirchliche Dogmatik IV/1, 1953, S. 870). Theodor Schober (Gottes Gebot und die Antwort der Liebe, 1984, S. 18) sagt dazu einfach: „Der Glaube gedeiht immer nur in der Wir-Zahl, nie in der Ich-Bezogenheit.“

Zu hüten haben wir uns vor Vereinseitigungen in beide Richtungen, nämlich vor einem Denken gemeinschaftsfeindlicher Eigensucht und Eigenbrötelei, und vor jenen Denkweisen mit Redensarten wie das archaische „Du bist nichts, dein Volk ist alles“ aus der Nazizeit oder dem heutigen Gruppen(un)wesen unterschiedlichster Gestalt. Derartige Gruppen, d.h. ein Leben im Plural, können Menschen beglükken und erniedrigen, können für die Gesellschaft wirken wollen und können sich gegenüber den gesellschaftlichen Notwendigkeiten abkapseln wollen. Übersteigerter Individualismus ist ebenso wie der Kollektivismus eine Fehlentwicklung, wobei der einzelne sich ent-

weder nur um sich selbst dreht oder nur eine Zählnummer in der Gruppe ist.
In diesem Kapitel sind eine Reihe von Gemeinschaftsbezügen zusammengefaßt, die den engeren, mehr persönlichen Lebenskreis des Menschen betreffen.

5.1 Nächster und Mitmensch

Der mit Vernunft begabte Mensch braucht für sein Leben in der Gemeinschaft den Nächsten und die Nächstenliebe. Wesentlich für sein Wohlbefinden und seinen Lebenslauf, selbstverständlich auch für sein Leben als der der Vergebung bedürftige Mensch, ist das brüderliche/schwesterliche Verhalten gegenüber jedem Mitmenschen. Schon das Alte Testament ist voller Beispiele dafür. „So vom Menschen zu denken und zu reden, ist nur da möglich, wo das ganze Humanum ins Licht der Vergebung und der Gnade Gottes gerückt ist. Das ist gewiß etwas ganz anderes als Philanthropie" (G. von Rad, Gottes Wirken in Israel, 1974, S. 249). Bis in welche sehr hautnahen, alltäglichen Zusammenhänge das Verhalten im Blick auf den Mitmenschen geht, zeigen eine Reihe von (liturgisch eingebundenen) Gebotsreihen im Alten Testament (z.B. Lev 19,13ff; Dtn 27,15ff; auch der große Beichtspiegel in Ijob 31). Das Miteinander kann eng oder weiter sein, es geht grundsätzlich darum, daß die Menschen aneinander und füreinander denken, daß sie füreinander handeln, sich aufeinander einlassen. Unsere Verpflichtung zur Mitmenschlichkeit gründet in unserem Menschsein als Ebenbild Gottes und im Gebot zur Nächstenliebe. Aber alle Menschen-Strukturen und Einrichtungen in dieser Welt stehen als Provisorien unter dem Zeichen der Vorläufigkeit (vgl. Mk 12,25).
Im Neuen Testament ist für dieselbe Verhaltensweise der Ausdruck *Nächster* gewählt, der sprachlich soviel bedeutet wie der andere, der sich zunächst befindliche Mensch. Das ist gewiß auch das in häuslicher Gemeinschaft lebende Familienmitglied oder der Kollege, ebenso wie ein Nächster, dessen Nachbarschaft nicht vorausbestimmt werden kann. Von Fall zu Fall treffe ich auf meinen Nächsten, der dann einen Anruf an mich (und mein Gewissen) bedeutet: Was hat er mir in dieser Begegnung jetzt und hier zu bedeuten? und: Was habe ich ihm jetzt

und hier zu bedeuten? Der Nächste ist sehr oft jemand, der einem nicht unmittelbar lieb, sympathisch und genehm ist, an den man mit ‚Vorliebe' denkt (vgl. Mt 5,46f). Das äußert sich darin, „daß der zur Nächstenschaft Gerufene sich dem Gefühl einer gewissen Peinlichkeit nicht entziehen kann" (W. Trillhaas, Ethik, 1959, S. 244). Wir dürfen uns den Nächsten nicht aussuchen. Und Gott richtet „ohne Ansehen der Person" (Röm 2,11). Hier hat – sehr innerweltlich – das alte Sprichwort seinen Platz: „Wenn manchermann wüßte, wer manchermann wär', gäb' manchermann manchemmann manchmal mehr Ehr." Hebr 13,2 erinnert in dem Zusammenhang an die ahnungslos gegenüber Engeln geübte Gastfreundschaft.

Die unmittelbarste Verbindung zum Nächsten ist die Liebe. Ein anderer biblischer Ausdruck zeigt genauer, welche Art Liebe gemeint ist: *Erbarmen* (und Barmherzigkeit). Der Begriff kommt in der Bibel viele hundertmal vor. Durch Gottes Treue empfängt jeder (!) Mensch Erbarmen, und daß er Barmherzigkeit übt, wird von ihm erwartet. Es hat Bedeutung für die ‚Endabrechnung' des Lebens im Gottesgericht, das erbarmungslos gegenüber dem vorgehen wird, der kein Erbarmen übte (Jak 2,13). Es geht also doch um Sympathie in der wörtlichen Bedeutung, um tätiges Mit-Leid, um ein Zusammensein, das nie ohne Handeln ist, gleich welcher Art. Das ist Christenpflicht, bei der eine nur ‚edle Gesinnung' nicht ausreicht. Nebeneinander-her-Leben selbst in engster häuslicher Gemeinschaft, wobei man sich nichts mehr zu sagen hat und sich nicht riechen kann, sich soweit wie möglich aus dem Wege geht, das ist nicht die christliche Nächstenschaft und ist letzten Endes in jeder Hinsicht selbstgewählte Qual und Torheit (vgl. Jes 32,6f; Röm 12,9–21). Ein lehrreiches Beispiel für christliche Bruderschaft bei Wahrung der äußeren Ordnung ist der Paulusbrief an Philemon.

So ist die Übung der Nächstenliebe die Befähigung zur *Solidarität* in Gottes Schöpfung und in aller Menschenwelt; denn Solidarität ist eine Brüderlichkeit (und Schwesterlichkeit), die sich mit dem Nächsten gleichsetzt. Die Vollversammlung des Ökumenischen Rates der Kirchen hat 1975 in Nairobi (Sektion I,39) dazu festgestellt: „Alles christliche Gemeinschaftsleben ist eine Schöpfung des Geistes Christi, genährt von seinem Wort und Sakrament, zusammengehalten von Liebe, angetrieben von Hoffnung. Gottesdienst ist der Anker und die

Kraftquelle dieser Gemeinschaft. Sie lebt in der konkreten Fürbitte, indem sie die Namen von Fernen und Nahen vor Gott bringt ... Und durch neue und alte Formen direkten diakonischen Dienstes schmieden sie erdumspannende Verbindungen, über von Menschen geschaffene Scheidewände von Rasse und Klasse, Macht und Ausbeutung hinweg." Hier stoßen wir auf die Spannung zwischen Freude und Glück einerseits, Freudlosigkeit und Unglück andererseits. Sie wird überwunden durch den Zusammenhang von Kreuz und Auferstehung Christi, dem Karfreitagsschmerz und dem Osterjubel: beides meint der Glaube, der in der Liebe Christi tätig wird.

Es bleibt noch anzumerken, daß unter ethischem Vorzeichen der viel mißbrauchte Wert der (allerdings zum Modewort gewordenen) Solidarität nicht schwärmerisch mit völliger Gleichmacherei zu verwechseln ist. „Dem Maß der Bibel entsprechend ist auch in unsrer menschlichen Wirklichkeit eine Stufenleiter möglicher Solidarität erkennbar" (K. von Bismarck, Zeitschrift f. Ev. Ethik, 1958, S. 279). Insofern leben wir Menschen im Füreinander der Freiheit voneinander und des Verbundenseins miteinander. Im praktischen Leben wird das durch eine Vielzahl von Ordnungen und Regeln durchführbar gemacht. Damit wird es zum Hinweis für unser Unterwegssein zum Ziel der wahren Gemeinschaft im Reich Gottes. Wo jedoch kollektive (Volks-)Solidarität erzwungen wird, ist ganz besonders nach der Menschenwürde und Mitmenschlichkeit, wie die Bibel sie meint, zu fragen. Hier gilt der alte preußische Wappenspruch Suum cuique, zu Deutsch nicht etwa Jedem dasselbe, sondern Jedem das Seine. Auf dieser Linie ist zu verstehen, daß E. Rosenstock-Huessy (Soziologie I, 1956, S. 181) ‚Solidarität' vielsagend als „gleichgeschlechtliche Liebe" kennzeichnet.

5.2 Der Mensch als Triebwesen

Biologische, medizinische und vor allem psychologische Anthropologie denken viel über die Triebe des Menschen nach, die ihm eigen sind. Sigmund Freud bietet eine Gliederung an nach Triebquellen (die in einzelnen Körperorganen liegen), der daraus hervorkommenden Kraft des Triebdranges, den Triebzielen, wo die Triebe zur ausglei-

chenden Ruhe kommen, und die wechselnden Triebobjekte. Die alte hedonistische Ethik geht ebenfalls auf die dem Menschen eigenen Triebe ein, mit Streben nach dem Erreichen eines guten Endzweckes und zum seligen Leben.
Die Triebe des Menschen hängen mit seiner Natur zusammen, und das Natürliche wird oft unbewußt mit dem Guten und Richtigen gleichgesetzt. Wenn sich beim Menschen Bedürfnisse regen, müsse er sie befriedigen dürfen. Das menschliche Triebleben soll danach gesteuert werden. Gewöhnungen (z. B. Alkoholismus) können jedoch auch zum ‚triebhaften', also nicht mehr steuerbaren Bedürfnis werden. Über Freud hinausgehend entwickelte Herbert Marcuse eine Art „progressive Trieblehre", in der ebenfalls die Grundprinzipien Lust (Eros) und Tod (Thanatos) eine bedeutsame Rolle spielen, nämlich das Vereinigende und das Auflösende. Seine Fernziele sind Wertsysteme, die Harmonie und Ordnung schaffen wollen. Die beiden erwähnten Denker (und ihre Nachfolger) versuchen auf ihre Weise, mit dem Rätsel Mensch fertig zu werden, dessen Natur und Triebe – sehr zum Unterschied nichtmenschlicher Lebewesen – trotz aller Bemühungen um Glück des einzelnen und der Gemeinschaft oftmals aber zu Unterdrückung, Terror, Grausamkeit, Einsamkeit, Sinnlosigkeiten und zum Tode treiben.
Theologisches Urteil erkennt, daß hierbei der andere, der Mitmensch, entweder außer Sicht gerät oder als Störenfried empfunden werden muß. Dem steht gegenüber die Botschaft vom Wirken des Heiligen Geistes Gottes in uns Menschen, auch hinsichtlich unserer Triebe, die es einzuordnen gilt auf der Bahn der Gemeinschaft der Heiligen, die unterwegs sind zur Vollendung des Reiches Gottes. Paulus verwendet dazu das Bild vom sportlichen Wettkampf (1 Kor 9,24–27, dort allerdings ausgerichtet auf das Amt der Verkündigung), wonach der Kämpfer seinen Leib sogar ‚mißhandelt' und ‚unterjocht', um das Ziel zu erreichen. Mit den Ausdrücken der Selbstkasteiung, denen er Phil 4,12 f das Genügsamsein mit den jeweiligen Gegebenheiten hinzufügt, ist deutlich gezeigt, daß unsere Triebe geläutert werden müssen in Erneuerung durch den Heiligen Geist und ausgerichtet werden auf das Miteinander der Glieder an dem einen Leib, der die Gemeinde Christi ist. Ohne Bild gesprochen: unsere Triebe sind uns gegeben, damit wir sie beherrschen lernen, und zwar nach dem Maßstab der Liebe zu Gott

und zum Nächsten, einschließlich jenes „Wie dich selbst". Insofern gehört das Nachdenken über den Menschen als Triebwesen in das Kapital von der Gemeinschaft.

5.3 Die Scham

Den systematischen Ort und die Bedeutung der Scham in der Lehre vom Menschen mit seinem Sein und Handeln verdeutlichen wir mit zwei Zitaten. Joachim Illies (Das Geheimnis des grünen Planeten, 1982, S. 128) schreibt: „Im Schamgefühl, einem biologischen Paradoxon, das aber zentrales Menschsein bedeutet, treffen wir auf ein humanes Sondergut, über das wohl deshalb bisher so wenig nachgedacht wurde, weil die naturwissenschaftliche Methode hier ebenfalls nicht greifen kann, wenn sie Zweckmäßigkeiten sucht, wo weit mehr als Zweckmäßiges vorliegt." Das Tier kann sich im Unterschied zum Menschen nicht schämen.
Und Eugen Rosenstock-Huessy (Soziologie II, 1958, S. 365ff) stellt in einem Abschnitt über „Das Kleid der Scham" dar: „Es ist unmöglich, die Geschichte der Menschheit zu schreiben, ohne von der Scham zuerst und zuletzt zu handeln. Der Freche zerstört die Geschichte. Die Scham aber ist der Schleier, unter dem das Leben sich wandeln kann ... Ich merke an, daß ‚Ehre' mit dem gotischen Zeitwort für scheuen, achte (aistan) zusammenhängt. ‚Aistan' aber ist dasselbe Wort wie griechisch aidomai, ich schäme mich! Von diesem kommen griechisch die Worte für Ehrfurcht und Schamteile ... Der Mensch kann nie mehr Freiheit erwerben als er Scham besitzt"; denn die Schamhaftigkeit nimmt den anderen, den Mitmenschen ernst. So ist die Fähigkeit zum Schämen unerläßlich im Lebensabschnitt des Heranwachsens und Werdens, das streng genommen nie aufhört. Und sie muß auch regulierend wirken, wo sie meist nicht gekannt wird: in der Welt der Wissenschaft und Forschung.

5.3.1 Zunächst weisen wir darauf hin, daß Scham mit *Bekleidung* zusammenhängt. Die Urgeschichte dazu ist das Verhalten der ersten Menschen im Paradies vor und nach dem Sündenfall (Gen 2,25; 3,7f.21). Deren Schamgefühl erscheint als Folge der Sünde – und nicht

des Nacktseins von Mann und Frau. Dies ist das Negative, das sich sogleich darin auswirkt, daß das Sich-Schämen der Menschen voreinander zum Sich-Fürchten vor Gott wird. Das geweckte Schamgefühl strebt nach Verstecken, nach Tarnung. Der Bericht vom Sündenfall hat im Blick auf die Scham auch eine positive Seite: Anstelle der kläglichen Feigenblätter-Schürze, die die Menschen sich vorhingen, „machte Gott dem Menschen und seiner Frau Röcke von Fellen und bekleidete sie damit“ (Gen 3,21). Das ist göttliches Fürsorgen und Beschützen des Menschen, der nun aus seiner unmittelbaren Nähe im Paradies entfernt wird und von da an im ‚Elend‘ (= Fremde) bestehen muß. Der Zusammenhang zwischen Sünde und vergebender Erhaltung läßt sich im Holländischen mit einem aufschlußreichen Wortspiel darstellen: Die durch Angst bewirkten Schurze sind vergleichbar einer Gänsehaut (holl. = Kippenfell), die Gott gnädig durch eine „Lederhaut“ (= fell) ersetzt.
Kleidung ist keineswegs nur gegen das Wetter oder aus Hygienegründen erfunden. Sie hat von vornherein soziale, kulturelle und religiös-kultische Bedeutung. Die Kleidung schafft im Zusammenleben der Menschen die nötigen Freiräume, Abstände, Respektierungen und Hinweise. Sie hat Signalwirkung. Jede Art Uniform oder Robe – sei es vom Polizisten, Soldaten, Richter, Priester bis hin zum Maskierten im Kostüm und zur Dirne in ihrem Kleidchen oder dem Jugendlichen im Mode-Look – verschafft dem Träger einen Bereich, in dem er seines ‚Amtes‘ walten kann. An solcher Kleidung ist für beide Seiten ablesbar, in welcher Absicht, Vollmacht und Pflicht, versehen mit welcher Kraft und Verantwortung der so ‚bekleidete‘ dem anderen begegnet. In seiner Robe kann der Richter peinlichste Fragen an Zeuginnen richten, ohne daß sie erröten müssen. Gleiches gilt für den Seelsorger im Beichtgespräch und den Arzt. Das Respektieren der Würde und Bedeutung von bestimmten Versammlungen steht letztlich hinter dem dazugehörigen Verlangen nach angemessener Kleidung, die zurecht erwartet wird in Gottesdiensten, Konzerten, Parlamenten, bei Hochzeiten und Festakten. Es hat tiefen Sinn, wenn Jesus im Gleichnis (Mt 22,12f) jemanden aus dem Festsaal hinauswerfen läßt, der ohne Hochzeitsgewand erschienen war.
Angesichts des Kleides, das die Scham verbirgt, werden Wandlungen und Wachsen möglich. In dem Sinne ist die Scham verwandelt in der

Nächstenliebe etwa in Gestalt der Krankenpflege oder wo sich jemand sonst noch helfen lassen muß. Auch Liebende schämen sich nicht voreinander ihrer Nacktheit.

Hier stellt sich nun die Frage nach dem zunehmenden Nacktsein in unserer Zeit, die vom Entblößtsein voreinander innerhalb der Familien (wo sie bis etwa zur Pubertätszeit der Kinder ganz natürlich ist) und bis hin zur sogenannten Freikörperkultur (FKK) geht. Viele schämen sich ihrer Nacktheit nicht mehr, wie die Kleinkinder sich ihrer Nacktheit noch nicht schämen. Gegenwärtig machen manche die Nacktheit zum ideologischen Programm und verkennen deren zivilisatorischen, geschweige denn kulturellen Hemmschwellen. Die Bejahung des Nacktseins in der Öffentlichkeit kann nicht mit Hinweisen auf seltene Naturvölker (auf die nackten Wilden) begründet werden. Denn diese Menschen sind eben gerade nicht bis zur Schamlosigkeit nackt, sondern sie kennen eine deutlich festgelegte Schambarriere, die sie nicht einreißen. Beispielsweise wird in allen Kulturen und bei allen Völkern das Glied des Mannes verhüllt; „denn es ist das Organ eben jener stärksten Verwandlung, des Emporschnellens durch die Liebe" (Rosenstock-Hussey, a. a. O.). Und in allen Völkern wird die Menstruation der Frau mit besonderen Ordnungen geregelt. Mit alledem hängen Kultur (im tiefen, aufbauenden Verständnis) und Keuschheit ebenso zusammen wie die Menschenwürde. Die spontane Empörung der meisten Menschen, denen sich ‚fortschrittlich Denkende' splitternackt und (im doppelten Sinne des Wortes) schamlos zeigen, müßte diese zu genauerem Nachdenken und Überprüfen ihrer Ansichten nötigen. Anzufangen wäre bei den Fragen der Ästhetik.

Angemerkt sei aber, daß gelegentliche Freikörperkultur in abgegrenzten Zirkeln (man denke auch an die Selbstverständlichkeiten in der Sauna) nicht von Angriffen verkrampfter Prüderie getroffen werden. Hier spielt die Verschiebung der Schamgrenzen eine Rolle, die in den letzten zwei Generationen sich in unserem Kulturkreis stark zur ‚Offenheit' hin verlagerte und große Freiheiten verhieß. „In Wirklichkeit erleidet jedoch echte Intimität unter der Technisierung und Kommerzialisierung von Sexualität als Konsumprodukt ständig zunehmende Verluste ... Unreflektierende Zeitgenossen empfinden einen gewissen Stolz über den Abbau der Tabuschranken im sexuellen Bereich, meist ohne zu bemerken, daß die scheinbar größere Offenheit gegenüber sexuellen Inhalten überwiegend dazu dient, den personalen Bereich besser verdecken zu können“ (T. Brocher, Künstliche Schamlosigkeit, Ev. Kommentare, 1979, S. 69). Infolge der scheinbaren Senkung der Schamhürden wird die Einsamkeit gefördert statt überwunden. Auf dieser Linie ist der Bericht über Noach, der betrunken und nackt in seinem Zelt lag, zu verstehen (Gen 9,21 ff). Sein Sohn Ham sah ihn und versäumte, ihn zuzudecken, ja er redete auch noch darüber zu seinen Brüdern. Damit war nach damaligem Verständnis eine wichtige Grenze menschlichen Zusammenlebens, besonders der Generationenfolge, sträflich überschritten. Die Grundlage geschichtlicher und kultureller Fortdauer war durch jene Entehrung angegriffen (vgl. auch Lev 18).

5.3.2 Das Schamgefühl ist nicht nur auf Nacktheit und die Geschlechterunterschiede bezogen, was schon unsere Sprache mit Begriffen zeigt wie (Un)verschämtheit und Beschämung. Sir 20–30; 41,16–42,8 hat einen ganzen Katalog über die Scham. Das *Erröten* als äußerliches und nicht unterdrückbares Zeichen des Sich-Schämens im Sinne eines Bloß-Dastehens, hat eine Reihe von Ursachen wie das Entdecktwerden beim Mogeln in der Schule, beim mangelhaften Betragen, beim Danebenbenehmen, beim Lügen, beim Überraschtwerden bei intimen Hygienehandlungen, beim Versagen im Beruf, beim Zurückgesetztwerden in einer Versammlung. Die Entdeckung solcher Fehlverhaltungen und Unverschämtheiten ist eben jenes Abdecken des Schurzes, hinter dem sich der natürliche, also gefallene und sündige Mensch zu verbergen und abzusichern versucht. Wer sich schämt, erkennt gemeinsam mit dem anderen, der ihn entdeckt, sein mit der Ordnung der Gemeinschaft nicht mehr übereinstimmendes Verhalten (vgl. Ps 44,16). Solche Schande (ein in der Bibel der Scham sehr nahestehender Ausdruck, z. B. Ps 69,20; Jes 45,16; Jer 31,19; Mt 1,19) gilt es vor Gott anzuerkennen, der sie mit seiner Vergebung zu bedekken bereit ist. Dafür hat das Neue Testament bezeichnenderweise wieder das Symbol der Kleider, die weiß und hellgemacht werden im „Blut des Lammes“ (Offb 3,5.18; 7,14; auch Lk 15,22).

5.3.3 Im Ethischen erhebt sich die Frage, wie dem Schämen des anderen begegnet oder wie es von vornherein vermieden wird. Die

Verletzbarkeit jedermanns ist unübersehbar. Der Umgang miteinander im engen Personalbereich wie im großen (etwa im Politischen und in der Öffentlichkeit sonst) ist hier entscheidend. Dazu gehört das *Taktgefühl*, dessen Gegenbegriff die Taktlosigkeit ist. In welcher Weise der Takt entwickelt ist, hängt von Erziehung und Kulturkreis ebenso ab, wie von der – schwer zu fassenden – Herzensbildung. Über sie könnte mit Goethe (Faust I) festgestellt werden: „Wenn ihr's nicht fühlt, ihr werdet's nicht erjagen, wenn es nicht aus der Seele dringt." Takt verhilft zum Halten des nötigen Abstandes und zum Vermeiden von Anstößigem. Das Einfühlen in andere, fremde Wesensart ist dazu nötig, wie jeder weiß, der in fremden Ländern und Kulturen reiste und erlebte, wie sich sowohl peinliche als auch komische Situationen ergeben, wenn einem die dortigen Sitten nicht vetraut sind. Taktvolles Verhalten ist weithin erlernbar und gehört zur Nächstenliebe, die sich im Alltag bewährt. Zwangsläufig ist es beispielsweise tägliches Üben zwischen Pflegepersonal und Patienten, um die Menschenwürde nicht zu verletzen. Der Kontakt muß taktvoll sein.

Die Rede vom Taktgefühl ist überdies der ethische Ort, von dem die mancherlei Benimmregeln ihren Ausgang nehmen. Diese dürfen ebenfalls nicht als belanglos vernachlässigt werden; denn alle Regeln höflichen Benehmens haben begründete ‚Sitten' als Ursprung, welche das Zusammenleben von Menschen ermöglichten und ordneten. Gute Umgangsformen sind das Praktizieren von Tugenden im Alltag und überall. Es trifft zu, was das Sprichwort sagt: „Mit dem Hute in der Hand kommst du durchs ganze Land." *Höflichkeit* ist die Eingangsstufe zur verwirklichten Mitmenschlichkeit, die sich in Rücksicht, Umsicht und Nachsicht ebenso äußert wie in angemessener Kleidung und im gesamten Verhalten.

5.4 Die Geschlechter

Obwohl es jeder weiß, wird wenig bewußt darauf geachtet: ‚den' Menschen gibt es überhaupt nicht. Wir kennen nur Menschen entweder weiblichen oder männlichen Geschlechtes. Das ist die persönliche Seinsgestalt des Menschen, sein Sexus. Neben diesem Verständnis von ‚Geschlecht' gibt es noch die Verständnisse des Geschlechtes als

Herkunft (Gens; z. B. das Geschlecht der Hohenzollern), als Gattung (Genus; das biologische Geschlecht der Adler, der Rosen) und auch als Geschlechtstrieb (Genital). Alle vier Verständnisse gehören zusammen. Wir richten unser Augenmerk hier vorwiegend auf das zuerst genannte.

Das Geschlecht des Menschen, also im Sinne von Sexus, wird biologisch durch die Chromosomen-Ausstattung in seinen Körperzellen festgelegt. Das 23. Chromosomenpaar besteht bei der Frau aus einem formgleichen, beim Mann aus einem ungleichen Paar. Die Biologie weiß, daß in vielen Fällen das Weiblichsein der ‚Normalfall' ist, während es „einiger besonderer hormoneller Kniffe bedarf, um ein Männchen entstehen zu lassen" (J. Illies, Das Geheimnis des grünen Planeten, 1982, S. 83). Es scheint auch in der biologischen Natur der Frau zu liegen, daß sie eine durchschnittlich längere Lebensdauer als das männliche Geschlecht hat. Letzteres hat wiederum eine um durchschnittlich 130 Gramm größere Gehirnmasse. Die unterschiedliche Chromosomen-Ausstattung führt in der Entwicklung zu vielen biologischen (biochemischen) Unterschieden zwischen den Geschlechtern. In psychologischer Betrachtung der beiden menschlichen Geschlechter sind die erkennbaren Unterschiede nicht mehr so deutlich, und die Zahl der Ähnlichkeiten oder Gleichheiten erweist sich bei näherer Untersuchung als erstaunlich groß. Das wird um so deutlicher, wenn die kulturellen Wandlungen mit in die Beobachtungen einbezogen werden.

5.4.1 Die soziologischen, ethnologischen (= völkerkundlichen) und kulturgeschichtlichen Vergleiche führen zu einer Fülle von Rollenverschiedenheiten, deren Untersuchungen, kritischen Be- und Verurteilungen eine Hauptbeschäftigung der *Emanzipationsbewegungen* unserer Epoche in unserem Kulturkreis sind. In unserer Gesellschaft hat sich damit der Ausdruck Feminismus als Gestalt einer Kulturrevolution mit vielfach extremen Vorstellungen eingebürgert, dem sich in den Kirchen eine ‚feministische Theologie' hinzugesellte, die von bekannten Beobachtungen in der Bibel ausging, daß die Frau keineswegs unbedingt dem Manne untergeordnet sei. Es geht um den legitimen Kampf um die Würde der Frau. Deshalb wird von dieser Richtung gefordert: „Kehren wir zu uns zurück – weg von den patriarchali-

schen Werten und Normen, die uns übergestülpt sind, weg von der Sünde, dem Manne zu dienen. Entdecken wir uns wieder, unsere Instinkte, unsere Gefühle, unser Gerechtigkeitsgefühl, unsere Weisheit, unsere Liebe. Fangen wir an, uns wieder zu vertrauen, unserem Geist, unserem Körper, unserer Welt" (E. Moltmann-Wendel, Feministische Theologie, Zeitschrift ‚Anstöße' 1981, S. 95). Das sind Begriffe und Denkweisen aus der Welt der klassenlosen Gesellschaft, der Situations- und Kontextethik, welchen die sogenannte Theologie der Revolution benachbart ist.
Emanzipation (von lateinisch emancipare = jemanden rechtswirksam aus der väterlichen Gewalt entlassen, ihn also für selbständig erklären) der Frau ist zu Recht grundsätzlich ein Akt menschlicher Befreiung, die aber nicht in Bindungslosigkeit entarten darf. Die biblischen Bezüge der Befreiung im Sinne von Emanzipation (z. B. der Auszug des Volkes Israel aus Ägypten oder die von Paulus unter Bezugnahme auf Jesu Botschaft betonte ‚Gleichberechtigung' aller Menschen, also auch von Mann und Frau, vgl. Gal 3,28f; 1Kor 11,11f) dürfen die bleibende Bindung an unseren Dreieinigen Gott nicht abstreifen. Das wäre Verfehlung der Schöpfungs- und der Erlösungsabsicht Gottes mit uns. Hier sei angemerkt, daß die deutsche Sprache mit ihrem Wort ‚Mensch' es leichter hat zu argumentieren, als es u. a. im Englischen und Französischen der Fall ist, wo entsprechende Wörter fehlen und von ‚man' oder ‚l'homme' zu reden ist.
Das unvoreingenommene Erkennen der Geschlechterunterschiede hat weniger negative als vielmehr positive Seiten. Statt einer Abwertung der Frau im Vergleich zum Manne betont der christliche Glaube, daß beide einander ergänzen, aufeinander angewiesen sind und grundsätzlich aufeinander zugehen. Wie das im einzelnen aussehen mag, ist kaum in Regeln festzuhalten. Die Ergänzungen verschaffen gegenseitige Bereicherung und Unterstützung. Mann und Frau bleiben aufeinander angewiesen im Zusammenspiel der geschlechtsspezifischen Fähigkeiten, Möglichkeiten und Aufgaben, die weit über das Biologische hinausgehen. Die beiden Geschlechter sind nicht gleichartig, aber unbezweifelbar gleichwertig, erst recht vor Gott. Das hat biblisch verstandene christliche Ethik zu beachten und zu praktizieren. Die Würde der Person ist beim jeweiligen Gestalten der unterschiedlichen (denn das bleiben sie) Rollen der Geschlechter nicht aus

dem Auge zu verlieren. Dabei gilt praktisch: der immer noch „unbestreitbare Machtüberschuß auf seiten der Männer muß überwunden werden zugunsten einer gleichberechtigten Geschlechterbeziehung. Bei diesen notwendigen Änderungsprozessen sollte freilich – manchen eifernden Vertreterinnen des weiblichen Geschlechtes zum Trotz – eines nicht übersehen werden: Männliche Macht hat sich keineswegs immer nur in primitiv-rüder Form artikuliert, sondern ist sehr oft jene ... Amalgamierung (= Verbindung) von Fürsorge und Beherrschung eingegangen" (H. Kaufmann, Handbuch der christlichen Ethik, Band 3, 1982, S. 332). In der Durchführung der christlich zu verstehenden Emanzipation sind die ethischen Ansätze ins tägliche Leben auszuziehen, die in der Geschlechterbegegnung weithin ohne erotische, geschweige denn sexuelle Erwartungen verlaufen.

5.4.2 Zu Mann und Frau gehört *Sexualität*. Beim Erwähnen des Wortes wird in falscher Engführung immer noch überwiegend an Geschlechtsverkehr, vereinzelt sogar nur an Fortpflanzung gedacht. Sexualethik meint aber viel mehr. Sie behandelt alle Fragen der Geschlechter-Verbindung, die jedes Lebensalter von Mann und Frau (also das der Mädchen und Jungen ebenso wie das der hochbetagten Männer und Frauen) bedenkt. Sie fragt nach der Intimität ebenso wie nach dem Geschlechterverhalten in der Öffentlichkeit. Auf diesem Gebiet ist in unserer zweiten Jahrhunderthälfte außerordentlich viel in Bewegung geraten. Neue Grundverständnisse menschlichen Verhaltens trugen ebenso bei wie die Revolution, besser Explosion, durch die Milliardenzahl von Bildern und Massenmedien, die kaum abschirmbar (wie es bis an unsere Zeit heran möglich und gewollt war) jedem Menschen zugänglich geworden sind.
Die Stellungnahmen, Empfehlungen und Weisungen gehen auf dem Gebiet der Sexualethik weit auseinander. Es ist dem Christen schwergemacht (lediglich aus dem kirchlich-theologischen Raum heraus), die zeitgerechte und zugleich biblisch-christlich vertretbare Haltung zu finden und zu leben. Nicht selten taucht wieder einmal die Frage auf, ob nicht das gegenwärtige Sexualverhalten in der Öffentlichkeit unseres Kulturkreises alle Merkmale einer untergehenden Kultur und Gesellschaft an sich trägt, oder ob das eine positive Weiterentwicklung des Menschengeschlechtes (wohin?) ist. Wie dem auch sei, christ-

liche Ethik verlangt das Darlegen einiger Standpunkte, die Wegweisung und Hilfe, Schutz und Befreiung sein können.
Dabei gilt die Erkenntnis, die formelhaft verkürzt lauten kann: Christen leben anders. Indem sie Christus nachfolgen und ihr Leben unter die Leitung des Geistes Gottes stellen, streben sie grundsätzlich – trotz schuldhafter Rückfälle und der Sünde – verantwortlichen Umgang miteinander an. In der Sexualethik bedeutet das beispielsweise: während das männliche Geschlecht mehr drängend ist und oft schnell ‚aufs Ganze' gehen will, erwartet das weibliche Geschlecht meist viel mehr Verhaltenheit, mehr Spielformen der Zärtlichkeit, zu denen schließlich auch wie beiläufig der Beischlaf hinzukommen mag. Wo das bewußt und beiderseitig berücksichtigt wird, sind Menschenwürde, Gleichberechtigung und Liebe im umfassenden Sinn gewahrt. Auch ein Großteil von Sexualstörungen werden vermieden. Weil jeder Mensch ein leiblich-geistig-seelisches Wesen hat, erstreckt sich die Beziehung der Geschlechter auf deren ganzes Leben mit der Gemeinsamkeit im Arbeiten und Denken, in Freude und Leid. „Wird diese Beziehung in solchem Zusammenhang vollzogen, ist ihr Vollzug gefordert und getragen durch die Umgebung solch gänzlicher Koexistenz, dann und nur dann ist sie recht und heilvoll ... Koitus ohne Koexistenz ist eine dämonische Angelegenheit. Und man sei sich klar darüber, daß das auch dann gilt, wenn ein formeller und legitimer Eheschluß – nur scheinbar heiligend! – dahintersteht" (K. Barth, Kirchliche Dogmatik III/4, 1951, S. 147f). Über die Beteiligung des Menschen als Ganzem – und nicht nur leiblich-triebhaft – bei der geschlechtlichen Vereinigung spricht Paulus 1 Kor 6,19 mit der Erklärung, daß unser „Leib ein Tempel des Heiligen Geistes ist, der in euch wohnt und den ihr von Gott habt; ihr gehört euch nicht selbst". Der Geschlechtsakt ist keineswegs nur vergleichbar mit Essen oder Trinken (vgl. 1 Petr 3,1f. 7f).
Über die große Variationsbreite der Ars amandi, also der erotisch-sexuellen Liebeskunst, ist hier nicht näher zu handeln. Bemerkt sei lediglich, daß das harmlose(?) Umgehen der Geschlechter miteinander etwas Schönes ist; jedoch als ‚Schäkern' miteinander auf deren hebräische Wortwurzel hinweist, nämlich ‚täuschen'.
Es gibt mehr als nur einen christlichen Lebensstil, was schon die unterschiedlichsten Lebensbedingungen der Völker auf Erden

bewirkt. So unterscheiden sich auch die (sexual)ethischen Maßstäbe in gewissen Praktiken voneinander. Nur werden Christen in ihrem Verhalten der Geschlechterbegegnung als aufeinander bezogene Glieder an dem einen Leib der Kirche Christi leben und von daher ihre ethischen Maßstäbe und Praktiken jeweils bestimmt sein und korrigieren lassen. Das gilt beispielsweise für die Berurteilung der sexuellen Selbstbefriedigung, also der Onanie (bei Männern, ein fälschlich auf Gen 38,9 bezogener Ausdruck) und der Masturbation (bei Frauen, von lat. manustruprare = durch Hand entehren), in denen das selbstbezogene Luststreben, die ‚Autoerotik' vorherrschen.

5.4.3 Wo die erotisch-sexuelle Lust übermächtig wird, beginnt sie das Denken und Verhalten der Menschen zu beherrschen. Folgerichtig redeten im Kriege die Frontsoldaten aller Länder, also die über Monate und Jahre von den Frauen abgetrennten reinen Männergruppen vom ‚Thema 1'. Ähnlich ist es bei dem deshalb in Verruf geratenen Seemann, der früher monatelang nur in der Männergemeinschaft seiner Schiffsbesatzung lebte. Zu erwähnen sind auch (Straf-)häftlinge und Gefangene jeder Art. Die Frau wird dann für viele zum Mittel, zum reinen Lustobjekt (seltener ist es umgekehrt, kommt aber vor). Daraus entwickelte sich die gewerbsmäßige Hingabe des eigenen Körpers von Frauen an andere zu sexuellen Zwecken gegen Bezahlung. Angeblich ist das der älteste Beruf der Welt.
Die *Prostitution* ist ein uraltes Problem, auch für säkulare Gesellschaften und Staaten. Die Erscheinungsformen sind mannigfaltig. Ebenso liegen die Ursachen der Prostitution in unterschiedlichsten Bereichen und persönlichen Situationen derer, die sie betreiben. Hier ist nicht näher darauf einzugehen. Wir haben uns jedoch zu hüten, vorschnell vom moralischen Podest herab Verurteilungen auszusprechen. Das gilt beispielsweise für die Prostitution als Broterwerb in bitterster sozialer Not, und nicht nur in der Dritten Welt. Hier sind Männer mit oft doppelter Moral in ebenso schuldhafter Bindung wie Frauen.
Grundsätzlich warnt das Alte Testament vor außerehelichem Geschlechtsverkehr und wählt mit Bedacht den Begriff der Hurerei angesichts der Untreue des Volkes Israel gegenüber Jahwe (Hos 1–3; Jer 3,1–13; Ez 16+23 u.ö.). Das Neue Testament lehnt außerehelichen Geschlechtsverkehr ebenso ab wie den widernatürlichen (1 Kor

6,9–20; Röm 1,26f). In Jesu Predigt, dem die Apostel folgen, werden die alttestamentlichen Ansätze verschärft. Nicht allein „die leiblich vollzogene Tat gilt als Sünde, sondern gerade die im Herzen wohnenden und von hier aufsteigenden Gedanken geschlechtlicher Zuchtlosigkeit verunreinigen den Menschen (Mt 15,18f) und sind der strikte Erweis des Unglaubens Gott gegenüber" (F. Hauck/S. Schulz, Theol. Wörterbuch z. NT, Band VI, 1959, S. 590). Das gilt um so schärfer von der *Promiskuität*, also dem (häufig) die Partner wechselnden Geschlechtsverkehr. Insgesamt gilt aber ebenso die Botschaft aus Joh 8,1–11, wo Jesus dann „auch nicht verurteilt", sondern zu einem anderen Lebensverhalten ermutigt.

Der vom Heiligen Geist erfüllte Mensch findet die Kraft, sich zügelloser Erotik und Sexualität nicht hinzugeben, sei er mit standesamtlicher Urkunde verheiratet oder nicht. Weil aber nicht jeder Mensch seinen Sexualtrieb bändigen kann – geschweige denn in dieser Hinsicht ein Leben als Mönch oder Nonne führt – rät Paulus zum Eingehen einer geordneten Ehe. Für ihn selber war das offensichtlich kein Problem, „doch jeder hat seine Gnadengabe von Gott, der eine so, der andere so" (1 Kor 7,2.7.25–28). Paulus denkt hier sicherlich an jene Männer und Frauen, die über viele Jahre ihres Lebens hindurch (oft bis ins Alter) einen stärker ausgeprägten Geschlechtstrieb als viele andere Menschen haben und die zum anderen Geschlecht förmlich hingetrieben werden (vgl. auch die entsprechenden Gleichnisreden in Ez 23). Wenn sie unverheiratet sind (etwa verwitwet oder geschieden), geraten sie leicht ins lieblose Gerede derer, die anders veranlagt und prüde sind. Vielleicht ist es auch Neid im Sinne der Beschreibung von Wilhelm Busch: „Enthaltsamkeit ist das Vergnügen (?!) an Sachen, welche wir nicht kriegen." Statt über solche Menschen den Stab mit Schmähworten zu brechen wie Hure oder Hurenbock, ist ihnen mit Paulus zu wünschen, daß sie einen gleichartig veranlagten Ehepartner finden – oder die Kraft des Geistes, geschlechtlich enthaltsam zu leben (1 Kor 7,36–38; hierbei verwendet Paulus im Urtext 4mal das Wort ‚tun'). Neben dem uneingeschränkten Urteil aber über jede Spielform der Unzucht weist Paulus zugleich darauf hin, daß sie genauso wie alle anderen Sünden durch Jesus Christus vergeben werden kann (1 Kor 6,11).

Bezüglich der Person der berufsmäßigen *Dirne* ist eine doppelte Aussage zu machen, nämlich zunächst: „Die Christenheit kann in ihrer Gemeinschaft die Dirne in keiner Gestalt zulassen. Ebensowenig den, der sie benützt“ (A. Schlatter, Die christliche Ethik, 4. Aufl. 1961, S. 343). Sodann: Die Dirnen sind zutiefst bedauernswerte Menschen, weil sehr viele von ihnen vereinsamt und außerdem durch Zuhälterbanden und Bordellketten geradezu versklavt leben. Auch ihnen gelten Gottes Nähe und das Erlösungswerk Christi. Ihnen das anzubieten, ist eine schwere Aufgabe der Gefährdetenfürsorge, der sich in unserem Lande beispielsweise die Mitternachtsmission mit viel Einsatz und oft wenig sichtbarem Erfolg annimmt.

5.4.4 Im Zusammenhang der Überlegungen zu den Geschlechtern ist ein Wort zur *Homosexualität* fällig, also zu der gleichgeschlechtlichen Zuneigung, die auch Homophilie genannt wird. Bei Frauen heißt der entsprechende Fachausdruck Lesbizismus; solche Frauen nennt man Lesbierinnen. Auf die medizinisch-psychologische und soziologische Seite des Problems ist hier nicht einzugehen. Man muß aber wissen, daß sehr viele Menschen sowohl hetero- wie homosexuell ansprechbar sind. Rechtlich gesehen ist die Homosexualität in unserem Lande nicht mehr strafbar. Im öffentlichen Bewußtsein ist sie weitgehend liberalisiert. Wegen der ihr innewohnenden Liebesfähigkeit, die über freundschaftliche Gefühle hinausgeht und sich als besondere Gestalt der Solidarität darstellt, wird die Homosexualität in unserem Kulturkreis heutzutage nicht mehr uneingeschränkt als pervers angesehen.
Im Gefolge des Alten Testamentes (wo ihre Praxis mit der Todesstrafe bedroht wird) (vgl. Gen 19,5–11; Lev 18,22.29f; Ri 19,22f; die Freunde David und Jonatan waren nicht homosexuell, 1Sam 18–20) und des Neuen Testamentes (wo sie als widernatürlich, Röm 1,26f und in Lasterkatalogen, aufgezählt wird) lehnen die Kirchen die Homosexualität als Fehlentwicklung, als Verirrung ab. Dem wird neuerdings widersprochen mit dem Argument, die biblischen Belegstellen seien zeitgebunden, im antiken Denken verankert, zu verstehen. Deshalb sei hier ein völliges Umdenken in Richtung auf die eingangs erwähnte Liberalisierung, sowohl der menschlichen Natur gemäß, als auch ein Gebot christlicher Nächstenliebe. Diese Ansicht setzt allerdings dort eine Grenze, wo die gleichgeschlechtliche intime Partnerschaft eine Leib, Seele und Geist umfassende Liebesbeziehung sei, die

sich nur in einer zweiseitigen Beziehung verwirklicht. Nach diesem Verständnis werden also das sexuelle Durcheinanderlieben (Promiskuität, Gruppensex) und selbstverständlich auch die Knabenliebe (Päderastie) abgelehnt.
Derartige Befürwortung der Homosexualität aus einer gewissen theologischen Sicht hat für sich, daß sie um die schweren Nöte der homosexuell veranlagten Menschen weiß (Angst, ständiges Verstecken, Vereinsamung, Verkrampfungen, Selbstmordgedanken) und mit viel Verständnis für sie seelsorgerlich helfend und befreiend wirken will. So nötig und pastoral selbstverständlich die Bemühung um den homosexuellen Nächsten ist, muß ebenso deutlich darauf beharrt werden, daß die Homosexualität als solche weder der eigentlichen Bestimmung des Menschen entspricht, noch als eheähnlich eingeordnet werden kann, noch eine Haltung ist, die – wieder in Entsprechung der Ehe – nicht dem biblischen Urteil der sündhaften Verflechtungen von Menschenleben unterläge. Das gilt erst recht, wenn dabei Partnerwechsel mit in Betracht kommt. An die prozentual kleine Gruppe der Homosexuellen unter uns ist die Frage zu richten, wieso sie ihre erotisch-sexuellen Triebe nicht in gleicher Weise zu beherrschen lernen, wie es unzählige unter den heterosexuell (also auf das andere Geschlecht hin Ausgerichtetsein) veranlagten Menschen schaffen müssen, wollen und können (vgl. Mt 19,12; 1Kor 7,25–40). Hier wäre manches aus der Weisheit der Mönche und Nonnen zu lernen.
Ob Homosexualität unter medizinisch-psychologischem Vorzeichen als ‚krankhaft' einzustufen sei, ist wissenschaftlich ungeklärt. Ein menschliches Rätsel bleibt diese in der Regel nicht abänderbare ‚Veranlagung' jedenfalls, der im Sinne des Neuen Testamentes vorurteilslos zu begegnen ist.
Das Evangelium ist Wegweiser zur Befreiung von der Last der Sünde und dem Zwang zu ihr. Das Überwinden von Heimlichkeit und Angst ist der erste Schritt in ein befreites Leben. In dieser Richtung hat die Vereinigte Presbyterianische Kirche in den USA zu homosexuellen Praktiken 1978 Stellung genommen und differenziert festgestellt: Homosexuelle, die Jesus Christus als ihren Herrn und Erlöser bekennen, sind selbstverständlich Mitglieder der Kirche. Im Blick auf Ämter in der Gemeinde sind sie von Ordinationen ausgeschlossen, „es sei denn, sie würden sich sexueller Praktiken enthalten". Von einer

anderen Seite her wird hier signalisiert, daß gerade der Mensch – im Unterschied zu anderen Lebewesen auf der Erde – keineswegs triebhaft Sexualität ausüben muß. Von ‚sexuellem Notstand' kann schon gar nicht die Rede sein, und Ansprüche auf Sexualität, gleich welcher Art, bestehen nicht. Die Hinwendung an Gott mit der Bitte um die nötige Kraft zum freien und befreiten Leben (1Kor 4,20) ist der für Christen angebotene Weg. Die Liebe als Agape ist die rechte Triebkraft.

5.4.5 Am Rande ist die *Transsexualität* zu erwähnen. Das ist die durch operativen Eingriff mögliche (annähernde) Geschlechtsumwandlung einer Person vom Mann zur Frau oder von der Frau zum Mann. Sie ist in unserem Staat gesetzlich geregelt. Im Sinne gewisser Ideologie ist diese medizinische Möglichkeit – deren psychologisch schwierige Problematik hier außer acht gelassen werden muß – ein Stück auf dem Wege der gegenseitigen Emanzipation in Gestalt des dem einzelnen angeblich verfügbaren ‚Rollentausches' auch hinsichtlich seines Geschlechtes. Wo dergleichen vorkommt, entstehen für die christliche Gemeinde schwierige Fragen, vor allem im Bereich der Seelsorge.
Benachbart, gewissermaßen im Vorraum dessen, ist der *Transvestit*. Das sind Menschen, die mit Vorliebe sich als Angehörige des anderen Geschlechtes verkleiden, was manchen „perfekt" gelingt. Schon zu alttestamentlicher Zeit scheint das vorgekommen zu sein; denn dort finden wir derartige Verkleidungen verboten und als Greuel vor Gott bezeichnet (Dtn 22,5). Das hängt mit dem Geschenk des Geschöpfseins zusammen, zu dem jeder Mensch die ihm eigene Gestalt, also auch Geschlechtlichkeit, bekommen hat. Der Transvestit (abgesehen selbstverständlich von harmlosen geselligen Verkleidungen) will seine ihm zubestimmte Aufgabe als Mann oder als Frau leugnen.

5.4.6 Mit Bedacht ist schon hier – und nicht erst im folgenden Abschnitt – das (nach biblischer Zählung) *Siebte Gebot* „Du sollst nicht ehebrechen" (Ex 20,14) plaziert. Damit wird seine Reichweite angedeutet, die sich auf jegliche Geschlechterbeziehungen überhaupt erstreckt. Der schlichte Sinn des Siebten Gebotes scheint durch die sexuellen Revolutionen unseres Jahrhunderts mit ihren immer besser werdenden Methoden zur Schwangerschaftsverhütung ausgehöhlt oder überholt. Die Freizügigkeit vieler Jugendlicher im Umgang miteinander, oft stark beeinflußt durch die Massenmedien, kann mit der biblischen Regelung nicht viel anfangen. Die lawinenartig zunehmenden Zahlen der Ehescheidungen tun ihr Übriges dazu. Gar nicht sehr weitreichende Spannungen oder eine behauptete allgemeine Entfremdung voneinander (was das auch sei) sind bereits Anlässe für eine rechtlich mögliche Scheidung.

Unser heutiges Recht straft zwar die Bigamie, also die geschlossene Ehe mit mehr als einem Partner gleichzeitig, aber das Pflegen intimer Beziehungen zu mehreren Partnern – egal ob von Männern oder Frauen aus betrieben – ist als solches nicht ohne weiteres rechtlich zu verfolgen. (Ein festes Intimverhältnis neben einer Ehe nennt man Digamie.) Das gilt jedenfalls in unserem Kulturkreis, ganz im Gegensatz etwa zu Regionen, in denen der Islam das öffentliche Leben beherrscht. Bei uns drängen sich der Hedonismus (mit dem Streben nach Lust und Freude als Lebensziel) und der Eudämonismus (als Erstreben des letzten Glückes im erotisch-sexuellen Genuß) stark in das Bewußtsein vieler Menschen.

Was hat das Siebte Gebot in unserer Zeit zu leisten? Zunächst sei wiederholt, daß das Gebot – wie Übersetzungen in verschiedenen anderen Sprachen andeuten – über den unmittelbaren Wortsinn der Ehepraxis hinausgehend den ganzen Beziehungsbereich zwischen Frau und Mann im Blick hat. Die Stellungnahme Jesu (Mt 5,27–32 par) dazu zeigt eindeutig, daß an den treulosen Umgang in Gedanken, Worten und Werken im Verhältnis zum Mitmenschen anderen Geschlechts insgesamt gedacht werden muß. Die christliche Anthropologie sieht in der Mann-Frau-Beziehung grundsätzlich etwas zu Bejahendes. Glück und Lust werden keineswegs beargwöhnt oder gar verboten. Deshalb liegen moralistische, pharisäische Verkrustungen und Forderungen angesichts einer bürgerlichen Wohlanständigkeit mit starren Ansichten in Fragen der (sexuellen) Geschlechterbeziehung nicht unbedingt auf der Linie, wie wir sie von Jesu Urteil her kennen (vgl. Joh 8,1–11).

Insofern gilt das Siebte Gebot auch innerhalb der Ehe, in welcher der Mann (oder die Frau) meint, einen unbegrenzten Eigentumsbezirk zu haben. Jüngste Auswirkungen dieser Meinung sind das Entstehen der

Frauenhäuser, in die sich die körperlich schwächeren Ehefrauen (manchmal zusammen mit ihren Kindern) vor der Brutalität ihrer Ehemänner flüchten. Gerade im Verhältnis von Mann und Frau zueinander – das in der noch gesondert zu behandelnden Ehe seine tiefste und weitestgehende Bindung erfährt – geht es um den ‚Testfall der Humanität'. Dazu gehören sowohl Freiheit in der Begegnung der Geschlechter als auch Bundestreue im umfassenden Sinn der biblischen Botschaft. Jan M. Lochman (Wegweisung der Freiheit, 1979, S. 106), der vom Testfall der Humanität spricht und dessen Gedankengang wir uns hier anschließen, hat dazu ausgeführt: „Das siebte Gebot drängt zur differenzierten Haltung und zur Nüchternheit. Seine Weisung verwirft nicht pauschal die Wandlungen in der Sexualmoral der Zeit. Es sind schon wichtige Phänomene menschlicher Befreiung damit verbunden. Überwindung moralisierender und puritanischer Engführung mitmenschlicher Sexualität ist durchaus zu begrüßen und auch der Abbau von falschen Tabus, mit welchen dieser Lebensbereich unter dem Vorzeichen ‚christlicher Moral' versehen wurde; das ist gerade auch von der Bibel her zu begrüßen, im Blick auf die Unbefangenheit und Freiheit, mit welcher etwa das Alte Testament die Liebe zwischen Mann und Frau zu preisen weiß. Doch ist dabei zugleich und unmißverständlich zu betonen: Unbefangenheit und Freiheit heißt biblisch nicht Unverbindlichkeit. Die wahre Befreiung kommt zwischen den Menschen erst in der Treue zum Ziel ... Im nüchternen Wissen, daß dem Nächsten (wie Gott) gegenüber die Freiheit nicht im freizügigen Experimentieren besteht (welches in anderen Zusammenhängen durchaus eine legitime Freiheitspraxis bedeuten kann), sondern im Bewähren der Treue." Unabhängig von seiner theologischen Bedeutung ist das alttestamentliche Hohelied ein herrliches Beispiel umfassender Liebe zwischen Mann und Frau.

Das Siebte Gebot erwartet die Hingabe des eigenen Ich an einen anderen im Sinne der unverbrüchlichen Bindung. Es lenkt uns letztlich auf Christus hin, der die Treue wahrt und uns die Kraft zur Treue schenkt. Wenn wir ihn darum bitten, können wir mit Paulus erkennen und erleben „Ich vermag alles durch den, der mich mächtig macht, Christus" (Phil 4,13).

5.5 Ehe und Familie

Wir betreten ein weiteres Gebiet, dem jeder Mensch in Zustimmung oder Abwehr verbunden ist. Die Grundzüge von Ehe und Familie nach christlichem Verständnis sind darzulegen, wobei zu verzichten ist auf deren weitverzweigte Entwicklungsgeschichte, von denen die historischen Ursprünge ohnehin nicht feststellbar sind. Die Ehe als Fundament der Familie wird zunächst für sich vorgestellt. Welches sind ihre wesentlichen ethischen Strukturen?

5.5.1 Aus einer Reihe von ‚natürlichen Merkmalen' entstand unser Bild der *Ehe*. Sie ist eine Verbindung von Mann und Frau, die sich auf dauerndes Zusammenleben, Sorgen füreinander, geschlechtlichen Verkehr miteinander, die Erwartung der Zeugung und anschließenden Erziehung von Kindern erstreckt. Dabei sind im Laufe der Zeit die Fragen ehelicher Verbindung hinsichtlich naher Verwandter (Geschwisterehe als Inzest, lat. = schänden, also Blutschande) ebenso geregelt, wie die Dauer der Ehe für die Zeit, bis einer der beiden stirbt. Das deutsche Wort Ehe bedeutet nach seiner Begriffswurzel ‚ewig geltend'. Das Zustandekommen von Ehen ist unterschiedlich. Bekannt sind die vernunftmäßig nach Zweckmäßigkeiten geschlossenen Ehen (Zusammenbringen von Vermögen, landwirtschaftliche Betriebe, Erwartung gesunder Nachkommenschaft, heutzutage oft auch die Angst vor Einsamkeit im vorgerückten Alter u.v.a.). In unserem Kulturkreis und unserer heutigen Gesellschaft herrscht die Liebesheirat vor, bei der das Verliebtsein heiratsfähiger Menschen ineinander den Willen zur Ehe weckt. Immer noch ist überwiegend der Mann der aktiv Werbende. Die Kontaktaufnahmen durch Vermittlungen werden immer üblicher, seien es Eheanbahnungsinstitute oder Heiratsanzeigen. Andere Völker – beispielsweise in Asien und Afrika, also die Mehrheit aller Menschen – halten die nach nüchterner Überlegung (häufig durch die beiderseitigen Eltern angestellt) vollzogene Zusammenführung für den ‚vernünftigeren' und stabileren Weg zur Ehe. Die Reihe von Ehe-Typen („Wer hat zu Hause die Hosen an, wer ist unter dem Pantoffel?") dabei ist lang.
Überall wird das Bestehen der Ehe geregelt, sei es gesellschaftlich-staatlich, sei es religiös oder beides zusammen. Daneben finden sich

heutzutage weltweit Formen der Lebensgemeinschaft zwischen Mann und Frau, die weder eine regulierte zivile noch religiöse Bestätigung und Anerkennung wünschen. Über deren Tragfähigkeit sind noch keine schlüssigen Aussagen zu machen, weil über sie keine Erfahrung von wenigstens zwei bis drei Generationen vorliegt und die Auswirkungen auf die gezeugten Kinder in unserer unstabil gewordenen Zeit mit mancherlei Formen der Heimerziehung ebenfalls nicht hinreichend erkennbar sind. Die Herausforderung für die eine soziale Stabilisierung in sich tragende Eheauffassung der Christen ist groß angesichts der pluralistischen Gesellschaft mit ihren verschiedenartigen Formen und Ansichten des ehelichen Zusammenlebens.

Für Christen ist die Ehe eine Lebensgemeinschaft, ein *Ehe,bund'*, worin Frau und Mann einander ergänzen und fördern, tragen und ertragen, also lieben (Eph 5,25.28f; Kol 3,18f). Dieser Bundescharakter gründet letztlich in der Bundesliebe Gottes zu uns, der sich in Jesus Christus seiner Kirche gegenüber in Liebe verbunden hat. Das Angewiesensein der Geschlechter aufeinander wird in der Bibel mit der (nicht nur!) Bildrede vom „Ein-Fleisch-Sein" umschrieben (Gen 2,24; zit. in Mt 19,5; Mk 10,6; 1 Kor 6,16 und Eph 5,31). Bereits damit ist die vielberufene Gleichberechtigung von Mann und Frau biblisch gesetzt. Für Jesus Christus, von dem selbst nur wenige Aussagen zur Ehe und ihrer Scheidung überliefert sind (Mk 10,2–12 par), ist die Ehe auf die erwähnte Zusage des Bundes Gottes für uns Menschen hin ausgerichtet. Das bedeutet, sie soll ein Stück und Abbild von jener Gemeinschaft sein, die im Reich Gottes verwirklicht und vollendet wird. Das wird in dem einen der bekannten Texte der christlichen Ehelehre Eph 5,21–33 (ein anderer ist 1 Kor 7,1–16.25–40) verdeutlicht: Mann und Frau sollen einander in jeder Hinsicht und Beziehung (also nicht nur sexuell oder aus Versorgungsgründen) lieben und ehren. Dazu haben sie sich öffentlich zu bekennen. Der Epheserbrief wertet dies als eine dienende Liebe, im Gegensatz zum begehrlichen Verlangen nacheinander, und knüpft die Ehe an das Sein in Christus; denn sie gründet in Gottes (Schöpfungs-)Ordnung. Paulus fügt in Vers 32 hinzu, dieses „große Geheimnis" (Mysterium) ist auf Christus und seine Kirche hin gedeutet. Die Ehe ist voll gültig übrigens auch dann, wenn sie kinderlos bleibt.

So ist die *christlich verstandene Ehe* – und nur von dieser soll hier

gehandelt werden – ein verbindlicher Prozeß, der von beiden Seiten täglich Hinwendung, Rücksicht, Verständnis, Vergebung, Werben umeinander, eben wahre Nächstenliebe verlangt. Die Eph 5 erwähnte gegenseitige Vergebung weist darauf hin, daß zur christlich geführten Ehe durchaus auch Spannungen, Widersätzlichkeiten und Krisen gehören, die aber in der Hinwendung zu Christus und seiner Vergebung immer wieder überwunden werden können und sollen.
Das ist leichter gesagt als ein langes Leben lang durchgehalten, besonders wenn innere und äußere Krisen mit dann entstehender Entfremdung Platz ergreifen. Die heutige mobile und arbeitsteilige Welt, die von jedem Ehepartner mancherlei Rollen abverlangt, kann das alles fördern. Im Wissen darum, gehört zur evangelischen Trauung die Bibellesung von Kol 3,12–17 hinzu. In dieser Stelle geht voraus ein Gedanke zur völligen Gleichberechtigung und Gleichwertigkeit aller Menschen; dann wird eine Reihe von ‚Tugenden' und Verhaltensweisen aufgezählt, die in den das alles ermöglichenden Hinweis einmünden, daß der Friede Christi in den Herzen regieren müsse. Dazu ist wiederum sein Wort (also regelmäßiges Bibellesen und Gebet) der Weg, diesen Herrn und seine Liebe zu finden. Daher gehören zur evangelischen Praxis der kirchlichen Trauung, neben der Wortverkündigung, besonders das Fürbittgebet und die Bitte um den Segen Gottes über das betreffende Ehepaar. Das Ehegelübde (dessen traditioneller alter Text außer im ‚christlichen' Abendland ähnlich bei anderen Großreligionen in Afrika und Asien anzutreffen ist) im Ja der beiden Partner wird durch Gottes Ja und Amen zu diesen Menschen mit der Zusage seiner Gnade bestätigt. Sie gilt unverbrüchlich auch in Zeiten der Belastung oder ‚Zerreißprobe' der Ehe; denn christliche Ehe ist offen für Erneuerung.
Auf dieser Linie ergibt sich die Erwartung der sowohl innerlich zu verstehenden, wie auch äußerlich erkennbaren *ehelichen Treue*, die ein dreifaches Grundverhältnis meint (nach F. Böckle, Handbuch der christlichen Ethik, Bd. 2, 1978, S. 125ff): (1) *Treue zur Ehe* als einer alle kulturellen, gesellschaftlichen und geschichtlichen Krisen überdauernde zweiseitige Geschlechtergemeinschaft zur Lebensbewältigung und Erwartung von Nachkommenschaft. Die sogenannte ‚Ehe ohne Trauschein' ist keine Alternative dazu, weil sie mindestens gegen die lebenslange Dauer Vorbehalte hat und eine Reihe von reinen

Zweckmäßigkeitsmerkmalen einer selbstgestaltenden (egozentrischen) Lebensweise an sich trägt.
(2) Es geht sodann um die *Treue zum Partner*, zum ,Gatten' in seiner Art und Unart, seinen Stärken und Schwächen. Hier gilt es, die Gefahr des Umschauens nach anderen mit anderen Vorzügen und Reizen zu erkennen. „Ein Leben aus christlicher Inspiration wird solche Tendenz zu rücksichtsloser Eigenliebe bekämpfen" (a. a. O., S. 127). Die moderne Gesellschaft und arbeitsteilige Welt bedrohen die Ehe in dieser Hinsicht besonders stark. Bei rechter Festigkeit und gegenseitiger Offenheit können außerhalb der Ehe liegende Begegnungen durchaus Bereicherung und Reifung bedeuten, wenn sie im Blick auf die bestehenden Ehen (oft sind zwei Ehepaare, also vier Personen, ,betroffen') auch den Verzicht praktizieren und dem eigenen Ehepartner die Treue auf Dauer bewahren. Damit ist von anderer Seite her die Ausschließlichkeit der Ehe als Zweiseitigkeit, also die Einehe, gemeint. Die sogenannte ,offene Ehe' hat allemal ihren Preis.
Schließlich (3) geht es noch um die *Treue zu sich selbst*, was bedeutet, „daß es bei aller Offenheit und Durchsichtigkeit der Partner gegeneinander einen letzten Bereich des Personseins geben kann, der dem anderen vielleicht nicht ganz erschlossen werden muß und darum gegenseitig auch nicht taktlos erforscht werden darf" (a. a. O., S. 128). Hierbei ist nicht zuletzt an Glauben, Schuld und Vergebung ebenso gedacht wie daran, daß nicht jedem alles zu wissen ertragbar und förderlich ist. Das hat aber nichts mit der heute vielgepriesenen Selbstverwirklichung zu tun, welche häufig nur ein anderes Wort für Selbstsucht ist.
Treue in der Ehe ist gegenseitiges Schenken von Leben und Lebensmöglichkeiten, das sich sowohl in der Gemeinschaft von den beiden Ehepartnern verwirklicht wie in der auf einer tieferen Ebene liegenden Zeugung von Kindern, also vom Geschenk weiteren neuen Lebens. Ehe bleibt auch von daher eine lebenslange Aufgabe, an der die Eheleute gemeinsam zu arbeiten haben. Das zu Beginn einander versprochene und wie selbstverständlich erwartete Glück (einschließlich der Sexualität) miteinander wird dann bleiben, in welcher Gestalt auch immer. Das bessere Glück ist – im Sinne des Doppelgebotes der Liebe – auch hier das Glücklichmachen und Liebe-Verschenken in

Form von Zuneigung und vertrauensvoller Hingabe von sich selbst, von seinen Fähigkeiten und Möglichkeiten an den Ehepartner. Solches Glück kommt stets zurück.
Hierbei ist wichtig, daß eine solche Ehe sowohl staatlich-gesellschaftlich geordnet und anerkannt als auch kirchlich eingesegnet wird. Beides sind Akte der Bindung und des Bekenntnisses vor der Öffentlichkeit und vor der Gemeinde, was zugleich Stützung und Hilfe zum Durchhalten bedeutet. Damit im Zusammenhang steht die grundsätzliche Erwartung der Dauerhaftigkeit von Ehe, die gelten soll, „bis daß der Tod euch scheidet"; denn aus christlicher Sicht sind die beiden ‚ein Fleisch', sozusagen ein lebendiges Leben. Die Ehe ist letztlich eine dem Menschen unverfügbare Stiftung Gottes zur Lebensgemeinschaft und zum Lebenserhalt. Die Ehen werden insofern, wie es einst in mehrfacher Hinsicht zutreffend hieß, „im Himmel geschlossen"; denn Gott selbst hat die beiden verbunden (Mt 19,6).
Mit diesem Eheverständnis unvereinbar sind neuerdings in unserem Lande vertretene Ansichten, die von einem (angeblich christlichen) Ansatz der Freizügigkeit und Toleranz her sowohl die Liebe als auch die Ehe nur auf Zeit fordern, also die „Ehe ohne Trauschein" (das Konkubinat). Schlimm ist dabei, daß solche Lehren sich auf Jesus als Vorbild zu berufen wagen, der sich selber allen Familien- und Ehebindungen entzog. Näher betrachtet steckt hinter solchen Vorschlägen der (Probe)ehe auf Zeit die Angst, lebenslanger Verpflichtung bleibender Liebe nicht gewachsen zu sein. Das ist eine Form des Kleinglaubens, dessen Wurzeln weit zurückliegen. Schon vor zwei Generationen sagte A. Schlatter (Die philosophische Arbeit seit Cartesius, 1906, S. 84), „daß es heute bereits fraglich geworden ist, ob unseren zivilisierten Völkern die Ehe erhalten werden kann, ist ein düsterer Erfolg der Aufklärung".

5.5.2 Wir stehen vor der Frage nach der *Ehescheidung*, die geradezu in dem Sinne Mode geworden ist, daß Wechsel und Neuorientierung scheinbar ganz natürlich seien und sich vielfach anböten auf dem Wege der erwähnten Selbstverwirklichung. Biblisch-christlich läßt sich das nicht stützen. Sie „ist keine Lösung, sondern eine Art Katastrophe mit bleibendem Charakter. Nur der Naivling kann sich von einer Scheidung mehr versprechen als von der Heilung" (P. Jacobs,

Grundlinien christlicher Ethik, 1959, S. 142). Das gilt um so mehr, wenn aus der Ehe Kinder hervorgingen. Weil die Eheschließung Geben und Schenken ist, bedeutet Ehescheidung – selbstverständlich auch schon die mit Willen nicht mehr vollzogene Ehegemeinschaft – Entzug von Leben. Sie ist im Schöpfungsplan nicht vorgesehen. „Deswegen gibt es kein solches ethisches Recht zur Scheidung der Ehe, das gleichrangig, d.h. auf derselben Wirklichkeitsebene, der ehelichen Lebensgemeinschaft entgegen oder an die Seite gesetzt werden könnte. Ehescheidung ... ist immer ein Konflikt mit dem aufgegebenen Leben" (T. Rendtorff, Ethik, Bd. II, 1981, S. 40). Das Ein-Fleisch-Sein ist grundsätzlich unauflösbar. Das gemeinsame Ehe,joch' (Mk 10,9 kommt es im Urtext vor) ist kein Unterdrückungsinstrument, es dient vielmehr der beiderseitigen Entlastung. Das Joch ist ein Instrument der Lastenverteilung (vgl. auch Gal 6,2).

Ehescheidung kommt dennoch vor, und zwar heutzutage gehäuft im dritten Ehejahr (wenn sich der Ehealltag durchsetzte) und um das vierzigste Lebensjahr (wenn die Kinder aus dem Hause sind). Die neuerlich vertretene Ansicht, wegen der erheblich verlängerten durchschnittlichen Lebenserwartung heute, dürften die Ehen zeitlich nicht ‚überdehnt' werden, ist töricht. Man gibt sich gegenseitig viel zu schnell auf und strebt die Scheidung an. Die in der Heiligen Schrift dennoch als (unmögliche) Möglichkeit erwähnte Ehescheidung, die Jesus mit Hartherzigkeit (wörtlich Herzenssklerose) begründet (Mt 19,8; Mk 10,5), bedarf selbstverständlich rechtlicher Regelung. Früher wendete dabei in unserem Lande der Gesetzgeber ein Schuldprinzip an, das seine Wurzeln bis in religiöse Bereiche führte. Heute ist Maßstab der Ehescheidung ein Zerrüttungsprinzip, womit die Schuldfrage umgangen und nachfolgendes Aufteilen von Gütern, Rechten und Pflichten auf andere Voraussetzungen gestellt wird. Vielen wird erst später bewußt, daß nach der Scheidung eine Fülle neuer, oft größerer Probleme beginnt. Zu wenig wird bedacht, daß in der Ehe neben Schuld auch Vergebung und Neuanfang Platz haben soll und kann.

Die evangelische Kirche bestreitet das staatliche Scheidungsrecht nicht, weiß aber, daß Ehescheidung unmittelbar mit der Macht der Sünde in der Welt zusammenhängt. Die geschiedenen Eheleute gehören damit in den Bereich der Seelsorge, die einerseits Sünde als solche anspricht, andererseits das Angebot der Vergebung durch Jesus Christus verkündigt. Insofern kann evangelisches Glaubensverständnis auch die Trauung Geschiedener nicht grundsätzlich und in jedem Falle verweigern.

5.5.3 Wir wenden uns der vielbewegten Frage zu, *wann eine Ehe beginnt* und damit die gegenseitige Verpflichtung und Bindung der beiden Partner. Bedauerlicherweise verknüpfen manche mit der Antwort darauf ihr ohnehin uns Menschen nicht zustehendes Urteil über den Grad der ‚Christlichkeit' der Ehepartner.
Die Eheschließung, also der Beginn einer Ehe, umschließt ein ganzes Bündel verschiedener Akte, die zeitlich nahe beieinander liegen oder weiter entfernt voneinander sein können. Wann beginnt die Ehe? Beim meist ‚heimlichen' Versprechen der Verlobten, heiraten zu wollen und ihrem Verliebtsein, wovon im Alten Testament das Hohelied so herrlich unbefangen handelt? Bei der öffentlichen Verlobung mit dem Austausch von Ringen als Zeichen der beginnenden Zusammengehörigkeit und Treue? Bei der standesamtlichen Eheschließung, bei der kirchlichen Trauung? Oder beim sogenannten ‚Vollzug der ehelichen Gemeinschaft' in der Hochzeitsnacht? Und wenn dieser Vollzug zeitlich schon vor jener Nacht liegt? Keine Generation darf behaupten, das sei zu ihrer Zeit nur seltene Ausnahme gewesen. Ebensowenig kann und darf behauptet werden, sexuelle Beziehungen vor der Ehe seien selbstverständlich oder gar notwendig. Das gilt um so schärfer im Blick auf wechselnde Partnerschaft und das ‚Ausprobieren'. „Vielmehr kann das Warten ... sich für die Ehe fruchtbar auswirken ... Sexuelle Harmonie und eine geglückte eheliche Gemeinschaft setzen Fähigkeit und Bereitschaft zum Verzicht aus Rücksicht auf den Geliebten voraus" (Handbuch der christl. Ethik, Bd. 3, 1982, S. 569).
Die Antwort auf die Frage des Beginnes der Ehe ist mit dem Hinweis auf das Bündel verschiedener unerläßlicher Akte gegeben. Dabei ist anzufügen, daß hernach eine geraume Zeit weiterer Gewöhnung, Anpassung und Zusammenspieles des großen Abenteuers Ehe folgt. Anders ausgedrückt: ein mit Kalenderblatt und Uhrzeiger zu bestimmender Zeitpunkt des Beginnes einer Ehe ist nicht möglich, erst recht nicht, wenn persönliche Glaubensüberzeugung davon ausgeht, daß die beiden schon längst ‚füreinander bestimmt' sind.

Das Einüben in eine dann gut verlaufende Ehe ist um so leichter und verspricht eher eine Dauer im Sinne vom erträglichen Durchhalten, wo vorher auch die äußeren notwendigen Voraussetzungen zur Ehepartnerschaft berücksichtigt wurden. Gemeint ist der „verwandte Lebensstil", der die Fragen der Religion (Mischehen oder Christ und Moslem), der Herkunft (Rasse, soziale Schicht), des Lebensalters (die entsprechenden Probleme in Ehen mit erheblichem Altersunterschied beginnen erst 20 bis 30 Jahre später) und des Kulturkreises (Bildung, Geschmack) umspannt. Keiner dieser vier Bereiche ist unwesentlich; ihre Mißachtung ist Mitverursachung der großen Ehescheidungsquote unserer Zeit. Erinnert sei hier an übereiltes Verlieben und Verloben in Urlaubszeiten. Dort weiß man kaum etwas über Herkunft und Alltag des Partners. Man kennt nur dessen ‚Sonntagsgesicht', was keineswegs bewußte Täuschung bedeuten muß. Die sorgfältige Prüfung einer Bindung auf Dauer verbanden frühere Generationen mit der Bemerkung: Bevor du einem Mädchen den Heiratsantrag machst, lerne erst ihre Mutter kennen – und umgekehrt. Jeder ‚heiratet' biologisch und kulturell stets eine ganze Sippe mit.

5.5.4 „Du sollst nicht ehebrechen", sagt das (nach biblischer Zählung) Siebte Gebot. Der *Ehebruch* (das Adulterium) umfaßt ebenfalls eine Reihe von Stadien, die, wie der Beginn der Ehe, wiederum in einem zu sehen sind. Wo die Grenzlinie zwischen (ehelicher) Ordnung und (ehebrecherischer) Unordnung verläuft, deutet der unmißverständliche Satz Jesu (Mt 5,28) an: „Wer eine Frau (oder einen Mann) auch nur lüstern ansieht, hat in seinem Herzen schon Ehebruch mit ihr begangen." Das Begehren ist wie ein Tun bewertet. Hier treffen das Siebte und das Zehnte Gebot zusammen.
Genau wie beim Vergegenwärtigen aller übrigen Gebote steht die Frage vor uns: wer kann sich hier freisprechen? Mit seinem Verdeutlichen des Ehebruches zeigt Jesus, daß wir damit ebenso wie mit der Ehe selbst nicht nur leiblich, sondern auch geistlich und seelisch als ganze Person vor Gott und vor dem Mitmenschen zu sehen sind. Ehebruch ist gegenüber dem Ehepartner Entfremdung und Lebensentzug. Er ist in unserer Zeit der vielfältigen Begegnung der Geschlechter auch außerhalb der Ehe (egal ob verheiratet oder nicht) eine Verlockung, die nur durch die Kraft des Heiligen Geistes gezügelt

werden kann. Dazu gehört das Gebet zu Gott und das offene Bekennen gegenüber dem anderen als erster Schritt auf dem Weg zur Heilung des Bruches und zu den erwähnten Kraftquellen hin.
Vermerkt sei noch, daß unsere Zeit mit ihrer Propagierung und Praxis einer ‚neuen Moral' oder ‚Moral ohne Normen' in ethische Grenzbezirke drängt, die unterschiedliche Ansichten offenbaren. Grundsätzlich bleibt es aber dabei, daß geschlechtliche Beziehungen ihren eigentlichen Ort nur in der Ehe haben. In eindrücklicher Bildrede vom Trinken aus dem eigenen Brunnen redet davon Spr 5,15–23 und weist darauf hin, daß sich vor Gott niemand – mit doppelter Moral – verstekken kann.

5.5.5 In dem Zusammenhang ist die *Ehelosigkeit* mit dem Verzicht auf sexuelle Kontakte zu erwähnen, die selbstverständlich eine christlich mögliche, zuweilen und für manchen die gebotene Gestalt erfüllten Lebens ist. Jesus nennt Mt 19,12 die drei Arten geschlechtlicher Enthaltsamkeit (im Urtext ‚Eunuchentum' genannt): (1) Unfähigkeit von Geburt an, (2) durch Menschen eheuntauglich geworden oder zur Ehelosigkeit gezwungen und (3) freiwilliger Verzicht um des Himmelreiches willen. Der freiwillige oder der sich durch die Verhältnisse ergebende Verzicht auf Ehebindung verschafft wiederum Gewinn von Zeit und Kraft, die dem glaubensgehorsamen Christen manche Freiheit und Raum für die Hinwendung an andere nahe oder ferne Nächste in rechter Liebe verschaffen. Auf der freiwilligen wie auch der ungewollten Ehelosigkeit, damit auf den Verzicht zur Gründung einer eigenen (biologischen) Familie, kann ebensoviel – oder mehr – Segen ruhen wie auf einer bestehenden Ehe und Familie; außerdem ist Ehelosigkeit keinesfalls eine Schande, wie manche Kulturen meinen.

5.5.6 Zur Ehe gehört die *Familie*. Sie ist keineswegs nur als die Gruppe zu umschreiben, welche aus einem Elternpaar mit – meist minderjährigen und damit abhängigen – Kindern besteht. Einst war, was wir allgemein Familie nennen, eine Lebensgemeinschaft, die sich durch Ackerbau, Viehzucht, Handel oder Handwerk im wesentlichen selbst zu unterhalten vermochte. Das gibt es fast gar nicht mehr. Dennoch reden wir von Familie auch dann, wo sie höchst unstabil geworden ist durch das Alter ihrer Mitglieder, durch alleinerziehende Väter oder Mütter. Dann wird nicht mehr von Vollfamilie, sondern von Halbfamilie geredet. Ungesicherte Renten führen heutzutage ebenfalls zu unstabilen Familien. Und wie steht es mit der Generationenhaftung (in der Rentenversicherung erfand man den Ausdruck ‚Generationenvertrag', der nur über drei Generationen hinweg tragfähig ist), nach der Eltern und Kinder aufeinander angewiesen bleiben? Es gab sie schon in alttestamentlicher Zeit (vgl. Ez 18,2ff).

Ist das heute anders? Jedenfalls ist die naturrechtlich begründete und überwiegend materialistisch gesehene Familie als selbständige Zelle in der Gesellschaft in eine Krise geraten; sie hängt zwischen Anspruch und Wirklichkeit. Deshalb hat die Familie kaum noch eine eigenständige öffentliche Bedeutung. Sie geriet in den Strudel vom Feminismus und einem neuen Rollenverständnis von Mann und Frau. Sie verlor eine Fülle von Aufgaben (Krankenpflege, Versorgung der Alten, Berufsausbildung, sogar Kindererziehung, u.a.m.). Sie wurde zum Gegenstand kommunalpolitischer und steuerlicher Sorge. Der Staat übernahm viele Aufgaben, die sonst der Familie zukamen. Er betreibt Familienpolitik, Familien-Lastenausgleich, Familienhilfe und gibt Kindergeld; er schafft dazu sogar Familienministerien. Das ist ein erst in Zeiten unstabil gewordener Familien möglich und nötig gewordener Vorgang. Die Frage, ob das gut ist oder nicht, sei dahingestellt. Dennoch verbleiben der Familie Aufgaben, Pflichten und manche Rechte, die ihr nicht genommen werden dürfen, und angesichts der Tatsache, daß Bürger ohne Nachkommen im Alter meist auf Kosten der kinderreichen Familie leben, auch nicht genommen werden können.

Das Wort Familie stammt aus dem Lateinischen, wo es einen Rechtsverband überwiegend blutsverwandter Personen in einem Großhaushalt meint, und kam erst im 18. Jahrhundert in unsere Sprache. Noch Luther redete in dem Zusammenhang nur vom ‚Haus'. Gemeint ist oft, was wir Sippe nennen. Nicht nur begrifflich, sondern auch inhaltlich wandelt sich das Erscheinungsbild der Familie. Diese Wandelbarkeit ist eine ihrer Stärken; denn in schweren Krisenzeiten (man denke an die Folgen der Weltkriege oder der Kriege in Vietnam oder Äthiopien u.a.) geht der Neuanfang immer von der Familie aus. Nicht zufällig gehört dazu die ‚Familienzusammenführung'. Der Aufbau überkommener Familienformen zeigt ebenfalls diese anpassungsfähige Beweglichkeit. Einst war der Vater das ‚Haupt' in Ehe und Familie (Patriarchat innerhalb der Mehr-Generationen-Familie), seltener war es die Mutter (Matriarchat). Beides findet sich in alttestamentlicher Zeit und Umwelt. Heute ist in unserem Kulturkreis das jeweilige Autoritätsgefälle durch die Arbeitsteilung und moderne Rollenverteilung in den Familien gekennzeichnet. Dabei spielen Großeltern immer weniger eine Rolle.

Die einstige Großfamilie braucht nicht verklärt zu werden. Jedoch Notzeiten und zunehmende Scheidungszahlen fördern die Angriffe ideologisch bestimmter Reformer auf die Familie, deren Ziel ist, diese Kerngruppen in der bisherigen Gesellschaftsordnung zu zerschlagen und an ihre Stelle unterschiedlich organisierte Zellen, Gruppen oder Kommunen zu setzen. So steht die Familie, in welcher die Frau ‚nur' Hausfrau und Mutter ist, erschreckenderweise weit niedriger im Kurs als dort, wo eine (außerhalb ein Einkommen erwerbende) berufstätige Frau ist. Manche Lebensumstände erzwingen das; es geht aber zu Lasten aller Familienglieder. Die moderne emanzipierte Familie ist kaum noch belastbar und hat Mühe, ihre unerläßliche Aufgabe als ‚Familie' zu erfüllen.

Damit deuten sich Zusammenhänge an, die jenseits der soziologischen, biologischen und staatsrechtlichen Ebenen liegen. Für christliches Verständnis hat die Familie – wie auch sie im einzelnen zusammengesetzt sein mag – eine *unaufgebbare Bedeutung* für das Gemeinschaftsleben und für die Gemeinde Jesu Christi. Dort gilt die Zusammengehörigkeit von Ehe und Familie, selbst wenn sie in der Praxis manchmal nicht verwirklicht wird oder werden kann. Die Bedeutung der Familie für Gesellschaft und Gemeinde ist bereits im Dekalog angelegt, worin das (nach biblischer Zählung) *Fünfte Gebot* (Ex 20,12) mit den Fragen der Ehrerbietung unter den Generationen und dem angemessenen Gehorsam auch die gegenseitige Unterhaltspflicht zwischen Eltern und Kindern regelt, und wo ergänzend das Zehnte Gebot die Stabilität der Großfamilie sichert. Die Christen haben exemplarische (= beispielhafte) Aufgaben (vgl. 1 Petr 2,12) und werden zum Festbleiben ermutigt, „denn die Gestalt dieser Welt vergeht" (1 Kor 7,31).

5.5.7 Neben der im Neuen Testament sich in Anfängen schon abzeichnenden Mobilität von Familiengliedern, ist die ehemalige Großfamilie außer einem Schutzraum für ihre einzelnen Glieder auch *Hausgemeinde*, nämlich der Ort des gemeinsamen Bekennens vom Glauben. Die ersten Gemeinden waren „in den Häusern" (z.B. Apg 16,31; Röm 16,5; Phil 4,22; 1Tim 3,4ff; 5,4; Phlm 2). Die Familie hat nach wie vor diese Aufgabe des Ausgerichtetseins auf das Ziel der Gemeinschaft in der „Familie Gottes" hin, in seinem Reich (vgl. Mk 3,31–35 par; Röm 8,14–17). Das gilt trotz der unserer heutigen Zeit angepaßten vielerlei Angebote durch die Kirchengemeinde an die einzelnen Familienmitglieder. Das Morgen- und Abendgebet mit den Kindern, das Tischgebet und der Kalender mit täglichen Andachten zur Bibellese sind Stücke der Praxis von Hausgemeinden. Hierher gehört jener treue christliche „Wandel der Frauen (von heidnisch-gottlosen Ehemännern) ohne Worte" (1Petr 3,1), wodurch der Same des Evangeliums in Menschenherzen gesät wird. „Doch Wachstum und Gedeihen steht in des Himmels Hand" (Matthias Claudius).
So bleibt christliche Ethik beim Erhalt der Familie, egal in welcher Gestalt sie sich jeweils darstellen mag. Dazu gehören die schon im Neuen Testament vorgezeichnete Einehe (Monogamie) und die grundsätzliche Bereitschaft der Ehepartner zur Elternschaft, also der Wille zu eigenen Kindern. Denn die Familie ist und bleibt trotz entgegenstehendem Zeitgeist der Quellort neuen Lebens.

5.5.8 Damit ist die *Familienplanung* angerührt, verbunden mit der meist erschütternd banalen Frage junger Leute „Wann schaffen wir uns ein Kind an?" Der Urauftrag Gottes an die Menschen heißt: „Seid fruchtbar und vermehrt euch und bevölkert die Erde" (Gen 1,28). Von Überbevölkerung ist allerdings ebensowenig die Rede wie davon, daß es normal sei in unserem Lande, höchstens in einem Viertel aller Ehen drei und mehr Kinder zu finden. Dieses generative Verhalten zeigt sich in allen Industriegesellschaften und hat eine Reihe von Gründen, zu denen außer der Gesellschaftskritik überhaupt und einer kinderfeindlichen Umwelt auch der Hinweis gehört, man könne angesichts der politisch und ökologisch drohenden Katastrophen niemandem mehr wünschen, noch geboren zu werden. Hier hat säkulare Denkweise jegliches Vertrauen darauf verdrängt, daß immer noch Gott im Weltregiment sitzt.

Dennoch ist Familienplanung verbunden mit Geburtenregelung ein Zeichen verantwortlicher Elternschaft. Staatliche Eingriffe haben bei der Entscheidung Nachrang und sind nur als unterstützende (subsidiäre), Familienlasten ausgleichende Maßnahmen vorzusehen.

Hier erheben sich die Fragen des *Schwangerschaftsabbruches*, welchem die Überlegungen zur *Empfängnisverhütung* unbedingt vorauszugehen haben. Der Abbruch ist unbestreitbar das Töten von begonnenem, heranwachsendem menschlichen Leben; denn heutige Erkenntnisse der Biologie bestätigen, daß der Mensch von Anfang der Befruchtung an Mensch ist und nicht etwa erst Mensch wird. Die Dunkelziffer der ungeborenen, weil abgetriebenen Kinder ist ungeheuer groß. Bereits im Eid des Hippokrates (460–377 v. Chr.) wird der Schwangerschaftsabbruch dem Arzt verboten. Ebenso urteilte die Kirche von Anfang an.

In erschreckender Weise und zunehmend wird hierbei das Bewußtsein der Tatsache des Tötens verdrängt (bei Männern mehr als bei Frauen), weil immer mehr staatliche Rechtsordnungen, zumal in den Ländern mit christlicher Tradition, den Schwangerschaftsabbruch unter bestimmten Bedingungen nicht mehr strafrechtlich verfolgen (Beurteilung nach medizinischer, ethischer und sozialer Indikation). Ohne das zu werten, sei festgestellt, es erleichtert die Seelsorge für jene, die den Abbruch erwägen oder ihn vollzogen haben. Hier zeigt sich, daß juristisch beurteilte Straftat nicht dasselbe ist wie christlich erkannte Sünde. Juristische Regelung mag, dem Zeitgeist entsprechend, manches technisch und physisch Mögliche erlauben. Die Botschaft unseres Glaubens hält für alle Betroffenen die Botschaft der Vergebung und des Neuanfanges mit einem befreiten Gewissen (vgl. Ps 51,12–16; Lk 1,77; Eph 1,7; Hebr 9,14) bereit. Mit diesem Zusammenhang leistet das Evangelium Entscheidungshilfe!

Die Schwangerschaftsverhütung als Empfängnisregelung, auf deren (natürliche oder künstliche) Methoden wir hier nicht eingehen, ist ein Problem, das die jeweiligen (Ehe)paare angeht und zu dem viele Einrichtungen, auch solche der Kirchen, Hilfe, Rat und Beistand geben können. Im Gegensatz zum Schwangerschaftsabbruch (fast jeder Indikationsform) ist deren Verhütung rundum erörterungsfähig.

Das Wissen darum gehört zur Geschlechtererziehung, damit man sich nicht einfach ‚auf gut Glück' miteinander einläßt und manchmal nur ‚Pech hat' (!).

5.5.9 Die *Gefährdungen der Familie* dürfen ebensowenig unerwähnt bleiben wie Sonderformen von ihr.
Da ist (1) ihre *Zerrissenheit* im Blick, die sich durch die unterschiedlichen Rollenansprüche und weit auseinandergehenden Terminkalender aller Familienangehörigen äußert. Vielfach entsteht der Eindruck, als führten nur noch Fernsehen und andere moderne Unterhaltungsmedien die engere Familie zusammen, die dann aber keinen Familienkreis, sondern – im bekannten Bilde gesprochen – höchstens einen Halbkreis bildet.
(2) Die lebens- und familienfeindliche *Sucht* greift stark um sich. Die Arten der Sucht sind sehr verschieden; es gibt Alkohol- und Nikotinsucht, Drogen- und Medikamentensucht ebenso wie Fernseh-, Sportplatz-, Hobby-, Arbeits- und Putzsucht. Die Störungs- und Zerstörungsgrade sind unterschiedlich. Die Familie ist neben organisierten Hilfeangeboten immer noch die wichtigste Gruppe, um falsche Bindungen zu lösen oder zu (er)tragen und gute zu fördern.
Die (3) *außerfamiliäre Erziehung* hat viele Ursachen, bei denen gescheiterte Ehen und zerrüttete oder (z.B. durch Unfall) zerstörte Familien zuerst zu nennen sind. Die unmündigen Kinder kommen dann in Pflegefamilien oder in Heimerziehung. Trotz des bekannten Satzes, ein schlechtes Elternhaus sei jedem Heim vorzuziehen, ist zu betonen, daß die seit Jahrhunderten bestehende Heimerziehung (angefangen bei traditionsreichen Waisenhäusern bis hin zu heutigen Kinderdörfern und Heimen für behinderte Jugendliche) insgesamt Vorbildliches leistet und ausreichende staatliche, kirchliche oder private Unterstützung verdient. Für Christen ist selbstverständlich die vom Evangelium her bestimmte Heimerziehung im Unterschied zu weltanschaulicher Prägung (Indoktrination) die einzig verantwortbare dieser Erziehungsformen.
Zur außerfamiliären, genauer: familienergänzenden Erziehung rechnen auch die Kindertagesstätten und Kindergärten, die zu erhalten und zu pflegen jeder kundige Kirchenvorstand als wichtige Aufgabe kennt.

Gefährdung der Familie entsteht (4) sodann *innerhalb der Familie*, etwa weil die Mutter – die nach wie vor den Hauptanteil der Kindererziehung zu leisten hat – außer Haus einem weiteren Beruf nachgeht, weil der Vater selten zu Hause ist und seiner Frau die Erziehung überläßt, weil heranwachsende Kinder in Kreise gerieten, die sie ihrer Familie entfremden, weil mancherlei sonstige Probleme die Familie bedrängen. Dazu gehören die Wohnungsnot, Arbeitslosigkeit, Familien in sogenannten sozialen Brennpunkten (einschließlich Obdachlosensiedlungen und dem modernen Massenwohnungsbau), Erziehungsschwierigkeiten, körperlich oder geistig behinderte Kinder und das Auftauchen von Freunden, die anderer Religion, Gesellschaftsschicht oder Rasse angehören, und die stark zunehmenden Fälle von physischen Behinderungen verschiedenster Verursachung.
In allen Fällen ist die Familie als ganze gefordert, sie bedarf des Rates und der Hilfe, die nicht zuletzt in der Kirchengemeinde und in den Möglichkeiten der Diakonie gesucht werden können.

5.5.10 Im christlichen Verständnis ist die Familie das, was wir auch *Hausgemeinde* nennen. Die Aufnahme in die Gemeinde und Kirche geschieht durch die *Taufe*, die überwiegend als Kindertaufe, weniger häufig als Erwachsenentaufe praktiziert wird. In unserer Tradition kommt später die Konfirmation hinzu. Hier ist lediglich auf die ethische Seite der Taufe und ihre Bedeutung für die Familie hinzuweisen. Dabei sind neben den Eltern des Kindes auch die Paten (das Wort kommt von lat. patrinus = geistlicher Vater) als geistliche Eltern zu erwähnen, die gemeinsam mit den leiblichen Eltern eine christliche Erziehung der Kinder versprechen.
Indem die Taufe Aufnahme in die Gemeinde Jesu Christi ist und den Keim zum christlichen Glauben legt, muß die Erziehung entsprechend ausgerichtet sein. Die persönliche Entscheidung des einzelnen Menschen ist davon unberührt. Unter ethischem Aspekt ist die Taufe gewissermaßen das Tor zum Einüben in das Leben der Gemeinde. Bei ihr beginnt der Weg der Nachfolge Jesu Christi. Zu alledem ist die eigene Familie das ursprüngliche und erste Übungsfeld. Wer dies versäumt, macht sich schuldig vor Gott. Die sogenannte christliche Haussitte in Gestalt von Andacht und Gebet, vom Feiern der christlichen Feste und vieles andere ließe sich hier aufzählen. Angebote dazu,

wie das praktiziert wird, gibt es in jeder Gemeinde für diejenigen, die es nicht vom eigenen Elternhaus her kennen.

5.6 Erziehung

Das zuletzt Gesagte weist auf die Fragen der Erziehung hin, die zum Menschsein, genauer: zum Menschwerden hinzugehört. *Erziehung* ist ein Stück auf dem Wege zur charakterlichen und geistigen Heranbildung der Persönlichkeit. „Gebildetsein bedeutet eine Steigerung des Erzogenseins, ein eigenständiges Verhältnis zu den kulturellen Inhalten. Gebildet ist nicht, wer nur Kenntnisse besitzt und Praktiken beherrscht, sondern wer durch sein Wissen und Können teilhat am geistigen Leben, wer das Wertvolle erfaßt, wer Sinn hat für die Würde des Menschen, wer Takt, Anstand, Ehrfurcht, Verständnis, Aufgeschlossenheit, Geschmack und Urteil erworben hat; der Gebildete strebt nach Weisheit" (Der Große Brockhaus, 1953, z.St.). Jede Altersstufe hat die ihr eigene Weisheit und Tugend.
Erzogen wird außer in der Familie auch in Schule und Gesellschaft, in der Öffentlichkeit (nämlich Umwelt und Milieu), in der Berufswelt und durch mancherlei Medien. Dabei ist das bekannte Thema angerührt, jeder Mensch sei nicht nur Produkt seines Erbes, sondern auch seiner Erziehung. Erziehung ist das Mittel, kraft dessen der Mensch von seiner rein kreatürlichen Natur in eine zweite von der Kultur bestimmten Natur zur Persönlichkeit und Bildung heranreift. „In dieser Welt ist die Erde zum Mandat des Menschen und ist der Mensch zur Person und sein Gemeinwesen zu einem Gemeinwesen von Personen bestimmt worden, was einschließt, daß der Mensch nunmehr einer Erziehung bedarf, die auf eine Bildung zum Selbstsein und zum Mitsein mit anderen hinausläuft" (H.-H. Groothoff, Ev. Soziallexikon, 7. Aufl., 1980, S. 360).
Das ist ein allgemein formuliertes Ziel, welches verdeutlicht, daß Verfall der Erziehung den Verfall des Menschseins bedeutet. Über die Wege zum Erreichen des Zieles wird viel nachgedacht, hauptamtlich in der Pädagogik (ein Wort, das aus dem Griechischen kommt und ‚das Kind voranziehend führen' bedeutet). Die Erziehungswissenschaften gerieten in unserer Generation in einen ‚Erziehungsnot-

stand', als ihnen die Zielsetzungen und Sinngebungen verlorengegangen schienen. Man sollte meinen, das könne in einer christlichen Erziehung nicht vorkommen, weil in ihr das Ziel der Vollendung des Reiches Gottes vorgegeben ist, wobei die christliche Erziehung das Bemühen um die rechte Wegweisung dahin ist. Zum christlichen Auftrag, sei er erwartet von den Eltern, Lehrern, Lehrmeistern jeglicher Art oder von Verantwortungsträgern in der Öffentlichkeit, gehört das Bekanntwerden des heranwachsenden Menschen mit den Lebenswirklichkeiten einschließlich des religiösen Glaubens. Das hat mit einer Fremdbestimmung – oder gar Indoktrination (Hineinzwingen) von übergestülpten Werten – nichts zu tun, sondern ist eine ursprüngliche und unverzichtbare Aufgabe für jede heranwachsende Generation von der jeweils vorhergehenden. Wir Menschen vermögen die Freiheit für unsere Lebenswirklichkeiten nicht selbst zu erwerben, sondern können sie nur übernehmen und empfangen. Insofern ist christliche Ethik ein Stück Erziehungsangebot und Wegweiser in die Freiheit des Glaubensgehorsams, ein Vermitteln vom sinnerfüllten Tun und Lassen, das von Gott kommt und auf ihn auszurichten ist.
Erziehung beginnt mit „Teilhabe an christlich geprägten Verhaltensspielen. Christliche Erziehung würde in diesem Betracht zunächst religiöse Erziehung in der Weise sein müssen, daß den Kleinkindern an Geborgenheit und Freude gegeben wird, was wir Eltern nur eben tun können. Da geschieht zwar etwas ganz Natürliches, aber zugleich für seinen Glauben Wichtiges: Vertrauen wird unbewußt vermittelt ... Christliche Erziehung in diesem Alter ist also nichts anderes, als den Kindern Geborgenheit schenken, damit Eltern später über Fragen des christlichen Glaubens auch mit ihnen sprechen können. Gewiß können dies nur Eltern, die selbst den Glauben bei sich wachgehalten haben und wissen, daß sie aus Gott sind und in ihm bleiben" (K. H. Potthast, Das Miteinander in der Schule, 1981, S. 33f).
Dieser grundlegende Erziehungs- und Bildungsauftrag leitet sich für die Kirche ab aus ihrem grundsätzlichen Verkündigungsauftrag, der wiederum eine Folgerung aus dem Tauf- und Missionsbefehl (Mt 28,19f) ist. In einer von Technik durchsetzten und von vielen einander widerstreitenden Weltanschauungen zersetzten Menschenwelt ist das nicht leicht. Gottes Geist aber ist auf diesem Wege entscheidender Helfer (Röm 8,19–28).

Christliche Erziehungs- und Bildungsarbeit ist ein Handeln, das sich an die vielen einzelnen wendet und in einen Gehorsam führen soll, welcher sich mitten in der Welt mit ihren Gesellschaften und Problemen zu bewahren hat. Jeder Erzieher ist Beauftragter und Mitarbeiter Gottes in der Welt, damit sie bewahrt und gepflegt werde, damit wir Menschen auf Erden ein wirkliches Zuhause haben (vgl. Ps 94,10+12 u. Jes 54,13, wo Gott selbst als ‚Lehrer' erwähnt ist).
Der Erzieher führt Nachwachsende in die Mündigkeit und macht ihnen das Angebot der Freiheit. Dazu gehört für beide, nämlich den Erzieher wie den zu Erziehenden, Disziplin (also Zucht, Ordnung und Übung) ebenso hinzu wie Autorität (wörtlich = vermehren, ermächtigen; also die innere Berechtigung zum Ausüben verantwortbarer und eingegrenzter Herrschaft), welche wiederum auf vertrauensvolle Anerkennung angewiesen ist. Das Lernen geht dem Wissen, Können und Handeln voraus, wobei in erster Linie kein Zweck, sondern ein Sinn anzustreben ist.
Eph 6,1–7, besonders Vers 4, gibt die grundsätzliche Erziehungsrichtung an, nämlich die „Erziehung des Herrn", also die Erziehung durch Christus und zu ihm hin. Seine Gnade kann jede noch so unvollkommene und versagt habende Erziehung zum guten Ziel gedeihen lassen. Gott erweist sich in Jesus Christus als „unser Vater im Himmel", der sein Erziehungsziel nicht außer acht läßt. Dafür gibt es im Alten und Neuen Testament viele lehrreiche und tröstliche Beispiele, aus denen Mut zur Erziehung voller Vertrauen geschöpft werden kann. Es führt zu einer – im wörtlichen Sinne – vor-bildlichen Erziehung.
Pädagogik ermutigt zum Gebrauch des eigenen Verstandes, der „alles prüft und das Gute behält" sowie „das Böse jeder Gestalt meidet" (1Thess 5,21f). Hier ist ein Wort zur vielberufenen Chancengleichheit und zur Leistung fällig. Erstere gibt es in unserem Lande schon um Jahrzehnte länger als manche Kritiker zugeben wollen, erst recht, wenn dabei auf die Möglichkeiten persönlicher Leistung und Begabungen sowie christlich verantwortbare Erziehungsziele geblickt wird. Unter Chancengleichheit darf andererseits nicht das Einebnen aller persönlichen Bildungspläne vorgestellt werden. Dahinter verbirgt sich eine Einstellung, die sich keine Gemeinschaft längere Zeit ohne erhebliche Nachteile und Rückschritte erlauben darf. Von Prinzipien der Gleichheit her mögen Einzelförderungen (und -belohnungen!)

verdächtig sein, was sich in unserer Epoche allerdings nicht auf sportliche, gegebenenfalls auch musikalische Spitzenleistungen erstreckt. Man denke an das Showbusiness. Liegt etwa in heutiger Gleichmacherei ein Stück Neid verborgen? Sie hemmt die so nötigen und humanitär selbstverständlichen schöpferischen Kräfte vieler. Auch aus dieser Sicht sind Bildung und Erziehung wesentliche Teilstücke zur Lebensfähigkeit für einzelne und für die Gemeinschaft.
Am anderen Ende der Reihe finden sich die sogenannten Schwererziehbaren. Ihnen gegenüber braucht der Erzieher neben aller Fachkenntnis ein besonders gerüttelt gefülltes Maß an liebevoller Zuwendung und Geduld. Hier geht es um ‚Seminar-Arbeit' im Ursinne des Wortes, nämlich um ‚Aussaat' guten Samens mit dem Erwarten dessen, ob überhaupt Frucht aufgehen wird und welcher Art sie ist. Um die verschiedenartigen Schwererziehbaren bemühen sich, abgesehen von vielen Einzelpersonen, auch organisiert die Mitarbeiter in diakonischen Einrichtungen der Kirche. Diese Erziehungsarbeit bedarf der Bitte um den Segen Gottes für die anvertrauten Heranwachsenden, die Geh-Hilfen brauchen, um ihren Weg durchs Leben als Gotteskinder (!) zu schaffen.

5.7 Gesundheit und Krankheit

5.7.1 „Vor allem *Gesundheit!*" gehört zu den Standardwendungen bei Glückwünschen zum Geburtstag. Gedacht ist vorwiegend an eine medizinisch und biologisch-physiologisch meßbare Gesundheit. An verhaltenspsychisch und noch weiter gefaßt soziale, ökologische, kulturelle oder gar religiöse Gesundheit wird weniger oder gar nicht gedacht. Gesundheit wird verglichen mit ‚Normalsein' und Funktionsfähigkeit. Wer gesund ist oder wurde, ist ‚rehabilitiert' und kann (in den Arbeitsprozeß oder die Gesellschaft) ‚reintegriert' werden. Welche ethische Auffassung steht hinter derartigem Denken, das überall anzutreffen ist und soziales Ziel zu sein scheint?
Für christliche Ethik ist die Gesundheit und als ihr Gegenteil die Krankheit entsprechend der biblischen Sicht viel umfassender zu verstehen, als es naturwissenschaftlich, somatisch und psychisch ausgerichtete Medizin meint (vgl. Ps 73,4; 107,20; Jes 1,6; Jer 30,17; Mk

2,1–12; Lk 4,40f u.ö.). Die vom Darwinismus herkommenden Betrachtungsweisen, wonach sich das jeweils stärkere – und damit biologisch gesündere – Lebewesen durchsetzt, findet hier keinen Boden; denn in christlicher Sicht sind Krankheiten keineswegs nur reparaturbedürftige Störungen des ‚normalen' und ‚regulären' Verhaltens.
Der in vielem segensreiche medizinische und technische Fortschritt unserer Zeit hat hier auch die Grenzen zwischen Gesundheit (= leistungsfähig im menschlichen Zusammenleben) und Krankheit (= lästig und das Weiterkommen hemmend) verschoben: Die Brille gleicht Sehschwächen aus, Fahrzeuge ersetzen den tüchtig ausschreitenden Wandersmann, Prothesen ermöglichen Handreichungen, Medikamente stützen die sonst versagenden Körperkräfte, Hörgeräte erhalten die Unterhaltungsfähigkeit und so weiter. Gesundheit aber ist für viele zu einem der beanspruchbaren Konsumgüter geworden, auf die sie sich durch Bezahlen von Krankenkassenbeiträgen meinen, Anrechte erworben zu haben. Angemessenes Gesundheitsbewußtsein ist für Christen stets verbunden mit dem Wissen um das Leben als Schöpfung Gottes, als Geschenk, für das wir Verantwortung tragen und das ein sinnerfülltes Ziel hat (vgl. auch Sir 38,1–15 zur ärztlichen Tätigkeit).
Mit diesen Beispielen rücken bereits Fragen der Medizinischen Ethik ins Gesichtsfeld, denn außer dem Abwägen vom möglichen Erfolg einer Heilmaßnahme ist zu fragen, ob sie dem Wohl des ganzen Menschen und seiner Würde entspricht, und ob sie das Ziel des Menschseins, nämlich selig zu sterben, mit bedenkt.
Das Bemühen um Gesundheit im Sinne von erreichtem Wohlbefinden und Lustgewinn übersieht (sofern dieses durchaus berechtigte Teilziel verabsolutiert wird) völlig die Wirklichkeit der Verfallenheit des Menschen an die Sünde, und daß „wer das Leben gewinnen will, wird es verlieren" (Mt 10,39 par; dieser Satz steht 6mal im Neuen Testament). Im Leben stehen Heiterkeit und schmerzloses Glück neben Rückschlägen und quälendem Leid. Das darf nicht übersehen werden, wenn es um die Fragen von Krankheit und Gesundheit geht, wobei zunächst jeder für sich selbst Verantwortung hat, danach auch für die Mitmenschen. Im besonderen Maße gilt dies verständlicherweise für die Angehörigen der Heilberufe. Ethisch verantwortbares Fragen

nach Gesundheit (vgl. z. B. Sir 18,19b) kann nicht an den wesentlichen Lebenszielen vorbeigehen, die das wirklich Menschliche und die dazugehörenden Grundwerte meinen. Beispielsweise ist einem frommen Juden während des Aufenthaltes im Krankenhaus wichtiger, seine religiösen Reinigungs- und Speisevorschriften beachtet zu wissen, als sich nach Anweisungen der Klinik-Hygiene und -abläufe richten zu müssen, die seinen Glaubensvorschriften widersprechen. Die seelisch-geistliche Gesundheit kommt vor der rein körperlichen. Auch wer gutmeinend sich darüber hinwegsetzt, mißachtet die Menschenwürde. Das erhält besonderes Gewicht beim ärztlichen und pflegenden Handeln in den Grenzsituationen des Lebens; denn dem sterblichen Leib ist Leben in Christus zugesagt (vgl. Röm 6,12–14). Daran darf medizinische Ethik nicht vorbeigehen.
Das Erhalten und Pflegen der Gesundheit hängt zusammen mit einer Gesundheitserziehung, die mit Hygiene und richtiger Ernährung anfängt und über die Problematik vom Tabak- und Alkoholgenuß bis hin zum ausgeglichenen Leben ohne Dauerstreß führt. Damit ist für Christen neben der pädagogischen Seite der Auftrag gestellt, heilendes Handeln zu üben, also Kranken jeder Art und an jedem Ort der Welt Heilung und Heil (beides gehört zusammen) zu bringen bestrebt zu sein. „Gesundheit wird damit – wie in der Bibel – eine dynamische Größe und nicht eine Statur oder ein Defizit ... Behinderte haben einen Platz unter denen, die Kraft zum Leben haben und ihre Möglichkeit erkennen, mitzuwirken, daß Gott heilende Kraft wirksam wird" (M. Scheel, Ev. Soziallexikon, 7. Aufl., 1980, Sp. 516).
Diese Zusammenhänge unterstreicht Ulrich Eibach (Medizin und Menschenwürde, 1976, S. 539): „Der Leib ist gemäß biblischer Anthropologie nicht ein Ding, das ich habe, sondern er ist als ‚Schnittfeld' der Beziehungen, die das Leben ausmachen, ‚Ausdrucksfeld' der Person, die mit ihrem Leib weithin identisch ist ... Aber er ist auch das ‚Feld' der Begegnung mit und der Beziehungen zum Mitmenschen. Von daher ist die Verantwortung für das eigene leibliche Leben immer zugleich Verantwortung für das Leben der Mitmenschen."

5.7.2 Gesundheit ist also viel mehr als Abwesenheit von Krankheit, und Krankheit ist nicht einfach mangelnde Gesundheit. Beides ist im Licht dessen zu sehen, was Gott mit den Menschen in dieser Welt will

und zu welchem Ziel er seine Schöpfung mit seinen Geschöpfen führt. Es handelt sich um jenen Herrn, „der künstlich und fein dich bereitet, der dir Gesundheit verliehen, dich freundlich geleitet" (Joachim Neander).
Für die *Krankenbehandlung* hat das Folgen. Ist der medizinische Fortschritt letztlich dem Patienten als Mensch in seiner Ebenbildlichkeit Gottes nützlich? Ist die Verlängerung des biologischen Lebens Ziel und Wille Gottes? Zunehmende Spezialisierung und außerordentliche Verbesserung medizinischer Therapie in Hochleistungskliniken (im sogenannten „medizinischen Reparaturbetrieb", wie es zuweilen bereits heißt) führen zu einer krankheitsorientierten statt richtiger zu einer patientenorientierten Medizin und Pflege. Der Mensch ist weit mehr als nur Natur. Leitgedanke der letzteren ist der bekannte Satz von der „Ehrfurcht vor dem Leben" (Albert Schweitzer), womit in unserem Zusammenhang lebendige Menschen gemeint sind. Es geht hier um eine therapeutische Ethik, die Barmherzigkeit bezweckt, und nicht um ein medizinisches Wissenschaftsethos, das in das Wesen des Menschen und seine Würde manipulierend eingreift.
So gelangen heilende Helfer zu der Erkenntnis, daß Krankheit und Leiden letztlich Erscheinungen sind, die auch theologisch, geschweige denn naturwissenschaftlich, unlösbare Rätsel bleiben. Die Leidenden können trotzdem des Erbarmens Christi gewiß sein; denn er betont ausdrücklich, um der Kranken willen zu den Menschen gekommen zu sein (Mk 2,17). Das führt zum „Leben in Christus" (vgl. Gal 2,20).
Für den im Glauben gefestigten Christen steht der Bezug seiner leiblich-geistigen Verfaßtheit in weiteren Zusammenhängen. Blaise Pascal spricht sie sehr nüchtern und deutlich in einem Gebet als Bitte aus; denn ‚von selbst' ist auch der Christ nicht gefestigt, sondern er ist schwach und verzagt wie jeder andere. Pascal sagt: „Vater im Himmel! Ich bitte weder um Gesundheit noch um Krankheit, weder um Leben noch um Tod, sondern darum, daß Du über meine Gesundheit und meine Krankheit, über mein Leben und über meinen Tod verfügst zu Deiner Ehre und zu meinem Heil. Du allein weißt, was mir dienlich ist". Das ist die Haltung christlicher Nachfolge, die der Patient ebenso braucht wie der dem Kranken Helfende, sei er Arzt und Pfleger, sei er Seelsorger oder besuchender Angehöriger. Hier taucht das Geheimnis der Stellvertretung auf. Das Wissen um diese Zusammenhänge

weist die Richtung an, in der die ‚Christlichkeit' jeglicher Gesundheitsfürsorge in Sicht kommt. Vermenschlichung (im tiefsten Sinne des Wortes) von Medizin und Pflege bleibt deren ethische Tugend.

5.7.3 Die *Grenzen zwischen Gesundheit und Krankheit* sind oft nicht deutlich erkennbar. Die Medizin vermag sie nach ihren Maßstäben festzulegen und dann (im Blick auf den Arbeitsprozeß) jemanden krank- oder gesundschreiben. Verhaltenspsychologisch werden die Beziehungen zur Umwelt einbezogen und ‚abweichendes' Verhalten beobachtet. Allerdings ist nicht ohne weiteres festzulegen, ob das Abweichen vom ‚normalen' menschlichen Verhalten in der betreffenden Person oder auf seiten seiner Umwelt liegt. Es ist nicht erst eine Erfindung unseres Jahrhunderts, Menschen für geistig krank zu erklären und dementsprechend von der Gesellschaft auszusondern, wenn sie mit ihren Ansichten von dem abweichen, was die geltende politische oder religiöse Anschauung bestimmt. In den Augen der herrschenden Meinung sind das dann krankhafte Nonkonformisten. Hiermit stehen wir vor einer sozialethischen Bedeutung von Gesundheit und Krankheit, die die Wertungen von Gut und Böse ins Feld führt. Da ist besondere Aufmerksamkeit vor der Menschenwürde geboten; denn auf welcher Seite tatsächlich der ‚gesunde Menschenverstand' liegt, zeigt sich nicht selten erst später.
Die diakonische Sicht der Begegnung mit Krankheit ist (1) das Bemerken und Erkennen der betreffenden Not (vgl. den armen Lazarus, Lk 16,19ff), sodann (2) die barmherzige Hinwendung zum Kranken, welche (3) zum helfenden Handeln wird oder (4) den Kranken das begleitende Mitleid (im umfassenden Verständnis von Röm 8,17, 1Kor 12,26; Hebr 10,33–36). Das zuletzt Angedeutete führt in die Bereiche menschlicher Ohnmacht, führt an die Grenze unserer Möglichkeiten. Weit mehr als in der sogenannten Humanmedizin mit ihren vielen Fachbereichen und außerordentlichem Bemühen um die Kranken erkennen diese Grenze die Psychiatrie oder die Beratungsarbeit unterschiedlichster Art. Christliche Ethik wird stets die Frage wach zu halten haben: Welches sind die geistigen und geistlichen Werte, die dem Patienten (das aus dem Lateinischen kommende Wort bedeutet Leidender) vorrangig vor allem Bemühen um Rehabilitation zu vermitteln sind? Das Rechnen mit der Wirklichkeit Gottes als des Schöp-

fers und Erhalters allen Lebens ist damit gemeint. Im Prozeß der therapeutischen Versorgung sind die leibliche und geistliche Versorgung gleich bedeutsam, um gesund zu werden. Das Beispiel von Jesus ist hier richtungweisend: über dessen Heilen wird oft berichtet, er habe mit dem leiblichen Genesen auch die Vergebung der Sünden verbunden. Solcher Mensch wurde wirklich und ganz gesund. Denn Gott ist der Versöhner und Vollender seiner Schöpfung. Diese Erkenntnis hat hohe Bedeutung für die Einrichtung der Seelsorge in jeder Art Klinik und in den Gemeinden.

5.8 Genetik

Heutige Biologie und Anthropologie befaßt sich in der Humangenetik mit den Problemen der menschlichen Vererbung. Mit der Erforschung der Geschlechtszellen, den ‚Erbinformationen' in den Chromosomen, in denen wiederum die DNS (Desoxyribonucleinsäure) wesentliches Ziel der Forschung ist. Untersucht werden die Erbanlage und Erbänderungen, seien es *Mutationen*, also die sprunghaft und wie zufällig auftretende Veränderung eines Gens, womit sich das Wesen des betreffenden Lebewesens ändert, seien es *Manipulationen*, also Eingriffe in die Erbinformationen. Hierbei treten ethische Fragen auf, unter denen voransteht: Sind die Aufsehen erregenden Entdeckungen der Molekularbiologie und Soziobiologie auf jener Bahn, welche uns zur Entschlüsselung und dann auch zur Beeinflussung des Geheimnisses Mensch führt? Stehen wir etwa unmittelbar vor der Tür zur ‚Werkstatt Gottes'? Was kann und darf die Genetik? Kann sie Erbkrankheiten ausrotten, ohne anderes am Menschen zu verändern? Ist es überhaupt noch Gottes Wille, daß der Mensch durch Genetik Lebensschicksale bestimmt?
Das Erkennen zutage liegender sowie bisher verborgener vererbter Krankheiten und Behinderungen ist ein bedeutsamer Schritt der Wissenschaft. Er kann zur genetischen Beratung, zur Familienplanung, zu vorbeugenden und lebensbegleitenden Maßnahmen führen, wenn die Praxis verantwortungsbewußt und fachkundig, vor allem unter steter Respektierung der Menschenwürde vollzogen wird. Manche Erbschäden sind dabei einzudämmen. Die erblich belastete Familie kann vor

Schäden bewahrt werden, von Verwandtenehen kann Abstand genommen werden, durch vorgeburtliche oder später erfolgende Untersuchungen kann Eltern von der Zeugung weiterer Kinder abgeraten werden. Sofern die Berater Christen sind, werden sie neben dem Fachlichen den Hinweis auf Gottes Vatergüte und seinen Heilswillen in Christus nicht verschweigen.

Außer solcher negativen *Eugenik*, die auf Heilung und Minderung krankhaft veränderter Gene mit entsprechenden Folgen für den betreffenden Menschen zielt und seine Nachkommenschaft samt seiner Familie zur Aufgabe hat, versucht die positive Eugenik durch Genmanipulation, also durch Verbesserung des menschlichen Erbgutes, neue Merkmale für neue Menschen und bessere Lebensqualitäten auf dem Wege der Evolution zu entwickeln. Das soll durch Umprogrammierung der genetischen Informationen im DNS erreicht werden. Ob dem überhaupt langfristig und weltweit Erfolg beschieden ist oder nicht, sei dahingestellt.

Mit der Humangenetik und deren Fragen der Genkorrektur befaßte sich 1974 ein Ausschuß des Weltrates der Kirchen, von dessen Erkenntnissen hier einige übernommen werden (vgl. Zeitschrift f. ev. Ethik, 1975, S. 169ff). Zunächst ist festzuhalten, daß ein gesundes ethisches Urteil in diesen Dingen genaueste Sachkenntnis erfordert, doch die wissenschaftlichen Daten und Erkenntnisse allein vermögen die Menschenwürde nicht zu beschreiben. Wissenschaft jeder Art ist außerstande zu beurteilen, was sub specie aeternitatis, d.h. im Lichte der Ewigkeit Gottes (der Ausdruck stammt aus der Ethik des jüdischen Philosophen Baruch de Spinoza) den einzelnen, der Gesellschaft, den Völkern, der ganzen Welt nützt.

Während Genetik und ‚Gentechnik', wie es vielsagend auch heißt, mit der Verbesserung der Lebensqualität (wie sie auch beschrieben sein mag) *Leiden verhüten* möchte, weiß christlicher Glaube um verschiedene Seiten des Leidens und daß ihm keinesfalls nur aus dem Wege gegangen werden kann und auch nicht soll. Denn vielmals wirkt Gottes Gnade besonders und ausgerechnet im leidenden und scheinbar geschädigten Menschen sowie dort, wo schlimme Denkweise vom „lebensunwerten Leben" zu sprechen wagt (vgl. 2Kor. 12,7–10).

So ist Humangenetik ein neueres Wissenschaftsgebiet, aus der Segen erwachsen kann, wenn sie die biologische Ungleichheit der Menschen berücksichtigt, wenn sie die ethischen Probleme in ihre Forschung einbezieht und würdigt, wenn sie sich mit ihren Erkenntnissen vor der Öffentlichkeit verantwortet und wenn sie die Ehre Gottes als des Schöpfers und Erhalters allen Lebens nicht antastet. Er bestimmt letztlich, welches die Qualität unseres Lebens ist und wie der Mensch in der Dreiheit von Leib, Seele und Geist sein, werden und leben soll. Gentechnologie darf sich – zumal durch Manipulationen – nicht anmaßen, was unserem Schöpfer vorbehalten ist.

5.9 Grenzfälle

Die seit 1957 erscheinende Zeitschrift für evangelische Ethik brachte als allerersten Beitrag einen Aufsatz über die Frage „Gibt es eine evangelische Ethik der Grenzfälle?" Darin hat sich Hendrik van Oyen mit den Fällen im Menschenleben befaßt, die Ausnahmen im Bereich der Ethik sind, aber trotz ihres Charakters als Ausnahme- und Randerscheinungen ethischer Beurteilung bedürfen. Ob es sich um die dort angesprochenen Fragen des Selbstmordes, der Abtreibung und der Euthanasie handelt oder um viele weitere Situationen im Menschenleben an der Grenze des ‚normalen' Lebens: allemal sind ‚wir anderen' nicht aus der Pflicht entlassen, ihnen unsere Hingabe zu gewähren. „Indem Gott sich in Christus um diese Weltzeit kümmert, sind alle Abstufungen unseres sittlichen Tuns (ob Grenzmoral oder Existenz) relativiert auf das eine Große: daß wir uns lieben sollen, wie Christus uns geliebt hat" (a. a. O., S. 16).
Im vorliegenden Zusammenhang werden als Grenzsituationen einige Bereiche betrachtet, zu denen einerseits gehört, was heutzutage Behinderungen, Gefährdungen, Versagen und Lebensgrenze heißt. In der Wissenschaft wird hier von *Abulie* (griech. = Ratlosigkeit) gesprochen, worunter die weitgehende Unfähigkeit verstanden ist, das eigene Leben frei und eigenständig so zu gestalten, daß die Gesellschaft oder sonstige Nächste nicht helfend und stützend einzugreifen brauchen. Abulie kann physiologische wie auch psychologische und soziologische Ursachen haben. Christliche Ethik steht damit vor dem Problem des Miteinander der Starken und Schwachen (Röm 15,1ff; 1Kor 8,7ff). Auf welcher Seite sich jemand auch befinden mag, beide

gehören zusammen und haben wechselseitig einander anzunehmen und mit den eigenen Möglichkeiten und Gnadengaben zu dienen. Bei den sehr ‚Schwachen' ist solche Gabe einfach schon die Tatsache, daß sie dem Starken Gelegenheit zur Hilfe geben, wobei Christus selbst gegenwärtig sein will (Mt 25,40). Es geht praktisch um Hilfe und Beistand. Andererseits wird ein Blick auf die Leistung geworfen, welche heutige Medizin nach ihrem Entwicklungsstand bewirken kann oder könnte.

5.9.1 Wird jemand in seinen körperlichen, geistigen oder seelischen Funktionen unmittelbar eingeschränkt und beeinträchtigt, reden wir von körperlicher, geistiger oder seelischer *Behinderung*, die auch mehrfach bei einer Person vorkommen kann. Behinderungen können vorübergehend oder unabänderlich sein, beherrschbar und gelindert werden. Ein System der genaueren Einteilung von Behinderungen gehört nicht hierher. Entscheidend ist zu wissen, daß von sämtlichen Körperteilen aus die Behinderung möglich ist und somit auch alle Lebensbereiche beeinträchtigt werden können.
Behinderte Menschen bedeuteten immer schon eine ethische Herausforderung. Heute noch gibt es Regionen auf der Welt, in denen man sich des Falles dadurch entledigt, daß offensichtlich behinderte Neugeborene sofort getötet werden. Behinderte waren stigmatisiert oder von bestimmten Berufen und Ämtern ausgeschlossen. Bereits im Alten Testament gibt es einzelne Beispiele, etwa beim Priesterdienst (Lev 21,16–24; dort ist ein ganzer Katalog von Behinderungen aufgezählt). Das Alte Testament hat daneben klare Regelungen für das Helfen bei Behinderungen (Lev 19,14; Dtn 27,18; Ijob 29,15 u. a. m.).
Jesus Christus hat sich der Behinderten besonders angenommen, ja sie zuweilen scheinbar bevorzugt behandelt (Lk 14,21 ff; 18,35 ff u. ö.). Es sind die Lahmen, Krüppel, Blinden, Tauben, Blöden, Aussätzigen, ‚Besessenen' (Epileptiker?), im weiteren Sinne auch die (sozial) behinderten Witwen und Waisen sowie die Armen. Damit gab er uns Christen beispielhafte Hinweise, daß wir uns ihrer sorgfältig annähmen und ihnen Begleiter seien. Das ist Agape, die über Pflichtleistungen eines Sozialstaates hinausgeht.
Aus humanitärem Antrieb wird zu Recht viel Wert auf Gleichberech-

tigung, also Gleichbehandlung und Integrierung der Behinderten in die Gesellschaft, meist in das Berufsleben, gelegt. Dabei kamen Eiferer auf den Gedanken, die alten und eindeutigen deutschen Bezeichnungen jeweiliger Behinderung, als angeblich herabwürdigend, zu ersetzen durch neue Begriffe. Danach gibt es keine Krüppel, auch keine Lahmen mehr, sondern Körperbehinderte. Blödenanstalten sind selbstverständlich auch längst verschwunden, um Einrichtungen für geistig Behinderte Platz zu machen. Doch auch das reicht nicht mehr, derzeit reden viele betont vom behinderten Mitbürger. Und schon diesen Ausdruck wollen die damit Bezeichneten ebenfalls nicht führen. Bei genauerem Untersuchen dieser Entwicklung treten zwar liebevoll gemeinte, aber letztlich überwiegend im Sozialpolitischen anzusiedelnde Ansichten zutage. Christliche Ethik verwischt nicht, sie darf es auch nicht im Sprachlichen tun. Hingegen lebt sie im Wissen um die Unzulänglichkeiten in dieser Welt und von uns Menschen, im Wissen um die Versöhnung durch Christus und im Wissen um seinen Auftrag, einander in jeder Lebenslage und persönlichen Verfassung anzunehmen (vgl. Röm 12,13; 14,1; 15,7).

Derselbe Auftrag gilt den *Gefährdeten*. Hierbei wird an Menschen in solchen Grenzsituationen gedacht, die – etwa als ungefestigte Jugendliche – den Verlockungen ihrer Umwelt erliegen und teilweise straffällig werden, auf die sogenannte schiefe Bahn geraten, und vielleicht als ‚Versager‘ in Einrichtungen für Schwererziehbare gebracht werden. Gemeint sind weiterhin Menschen, die infolge des ungeregelten Lebens wegen ihrer Arbeitslosigkeit (in Erinnerung an das Sprichwort: Müßiggang ist aller Laster Anfang) ihre ursprünglichen Ordnungen und (familiären) Bindungen verlassen und sich neue Gefährtenschaften suchen. In dieser Hinsicht sind Ausländer ohne Kenntnis der Landessprache unter uns ebenfalls gefährdet. Wer dem erliegt, wird leicht straffällig, zumindest sozial auffällig und meistens hilfebedürftig. Neben dem Rechtsanspruch auf Sozialhilfe in unserem Staat bleibt die christliche Zuwendung zum Nächsten bestehen. Wie im einzelnen wirksam und nötig zu helfen ist, kann in der Regel ein Fachmann sagen; das stete Nachgeben auf Bettelei ist keinesfalls die grundsätzlich zutreffende Reaktion aus christlicher Verantwortung.

Besondere Grenzsituationen sind der weltweit immer grausamer werdende *Hunger* infolge Naturkatastrophen, Überweidungen und Raub-

bau oder Kriegen. Dem zur Seite stehen die unaufhörlichen *Flüchtlingsströme* und Lager in allen Kontinenten, wo sie Asyl gefunden haben.
In den Evangelien ist auffallend oft auf den Hunger Bezug genommen, und zwar auf den leiblichen wie auf den nach Gerechtigkeit und nach dem Wort Gottes verlangenden (u. a. Mt 5,6; 6,31 ff; Mk 2,23–28; Lk 6,21.25; 15,17; Joh 6,32 ff; Am 8,11 f u. Mt 4,4). Jesus beauftragt seine Jünger: „Gebt ihr ihnen zu essen" (Mt 14,16 par; vgl. dazu auch Lk 16,19 ff). Christliche Nächstenliebe als Hilfe für den Hungernden und für den Flüchtling wird von Christus her bestimmt, ist also erst in zweiter Linie humanitär oder sozialpolitisch veranlaßt. Dieser Gestalt der erkannten Grenzsituation entspricht beim Habenden der spürbare Verzicht, das Opfer im Sinne von Einordnen des eigenen Willens und Vermögens in den hingebenden Willen des Herrn Jesus Christus.
Menschliche Grenzsituationen, aber auch der Überfluß sowie mangelnde persönliche Festigkeit können in die schlimme Not der *Sucht* führen. Sie wird genauer bestimmt als Alkoholsucht, Drogen- und Medikamentensucht. Süchtig sein kann jemand auch durch Nikotin, durch unmäßige Arbeit, durch Eitelkeit, Putzsucht, Eifersucht und manches andere.
Sucht bedarf besonderer Zuwendung durch Nächste, die beobachtend, kundig beratend, vor allem aber fortdauernd zur Seite stehend den Süchtigen aus seinem Irrweg fortzubringen versuchen und ihm andere, nämlich sinnhafte Lebensziele anzustreben vor Augen führen. Hier gilt besonders das christliche Beispiel (etwa des eigenen Verzichtes auf Alkohol oder Nikotin) und das Wissen um den, der allein die Fesseln aller Süchte zu sprengen vermag, Christus.

5.9.2 Zu den Grenzsituationen in jedem Menschenleben gehören das *Sterben* und der *Tod*, womit das irdische Leben beendet wird. Aus der Sicht des blühenden Erdenlebens ist Sterben die ärgste Behinderung; vom christlichen Ziel des Reiches Gottes her ist Sterben das Aufgehen der Tür in die Ewigkeit mit der endgültigen Zukunftsentscheidung. Jegliche Behinderungen und irdischen Begrenzungen werden dann aufgehoben sein in der Freude und dem Lob Gottes. Davon redet in leuchtenden Farben bereits Jes 35 und zuletzt Offb 21 f. Unter solchen Vorzeichen ist es eine völlig falsche Redewendung, wenn sogar Chri-

sten bei der Mitteilung über das Sterben eines Nahestehenden sagen „Wir befürchten das Schlimmste".
Im hoffenden und getrosten Aufschauen auf Jesus als Anfänger und Vollender des Glaubens (Hebr 12,2) ist das selige Sterben an keinen leiblichen oder geistigen Kennzeichen abzulesen. Es ist vielmehr ein Festhalten an der Verheißung Christi „Ich lebe und ihr sollt auch leben" (Joh 14,19). Das kann für diejenigen, die das Sterben anderer miterleben, durchaus spürbar sein. Das ist zugleich ein wichtiges Lehrstück für das eigene Sterben, „auf daß wir klug werden" (Ps 90,12).
Der Tod ist der Lohn der Sünde (Röm 6,23). Das weiß christliches Glaubensverständnis; aber es weiß auch, daß Sterben Gewinn ist (Phil 1,21), nämlich dem, für den Christus das Leben ist. Diese beiden die Wirklichkeit des Todes knapp umfassenden Sätze bilden den Rahmen für das Verhalten aus christlicher Ethik am Sterbebett. Die Ars moriendi = Kunst des Sterbens ist ein altes Thema christlicher Gemeinden. Es geht dabei unter anderem um die Frage der Wahrheit und den Grad der Offenheit gegenüber dem Sterbenden wie auch gegenüber den Angehörigen. Das oft gegenseitige Ablenken von der dahinschmelzenden allerletzten Frist zum Regeln nötiger Angelegenheiten des Erdendaseins und zum beichtenden und betenden Vorbereiten auf das Gericht vor Gott, ist mindestens so unverantwortlich wie grobes Erschrecken des Patienten durch Hinweis auf seinen nahenden Tod, dem damit die für ärztliche Bemühung so wichtigen Kräfte des Lebenswillens verlorengehen. Hier wird wahre Nächstenliebe die erforderlichen Worte zu finden helfen. Wer sich an Gottes Zusagen hoffend klammert, kann die einzelnen Phasen seines Sterbens bewußter und freier durchleben. Gemeint ist damit die Zeit, in welche sich der Sterbende mit dieser Tatsache abzufinden hat. Der Christ bereitet sich eigentlich sein ganzes Leben auf diesen abschließenden Übergang vor.
Neuerdings wird wieder viel von *Sterbehilfe* im Sinne von Euthanasie gesprochen. Mit ihr sei ein Stück Humanität verwirklicht; denn dem sich quälenden Sterbenden wird der Leidensdruck genommen. (Die tierärztliche Euthanasie steht auf einem anderen Blatt.) Die aktive, meist durch Medikamente bewirkte Sterbehilfe wird der Christ deshalb nicht bejahen, weil er des Menschen Zeit in Gottes Hand weiß,

dem auch das Leben gehört (vgl. Ps 31,16; Mk 13,33; Joh 7,6). Bemühen um Schmerzlinderung ist hiermit nicht gemeint. Selbst wenn der Sterbende scheinbar oder tatsächlich bewußtlos und unfähig zum Reagieren nur daliegt, sind Fürbitte und Bibellesung ebenso helfend wie wortloses Dabeisein oder das Anfassen des Sterbenden. Das darf auch bei Verkehrsunfällen nicht vergessen werden. Man weiß längst, daß bei Sterbenden das Gehör noch sehr lange funktioniert, weshalb im Sterbezimmer die Gespräche dementsprechend sein müssen. Ähnlich ist es mit dem Gefühl. Das ist die selbstverständliche und natürliche Sterbebegleitung, an deren Stelle unsere Moderne erschreckenderweise das Abschieben des Abscheidenden in Sterbezellen und Sterbekliniken und in das Alleinsein erfand, häufig angeschlossen an Apparate und Schläuche. Angefügt sei, daß die pränatale Euthanasie, also der Schwangerschaftsabbruch, als aktive Euthanasie auch unter die oben genannten Kriterien fällt.

Daneben ist die passive Sterbehilfe der Verzicht auf medizinisch mögliches, künstliches Hinauszögern des Todes. Ob dem Arzt oder anderem Pflegepersonal die Entscheidung darüber zusteht, ist außer in der ethischen auch noch in der juristischen Diskussion. Wie und wann sich einzelne in solcher Grenzsituation entscheiden, sie werden ihr Gewissen prüfen müssen und brauchen in jedem möglichen Entscheidungsfall das (vielleicht schweigende) Mittragen der übrigen Beteiligten und die Fürbitte. Christliche Ethik kann in der Euthanasieproblematik weder einseitig an festen Prinzipien haften noch sich nur vom Blick auf die Folgen (Nutzen oder Mißbrauch) leiten lassen. Beides ist zu beachten.

Eine besondere ethische Herausforderung ist der *Selbstmord*, die Selbsttötung, mit dem Fremdwort Suizid. Unter den Kulturen der Erde scheint die geringste Suizidrate im Islam mit seinem Kismet-Glauben zu liegen (der aber eine hohe Todesstrafen-Rate hat), während die höchsten Selbstmordziffern das europäische Abendland aufweist. Grundsätzlich verurteilen alle Hochreligionen den Selbstmord. Hier kann nicht auf die psychologischen, soziologischen, medizinischen und politischen (z. B. Protestfasten bis zum Tode) Seiten der Selbsttötung eingegangen werden, sondern wir beschränken uns auf die theologische.

Zunächst ist festzuhalten, Selbstmord (also Selbsttötung) ist gewaltsa-

mes Beenden und Zerstören des eigenen Lebens. Es ist eine dem Menschen gegebene Fähigkeit. Es kann Situationen geben, worin das Abwägen der Umstände zum Risiko der Selbsttötung führt: im Falle des Selbstopfers, um das Leben anderer zu retten oder zu erhalten (z.B. im Krieg, bei Unfällen). Selbstopfer kann sodann eine ‚Ausdruckshandlung' sein, wie sie als Selbstverbrennung in der Öffentlichkeit zuweilen vorkommt. Diese Fälle sind dem Martyrium benachbart mit dem Unterschied, daß dieses nicht selbst herbeigeführt und unbedingt gewollt ist. Dann gibt es die Selbsttötung in Fällen von Ausweglosigkeit und Sinnlosigkeit einer Lage, in schwerster Bedrängnis (etwa beim Überfall feindlicher Truppen, die plündernd, vergewaltigend und mordend Wehrlose zu überfallen beginnen oder um weiterer Folter zu entgehen). In den genannten Fällen, für die es kirchengeschichtliche Beispiele gibt, bleibt die Frage der Berechtigung zur Selbstverfügung über das eigene Leben ebenso offen wie die Beurteilung dessen, was – im Lichte der Ewigkeit – eine ‚aussichtslose' oder gar ‚hoffnungslose' Lage sei (vgl. Röm 8,18; 2Kor 4,17; Mt 10,28).
Niemand hat sich selbst das Leben gegeben. Es ist Geschenk Gottes und die Gewährung einer gewissen Zeitspanne auf Erden. Leben dürfen ist eine Wohltat Gottes (K. Barth, Kirchliche Dogmatik III/4, 1951, S. 461). Wenn Gott es gibt, wieso kann ich ‚mir das Leben nehmen' – wie die deutsche Sprache vielsagend ausdrückt? Wir gehören gar nicht uns selbst, sondern unserem Herrn. Er bewahrt uns in guten und bösen Tagen, in den Leiden, Ängsten und Hoffnungslosigkeiten dieser Welt. Der Christ ist der wiedergeborene Mensch, der seinen Lebenssinn von Gottes Gnade her bestimmt weiß. Die eigene Kraft zur Lebensbewältigung reicht nicht aus; in jedem Fall reicht aber Gottes Gnade hin, die niemandem ferne ist. Hieraus folgt als Ergebnis, daß Selbsttötung eben Selbstmord und Sünde ist. Beim Erwähnen der Sünde ist indessen auch von ihrer Vergebung und von Gottes Gnade zu reden, die dann auch für den Selbstmörder gilt, zumal wenn er „nicht wußte, was er tat" (Lk 23,34).
Und die genannten drei schweren Sonderfälle? Auch für sie ist vom Evangelium her zu sagen: der willentlich herbeigeführte eigene Tod entspricht nicht dem Gnadenangebot Gottes. Erinnert sei an die ausführlichen Besinnungen von Ijob darüber, der nicht über gewaltsame Beendigung seines schlimmen Lebens nachdenkt, sondern ‚lediglich'

den Tag seiner Geburt verflucht (Ijob 3,1ff). Hier kommt das in der Dogmatik zu erörternde Problem der Theodizee, die Rechtfertigung des Handelns Gottes, zur Sprache. Danach kann und darf Gott trotz tatsächlichem oder vermeintlichem unerträglichen Leidensdruck niemals die ‚Schuld' zugewiesen werden; denn seine Gedanken des Friedens für uns sind höher als menschliche Vernunft es zu erfassen vermag, und sie führen weiter als unser Blick in die Zukunft reicht (Phil 4,7).
Die Tatsache der Selbstmordgefährdungen und dem Versuch dazu entläßt die Gemeinde Christi nicht aus der Verantwortung für solche Menschen. Darauf ist besonders in Zeiten zu achten, die von Selbstmordwellen überzogen werden und in denen es sogar Anleitungen dazu und entsprechende Vereinigungen gibt. Jedoch „Das Evangelium von Jesus Christus kann für den Selbstmordgefährdeten nur in der liebenden und begleitenden seelsorgerlichen Zuwendung durch einen anderen erfahren werden, nicht aber in einer direkten Verkündigung der Gnade Gottes" (G. von Schlippe, Ev. Staatslexikon, 2. Aufl., 1975, Sp. 2289). Das ist eine Erfahrung der auf diesem Gebiet besonders hilfreichen Telefonseelsorge.

5.9.3 Wir finden uns schon geraume Zeit im Umkreis vom (nach biblischer Zählung) *Sechsten Gebot*: Du sollst nicht töten (Ex 20,13). Uns Menschen ist das Leben geschenkt (Ijob 33,4 u.ö.). Das Töten steht Gott zu (1Sam 2,6), weil der Tod Gericht ist. So formuliert erscheint es einleuchtend, wie überhaupt dieses Gebot dasjenige ist, das auch außerkirchlich zunächst einfach anerkannt wird. Doch dann haben wir es wieder mit Grenzsituationen zu tun, seien es die immer noch geschehenden Kriege, sei es die Todesstrafe, sei es die Schwangerschaftsunterbrechung, sei es Selbstmord. Sofort fällt auch das Töten von Landtieren, Fischen und Vögeln ein, die für die menschliche Nahrung unerläßlich sind. Wie paßt das mit diesem Gebot zusammen?
Ex 20,13, hier steht ein verhältnismäßig seltenes hebräisches Wort, meint, genaugenommen, den Mord. Das Sechste Gebot verbietet uns Menschen den Mord. Und doch geschieht er vielfach und auf vielerlei Weise. Wir lesen gleich in Gen 4 vom Mord an Abel, dessen Mörder sein Bruder Kain war, der mit seinem Tun und Lebensgeschick die

Todesspirale eröffnete. Später verdeutlicht Jesus in seiner Predigt den Gotteswillen (Mt 5,21 ff), wenn er scheinbar verschärfend erklärt, daß bereits Zorn unter Brüdern ein Verstoß gegen dieses Gebot ist. Positiv gewendet bewahrt und zeigt uns das Sechste Gebot weite Lebensmöglichkeiten.
Auf dieser Linie sind die besprochenen Probleme des Selbstmordes, der Sterbehilfe und der Abtreibung zu sehen. Sie stehen sämtlich im Umkreis des Sechsten Gebotes. Zu diesen Beispielen kommt in unserer Zeit das zahlenmäßig wahrscheinlich die Spitze haltende Töten im Straßenverkehr hinzu. Lässiges Fahren bewirkt die Menge der fahrlässigen Verkehrsunfälle mit tödlichem Ausgang.
Du sollst nicht töten! bedeutet sehr umfassend: Bewahre und schütze das Leben anderer, wozu auch dessen Ehre gehört, beispielsweise im ausdrücklichen Vermeiden des Rufmordes. Die positive Seite dieses Gebotes meint das Bemühen in Nächstenliebe um den anderen und sein Wohlergehen, auch wenn er in der Dritten Welt weit entfernt lebt. Deshalb gehört der Appell von ‚Brot für die Welt' systematisch ebenso zu diesem Gebot wie das Nachdenken über die Fragen verantwortlicher Wirtschaftsführung, überhaupt Regierungsverantwortung in allen Ländern für deren Bürger. Und es hat unmittelbaren Aufrufcharakter für die unübersehbare Fülle diakonischer Aktivitäten, wie überhaupt die Diakonie diesem Gebot vielfältig zugeordnet erscheint.

6. Gesellschaft

Mit dem Ausdruck Gesellschaft, der sich nur schwer logisch streng definieren läßt oder – was dasselbe ist – der vieldeutig ist, haben wir es mit einem Grundbegriff der Soziologie zu tun, die die Gesellschaftswissenschaft ist. Dort wird er sehr weit (im Blick auf die Gesamtheit des Zusammenlebens von Menschen als globale Gesamtgesellschaft) wie auch eingeschränkter (im Denken an näher zu bestimmende Gruppen von Menschen) verwendet. Nicht zu vergessen ist der Marxismus, für den Gesellschaft einer der beherrschenden Zielbegriffe ist. Der Gesellschaftsbegriff ist überhaupt mit viel Ideologie befrachtet.
Das deutsche Wort scheint auf althochdeutsche Begriffe (sal = Raum und selido = Wohnung) zurückzugehen, meint also räumlich und benachbart lebende Personen, die miteinander in Beziehungen stehen. Ethisch betrachtet geht es um das Verhältnis der einzelnen Personen zu den vielen; erstere haben sich tunlichst den gesellschaftlichen Verhältnissen und Prozessen anzupassen. Denn Gesellschaft gilt als ein System der Selbstregulierung und -steuerung, das ‚vernünftig' sei.
So gewinnt die Gesellschaft eine Bedeutung, ja sogar Würde, die vom Evangelium her hinterfragt werden muß. Die Gesellschaft ist kein Wert an sich, keine oberste Instanz, wie viele sie ansehen. Von daher ergibt sich das vielen kaum bewußte Gegenüber von Kirche und Gesellschaft, wobei die Kirche in die Gesellschaft hineinzuwirken hat, zumindest nicht an der Gesellschaft vorbeileben dürfe. Die Evangelischen Akademien, die Kirchentage und die Denkschriften der Evangelischen Kirche sind Stellungnahmen zu gesellschaftlichen Vorgängen und Einwirkungen auf sie. „Ziel theologischer Auseinandersetzung mit der modernen Gesellschaft ist die Ausbildung von Kriterien und Orientierungshilfen zur Wahrnehmung der in der Freiheit des Glaubens beschlossenen sozialen und politischen Verantwortung" (C. Walther, Ev. Soziallexikon, 7. Aufl., 1980, Sp. 505). Damit ist gesagt, Gesellschaft will von vielen als die in der modernen Welt verstandene Gestalt und Hülle angesehen werden, in der man sich geborgen, vertreten und gelenkt wähnt. Sie fördert die Gleichheit aller (das egalitäre Moment) und in der damit gegebenen Massengesellschaft

das Wir-Gefühl unterschiedlichster Gruppen (das pluralistische Moment). Dabei wird übersehen, worauf Dietrich von Oppen (Das personale Zeitalter, 1960, S. 186ff) warnend hinweist, daß unsere heutige Welt und Gesellschaft eine Lage schufen, die für jeden einzelnen unstabil wird, er nur noch der Geforderte, ja in vielem der Überforderte ist. Die Verhältnisse sind unübersichtlich und verwirrend geworden. Daher ist auch eine christliche Ethik als Handlungshilfe so schwer geworden und, kaum niedergeschrieben, in manchen praktischen Erkenntnissen bereits überholt. Trotzdem wird bei den heutigen Entwicklungen in der Gesellschaft – der weder Gesetzgebung noch Hoheitsakte zustehen, die aber starken Einfluß ausübt – die Kirche ihr Wächteramt besonders aufmerksam wahrzunehmen haben (vgl. Mk 9,42–50).

In diesem Abschnitt, worin der Begriff Gesellschaft mehr das Sammelwort für verschiedene Sichtweisen abgibt, geht es um grundlegende menschliche Werte und um Gewalt, um Eigentum und Arbeit, um Beruf, um Recht und um das Gemeinwohl.

6.1 Grundwerte

Seit einigen Jahren durchzieht das politische Gespräch über die allgemeine Ausrichtung der heutigen Gesellschaft die Rede von Grundwerten. Die Werte-Ethik weiß schon lange um die Zielungenauigkeiten in diesen Programmen. Sie beginnen schon mit der Unklarheit darüber, was alles zu ihnen gehört: Sind es außer Freiheit, Gerechtigkeit und Solidarität nicht auch Friede und Gleichheit, Wahrheit, Bedarfsdeckung, Konsum, Maßhalten und Tapferkeit, Arbeit und Ehe, Eigentum und der Umgang mit Rohstoffen? Hinter dem Ausdruck Grundwerte werden allgemein verstanden grundsätzliche Verhaltensweisen aller, die dann auch nützlich sind für die Gesamtheit. Andere Begriffe dafür waren bisher die Tugenden und die ethischen Normen.

Eine offene Frage ist, wie weit sich die ethischen Appelle zur Beachtung der Grundwerte gesetzlich festlegen und damit durchsetzen und überwachen lassen, weil nicht jedes sittliche Verhalten staatlich zu reglementieren oder gar mit Strafen zu bedrohen ist. Die Grundwerte-

Diskussion bewegt sich auf dem Feld der Suche nach derjenigen Gesellschaft, die für das Leben in der heutigen Welt paßt und menschlich ist. Sie gerät dabei meist auf die Gefilde der Ökonomie, also der wirtschaftlichen Absicherungen. Der Zerfall überkommener Werte (aus welchen Gründen auch immer) hat diese Suche bewirkt und entsprechende politische Programme in einer angeblich ‚nachchristlichen' Zeit angeregt.
Angesichts der Diskussionen, die die Frage nach den Grundwerten weckt, hat die Kirche eine bleibende Aufgabe in der Gesellschaft, nämlich daß hinter dieser Diskussion die Frage nach dem Sinn des Menschseins und der Welt mit ihren unterschiedlichen Gesellschaften und Möglichkeiten wach bleibt, und welches die Würde des Menschen im übergreifenden Bezugsrahmen des Reiches Gottes sei. „Einer Sinnkrise kann man jedoch nicht mit ethischen Appellen begegnen, sondern mit dem Angebot des christlichen Glaubens, der Vertrauen auf Gott als Grund der Wirklichkeit und Macht der Zukunft verheißt" (M. Honecker, Ev. Soziallexikon, 7. Aufl., 1980, Sp. 560).
Sofern einzelne Werte grundlegend für jeden einzelnen Menschen und das menschliche Zusammenleben sind, wird christlicher Glaube am Evangelium mit seinem Zuspruch zur Rechtfertigung und Vergebung nicht an den Wirklichkeiten von Leid, Schuld, Schicksal und Tod vorübergehen. Trotz alledem brauchen kein Zweifel und keine Verzweiflung im Blick auf den Wert des Menschenlebens aufzukommen. In dem Zusammenhang ist zu bemerken, daß 1979 die evangelischen und katholischen Kirchen in Deutschland gemeinsam eine Erklärung über die Grundwerte herausgaben und sie mit Gottes Gebot (dem Dekalog) verknüpften, worin Sinnantworten und Wertbindungen zu finden sind. Auf dieser Linie wird verantwortlich für Gegenwart und Zukunft gehandelt.
Grundwerte zu erreichen bleibt ebenso wie unsere Sündenvergebung Sache Jesu Christi und Wirkung des Heiligen Geistes zu unserer Heiligung. Er führt in alle Wahrheit, also auf den Weg, wo die eigentlichen Grundwerte liegen. „Denn das Reich Gottes ist nicht Essen und Trinken, sondern Gerechtigkeit, Friede und Freude im Heiligen Geist. Wer darin Christus dient, der ist Gott gefällig und den Menschen wert" (Röm 14,17f). Auf der letzten Seite des Alten Testamentes (Mal 3,20) ist dazu von Gott verheißen: „Für euch, die ihr meinen

Namen fürchtet, wird die Sonne der Gerechtigkeit aufgehen." Recht üben, Freundlichkeit lieben und aufmerksames Mitgehen mit Gott (Mi 6,8), das sind die grundlegenden Werte, welche gut sind und die Gott bei uns Menschen sucht. Das ist zusammengefaßt im Gebot der Liebe, die ihrerseits zugleich jenseits der Grundwerte steht.

6.2 Menschenrechte

Zu den großen Vokabeln unserer Zeit gehören die Menschenrechte und das Abwehren der Menschenrechts-Verletzungen. Die Gefahr besteht, sie in staatliche, juristische sowie philosophische und theologische Gesichtspunkte zu zersplittern. Sie spielen eine Rolle in den Verfassungen der Staaten, wo sie oft Grundrecht genannt werden. Ihnen allgemeine Geltung zu verschaffen und sie zu schützen ist internationales Bemühen; denn sie sollen die Bürger vor ‚Übergriffen' des Staates schützen. Das wird jedoch erschwert durch unterschiedliche Grundansichten zwischen der ‚westlichen Welt' mit ihrer Betonung der Persönlichkeit und der individuellen Entfaltungsmöglichkeit einerseits und den sozialistischen Staaten andererseits, bei denen der Ton auf sozialen Grundrechten liegt. Menschen- und Grundrechte gelten weithin als angeboren und damit auch als überstaatlich; sie sind unverletzlich und unveräußerlich (so im Grundgesetz der Bundesrepublik Deutschland von 1949), womit sie naturrechtlich begründet werden. Sie sind verknüpft mit Entspannungsbemühungen im engen sowie weiten Bereich und mit der Heranbildung von Vertrauen.
Im Laufe der Geschichte gab es manche feierliche Erklärung über die Menschenrechte, beginnend in der Antike, weitergehend über die Reformationszeit (Religionsfreiheit), die Bemühungen um die Indianer Anfang des 16. Jahrhunderts, über die Neuzeit (z. B. die Bill of Rights 1689 in England; die amerikanische Unabhängigkeitserklärung von 1776; die Erklärung der Menschen- und Bürgerrechte 1789 in Frankreich), bis hin zur Allgemeinen Erklärung der Menschenrechte mit ihren dreißig Artikeln vom 10. Dezember 1948 in der UNO. Der Freiheitsgedanke füllte den Demokratiebegriff, das Recht auf Gleichheit führte zur Gleichbehandlung und zum Sozial-

staatsgedanken, auch zur bekannten ‚Chancengleichheit', zumindest beim Start zu einem erstrebten Ziel.

Näheres Überprüfen läßt erkennen, daß bereits zwischen Freiheit und Gleichheit ein inneres Spannungsverhältnis besteht; denn streng durchgeführte Gleichheit schränkt Freiheiten ein und umgekehrt. So kommt die Debatte um die Aufgaben der Menschenrechte, ja um ihren Sinn, nicht zur Ruhe. Die persönliche Freiheitssicherung muß der Staat durch Sicherung der Ordnung durchsetzen. Die christlichen Kirchen wissen darum, daß die Menschenrechte „stets gerade in jener Richtung weiterentwickelt werden, aus denen ihnen besondere Gefährdungen erwachsen, und sie zeigen darüber hinaus, daß sie je nach der geistigen, politischen und gesellschaftlichen Umgebung, in der sie wirken, sehr unterschiedliche Gestalt annehmen können" (Die Menschenrechte im ökumenischen Gespräch, 1979, S. 8).

Evangelische Sicht wird weder übersehen, daß hinter staatlichen Menschenrechtserklärungen ein bestimmtes Menschenbild (weithin das der Aufklärung und das Griechische „Der Mensch als Maßstab aller Dinge") steht, noch daß Christen ohnehin von ihrem Glauben her verpflichtet sind, für das Lebensrecht und die Würde aller Menschen einzutreten. So wird keine besondere christliche Menschenrechtslehre entwickelt, obwohl ihre Wurzeln vor 3000 Jahren im Alten Testament gegründet wurden. Die Menschenrechte werden aber als Hilfe zum Übernehmen von Verantwortung in Staat und Gesellschaft angenommen. Das heutige Rechtsdenken an jedem Ort wird ohne sie nicht auskommen, sie gehören zur ethischen Grundauffassung der modernen Welt. Ob sie tatsächlich Berücksichtigung erfahren und wie sie überhaupt jeweils ausgelegt werden, das steht auf einem anderen Blatt. Sie haben auch ihre Grenzen; beispielsweise kann sich die Forderung der Ehezulassung für katholische Priester nicht auf ‚Menschenrechte' stützen.

Einen allgemeinen Katalog der wichtigsten Menschenrechte aufzustellen, ist nicht einfach. Denn hinter ihnen stehen positivierte (d.h. nach staatlichem Gesetz festgelegte) Rechte ebenso wie solche nach Geltungsbereichen (z.B. Berufs- und Gewerbefreiheit oder manches im Privatrecht) und Eingrenzungen (die Entfaltung der persönlichen Freiheit hat ihre Grenze bei den Rechten anderer). Einige hauptsächliche Menschenrechte sind: das Recht auf Leben (das bei den Fragen der Gleichberechtigung von Frau und Mann und den des Schwangerschaftsabbruches beginnt, über die Todesstrafendebatte weiterführt bis zu den Fragen des Überlebens in politischen oder wirtschaftlichen Zwangslagen, also Vertreibung, Flucht und Hungersnöte) und zum Recht auf Heimat. Dazu gehören das Recht auf Teilnahme an Entscheidungsprozessen (Demokratie, Mitbestimmung), das Recht auf eigene abweichende Meinung (einschließlich der Gewissensfreiheit und der Kriegsdienstverweigerung), das Recht auf persönliche Würde (bis zu Fragen der Haft, der Folter, auch Drogenfolter, des ‚Verschwindenlassens' sowie in hilfloser Abhängigkeit bei Unfällen oder schwerer Krankheit), das Recht auf Religionsfreiheit (Konfessions- und Religionsprobleme), das Recht auf Arbeit und schließlich noch das sehr menschliche Recht auf Irrtum.

Christliche Ethik beteiligt sich wegen des Versöhnungswillens Gottes am Gespräch um die Menschenrechte und ist um ihre Durchsetzbarkeit in allen Gesellschaftsformen und Staaten bemüht. Der Christ weiß aber auch, daß hinter alledem Gottes gnädige, vergebende und seine Menschenwelt begleitende Zuwendung steht. Schon der Dekalog und alttestamentliche Gesetze sind Beispiele dafür. Der Christ braucht die den Menschen geschenkte Vernunft und setzt sie ein, um auf die Fülle der Menschenrechtsprobleme die erforderlichen Antworten zu finden. Vom rechtfertigenden Werk Jesu Christi für uns, der unsere Gottebenbildlichkeit wiederherstellt, empfängt der Mensch seine Würde. „Diese Würde anzuerkennen, ist fundamentale biblische Forderung an jeden Mitmenschen und damit auch an den Staat" (P. Saladin, Handbuch der christl. Ethik, Band 3, 1982, S. 216). Der Christ hat also von der biblischen Botschaft her den Kampf um die vielerlei Menschenrechte in der jeweiligen Situation zu führen und damit die Verwirklichung der Menschenwürde in unserer Welt und Gesellschaft anzustreben. „Der Kampf um die Menschenrechte ist nie bequem! Er muß in der Theorie, vor allem aber in der Praxis gekämpft werden" (a. a. O., S. 220). Das Eintreten für die Ziele der Menschenrechte ist ein Stück der Nachfolge Jesu Christi, die jedoch das weitergreifende Ziel des kommenden Reiches Gottes sichtbar werden läßt.

Dieser Kampf findet in einer Welt der Sünde statt, in der selbstsüchtige Mächte andere zu beherrschen und zu unterdrücken trachten (vgl.

Röm 3,10–18.23). Die Kirche wird sich daher vor allem der Mitmenschen annehmen, die besonderen Schutz nötig haben; sie wird zum Gewissen der Regierungen werden und mutig ansprechen, was ihr ins Stammbuch zu schreiben ist; sie wird um das Gleichgewicht zwischen den Freiheiten der einzelnen und der Verantwortung für die Gemeinschaft bemüht sein. „Weil und solange Menschen leben, wirkt Gottes schöpferische Geduld an ihnen und für sie. Weil, wer lebt, davon lebt (ob er es weiß oder nicht, ob er es in seiner Weltanschauung und Religion bedenkt oder leugnet), muß die realitätsangemessene Begründung der Menschenrechte in diesem umfassenden, lebensstiftenden Wirken Gottes in Schöpfung und bewahrender Geduld angesetzt werden" (J. Baur, Zum Thema Menschenrechte, 1977, S. 107).

In unserer Zeit können die Menschenrechte nur noch in internationalen Rahmen und ökumenischer Weite gesehen und angestrebt werden, wobei zunächst deren oft unvorstellbar große Mißachtung zu erkennen ist. Sie erstreckt sich auf allgemeine, die persönliche Menschenwürde berührende Gebiete (u. a. Flüchtlingselend in der Welt) ebenso wie auf wirtschaftliche, politische und militärische Strukturen in vielen Ländern. Da hat das Zeugnis der Kirchen und ihr entsprechendes Handeln viele Ansatzpunkte, um der Welt in Demut zu dienen.

6.3 Gewalt und Revolution

Üblicherweise erwartet man diesen Abschnitt eingeordnet in den Zusammenhang mit der Staatsethik. Wir bringen ihn jedoch hier, weil sowohl Gewalt als auch Revolutionen in allen gesellschaftlichen Gestalten vorkommen und nicht allemal politisch-staatlichen Hintergrund haben.

6.3.1 *Gewalt* ist zunächst ein Einwirken auf menschliches Leben, um das Erreichen bestimmter Ziele zu erzwingen. Dabei werden bestehende Verhältnisse aufgehoben oder überspielt. Psychologisch gesehen ist Gewalt als Aggression bestimmt. Gewalt verschiebt Machtverhältnisse und Einflußbereiche, sei es in Staaten oder in der Wirtschaft,

sei es in Familien, kleinen Gruppen oder gar in der Ehe. Unter ethischem Betrachten ist Gewaltanwendung die Beeinflussung des Verhaltens anderer Menschen, wozu sie nur unter Zwang genötigt sind. In dieser allgemeinen Begriffsbestimmung sind alle Arten von Gewaltsystemen und Gewaltherrschaften, seien sie staatlich organisiert oder nicht, eingefaßt. Gewalt ist also unter individual- und sozialethischen Gesichtspunkten zu betrachten. Gewaltausübung kann kriminell sein (Erpressung, Rachsucht, Vergewaltigung, Nötigung, Raub), sie kann staatlich eingerichtet sein (Polizeistaat, Militär, Diktatur, überzogene Besteuerung u. a. m.), sie kann zerstörerisch sein (Landschaften durch Raubbau, Bevölkerungen durch Unterdrückung wie in Hab 1,2–4 u. v. a.). Als Ordnungsgewalt ist sie unabdingbarer Bestandteil staatlicher Handlungsmöglichkeiten.
Grundsätzlich spricht christliche Ethik für Gewaltfreiheit; denn sie betont die Menschenwürde, richtet sich nach dem Gebot der Liebe zum Nächsten und stellt Gott anheim zu urteilen, zu richten und zu führen (Mt 7,1). Und Gewaltfreiheit bei der Hinwendung zum abhängigen und hilflosen Menschen besteht aus tätiger Nächstenliebe, ist wahre Diakonie. Davon spricht sehr deutlich Jes 58,6–12, wo die Aufhebung jeglicher Gewaltanwendung beispielhaft gezeigt wird und was an Jesu Gleichnis vom barmherzigen Samariter (Lk 10,29 ff) erinnert. Hier sind die ‚Machtmittel' die Agape.
Ob aber im jeweiligen Fall ein gewaltsames oder gewaltloses Lösen des Problems in Frage kommt, ist nicht von vornherein gesagt. Die unterschiedlichen Verhältnisse sind in Fragen der Gewaltanwendung zu beachten. Man denke an den Einsatz von Gewalt zum Schutze Dritter vor Angriffen, sei es der miterlebte Überfall auf ein Kind, sei es Nothilfe, Notwehr oder die in neuerer Zeit zunehmenden Massenaktionen, Besetzungen, Demonstrationen (vgl. schon Sir 26,5–8 dazu!), Behinderungen in der Öffentlichkeit mit dem Ziel der Durchsetzung von Forderungen. Für christliche Ethik gehört hinzu, daß in solchen Fällen die Gewalt‚täter' (im neutralen Verständnis des Wortes) bereit sind, für die voraussehbaren Folgen aufzukommen. Wenn dabei alle gebotenen rechtlichen Mittel ausgeschöpft werden und moralischer Druck ausgeübt wird, behalten sie für Christen dennoch allemal ihren Maßstab am erwähnten Liebesgebot und der Achtung vor der Würde jedes Mitmenschen. Andererseits kann es Fälle geben,

in denen das Recht mit Gewalt durchzusetzen ist und erzwungen werden muß. Das soll sich dann aber in der Gestalt „kontrollierter Gegengewalt“ (Ausdruck von Eberhard Bethge) äußern. Jedoch bleiben bewußt begangene Straftaten, bei denen Menschen nicht zu Schaden kommen, juristisch Straftaten und sind Gewaltanwendung. Gestalten der Gewaltanwendung im zuletzt genannten Bereich sind Streiks, ziviler Ungehorsam, Demonstrationen verschiedener Art und vieles mehr, das Merkmale von ‚Krieg‘ an sich trägt. In welchen Fällen die Ausübung der Gewalt ethisch verwerflich ist oder nicht, muß im Zusammenhang mit der jeweiligen Situation beurteilt werden. Es gibt viele Situationen, aus denen sich der Christ ‚herauszuhalten‘ hat, und es gibt viele andere Situationen, in denen die ‚vornehme Zurückhaltung‘ oder das geflissentliche Fortschauen unverantwortbar sind. Damit wird oft eine bestehende Gewaltsituation mehr oder weniger stillschweigend geduldet und anerkannt, ganz zu schweigen von der unterlassenen Hilfeleistung. Diese Hinweise lassen erkennen, daß es ungezählte Vorkommnisse gibt, in denen für den Christen nicht ohne weiteres im voraus erkennbar ist, wie er sich zu verhalten hat, ob er tätig werden müßte oder nicht. Soviel ist sicher: vor jeglicher Gewaltanwendung sind zunächst alle anderen denkbaren oder möglichen Wege der Problemlösung zu beschreiten, ehe Gewaltanwendung als letzte Möglichkeit (ultima ratio) in Betracht zu ziehen ist. Vorherrschender Gesichtspunkt wird stets die Frage sein, ob die Gewalttat auf das Befolgen oder Hemmen von Gottes Herrschaft und seinem Reich ausgerichtet ist (vgl. Mt 11,12), und ob sie jegliche Menschengewalt dem unterordnet, welchem „alle Gewalt im Himmel und auf Erden gegeben“ ist (Mt 28,18; Eph 1,20f), nämlich Jesus Christus. Die Hinwendung zur wahren Lebensfülle im Reich Gottes führt über den Weg des Verzichtes auf Gewalt, auch wenn sie mit Geldmitteln ausgeübt wird (vgl. Mt 19,16ff). Das Reich Gottes ist aber nicht etwas Fernes, Jenseitiges, sondern es ist mitten in unserer Welt von Armut und Reichtum, von Unterdrückung und Erdulden.

6.3.2 *Revolution* ist wie der Begriff Gewalt nicht von vornherein verwerflich, Revolution ist nicht nur der politische Umsturz. Auch in der Technik, Wissenschaft, Kultur, im Sozialwesen und in der Industrie wird von Revolution gesprochen und darin auf weite Sicht hin

gute und nötige Änderungen verstanden. Im Unterschied zur Evolution, die eine allmähliche Entwicklung meint, vollzieht sich Revolution in Gestalt eines ‚Umsturzes' jäh und unwiderstehlich bzw. gewaltsam. Die Überwältigung in Revolutionen kann unmittelbar ungezählte Menschenleben fordern. Beispiele kennen wir aus der französischen, der englischen und der bolschewistischen Revolution. Sie kann aber auch mittelbar ungezählte Menschenleben außerordentlich beeinflussen, wie wir es in der ersten Stufe der industriellen Revolutionen mit ihren Massenarbeitslosigkeiten, Hungersnöten und der Zerstörung ganzer Siedlungsgebiete her kennen.
Die Ziele der Revolutionen sind unterschiedlich, immer aber geht es um Änderung der Verhältnisse und das Setzen neuer Ordnungen, Lebensbedingungen und Rechte, die gegenüber dem Bisherigen grundsätzlich entgegengesetzt erscheinen. Revolutionen wollen mit der Vergangenheit brechen. Von daher ergibt sich die Neigung, Revolution sei in jedem Falle ein Fortschritt, zumal wo sie ein andauerndes Handeln in Richtung Wandel hin ist. Daß die Revolutionäre politischer, aber auch anderer Art so denken, versteht sich von selbst. Doch nicht alles, was neu ist oder es zu sein vorgibt, kommt von Gott. In unserem Jahrhundert entwickelte man gegenüber Andersdenkenden und solchen, die sich später gegen die erfolgte Revolution wehrten, den Ausdruck ‚Konterrevolutionäre', was zum Beispiel im kommunistischen Machtbereich dem entspricht, das im religiösen Sprachgebrauch der ‚Sünde' gegen Gott entspricht. Eine geglückte Revolution gilt als eine Großtat zum Wohl der Menschen, während eine mißglückte als Verbrechen angesehen wird. Immer aber lebt die Revolution vom Gegensatz, von der Opposition zu dem, was ‚endgültig' überwunden sein soll. Jede erfolgreiche Revolution verjagt die alten Ordnungs- und Führungsgruppen und setzt neue an ihre Stelle.
Wir haben hier nicht auf die Fragen der Durchsetzbarkeit oder etwaigen Notwendigkeit von Revolutionen einzugehen, ebenso auch nicht auf die Mittel zum Bekämpfen revolutionärer Bewegungen, wodurch Chaos, Anarchie und Zerstörung abgewendet werden sollen. Es ist nicht leicht, aus biblisch begründeter Sicht gleich zu erkennen, ob es gilt, Überkommenes (= Traditionen) zu bewahren (das bedeutet konservativ sein) und zu verteidigen, oder ob die Zeitläufe und wirtschaftlichen Verhältnisse herangereift sind, sehr weitgehende Wandlungen

zu verlangen. Besonders hat über die hier anstehenden Zusammenhänge Eugen Rosenstock-Hussey nachgedacht, der nachweist, daß in jeder Revolution das Raumbild einer Epoche überwunden wird. Revolutionen sind stets ins Licht vom Offenbarungshandeln Gottes zu stellen, und staatliches Macht- und Ordnungsstreben darf nicht mit göttlicher Autorität auftreten.

In jüngerer Zeit entstand sogar eine „Theologie der Revolution" (1966 geprägter Ausdruck von R. Shaull), die sich im Blick auf die Lage in den Ländern der sogenannten Dritten Welt ergab. Ernst Wolf (Sozialethik 1975, S. 317) nannte sie „vorchristlichen Messianismus". Es geht dabei um den Versuch einer Durchsetzbarkeit des Reiches Gottes und seiner Botschaft. Es bleibt die Frage, wo und wie wir Menschen Gottes Spur und Wirken in den gesellschaftlichen Machtbereichen erkennen können. Diese Bewegung wollte zugleich die vom Marxismus aufgebrachte Kritik am Kapitalismus christlich verarbeiten und den weltweit sich auswirkenden Nachteilen des technisch-naturwissenschaftlichen ‚Fortschrittes' Einhalt gebieten. Diese Gestalt der Revolution will das Verhältnis von Glaube und Vernunft in solchen Einklang bringen, daß jedermann die ethisch plausibel scheinenden Erkenntnisse über die Menschenwürde und die Freiheit des Menschen als durchsetzbar nötig erscheinen. Damit ist keine Jenseitserfüllung gemeint, sondern „schon jetzt" geht es danach um ‚menschlichere' Lebensbedingungen, für deren Erreichbarkeit der Christ sich einzusetzen hat.

Solche Gedanken führen zu einer Ethik grundsätzlichen Wandels und der Änderung der Verhältnisse, wobei sich eine Reihe von Problemen und Fragen ergeben: Wer will von vornherein erkennen, ob das revolutionäre Vorhaben tatsächlich dem Willen Gottes zum Besten von uns Menschen entspricht? Wer sich dabei auf Jesu Wirken beruft und fragt, ob er ‚Revolutionär' in diesem Sinne gewesen sei (vgl. Lk 23,2–5) muß sich hier ein Nein holen. Der Glaube der Gemeinde Jesu Christi ist nicht einfach in bestimmte politische, gesellschaftliche oder kulturelle Verhältnisse hinein zu verwirklichen. Ob der Christ die Welt und Gesellschaft verändern müsse, ist nicht allgemein zu beantworten. Das beschneidet aber auch nicht die Aufgabe der Christen, von ihrem jeweiligen Erkenntnis- und Berufsstand her als Mitarbeiter Gottes zum Besten der Verhältnisse in der Welt beizutragen (Mt 5,13–

16). Das rief Jeremia (29,7) seinem nach Babylon verbannten Volk als Auftrag von Gott zu: „Bemüht euch um das Wohl der Stadt, in die ich euch weggeführt habe, und betet für sie zum Herrn; denn in ihrem Wohl liegt euer Wohl."

Die ethische Seite ist wiederum das Doppelte in der alten Weisung „Bete und arbeite". Beispielsweise haben die Protestanten, die im Gefolge der französischen Revolution und Gegenreformation um ihres Glaubens willen grausam verfolgt wurden, beides praktiziert und erlebt: sie blieben standhaft bei ihrem Glauben und Bekenntnis (‚résistez'); sie wirkten so gut es ging in ihrem Land und in ihren jeweiligen Berufen. Aber sie flohen auch vor den Mördern, wenn sie nicht Gefangene wurden und als Märtyrer sterben mußten. Eine allgemein gültige Anweisung zum Verhalten gab es weder damals noch gibt es sie heute angesichts der Verhältnisse in Europa, Afrika oder Mittelamerika.

Noch einmal sei Jeremia erwähnt, der in wahrhaft revolutionären Zeiten lebte und dessen eigener Lebenslauf ein Beispiel für christliches Verhalten in solcher Lage ist. Kapitel 11,18ff berichtet über Mordpläne gegen ihn; aber er duldet und wartet ab, wie Gott alles hinausführen wird, „denn dir habe ich meine Sache anvertraut" (Vers 20). Diese ‚seine Sache' waren nicht etwa persönliche Absicherungen, sondern das Durchführen seines Auftrages, als Gottes Bote für das Wohl und Heil seines Volkes zu sprechen. Nicht zufällig wird hier – wie auch anderswo – Gott mit dem Titel Zebaoth = Herr der Heere genannt und seine Überlegenheit gegenüber allen Revolutionären betont. „Die Heilsgeschichte besteht also aus den in die Welt eintretenden Ereignissen, den Heiligen ... Die Weltgeschichte aber besteht aus den in die Welt einbrechenden Revolutionen" (E. Rosenstock-Hussey, Soziologie II, 1958, S. 681). Gottes Wege sind nicht die Wege, die die Welt von sich aus beschreitet. Die „Revolution Gottes" (K. Barth, Kirchl. Dogmatik III/4, 1951, S. 626) besteht nach Röm 1,18 im Kampf „wider alle Gottlosigkeit und Ungerechtigkeit der Menschen, die die Wahrheit durch Ungerechtigkeit niederhalten". Es ist die Botschaft vom Reich Gottes, an der festzuhalten ist. So ändern nicht Menschen die Verhältnisse, sondern Gott setzt sein Evangelium durch.

6.4 Besitz und Eigentum

Die beiden Begriffe Besitz und Eigentum werden oft verwechselt, sie sind aber nicht nur im rechtlichen Verständnis voneinander zu unterscheiden. Eigentum ist das, was jemandem – oder einer Gruppe von Menschen – in jeder Hinsicht gehört, er kann damit tun und lassen, was er will und andere von aller Einwirkung ausschließen. Besitz dagegen bezeichnet die Herrschaft über eine Sache, die einem aber nicht wie ein Eigentum gehört. Ein Besitzer verfügt nur über eine Sache, die ihm entweder (vorübergehend) anvertraut wurde oder die er (etwa als Dieb mit Gewalt) an sich nahm und gebraucht. Diese juristische Unterscheidung der Begriffe ist nützlich für die christliche Ethik. Wir werden die Bedeutung beider darlegen, und zwar vom Eigentumsverständnis her auf die theologische Bedeutung des Besitzes kommen.

6.4.1 Kein Mensch kann ohne Lebens- und Arbeitsmittel existieren. Jeder braucht eine Anzahl von Dingen, um leben zu können, braucht also *Eigentum*. Sir 29,21 zählt viererlei auf: Brot und Wasser, Kleidung und Wohnung. Der völlige Verzicht darauf, sei es freiwillig oder dazu gezwungen, brächte ihn in totale Abhängigkeit von anderen oder führte alsbald zum Tode. Deshalb erklären manche Lehren das Eigentum zu einem übergeordneten Menschenrecht (beispielsweise auch die katholische Sozialphilosophie), zum „heiligsten aller bürgerlichen Rechte“ (Rousseau). Christen verteidigen somit eigenes und fremdes Eigentum ähnlich wie es in Eigentumsgarantien von Staats- und Völkerrechten ausgeprägt ist. Beim letzteren gibt es zweierlei Akzentsetzungen. Die eine kennen wir als Liberalismus, bei dem der einzelnen Person möglichst viel Privateigentum zugestanden wird. Dadurch gewinnt er einen möglichst großen Unabhängigkeitsspielraum für sich und seine Familie oder auch für jene Menschen, die ihm sonst noch zugeordnet sind. Solches Eigentum verschafft Freiheiten und Pflichten. Die andere Betonung findet sich im Sozialismus/Kommunismus, der dem einzelnen Menschen weder die Bereitschaft noch die Fähigkeit zutraut, jenseits selbstsüchtiger Einflußbestrebungen auch seine gesellschaftlichen Einbindungen und Verpflichtungen gewissenhaft zu beachten. Das Ergebnis wäre stets nur die Ausbeutung der einen

durch die anderen. Daher legt der Sozialismus um des erklärten Wohlergehens aller willen mehr Gewicht auf das Gemeineigentum, das allerdings von wenigen ‚verwaltet' wird, wobei der Gedanke des „Diebstahls von oben' (W. Lüthi) aufkommt. Im einzelnen wird unterschieden zwischen Eigentum an Konsum- und Produktivgütern. Jenseits davon gibt es noch Gemeineigentum beispielsweise am Wasser, an (guter!) Luft oder am Luftraum, an manchen Verkehrswegen, an Grund und Boden, einschließlich Bodenschätzen, Natur sowie an Wissen und Kenntnissen oder an der Pflanzen- und Tierwelt.
Christliche Ethik erkennt in beiden Eigentumsverständnissen das jeweils berechtigte Anliegen wie auch deren Grenzen. Wenn Menschen infolge übertriebener Eigentumseinschränkung ihre Freiheit und die Fähigkeit zum Tragen von persönlicher Verantwortung verlieren, liegt eine Verzerrung der Eigentumsverhältnisse ebenso vor wie bei einer breitgestreuten Verteilung aller Güter in die Hände der einzelnen Menschen mit der Folge hemmungslosen Kampfes aller gegen alle. Vielmehr ist hinsichtlich der Sachen, Güter und Dinge auf Erden, die zum Leben erforderlich oder nützlich sind, zu prüfen, ob deren Gebrauch und Verteilung für die Menschen und die Gesellschaft Segen oder Fluch bringen. „Die anthropologisch begründete Bejahung des Eigentums bedeutet aber keineswegs seine undifferenzierte Verklärung oder gar Heiligsprechung" (J. M. Lochman, Wegweisung der Freiheit, 1979, S. 124).

6.4.2 Damit näherten wir uns bereits dem Begriff *Besitz*. Mit ihm wird angezeigt, wer Umgang mit den Dingen und mit sonstigen Lebewesen hat und festgestellt, daß nach der jeweiligen gesellschaftlichen Ordnung das betreffende Genutzte und zu Verbrauchende jemand anders oder anderen ‚gehört' und ‚zu eigen ist'. Grundsätzlich entsteht immer sozialer und persönlicher Besitz, sei es durch Arbeit, sei es durch Zufall (im wörtlichen Verständnis des Ausdruckes), sei es durch Geschenk, durch Erbe oder einfaches Vorhandensein.
Im christlichen Verständnis ist der Ausdruck Besitz für die Beziehung des Menschen zu allen Dingen treffender als der des Eigentums. Denn tatsächlicher, wirklicher und ewiger Eigentümer aller Welt ist Gott, ihm „gehört die ganze Erde" mit allem, was darauf lebt und webt (Ex 19,5; Dtn 10,14; Ps 2,8; 24,1; 104,28; Ez 18,4; Mt 21,33–46; Lk 20,9–

19; Joh 1,11; Apg 17,24 u.ö.). Der Mensch aber bekommt Eigentum als Lehen und Aufgabe, als Leihgabe und anvertrautes Gut, also allenfalls als Besitz. Unser Leben bleibt von Gott her und auf ihn hin ausgerichtet. Gott beauftragt den Menschen, verantwortungsvoll mit seiner Welt umzugehen. Eines Tages muß er Rechenschaft darüber ablegen (vgl. Lk 19,11–27 par) und wegen seines Todes alles anderen Menschen überlassen (vgl. Lk 12,13–21). Die Besitzverhältnisse auf Erden unter den Menschen und Völkern sind ununterbrochen in Bewegung, und vor dem Angesicht Gottes haben die Besitzverhältnisse ihren eigenen Stellenwert.

6.4.3 Hinter diesem Vorzeichen ergeben sich nach dem christlich-biblischen Verständnis einige Erkenntnisse. Trotz der räumlichen und zeitlichen *Begrenzung der Verfügungsgewalt* über Eigentum hat der Mensch solches; ob es sich nun um Herden mit Weideland, um Ackerboden oder Bodenschätze, um sonstige Immobilien oder um bewegliches Hab und Gut handelt oder um Geldwerte, ist von nachgeordneter Bedeutung. An verschiedenen Stellen im Alten Testament wird eigensüchtiges Anhäufen von Eigentum scharf verurteilt (z.B. Am 8,4ff; Jes 5,8ff; 10,1ff). Niemand darf einem anderen Eigentum als Lebensraum vorenthalten. Deshalb ist ‚unter Brüdern' und Volksgenossen sogar das Zinsnehmen verboten (Dtn 23,20f), und es ist bestimmt, daß alle sieben Jahre sämtliche Schuldverhältnisse – durch welche Menschen in Abhängigkeit von anderen geraten – aufzuheben sind (Dtn 15,1f; Ex 23,10f), denn es soll grundsätzlich „bei dir gar keine Armen geben" (Dtn 15,4). Obendrein ist ein ‚Jobeljahr' (Lev 25) nach jeweils 7×7 Jahren, also jedes 50. Jahr, bestimmt, welches in besonderer Weise gerechten Lastenausgleich bezweckte und vor allem auf Gott als den eigentlichen Herrn und Eigentümer über alles Land hinweisen will.
Das Neue Testament hält daran fest, daß „die Erde und alles, was sie erfüllt" Gott dem Herrn gehört (1Kor 10,26), der uns Menschen die Güter auf ihr zum rechten und verantwortbaren Gebrauch anvertraut hat. Die Mahnung an die „in dieser Welt reich Gewordenen" – zumal wenn sie der Gefahr erliegen, ‚Ausbeuter' und hartherzig zu werden –, finden sich häufig (1Tim 6,9f.17; Lk 6,24; 12,21; Mt 19,23f; Jak 5,1ff; Offb 3,17). Deren Reichtum als solcher ist nicht etwa schon Schuld

und Sünde, sondern das begehrliche Festhalten daran und das beständige Mehr-haben-Wollen ist es. Wo verfügbares Vermögen aber nach dem Gebot der Nächstenliebe und in dessen Dienst eingesetzt wird, da wirkt es Segen für beide Seiten (Mt 19,21; 2Kor 8,2ff; 9,6ff; Eph 4,28).
Die biblischen Weisungen behalten ihre Bedeutung bis in unsere moderne Zeit mit ihren vielerlei Eigentumsproblemen. Wir haben an verfügbaren Gaben vieles einzusetzen: angefangen bei eigenen Fähigkeiten und der Gesundheit, weitergehend über Raum (das heißt hier Grund und Boden, Naturprodukte und aufzehrbare sowie wieder verwendbare Bodenschätze), Begabungen und Bildungsgüter, bis hin zu der uns bemessenen Lebenszeit. Wo wir dieses alles als rechte ‚Haushalter' Gottes (das ist die nicht genau treffende Übersetzung des in der Bibel verwendeten griechischen Ausdruckes für Ökonom) einsetzen, üben wir Gehorsam gegenüber dem Lehensgeber aller Dinge und dienen einander. Je mehr sich die Eigentumsverhältnisse durch industrielle Massenproduktionsverfahren und begleitet von entsprechender staatlicher Gesetzgebung zum Gemeineigentum hin verschieben, um so deutlicher wird die christliche Haushalterschaft einen politischen Charakter annehmen, wobei die Beachtung der Freiheit und Menschenwürde Vorrang haben. „Nur die Risikogemeinschaft einer ganzen Gesellschaft, ja einer künftigen Weltgesellschaft, kann heute noch die soziale Sicherung des Menschen bewirken. Die Auslegung der biblischen Botschaft über die Frage von mein und dein entartet zu einer Ideologie, wo sie diesen gesellschaftlichen Wandlungen nicht Rechnung trägt" (E. Müller, Ev. Staatslexikon, 1966, Sp. 572). Hier kann der von Jesus viermal verwendete Ausdruck Mammon (Mt 6,24; Lk 16,9.11.13) hilfreich sein, dessen aramäische Urbedeutung wahrscheinlich das (hinterlegte) Vertrauenswürdige meint. Jede Art von irdischem Vermögen, das Jesus an den genannten Stellen obendrein mit unredlichem und ungerechtem Erwerb in Verbindung bringt, birgt für den Menschen die Gefahr, daß er sich auf solches Vermögen meint absichernd stützen zu können und daß er darüber den Dienst der Nächstenliebe vergißt und versäumt. Außerdem ist die Gegenüberstellung des Gottesdienstes und des Mammondienstes die uns vorgehaltene Erinnerung daran, welchem Herrn zu vertrauen und

zu folgen die weitaus größere Klugheit offenbart (so liegt in Lk 16,9–11 ein aramäisches Wortspiel zu ,vertrauen' vor).
Unentbehrliche Merkmale des Christseins sind sowohl das Erwerben und Sparen von Vermögen so gut es jeweils geht, wie auch (als die andere Seite derselben Medaille) das reichliche und freudige Weitergeben. Es lohnt – im tiefsten Verständnis dieses Wortes – nicht, Schätze aller Art auf Erden habgierig zu sammeln, statt solche im Himmel zu erstreben (Mt 6,19–21). Jenes läßt nur Sorgen wachsen (Mt 6,25–34; 1Ptr 5,7), statt befreites Vertrauen zu wecken. Es sei nicht unterlassen, diesen Spiegel sowohl einzelnen Personen und Gesellschaften oder Machtblöcken ebenso vorzuhalten wie auch dem kirchlichen Eigentums- und Finanzgebaren. Hier öffnen sich weite Felder der Eigentumsverwaltung, Eigentumsstreuung und der Finanzpolitik überhaupt.

6.4.4 Wir haben einen Blick auf das *Achte Gebot* (biblischer Zählung) zu werfen, das in Ex 20,15 sagt „Du sollst nicht stehlen". Im Wissen um das Zehnte Gebot vom Nicht-Begehren, wo die gleichen Sachverhalte angesprochen scheinen, ist zunächst zu fragen, was diese scheinbare Überschneidung bedeutet. Neuere Forschung hat unter Berücksichtigung der jüdischen Überlieferung und Schriftauslegung die überraschende Feststellung getroffen, daß im Achten Gebot in erster Linie der Menschenraub, die Versklavung abgewehrt ist. Dafür gibt es trifftige exegetische und systematische Gründe (Näheres bei J. M. Lochman, Wegweisung der Freiheit, 1979, S. 114ff, dem wir hier darin folgen). Das ist eine Erkenntnis, die unsere gesamte kirchengeschichtliche Überlieferung korrigiert, wonach im Achten Gebot jede Art von Eigentumsdelikten im engen Bezug auf die Freiheit des Menschen angesprochen sind, und auf der anderen Seite das christliche Verständnis vom Nicht-sorgen-Müssen zum Leuchten gebracht wird.
Im Sinne des Bezuges vom Achten Gebot auf den Menschen sind als ,Bestehlen' eine Menge von Erscheinungen auch unserer Zeit darzustellen, die als andere Gestalt der alten Sklaverei anzusehen sind. Wo politische Machtgefüge dingliches Eigentum ebenso beschränken wie dasjenige am Lebensraum (durch totales Verschließen von Staatsgrenzen, durch Verwehren von Ausbildungen oder vom Zugang zur Fülle an Nahrungsmitteln), die Bewegungseinschränkung durch über-

aus knappe Entlohnung der Arbeitsleistung oder die menschenwürdige Entfaltung der einzelnen Persönlichkeiten (auch in der Ehe, vgl. das Problem der Frauenhäuser): da sind Merkmale der Sklaverei, also des Menschenraubes unübersehbar. Dergleichen Regelungen geschehen oft mit der Begründung, die Menschen in irgendwelchen Solidaritäten zu gemeinsamem Schaffen zu bringen oder um sie von Dingen fernzuhalten, die sich einige wenige ‚Machthaber' reserviert haben. Weitere Merkmale der Sklaverei sind Geiselnahmen in Geldinstituten, Flugzeugen oder öffentlichen Gebäuden, das sogenannte ‚Kaltstellen' mancher Menschen in Berufen und Betrieben, in Parteien und Hausgemeinschaften sowie Apartheid-Systeme.
Nicht übersehen seien Verhaltensweisen von Behörden und Bürokratien gegenüber Bürgern, die oft über Gebühr lange auf ‚Bescheide' warten müssen, deren Ergebnisse ebenfalls im Licht des Achten Gebotes zu prüfen wären. Durch diese Sonde müssen auch die Methoden der Wählerwerbung politischer Parteien gehen, die oft mit Hilfe der Demagogik, zu deutsch = Volks(ver)führung, die Massen gewinnen.
In der marxistischen Lehre wird individuelles Vermögen angegriffen mit dem berühmten Satz „Eigentum ist Diebstahl" (Pierre-Joseph Proudhon); deshalb sei das gemeinsame Eigentum der gesamten Gesellschaft als höherer Wert anzusehen. Die Beurteilung dessen ist in der sogenannten westlichen Welt an der wachsenden Enttäuschung über die Ergebnisse im Wohlfahrtsstaat abzulesen. Alle diese Formen des ‚Menschenraubes' gehen einher mit dem Vorenthalten oder Entzug von Lebens-Mitteln im weitesten Sinne. Das sind Erkenntnisse, die schon Luther hatte und die er im Großen Katechismus in der Auslegung zum (bei ihm) Siebten Gebot anspricht, und wo er die ganze Welt als einen „weiten Stall voll großer Diebe und Stuhlräuber (= Wucherer)" bezeichnet. Dies alles widerstreitet der Befreiung von uns Menschen durch das Werk Jesu Christi (Gal 5,1.13–18). Johann Heermann betet in seinem Choral zu Recht: „Willst du mir etwas geben an Reichtum, Gut und Geld, so gib auch dies dabei, daß von unrechtem Gut nichts untermenget sei."
Das Achte Gebot ist weit verzweigt anwendbar, wobei von manchem kaum beachtete Bereiche zu beleuchten sind, besonders solche Eigentumsprobleme, die sich in der immer mehr technisierten Welt auftun.

Wie steht es beispielsweise mit dem Eigentumsanspruch an geistigen Ideen, die – einmal ausgesprochen und veröffentlicht – jedermann verfügbar sind? Oder wie ist es mit dem Schützen von künstlerischen, schriftstellerischen, musikalischen Produkten, um daraus Tantiemen, also Geldzuwendungen, zu gewinnen? Wie ist es mit Fotokopieren, mit den Möglichkeiten der Video-Recorder und vielem anderen? Hier gibt es Grauzonen, in denen sich auch Schutzgesellschaften mit zuweilen anzweifelbaren Befugnissen tummeln. Manchmal wird übersehen, daß unsere ganze Kultur sich nur entfalten konnte, weil Kenntnisse und Wissen weit gestreut und allgemein verfügbar wurden. Es nützt allen, wo selbst so etwas ethischen Regeln unterworfen ist. Auch beim geistigen Eigentum ist die Mahnung nicht zu unterdrücken, daß solches Vermögen ebenfalls Leihgabe Gottes ist, die zum Nutzen aller entsprechend eingesetzt werden muß.
Die positive Seite im Achten Gebot darf bei alledem nicht übersehen werden. So wenig es einfache Lösungen für unsere Wirtschafts- und Rechtsprobleme bereithält, trägt es andererseits ein Stück Befreiung in sich. Denn der kurze Satz bedeutet auch: „Du brauchst nicht zu stehlen", weil Gott uns umfassend und für unser irdisches, vor allem für unser zukünftiges Leben zureichende Versorgung versprochen hat und das auch hält. Ausgerechnet jene, die in keiner Hinsicht Gewalt anwenden, um etwas für sich selbst zu sichern, die „werden das Land erben". Hiermit ist Mt 5,5 angesprochen, das wir von der Luther-Übersetzung her als Seligpreisung kennen, die die Sanftmütigen meint, welche das Erdreich besitzen werden. Habsucht und jede Gestalt der Ausbeutung anderer Menschen ist gegen das Gebot und aufs Ganze gesehen Dummheit, weil die wahren, unvergänglichen Schätze dabei übersehen werden.

6.5 Arbeit und Beruf

Die Überlegungen zu Besitz und Eigentum stehen nicht zufällig neben denen zu Arbeit und Beruf. Manche Ethikdarstellungen lassen sie ineinandergreifen, weil beide Bereiche zu dem weiteren Umkreis des Wirtschaftens gehören. Wir haben es mit den Ausformungen der Tatsache zu tun, daß zum Menschsein das Ermöglichen, Absichern und Fristen seines Daseins hinzugehören. Da der Mensch Sozialwesen ist, sind seine Arbeit und sein Beruf wesentliche Bestandteile des Lebens der Menschheit.

6.5.1 Eine Darstellung dessen, was Arbeit heißen kann, würde sehr umfangreich. Wir beschränken uns zunächst auf eine *allgemeine Bestimmung von Arbeit.* Der Mensch arbeitet, um die Mittel zu beschaffen, die für seinen Lebensunterhalt nötig sind. Er ist damit in die Gemeinschaft aller Mitmenschen, in die Gesellschaft eingebunden. Arbeit ist als solche ein Lebens-Mittel. Durch eigene sowie gemeinsame, durch vorausgegangene sowie gegenwärtige Arbeit gelingt es, daß sich der Mensch an die natürlichen und sozialen Bedingungen der Umwelt anpassen kann. Das gilt von Anfang an für den Menschen. Zwar enthält der Dekalog – im Unterschied zum Feiertagsgebot – kein Arbeitsgebot. Doch schon Gen 2,5.15 und 3,23 wird von der Beauftragung des Menschen durch Gott gesprochen, den Acker (sogar den Garten Eden, also noch im Paradies) zu „bebauen und zu bewahren". Arbeit ist mit Mühe und Anstrengung verbunden und erweist sich oftmals als vergeblich getan. Christliche Ethik wird die Arbeit in ihrem Charakter als Mühe weder verfluchen (was in Genesis auch nicht geschieht) noch sie als etwas Außerordentliches vergötzen. Arbeit ist teils Lust, teils Last. Im weiteren Verlauf der biblischen Urgeschichte ist einiges aus der Entwicklungsgeschichte der Arbeit angesprochen, wobei schon ihre Vielfalt erwähnt wird. Wir begegnen dort der Arbeit in Gestalt vom Acker- und Hausbau, von Viehzucht und Metallarbeit sowie von Ausübung der Musik. Heutzutage ist im Vergleich zur biblischen Darstellung Arbeit noch viel weiter differenziert, wobei Schreibtischtätigkeit neben scheinbar untätigem Wachehalten steht, der Berufssportler neben dem Geschäftsmann, dem Berater oder Redner.
Arbeit geschieht zu festgelegten Zwecken, sie ist zielgerichtet. Darin unterscheidet sie sich vom Spiel; denn dieses trägt sehr wohl eine Reihe von ‚Arbeits'-Merkmalen an sich, ja es unterscheidet sich hinsichtlich vieler Abläufe und Mühen dabei oft nicht von dem, was Arbeit heißt.

6.5.2 Gott hat den Menschen *zur Arbeit beauftragt* und ihn zugleich damit verantwortlich gemacht. Nach dem Sündenfall geriet das Ergebnis menschlicher Arbeit (also nicht die Arbeit selbst oder der Auftrag dazu) unter den Fluch der Sünde. Im Alten und Neuen Testament ist davon an vielen Stellen geredet. Die Arbeit soll nach Gottes Willen dem Leben und der Gemeinschaft dienen, aber sie bewirkt in vielen Bereichen das Gegenteil davon, nämlich den Tod und die Zerstörung von Gemeinschaft. In dem Zusammenhang wird auch von Gottes eigener Arbeit gesprochen, etwa Jes 43,24: „Du hast mir mit deinen Sünden Arbeit gemacht, mit deinen üblen Taten hast du mich geplagt" (vgl. auch Jes 53,11; Joh 9,4; 10,9.14). Das Heilandswerk Christi ist in dem Sinn Arbeit, als er der Knecht Gottes war und das Beispiel des Dienstes gab (vgl. Joh 13,1–17).
Von dieser Einzigartigkeit des Arbeitens Gottes fällt Licht auf seine Schöpfung und sein Geschöpf, den Menschen, der zum Ebenbild Gottes geschaffen ist, um sein Mitarbeiter, also arbeitender Mensch zu sein. Die Schöpfung dient nicht nur dem Lebensunterhalt, sondern Gott beauftragt den Menschen, sich die Erde untertan zu machen (Gen. 1,28) und sie zu bewahren. Sein Arbeiten ist Antwort auf die erlösende ‚Arbeit' Gottes. Der Mensch in seinem das Erdendasein erhaltenden Arbeiten hängt mit dem Wirken Jesu Christi zusammen. Daher ist ein Teil der Nachfolge Dienst im Auftrag dieses Herrn. Durchweg handeln Jesu Gleichnisse davon, denn für den Aufruf in seine Nachfolge und in sein Reich nehmen sie Geschehnisse aus dem damaligen Arbeitsleben als Beispiel. Mit diesem Bezug auf das Erlösungswerk Christi ist gleichzeitig unser menschliches Arbeiten so eingeordnet, daß uns deutlich wird: das entscheidende Werk ist getan, unser Tun und Arbeiten ist umrahmt von der erhaltenden Fürsorge Gottes in unserer Welt. Damit sind auch schon die Fragen der Dauer und des Umfanges von Arbeit mit im Blick. Ob dabei tägliche und wöchentliche Arbeitszeit oder die Lebensarbeitszeit unterschiedlich sein mag, sei an dieser Stelle nur erwähnt. Ein gleiches gilt für die unterschiedlichen Fähigkeiten der körperlichen oder geistigen Kräfte und äußeren Situationen, die die Arbeit der einzelnen und der vielen mitbestimmen. Sodann ist die Tatsache guter und schlechter Arbeit – nicht hinsichtlich der Ergebnisse, sondern der äußeren Bedingungen der Betriebssysteme – ethisch zu beachten.

Arbeit unter christlichem Vorzeichen hat grundsätzlich das Wohl des Nächsten und die Ehre Gottes im Sinn. Es ist gewiß kein Zufall, daß die älteste Schrift im Neuen Testament gleich zu Anfang (1Thess. 1,3) ein Trio zusammenstellt, das Glaube, Liebe und Hoffnung verknüpft mit den Substantiven Werk, Arbeit (= Mühe) und Geduld. Der Mensch ist von Gott zum Wirken mit dem Ziel des Gotteslobes und der wahren Humanität berufen. Der Mensch entfaltet sein Menschsein und sein Mitmenschsein in seiner Arbeit, wobei es um den Erhalt des Daseins ebenso geht wie um die Pflege (das ist wörtlich die ‚Kultur') der Welt der Dinge. Arbeit ist daher auch nicht ‚Selbstentfremdung' des Menschen, wie Karl Marx im Blick auf die Arbeitsteilung meinte, weil die Arbeitsprodukte nur Fremden zu eigen seien. Menschliche Arbeit darf und soll aber nicht zur Sorge entarten, wovor Jesus ausdrücklich warnt (Mt 6,19–34 u.ö.). Unser Arbeiten tritt nicht an die Stelle des Wirkens Gottes für uns und an uns, sondern es ist eine Form des Dankes gegenüber Gott und bleibt auf ihn bezogen: „Tut eure Arbeit gern, als wäre sie für den Herrn und nicht für Menschen" (Kol 3,23f).

6.5.3 Im Zusammenhang der modernen Welt mit ihren vielerlei Arbeitsarten ist etwas über *Arbeitsformen und Arbeitsteilung* zu sagen. Wir lassen dabei die nichts einbringenden, weil fehlgehenden Ansichten von K. Marx beiseite, wonach erzwungene Arbeitsteilung dazu führt, daß die Erlöse der eigenen Arbeit anderen zufallen und immer mehr Menschen von anderen abhängig werden. Arbeitsteilung ist eine Notwendigkeit und ein nicht mehr rückgängig zu machender Fortschritt in unserer Welt. ‚Die anderen' sind in mehrfacher Hinsicht dabei; wir Menschen gewähren einander Leben und Lebensmöglichkeit.

Ganzheitliche Berufe gibt es kaum noch. Nicht einmal für die Tätigkeit der Hausfrau gilt, daß sie stets eine Mahlzeit von den Urprodukten (die womöglich noch im eigenen Garten gezogen sind) her zubereitet. Sie bedient sich der ganz oder teilweise vorbereiteten und bereitgestellten Nahrungsmittel, z.B. tiefgekühlter, fertiger Speisen oder gar der vom ‚Essen auf Rädern' ins Haus gebrachten Mahlzeit. Wir kennen zunehmend Spezialisierung, wobei Trennung von der Produktionsmittelherstellung erfolgt und auch der Fertigungsprozeß vielfach

aufgefächert ist, maschinell oder vollautomatisch unterstützt. Dadurch ist alles im ganzen Wirtschaftsgefüge stark voneinander abhängig geworden, was in Krisenzeiten oder bei Streiks erkennbar wird. Neben solcher Arbeitsteilung gibt es Arbeitsarten. Man kann zunächst von solcher Arbeit sprechen, die der unmittelbaren Bedürfnisstillung dient. Der Mensch hat seine natürlichen Grundbedürfnisse zu befriedigen und arbeitet darum im monotonen Wiederholen. Darin findet die unmittelbarste Zuwendung zum Mitmenschen statt. Je hilfsbedürftiger jemand ist (sei es als Kleinkind, sei es als kranker oder siecher Mensch) um so unerläßlicher ist diese Bedürfnisstillung durch Zuwendung an Arbeit von anderen. Zur Einteilung der Arbeit gehört ferner das Herstellen von Gegenständen. In den Frühkulturen war das im wesentlichen der Töpfer oder der Schmied; später kamen Hersteller von Möbeln und Geräten jeglicher Art bis zum Schmuck hinzu.
Weitere Arten von Arbeit sind der Handel, das Planen und forschende Nachdenken, das Beauftragen und Überwachen. Die Arbeit erhält eine höhere Wertigkeit, weil in ihr jetzt neben der rein körperlichen Tätigkeit das dem Menschen eigene Nachdenken und vorausschauende Überlegen, das Projizieren der Arbeitsergebnisse in die Zukunft mit in Betracht geraten. Zu den Arbeitsarten läßt sich noch die Normierung der Arbeit hinzufügen. Der eine Arbeit ‚unmittelbar' ausführende Mensch hat als Spezialist nur noch die Tätigkeiten auszuüben, die ihm normiert vorgegeben sind. Einzelentscheidungen kann er nicht mehr fällen.
In die Zusammenhänge der Arbeitsteilung gehören die Übertragung und Beaufsichtigung von Arbeit, also Fragen der Führung, mit dem Fremdwort Management. Unsere Epoche hat von ihm eine Reihe von Modellen entwickelt, die sämtlich erreichen wollen, gute Arbeitsergebnisse durch menschenwürdige, humanisierte Arbeitsformen zu erzielen. Dabei sind den Vorgesetzten und den Mitarbeitern je Rechte und Pflichten, Wirkräume und Grenzen gesetzt. Je komplizierter und spezialisierter unsere Arbeitswelt wird, um so höher wird die Bedeutung von klarer, aufeinander abgestimmter Aufgabenteilung (Kommunikation und Kooperation), von Unterrichtung, Fortbildung und eigener Beteiligung am Erreichen der Ziele (Information und Motivation). Das alles gab es so ähnlich schon immer, wie das schöne Beispiel Ex 18,13–27 zeigt, wo Jitro seinen Schwiegersohn Mose lehrt, was

Management durch Delegierung und Arbeitsteilung bedeutet (vgl. auch Sir 37,10–17).

6.5.4 Christliche Sicht der Arbeit verbindet diese mit dem Begriff *Beruf*. Heutiger Sprachgebrauch hat ihn verengt zum Ausdruck für eine – in der Regel entlohnte und mit sozialen Sicherungen versehene – Beschäftigung, die entweder als erlernt oder angelernt über geraume Zeit in der Gesellschaft ausgeübt wird. Der Lebensabschnitt in welchem einem ‚Beruf' nachgegangen wird, gilt im Bewußtsein der meisten Menschen als eine Art Kernabschnitt und Höhepunkt des Lebens. Darüber droht das Verständnis des ursprünglichen christlichen Sprachgebrauches von Beruf verlorenzugehen. Denn Beruf hängt mit Berufung, Berufenwerden zusammen.
Biblisch verstanden wird jede nützliche und ehrbare Arbeit als Beruf in dem Sinne angesehen, als dahinter verschiedene Merkmale stehen: (1) Menschen erfahren sich als von Gott gerufen, ihm gehorsam zu sein und in bestimmten Aufgaben tätig zu werden (Mt 20,1; 1Kor 1,26; 2Tim 1,9; 1Kor 7,17–24 u.ö.). Die entscheidende Aufgabe bleibt der Ruf in die Gemeinde derer, die als Erlöste ihrem Herrn dankbar folgen. (2) So ist diese Gestalt des Berufes fern von Selbstverwirklichung und Selbstbestimmung. Der Christ läßt sich in seinen ‚Beruf' hineinführen, niemand beruft sich selbst. Es kann durchaus sein, daß einem der auferlegte Beruf (zunächst) nicht gefällt (vgl. u. a. Jer 1,4–10). (3) Nach dem biblischen Verständnis des Begriffes Beruf wird der Mensch von seinem Schöpfer aufgerufen, gemeinsam mit allen Mitgeschöpfen die Erde zu bewahren und zu bebauen, Gottes Liebe zu aller Welt weiterzutragen. Unser eigentlicher Beruf ist demnach das förderliche Zusammenleben mit dem Nächsten. Das wird möglich durch vertrauenden Glauben an Jesus Christus und seinen Heiligen Geist. „Ob eine Arbeit in der Berufung geschieht, zeigt sich nicht im Erfolg, sondern in der Glaubenshaltung des arbeitenden Menschen" (P. Jacobs, Grundlinien christlicher Ethik, 1959, S. 214). (4) Ob eine Arbeit in diesem Verständnis Beruf ist und im Lichte der Berufung Gottes getan wird, hängt an dem Maßstab, ob sie dem einzelnen oder vielen Nächsten dient und nützt oder ob sie Zerstörung und Störung bewirkt.
Vielleicht gilt es, in einem ungeliebten Beruf geduldig zu verharren

oder den Beruf zu wechseln und eine andere Arbeit zu verrichten, wenn das Gewissen einem deutlich macht, daß Gottes Berufung in andere Richtung zeigt. Der Beruf des Menschen ist ihm ohnehin nur auf begrenzte Zeit aufgetragen. Jedenfalls gibt es keine Unterschiede in der Würde einer Arbeit als Beruf, wenn der betreffende Mensch der Berufung durch Gott gewiß ist, sei er nun auf Erden höhergestellt, reich oder sei er ‚niederen Standes' und wenig vermögend. Gleicherweise hat jeder bei seinem Beruf zu bleiben und darf sich nicht in Fremder Angelegenheiten einmischen. Das erwähnt ausdrücklich 1Petr 4,15, wo nur einmal im Neuen Testament jener Begriff vorkommt, den Luther übersetzt mit „der in ein fremdes Amt greift".
Arbeit ist im christlich-biblischen Verständnis als Beruf zu werten, denn in diesem schwingt die Fürsorge und Beauftragung Gottes uns gegenüber mit. Beruf ist in solchem Verständnis das tätige Leben des Menschen, sein Tun und Wirken, welches dem Leben in dieser Welt dient und sich auf die zukünftige Welt hin ausrichtet. Oft vermögen wir nicht zu überschauen, ob eine Arbeit in diesem Verständnis produktiv oder unproduktiv ist, Heil oder Unheil bewirkt, an Gott gebunden bleibt oder gottloser Selbstzweck ist.

6.5.5 Damit ist schon auf den *Sinn der Arbeit* hingewiesen. Bereits die biblische Weisheitsliteratur (Spr 10,4; 11,16; 12,24; 14,23; 21,5) spricht vom Gewinn und Erfolg, den fleißige und besonnene Arbeit erreicht. Doch letztlich ist „alles an Gottes Segen und an seiner Gnad gelegen", der eigentliche Erbauer aller ‚Häuser' ist Gott selbst (vgl. Ps 127,1ff; Spr 10,22). Gleichartige Überlegungen finden wir später bei Paulus (z.B. 1Thess 4,11f; 2Thess 3,6–8.11): zum geordneten Leben auf Erden gehört Arbeit hinzu. Dabei geht es um persönliche materielle Unabhängigkeit wie auch um die Befähigung mitzuteilen und wohlzutun, wovon Apg 20,33–35 spricht. Dieser Text fügt ein (wahrscheinliches) Jesuswort an, dessen Wahrheit auch im Blick auf sinnvolles Arbeiten erwiesen ist: „Geben ist seliger als nehmen."
Nicht Arbeit an sich ist schon sinnvoll, sondern die angemessene Arbeit, also jene, die sich an anderen messen läßt. Das ist letzten Endes soziales Handeln, also ein Tun, welches dem Doppelgebot der Liebe gemäß ist. Sie entspricht dem Auftrag des Schöpfers, wie er gleich in Gen 2,5.15.20 genannt ist, wobei sowohl die Aufgabe wie

schon die Arbeitsteilung erwähnt sind. In seiner Arbeit erweist der Christ seine Treue gegenüber Gottes Auftrag. Auch wenn die Arbeit mühevoll oder vergeblich zu sein scheint, kann Arbeit wegen des gnädigen Beistandes Christi Freude sein und bleiben. Der Sinn der Arbeit ist verfehlt, wenn sie einerseits reiner Selbstzweck wäre und sie andererseits grundsätzlich andere Menschen zurückweist mit der Rede: „Das kannst oder verstehst du doch nicht." Und weil Arbeit kein Wert in sich ist, sind ihre tatsächlichen Gegebenheiten und die Arbeitsbedingungen wandelbar, verbesserbar und anpaßbar.

6.5.6 Hier stellt sich die neuerdings viel berufene und in den Menschenrechten angesprochene These vom *Recht auf Arbeit.* Schon Calvin unterstreicht es (vgl. H. H. Eßer, Ev. Soziallexikon, 7. Aufl., 1980, Sp. 209) und weist in diesem Zusammenhang auf Gottes Willen hin, ehrliche Arbeit zu segnen.
Das heutige Gespräch darum bringt einige Unklarheiten ans Tageslicht. Was für ein Recht ist gemeint? Ist es das Recht, überhaupt arbeiten zu dürfen, um den nötigen Lebensunterhalt zu gewinnen? Ist es das Recht auf einen bestimmten gewünschten oder lediglich auf irgendeinen Arbeitsplatz? Wer soll ihn bekommen, wenn sich mehrere oder gar viele danach ausstrecken? Soll etwa der Staat jedem Bewerber den Arbeitsplatz verfügbar halten, damit er sein Recht auf Arbeit ausüben kann? Und wer schafft dabei die erforderlichen Lohnsummen? Es gibt einige Länder, die haben in ihrer Verfassung das Recht auf Arbeit sogleich mit der Pflicht zur Arbeit verbunden und ihre Bürger damit besonders eng an die staatliche Obrigkeit gebunden. Aus dem Recht auf Arbeit leiten manche die Pflicht des Staates zu einer Vollbeschäftigung ab, obwohl der Staat ebensowenig (produktive und Absatz sichernde) Arbeitsstellen in jeder gewünschten Menge bereithalten kann. Auf der Linie dieser Denkweise bekommt die Gesellschaft einen Vorrang vor dem einzelnen, der sich ins sozialisierte Gefüge einzupassen hat. Das Recht auf Arbeit richtet sich daher mehr an die Obrigkeit und ihre Pflicht, bei der Umverteilung der entlohnten Arbeit auf gerechtes und menschenwürdiges Vorgehen zu achten. Der Staat selber darf sich aber nicht ein Recht auf zentralisierte Arbeitsverteilung anmaßen; er hat ohnehin schon ungut viele Entscheidungsgewalt an sich gezogen.

Schon hierin zeigt sich, daß eine sozialpolitische Forderung an den Staat, dieses Recht für alle zu verwirklichen, jedermann nur stärker an die Verfügung der Staatsorgane über die Person heranführt. In Zeiten wirtschaftlichen Wachstums fällt das noch nicht auf, in Zeiten von Arbeitslosigkeit wird der Staat allenfalls durch die sich dann ergebende Pflicht zur Arbeit solche Arbeitsplätze bereitzustellen versuchen, die vielen einzelnen weder gefallen noch ausreichend dotiert zu sein scheinen. Angesichts solcher Folgerungen in der Wirklichkeit des Alltages überrascht nicht, daß in den meisten Staatsverfassungen, die das Recht auf Arbeit verankerten, dies mehr programmatisch-deklamatorischen Charakter hat, es sei denn, sie greifen durch die hinzugefügte Pflicht auf Arbeit in die persönlichen Grundfreiheiten der Menschen ein. In dem Fall droht die Gefahr, den Menschen zum Arbeits-‚instrument' herabzuwürdigen.
Hier ergibt sich ein Blick auf den Arbeitskampf, in den bekannten Gestalten des angedrohten oder verwirklichten Streiks (der Arbeitnehmer) und der Aussperrung (durch Arbeitgeber) als Gegenmaßnahme. In geschäftlichen Beziehungen kann hier Boykott geübt werden, es kann auch die Gestalt der Einstellungssperre oder die des Abbruches von Verhandlungen haben. Dieses sind in unserer Demokratie vorgesehene legale (d.h. gesetzmäßige) und legitime (d.h. rechtmäßige) Arbeitskampfmittel. Dabei wird angestrebt, den miteinander streitenden Parteien die gleichen Chancen und also auch gleichwertige Arbeitskampfmittel an die Hand zu geben. Wie bei der Einsetzung der jeweiligen Druckmittel sozialethische Gesichtspunkte vertretbar und verantwortbar sind, hängt von der einzelnen Situation ebenso ab wie davon, ob die Forderungen letztlich selbstsüchtigen Zielen entstammen und ob sie die christliche Ausrichtung berücksichtigen, nämlich die Blickrichtung auf Gott und seinen Willen uns gegenüber (vgl. Kol 3,2f).

6.5.7 Trotz alledem, das wegen seiner Grundsätzlichkeit manchem zu abstrakt erscheinen mag, kann am Nachdenken über die stets notvolle *Arbeitslosigkeit* nicht vorübergegangen werden, die in den 80er Jahren in diesem Jahrhundert sich ein zweites Mal weltweit ausgebreitet hat. Es ist zu unterscheiden zwischen konjunktureller Arbeitslosigkeit, in der wegen zu geringem Wirtschaftswachstums zu wenig nach Arbeitskräften gefragt wird und struktureller Arbeitslosigkeit, die durch neue Technologien (richtiger heißt es Techniken) viele Arbeitsplätze ebenso überflüssig macht wie durch sehr weitreichende Umschichtungen im gesamten Wirtschafts- und Produktionsgefüge. Erst, wenn jemand seinen Arbeitsplatz verliert, auch noch seinen bisherigen Lebenszuschnitt einzuschränken hat oder gar darben muß, werden für ihn die sozialethischen und menschlichen Probleme ebenso deutlich wie die Tatsache, daß unsere Gesellschaft den Menschen in engen Zusammenhang mit seinem Broterwerb, also seinem Beruf, bringt und leider danach auch wertet. Mit der Arbeitslosigkeit beginnt für viele ein sozialer Abstieg. Das gilt trotz der noch vorhandenen Absicherungen in unserem sozialen Netz, welches verhindert, daß in unserem Land keine nackte Existenznot droht.

Was ist zu tun? Vorsorge gegen Arbeitslosigkeit ist schon viel, aber noch nicht alles. Vorschläge gibt es die Menge, zu denen Stichworte gehören wie Belebung des wirtschaftlichen Wachstums, Verkürzen der Arbeitszeit, schnelleres Umschichten des gesamten Arbeitsmarktes, Arbeitsbeschaffungsmaßnahmen. Ethische Besinnung bemüht sich um die Menschen, die durch Arbeitslosigkeit unmittelbar (als Ernährer ihrer Familien) oder mittelbar (als wirtschaftlich Abhängige) betroffen sind. Sie weiß auch, daß in Epochen weitverbreiteter Arbeitslosigkeit dem alten Sprichwort viel Nahrung gegeben wird, nämlich daß der Müßiggang aller Laster Anfang ist. Ob die Laster Diebstahl und Raub heißen oder Alkoholsucht, Nachlässigkeit im Persönlichen oder Verbitterung und Anklage gegen ‚Gott und die Welt': ohne Arbeitslosigkeit und damit Untätigkeit wäre manches von dem nicht entstanden (vgl. Sir 33,28). Wo vorher jemand ordentlich und nützlich war, wird er jetzt leicht zum ‚Aussteiger' aus der Gesellschaft. Hier haben lebendige und aufmerksame Kirchengemeinden mit ihren Vertretern der Diakonie höchst wichtige Aufgaben, besonders an jüngeren Menschen. Unerläßlich ist taktvolles Aufeinander-Zugehen und das Üben von mitmenschlicher Solidarität zwischen jenen, die noch einen Arbeitsplatz haben und den ‚unglücklichen anderen'.

Hinzu gehört das Besinnen darauf, daß Arbeitslosigkeit als fehlende Möglichkeit des eigenen Erwerbs von Lebensunterhalt nicht dasselbe ist wie völlige Untätigkeit in solchem Lebensabschnitt, wobei die viel größere Weite des biblisch verstandenen Begriffes von Arbeit wieder in Sicht kommt. Dienstethik ist viel mehr als ‚Verdienstethik'.

6.5.8 Im Zusammenhang mit der Arbeit sind zuletzt noch die *Leistung und der Wettbewerb* zu erwähnen. Leistung will so gut es irgend möglich ist eine Pflicht erfüllen (personale Bedeutung); oder Leistung ist der Einsatz von Kenntnissen, Kapital und Arbeit, um etwas zu produzieren (ökonomische Sicht). Leistung ist zunächst wertneutral und unerläßlich. Ethische Beleuchtung entdeckt alsbald eine Reihe von negativen Merkmalen dabei, wie lieblose Rücksichtslosigkeit gegenüber Schwächeren, Ungerechtigkeit angesichts unterschiedlicher Bewertung von Leistungen, Neid auf die Besseren und Erfolgreichen. Wenn dann noch der Wettbewerb zur Regel erhoben wird, kommen Verdrängung und der ‚Kampf bis aufs Messer' bis hin zu geschäftlichen, aber auch körperlichen und seelischen Zusammenbrüchen hinzu. In einigen Bereichen wird Leistung fast unkritisch gepriesen, zum Beispiel im Sport oder in der Musik.
Der schöpferische Mensch ist grundsätzlich zur Leistung angetrieben. Doch Gott hat ihn zum Verwalter über manches eingesetzt, wobei unterschiedliche Ergebnisse herauskommen können. Das ist auch für Jesus selbstverständlich, der im Gleichnis vom anvertrauten Geld (Mt 25,14–30) darüber spricht und erklärt, daß von dem, welchem viel gegeben ist, auch viel zurückverlangt wird (Lk 12,48). Dennoch ist wieder darauf zu achten, ob eine Leistung anderen nützt, ob ihre Ziele ethisch vertretbar sind, ob Liebe, Glaube und Gerechtigkeit dazu gehören, ob die Leistung oder der Wettbewerb wenigen Vorteile, aber vielen Nachteile und Not beschert, ob die Würde des Menschen nicht vergessen wird. Vor allem darf niemals mißachtet werden, daß es nicht unsere Leistungen sind, durch welche die Weltgeschehnisse ablaufen, sondern Gott als Erhalter und Herr unserer Welt alles lenkt und zuläßt, er also unseren Lobpreis erwarten kann. Solche Grundhaltung hat unmittelbare Auswirkung mitten in der Leistungsgesellschaft, im Kampf um den Platz an der Sonne oder unter den Starken und Schwachen beim Denken an die reichen und die armen Länder. Paulus mahnt 1 Kor 15,58 als Abschluß vom großen Auferstehungskapitel: „Denkt daran, daß eure Mühe im Herrn nicht vergeblich ist."

6.5.9 Was heute Arbeitgeber und Arbeitnehmer heißt oder Dienstgeber und Mitarbeiter, das waren früher die Herrschaften und die Dienstboten oder das Gesinde. Darüber schrieb H. Martensen 1894 (Die sociale Ethik, S. 83ff): „Zur Familie im weiteren Sinne gehört auch das Gesinde, welche als Mitglieder des Hauses behandelt werden müssen, teilnehmend am Wohl und Wehe der Familie . . . Nunmehr ist zwischen Herrschaften und Dienstboten ein rein äußerliches Contractsverhältnis eingetreten, welches man nach kurzer Zeit wieder aufgeben kann . . . Sollen aber die sittlichen Mächte statt des bloßen Contractes und der bloßen Geldmacht . . . zur Herrschaft kommen, so muß der Geist Christi im Hause herrschend werden." In den neunzig Jahren seitdem haben sich die alten Kontraktverhältnisse immer weiter zu einem ausgewogenen System der *Mitbestimmung* entwickelt. Dabei versucht christliche Sozialethik, wirtschaftliche Erfolge und Notwendigkeiten mit menschenfreundlicher Entfaltung der Erwartungen von Arbeitnehmern miteinander in Einklang zu bringen.
Heutige Mitbestimmung verfolgt das Prinzip gegenseitigen Anteilhabens und Anteilnehmens (partizipatorisches Prinzip). Sachbedingtes und aufgabenbedingtes Weisungsrecht mit den dazugehörenden Kompetenzen müssen ebenso unbestritten bleiben wie die Mitbestimmung zugleich eine Beteiligung an der Verfügungsmacht ist. Gegenseitige und ineinander verschränkte Verantwortlichkeiten und die beiderseitige Menschenwürde müssen respektiert werden. Damit erscheint Mitbestimmung als weitere Gestalt des Liebesgebotes und der biblisch begründeten Forderung von Gerechtigkeit.
Die Entwicklung zu einem sogenannten ‚Dritten Weg', also weder einseitige Anordnungsgewalt von oben her noch deren Eingrenzung durch Mitbestimmungsspezialisten von außen her (das wären die Gewerkschaften), sondern verwirklichte Partnerschaft der unmittelbar Beteiligten, ist der Weg, den die christlichen Kirchen und die Diakonie in unserem Lande beschreiten. Auf diesem Weg vollzieht sich eine Zusammenarbeit, die einmütig auftretende Konflikte reguliert und die übergeordneten Ziele oder gemeinsamen Interessen nicht aus den Augen verliert. Es ist ein Weg zum Verwirklichen umfassender Mitmenschlichkeit an jeder Art Arbeitsplatz.

6.6 Gerechtigkeit und Recht

Im Recht wird auf Erden das Zusammenleben der Menschen in seinen äußeren Ordnungen geregelt. Damit hat es auch die Aufgabe der Friedensstiftung. Es ist eine allgemein anerkannte, verbindliche und erzwingbare, daher meist auch zumutbare Ordnung. Recht ist als ‚positives' Recht vom Staat in Geltung ‚gesetzt'. Wo es in einem Staat begründet ist, will es nicht nur geltend, sondern auch gültig, richtig und gerecht sein. Das gilt dort, wo es sich auf Gottes Willen als religiöse Voraussetzung stützt ebenso wie dort, wo es im säkularen Staat von den natürlichen und selbstverständlichen Bedürfnissen der Menschen und der Gesellschaft abgeleitet wird.
Damit ist der Zusammenhang des Rechtes mit den sittlichen Geboten erkennbar. Dennoch „gibt es sittliche Gebote außerhalb aller Rechtsordnung, aber auch Rechtsvorschriften ohne sittlichen Gehalt . . . Wer das einmal erkannt und erfahren hat, wird wünschen, die beiden Normensysteme zur bestmöglichen Übereinstimmung zu bringen" (L. Raiser, Ev. Soziallexikon, 7. Aufl., 1980, z. St.). Christliche Ethik sieht hier die Sündhaftigkeit des Menschen und den Charakter aller menschlichen Satzungen als Stückwerk (1Kor 13,9). Wo auch nur zwei oder drei Menschen miteinander zu leben haben, beginnt eine Rechtsordnung. Recht ist nicht erst mit der Sünde in die Welt gekommen, sondern es ist für die Erhaltung des Menschenlebens unerläßlich. Das eingeschränkte Eßverbot im Garten Eden (Gen 3,3) war eine Rechtsetzung. Doch menschliche Rechtsetzungen stehen im Zusammenhang mit dem Wesen des Kompromisses und sind stets Teil der Kultur.

6.6.1 Das Erhalten vom Leben ist *Gottes Wille*. Er will Recht für uns Menschen und unter uns Menschen. Der Ruf in seine Nachfolge ist der Ruf, das Rechte zu tun und in der von ihm gesetzten Freiheit nicht nur zu leben, sondern auch in ihr recht zu leben. Gott befähigt uns in seiner Ordnung, seinem Bund zu dienen, wobei nicht der Buchstabe, sondern der Geist die Entscheidungen bestimmt (2Kor 3,5f). In den Zusammenhang gehört auch das (nach biblischer Zählung) Neunte Gebot mit seinen klaren Rechtfeststellungen „um Gottes Willen". In diesem Geist ist Gott nicht ‚Partei', sondern als Richter zugleich

Helfer für das Opfer und den Täter; er will versöhnenden Ausgleich (vgl. Gen 4,7–15; 1 Sam 24,13–16).
„Dein Wille geschehe“ beten wir, wodurch wir Gottes Recht anerkennen und uns seiner Gerechtigkeit anvertrauen, um die es vor allen Dingen zu gehen hat (Mt 6,10.33). Wir geben Gott dadurch sein Recht, daß wir ihm glauben und vertrauen. Damit binden wir nicht etwa Gott und sein Recht an uns, vielmehr leben wir aus der Tatsache, daß Gott uns seine Gerechtigkeit schenkt und wir aus seinem Erbarmen heraus unsere Angelegenheiten regeln und somit leben können (vgl. Röm 9,6–23). Denn das Ziel auch der Strafe ist nach Gottes Willen, daß der Sünder „nach Recht und Gerechtigkeit handelt“ (Ez 18,21–25; Jes 55,7; 2 Kor 2,6 f u. ö.) und Friede sowie Nächstenschaft wieder hergestellt werden.

6.6.2 Die biblischen Begriffe für *Gerechtigkeit* (zedaka und diakaiosynä) meinen Bezeichnungen, die dem Leben dienen und Heil bringen, vor allem zwischen Gott und Menschen. Es sind wesentlich Verhältnisbegriffe. „Deutlich ist, daß Gott sich selbst mit seiner Gerechtigkeit einbringt und daß Gerechtigkeit zwischen Menschen nicht nur Beziehungen nach Maßgabe der proportionalen Zumessung, sondern erfüllte Lebensverhältnisse meint“ (Ch. Frey, Ev. Soziallexikon, 7. Aufl., 1980, Sp. 492). Ein bekanntes Beispiel dafür ist das Gleichnis von den Arbeitern im Weinberg (Mt 20,1 ff), wo nicht die Leistung vorrangig Maßstab für den Lohn ist (der ist sowieso ‚dikaion‘ = gerecht), sondern die Güte Gottes gegenüber den wirklichen Bedürfnissen der Menschen. Das dürfen wir beim menschlichen Recht nicht vergessen: Gottes Führungsweise zielt nicht auf Essen und Trinken, sie ist vielmehr „Gerechtigkeit sowie Friede und Freude im Heiligen Geist“ (Röm 14,17). Wir haben die Gerechtigkeit Gottes, seine Liebe und sein Erbarmen als Recht zu erkennen und zu verkündigen (Hos 2,21). Deshalb muß die Gemeinschaft von Christen auch „offenbleiben für den Bestraften, das heißt seine Rückkehr und volle Eingliederung in die Gemeinschaft, seine Rehabilitation, ermöglicht werden, wenn die Voraussetzungen dafür vorliegen“ (S. Meurer, Das Recht im Dienst der Versöhnung und des Friedens“, 1972, S. 184). Das weist auf die wichtige diakonische Aufgabe der Straffälligen- und Strafentlassenenhilfe für die Gemeinde hin. Und das deutet auf Män-

gel im Strafrecht und in der Gesellschaft hin, wonach ein ehemaliger Straftäter lange Zeit oder lebenslang als ‚Vorbestrafter' gekennzeichnet bleibt.
So ist Gottes Gerechtigkeit – auf ethische Sichtweise beschränkt und im vorliegenden Sinne – kein forensischer (d.h. gerichtlich bestimmter) Akt, nach der unser Recht ein für allemal fest‚gesetzt' wird, sondern sie bleibt bezogen auf die guten Beziehungen des Zusammenlebens. Der forensische Akt ist dennoch eingeschlossen, denn „Gott steht als Herrscher und Richter für seine Gerechtigkeit ein, er wacht über seinen Bund" (G. Sauter, Ev. Staatslexikon, 2. Aufl., 1975, Sp. 815f). Gottes Gerechtigkeit zielt auf die Sicherung des Daseins von jedem einzelnen und auf eine an ihm selbst ausgerichtete Mitmenschlichkeit, aber nicht auf Strafe und Vergeltung (vgl. Ps 94, bes. Verse. 10f und 14f). Gottes Gerechtigkeit ist anders zu werten als die verschiedenen philosophischen, politischen und juristischen Gerechtigkeiten.

6.6.3 Recht ist vor uns hin ‚gesetzt', seine Form ist also der ‚Satz', sei er ungeschrieben oder niedergeschrieben und verkündet. Die *Gültigkeit von Rechtssätzen* bleibt solange bestehen, wie sie in ihrem Bereich in Kraft bleiben und durchführbar sind. Das Recht stellt Normen auf, die allerdings nur das äußere menschliche Handeln und Verhalten zu erfassen vermögen, nicht aber seine Gesinnung dabei. Hier entstehen leicht Irrtümer, zumal Christen von der Unzulänglichkeit und Sündhaftigkeit menschlichen Tuns wissen: Gutes Recht wertet nicht nur die äußerlich erkennbare und meßbare Handlung oder Unterlassung, sondern es wertet auch die Motive dahinter. Sofort muß aber gewarnt werden, denn diese tiefere Absicht einer Rechtsentscheidung wird schnell zum bequemen Mittel für totalitäre Rechtsauffassungen, die ihnen verdächtige Gesinnungen ans Licht zerren und strafrechtlich verfolgen können. Der wertende Richter ist auch befangener Sünder vor Gott.
Recht und Moral hängen aneinander, jedoch unvermischt und ungetrennt. I. Kant hat hierüber in seiner „Metaphysik der Sitten" nachgedacht und den Raum der gesellschaftlichen ‚Legalität' mit der menschlichen Neigung zur ‚Moralität' zusammengestellt. Er versucht, beides miteinander in Einklang zu bringen, wobei dem einzelnen Menschen

ein Vorrang von Staat und Gesellschaft gebührt. Der aus der Nazizeit bekannte Satz „Du bist nichts, dein Volk ist alles“ erweist sich danach als schlimme Verkehrung der Wirklichkeit. Die Rechtsprechung wird in dieser Hinsicht niemals zur Ruhe kommen und „ob wir Gerechtigkeit oder Gnade üben, unser Recht fordern oder Liebe schenken sollen, kann nicht nach Regeln entschieden, die Entscheidung muß vielmehr stets im Glauben gewagt werden“ (L. Raiser, a. a. O., Sp. 1051). Diese Erkenntnis führt unmittelbar zu dem römischen Rechtssatz „Suum quique“ = Jedem das Seine, das jeder Art von Gleichheitsideal widerspricht und auch in christlicher Sicht als falsch verworfen wird; denn Einigung und Einmütigkeit sind nicht Gleichmacherei (vgl. Gal 3,28; Kol 3,11; hierher gehört auch die „distributive Gerechtigkeit“ als zuteilende und verteilende Gerechtigkeit im Unterschied zur „iustitia salutifera“ = heilbringende Gerechtigkeit).

In ethischer Hinsicht hängt das Recht mit der Wahrheit und mit zweckvollen Zielsetzungen zusammen, die um des Zusammenlebens der Menschen willen ‚auf dem Boden der Tatsachen‘ bleiben müssen. Damit ist eine Vorstellung totaler Gerechtigkeits-Durchsetzung abgewehrt, die in falschem Verständnis von dem alten Satz handelt: „Recht muß Recht bleiben“ (Ps 94,15; wie etwa lateinisch: Fiat justitia et pereat mundus = Es geschehe Recht, selbst wenn die Welt dabei zugrunde geht). Recht und Gerechtigkeit in unserer Welt nach dem Sündenfall sind von uns Menschen weder vollkommen zu erkennen, noch zu halten, noch herbeizuführen, also durch Rechtsspruch zu erreichen. Rechte und Gesetze sind keine zeitlos geltenden Ordnungen, die alles überall und zu jeder Zeit auf Erden zu regeln vermögen, obschon sie eine wesentliche Hilfe zum Bewahren des Friedens sind. Manchmal gelten diesseits und jenseits von Grenzen unterschiedliche Rechte. Nur Gottes Gericht ist gerecht, es offenbart sich jedoch im Kreuzestod des Sohnes Jesus Christus zu unserem Heil. Gott spricht nicht Recht, sondern ‚schafft‘ Recht, das zwischen ihm und den Menschen gilt.

Die Verhältnisse der Menschen untereinander regeln Verteilungsordnungen (bürgerliches Recht) und Vergeltungsordnungen (Strafrecht), die das Miteinanderleben erträglich und möglich machen sollen. Als solche Ordnungen verlangen menschliche Rechtssetzungen Geltung in ihrem Einflußbereich. Der Richter aber, das erwartet das Neue

Testament, soll angesichts der Fehlsamkeit des Menschen aus Barmherzigkeit heraus seine Urteile fällen, wozu er dank von Ermessensspielräumen häufig die Möglichkeit hat.
Hinzu kommt für die ethische Betrachtung der friedenstiftenden Aufgabe des Strafrechtes ein Berücksichtigen des Opfers einer Straftat, sei es im Prozeß, bei Entschädigungen oder in Sonderfällen (wie Vergewaltigung). Hier kommen obendrein Gesichtspunkte des Versicherungswesens zur Geltung.
In Fortsetzung dieser Gedankenlinie bekommt die Gerechtigkeit – als einer der Grundbegriffe politischer Ethik – besonderes Gewicht. Sie darf als soziale Gerechtigkeit aber nicht eine einfache, womöglich gleichmäßige Umverteilung aller Güter und Werte anstreben. Sie hat vielmehr die Rechte und Pflichten beider Seiten, nämlich der weniger oder mehr Habenden, angemessen auszugleichen zu versuchen.

6.6.4 Obwohl äußere Rechtlichkeit Sünde vor Gott sein kann, und umgekehrt Rechtsbruch in gegebenen Situationen Gehorsam gegenüber Gott sein kann, sind Rechtsordnungen und Gesetzessysteme zu jeder Zeit unerläßlich. Wenn es vorkommt, daß eine Staatsmacht offensichtliches Unrecht als Recht setzt, dann wird der Christ sich dem verweigern, selbst wenn er dafür persönlich leiden muß. Der Staat aber ist *Hüter des Gesetzes* und hat dieses auch durchzusetzen; denn selbst schlechtes Recht ist noch ein sichernder Damm gegen das Chaos. Unter Bezug auf 1 Petr 2,17: „Fürchtet Gott und ehrt den Kaiser" (vgl. auch Mt 22,21) formuliert die V. Barmer These in dem Zusammenhang: „Die Schrift sagt uns, daß der Staat nach göttlicher Anordnung die Aufgabe hat, in der noch nicht erlösten Welt ... nach dem Maß menschlicher Einsicht und menschlichen Vermögens unter Androhung und Ausübung von Gewalt für Recht und Frieden zu sorgen. Die Kirche erkennt in Dank und Ehrfurcht gegen Gott die Wohltat dieser seiner Anordnung an. Sie erinnert an Gottes Reich, an Gottes Gebot und Gerechtigkeit und damit an die Verantwortung der Regierenden und Regierten ... Wir verwerfen die falsche Lehre, als solle und könne der Staat über seinen besonderen Auftrag hinaus die einzige und totale Ordnung menschlichen Lebens werden." Die Tatsache, daß sich die Justiz überwiegend nur um die Bereiche des Sechsten und Achten Gebotes dreht, weist schon auf deren Grenzen im menschlichen Zusammenleben hin. Es gibt Lebensbereiche (z.B. im Gottesrecht), die Justiz und Gerichtsbarkeit unerreichbar sind.

6.6.5 Es ist noch ein Blick auf den bereits erwähnten *Rechtsbruch* zu werfen, der dreifach auftritt: (1) Als Verbrechen unter Anwendung von Gewalt; dieses unterliegt dem Strafrecht, das eine dazu eingerichtete Instanz vollzieht. (2) Dann gibt es die Berufung auf ein ‚höheres Recht' besonderer Sittlichkeit. Hier ist festzuhalten, daß es sich dennoch vor dem Forum des geltenden Rechtes zu verantworten hat. Und (3) wir kennen den Widerstreit zweier Rechtsbehauptungen gegeneinander. In diesen Fällen muß ein Gericht ein Urteil fällen, dem sich dann beide Parteien zu fügen haben. Solche Fälle treiben die Rechtsprechung voran und führen in bestimmten Rechtsbereichen und -regionen schließlich zu allgemein geltenden gefestigten Rechtsentscheidungen. In allen Fällen kommen für die Ethik Probleme der personalen Verantwortung und somit christlichen Anthropologie in Sicht.

6.7 Weltanschauungen

Staat und Gesellschaft sollten weltanschaulich und religiös neutral sein, von daher wäre auch staatliches Recht zu setzen. Damit hätte der Staat eine über jeglichen Weltanschauungen liegende Weltanschauung; denn hinter diesem Ausdruck stehen Grundvorstellungen über Welt, Menschheit und Leben, die eine lange Entscheidungsgeschichte hinter sich haben. Sie sind (schon rein begrifflich) verwandt mit der Ideologie, welche im Unterschied zur vorfindlichen und meßbaren Wirklichkeit eine oft undurchschaubare Bündelung von Aussagen und Erkenntnissen meint, die gesellschaftlich bedeutsam sind oder sein sollen. Weltanschauungen und Ideologien geben oft die (außerreligiöse) Begründung und Rechtfertigung für Machtinteressen an. So mündet in Hitlers „Mein Kampf" das Kapitel über Weltanschauung bei dem schlimmen Wort ‚Menschenmaterial'. Insofern unterliegen sie allemal der Kritik von außen. Ideologie als verpflichtende Weltanschauung wird zur Basis von geistigen und politisch organisierten Machtinstrumenten, nach denen sich die beeinflußte Gesellschaft zu richten hat.
Keine Weltanschauung hat auch nur von Ferne den ‚totalen Überblick'

über die ganze Welt und ihre Zusammenhänge, weil kein Mensch und keine Gruppe einen Standpunkt einzunehmen vermögen, der solchen Überblick und Durchblick ermöglicht. Hier gilt die Lehre vom Turmbau zu Babel (Gen 11), wonach menschliches Streben, die Welt überblickend anzuschauen und zu beherrschen, zum Scheitern verurteilt ist.
Wegen der Erklärung einer Verbindlichkeit für alle, die unter entsprechenden gesellschaftlichen Verhältnissen leben, geraten Weltanschauungen und Ideologien im Gegensatz zur wissenschaftlichen Wahrheitserkenntnis und zur christlichen Wahrheitsbezeugung. Der Christ gewinnt seine Erkenntnis der Wahrheit aus dem Wort Gottes, wie es die Heilige Schrift enthält. Nur das Erleuchtetwerden durch den Heiligen Geist läßt den Menschen und seine Vernunft erkennen, wie die Weltanschauungen in bezug auf Gott zu werten sind und wie die Menschen sich demgemäß zu verhalten haben. Das kann zeitweise und in vielem der jeweils vorherrschenden Weltanschauung ähnlich sein. Christlicher Glaube und damit christliche Ethik wird sich aber nie darauf stützen, geschweige denn sich von ihnen bestimmen lassen. Die durch Christus uns gebrachte Wahrheit führt den Menschen in eine Freiheit, die sich von keinem gesellschaftlichen Druck, von keiner bestimmenden Ideologie beherrschen läßt und beim Bekenntnis zum Herrn über alle Ideologien und Philosophien festhält (vgl. Kol 2,6–10). Das ist leichter gesagt als durchzuhalten.
Trotz der Behauptung, die religiösen Gefühle der gläubigen Menschen würden geachtet, wo sonst eine andere staatlich verordnete Weltanschauung gilt, werden Christen in diesem Zusammenhang immer wieder an Toleranzgrenzen stoßen und nicht selten für ihre Standhaftigkeit im Glauben leiden müssen. Unbewußt unterliegt jeder Mensch Ideologien und Weltanschauungen. Christliche Aufgabe ist, sie möglichst zu erkennen und zu durchschauen, alles durch die Sonde des Gotteswortes zu prüfen und Gott um rechte Lebensführung sowie Kraft zum klaren Erkennen und Bekennen zu bitten. Nicht Gegenbeweise und Schlagfertigkeit sind die Antwort auf Weltanschauungen, sondern das schlichte Zeugnis des Evangeliums, das Gottes Geist wirken läßt.

6.8 Verantwortliche Gesellschaft und Gemeinwohl

Auf den ersten Weltkirchenkonferenzen 1948 und 1954 spielte der Begriff einer verantwortlichen Gesellschaft eine besondere Rolle. Angesichts der Schwächen und gesellschaftlichen Opfer im politischen und wirtschaftlichen Leben – seien es Menschen in unterentwickelten Ländern oder die Leute, denen demokratische Lebensformen in hochtechnisierten Gesellschaften es schwermachen, nicht durch sämtliche Maschen zu fallen – ist christliches Denken und Handeln nachdrücklich darauf zu lenken. Das war schon altisraelitische Regel (vgl. Sir 10,18–11,7). Damit ist aber kein weiteres soziales oder politisches System gemeint, sondern „ein Maßstab, nach dem wir alle bestehenden sozialen Ordnungen beurteilen, und es ist zu gleicher Zeit eine Richtlinie, die uns den Weg weist bei den spezifischen Entscheidungen, die wir zu treffen haben“ (Evanston-Dokumente, Bericht der Sektion III). Das beginnt aus der Sicht christlicher Ethik mit einem in jeder Hinsicht und täglich verantwortlichen Leben, nämlich so, wie „Gottes erlösendes Handeln in Christus es fordert, und zwar in jeder Gesellschaftsordnung, selbst in der allerungünstigsten sozialen Struktur“ (a. a. O.).

Wie die einzelnen Christen, Gemeinden und Kirchen sich dabei zu verhalten haben, ist Gegenstand ständiger Diskussion sowohl nach innen zum Abklären der Möglichkeiten als auch nach außen im Gespräch mit vielen nationalen und internationalen gesellschaftlichen Gruppierungen. Dabei sind Phantasie und Selbstlosigkeit ebenso einzusetzen wie tägliches Angehen der immer bedrückender werdenden sozialen Probleme in unserer Welt. Wir haben aber nicht die Last dieser Welt zu tragen und vermögen es auch gar nicht; doch jeder soll an seinem Ort und nach seinem Vermögen Gerechtigkeit, Frieden und Freiheit suchen und die Wege zu ihnen beschreiten. Der Gott des Friedens wird uns nach Geist, Leib und Seele dabei begleiten (1Thess 5,23f). Die personale Freiheit ist gebunden an den Mitmenschen in jeder Gesellschaft.

Der einzelne Christ und die Kirche stehen so in einem Verhältnis zur Gesellschaft, das durch aufmerksame Hinwendung und durch Dienst gekennzeichnet ist. Soweit die Gesellschaft durch Ideologien befangen und damit blind für manche Menschlichkeiten ist, bietet die Kir-

che offene und kritische Gespräche an, wobei sie die Anordnungen und Angebote Gottes bezeugt, durch welche Gott seine Welt bewahren will. Die Suche nach dem Gemeinwohl (ein älterer, vorwiegend in der katholischen Soziallehre verwendeter Begriff) ist dabei ein Bemühen um Gleichgewicht zwischen Bedürfnissen der einzelnen und den Notwendigkeiten der ganzen Gesellschaft. Die Wirklichkeit zeigt immer wieder, daß eine tatsächliche, unerläßliche Balance zwischen Gemeinwohl und persönlichem Eigenwohl ein mühevolles Unternehmen bleibt.
Eine Wohlfahrtsgesellschaft wie die unsere seit über einer Generation hat es anscheinend schwer, das rechte Augenmaß zu finden. Denn in ihr breitet sich ein durch Gesetze abgesichertes und zugleich gefördertes Anspruchsdenken aus, das nur mit Mühe zur Umbesinnung zu bewegen ist. Es hat sich auch im Bereich der christlichen Sozialtätigkeit festgesetzt, wo vielfach – selbstverständlich mit lauteren und uneigennützigen Absichten – ein soziales Anspruchsdenken zutage tritt, das kaum Gedanken an die dazugehörige Verhältnismäßigkeit und volkswirtschaftliche Realisierbarkeit aufwendet.
Beim Beachten des Gemeinwohles wird der Unterschied zwischen einzelnen und vielen nicht verwischt, aber die rechte Verhältnismäßigkeit muß geordnet bleiben. Hier hat die politische Ethik eine ihrer Aufgaben im Rahmen der rechtsstaatlichen Ordnungsgewalt. Beispielsweise hat sie Familien mit Kindern besonders zu fördern, weil diesen später die Hauptlast der Rentenversorgung obliegt und es ein Gebot schlichten Anstandes ist, denen Entlastung zu gewähren, die durch Kindererziehung manche Einschränkungen auf sich nehmen müssen. Und weltweit betrachtet sind die Fragen der Massenverelendung, der Kulturbewahrung und des Friedens sowie des Umweltschutzes weitere Probleme im Bereich des Gemeinwohles, die für Christen von ihrem Wissen um die Gottesbotschaft der Nächstenliebe für alle Menschen Selbstverständlichkeit ihres Glaubens sind. Das Gemeinwohl durchzusetzen, ist eine herausragende Aufgabe des Staates. Das ist der eudämonistische Zug im Staatshandeln, nämlich das größte Glück der größten Zahl anzustreben.

7. Gemeinwesen und Staatsethik

Mit der Einführung des Wortes Gemeinwesen (engl. community, franz. communauté), das bei uns vor allem in der Sozialarbeit verwendet wird, umgreifen wir hier das sich mit Staatspolitik befassende ethische Nachdenken. Es geht um das innerweltliche menschliche Handeln in bezug auf das Zusammenleben vieler, die in Völkern und Staaten vereinigt sind. Menschen gehören zur Völkerwelt, die auf Gott den Schöpfer zurückgeht. Volk im alttestamentlichen Verständnis ist sowohl das biologische Zusammengehören von Menschen (hebr. = goj) als auch deren soziologische Struktur (hebr. = am). Die biblische Urgeschichte (Gen 1–11) zeigt uns in der Schöpfungsgeschichte, verbunden mit der Sündenfallgeschichte, die Menschheit vor und nach dem Sündenfall. Beides ist weder zu vermischen noch getrennt voneinander zu sehen. Gen 4 ist die Urgeschichte vom Zerfall des mitmenschlichen Beieinander durch Haß und Brudermord, Gen 11 ist die Sündenfallgeschichte von der Zerstörung der Völkergemeinschaft. Beides aber bleibt unter der Überlegenheit des Schöpfer- und Erlöserwillens Gottes erhalten. Das ist beim Nachdenken über den Staat als Gemeinwesen grundsätzlich mit zu beachten (wovon das vorige Kapitel schon einiges ansprach).

7.1. Staatsethik und Politik

Der *Staat* als solcher ist Stiftung Gottes. Sein Wille als Herr des Staates wird zweifach gedeutet: (1) Der Staat ist eine Schöpfungs- und Erhaltungsordnung für das Zusammenleben der Menschen in der Welt, wobei er um der Sünde der Menschen willen (also nach dem Fall) als eine Art Notordnung für die Zeit bis zur Wiederkunft Christi anzusehen sei. (2) Jeder Staat ist auf das Reich Gottes bezogen und in seiner tatsächlichen Erscheinung grundsätzlich von daher zu ermahnen und zu kritisieren. In diesem Falle wird er trotz aller Unzulänglichkeit nicht als göttliche Notordnung angesehen.
Der Staat ist der Schauplatz aller *Politik* (aus griech. polis = Staat). Diese bewegt verschiedene Arten von sozialen Gebilden entweder

innerhalb von ihnen selbst (z. B. bezogen und beschränkt auf die Kommunalpolitik in einem Ort) oder in einem Verbindungsnetz zwischen vielen und unterschiedlichen sozialen Gebilden (z. B. zwischen Stadt und Schule, Gewerkschaft und Industrie). Dabei kann fast jeder Lebensvorgang „zum Politikum" werden und die betroffene Gemeinschaft im Staat zu Maßnahmen veranlassen. Unterschiedliche Interessen werden hier ebenso angesprochen wie die Öffentlichkeit und vor allem die jeweilige Staatsmacht.

Politisch wird gehandelt, wo die Ordnungen des gemeinsamen Lebens beeinflußt werden sollen. Anlaß dazu können sein: Veränderungen in den Verhältnissen, das Wecken von Bedürfnissen oder das Aufkommen neuer Ideen und Weltanschauungen (was meist mit Parteienwechsel, aber auch mit Generationswechsel an den Hebeln der Macht einhergeht). Politische Ethik und damit Staatsethik fragt nach den Notwendigkeiten und der Durchführung solcher Handlungen und prüft, ob die Zwecke der Politik in der Gemeinschaft vertretbar und die Mittel zum Erreichen der Ziele vor der Allgemeinheit verantwortbar bleiben. Die christliche Sicht politischer Ethik legt den Maßstab der biblischen Vorgaben an und fragt danach, ob die jeweilige Obrigkeit mit ihrer Politik sich als Werkzeug Gottes verhält. Das bedeutet aber nicht, die Bibel (z. B. die Bergpredigt) zum politischen Nachschlagewerk zu machen. Wenn der Politiker Christ ist, lebt er aus dieser Verpflichtung und Bindung an Gottes Wort und ist bemüht, sein Amt vor Gottes Angesicht zu führen. Wenn er nicht Christ ist, kann er durchaus Werkzeug Gottes sein, wofür es schon alttestamentliche Beispiele gibt: Jer 25,9 nennt den babylonischen Großkönig Nebukadnezzar, der Jerusalem eroberte, seinen Knecht (vgl. auch Jes 10,5ff; 44,24–45,8). Es ist dieselbe Bezeichnung, wie sie in den „Knecht-Gottes-Liedern" vom Neuen Testament her auf Jesus gedeutet wird. Solche ‚Werkzeug-Funktion' Mächtiger erkennt der Christ oft erst später.

Politisches Tun ist jedoch nicht nur bei den Machthabern aller Art zu suchen, sondern jeder Bürger hat nach seinen Fähigkeiten Mitverantwortung für das Gemeinwesen. Politische Ethik ist somit nicht nur Obrigkeitsethik. Dem Verlangen nach staatlicher Unterstützung und Regelung vieler Lebensverhältnisse durch ihn entspricht die Bereitschaft von jedermann, an diesen Aufgaben mitzutragen, und sei es

‚nur' im Bezahlen von Steuern. Insofern gibt es keine unpolitischen Menschen. Aus der hier darzulegenden Blickrichtung bedeutet das: „Der Christ ist dadurch ein freier Mensch, daß er auf der Grundlage seiner Erfahrung der von Gott in Christus gewährten Erfahrung bereit und willig ist, sein Leben zum Nutzen anderer zu führen und zu gestalten. Das theologische Verständnis des Christenmenschen ist deshalb das ethische Paradigma (d.h. Beispiel) für den autonomen Bürger, weil die individuelle Lebensführung des Christenmenschen darauf zielt, dem gemeinsamen Nutzen zu dienen" (T. Rendtorff, Ethik, Band II, 1981, S. 45). Er setzt seine Vernunft ein, wobei er zu Gott betet, er möge die Vernunft vom Heiligen Geist geleitet sein lassen.
Der Gehorsam gegenüber Gott und seinem Liebesgebot ruft den Christen, der ganz und gar in dieser unserer Welt mit allen anderen Menschen unter Gottes Herrschaft lebt, in seinen Dienst (1Petr 2,16f). Er hat daran mitzuwirken, daß der Staat, in dem er lebt, nicht zum Selbstzweck wird, sondern seine funktionalen Zwecke verwirklicht. „Das bedeutet, daß die politische Existenz des Menschen nicht endgültig sein kann und darum auch nicht totalitär beansprucht werden darf. Denn die staatliche Forderung ist nicht identisch mit dem Willen Gottes ... Der Christ muß also vor allem dafür eintreten, daß die Freiheit des Menschen, Gott und dem Nächsten zu dienen, nicht von der irdischen Gewalt verletzt wird" (J. Staedtke, Ev. Staatslexikon, 2. Aufl., 1975, Sp. 2477). Weil der moderne Staat nicht nur allgegenwärtig, sondern auch übermächtig geworden zu sein scheint, entsteht eine Staatsverdrossenheit, die sich in Resignation und in alternativen Bewegungen äußert. Beides ist kaum hilfreich. Hier hat der Christ eine Wächteraufgabe. Er hat auf dem Plan zu sein, wo Staatsgewalt den Bürger „in die Pfanne haut" (so wörtlich Mi 3,3).

7.2 Staatsformen

Unter dem Vorzeichen evangelischer Ethik machen wir einen Abstecher in die Politikwissenschaft und stellen die hauptsächlichen Staatstypen vor. Damit wird gezeigt, daß aus dieser Sicht zunächst jede Staatsform, die sich im Laufe der Menschheitsgeschichte entwikkelte, im selben Licht zu betrachten ist.

7.2.1 Immer noch gilt die von Niccolò Machiavelli im 16. Jahrhundert vorgenommene *Haupteinteilung* in Monarchie (auch Monokratie), Aristokratie (auch Oligarchie) und Demokratie. Die drei aus dem Griechischen stammenden Begriffe zeigen in ihren Wortstämmen ihre Unterschiede. (1) Ein *monokratisches* Herrschaftssystem ist die Staatsform, in der nur ‚einer herrscht'. Man erinnere sich dabei aber gleich an den Rechtsstreit des Müllers von Sanssouci mit dem absolutistischen Monarchen Friedrich II. Es gab und gibt dieses System als absolute oder als konstitutionelle Monarchie (z. B. Königtum im heutigen Westeuropa) und als Diktatur auf Zeit (kommissarisch und nützlich in Krisensituationen) oder als autokratische Diktatur (in Gestalt der Tyrannei).
(2) Die *Oligarchien* sind die Regierungen ‚weniger', weil die Masse des Volkes nicht zu regieren vermag. Eine organisierte und einschlägig kundige Minderheit in der Masse muß die Regierungsaufgaben übernehmen. Dabei kann es eine herrschende Klasse oder eine immer wieder neu gewählte Minderheit sein. Hieraus entwickelte sich die *Aristokratie*, d. h. die ‚Herrschaft der Besten'. Das wäre ideal, doch wer sind die Besten? Es zeigt sich, daß ‚die Besten' oft gar nicht willens sind, sich ins politische Geschäft oder auch nur in die Mitarbeit bei den Massenmedien zu begeben. Das mag mit daran liegen, daß hoher Intelligenz es oft an Durchsetzungskraft fehlt, weil sie meint, die guten Argumente und sachgerechte Darstellung müsse nicht nur überzeugen, sondern auch Gefolgschaft wecken, und weil ihr die Methoden der ‚Ellenbogen' weniger liegen. Ein Staat braucht zu unterschiedlichen Zeiten außerdem unterschiedliche Beste. Hier berührt die Frage nach den regierenden Persönlichkeiten auch das Thema der *Eliten*, also der Auslese der Besten. Die moderne Welt hat nach einigen Revolutionen überkommene Adelseliten abgelöst durch Funktionärseliten, die in aller Regel ihrerseits der Entwicklung zur Funktionärskaste nicht entgehen.
Schließlich gibt es (3) unmittelbare und repräsentative *Demokratien*. Die unmittelbare, in der die Regierenden vom ganzen Volk ausgesucht und gewählt werden, ist in größeren Staatsgebilden nicht durch-

führbar. Die sogenannte Basisdemokratie versucht plebiszitär (von lat. = Volkshaufen) dergleichen. Die repräsentative Demokratie strebt neben der Handlungsfähigkeit und Durchsetzbarkeit von Entscheidungen die Kontrollierbarkeit (und damit auch Absetzbarkeit) der Träger staatlicher Gewalt an. Sie ist auf weitestgehende Gleichheit hin angelegt. Das geschieht durch die Einrichtung von Parteien, Wahlperioden und Wahlentscheidungen. Parlamentarische Demokratie bedeutet danach: das Volk bestimmt, wer es regieren soll. Nicht zuletzt vollzieht sich diese Kontrollierbarkeit im Lichte der Öffentlichkeit, die sich ihre (öffentliche) Meinung bildet. Und basisdemokratische Bewegungen (sofern sie nicht letztlich Umsturz wollen) müssen einräumen, daß die Regierungsverantwortung nur bei den vom Volk gewählten Vertretern liegt, diese aber volksnäher zu entscheiden haben.
Der bei uns verbreiteten Ansicht einer grundsätzlichen Überlegenheit der Demokratie sei ein Satz von Winston Churchill vorgehalten: „Niemand behauptet, daß die Demokratie vollkommen und allwissend ist. Man hat sie sogar schon als die schlechteste aller Staatsformen bezeichnet, außer all den anderen, die von Zeit zu Zeit durchprobiert wurden." Damit soll angedeutet werden, daß die Vertreter von Demokratien nicht das Recht haben, auf die anderen erwähnten möglichen Staatsformen verächtlich herabzuschauen mit der Meinung, sie seien im Laufe der Geschichte überholt und in der modernen Welt nicht mehr praktizierbar. Dabei wird eine Schwäche der Demokratie übersehen, die routinierte Wahlkämpfer genau kennen. Im Mehrheitsprinzip wird fälschlicherweise unterstellt, jeder urteile mit gleicher Sachkunde. Deshalb werden die Stimmen gezählt und nicht gewogen (vgl. „one man, one vote"). Meinungsforschungsinstitute wissen das und versuchen durch besondere (mathematische, statistische und demoskopische) Methoden der überwiegenden Ansicht nahezukommen.

7.2.2 Die Staatsorgane selbst, egal in welchem System, werden in Funktionsbereiche aufgeteilt, wobei das Problem der Zentralisation oder Dezentralisation, also Raffung der Macht an einem Ort oder ihre Verteilung auftaucht. Damit kommen die Fragen der *Machtkontrolle und Gewaltenteilung* auf, die wiederum nicht unbegrenzt sein können.

Unsere entsprechenden Systeme gehen auf Aristoteles zurück, der schon die dreifältige Gewaltenteilung in die beschließende, gesetzgebende Gewalt (Legislative), anordnungsgebende und durchführende Gewalt (Exekutive) und die Gerichtsbarkeit (Judikative) kannte. Wir teilen heute in unserer repräsentativen Demokratie ebenfalls ein in Gesetzgebung, Regierung mit Verwaltung und Rechtsprechung. Die strenge, sich von einander abgrenzende Verteilung der Gewalten zeigt Überlappungen, ja es ist zu fragen, ob sie noch funktioniert. Das wird besonders deutlich, wenn beim Darstellen der Staatstypen der regelungsintensive Industriestaat samt seiner Sozialverantwortung in Vor- und Fürsorge mit in Betracht kommen muß.

Die Gesetzgebung wird durch die Parlamente wahrgenommen und die Gerichtsbarkeit durch ein System staatsrechtlicher Ordnungen und Gerichte. Die Regierung (Kabinett und Ministerien bis hin zu den Rathäusern) hat als moderne Massenverwaltung „nur die Wahl zwischen Bürokratisierung und Dilettantisierung“ (Max Weber). Damit ist eines von mehreren Regierungs‚instrumenten‘ genannt.

(1) ‚Bürokratisierung‘ ist franz.-griech. Herkunft; bure war das Tuch, mit dem ein (Schreib)tisch überzogen wurde. *Bürokratie* ist also ursprünglich das Regieren durch Vereinigung der Macht in den Händen einiger beauftragter Oberbeamter von einem Amt oder einer Behörde aus. Daher leitet sich auch der neuere Gedanke vom ‚Schreibtischtäter‘ ab. Gute Bürokratie zeichnet sich aus durch Sachkunde, Verläßlichkeit, Eindeutigkeit, Aktenkundigkeit, fortwirkende Dauerhaftigkeit (Kontinuierlichkeit) und Sparsamkeit; dies alles setzt sie ein als Dienstleistung.

Im weitesten Sinne als Machtkontrollorgan läßt sich hier die ebenfalls bürokratisierte aber unerläßliche Polizei erwähnen. Deren Dienst ist vielfältig und oft schwer. Die Polizei verdient sowohl mitfühlenden Respekt und seelsorgerliche Begleitung beim Wahrnehmen ihrer Pflichten, wie aber auch hinterfragende Kritik. Beispielsweise muß man sich bei der immer ausgefeilter werdenden Straßenverkehrsordnung fragen, ob es nicht die Grenzen der Menschenwürde berührt, wenn an Straßenrändern versteckt abkommandierte Mitbürger in Uniform messen, um wie viel schneller ein Auto ist im Vergleich zu der Angabe auf einem Schild. Hier wird – trotz aller Erklärungen dazu – bürokratisch regiert und sogar ‚erzogen‘. So berühren sich nützliche

Elemente der Bürokratisierung mit solchen, die ethisch problematisch werden. Darin kommt die „Macht der Funktionäre" deutlich zum Vorschein, erst recht, wenn sie sich mit ihrem Apparat zu verselbständigen scheinen.
Heutzutage ist zunehmend Spezialisierung nötig, die als nachteilige Begleiterscheinung Unübersichtlichkeit und damit Unsicherheiten für die Bürger einbringt. Das ergibt leicht ein Gefälle in der Sachkunde vom Bürokraten zum Bürger ‚hinunter', verbunden mit Anordnungs- und Verordnungsstrukturen, die jedoch durch demokratische Regulierungen, das heißt Einsetzen der Verantwortlichen auf Zeit und mit der Möglichkeit der Absetzbarkeit, im Zaum gehalten werden sollten. Bürokraten sind bei uns allerdings oft Beamte ‚auf Lebenszeit'.
Bürokratie soll in ihrer Amtsführung durchschaubar, berechenbar und unparteiisch sein. Ihre Berechenbarkeit ist von daher eine Forderung heutiger Politik überhaupt geworden. Den Stabilisierungsmomenten und dem Vermitteln von Sicherheit darin findet sich allerdings die Diplomatie gegenüber jeder anderen politischen Tätigkeit, die mit Überzeugungsmomenten arbeitet, und allenfalls im Nachhinein ‚berechenbar' wird. Totale vorausgehende Berechenbarkeit setzt Überlegenheit und die Bestätigung eigener angenommener Anschauungen voraus. Die immer mehr zunehmende Datenverarbeitung fördert das alles. Wie weit die Berechenbarkeit jedoch getrieben werden kann, ist schwer zu sagen. Vorteile der Berechenbarkeit sind die Versachlichung der anfallenden Probleme, die in der Regel nach dem Beispiel vorausgegangener Fälle (die Präzendenzfälle) ‚kasuistisch' behandelt werden. Die Nachteile liegen in deren Schematisierung und der Unpersönlichkeit von Verwaltungsakten, die sich durch eine Verquikkung mit der Technokratie verschlimmern. Damit einher gehen die Schwerfälligkeit der Bürokratie und die Gefahr verminderten Verantwortungsbewußtseins. Durch solche ‚Objektivierung' rückt der einzelne Mensch oder die jeweilige Gruppe leicht aus dem Blickfeld und das Gespür für unmittelbare Nächstenliebe kann darunter leiden. Einzelschicksale werden ‚statistisch unerheblich', der Bürger wird manipulierbar, ‚sich entfremdet'.
Um die Vor- und Nachteile auszugleichen, vor allem um Führungen vom Mißbrauch dieses Regierungssystems fernzuhalten, haben heutige Demokratien die leitenden Stellen durch Wahlbeamte und auf

Zeit besetzt; außerdem fällen sie die Grundsatzentscheidungen im Licht der Öffentlichkeit, wobei die Medien und Journalisten wieder ihre besondere Aufgabe und Verantwortung haben.
(2) Neben der Bürokratie ist eine weitere Gestalt moderner Regierung und Beeinflussung der Bürger zu nennen, deren Besonderheit ist, daß sie kaum als solche auffällt. Es handelt sich um die zunehmend komplizierter und ausgedehnter werdende *Besteuerung* der Bevölkerung durch direkte und indirekte Steuern. Durch die Brille sozialethischer Betrachtung kommt zu Tage, daß der Staat hier ein Machtinstrument verfügbar hat, das ihn einerseits in die Lage versetzt, seinen immer größer werdenden Verpflichtungen für Gegenwart und Zukunft nachzukommen. Andererseits schränkt dieses Instrument den persönlichen Freiraum und das Mitspracherecht der Bürger in außerordentlicher Weise ein. Und das Instrumentarium der Beeinflussung wird noch viel unpersönlicher als bei der oben geschilderten Bürokratie. Außer im Steuerstrafrecht wird die ethische Seite des staatlichen Steuer- und Einzugswesens selten angesprochen. Verräterischerweise benutzt der Staat auf diesem Gebiet theologische Begrifflichkeit, indem er Park‚sünder' und Steuer‚sünder' sucht, ‚Buß'geldtatbestände feststellt und entsprechende Bescheide erläßt. Welche persönlichen und familiären Nöte durch manche Steuerbescheide oft jahrelang entstehen (vor allem, wenn sie subjektiv unverschuldet, etwa durch Anschlußkonkurse bewirkt wurden), interessiert die Behörde als ausübende Ordnungsgewalt meist nicht. Außerdem kommen dann – dank der Spezialisierung und der Gewaltenteilung sowie Aufgabenteilung – andere Ämter oder andere Staatsorgane zur Wirkung.
(3) Als eine weitere Einfluß nehmende Macht im Staat sind die *Gewerkschaften* zu nennen. Sie sind von ihrem Ansatz her freiwillige überbetriebliche Arbeitnehmervereinigungen mit der Aufgabe, die wirtschaftliche und soziale Lage ihrer Mitglieder zu bessern und zu erhalten. Sie erlangten dabei eine Ordnungsfunktion auf dem Arbeitsmarkt überhaupt. In unserem Staat erwuchs daraus kraft der großen Mitgliederzahlen und der erheblichen, angesammelten Finanzmittel ein Anspruch auf Mitbeeinflussung staatlicher Entscheidungen hinsichtlich der Gestaltung der gesellschaftlichen Verhältnisse. Dabei wird Druck ausgeübt auf die und auf die Regierung.
Weithin wird diese Entwicklung als gesellschaftsgestaltende Macht in

unserem Lande wie selbstverständlich und gegeben hingenommen, während solche Forderungen anderswo abgewiesen werden als unberechtigtes Eingreifen in fremde Bereiche. Das Zurückweisen von Gewerkschaften in ihre Schranken auf die Gebiete, wo sie nützlich und noch nötig sind, gibt es sowohl in östlichen wie westlichen Staaten. Die gewählten legalen Staatsorgane haben darauf zu achten, daß ihre erforderliche Autorität nicht von dritter Seite ungebührlich beeinflußt wird. Das gilt entsprechend für Industrie, Banken und auch für kirchliche Organisationen.

7.2.3 Welches ist nun *der richtige, legitime Staat*, wie ihn biblische Erkenntnis erwartet? Das Problem in diese Frage zu kleiden, ist falsch. Aus der Sicht christlicher Ethik ist erneut festzustellen: die genannten monarchischen, oligarchischen oder demokratischen Staatsformen kommen alle vor, und in allen Systemen leben Christen, die sich ihrem Staat gegenüber zunächst loyal, das heißt regierungstreu und recht zu verhalten haben. Anders ausgedrückt: eine Demokratie ist vom Ansatz her nicht ‚richtiger' als eine Monarchie oder gar Diktatur. Und kein Staatssystem ist unmittelbar auf die Strukturen der Gemeinde Christi, der Kirchengemeinde zu übertragen. Keinesfalls darf die Kirche „die Gestalt ihrer Botschaft und ihrer Ordnung ihrem Belieben oder dem Wechsel der jeweils herrschenden weltanschaulichen und politischen Überzeugungen überlassen" (Theol. Erklärung von Barmen 1934, These III). So etwas anzustreben – in unserer Zeit und Region wird die Kirchengemeinde von manchen in der Regel der Demokratie zugeordnet – ist unter theologisch-ethischem Blickwinkel nicht zulässig. Mehrheitsmeinungen, die bekanntlich gelenkt (= manipuliert) und von Mitläuferansichten durchsetzt werden können, sind nicht allemal mit Richtigkeit gleichzusetzen.
Die in bestimmter Weise rechtlich geordnete Staatsgewalt (Legalität) entspricht nicht der Richtigkeit seiner Verhaltensregeln und -ordnungen (Legitimität). Beides bleibt in einer Spannung zueinander. Die Legalität geht nicht restlos in Legitimität auf. Und christliche Ethik wird ihm schon gar nicht einen übergeordneten Rang solcherart zugestehen, daß ‚der Staat' mit Hilfe seiner Macht und beanspruchten Souveränität letzte Entscheidungs- und Urteilsgewalt über die Menschen habe. Der Staat als Träger der politischen Gewalt hat durch

seine Vertreter die Grundrechte seiner Bürger zu respektieren, zu denen die ungehinderte Religionsausübung als einer der wesentlichen Freiräume gegenüber dem Staat (Religionsfreiheit) gehört. Dabei ist erst in zweiter Linie von Bedeutung, ob in dem betreffenden System Staat und Kirche voneinander getrennt sind oder nicht. Zum notwendigen Freiraum der Bürger gehört, daß der Staat auf übermäßige, totale Regelung aller Geschehnisse durch Gesetze verzichtet; denn je mehr dem Verlangen nach gesetzlichen Regelungen nachgegeben wird, um so geringer wird die Eigenverantwortung und persönliche Sicherheit des Bürgers. Es wäre beispielsweise besser, ein Autofahrer führe gelegentlich mehr nach seinem Verstand als nach den vorfindlichen Verkehrsregeln. Daher ist es biblisch zutreffender, wenn nicht von ‚Regierung' geredet wird, sondern von Administration (so in den USA, Ausdruck nach Calvins Institutio IV, 20), das bedeutet Verwaltung der öffentlichen Angelegenheiten.

7.2.4 Die geschichtlichen Ursprünge aller Staatsgebilde liegen im Dunklen; und sowohl im Alten wie im Neuen Testament werden die Angelegenheiten von Staaten als fremde Angelegenheiten behandelt. Deshalb sind die beiden Testamente ziemlich unergiebig für Ethik von Politik und Staat. Das zeigen schon Jesu ‚politische' Ansichten bei der Zusammenstellung seiner Jüngerschar, in der konservative Juden und staatspolitisch eifernde Zeloten neben dem mit der Besatzungsmacht konspirierenden Zöllner und der Kapitalist waren. Unsere Vorstellung von Staat kommt in der Bibel gar nicht vor. Das *tatsächliche Weltregiment* führt Gott selbst (vgl. u.a. Jes 45,1–8). Der Staat unterliegt der Weltlichkeit, was bedeutet, „daß es vor unserem Blick verborgen ist, wie sich Gott, der Schöpfer und der Herr der Welt, zur Regierung dieser Welt der staatlichen Macht bedient" (W. Trillhaas, Ethik, 1959, S. 348). Weil die Menschen diesen Herrn nicht anerkennen wollen, versuchen sie, sich dem zu entziehen. Man erinnere sich an die Fabel vom König der Bäume (Jotam in Ri 9,7–15). Auch die Geschichte vom Turmbau zu Babel in Gen 11 zeigt das. Die Menschen wollten sich schon immer Ruhm verschaffen (man vgl. dazu die Staatsflaggen und die Nationalhymnen!), und sie wollten Macht über größere Menschengemeinschaften ausüben. Dem Wollen stand das Nichtkönnen entgegen; das Drängen auf Absicherung der Gemeinschaft führte zur Zerstreuung in unsichere Zukunft. Die Menschen werden schuldig vor Gott, der ihnen dennoch in seiner Gnade Formen des Zusammenlebens gewährt in Gestaltung von Städten oder Staatsgebilden. Zu dieser Gnade gehören die dem Staatsbürger verliehenen Gaben der Macht und des Rechtes, die die miteinander verwobenen Instrumente sind, um den jeweiligen Staat zu verwalten, um zu regieren. Der Christ als Bürger darin erkennt das an und setzt sich, soweit er es mit seinem Gewissen vereinbaren kann, mitverantwortlich zum Aufrechterhalten von Ordnung und Recht in seinem Staat ein, und zwar „non vi, sed verbo" (M. Luther), also nicht durch Mittel der Gewalt, sondern durch das Wort Gottes. Das versöhnende Wirken von Gottes Geist in der Welt bedeutet aber nicht die Ablehnung von Machtausübung durch die dazu rechtmäßig Berufenen.

Dieses Gewissen ist geschärft am Wort Gottes. Dort wird deutlich gesagt, daß wir zunächst Gottes Satzungen und Recht zu achten und zu befolgen haben (z. B. Lev 18,4f). Das „Recht muß doch Recht bleiben" ist ein biblischer Gedanke (Ps 94,15 nach dem Luthertext; vgl. noch Ps 37,28; Jes 1,17; 32,1–8; 15–18; Klgl 3,59; auch Apg 22,22–29 u. ö.).

In Verfolgung dieser Linien gehört zu den hauptsächlichen Aufgaben jeder Regierung die Friedenspolitik, womit die Ermöglichung des von Gott gemeinten Lebens für jedermann in- und außerhalb der eigenen Staatsgrenzen gemeint ist. Daher hat jeder Staat sich mit den aufkommenden Konflikten zu befassen, sie zu reglementieren versuchen, zumindest darauf hinzuwirken, daß jeder trotz und „mit Konflikten leben" kann (wie eine Kirchentagslosung hieß). Eine bleibende Aufgabe der christlichen Ethik gegenüber dem Staat ist dabei, die Verantwortlichen im rechten Tun zu unterstützen, ihr Gewissen zu schärfen, Anstöße zur Veränderung zum Besseren hin zu geben und das Beispiel gewissenhafter Staatsbürgerschaft vorzuleben. Es gilt, ein Wächteramt über das öffentliche Leben auszuüben. Damit werden die Verantwortlichen im Staat aufgefordert zu vertieftem Nachdenken über ihren Auftrag gegenüber den Menschen, deren Leben und die Ziele, auf die hin jeder Staat, jedes Gemeinwesen ausgerichtet sein muß, und darüber, welches letztlich der Sinn des Staates vor Gott ist, nämlich Gott die Ehre zu geben und nach seiner Gerechtigkeit zu trachten. Dann wächst unter den Völkern ein dem

Herrn Christus folgendes ‚Dominium', statt der Gewalt ausübenden ‚Imperien'.

7.2.5 Hier ist nach dem Phänomen der *Macht* gefragt, und zwar unter biblischem Urteil. Gen 10,8–12 lesen wir, daß „Nimrod der erste war, der Macht gewann auf Erden und ein gewaltiger Jäger vor dem Herrn war". Dann wird dort sein Machtbereich umrissen. Was ist hier exemplarisch ausgedrückt? Der erste Machtmensch auf Erden trieb das Jägerhandwerk keineswegs als Luxusspiel der Könige, sondern er hat durch das Schützen seines ‚Reviers' im Vorderen Orient, in dem er auch Städte baute, die Bewohner vor den Gefahren der drohenden Natur, nicht zuletzt in Gestalt reißender Raubtiere, geschützt und ihnen Sicherheit zum Leben verschafft. Das war Nimrods eigentlicher Auftrag „vor dem Herrn" (wie zweimal erwähnt wird) und den er offenbar mit großer Überlegenheit und vermutlich als Gewaltherrscher durchführte. „Vor dem Herrn" besagt: Regierungsgewalt und Autorität sind von Gott abgeleitet und verliehen. Die archaische Mitteilung über Nimrod zeigt bereits, daß Machtausübung letzten Endes auch tragisch ist, weil sie selbst „beim besten Willen" und sogar „vor dem Herrn" andere machtlos und unschädlich machen muß. Dennoch muß Macht ausgeübt werden, jedoch reguliert. Sie ist in Gestalt von Autorität von Gott eingeräumt, sogar an gottfeindliche Machthaber, wie an jenes Tier aus dem Meer von Offb 13.
Das neue Testament hat an verschiedenen herausgehobenen Stellen (Mt 28,18; Eph 1,21; 1 Petr 2,13; Offb 12,10) darauf hingewiesen, daß jegliche Art und Erscheinungsform von Macht, Gewalt und Herrschaft in dieser und in der zukünftigen Welt der Herrschaft Jesu Christi unterworfen sind. Das ist für die glaubenden Christen eine befreiende und sie rechtfertigende Herrschaft. Das läßt sie in ihren Staaten, welcher Gestalt sie auch sein mögen, selbst in Hunger und Unterdrückung, ja geschlagen und heimatlos, dennoch standhalten und getröstet leben (1 Kor 4,9–13). So wird zwar die jeweilige Macht in ihrem Recht und ihren Aufgaben als Mittel der Regierung anerkannt, zugleich aber auf deren Begrenzung hingewiesen und hingewirkt. Unser technisiertes Zeitalter hat die Gefahr des globalen Machtmißbrauches, ja deren Verselbständigung bis zur totalen Zerstörung der Welt riesengroß werden lassen. Um so fester gilt die

Botschaft davon, daß Gott in Christus im Regimente sitzen bleibt und alle Mächte „unter seine Füße getan“ (Eph 1,21f) sind.
Christus aber regiert mit dem Geist der Liebe. Deshalb ist christliche Haltung und Ausrichtung die, welche mit einem alten Lied von Gerhard Tersteegen so ausgedrückt ist: „Ich bete an die Macht der Liebe, die sich in Jesus offenbart“. Das aber führt zu einer Machtanwendung und einem Führungsstil, in dem Partnerschaft, Mündigkeit, Autorität und Solidarität geübt werden. Das sind Formen praktizierter Nächstenliebe im Zusammenhang mit der Rechtmäßigkeit von Machtausübung und innerhalb der Ordnungen dieser Welt.

7.3 Völkerrecht

Deshalb ist das Völkerrecht – dessen ‚Vater‘ Hugo Grotius genannt wird – hier einzubringen, als Beispiel für Ansätze besonderer Ethik, denn neuere Ethik kann weder bei nationalen Grenzen noch bei Rassenunterschieden stehenbleiben. Es geht dabei um die Normen, die das Verhalten der Staaten untereinander regeln, wobei gemeint ist, daß die Starken und Mächtigen die Lebensmöglichkeiten für die Kleinen und Schwachen nicht nur respektieren und erhalten, sondern auch fördern. Damit sollen imperialistische Ausdehnungsgelüste und Erpressungen verhindert werden. Wie weit das aber durch die Behauptung nationaler Interessen und Sicherheitsbedürfnisse beachtet wird, das steht auf einem anderen Blatt.
Im internationalen Recht gründen die Verpflichtungen besonders auf moralischen Forderungen und Ansätzen, denn dort fehlt die Anweisungsbefugnis und Durchsetzbarkeit, welche im innerstaatlichen Verhältnis möglich sind. „Dadurch liegt beim Völkerrecht die Gewähr der Rechtseinhaltung weitgehend in sittlichen Momenten“ (F. Berber, Ev. Staatslexikon, 2. Aufl., 1975, Sp. 2814). Die internationale Zusammenarbeit unserer pluralistischen Weltgemeinschaft wird nur durch Erneuerung im Geiste Christi möglich (vgl. Kol 3,10f). Das zu betonen und vorzuleben, dafür zu beten, ist Aufgabe der Christen.
Die Lage im Staatsrecht führt dazu, daß im internationalen Verbund von Staaten, sei es in der UNO, in der Europäischen Gemeinschaft und anderswo, so häufig ein krasser Unterschied besteht zwischen den

guten und vernünftigen Verlautbarungen sowie dem Nichtbefolgen der Beschlüsse. Dennoch ist an ethischen Grundsätzen weiterhin festzuhalten, die sich nicht nur als verpflichtende Appelle an einzelne Menschen richten, sondern durchaus auch an Staaten und Völkerbünde. Hier gilt besonders der uralte Grundsatz „pacta sunt servanda" = Verträge (Bündnisse) müssen eingehalten werden.
Staats- und Nationalgrenzen gelten vor Gott ohnehin nicht. Und Gott richtet alle Völker (Ps 96,10; Mt 25,32), er bleibt allen überlegen und verlacht sie sogar (Ps 2,4). Sie sind vor ihm „wie ein Tropfen am Eimer und gelten soviel wie ein Stäubchen auf der Waage" (Jes 40,15). Die Christen haben dabei den Auftrag, „die Botschaft von der freien Gnade Gottes auszurichten an alles Volk" (Theol. Erklärung von Barmen 1934, These IV), wozu die Predigt des Evangeliums ebenso gehört wie die ethischen Mahnungen unseres Herrn an uns.
Ein herausragendes Beispiel für solchen Gehorsam sind die Völkersprüche in Amos 1,1–2,3, die der Prophet an die Nachbarvölker zu richten hatte. In den Texten, die „als Beginn völkerrechtlichen Denkens bezeichnet" werden können (H.-G. Fritzsche, Leittexte der Bibel, 1981, S. 196), werden Gottes Strafen über das Unrecht der Völker angekündigt. Fritzsche weist indessen auch darauf hin, daß die Mahnungen „durch ein ethisches Wollen beseelt" sein müssen. Das Völkerrecht muß den „Eigenwert, ja die Autonomie des Moralischen, des Humanen und Juristischen zu bewahren" versuchen. Hier ist über die christliche Ethik hinaus auch die „moralische Weltordnung" (I. Kant) wachzuhalten. Im Atomzeitalter hat das besonderes Gewicht.

7.4 Christsein und Staatsgewalt

Die dreifache Gewaltenteilung im Staat als Gesetzesbildung, politische Herrschaft und Gerichtsbarkeit begründet Verhältnisse der Über- und Unterordnung. Von der Tatsache der grundsätzlichen Überlegenheit Gottes und seiner Herrschaft her ausgehend, ergeben sich die Fragen danach, wie sich die Christen in ihrem jeweiligen Staat zu verhalten haben. Wir geben Antworten im Zusammenhang

mit einigen bekannten Bibelstellen und den Ausprägungen von Antworten im Laufe der Kirchengeschichte darauf.
Vorweg sei eine Entwicklung aus alttestamentlicher Zeit erwähnt, die Forderungen des Volkes Israel gegenüber Jahwes Anspruch auf „sein Volk" zeigt. Das ist 1 Sam 8 berichtet. Israel wollte „wie alle anderen Völker" (Verse 5 u. 20) sein und einen König haben. Samuel hält dem Volk vor, daß neben der Regierung durch Gott und seine ‚Richter' das Königtum viele Nachteile bringt. Dazu gehören Steuerlasten, Unterhalten des Königshauses und Regierungsapparates, Ansprüche des ‚Staates' auf Grund und Boden, Heeresdienst und dessen Finanzierung, Pflichten in Friedenszeiten und im Kriegsfall, der außer Militärdienst auch Rüstungsproduktion verlangt. Alle diese pragmatischen Argumente Samuels werden vom Volk ebenso wie die theologischen (hinter denen ein theokratisches Denken steht) verworfen. Scheinbar ‚resignierend' beauftragt Gott schließlich seine Propheten: „Höre auf sie und gib ihnen einen König" (Vers 22). Ein Staat kommt dem Volk in mehrfacher Hinsicht allemal ‚teuer zu stehen'.
Hier tauchen Zusammenhänge zwischen Volk und Staatsorganen auf, die gegenwärtige ‚Basisdemokratie' ebenfalls erwähnt, nur völlig säkularisiert, angesichts heutiger großräumiger Politik und der Massengesellschaft undurchführbar und letztlich mehr auf reine Machtverschiebung zielend. Jenseits von der Entwicklung zum Königtum bleibt Gott seinem Bunde treu und hilft weiterhin seinem Volk aus allen Nöten (1 Sam 9,15f). Schließlich durchzieht das Alte Testament die Verheißung des Sohnes, auf dessen Schultern die Herrschaft liegt und der die Titel führt: Wunderplaner, Gottheld, Ewigvater und Friedefürst (Jes 9,1.5f, worauf sich Mt 4,15f und Lk 1,32f.79 beziehen). Gottes Sohn Jesus Christus ist gemeint, dessen Herrsein über unsere Menschen- und Völkerwelt das Leben der Christen in ihren Staaten bestimmt. Er selber kritisiert aber die Art der Machtausübung der Mächtigen und fügt an „So soll es nicht sein unter euch" (Mt 20,25f).

7.4.1 Zunächst stellen wir aus dem weiteren *biblischen Zeugnis* einige Schriftworte nebeneinander, die den Bereich ‚Christ und Staat' ansprechen.
(1) Mt 22,15–22 par erklärt Jesus auf die Gewissensfrage nach der

Steuer, man hat dem Kaiser zu geben, was ihm gehört und zusteht. Dasselbe gilt gegenüber Gott; die von ihm kommenden Gaben sind ihm zur Ehre einzusetzen. Der Staat darf nicht einziger Verwalter von Macht sein; die letzte Treue und Ehre schulden wir Gott.

(2) Röm 13,1–7 ist trotz häufigen Bezugs darauf keine Lehre von der Obrigkeit, welcher ein Christ unbedingt und bedingungslos untertan zu sein habe. Diese Stelle ist auch keine Rechtfertigung des Staates. Ihre Botschaft, die nur im ganzen Zusammenhang des Römerbriefes zu werten ist, fordert Gehorsam gegenüber vorhandenen Gewalten, welche sich durchgesetzt haben (also auch tyrannischen) und die von Gott eingesetzt – das heißt auch geduldet – sind, also insoweit „im Dienste Gottes stehen". Die Christen sollen sich solcher Gewalt unterstellen und unter ihr Gutes bewirken. Das Dienen der Obrigkeit selbst aber ist Dienst vor Gott und für Gott.

(3) 1Kor 6,1–11 werden Rechtshändel von Christen angesprochen, wobei der Apostel auf das Rechtfertigungsurteil Christi hinweist und daraus ableitet, die Christen sollten sich mit ihren Angelegenheiten soweit möglich und tunlichst von weltlicher Gerichtsbarkeit fernhalten. Sie sollten andere Urteilskriterien haben.

(4) Offb 13,1–10 schildert den (endzeitlichen) widerchristlichen Staat, in dem enorme Macht und Gewalt, auch Grausamkeit und Bestialität vereinigt sind. Rätselhafterweise läßt Gott diesen Staat bestehen, allerdings nur für eine begrenzte Zeitspanne. In den Versen 11–18 ist dem noch eine widerchristliche ‚Kirche' hinzugetan, welche Macht bekommt, als Werkzeug der Verführung im frommen Gewand die Herzen von innen her zu verderben.

Alle vier neutestamentlichen Aussagen sind zusammen zu sehen, aus keiner Stelle kann für sich eine Staatslehre abgelesen werden, die es als solche im Neuen Testament gar nicht gibt. In jedem der Zitate sind aber Stücke von dem, was in lebendiger Zusammenschau das Zeugnis für uns Christen im Verhältnis zur staatlichen Gewalt ist. „Die Kirche hat selten die Doppelfugigkeit beider Aussagen (nl. Röm 13 und Offb 13) erkannt und konsequent ernstgenommen; sie hat sich vielmehr immer wieder sowohl in schwärmerischer staatlicher Feindlichkeit wie geordneter Staatshörigkeit gezeigt" (P. Jacobs, Grundlinien christlicher Ethik, 1959, S. 184).

(5) Eph 1,10.17–23 sodann ist eine Aussage, die das scheinbare

Nebeneinander oder Gegeneinander von Röm 13 und Offb 13 dadurch überwindet, daß sie den Kyrios (= Herrn) Jesus Christus in seiner allen gegenwärtigen und zukünftigen Mächten wirklichen Überlegenheit preist. „Und gerade diese führt, da der Christ ja in seinem Leben Zeuge dieser Herrschaft sein soll, vor die Frage nach seinem konkreten Verhalten zur jeweiligen staatlichen Wirklichkeit" (E. Wolf, Sozialethik 1975, S. 250). Der Christ kann keinen ‚christlichen Staat' zu schaffen bestrebt sein, sondern er soll das tun oder lassen, was das Liebesgebot seines Herrn Jesus Christus jeweils von ihm fordert und was er als nötigen Gehorsam erkennt. Das gilt für ihn, ob er nun selber Regierungsverantwortung hat oder nicht. Vom Christen wird das Tun des Guten erwartet (Tit 3,1f.9.14), das der Staat sogar belobigen kann (auch in Gestalt von Orden und Ehrenzeichen, sofern sie angenommen werden; vgl. 1Petr 2,14).

(6) Dann wird der Christ auch „das Salz der Erde und das Licht der Welt" (Mt 5,13f) sein. Wiederum sei festgestellt, daß die praktische Entscheidung, was nun konkret zu tun oder zu lassen ist, sehr unterschiedlich sein kann. Vernünftiges Prüfen und Erwägen läßt ihn nach eigenem Ermessen, aber gebunden an sein Gewissen und sein Glaubensurteil handeln. Das Ergebnis wird oft mit den Forderungen seines Staates übereinstimmen; nicht selten jedoch führt es ihn in Situationen, in denen er dem staatlichen und politischen Anspruch gegenüber Nein zu sagen hat, auch wenn ihm das äußere Nachteile einbringt. Da gilt die ‚Petrus-Klausel' von Apg 5,29: „Man muß Gott mehr gehorchen als Menschen".

Dazu gehört zuweilen ein Lernprozeß. Mancher Christ hat bei Forderungen eines neuen Staates zunächst überzeugt dessen propagierte Ziele vertreten. Man denke an Beispiele aus der Nazizeit oder unserer Gegenwart. Nach einigen Beobachtungen oder der weiteren Entwicklung wie auch durch erneutes Durchdenken der Problematik und Zusammenhänge kann die Meinung geändert werden. Da Buße, Erneuerung und Leitung durch den Heiligen Geist ohnehin zu den christlichen Selbstverständlichkeiten gehören, ist für andere Christen, die von vornherein die für jenen neue Ansicht vertraten, kein Grund gegeben, dem Betreffenden weiterhin zu mißtrauen oder ihm etwa seine Vergangenheit vorzuhalten.

(7) Eine ‚Erklärung' für das erwähnte häufige ‚Danebenliegen' von

Christen gibt Paulus in Phil 3,18–21. Dort spricht er vom christlichen Prinzip der Pilgrimschaft, der grundsätzlichen Fremdlingschaft der Nachfolger Christi auf Erden. Es heißt in Vers 20 sogar, daß unser „politeuma“ (wie es im Griechischen heißt), also das Gemeinwesen, zu dem wir Christen gehören, unsere Heimat im Himmel ist. Christen sind als Glieder der Gemeinde Christi auf Erden grundsätzlich unterwegs zum Ziel der Vollendung des Reiches Gottes hin. Daher kann die jeweilige politische Gebundenheit des Christen, ja des Menschen überhaupt, niemals völlig und endgültig staatsgebunden sein. Aus diesem Gedanken heraus konnte Bundespräsident Gustav Heinemann den Satz formulieren: „Ich liebe nicht diesen Staat, sondern ich liebe meine Frau“. Darin sind die wirklichen Akzente gesetzt, und es ist deutlich gemacht, daß jegliches Staatswesen bei all seiner Wichtigkeit ein Zweckgebilde ist, das man als solches nicht ‚lieben‘ kann.
(8) Im Zeitalter der Datenerfassung leben wir Menschen unter dem (anonymen = unpersonalen) Zugriff des Staates. Ob dieser die ‚Daten schützen‘ kann, ist eine zusätzliche Frage. Damit wird von den Bürgern alles angebliche Wichtige und Nötige festgehalten. Soweit erforderlich, soll dem gehorsam und mit Freimut Folge geleistet werden. Demgegenüber wissen die Christen sich bei Gottes ‚Datenerfassung und Datenschutz‘ besser geborgen: „Freut euch, daß eure Namen im Himmel geschrieben sind“, sagt Jesus Luk 10,20. Das Notieren unserer Namen und Personen im Himmel wird in der Bibel häufig mit dem Ausdruck vom „Buch des Lebens“ belegt (u.a. Ex 32,32; Ps 69,29; 139,16; Phil 4,3; Offb 3,5; 20,12). Wer im Schutz dieser Eintragungen bei Gott lebt, wird in seinem irdischen Staatswesen frei und einsatzbereit, loyal und gewissenhaft seine Aufgaben und Pflichten tun.

7.4.2 Nach diesen und weiteren Schriftzeugnissen (zu denen die sieben Sendschreiben aus Offb 2 u. 3 gehören) haben die Kirchen ihre Ansichten und Haltungen in bezug auf Staat und Kirche entwickelt. Genaues Hinsehen bemerkt dabei immer wieder übergewichtige Stützung auf nur einzelne Bibelstellen und ein Denken aus der jeweiligen Zeit und Situation heraus; und das führt zu Verzerrungen.
Wenn christlicher Glaube bezeugt, das tatsächliche Weltregiment führt Gott selbst, dann genügt solcher Satz nicht, er braucht nähere Erläuterung. Das geschieht in der *Zwei-Reiche-Lehre*, die dem Chri-

sten eine Ortsbestimmung sein will, von der aus er sein Entscheiden und Tun in der Welt leiten läßt. Mit dieser Lehre soll (als Überwindung der mittelalterlichen Zweigewaltenlehre) das Evangelium entpolitisiert und das Staatswesen entklerikalisiert werden. Gott hat zweierlei Regimente unter den Menschen aufgerichtet und gestiftet, nämlich das geistliche als Kirche (welches durch das Wort Gottes die Menschen zum Heil führt) und das weltliche als Staat (welches durch das ‚Schwert' regiert). Jede Seite wirkt auf die andere Seite ein und für sie: der Staat hat der Verkündigung der Heilsbotschaft den nötigen Raum zu geben (Kirchen, Schulen, Veröffentlichungen und anderes mehr); die Kirche hat die Staatsbürger auf ihren jeweiligen Stand hinzuweisen und sie die politischen Notwendigkeiten zu berücksichtigen anzuweisen. Dabei ist nicht zu vergessen, daß jeder Christ Weltperson und Christperson zugleich ist, er aus Glaubens- und Gewissensfreiheit heraus handelt. Heutige Sprache redet von mehreren Rollen, in denen jeder Mensch lebt, was nicht einer ‚Zweigleisigkeit' im Ethischen entspricht. Das darf also nicht zu einer (nicht selten berechtigt vorgeworfenen) Doppelmoral im Leben führen. Bei alledem dürfen beide Reiche auch nicht nebeneinander sich selbst überlassen bleiben oder jedes auf das andere meint bestimmend einwirken zu dürfen. Die Zwei-Reiche-Lehre – auch Regimenterlehre genannt – ist bemüht, auf die Spannung hinzuweisen, in der wir leben, nämlich „der Spannung von Schöpfung und Sünde, von Gerechtsein und Sündersein, vom Gesetz und Evangelium, von Welterhaltung und Erlösung, von Person (Gewissen) und Werk (gesellschaftliches Handeln)" (M. Honecker, Ev. Staatslexikon, 2. Aufl., 1975, Sp 2994).
Was bedeutet das für einzelne Christen, die in beiden Reichen zugleich leben? Als Arbeitnehmer, Geschäftsleute oder Beamte müssen von ihnen angeblich ganz andere Gesetze angewendet werden als es ‚nach Feierabend' und sonntags der Fall sei. Muß nicht in Wirklichkeit trotz Mt 6,24 zwei Herren gedient werden?
Ein Versuch, diese scheinbar dualistische Spannung aufzulösen oder wenigstens zu ertragen, ist daneben die „Lehre von der *Königherrschaft Christi*", welche vor allem Karl Barth nach einer Formulierung von Huldreich Zwingli entwickelte. Sie geht von dem grundsätzlichen Herrsein Christi in dieser Welt aus und ordnet dem alles zu. Seine Herrschaft ist vor unseren Augen in der Welt verborgen, dennoch

haben ihr sich alle Arten von Herren und Mächtigen in der Welt zu beugen. Das entspricht auch dem Ziel der Vollendung seines Reiches. Auf dieser Linie liegt die Aufforderung von Paulus, Fürbitte und Danksagung zu praktizieren, „und zwar für alle Menschen, für die Herrscher und für alle, die Macht ausüben“ (1Tim 2,1f); denn wenn Gottes Geist in den weltlichen Herrschern wirkt, tun sie, was er will, und das ist auf jeden Fall das Richtige. In solchem Licht erscheint nicht mehr befremdlich, daß zu jeder Zeit Menschen in Diktaturen für ihre Tyrannen beten, sei es allein oder sei es im Gottesdienst (vgl. Lk 6,28). Gleiche Fürbitte brauchen alle Politiker und sonstwie Verantwortlichen in Staat und Wirtschaft, in Schule und Kommunalgemeinde. Und neben die Fürbitte gehört das Gebot der Liebe, das auch eine auf das Gemeinwesen bezogene Seite hat, „denn die Liebe Christi drängt uns“ und keiner soll mehr für sich selbst leben (2Kor 5,14f). Verhindern von Unglück, Aufrichten von Gerechtigkeit und Belehren der nachwachsenden Generation sind weitere Aufgaben für den Christen als Staatsbürger. Dabei sei dahingestellt, ob er sein Amt ehrenhalber oder hauptberuflich ausübt. Es ist Teil vom ‚prophetischen Amt‘ der Kirche.

Ohne Frage bleibt für den Alltag der Christen hier manche Spannung: Auf der einen Seite ist das Reich Gottes ein herrschaftsfreier Raum, aber die sichtbare Kirche ist voller Konflikte. Auf der anderen Seite regiert Gott in dieser Welt mit weltlichen Mitteln, zu denen Vorgesetzte gehören, die durchaus launisch und ‚wunderlich‘ sein können (1Petr 2,18), wörtlich ‚krumm‘, was an den Satz erinnert: „Gott schreibt auch auf krummen Linien gerade“. Das geistliche Regiment, wie es bei Luther heißt, ist dasjenige zur rechten Hand und das weltliche jenes zur linken Hand Gottes. In beiden Bereichen bleibt er der Herr. Unter dieser Hand Gottes bewährt sich der Christ durch sein Befreitwerden von Sünde und Schuld und in seiner Befreiung zum Dienst in dieser Welt. Der Dienst äußert sich darin, daß gefördert wird, was neue Möglichkeiten zum freien Leben aller Menschen bewirkt, und alles bewahrt wird, was die erforderlichen Lebensgrundlagen sind. Praktisch zielt das auf ein Zurückdrängen von zuviel Staat in der Gesellschaft hin; denn immer mehr Staat bedeutet nur mehr Statik, Erstarrung und Bewegungslosigkeit im Verhältnis unter den Menschen, das aber ist nicht gut oder förderlich.

Der christliche Glaube, der verkündigt und praktiziert wird in jeder Gemeinde Jesu Christi an allen Orten der Welt, bekennt die Herrschaft Christi in aller Welt, in welcher die Staaten ihrerseits Macht und Gewalt ausüben. „Die biblische Überlieferung mit ihrem Ringen um Gerechtigkeit und Rechtfertigung des Menschen weiß um ein Licht, das in diesem Dunkel aufleuchtet (2 Kor 4,6), das den Menschen dazu befähigt, nicht das seine, sondern das des anderen zu suchen, die Lasten anderer zu tragen. Sie weiß, daß es die Schuld ist, die das Machtstreben in der Welt tödlich macht, und sie verheißt zugleich denen, die vergeben und so Frieden stiften, Gerechtigkeit und Leben" (U. Luck, Zum Thema Menschenrechte, 1977, S. 37). Das bedeutet konkret, die Kirche kann weder mit den Reichen und den etablierten Machthabern paktieren – wie ihr oft vorgeworfen wird – noch mit den tatsächlich oder nur scheinbar Benachteiligten und Armen gegen jene agieren.

7.4.3 In der Staatslehre und Politikwissenschaft ist die Frage offen, ob dem Staat eine besondere geistige Qualität und Würde zukommt. Daraus leiten sich Überlegungen ab, ob dem Bürger *Widerstandsrecht* und *Widerstandspflicht* zukomme. Letztere ist ein Widerpol zur Gehorsamspflicht und nur moralisch zu rechtfertigen, etwa wenn jemand den Auftrag bekommt, ein Unrecht zu begehen, oder wenn jemand sonst moralisch-rechtlich vergewaltigt wird. Wie ist es aber mit einem Widerstandsrecht in Gestalt der Gewaltanwendung gegenüber dem Staat?
Christliches Urteil verwehrt dem Staat – erst recht einem totalitären, tyrannischen Unrechtsstaat – ein lückenloses Gewaltmonopol gegenüber seinen Bürgern, wenn er deren Freiheit und Würde mißachtet und über Gebühr einengt, wenn er das Bemühen um Besserung der sozialen Lage und Gerechtigkeit versäumt. Hier hat die Treuepflicht der Bürger ihre Grenzen, weil solcher Staat als Partner seinen Teil der Verpflichtungen nicht einhält. Die Geschichte ist voller Beispiele dafür. In ihr gilt nicht nur aus christlicher Sicht, daß einem unrechtmäßigen Herrscher und Eroberer das Volk keinen Gehorsam schuldet.
Wo also grundlegende Rechte der Person für sich und in der Gesellschaft verletzt werden, kennt die christliche Ethik ein Widerstandsrecht. In solchem Fall darf und soll der Christ zu seinem eigenen

Schutz und zugunsten anderer dem Staat Widerstand leisten. Dabei weiß man um das Risiko unzureichenden oder falschen Verhaltens. Strittig ist in der Ethik die Frage nach den Mitteln zur Ausübung von Widerstand. Gehorsamsverweigerung mit dem Einberechnen von Strafe und Leiden als passiver Widerstand ist durchweg als christlich vertretbar angesehen. Anders ist es mit aktivem, gewaltsamem Widerstand, bei dem gegen bestehende Staatsgesetze ausdrücklich verstoßen wird und bei dem solche Gesetze durch ihnen entgegengesetzte Aktionen überschritten werden.

Es gibt Christen, für deren Verständnis von Gehorsam gegenüber Christus ausschließlich gewaltfreie Aktionen in Frage kommen, bei denen also grundsätzlich nur innerhalb der jeweiligen staatlichen Gesetze etwas zu unternehmen ist, vor allem zum Erregen öffentlicher Aufmerksamkeit. Dabei ist eine mögliche Erfolglosigkeit mitbedacht. Falls es sich um einen Staat handelt, in dem demokratisch-freiheitliche Rechtsordnungen gelten und grundsätzlich die Menschenwürde sowie die Grundgesetze sozialer Gerechtigkeit beachtet werden, und außerdem die Machthaber durch freie Wahlen abgesetzt werden können, ist das die einzig vertretbare Gestalt eines Widerstandes gegen die Staatsgewalt. Vorsichtiger ausgedrückt: sozialethisch ist eine gewaltfreie Lösung gesellschaftlicher oder politischer Konflikte allen anderen Wegen den Vorzug zu geben. Angemessener als Widerstand und Ungehorsam ist aber geregelte Opposition. Letzte ethische Eindeutigkeit hat auch der gewaltlose Widerstand nicht. Das betrifft auch ‚gewaltfreien' Widerstand in Gestalt eigener Gesundheitsschädigung (z.B. Hungerstreik), weil er die Entscheidungsfreiheit des Verantwortung tragenden Staates einschränkt und außerdem der Sünde des Selbstmordes nahekommt.

Anders sieht es für viele bei Unrechtssystemen aus, in welchen die Menschenwürde mißachtet wird. Auch im Rahmen der Ökumene gibt es hier keine einheitliche Meinung der Christen. Sie sind in der moralischen Beurteilung von Gewalt und dem Recht auf Widerstand gegen die Gewalt unterschiedlicher Meinung. Das hängt von ihren jeweiligen politischen Gegebenheiten ebenso ab wie von zuweilen unterschiedlichen Folgerungen aus biblischen Texten. Die verschiedenen Sichten gehen so weit, daß manche meinen, sie hätten biblisch begründetes Recht auf gewaltsamen Widerstand bis zum Tyrannenmord, was für andere undenkbar ist. Insgesamt aber sind bestimmte Maßstäbe dabei anzulegen: die angestrebten Ziele müssen gerecht sein und der Menschenwürde entsprechen, der aktive Widerstand muß zu einer befreienden Neuordnung führen. Alles erwächst aus dem Vertrauen darauf, daß Gottes Geist zugegen ist und jegliches menschliche Tun dem endgültigen Gericht Gottes unterworfen bleibt.

Da, wo die Vernunft nicht mehr weiter weiß und wo alle anderen Rechtsmittel ausgeschöpft sind, kann als allerletzter Ausweg (als ultima ratio) notfalls für den Christen gewaltsamer Widerstand zum Durchsetzen der Menschenrechte und einer menschenwürdigeren Staatsverfassung möglich sein.

Eph 6,10–20 steht unter dem bekannten Bild von der göttlichen Waffenrüstung ein deutlicher Aufruf zum Kampf, jedoch zum Kampf der bekennenden Christen gegenüber widergöttlichen Mächten, die Unterdrückung und Menschenrechtsverletzungen sowie Verfolgung von Glaubenden als Begleiterscheinung ihrer Gottlosigkeiten betreiben. Wer hier bestimmte Formen des Widerstandsrechtes zutreffend abliest, muß die Gesamtausrichtung auf das Mitstreiten Gottes selbst im Auge behalten (vgl. dazu Eph 3,9–11).

Wo Gewalt angewendet und dem Staat Widerstand entgegengesetzt wird, verstrickt sich der Christ in Schuld. Darum muß er ebenso wissen wie um die Tatsache, daß er in der Nachfolge Christi in der Spannung bleibt: er kann ausgeübte Gewalt weder widerspruchslos hinnehmen noch ihr verfallen. Das Wort von der Versöhnung in Christus gilt für alle Betroffenen. Die Antwort für sich persönlich und seine eigene Entscheidung in der jeweiligen Situation sucht der Christ darin, was die Bitten des Herrengebetes ausdrücken: Die Erfüllung von Gottes Willen gilt es abzuwarten, und um die Vergebung der Schuld auf beiden Seiten ist zu bitten. „Der Christ kann die Frage der Gewaltanwendung nicht losgelöst vom Gebot der Nächstenliebe und der Versöhnung betrachten. Auch als Unterdrücktem und in der Solidarität mit dem Unterdrückten ist es ihm verwehrt, den Gegner aus der Liebe Gottes und der Versöhnung Gottes auszuschließen" (These 12 einer Studie der EKD-Kammer für öffentliche Verantwortung 1973 über „Gewalt und Gewaltanwendung in der Gesellschaft"). Es bleibt eine Gewissensentscheidung, ob jemand im Falle totaler Gewalt und offenkundigen Treibens in den Untergang stillhält und duldet – als Christ zugleich seinen Glauben bekennt und betet –, oder ob er seinerseits Gewalt anwendet, um drohendes Unheil abzuwehren und die gerechte Ordnung herzustellen. In beiden Fällen ist es schwer, Gottes Pläne im voraus zu erkennen. Das gilt besonders angesichts politischer Notlagen, die immer auch als Gericht Gottes anzuerkennen sind. Keiner jedoch darf dem anderen vorhalten, seine Stellungnahme und Entscheidung sei unchristlich und grundsätzlich ein Abweichen von den Wegen Gottes.

7.5 Friede und seine Gefährdungen

Das hier anstehende Nachdenken ist bekannt unter der Formel ‚Krieg und Frieden'. Wir betonen durch die umgekehrte Reihenfolge das Wichtigere und deuten schon an, daß Krieg nicht die einzige Gefährdung des Friedens ist, sondern weitere Konflikte zwischen Staaten und in den Gesellschaften, ja unter den verschiedenen Menschengruppen bis hin in die Ehen hinein in das Nachdenken einzubeziehen sind.
Bei den voraufgegangenen biblischen Zeugnissen zum Verhalten der Christen angesichts staatlicher Entscheidungen war auf das Jesuswort vom Salzsein der Christen (Mt 5,13 par) hingewiesen. Die entsprechende Stelle bei Mk 9,50 lautet auffallend anders und hat eine Verknüpfung, die im Neuen Testament sonst nicht vorkommt: „Habt Salz in euch und haltet Frieden untereinander". Das ist in unserem Zusammenhang eine richtungsweisende Grundlegung; denn die Kräfte zum Mitwirken auch im Staat kommen aus dem Heiligen Geist und dem ‚inneren' Frieden, die beide Geschenk des Gottes sind. Die Besinnung über den Frieden und seine Gefährdungen ist ethisch unerläßlich, weil der Mensch friedloser Sünder ist und grundsätzlich die Vergebung und die Führung durch Christi Geist braucht. „Er ist unser Friede" (Eph 2,14; vgl. auch dieselbe Bezeichnung für den Gideon-Altar Ri 6,24); und er hat grundsätzlich „die Feindschaft getötet" (Eph 2,14.16), woraus für uns ein neuer Umgang mit jeglicher Feindschaft erwachsen muß.
Biologisch geurteilt sind Krieg und Streit unter den Menschen unsinnig, weil das innerartliche Tätigkeiten sind, die auf Selbstzerstörung zielen. Doch biblische Erkenntnis weiß, daß „die Gottlosen keinen

Frieden haben", sie bleiben unruhig wie das nur Schlamm aufwühlende Meer (Jes 57,20f). So sind Friede und Ordnung auf Erden ohne Gottes Segen und Wirken weder erreichbar noch gesichert (vgl. auch 2Kön 6,16f). Und die gegenseitige Vernichtung sowie deren Androhung ist Ausdruck unserer Sünde, Habgier und Streitsucht (Jak 4,1f).

Der Friede hängt eng zusammen mit Gottesliebe und Menschenliebe. Gott hat ihn durch Jesus Christus und seine Boten als Freudengeschenk verkündigt (vgl. Lk 1,79; 2,14; Apg 10,36; Röm 15,13). Frieden ist ein biblischer Schlüsselbegriff, als Schalom in seiner hebräischen Bezeichnung allgemein bekannt und nicht zufällig die biblische Grußformel. Schalom „wurde als anfängliches Wohl, durch Seelenruhe, Heil, Unkrieg, Segen und Ganzsein bereichert, um letztlich als Endfriedenshoffnung auf die Zukunft der Menschheit hin zum Inbegriff alles irdischen Hoffens unter Gott heranzureifen" (P. Lapide, Mit einem Juden die Bibel lesen, 1982, S. 136). Im neutestamentlichen Griechisch ist Friede 'eiränä, von der Wurzel ‚man spricht wieder'. Frieden ist also das umfassende Vollständig- und Heilsein von Mensch und Welt, das eine „Frucht des Geistes" (Gal 5,22) ist. Frieden ist umfassend ‚Ordnung' aller Verhältnisse. Frieden halten, üben, stiften und machen ist eine Grundaufgabe des Christen, der darin selig ist (Mt 5,9; auch Röm 12,18; 2Tim 2,22f; Hebr. 12,14). Was nicht auf dieser Linie liegt, ist ‚fauler Friede' (vgl. Jer 8,11), der allemal aus Angst erwächst, die zur Welt gehört (vgl. Joh 16,33; 17,14f).

Zwar ist die hier vorgestellte Friedenserwartung zunächst geistlich gemeint (siehe auch Joh 14,27), und sie übersteigt alles Verstehen (Phil 4,7); aber dieser Friede berührt sämtliche Lebensbereiche und hat somit auch eine politische Seite. Denn der Gottesfriede bewegt den Menschen, in großer Freiheit (vgl. 1Petr 2,15–17) sich um den Frieden auf Erden unter den Menschen zu bemühen. Der Christ hat dabei aber nicht etwa bessere Erkenntnisse oder gar Vorschriften, nach denen der politische Friede unter den Völkern und innerhalb des eigenen Volkes gewahrt werden kann. Sondern er weiß um die Möglichkeit und Quelle der Befreiung menschlicher Vernunft, damit sie in derjenigen Richtung geht, aus welcher der irdische Friede vernünftigerweise kommen kann. Dazu bedarf es großer Besonnenheit und Weisheit. Solche Schritte zu wagen, ist unerläßlich. Dabei zeigt sich oft, daß sie in verschiedene Richtungen zu gehen scheinen, daß also die Entscheidungen zum Frieden unterschiedlich erscheinen. Für Christen bleibt es dabei, daß die nötige Weisheit nur aus der Furcht Gottes erwächst (Ijob 28,28; Ps 111,10 u. ö.). Das führt zu dem Vertrauen, welches zu den erwähnten konkreten Schritten ermutigt. Vertrauen ist aber unerläßlich unter uns Menschen; denn Mißtrauen zwischen einzelnen und Völkern führt nur zu Fehlentscheidungen, zum Abgrenzen voreinander, zum Rüsten gegeneinander, zum Ausspionieren der Absichten und Stärke des anderen, schließlich zum Krieg.

Weil jede militärische Auseinandersetzung als Krieg nicht Gottes Willen entspricht, verweigern schon lange die historischen Friedenskirchen (Brüderkirche, Mennoniten, Quäker) jeglichen Kriegsdienst, sind aber zu Zivildiensten bereit. Diese Kirchen erkennen die grundsätzliche Friedlosigkeit dieser Welt, bemühen sich aber, nicht in ideologischen Pseudo-Moralismus zu verfallen. Sie wissen, daß der Weltfriede durch Menschenkraft nicht herstellbar ist, aber Gott von uns Gehorsam erwartet.

Die politische Seite des Suchens nach Frieden auf Erden ist um so mehr zu beachten, weil in unserer Zeit ein Nebeneinanderher-Leben unmöglich geworden ist. Daher gilt: „Auch der politische Gegner muß in unsere Hoffnung einbezogen werden. Mit dem Feind von heute müssen wir morgen wieder zusammenleben (Mt 5,25). Dadurch unterscheidet sich der alte ‚klassische‘ Krieg vom totalen, modernen ...“ (W. Trillhaas, Ev. Staatslexikon, 2. Aufl., 1975, Sp. 763).

Die Frage, ob der Friede machbar sei, findet seine Antwort darin, ob und inwiefern wir Menschen dem Liebesgebot Gottes – das die Feindesliebe (die ‚Entfeindungsliebe’) einschließt – gehorchen, indem vor allem viele kleine Schritte zu dem gesteckten Ziel getan werden. Der Gottesfriede und der Weltfriede hängen eng zusammen. „Im Glauben vertrauen wir darauf, daß wir selbst in Gottes Frieden bewahrt sind. Das Bekenntnis des Glaubens bezieht unsere Vernunft in die Gemeinschaft mit Gott ein und befreit sie von hoffnungsloser Angst zu der Zuversicht, daß Gott im Regiment sitzt. Dieses Bekenntnis ist der Rückhalt in aller Sorge um den Frieden der Welt und in der Suche nach den richtigen Wegen, ihn zu bewahren, zu fördern und zu erneuern“ (EKD-Denkschrift „Frieden wahren, fördern und erneuern“,

1981, S. 44). Friede ist wie Vergebung und Gnade Geschenk Gottes (Joh 20,19.21.26; Röm 1,7; Gal 1,3 u.ö.).
Gott „steuert den Kriegen in aller Welt", das heißt, er beendet sie und zerschlägt die Waffen (Ps 46,10).
Bis dahin sind sich die Christen weithin einig. Doch angesichts der heutigen Massenvernichtungsmittel gehen die Meinungen auseinander. Das betrifft vor allem die ABC-Waffen, was eine Abkürzung für atomare, biologische (auch bakteriologische) und chemische Waffen und Kampfstoffe ist. Diese Mittel haben den Begriff ‚Waffe' gesprengt; denn mit ihnen ist dem Menschen die Vernichtung des Lebens auf dieser Erde, also die Zerstörung von Gottes Schöpfung denkbar und möglich geworden. Dies Ergebnis ist ethisch durch nichts zu rechtfertigen. Weil die Bedrohung damit in Ost und West buchstäblich vor Füßen liegt, durch ‚kalten Krieg' und Waffenschmieden dauernd geschürt wird und die Weltkatastrophe sogar irrtümlich und durch Zufall von Menschen ausgelöst werden kann, sind vielerlei Bewegungen und Aktionen dagegen seit Mitte der 70er Jahre verständlich und berechtigt. In diesen Chor gehört seit unserer Generation eine Friedensforschung, welche sich um Sicherheitspolitik und Friedenspädagogik, um die Erforschung gesellschaftlicher und ökonomischer Konflikte kümmert. Bei alledem werden unter anderem auch ethische Kriterien zur Rüstung und Abrüstung sowie dem Erhalten des Machtgleichgewichtes entwickelt. Dazu gehören die militärische Rüstung und ihre Kontrolle, die Herstellung und der Verkauf von Waffen in den Ländern der Erde, Weltkonferenzen, Begegnungen und Vereinbarungen mit dem Ziel des Auflösens der ‚Blockbildungen', wie schließlich die Ermöglichung der Begegnung von Menschen aller Völker, Rassen und Altersgruppen miteinander. Das sind vertrauensbildende Maßnahmen, zu denen einseitige Vorleistungen (Mt 5,39–42) gehören. Jeder Weg, der menschenmöglich ist, den Frieden zu schaffen, zu bewahren und zu sichern, muß beschritten werden. Dabei kommen verschiedene Verfahrensweisen in Frage, für die es gegenwärtig Formeln gibt: Ohne Rüstung leben – Frieden schaffen ohne Waffen – Frieden schaffen mit immer weniger Waffen – Schwerter zu Pflugscharen (nach Jes 2,4 u. Mi 4,3) – Nie wieder Krieg – Ohne mich – make love not war – Nein ohne jedes Ja. Hinter jeder dieser Formeln steckt ein Programm, ebenso wie hinter dem alten „Si vis

pacem para bellum“ = wenn du Frieden willst, bereite den Krieg (übrigens so ähnlich der Wahlspruch von Augustin!).
Für manche Christen ist die Frage der Abrüstung und Vernichtung vor allem der ABC-Waffen als Teil der Friedensfrage zur besonderen Bekenntnisfrage geworden. Dabei wird die ethische Entscheidung aus dem eigenen Glauben heraus getroffen. Dieser untersucht verschiedene Erkenntnisse, die „notfalls außer Kraft zu setzen sind“, wie W. Schweitzer (Zeitschrift. ev. Ethik, 1983, S. 133) sagt; denn „es geht um die Befreiung der Vernunft von politischen, militärischen oder technischen Zwangsvorstellungen bzw. von Vorstellungen, die der heutigen Lage nicht mehr gerecht werden“. In einer Fülle von Veröffentlichungen werden diese Gedanken dargestellt.
Bei manchem werden eschatologische (endzeitliche) Überlegungen geweckt, nämlich die Frage, ob das biblische Zeugnis nicht unüberhörbar von einem Gottesplan spricht, wonach es bis zum kommenden Endgericht „Krieg und Kriegsgeschrei“ immer geben wird (Mt 24,6; auch Offb 9,13ff) und selbst Familien zerstören wird (Mk 13,7, 12; vgl. 2Tim 3,1–9). „Diese Rückfrage, die sich an das Friedensbewußtsein unserer Tage richtet, erinnert mit Recht daran, daß die Menschen nicht letztlich Herr der Geschichte sind“, erläutert dazu die erwähnte Friedensdenkschrift der EKD (S. 55) und ergänzt, daß trotzdem für menschliches Handeln allein Friede und nicht Krieg der gültige Maßstab ist. Dennoch gilt die Mahnung über den „Tag des Herrn“ (1Thess 5,2f); denn „während die Menschen sagen: Friede und Sicherheit, kommt plötzlich Verderben über sie“.
Bei den Christen in vielen Ländern erkennen wir unterschiedliche Entscheidungen der Betroffenen hinsichtlich des Wehrdienstes. Die einen leisten ihn mit dem Gedanken, daß politisch-militärische Stärke die Kriegsgelüste möglicher Feinde hemmt und daß die Keime zum Krieg nicht in den Waffen, sondern in den Menschen liegen. Die anderen verweigern ihn, weil sie damit kundtun, daß ihr Gewissen ihnen jeglichen Dienst mit der Waffe verbietet und daß außerdem mit dem Verzicht auf militärische Gewalt ein möglicher Feind zu gleichen Entscheidungen gelangen könnte, wodurch kriegerische Auseinandersetzungen letztlich unmöglich würden. Plakativ soll dies mit einem Aufkleber zum Ausdruck gebracht werden: „Man stelle sich vor, es wäre Krieg und keiner geht hin“.

Für christliche Ethik ist hierbei unerläßlich zu erkennen, daß keiner seine eigene christliche Entscheidung als Urteil über diejenige des anderen einsetzen darf. Beides sind Wege, die der einzelne vor Gottes Angesicht beschreitet, und für die er sowohl Gottes Vergebung als auch sein Geleit durch den Heiligen Geist in jedem Augenblick erbittet. Ohne glaubwürdige Opfer, die von den Vertretern aller Seiten zu erbringen sind, ist der Friede nicht zu gewinnen. Es muß mit innerer Umkehr, also Buße beginnen, was noch viel wichtiger ist als äußeres Abrüsten. Im Zusammenhang mit Christi Heilswerk gilt dann zu hören: „Steck dein Schwert in die Scheide"; denn Gott ‚kämpft' auf seine Weise (Mt 26,52f).

Es erscheint nötig, ein paar Sätze zu der immer noch zu hörenden Rede vom ‚gerechten Krieg' zu sagen. Das ist etwas anderes als der im Alten Testament sogenannte ‚heilige Krieg' Jahwes, den er jeweils selber führte. Darauf ist hier nicht einzugehen. Vom gerechten Krieg (bellum iustum, zuerst bei Cicero, für die Kirche ausgebildet zur Lehre durch Augustin) wurde geredet als berechtigt – und damit durch Gott erlaubt, wenn nicht geboten – in Fällen der Verteidigung des Vaterlandes angesichts von Überfällen, um Frieden wieder herzustellen, um schweres Unrecht niederzuschlagen, um das Gute zu bewirken oder zu fördern. Die Aufzählung zeigt bereits die Brüchigkeit der Begründungen, denn wer will sie bestimmen? Ähnliche Behauptungen, nur mit umgekehrter Zielrichtung, kann die Gegenseite bringen. Folge solcher Ansichten waren die Glaubenskriege und die Kreuzzüge, die die kriegführenden Parteien besten Glaubens und mit eiferndem Gewissen durchführten. Wir haben kein historisches Recht zu deren Verurteilung. Aber wir müssen deutlich betonen, daß im Vergleich zu jeder kriegerischen Unternehmung die Friedenspflicht unbedingten Vorrang hat. Nichts anderes kann und darf Christenaufgabe sein. Dennoch bleibt das zuvor dargestellte Auseinandergehen der Gewissensentscheidungen bestehen: der eine Christ folgert daraus die Verweigerung jeglichen Umgangs mit Waffen samt dem dazugehörenden Dienst; der andere ist bereit, sich zur Verteidigung mit der Waffe ausbilden zu lassen. Wenn auch schrecklicherweise immer noch Kriege sind und sein werden, so ist jeglicher ‚christliche Krieg' (ein Widerspruch in sich selbst) gänzlich auszuschließen; denn „die gerechten Gesetze schweigen im Kriege" (H. Zwingli).

„Verleih uns Frieden gnädiglich, Herr Gott, zu unsern Zeiten". Dieses Luther-Lied wird seit 1939 fast ohne es auszulassen in den meisten deutschen Gottesdiensten am Schluß gesungen. Es deutet die hauptsächliche Richtung an, aus der wir den wahren Frieden im Herzen, unter den Völkern und auf der Welt zu erwarten vermögen. Jede Friedensbewegung, die christlich ausgerichtet sein will, muß und wird hiervon ausgehen und daher ihre Maßnahmen zum Friedenschaffen ergreifen, die sich gewiß gegen jede Art von Friedensgefährdung, unmäßige Rüstung und menschliche Zerstörung richten werden. Der Bogen ist weit zu spannen: vom politisch-militärischen Frieden über den Ehefrieden bis zum Arbeitsfrieden (denn Streiks sind auch eine Art Krieg).

Vom biblischen Friedensgebot her haben alle Christen, ob sie ein politisches Amt bekleiden oder nicht, ihr Denken und Entscheiden bestimmt sein zu lassen. Dazu gehört die Anerkenntnis und Praxis der Feindesliebe, die sich das Gesetz des Handelns nicht von innerweltlichem Mächte-Gleichgewicht oder gar vom Überlegenheitsstreben bestimmen läßt, sondern darauf vertraut, daß Gott „solange die Erde steht" Sonne und Regen den Guten und Gerechten, Bösen und Ungerechten schenkt (Gen 8,22 u. Mt 5,44f; vgl. auch 2 Kön 6,21–23, worin die Prinzipien vom Roten Kreuz angelegt sind). Durch welche Mittel aber Gott das Ende dieser Welt eines Tages einleiten wird, haben wir nicht zu erfragen. Wir haben vielmehr Gottes Verheißung zu trauen, die uns schon Jes 60,17–21 zugerufen wird: „Ich will den Frieden zu deiner Obrigkeit machen und die Gerechtigkeit zu deiner Regierung. Man wird in deinem Lande nicht mehr hören von Gewalt ... Deine Sonne wird nicht mehr untergehen; denn der Herr wird dein ewiges Licht sein" (ähnlich vorher Jes 26,12). Dies ist das im Neuen Testament erwähnte Reich Gottes, das schon da ist (Mk 1,15; Lk 17,20f). Das haben wir ebenso dankbar zu erkennen, wie diesen Herrn zu bitten, „Dein Reich komme".

Christliches Vertrauen ist danach aber kein ‚Ruhekissen', es fördert keinen Quietismus (ein scheinbar gottseliges Untätigsein), sondern schafft aus Dankbarkeit gegenüber Gottes Schutzzusage Frieden, wozu die je eigene Erkenntnis und das Gewissen treiben; denn die Nachfolge Jesu kann die Christen im einzelnen zu unterschiedlichen Folgerungen führen. Gemeinsam werden alle die Bereitschaft haben, einander entgegenzukommen und das ernste Bemühen um Lösung der Konflikte sowie das Sichern von allseitigen Friedenszusagen. Denn Krieg soll nach Gottes Wort nicht sein. Aus allen solchen Gründen kann eine Friedensdiskussion sich nicht auf waffentechnische und staatspolitische Gesichtspunkte beschränken; diese müssen wesentlich Rechtssetzungen verschiedener Art sein. Sind diese Ziele zu erreichen? Die biblische Antwort hierauf lautet: „Bei den Menschen ist es unmöglich; aber bei Gott ist alles möglich" (Mt 19,26). Und nicht zufällig geht der Friedensverheißung für die Menschen seiner Gnade (im Engelgesang von Lk 2,14) die Anrufung Gottes voraus.

7.6 Wohlfahrtsstaat und Lebensqualität

Nicht nur der christliche Glaube, sondern auch die allgemeine Anthropologie betonen die Freiheit des Menschen. Sie gehört zu den Grundrechten moderner Staaten, obwohl diese in immer mehr Lebensbereichen Einfluß und Verantwortung übernahmen, erst recht wenn sie nach planwirtschaftlichen Grundsätzen organisiert sind, die sich niemals auf reine Wirtschaftsfragen beschränken. So fallen dem Staat eine Reihe von Aufgaben zu, die sowohl die Freiheit des einzelnen als auch die Anforderungen der sozialstaatlichen Ordnung umgreifen. Dabei ist aus der Sicht des Staates die Gesamtordnung zunächst im Blick, während der einzelne durch die kollektive Regelung die nötige Hilfeleistung oder Förderung erfährt. Individuum und Institution stehen nicht einfach beziehungslos nebeneinander oder gar einander gegenüber.

7.6.1 Hiermit ist der *Wohlfahrtsstaat* angesprochen. Die soziale Sicherung des ganzen Verantwortungsbereiches verlangt Daseins-Vorsorge, Teilhabe aller an den Gemeingütern, Fürsorge in Zeiten von Hilflosigkeit und Schutz aller, um zumindest Notlagen von einzelnen oder ganzen Gruppen abzuwehren. Der Wohlfahrtsstaat versucht, die Schattenseiten des menschlichen Lebens mittels einer durchorganisierten, rationalisierten und mit hinreichenden Mitteln ausgestatteten Fürsorge zu beseitigen. Diese für den Staat unerläßliche Aufgabe trägt

die Gefahr in sich, ihn übermächtig und allzuständig werden zu lassen. Schließlich wird er zu immer mehr Sozialleistungen, zum Verbessern des ‚sozialen Netzes' hingetrieben, er wird zum totalen Wohlfahrtsstaat. Dieses Gefälle ist in Demokratien begleitet durch nicht endende Forderungskataloge der Parteien, die sie oft nur aufstellen und nach Möglichkeit auch durchsetzen, um Wähler für sich zu gewinnen. Auf solchen Wegen, die Merkmale des totalen Staates generell offenlegen, kommt er schließlich an die Grenzen seiner Leistungsfähigkeit und muß zu Kostendämpfungen, zum Umverteilen des Einkommens und zu mehr steuerlichen Belastungen greifen. Das geschieht üblicherweise durch immer mehr Gesetze, um den selbstbewirkten Anforderungen noch gerecht werden zu können. Über ein gewisses Maß hinaus ist ein Versorgungs- und Wohlfahrtsstaat Illusion.
Eine andere Gefahr besteht im Erlahmen des Leistungswillens vieler Bürger und im reinen (ganz überwiegend materiellen) Anspruchsdenken. Immer neue ‚höherwertige Bedürfnisse' werden geweckt, und schließlich entsteht die rücksichtslose ‚Wegwerfgesellschaft'. Aufgrund der Gesetze hat jeder Bürger – jedenfalls in unserem Staat – Rechtsansprüche auf weitgehende staatliche Leistungen.
In einem solchen reichen Land mit entsprechenden gesetzlichen Regelungen führt das zu Auswüchsen, die nicht gewollt waren, aber nach der Gesetzeslage kaum zu bremsen sind. Aus ethischer Sicht ist aber manches geforderte und vom Staat gewährte Verlangen nicht verantwortbar. Viele Bürger sowie Zugewanderte haben gemerkt, daß eine Fülle von Vergünstigungen und Zuwendungen zu erhalten sind, ohne daß dafür auch nur annähernd entsprechende (Arbeits)leistungen gefordert werden. Der lange Katalog reicht von zusätzlichen Abfindungen bei Kündigungen und Ansprüchen beim ‚Krankfeiern', von Renten nach nur wenigen Arbeitsjahren bis hin zu dem vielfach empörenden Umgang mit Versicherungsleistungen und zu langen Heilverfahren nach selbstverschuldeten körperlichen Schädigungen. Wohlgemerkt: das alles ist in unserer (noch) funktionierenden Industriegesellschaft ‚rechtens'; aber gewiß ist das nicht alles ethisch vertretbar. Hier wären durchaus weniger Staat und mehr Bürgerverantwortung – beginnend bei der Kindererziehung – geboten.
In der Sozialstaatlichkeit sollen Auswirkungen schrankenloser Freiheit verhindert und verbesserungsbedürftige gesellschaftliche Ver-

hältnisse gefördert werden, zum Beispiel gleichmäßige und gerechte Verteilung der Lasten. Es geht um das Wohl aller durch Verbesserung der Versorgung der Bevölkerung (in einzelnen Staaten wie in Staatenverbünden) mit jeder Art Lebensmitteln, zu denen außer Nahrungsmitteln auch Wasser, Elektrizität, Nachrichtensysteme, Verkehrswege, Gesundheitsfürsorge, Schulen und anderes gehören.
Nach wie vor werben die jeweiligen Machthaber in dem Zusammenhang um die Gunst der (Wähler)massen nach dem altrömischen Rezept des „Panem et circenses dare" = Brot und Spiele geben. Man erkauft sich (mit Steuermitteln) die Zuneigung der Leute etwa durch Stadtfeste oder sonstige Massenbelustigungen und in Ländern mit zentralisierter Planwirtschaft durch Zuteilungen, beispielsweise von Zitrusfrüchten, die dort sonst Mangelware sind. Und man erkauft sich Zuneigung durch ‚Brot' in Gestalt von Arbeitsbeschaffungsmaßnahmen (dazu gehören auch Soldaten und weitere Behördenangestellte) oder Freizeitvermehrung mittels Arbeitszeitverkürzungen bei „vollem Lohnausgleich" (den andere erwirtschaften sollen).
Hier kommt die hedonistische Ethik in gesellschaftlicher Ausdehnung zum Vorschein. Unverkennbar geraten die Kirchen wie auch ihre Diakonie in solchen säkularen Staaten leicht in denselben Sog des ‚Machbaren', bis sie die Fehlentwicklungen erkennen und sich gegen Entartungen des Wohlfahrtswesens stemmen. Es ist eben nicht alles machbar und darf es auch nicht sein. Dies ist Gegenstand der Untersuchung, wobei zu bedenken ist, das Evangelium wendet sich „nicht an Prozesse und Institutionen, sondern an das personale Zentrum des Menschen, der – als ein von jenen Prozessen und Institutionen Getriebener und Getragener – letzten Endes doch der sie Treibende und Tragende ist. Diesen entscheidenden Ansatz der theologischen Ethik gilt es immer neu herauszustellen" (H. Thielicke, Zeitschrift f. ev. Ethik, 1958, S. 195f).
Die Stoßrichtung der Bemühungen zum Besseren in angemessenem Rahmen wird aus der Sicht christlicher Ethik zur Frage nach dem Verhältnis von Liebe und Gerechtigkeit sowie von Gesetz und Evangelium zueinander. Die Schubkraft der Liebe Jesu Christi schließt seine Gerechtigkeit ein, die sich in den Verhältnissen auf Erden auswirkt. Christen sind dabei Gottes Mitarbeiter; denn, so schreibt Paulus, „in seiner Macht kann Gott alle Gaben über euch ausschütten, so

daß euch allezeit in allem alles Nötige ausreichend zur Verfügung steht (Ps 112,9): Er hat ausgestreut und den Armen gegeben; seine Gerechtigkeit bleibt in Ewigkeit" (2Kor 9,8f). Hier sind die für christliche Verantwortung in einem Staat nötigen Elemente knapp zusammengestellt: Gottes Liebe ist reichlich da, und zwar für jedermann und zu jeder Zeit, jedoch so bemessen, daß das allen zum menschenwürdigen Leben Nötige zureichend vorhanden ist und noch an andere ausgeteilt werden kann. So kommt von Gott her die Leib, Geist und Seele umfassende Gerechtigkeit zu uns. Hierbei werden die sich im totalen Wohlfahrtsstaat schnell ausbreitenden Erscheinungen der Lieblosigkeit, der bequemen Anpassung und der eigensüchtigen Gedankenlosigkeit ans Licht gebracht; und der Christ wird seine ihm zufallenden Aufgaben erkennen und zu seinem Teil wahrnehmen. Der Spender hat diese Fähigkeit nur Kraft dessen, daß er ohne Verdienst Vermittler der empfangenen Gaben ist. Das alte, dem christlichen Gebot der Nächstenliebe widerstrebende Subjekt-Objekt-Verhältnis ist aufgelöst in eine Partnerschaft Empfangender und Gebender (Ps 41, 2–4; 2Kor 9,6f). Das vollzieht sich unter der Beurteilung von Lk 17,10: „Wenn ihr alles getan habt, was euch befohlen wurde, sprecht: wir sind unnütze Knechte, wir haben nur unsere Schuldigkeit getan". Das ist eine Grunderkenntnis hinter dem Beitrag des Christen in seinem Staat, den jener als Teil der „freien Wohlfahrtspflege" leistet.

7.6.2 Von dieser grundsätzlichen Überlegung her ist in der katholischen Soziallehre das *Subsidiaritätsprinzip* entwickelt worden. Dieses Prinzip ist verfassungsrechtlich und politisch wie auch von kirchlicher Seite nicht unbestritten. Allgemein dargestellt besagt es, daß jede gesellschaftliche Zelle zunächst bestrebt sein muß, ihre Probleme selber zu lösen. Erst wenn das nicht möglich ist, soll die nächst größere oder übergeordnete soziale Einheit zu Hilfe kommen. Wenn diese ihre Möglichkeiten erschöpft hat, ist eine noch größere Einheit und schließlich der Staat selber zur Hilfeleistung aufgerufen.
Auf die grundsätzliche Unvereinbarkeit dieses Prinzips mit Grundgesetzen moderner Staaten wird hier nicht weiter eingegangen. Heutige Staaten sind in starkem Maße auch rechtlich als wirtschaftliche Großräume nach anderen Prinzipien ausgerichtet. Dazu gehören die Wachstumstheorien, in welchen eine Reihe von sogenannten Stufen-

theorien eine Rolle spielen, die bis auf den Staatswirtschaftler Friedrich List (1789–1846) zurückgehen. Diese Stufen beginnen beim unzivilisierten Urzustand und gehen bis zur Leistungskraft größerer Industrien und des Handels.

Trotz eines Widerstreites staatlicher Auffassungen mit dem Gefälle zum totalen Wohlfahrtsstaat und der christlichen Forderung, einige Lebensräume staatsfrei zu halten, haben eine Reihe von Sozialgesetzen in unserem Land Prinzipien der Subsidiarität aufgenommen und den Verbänden der freien Wohlfahrtspflege in einer Reihe von Fällen den Vorrang eingeräumt. Die Wahlfreiheit des einzelnen darin, wer ihm helfen solle, ist kaum berücksichtigt. Die freie Wohlfahrtspflege hat sich zusammen mit den Kirchen gegen stetes Einengen dieser Freiräume von seiten des Staates zu wehren. Längst ist erwiesen, daß die Übernahme von immer mehr Aufgaben durch den Staat – nicht zuletzt im Bereich der Erziehung und Fürsorge – keineswegs zur Besserung führt. Zum Staat hin gewendet ist die von Jesus aufgeworfene Frage (Mt 16,26) zu stellen: „Was nützt es einem Menschen, wenn er die ganze Welt gewinnt, dabei aber sein Leben einbüßt? Um welchen Preis kann ein Mensch sein Leben zurückkaufen?“ Totale äußere leibliche und kulturelle Versorgung, wie sie der Wohlfahrtsstaat sicherzustellen bemüht ist, erreicht noch nicht den Kern des Menschen als Gottes Ebenbild. Deshalb sieht der Christ keine derartigen ‚Prinzipien‘, durch die die Gesellschaft heil wird. Und zum Christen hin gewendet ist der ethische Appell mit den paulinischen Gedanken vom Hohen Lied der Liebe (1 Kor 13) zu verknüpfen, wo es heißt: „Und wenn ich meine ganze Habe verschenkte, und wenn ich meinen Leib dem Feuer übergäbe, hätte aber die Liebe nicht, so nützt es mir nichts“.

Die Zunahme gesellschaftlichen Wohlstandes (im englischen Sprachbereich „social welfare“ genannt) wurde auch mit dem Schlagwort nach „mehr Lebensqualität“ verbunden. Wie die Staatsverfassung auch sein mag, fortschreitender Wohlfahrtsstaat führt zwangsläufig zu immer mehr Durchorganisieren sämtlicher Bereiche der Wohltätigkeit und damit auch zu mehr Bürokratie in dem, was Verwirklichung der Nächstenliebe sein möchte. Nächstenliebe als unmittelbare Zuwendung zu den Nöten anderer, auch freiwillige Selbstbeschränkung oder Selbsthilfegruppen sind einige Konkretisierungen, die den

Anteil der Christen im Wohlfahrtsstaat ausmachen. Der Christ versteht sich aber nicht als ausführendes Organ bestimmter gesellschaftlicher Ansprüche; denn der Mensch ist als Geschöpf Gottes letzten Endes für die Gesellschaft unverfügbar.

7.6.3 Ist Wohlstand anständig? Diese Frage drängt sich um so stärker auf, je klarer einem die Armut und das Elend in der weiten Welt und vor den eigenen Füßen ins Bewußtsein kommen. Führt das Nachdenken über *Reiche und Arme in der Welt* unmittelbar zu einer Ethik der Selbstbeschränkung, wie sie im Extrem in Europa die mittelalterlichen und heute noch in Asien die Bettelmönche pflegen? Christen erkennen, daß eigene Überlegenheit zu Verlegenheiten führt. Sie beginnen dann, sich für andere zu schämen. Gleichzeitig kommt das deutliche Jesuswort aus Mk 10,25 par in den Sinn, über das schon seine ersten Jünger sehr erschraken: „Eher geht ein Kamel durch ein Nadelör, als daß ein Reicher in das Reich Gottes gelangt." Ist daraus für alle, die Christen sein wollen, das zu folgern, was die Bettelmönche tun? Ist obendrein von den Kirchen zu verlangen, ihre möglicherweise vorhandenen Reichtümer und Liegenschaften, also Ländereien, zu veräußern und den Erlös in Hungergebiete der Welt zu schicken? Dann aber werden die zuvor Habenden selbst zu Notleidenden und letztlich ist niemandem geholfen, sondern das Elend nur vermehrt.
Es darf nicht übersehen werden, daß der Ökumeniker W. Visser 't Hooft auf der Weltkirchenkonferenz 1968 zutreffend sagte: „Kirchenmitglieder, die leugnen, daß Gott die Menschen mit sich in Jesus Christus versöhnt hat, sind ebenso der Ketzerei schuldig, wie jene, die am Einsatz für Gerechtigkeit und Freiheit in der Welt nicht teilnehmen wollen und nichts tun, um ihren Brüdern in der Not beizustehen." Armut, Hunger, Unterdrückung, Krankheit und andere Not ist gegenwärtig in der Welt unfaßbar groß geworden. Andererseits gehören wir, in deren Sprachbereich diese Gedanken niedergeschrieben werden, zu den reichen Ländern mit freien Bürgern, bei denen über immer mehr Wohlstand und Versorgungsabsicherung gekämpft wird.
In der Beziehung zu Gott aber sind alle Menschen gleich. Sie sind alle Ebenbild Gottes und sind alle Sünder. Doch weil Gott sich in Jesus Christus unser aller erbarmte und sich zum Nächsten aller Menschen

machte, beruft er den Menschen zum Nächsten seiner Mitmenschen. Deshalb bleibt der Bruch zwischen Arm und Reich in der Welt ein Skandal im eigentlichen, biblischen Verständnis des Wortes, nämlich ein Ärgernis und Anstoß. Die reichen Starken dürfen den armen Schwachen keinen Anstoß geben (Röm 14,13.21; dort stehen im Urtext zwei Ausdrücke für Anstoß). Das bezieht sich in unserem Zusammenhang beispielsweise auf offensichtliches Luxusleben, das auf andere ‚anstößig' wirkt und Arme jeder Art am Glauben an Christus hindern kann. Grundsätzlich kann kein Lebensstil christlich genannt werden, der gegenüber der Not anderer gleichgültig ist und nur das eigene Wohlbehagen pflegt. „Ob wir reich oder arm sind: in der Solidarität mit den Benachteiligten findet unsere Existenz Richtung und Ziel. So entdecken wir die wunderbare Wahrheit der Verheißung von Mt 10,39, daß derjenige sein leben finden wird, der es um Christi willen verliert" (Weltkirchenkonferenz Uppsala 1968, Berichtsband S. 97). In dieser Hinsicht ist die Nächstenliebe bedingungslos und grenzenlos.
Was sind die ethischen Folgerungen aus den bekannten und gemachten Andeutungen? Wir geben einige thesenartig formulierte Antworten. (1) Im eigenen Interesse ist soweit möglich gewissenhafte Vorratswirtschaft zu betreiben, um ‚Engpässe' durchzuhalten. Hier sei die interessante Anmerkung eingefügt, daß der römische Senator Lucullus die Speisekammer erfand, aber nur für seinen eigenen Nutzen. (2) Subsidiär ist dem Nächsten zu helfen durch Geschenke an Gütern und an Zeit oder durch Leihgaben (vgl. Mt 5,42). Hier hat das Gleichnis vom Armen Lazarus (Lk 16,19 ff) seinen Ort, welcher vor des reichen Mannes Tür lag, damit dieser ihn bemerke und – vielleicht nur mit dem kleinen Finger angewiesen – die erforderlichen Hilfemaßnahmen veranlasse. Bekanntlich versagte der reiche Mann im Gleichnis. (3) Das „brüderliche Teilen", sei es mit Unterstützung der Idee vom Eintopf-Essen oder sonstwie durch regelmäßiges Beiseitelegen von Beträgen, ist eine von vielen persönlichen Hilfemaßnahmen. (4) Damit ist angedeutet, daß persönliches Entblößen von allen verfügbaren Mitteln zugunsten Armer in der Regel nicht gefordert werden kann. Die Episode von der Begegnung Jesu mit dem reichen Jüngling (Mk 10,17 ff par) widerspricht dem nicht, weil hier die Forderung Jesu auf dessen Hängen am Mammon zielte. Das Fortgeben von Vermögen

durch Nachlaßbestimmungen im Testament kann indessen große Hilfe bewirken. Wiederum zeigt Jesus deutlich die Grenze der Großzügigkeit dabei an, wo er (Mk 7,11–13) das Spenden des ganzen Vermögens für ‚fromme Zwecke' – das Korban-Gelübde – als Unrecht verwirft, wenn dadurch die engsten Angehörigen und andere einem anvertraute Personen geschädigt werden. (5) Die Pflege der Kultur zur rechten Zeit, die manchmal viele Mittel braucht, gehört zum wahren Menschsein hinzu und ist unter ökonomischen Gesichtspunkten eine wesentliche Voraussetzung zur Entwicklung der Technik und zur Förderung des Wohlstandes. Erst, wer etwas verfügbar hat, kann auch weitergeben. Das bezieht sich sowohl auf Hilfe in äußerer Not wie auch auf die Förderung durch Vermittlung von Kenntnissen und Fähigkeiten zum Nutzen der Forschung. (6) Gedankenlos aufgehäufter Überfluß, erst recht verantwortungsloses Leben im Luxus, sind Hinweise auf Selbstsucht. Sie zeigt sich häufig darin, daß Vermögende im Vergleich zu weniger gut betuchten Personen verhältnismäßig viel weniger an Spenden und Kollekten geben, es sei denn, sie berechnen den für sie persönlich dabei herauskommenden Gewinn bei der Steuererklärung. (7) Im Blick auf die weltwirtschaftlichen Strukturen sind die Christen und ihre Kirchen zu Beiträgen und zu Entwicklungsmaßnahmen aufgerufen, wie sie in den großen weltweiten und internationalen kirchlichen und staatlichen Hilfswerken seit langem gepflegt werden. Diese Hilfswerke aber speisen sich aus den verschiedenartigsten Beiträgen sehr vieler einzelner.

Beim Thema Arm und Reich ist die Predigt des Propheten Amos hilfreich. Er kritisierte die Ausnutzung Verschuldeter und erklärte: Wer Vorteile im Leben durch Unterdrückung Abhängiger, durch Übervorteilung in wirtschaftlicher Hinsicht und sonstige Versicherungen erlangen will, wird es verlieren (Am 8,4–7; auch 4,1f; 5,10f). Wie zeitnah uns die Botschaft des Amos ist, sehen wir besonders dann, wenn wir uns mit dem alttestamentlichen Verständnis vor Augen halten, daß es zweierlei Arme gibt, nämlich einmal die unter dem Existenzminimum Lebenden und zum andern jene, die im Vergleich zur besitzenden Oberschicht deutlich weniger verfügbar haben. In beiden Fällen ist auf das Beziehungsverhältnis beider Seiten zueinander zu achten, also das zu tun – oder zu unterlassen –, was der Zukunft mit Gott förderlich ist.

Neutestamentlich betrachtet gehört hierher Jesu Aufruf zur Nachfolge und Selbstverleugnung (Mt 16,24–28 par; Joh 12,35f), der im Zusammenhang steht mit der Erkenntnis, daß Anhäufen von Reichtum einem nichts einbringt. Wer sich dagegen völlig auf Jesus verläßt, dem sind die Augen für den Notleidenden geöffnet und dafür, daß er viele praktische Möglichkeiten zum „brüderlichen Teilen“ hat, allein schon dadurch, daß er seinen persönlichen Lebenszuschnitt (in unserer sogenannten Ersten Welt) ohne Schaden für sich und seine Familie erheblich einschränkt. Und im globalen Horizont ist das System der Weltwirtschaft so zu verändern, daß die Länder der Dritten Welt Marktchancen bekommen, indem die reichen Länder Solidarität üben. Vertrauen auf das Wirken des Heiligen Geistes läßt einzelne und viele mutige Schritte zur Veränderung zum Besseren hin wagen.

8. Gemeinwirtschaft, Technik und Energie

Drei voneinander klar zu unterscheidende, jedoch ineinander verwobene Bereiche unseres gesellschaftlichen Lebens fassen wir in diesem Kapitel zusammen. Wir betrachten sie nacheinander aus sozialethischer Blickrichtung. In allen drei Bereichen geht es um die Ermöglichung und Verbesserung der Lebensbedingungen für alle Menschen. Dabei sind Herausforderungen auch an die christlichen Kirchen gestellt, nämlich bei den Fragen der Lebensgestaltung, Ernährung, Einkommensverteilung, Preisgestaltung, der Währung, Technologie, der Machtkonzentration (durch die ‚Multis'), des Bodenrechtes und der Raumordnung sowie weiteren Fragen nicht einfach beiseite zu stehen. Die Kirchen haben hierbei den Menschen sowohl in den Industrieländern wie in den Entwicklungsländern – einschließlich der auf der Grenze zwischen beiden Gruppen stehenden Schwellenländern – zum Wahren ihrer berechtigten Interessen und ihrer Menschenwürde nach besten Kräften zu verhelfen. Sie werden also mahnen, wo eigensüchtiges Profitstreben Mächtiger einziger Motor wirtschaftlicher und technischer Entwicklung wird und wo Fortschritt einer Überflußgesellschaft Ursache zur Abhängigkeit und Unterentwicklung der Menschen in anderen Ländern wird. Damit bekennen sich die Kirchen zur Welt als der Schöpfung Gottes und zu seinem herbeikommenden Reich. Die Kirchen haben sich hierbei für die Menschenrechte aller einzusetzen und Anwälte der Stummen und Unterdrückten zu sein.
In der Bezeichnung Gemeinwirtschaft kommt das schon zum Ausdruck; denn sie deutet an, daß in Technik und Wirtschaft nicht nur Eigeninteressen – wie in der Privatwirtschaft – bestimmen dürfen, sondern daß außerökonomische Ziele, unter denen obenan das Gebot der Nächstenliebe steht, wesentlich und außerdem vernünftig sind, weil das Wohl aller positive Rückwirkungen auf jedermann hat. Die Christen sind zu Haushaltern von Gottes Schöpfung berufen. Es beginnt mit dem Überprüfen des eigenen Lebensstiles und Konsumverhaltens.

8.1 Wirtschaft

Der Fachausdruck für Wirtschaft ist Ökonomie (aus griech. = Verwaltung, Haushalterschaft; in solcher Bedeutung kommt die Wortgruppe auch im Neuen Testament vor). Die Ökonomie ist ein höchst komplexes Gebilde, das Gegenstand einer breit angelegten Wissenschaft ist. Schon von daher verbieten sich für uns die Versuche einer ethischen Durchleuchtung und Beurteilung im ganzen. Das ständige Gespräch mit ihren Vertretern jeder Art aber muß sein; denn Wirtschaft in Gestalt der Gemeinwirtschaft muß auf ihre das Gemeinwohl beachtenden Aufgaben hin befragt werden.

Mit H. Thielicke (Theol. Ethik, Band III/3, 1964, S. 224f) definieren wir: „Unter ‚Wirtschaft' wollen wir die Summe der Vorgänge und der diese Vorgänge ermöglichenden Einrichtungen und Strukturen verstehen, durch welche und innerhalb deren Güter erzeugt, verteilt und ausgetauscht werden, die der Befriedigung des materiellen Bedürfnisses oder der Bedürfnisse der Kultur dienen." Wirtschaft kann einem bemängelnswerten Zweck dienen, indem nichts anderes als persönliche pure Bereicherung die gesteckten Ziele sind. Das ist benachbart jenem häufig mißdeuteten Gewinnstreben, das unter ökonomischen Gesichtspunkten aber unerläßlich ist und zunächst gar nichts mit Habgier oder selbstsüchtigem Ansammeln von Werten zu tun hat. Dies behaupten trotzdem Moralisten und Neider in Gestalt von einzelnen Personen oder Angreifer in Gestalt etwa marxistischer Ökonomielehren. Gewinn ist der Erlös, also das ‚Ergebnis', welches unter Berücksichtigung aller Aufwendungen an Sachen, Geld, Steuern, Kraft und Zeit schließlich übrig bleibt. Ob der Gewinn persönlich konsumiert oder gehortet wird oder ob er in den Wirtschaftsprozeß zum Nutzen des Ganzen wieder einfließt – wie es in der Wirtschaft in der Regel üblich und nötig ist, weil der Volkswirtschaftler auf die sogenannten Grenzwerte schaut –, das steht auf einem anderen Blatt. Doch mit welchen Zielen der Gewinn eingesetzt wird, das unterliegt ethischer Rechtfertigung.

Der im Wirtschaftsunternehmen Verantwortliche hat seine ethisch bestimmten Zielsetzungen und Maßnahmen nach Grundsätzen aufzurichten, zu denen vorrangig folgende sechs gehören (nach G. Winter, Deutsches Pfarrer-Blatt, 1983, S. 592), und mit denen gleichzeitig die

Hauptaufgaben jedes ordentlichen Wirtschaftsbetriebes umschrieben sind: „Das Unternehmen dient dem Kunden durch eine fachlich einwandfreie Leistung (Qualität). Eine solche Leistung kann angesichts des hohen Anspruchsniveaus in der heutigen Industriegesellschaft nur durch nachhaltige Förderung der schöpferischen Kräfte aller Mitarbeiter erzielt werden (Kreativität). Die schöpferischen Kräfte entfalten sich am besten unter gerechten und humanen Arbeitsbedingungen, zu denen auch ausreichende Freiräume für die berufliche Selbstentfaltung des Mitarbeiters gehören (Humanität). Gute Arbeitsbedingungen setzen die Erzielung von Erlösen voraus, welche u.a. die Finanzierung von gerechten Löhnen, Gehältern, Sozialleistungen und der Zinsen ermöglichen sowie Zukunftsinvestitionen und angemessene Dividendenausschüttungen erlauben (Rentabilität). Zur langfristigen Sicherung der Rentabilität und damit auch der Unternehmensexistenz und der Arbeitsplätze bedarf es vorausschauender Strategien, die den wichtigsten technischen, wettbewerblichen, personellen, finanziellen und konjunkturellen Risiken vorbeugen (Kontinuität). Die fachlich einwandfreie Leistung wahrt die gesetzlich vorgeschriebenen Qualitätsstandards und dient als Beitrag zur Wirtschaftskraft, zum Steueraufkommen und zu den Deviseneinnahmen des Staates dem öffentlichen Interesse (Loyalität)."

Ökonomen als Wirtschaftswissenschaftler und Wirtschaftsbosse (also Unternehmer) tragen hohe Verantwortung, weil ihre Entscheidungen oft erhebliche Folgen haben, die sich auf sehr viele Menschen unmittelbar und mittelbar auswirken. Christen sollten deshalb nicht im Riesenchor der ständigen Kritiker von jenen zu finden sein, sondern sie lieber in ihre Fürbitte einschließen. Zur Entscheidungsfindung dient den Unternehmern ein immer weiter verbessertes Instrumentarium an Informationssammlung und -sichtung, an Marktanalyse und Prognose der Aussichten. Weil letzten Endes Menschen die Entscheidungen zu fällen haben, geschieht es da, wo gewissenhaft und außerdem aus dem Glauben heraus gearbeitet wird, in „Furcht und Zittern" und im Vertrauen auf Gottes Beistand (vgl. Phil 2,13; auch 1 Kön 3,9–14, wo Salomo in vergleichbarer Lage um die nötigen Regierungsfähigkeiten bittet). Die Wirtschaft muß leistungsfähig sein, um bewirken zu können, was von ihr erwartet wird.

Auf dieser Linie fügten die Wirtschaftssysteme der seitherigen

Bedarfs*d*eckungswirtschaft eine Bedarfs*w*eckungswirtschaft hinzu. Damit werden der Wirtschaft hier nicht zu erörternde Schubkräfte verliehen, die wiederum jedermann Vorteile bringen. Es treten Gesichtspunkte des Marketing auf, also Fragen des Absatzes und der Marktbeziehungen in immer weiterreichenden Dimensionen. Und hier öffnen sich Abgründe des Konsumzwanges, der ein Mittel zur Machtausübung über die Menschen ganzer Völker werden kann. Die Satellitentechnik im Weltraum ist ein Stück weiter auf dem Wege dahin. Bei alledem wird erkennbar, daß die Verantwortlichen in Wirtschaft und Staat aufeinander angewiesen sind.

Je mehr der Mensch hat, um so mehr will er; zunehmender Reichtum führt in Versuchung. Davor warnt Jesus wiederholt, z.B. in der Begegnung mit dem reichen Jüngling und dem sich daran anschließenden Gespräch (Mt 19,16–29). Reichtum verleitet den Menschen, sich darauf zu verlassen und schließlich die Abhängigkeit von Gottes Gnade zu vergessen. „Wer sein Herz an den Reichtum hängt, hängt es an Vergängliches, nicht ans Leben. Die Gegenfigur zum Reichtum ist deswegen die Armut, die ... das religiöse und ethische Problem der Unabhängigkeit von materiellen Gütern ..." zum Vorschein bringt (T. Rendtorff, Ethik, Band II, 1981, S. 65).

Doch weder selbstgewählte Armut noch Anhäufen von wirtschaftlicher Macht in wenigen Händen sind Leitbilder für eine Wirtschaftsordnung, wie sie unsere Welt braucht. Die Armut nützt niemandem, und die Konzentration wirtschaftlicher Machtmittel in Händen einzelner Menschen oder Staaten führt zur Unterdrückung. Das fällt um so mehr ins Gewicht, als heutige Wirtschaftsordnungen nur noch im Rahmen der Weltwirtschaft vertretbar sind; denn das Ineinander von zweiseitigen (bilateralen) wie vielseitigen (multilateralen) Wirtschaftsbeziehungen bestimmt in unserer Zeit das Erscheinungsbild. Die Menschen und Völker der Erde werden zunehmend voneinander abhängig, und eine christlich verantwortbare Weltwirtschaftsordnung muß auf eine für alle Menschen gerechte Verteilung der wirtschaftlichen Leistungen zielen. Die Gefahr der – oft sogar nicht geahnten – Unterdrückung und Ausbeutung von Schwächeren ist groß. Das muß stets im Bewußtsein bleiben. Leistungssteigerungen haben deshalb dort bereits ihre erkennbaren Grenzen, wo wirtschaftliche Macht nicht mehr kontrollierbar ist, wo die Arbeitskraft völlig abhängiger

Menschen billig ausgenutzt wird, wo durch die Industrie die Umwelt gestört oder gar zerstört wird, wo Bodenschätze unwiederbringlich verbraucht, verpraßt werden, und wo redliche Bemühung um einen reibungslosen Arbeitsprozeß durch verschiedenartige „pressure groups“ behindert wird.
Aufgabe christlicher Ethik bei alledem ist nicht ein Hineinreden oder vermeintliche Besserwisserei. Der Christ bemüht sich, die in der Wirtschaft Verantwortlichen und Kundigen zu begleiten mit der Botschaft des Evangeliums, welches Freiheit und Würde für alle Menschen bereit hält. Daraus entsteht Ermutigung zu immer neuem Anfang ökonomischer Bemühung, die in liebevollem Einsatz der Vernunft das Wohl der betroffenen Menschen nicht aus dem Blick verliert. Das Begleiten gilt auch dem in wirtschaftliche Not geratenen Arbeitnehmer sowie Unternehmer. Bei allem werden wir sehr bescheiden, denn die (Welt)wirtschaftspolitik kommt stets wieder an jenen Grenzen, wo erkennbar ist, daß der Herr über alle Wirtschaftsordnungen Jesus Christus bleibt, der uns „teuer erkauft“ hat (1Kor 6,20). Er will, daß unsere Welt und wir auf ihr lebensfähig bleiben. Unsere Wirtschaftsordnungen mit den Rohstoffmärkten, Industrien und dem Handel haben sich an solchen Maßstäben messen zu lassen. Niemand darf seinen Wohlstand ungehemmt steigern, solange er weiß, daß andere nicht einmal das Existenzminimum im Leben erreicht haben.
Dem sei indessen hinzugefügt: niemand braucht sich als Christ seines Wohlstandes zu schämen, solange er weiß, daß er redlich erworben, daß es ‚Lehen Gottes‘ ist, und daß er im Blick auf seine Nächsten sich dafür wird verantworten müssen. „Wem viel gegeben wurde, von dem wird viel gefordert werden“ (Lk 12,48).

8.2 Wirtschaftssysteme

Auf verschiedenen Wegen werden die wirtschaftlichen Ziele angestrebt. Wir kennen drei Hauptformen unter den Wirtschaftssystemen, die wir kurz beleuchten.
(1) Der *Liberalismus* sieht in der Ökonomie einen freien Entfaltungsraum der Kräfte und Möglichkeiten, die in Konkurrenz zueinander schließlich auch das Gemeinwohl steigern. Im Zusammenspiel von

Angebot und Nachfrage steuert sich der Markt wie durch eine unsichtbare Hand selbst. Der Staat hat dabei nur die Aufgabe, das geschaffene Eigentum der einzelnen zu schützen. Damit kommt das Bemühen in den Blick, wenigstens jedem Menschen die Chance wirtschaftlicher Entfaltung zu geben. Daß nicht jeder seine Chance ausnützt oder auszunützen vermag, ist deutlich. Deshalb kann hierbei ein Auseinanderklaffen zwischen Reichen und Armen in demselben Wirtschaftsverbund die Folge sein.
(2) *Marktwirtschaftliche Wirtschaftssysteme* wollen neben der persönlichen Freiheit auch den wirtschaftlichen Fortschritt und die soziale Sicherung aller verwirklichen. Sie bauen auf dem Privateigentum an Produktionsmitteln auf, das heißt die Eigentümer sind einzelne Personen, Personengemeinschaften (etwa Aktiengesellschaften) oder Verbände. Der Wettbewerb entfaltet sich frei, was zu nachteiligen, manchmal erheblichen Konjunkturschwankungen führen und Absatzprobleme bringen kann oder zum gnadenlosen Verdrängungs-Wettbewerb wird. Die einzelnen Unternehmer setzen ihre Produktions- und Betriebsziele selbst und sind bestrebt, sich auf dem Markt zu behaupten. Das wirtschaftliche Risiko mit Gewinn oder Verlust tragen sie selbst. Dieses System ist auch unter dem die Sache nicht mehr ganz treffenden Ausdruck Kapitalismus bekannt und als solches (weithin zu Unrecht) bei Außenseitern, die die Verhältnisse nicht durchschauen, oder bei politischen Gegnern in Verruf geraten.
Die ‚Märkte', auf denen sich dieses System abspielt, sind das Zusammenwirken gesellschaftlicher Produktion, ebenfalls im Zusammenhang mit Angebot und oftmals geweckter Nachfrage ohne zentrale Lenkung. Wenn dieses marktwirtschaftliche Wirtschaftssystem funktioniert, gewinnen auf lange Sicht alle in einem Staat, gleichgültig auf welcher sozialen Ebene sie einzuordnen sind, sofern die sozialen Rahmenbedingungen ‚stimmen'.
(3) Die *zentral geleiteten Wirtschaftssysteme* sind die dritte Form, welche ebenso wie die anderen beiden nicht rein vorkommt. So ist beispielsweise die sozialistische Planwirtschaft unter den marxistisch-leninistischen Regierungen eine Art staatsmonopolistischer Kapitalismus (abgekürzt Stamokap, was beim politökonomischen Denken anders verstanden ist). Grundsätzlich verfolgen zentral geleitete Wirtschaften die gleichen Ziele wie in den anderen Systemen, sie betonen

nur stärker, daß besonders der wirtschaftlich Schwache berücksichtigt und unterstützt werden müsse; und dazu sind die zuständigen Staatsorgane die geeigneten Instrumente, die nach dem Subordinationsprinzip (eine Art ‚Befehlswirtschaft') arbeiten. Auf solchem Wege wird Gerechtigkeit für alle und vertretbare Verteilung der Produktionsmittel auf alle zu ermöglichen versucht. Die Gesellschaft selbst stellt alle Güter für sich selbst her.

Die zentral gelenkte, sozialistisch geprägte Wirtschaft versucht also, das gesamte Wirtschaftsleben, die Industrien und Produktionen sowie die Verteilung auf den Märkten von einer Stelle aus zu planen, zu organisieren und zu dirigieren. Auf diesem Wege würde nach dieser Lehre schließlich die ganze Welt planmäßig verändert, indem alle produktiven Kräfte zum kollektiven Nutzen eingesetzt werden. Weil dieses System zwar die von ihm beherrschte Welt verändert, allerdings erwiesenermaßen nur zum Nachteil der Masse der Bevölkerung, also immer wieder versagt, werden immer neue Änderungen ausprobiert als Modelle demokratisierter Volkswirtschaftsplanung.

Die ethische Betrachtung der vorhandenen Wirtschaftssysteme hat sowohl auf das Genügen menschenwürdiger Zustände zu achten als auch auf Sachgerechtigkeit und Sinnhaftigkeit der allgemeinen Ziele. Dabei sind die Probleme der Eigengesetzlichkeiten und der Sachzwänge mit zu bedenken; denn jedes Handeln aus sittlicher, zumal christlicher Verantwortung, muß sachbezogen und nützlich sein, wenn es ethisch verantwortbar sein will. Sozialethik, die auf dem Felde der Ökonomie zu Hause ist, hat jedes Wirtschaftssystem daraufhin zu befragen, ob es in Übereinstimmung mit den Rechten und berechtigten Erwartungen aller in seinem Einflußbereich lebenden Menschen steht, ob also das Nutzen-Kosten-Kalkül am Wirtschaftsmarkt auch dem Gemeinwesen dient. „Theologisch heißt das Annäherung an die göttliche Gerechtigkeit als der Einheit von Solidarität und Freiheit, von Allgemein- und Individualinteressen in der Liebe . . . Wirtschaftsethische Optimierungsziele verbleiben darum stets im Bereich des Relativen, des Unvollkommenen, was ihre Grenze sichtbar macht" (A. Rich, Ev. Soziallexikon, 7. Aufl., 1980, Sp. 1448). Ökonomie samt der Technologie dürfen nicht über die Humanität obsiegen. Das wird möglich, wo Gottes Mitwirken ins Wirtschaftskalkül einbezogen ist.

8.3 Geld

Wo von Wirtschaft im weitesten und im engsten Sinne die Rede ist, taucht die Frage nach dem Geld auf. Es ist zunächst ein Tauschmittel, das im Laufe seiner langen Geschichte zu einer Art Ersatzwert für das eigentlich Gemeinte wurde. Auf beiden Seiten bestanden Bedürfnisse oder Wünsche nach dem, was der jeweils andere verfügbar hatte. Das führte zum abgewogenen Austausch, zunächst von Sachen, beispielsweise von Tieren. Im lateinischen Wort für Geld ist das noch erkennbar: ‚pecunia' kommt von ‚pecus' = Vieh. Da die Tauschwirtschaft erhebliche Mängel hat und außerdem lästig ist, einigte man sich allmählich auf mehrfach verwendbare und wertbeständige Tauschmittel, die die Funktion einer Währungseinheit übernehmen. Das waren schon früh die Edelmetalle, die etwas ‚wert' waren. Aus dieser Wortwurzel entstammt der Begriff Valuta, der einen wirklich gedeckten Wert, eine ‚harte Währung' meint. Geld wurde damit außerdem zum Wertaufbewahrungsmittel (man denke an das Sparen). Das Tauschmittel Geld entwickelte sich zum Zahlungsmittel, das in neuerer Zeit zum stofflosen Geld wurde; denn eines Tages genügte als Zahlungsmittel die niedergeschriebene und unterschriebene Erklärung, sie entspräche einer bestimmten Summe Goldes, über die der Inhaber solcher Erklärung aus dem Vermögen des Schuldners verfügen könne. Diese schriftliche Erklärung konnte auch an Dritte weitergegeben werden, der sie schließlich beim ursprünglichen Schuldner einlöste. Der Weg zum bedruckten Papiergeld, zur Banknote, war eröffnet (in der Fachsprache heißt es Zeichen-Geld; bereits im Mongolenreich des Dschingis-Khan verwendet). Die weitere Entwicklung lief über den bargeldlosen Zahlungsverkehr (Giralgeld) zu den heutigen Methoden der Abbuchung und der computergesteuerten Lenkung der Geldströme über Währungsgrenzen hinweg. „Geld ist geprägte Freiheit" (F. Dostojewski). Währungs- und Geldpolitik sind wichtige Gestaltungsaufgaben der Gesellschaft, deren Gedeihen durch die ‚Währungshüter' wesentlich beeinflußt wird.

Moderne Volkswirtschaft funktioniert überhaupt nicht mehr ohne Geld, welches mit dem Blut zu vergleichen ist, das das Adernetz des ganzen Wirtschaftslebens bis in die feinsten Verzweigungen hinein durchpulst. Dabei ist gleich das Kreditwesen mit zu nennen, also die

Tatsache, daß jemand mit Geld arbeitet, das ihm (noch) gar nicht gehört. Der Käufer kann also nicht auf schon vorhandene Geldreserven (Bankkonto, Wertanlagen und anderes) zurückgreifen. Er muß es sich leihen, wobei der Verleiher darauf vertraut (Kredit kommt aus lat. credere = vertrauen auf), daß sein Schuldner fähig und willens ist, die geliehene Summe in bestimmter Frist und mit Zinsen zurückzuzahlen.

Wert hat Geld nur durch seine Kaufkraft. Das ist „die Menge an Gütern, die man für eine oder hundert Währungseinheiten erwarten kann ... Der Wert des Geldes (hängt) einzig und allein von der Entwicklung der Güterpreise ab, ... vom Preisniveau, dem gewogenen Durchschnitt aller Güterpreise“ (R. Olten, Volkswirtschaftliche Grundprobleme, 1977, S. 61). Wenn die betreffende Wirtschaft in ihrem Ablauf nicht mehr intakt ist, tritt Inflation oder ihr Gegenteil, die Deflation auf.

Die sozialen Wirkungen des gesamten Finanzwesens sind außerordentlich groß, denn erstens „hat alles seinen Preis“, wie die Redewendung sagt, und zweitens ist nicht jeder in der Lage, den Preis für alles ihm Nötige zu zahlen. Dem Geld selber sieht niemand an, ob es geliehen, gar gestohlen ist oder nicht. „Geld stinkt nicht“, sagt dazu das lateinische Sprichwort und drückt damit aus, daß Geld nicht erkennen läßt, welche menschlichen Schicksale beim Geber oder Übermittler dahinter stehen. Mancher, der auf sein Recht pochend lediglich Schulden eintreibt, ahnt nicht, welches Elend er dadurch bei anderen bewirkt. Nicht wenigen Menschen wäre das auch gleichgültig. Damit berührt der reine soziale Gesichtspunkt bereits den ethischen. Im Gleichnis vom hartherzigen Schuldner spricht Jesus das an (Mt 18,23–35).

Einige ethische Aspekte des Themas Geld zählen wir nun im folgenden auf.

(1) Zunächst merken wir, daß überall nach Geld gejagt wird. Es kann erlangt werden auf verschiedene Weisen. Die üblichste ist der Einsatz der eigenen Arbeitskraft, um Lohn dafür zu empfangen. Daneben liegen die Fähigkeiten des mehr oder weniger tüchtigen Geschäftsmannes, der stärker seine geistigen Kräfte einsetzt. Zu Geld kann man auch durch Zufall, durch Glücksspiel, durch Erbe und Schenkungen kommen, ganz zu schweigen von den vielen krummen Wegen, es auf unredliche Weise zu erlangen.

(2) Mit ‚seinem' Geld haben der einzelne oder eine Vereinigung von Menschen Kaufkraft zur Verfügung. Sie kann weiter angehäuft werden, in Portionen zum Lebensunterhalt oder zu Vergnügungen ausgegeben werden. Man kann sich sogar Menschen dafür ‚kaufen', um sie für eigene – redliche oder ungute – Zwecke einzusetzen. Geld verschafft Freiräume und in der Regel persönliche Erleichterungen. Wichtiger ist, den Wert der Dinge als nur deren Preis zu kennen.
(3) Mit Geld können schöne, geistige Werte geschaffen werden, die die Herzen der Menschen erfreuen und ihnen Anregungen bringen. Nicht zufällig wird die Gedankenkette immer mehr als selbstverständlich empfunden: ich arbeite, um Geld zu verdienen – ich verdiene Geld, um mir frei verfügbare Zeit zu schaffen, in der ich unbevormundet dem nachgehen kann, was mir Freude macht – außerdem schaffe ich Reserven für Krisenzeiten und für das Alter. Neben dieser Gedankenkette, die eigensüchtig ist, ergeben sich viele Möglichkeiten, Geld zu verschenken, zu spenden, damit auch anderen geholfen werde und anderen Freude bereitet wird.
(4) Grundsätzlich ist Geld neutral und insofern ‚wertfrei'. Doch der Mensch kann sein Herz daran hängen. Ein lehrreiches biblisches Beispiel dafür ist in Apg 5 das Ehepaar Ananias und Saphira, das zwar auch spenden wollte wie die anderen, jedoch verheimlichte, daß es einen Teil des Erlöses ‚sicherheitshalber' zurückbehalten wollte. Das hätte ihnen niemand verwehrt, aber ihr Lügen und ihr Mißtrauen gegenüber dem Wirken des Heiligen Geistes wird ihnen als Todsünde zugerechnet. Im Geld als dem Mittel des Festhalten-Wollens, des Absicherns, des Ausübens von Macht über andere sieht das Neue Testament die große Versuchung für den Menschen. Jesus geißelt das mit dem Ausdruck Mammon (Mt 6,24; Lk 16,9.11.13), dem die Menschen schließlich nur noch gehorchen. Sonst aber geht Jesus sehr unbefangen mit Geld um, wofür das Neue Testament manche Beispiele bringt: Der barmherzige Samariter (Lk 10,25 ff) stellt als Händler nicht nur seine Zeit zur Verfügung, die nach dem Sprichwort doch auch Geld ist, sondern er bietet dem Wirt die Erstattung dessen Auslagen für den Überfallenen an. Im Gleichnis vom anvertrauten Geld (Mt 25,14 ff und Lk 19,12 ff) wird der Umgang mit Geld ebenso vorausgesetzt wie Geldgeschäfte und Zinswesen.
(5) Wie Jesus den freien Umgang mit Geld einschließlich des Steuer-

zahlens (Mt 17,24–27) praktizierte, so sehen wir es auch bei Paulus. Dieser hat seinen Lebensunterhalt teils durch handwerkliche Arbeit, teils durch Unterhalt von den Gemeinden als Lohn für sein Apostelamt bestritten. Er hat auch in einem längeren Gedankengang in 2 Kor 8 u. 9 den Umgang der Christen mit verfügbarem Geld dargestellt und dabei gleich zur Tat in Gestalt von einer Kollektengabe für die verarmten Gemeindeglieder in Jerusalem aufgefordert. Die korinthische Gemeinde, damit begründet er seine Bitten, lebt im Überfluß, nämlich im Überfluß an Glauben und wirksamem Wort und in der helfenden Nähe Jesu Christi. Daraus begründet Paulus den für Christen selbstverständlichen Lastenausgleich, der dann durchaus ordnungsgemäß und gewissenhaft durchzuführen ist.
(6) Eine andere Seite ist die hier nur anzureißende Frage nach dem Schuldenmachen. Es kann vorübergehend wirtschaftlich klug sein, mehr auszugeben als man hat, aber nicht auf lange Dauer. Neben persönlichen notvollen Verwicklungen verschulden sich – im ökonomischen, ethischen und theologischen Verständnis des Wortes – hier heutzutage die meisten Staaten. Solche Unverantwortlichkeit werden eines Tages alle Bürger zu tragen haben; denn einen gnädigen Erlaß, wie ihn Jesus im Gleichnis anführt (Mt 18,23–35), kann keine weltliche Macht schaffen. Auch Finanzpolitik darf sich nicht jenseits ethischer Bezüge bewegen. In Beziehung auf Einzelpersonen oder überschaubare Gruppen ist die (fach- und sachgerechte) Schuldnerberatung ein Stück Gemeindediakonie.
(7) Die Erwähnung des Schuldenmachens führt zu den Problemen des Zinses. Wir mischen uns nicht in den Streit um sein Entstehen ein und überlassen die finanzwirtschaftlichen Aspekte den Fachleuten. Die Kirchen stützten sich bis ins Mittelalter hinein auf das absolute Zinsverbot aus Dtn 23,20f, das dort allerdings unter Brüdern galt und sich sowohl auf Geld wie auf Sachwerte (Getreide, Vieh) bezog. In der Reformationszeit ist von Zinshöhen die Rede, jenseits derer verwerflicher Zinswucher beginnt. Calvin, von Haus aus Jurist, sah die Zusammengehörigkeit von Kapital und Zins und deren Bedeutung für den Wirtschaftsprozeß; denn Kapital ausleihen läßt einerseits das ‚Geld arbeiten' und somit Nutzen stiften, andererseits zwingt das Zurückzahlen mit Zinsen zu verantwortungsbewußtem Planen und Ausgeben.

Die ethische Bewertung setzt letztlich erst dort ein, wo verfügbares verzinstes Kapital einzelner oder Gruppen ein arbeitsloses, insbesondere luxuriöses Leben ermöglicht. So konzentriert sich dieses Problem auf die Haltung des Zinseinnehmers zu seinem verfügbaren Kapital überhaupt. Ist er bereit, das Doppelgebot der Liebe bereitwillig zu praktizieren (vgl. Röm 13,8–14)? Die Möglichkeit guter Habenzinsen sollte dem Gedanken ausgeübter Barmherzigkeit benachbart bleiben. Gelegenheit, Wohltäter zu sein, gibt es reichlich.
Hier ist die entscheidende Wende im Leben des Steuereinnehmers Zachäus (Lk 19,1–10) ein lehrreiches Beispiel: Die Begegnung mit Jesus veranlaßte ihn zu vertretbaren Zinssätzen, zum Wiederherausgeben zu viel eingenommener Steuern „mit Zins und Zinseszins"; und diese Begegnung machte ihn zu einem Mann, „dessen Haus Heil widerfahren ist". Zachäus verzichtete auf den Machtfaktor im Geld und machte es zum ‚Lebens-Mittel' für viele. In solchen Zusammenhängen ist das Zinsgeben und -nehmen zu sehen.
(8) Letztlich sind die ethischen Gesichtspunkte beim Umgang des Christen mit dem ihm berechtigt verfügbaren Geld in der biblischen Aufforderung zu sehen, mit ihm frei umzugehen, aber nicht sein Herz und ganzes Streben danach auszurichten. Es ‚lohnt' letzten Endes nicht und führt zu nichts. Im Gegenteil macht es Beschwerden und führt häufig ins Unglück. Möglicherweise ist die Feststellung kein Zufall, daß große Vermögen selten länger als drei Generationen hintereinander zusammenbleiben. Jesu Warnen vor dem Verfallensein gegenüber dem Mammon ist verbunden mit dem Hinweis auf das Heil für jeden einzelnen Menschen, das nicht durch Gold erkauft wird, sondern das das Geschenk der Hingabe Christi für uns am Kreuz ist. Das letzte Hemd hat keine Taschen und braucht sie auch nicht.
(9) Schließlich ist auf eine Sonderheit des Geldes hinzuweisen, die in seinem Charakter als ein Mittel besteht, welches jenseits vom Geber und vom Nehmer liegt und doch auf die vorgesehenen Zwecke direkt einwirkt. In christlicher Sicht gehört das Geld im weitesten Verständnis zu den Gnadengaben, den Charismen, die Gottes Geist uns zur Verfügung stellt. Jede Art Begabung und Fähigkeit – seien es die Gaben der Musikalität, der körperlichen Beweglichkeit und Sinne, die Gaben des Zuhören-Könnens, der lindernden Pflegefähigkeit und vieles andere – ist an den anderen Menschen gebunden und kann nur

im direkten Kontakt ausgeübt werden. Abgesehen von schriftlichen Botschaften (und des Fürbittgebetes) ist einzig die ‚Gabe' verfügbaren Geldvermögens etwas, das vom Spender völlig gelöst und weit fortgegeben werden kann und dennoch sehr spürbare Hilfe bedeutet. In dieser Hinsicht ist Geld die Gabe des Teilens und Mitteilens, die Hilfe und Freude verschaffen kann bei Menschen, von denen der Spender im Extremfall nicht einmal etwas ahnt. Selig, wer solche Gnadengabe verfügbar hat und mit ihr ‚wuchert'. „Mancher teilt aus und bekommt immer mehr, ein anderer kargt übers Maß und wird doch ärmer" (Spr 11,24).

8.4 Steuern

Hier sind nur wenige Bemerkungen anzufügen über das Steuerwesen in ethischer Sicht. Die Besteuerung der Bürger durch ihren Staat ermöglicht diesem die Erfüllung vieler Aufgaben im Gemeinwesen. Die Steuerpolitik und Steuertechnik lassen wir hier beiseite; aber nicht den Hinweis auf jene, die Steuern zu entrichten haben, ohne Betrachtung dessen an dieser Stelle, wie sie es jeweils mit ihrer Steuermoral halten.

Steuern sind Abgaben zum Gemeinnutz, wobei unterstellt wird, daß der Steuereinnehmer sie auch entsprechend sorgfältig und wirksam einsetzt. Insofern bilden Steuern eine vom einzelnen abgehobene (Kauf)kraft, um Gutes zu tun.

Aus dieser Sicht bemerken wir sogar ein Merkmal der Nächstenliebe in den Steuern. Obendrein kommt der Nutzen abgeführter Steuern auf einen selbst zurück in Gestalt des Erziehungs- und Sozialwesens, des Umweltschutzes und der Kulturangebote, der ausgebauten Transportwege, des polizeilichen Schutzes und vieler anderer allgemeiner Notwendigkeiten der Zivilisation. Diese Seite der Steuern wird viel zu selten mitbedacht. Statt dessen starrt jedermann auf die Höhe seiner Abgaben in Gestalt von direkten oder indirekten Steuern.

Ob die Verantwortungsträger im Staat die Einnahmen sinnvoll und verantwortungsvoll verteilen (man denke nur an die Militärhaushalte oder manche Prestigeprojekte der jeweils regierenden Parteien), das steht auf einem anderen Blatt. Außerdem sind staatliche Verantwortungsträger ebenso gierig nach immer mehr, wie es der einzelne ist. Das wird um so krasser, je mehr die dafür Verantwortlichen ihren Staat in gigantische Schulden treiben. Daher ist die Steuerehrlichkeit sowohl Sache des Bürgers wie des Staates, der seine Bürger oft ‚bedrückt'. Dennoch bleibt für den einzelnen die von ihm zu entrichtende Steuer ein Beitrag zum allgemeinen Wohl. Und damit rückt die Steuer im weitesten Verständnis in den Bereich der Nächstenliebe.

8.5 Technik

Niemand in unserer Zivilisation möchte verzichten auf fließend kaltes und warmes Wasser, auf Elektrizität, auf das Automobil (wörtlich: ein Sich-Selbst-Beweger), auf den Fernsprecher und ungezähltes andere mehr. Man denke sich nur einmal aus seiner Umgebung jegliches Metall fort! Die meisten von uns würden kaum überleben. Schon um das Metall zu erlangen und zu formen, ist viel Technik nötig.

8.5.1 Technik gehört zum Menschsein hinzu. Der Mensch ist neben vielem anderen von Natur aus ein *technisches Wesen*. Schon nach seiner Wortbedeutung, die ins Griechische führt (wo Technik soviel wie das Wissen um die Herstellung bedeutet), ist die Verbindung zwischen Technik und Mensch erkennbar. Technik ist das Verstärken und Erweitern der menschlichen Organe sowie des menschlichen Handelns, was das Tier weder nötig hat noch vermag. Zange, Hammer, Messer, Löffel; Telefon, Fernglas, Fahrzeuge oder auch Medikamente: das und unzähliges Weitere sind künstlich erfundene und hergestellte Dinge, die die menschlichen Möglichkeiten verbessern, vervollständigen. Technik verschafft Entlastung und Hilfen. Wer sie anwendet, kann gegenüber der reinen Natur menschenwürdiger leben.

Das Leibliche und Technische werden in den Geräten miteinander verbunden. In der Hand und dem Fuß des Menschen – für die es in der belebten Natur keine Entsprechung gibt (auch nicht beim Affen) – zeigt sich ein Teil der besonderen Menschenwürde, und mit beiden entwickelte der Mensch die Fülle technischer Möglichkeiten, die ihm dienen sollen. Der Ingenieur (wörtlich: der, dem etwas Nützliches in den Sinn kommt) deutet auf die Verbindung zwischen Natur und Technik einerseits und auf die zwischen Technik und Gesellschaft andererseits hin. Er entwickelte zunächst nach dem Vorbild der Hand die fünf klassischen Technikpotenzen: Keil, Hebel, Rad, Schraube und Flaschenzug.

Der Mensch ist im Vergleich zum Tier für sich allein betrachtet unfertig; denn ohne Technik und ohne ein besonderes Verhältnis zur stofflichen Welt, angefangen bei der Bekleidung, kann er nicht existieren. Das gilt für den gefallenen Menschen ebenso wie es für den Menschen im (paradiesischen) Urstand gegolten hat. Alles Technische um uns herum ist Ausfluß aus dem Gottesauftrag an den Menschen, sich die Erde untertan zu machen und sie zu bebauen (Gen 1,28; 2,15). Alles Technische ist also eine Art weitergehende Schöpfung zugunsten des Menschenlebens, es ist somit ein Faßbarmachen von Gottes erhaltendem Schöpferwirken. Technik „bereichert und festigt unsere Gemeinschaft durch die Mehrung unserer Lebens- und Schutzmittel und durch die Erleichterung unserer Gemeinschaft durch die zunehmende Überwindung der uns trennenden Wirkungen des Raums und der Zeit" (A. Schlatter, Die christliche Ethik, 4. Aufl., 1961, S. 253). Die weitere biblische Urgeschichte (Gen 1–11) zeigt bereits Entwicklungen der Technik und gleichzeitig der menschlichen Überheblichkeit. Über die ursprüngliche instrumentelle Beherrschung der Natur (durch Steinwerkzeuge, Feuerbenutzung, das Rad, durch Wurfgeschosse) entfalteten sich gesellschaftliche Kulturen, die Informationssysteme und Wissenschaften mit praktischen Auswirkungen (Gebäude, Land- und Wasserfahrzeuge, Pflug, Straßen, Beleuchtung). Dann setzte systematisches Forschen ein, wobei die Mathematik unverzichtbar wurde. Und eine Menge von Erfindungen und Entwicklungen befreiten die Menschen immer mehr von direkten Naturgebundenheiten. Die moderne Technik hat den Menschen durch rasante Entwicklungen in die Bereiche Kybernetik, Automation, Mikroprozessoren und damit verbunden in die außerirdische Raumfahrt vorangetrieben. Was einst niemandem, allenfalls nur wenigen Reichen und Auserwählten verfügbar war, ist heute durch Massenproduktion und Vereinfachung praktisch jedermann zuhanden.

8.5.2 Bei genauer Beobachtung zeigt sich, daß der Mensch seine Umwelt samt den Möglichkeiten in ihr immer neu zusammenstellt, gewissermaßen umstellt. Man bemerke beispielsweise, daß der durchschnittliche Großstädter oft jahrelang nicht mehr auf gewachsenen Erdboden tritt. Der Gedanke des Umstellens stammt von dem Philosophen Heidegger, der Technik ein ‚Entbergen', ein ‚Ans-Licht-Bringen' von Wahrheit nannte. Er sagte, alle unsere Zusammenstellungen der verschiedensten Materialien zu Geräten bilden ‚Ge-stelle'. Der Mensch ist längst zum ‚An-gestellten' geworden, der bei Bedarf auch wieder ‚weg-gestellt' werden kann. Die Technik scheint eine Eigengesetzlichkeit zu entwickeln, die mit sogenannten Sachzwängen verbunden ist. Das aber schlösse die Möglichkeit zu verantwortlichen Entscheidungen aus und ist ethisch abzuweisen.

Auffallend bei der modernen Technik ist ihre zunehmende Naturferne. Sie wird obendrein zur *Technokratie* (das heißt Herrschaft des Technischen), mit deren Hilfe die wissenschaftlichen Erkenntnisse planvoll angewendet werden, um die gesellschaftlichen Aufgaben zu lösen, um das Glück möglichst aller zu planen und zu erreichen. Es entsteht ein Glaube, eine Fortschrittsgläubigkeit, an die Machbarkeit von Glück und von Gütern mit der Meinung, alles sei erlaubt. Sogar Menschen nach eigenem Bilde – wie in der griechischen Sage des Prometheus – werden ‚geschaffen' in Gestalt der Retortenbabys und durch Gen-Manipulationen (vgl. 1 Kor 6,12; Hebr 13,5). Je materialistischer die jeweilige Weltanschauung ausgeprägt ist, um so gläubiger werden alle Fortschritte der technischen Entwicklung als Schritte auf dem Wege zur Selbstverwirklichung und Mündigkeit des Menschen angesehen. Die Fülle der Elektromotoren in jedem modernen Haushalt ist ein Beispiel dafür. In Wirklichkeit trieb die Technokratie die Menschen zunehmend in ein Gefühl des Bedrohtseins und in Angst, aber gewiß nicht zu mehr Glückseligkeit. Der Mensch ‚unter' der Technik wird zunehmend ‚verplant'. Es ist wichtig zu beachten, wo Planung aufhören muß, damit der Freiheit noch Raum bleibt.

Die Technik ist übermächtig geworden. Sie bedarf auf vielen Gebieten zum Funktionieren und Wirken gar nicht mehr des Menschen (Vollautomatisierung, Steuersysteme, Apparate), und sie hat vor allem Geräte und Techniken entwickelt, die die ganze Menschheit im Nu auslöschen können. Die Bemühung zum Beherrschen unserer in der

Technik geschaffenen Mittel droht für den Menschen zum Beherrschten durch diese Mittel zu werden. Die Sachzwänge in der Technik müssen also erkannt und verkraftet werden, wozu viel technische Bildung gehört. Die sich hier ergebende Grenzüberschreitung vom Beherrschen zum Beherrschtwerden haben wir zu erkennen und zu vermeiden. Ebenso ist hinsichtlich der Forschungen und Erfindungen auf dem Gebiet der Technik darauf zu achten, wann der Umgang mit der Natur und ihre Beherrschung zu deren Ausbeutung und Zerstörung wird.

Hier ist die durch Technik-Kritik ausgelöste Angst und Technikfeindlichkeit bis hin zum Kulturpessimismus angesiedelt, was gegensätzliche politische Eskalation (das heißt Steigerung der Militärtechnik bis hin zum Zünden der längst vorhandenen Vernichtungswaffen) zum Ergebnis hat. Im kleinen Maßstab haben sich Verbrecher durch hinterlistige Gewaltverbrechen, durch Geißelnahme mit Hilfe technischer (Un)möglichkeiten solcher Instrumente längst bedient. Hier zeigt sich besonders kraß, daß die Entwicklung der technischen Fähigkeiten des Menschen die Entwicklung seiner ethisch-moralischen Fähigkeiten weit hinter sich ließ. Das ist das Ergebnis, wenn der Mensch „sein will wie Gott“ (Gen 3,5).

Auf einer anderen Ebene liegt der verschwenderische Gebrauch aller Technik, die den Verschleiß und dem Veralten unterworfen ist. Das regt zum weiteren ‚Zusammenstellen‘, sprich Herstellen von Gütern an, selbstverständlich mit verbesserten Techniken. Die Technik wird vergötzt. Damit ist das, was dem Menschen zum Segen gereichen soll und kann, zum Fluch geworden. Des Menschen Wille zur Macht über die Dinge, über die Natur, über seine Mitmenschen, über die Zukunft ist unersättlich geworden und damit über die dem Menschen gesetzte Grenze hinausgeraten. Die Gesellschaft wird durch Technik regelrecht umgestaltet, ja der einzelne Mensch sogar durch Prothesen verschiedenster Art (vom Zahnersatz über Gehhilfen bis zum Herzschrittmacher) verändert. Statt Selbstverwirklichung erfahren wir Selbstentfremdung.

Der Mensch erstrebt grundsätzlich Annehmlichkeiten und Bequemlichkeiten. Das treibt – in Verbindung mit Wirtschafts- und Umsatzförderung – zu immer neuen technischen Erfindungen, zu denen die Menschen entweder spontan greifen oder zu deren Benutzung sie überredet werden müssen. Fast alles technisch Machbare wird auch hergestellt und zum Bedürfnis gemacht. Nicht selten ist die Folge: „Vernunft wird Unsinn, Wohltat Plage“ (Goethe, Faust I). Die moderne Technik ist kollektiv geworden, jeder muß sich nach ihr richten. Das sind Merkmale der Wohlstandsgesellschaft, die diesen unaufhaltsamen Prozeß Fortschritt nennt. Viele Menschen merken nicht, daß sie sich zum leichteren Erreichen der gewünschten Ziele an ihre technischen Mittel längst verloren haben. Das gilt für die Apparate- und Verfahrenstechnik ebenso wie für die Organisations- und Planungstechnik. Wir haben also nicht nur an Maschinen zu denken, sondern auch an Betriebsabläufe, Schulreformen oder die Pharmazie und die Freizeitgestaltung.

Das Problem wird sichtbar an der Tatsache, daß jede neue Technik, die für sich begrüßenswert ist, Nebenwirkungen hat. Beispielsweise verlangt der Kraftwagen immer komplizierter werdende Verkehrsregeln, er bringt schwere Unfälle und Lärm mit sich. Das Befreitwerden von schwerer körperlicher Arbeit verursacht Körper- und Gesundheitsschäden. Dies läßt sich auf allen technisch beeinflußten Gebieten nachweisen. Leider sind die meisten Nebenwirkungen vorher nicht zu erkennen und infolgedessen auch nicht auszuschließen, was durch Verbesserung der jeweiligen Technik oder durch völligen Verzicht auf sei erreichbar wäre.

Soll sich der Mensch nun den technokratischen Gegebenheiten allemal anpassen und seine Entwicklungsspielräume immer mehr einengen lassen? Denn technischer Fortschritt, Wirtschaftswachstum und sozialer Friede hängen zusammen. Soll er seine eigentlichen Lebensziele darüber vergessen, die innerweltlich Zufriedenheit und gesunde Gemeinschaft unter allen Menschen sind, und geistlich betrachtet die kommende Vollendung des Reiches Gottes? Das bisherige Fortschrittsdenken auf der technischen Schiene läßt zunehmend an ihrer mächtigen Überlegenheit zweifeln, sogar daran, ob ihr ein Überlebensfaktor zugesprochen werden kann und darf. Die instrumentelle Vernunft, die wir regieren lassen, erreicht ihre Ziele nicht. Statt dessen wird das Menschenleben eingeteilt in die Abschnitte vor und nach dem mittleren ‚Haupt‘teil, nämlich das Eingegliedertsein in die technisch-industrielle Arbeitswelt, welcher eine Marktordnung und viel Verwaltung angegliedert sind. Technischer Fortschritt ist offensichtlich dem ethisch-moralischen ‚Fortschritt' davongeeilt, obwohl Technik um des Menschen willen da ist.

8.5.3 Mit dem Angedeuteten wird die Technik keinesfalls verworfen. Aber wir müssen uns erneut fragen: Ist und bringt sie *Segen oder Fluch?* Sie ist fraglos eine Möglichkeit zum Schaffen von Gütern im ursprünglichen Sinne dieses Wortes. Die Fähigkeiten des menschlichen Intellektes haben ihre Grenze erst dort, wo Gott sie setzt. Hier kommt die soziale und ethische Seite der Technik in Sicht. Die Weltkirchenkonferenz in Nairobi 1975 hat dazu ausgeführt: „Wir empfehlen den Kirchen, die Bedingungen und Folgen einer Entwicklung auf eine gerechte und überlebensfähige Gesellschaft hin sorgfältig zu untersuchen, da sie viele bedeutsame strukturelle Veränderungen in der Nahrungsmittelproduktion, im Energieverbrauch, am Arbeitsmarkt, in der Bevölkerungsstruktur, in den Wohngewohnheiten und im Transportwesen mit sich bringt. Die Kirchen sollten die Naturwissenschaftler und Techniker ermutigen, neue Wege zu suchen, die für die moderne Gesellschaft sozial zu verantworten sind". Auf diesen Wegen kann Technik allen zum Segen werden, viele kreatürlichen Einengungen überwinden helfen, ein Gefühl der Sicherheit und des Wertes schenken. Technischer Fortschritt steigert die Produktivität – die nicht allemal mit Ausbeuten der Bodenschätze verbunden sein muß –, die wiederum das Sozialprodukt und den Lebensstandard steigert. Technik verändert die menschliche Arbeit, was gute Auswirkungen auf die Arbeitsplätze und die Arbeitsfreude bringt. Der technische Fortschritt, der weder hemmungslos noch unabwendbares Schicksal zu sein braucht, ist gesellschaftlichen und allgemeinen menschlichen Fragen eng verbunden. Die industrielle Revolution, in der wir uns befinden, erzeugt eine neue, technische Welt. Sie ist und wird so gut, wie der Mensch sich vom Guten und von Gottes Geist lenken läßt.

Möglicherweise stehen wir an einer historischen Wende mit neuen technologischen Grundtendenzen und damit gesellschaftlichen Reformen. Die Christen leben mit allen anderen Menschen in dieser Welt, sie leben ebenso mit der Technik. Sie haben dabei aber ein eigenes Verhältnis zur Technik und zu allen Dingen. Technik ist ein ‚Ding', wie wir eingangs sahen, also eine Sache (das Wort Ding kommt ursprünglich aus der germanischen Rechtssprache – ‚ting' – und meint die Rechtssachen, vgl. ‚dingfest' machen = verhaften). Allein mittels all dieser Dinge ist die Zukunft der Welt nicht zu bewältigen; und die Dinge haben schon gar keine den Menschen befreiende Erlösungskraft in sich. Gott gab den Menschen alle Dinge, damit er über sie herrsche, in dem Sinne, daß er sie nutzvoll, rücksichtsvoll und letztlich zur Ehre Gottes einsetzt.

Die Erwähnung des Begriffes Dinge erinnert dessen häufige Erwähnung in der (Lutherübersetzung) Bibel. Im Griechischen steht dafür pas und panta, was substantivisch verwendet die Bedeutung von Alles, alle Dinge und Wesen, das All hat. Wir wählen aus der Fülle an Hinweisen, die jegliche Technik mit einbezieht, nur einige Beispiele von Paulus, der feststellt, „daß denen, die Gott lieben, alle Dinge zum Besten dienen" (= synergistisch mitwirken; Röm 8,28) und daß „von Gott und durch ihn und zu ihm hin alle Dinge sind" (Röm 11,36; 1 Kor 8,6). „Der Herr wird dir in allen Dingen Verstand geben" (2 Tim 2,7) und „Der Geist erforscht alle Dinge" (1 Kor 2,10). Aus diesen und weiteren Schriftstellen wird erkennbar, daß Gott dem Menschen ‚die Dinge' zur Verfügung stellt. Aber „nur durch die Hilfe der Gnade, dadurch, daß das Licht der Offenbarung auf die Dinge fällt, wird der Mensch von der Technik wie von der Umklammerung aus Mythos befreit ... Die Zwiespältigkeit des Dinges kann dabei nicht ‚abgeschafft' werden – das Ding kann nicht in die Wirklichkeit des Reiches Gottes transformiert werden –, aber es kann durch die Austreibung seiner Perversion in die Relation zu Gott gesetzt werden. Das Ding ist damit nicht heiliges Ding, das Ding ist erkannt in seiner Geschöpflichkeit – aber auch diese Geschöpflichkeit bleibt im Schatten gefallener Schöpfung" (G. Huntemann, Provozierte Theologie und technische Welt, 1968, S. 182f). In dem Sinne ist die Technik durch ihren Verursacher, den Menschen, ‚dingfest' zu machen, nämlich auf ihre gegenwärtige und zukünftige Nützlichkeit hin zu beurteilen.

In unserem Zeitalter einer sich geradezu überstürzenden Technisierung ist der Mensch, der die Technik zur Verfügung hat, keineswegs überall ohnmächtig den Naturgewalten ausgeliefert. Hierbei gilt das Gebot der Liebe um so mehr, weil darin die an sich leblose und vieles tötende Technik ihre dienende und nützliche Stelle zugewiesen bekommt. Das physikalische Wesen aller Technik wird so zu etwas

Sinnhaftem, ja Geistigem erhoben. Der in der Technik und mit ihr wirkende Mensch (ob es sich um den Ingenieur in der Fabrik handelt, um den Forscher im Laboratorium oder um den Menschen vor dem Fernsehschirm, um den Benutzer eines Kraftfahrzeuges oder den üblicherweise mit ihr Hantierenden) kann sie dankbar gegenüber Gott benutzen und wissen: zwar ist der technische Fortschritt weder grenzenlos noch über die Grenzen der Vernunft hinaus zu treiben, aber Gottes Liebe ist grenzenlos, und alle Technik, alle Dinge stehen vor der Erlösung durch Christus mit dem Ziel der Vollendung seines Reiches.

„Das christliche, von der Erlösung bestimmte Denken endet deshalb nicht in einer naiven Bewunderung der Technik, sondern in einem Appell zur höheren Verantwortung in der Handhabung dieses Instrumentes vor Gott und den Menschen" (L. Scheffczyk, Der christliche Schöpfungsglaube und die Problematik der Technik; in Christliches ABC heute und morgen, S. 29). Das bedeutet im Alltag sorgfältigeres Beobachten und Berücksichtigen der Kreisläufe in der Natur, das Bemerken und Beachten der wahren Bedürfnisse von einem selbst und von den Mitmenschen nah und fern, das Bedenken und Beherrschen jeglichen technischen Fortschrittes. Nur dann ist der homo faber zugleich auch homo sapiens, also der Mensch als handwerkendes, Technik schaffendes und benutzendes Wesen, ist zugleich der Mensch, welcher seinen ihm von Gott verliehenen Verstand auch weise einsetzt.

8.6 Energie

Was ist gemeint, wenn in unserer Zeit der Begriff Energie fällt? Er entstammt dem Griechischen, wo Energie die einwirkende Kraft meint. In unserem Sprachraum ist Energie überhaupt Wirksamkeit, auch Tatkraft, Wirkungsvermögen und Spannkraft. In der Physik gibt es verschiedene Energieformen, nämlich kinetische (Bewegungs-) Energie und potentielle (lagernde, gespeicherte) Energie. Nach dem Energiegesetz läßt sie sich weder erschaffen noch vernichten. Unser Leben ist ohne Energiequellen nicht vorstellbar. Zu ihnen gehören neben Holz, Kohle, Erdöl und Erdgas auch Wasserkraft, Wind- und

Sonnenenergie, schließlich noch die nukleare (Kern-)Energie und die geothermische Energie (Erdwärme).
Allein schon die Aufzählung signalisiert ethische Zusammenhänge, weil der Mensch Energie braucht und verbraucht; sie verschafft mehr Menschlichkeit, und fast alles von ihm Gestaltete entsteht mit Hilfe von Energie. Welches Menschenbild und Gottesverständnis steht hinter der Energiefrage?

8.6.1 Der *Bedarf an Energie* überall ist unbestritten. Die Verwendungsgebiete der frei verfügbaren Energie sind zahlreich. Sie wurde schon lange benutzt, etwa das Wasser für den Antrieb von Mühlrädern oder als Transportmittel für Schiffe. Für beide hatte man ebenfalls schon lange den Wind als Antriebskraft benutzt. Dann kamen die Kraftmaschinen auf, die Wärmekraft verwendeten. Das war der Anfang zum immer schnelleren Abbau der Rohstoffe Kohle, Gas und Öl. Bei der Gewinnung von Energie aus Rohstoffen wird meist nur ein Bruchteil des Ausgangsstoffes nutzbringend verwendet. Heute dient die uns verfügbare Energie vor allem in den Bereichen Erzeugung von Wärme, Kraft und Licht, zum Antrieb von Arbeitsmaschinen, zur Übermittlung von Nachrichten und Botschaften.
Da Energie und Masse letztlich nur zwei Erscheinungsformen derselben Materie sind, ist die Forschung unterwegs, sich das zunutze zu machen, zumal den Verantwortlichen längst klar ist, daß viele zunächst unüberlegt verschwendete Rohstoffe begrenzt vorhanden und nicht regenerierbar sind. Die Warnung vor dem rücksichtslosen Umgang mit dem Reichtum der Natur gilt sogar für unsere Atemluft und das Trinkwasser.
Auf seinem Weg des zunehmenden Energieeinsatzes erfand der Mensch künstliche Rohstoffe für seinen Bedarf. Das geschieht durch Verbindungen von Stoffen, die aus vorgefundenen Materialien stammen (z. B. Glas- und Leichtmetalle). Daneben breiten sich unübersehbar gewordene Mengen an synthetischen Stoffen aus (Chemiefasern, ‚Kunststoffe', die oft den reinen Naturstoffen im Gebrauch überlegen sind; denn sie sind pflegeleichter oder vergehen nicht). Im Blick auf die Bevölkerungsentwicklung in der Welt muß das zunächst ganz wertneutral und als nützlich angesehen werden. Seitdem die Probleme der Erschöpfung unserer Rohstoffquellen sowie der wachsenden

Müllhalden erkannt sind, arbeiten verantwortliche Forscher und Regierungen in vielen Ländern an der Suche nach ‚Ersatz'stoffen und nach Wegen, diese ‚Engpässe' (vor allem in der Energieversorgung und Abfallverwertung) dauerhaft zu überwinden.

8.6.2 Damit sind weitere ethische Gesichtspunkte des Themas *Energieversorgung* und Mensch im Blick. Bekanntlich ist der Streit um die ‚Plünderung' unseres Planeten und um eine unkontrollierbare Entfesselung der kernatomaren Energie längst entbrannt. Die eine Seite bejaht angesichts des ungeheuer gewachsenen Energiebedarfs weitere Entwicklung der technischen Forschung mit großen Chancen auf dem Energiesektor. Die andere Seite hält das dabei mögliche Risiko einer Zerstörung unseres Lebensraumes und die Erschöpfung der unerläßlichen natürlichen Energiequellen für unverantwortbar. Außerdem sei statt weiteren technischen Wachstums das ‚alternative Leben' einer bescheidenen und umweltfreundlichen naturgemäßen Lebensweise zu fordern. Wie es aussieht, ist schwer zu beantworten, jedenfalls ist es nicht ein unordentlicher Lebenszuschnitt.
Sind das überhaupt vertretbare Gegensätze? Jede Seite kann bei der anderen selbstsüchtige Gesichtspunkte aufdecken und gleichzeitig bei der eigenen auf Ziele hinweisen, die der Allgemeinheit in Gegenwart und Zukunft zugute kommen. Das Überlebensrecht und die Fürsorgepflicht ist keiner Seite abzusprechen. Hier steht die soziale Gerechtigkeit zur Debatte, nach der alle Menschen – auch die noch nicht geborenen Nachkommen in allen Völkern – Anspruch auf gesicherte Teilhabe an den Gütern der Erde haben. Wieweit Bedürfnisbefriedigung beim einen und Konsumverzicht beim anderen das jeweils Erforderliche ist, muß die konkrete Situation ergeben. Nur durch den Einsatz der technischen Möglichkeiten und Mittel, die uns heutzutage verfügbar sind, kann diesem Ziel nähergekommen werden. Ohne hinreichenden Schutz der Natur und unserer Umwelt darf keine Herrschaft der Technik mehr ausgedehnt werden. Aber die Technik ist „nicht ein auszugrenzender, sondern ein in das Ganze einzufügender Bereich, dessen Prozeß naturgemäß, naturentsprechend und wo möglich naturförderlich zu gestalten ist" (W. Kluxen, Handbuch der christlichen Ethik, Band III, 1982, S. 406f).
Hier ist ein weiteres Wort zur Kernenergie und zu den Kernkraftwer-

ken zu sagen, bei denen die Meinungswellen in unserer Generation besonders hochgehen. In ihr liegt die Chance, eine Menge nicht wiedergewinnbarer Energiequellen zu ersetzen; aber in ihr liegen wegen der denkbaren lebensbedrohenden schädlichen Folgen und trotz außerordentlicher Gewissenhaftigkeit im Umgang mit Kernreaktoren auch hohe Risiken hinsichtlich der radioaktiven Verseuchung. Von der Atomwaffe als militärisch-politisches Einsatzmittel ist dabei noch gar nicht einmal die Rede. Soll diese Energiequelle weiter entwickelt und eingesetzt werden? Niemand dürfte leichten Herzens und schwarz-weiß-malend einfach Ja oder Nein antworten. Beim gegenwärtigen Stand der Dinge in der Welt läßt sich feststellen: „Die Waage senkt sich zweifellos auf jene Seite, wo Verantwortung für reale Menschen unter den Bedingungen der realen Welt wahrgenommen wird, auch wenn dort keine ‚reine' Lösung zu finden ist: ein potentielles Übel wird in Kauf genommen ... Wer in der Gesellschaft und für sie Verantwortung trug, war immer schon zu Entscheidungen verpflichtet, die unter dem Gesichtspunkt des ‚kleineren Übels' standen, und nicht selten ist der Konflikt, in dem beide Gegner ‚Recht' haben und doch nur einem Recht gegeben werden kann. Unser moralisches Dasein steht, wie unser physisches, unter den Bedingungen der Endlichkeit" (a. a. O., S. 422f).
Dem sind zwei Bemerkungen hinzuzufügen, die an die ethische Verantwortung appellieren. Einmal ist die Endlagerung der radioaktiven Rückstände (der ‚Atommüll') noch diskutiert. Wer will aber bestreiten, daß sie einer künftigen Generation eine hochgeschätzte Energiequelle werden könnten! Schon oft erwies sich im Laufe der Geschichte ein lästig gewesener Abfall eines Tages als überaus wertvoll. Und zum anderen ist das Suchen nach günstigen Alternativen nicht aufzugeben. Beispielsweise werden die Energiemöglichkeiten aller Wasserläufe in der Welt gegenwärtig höchstens zu 10 Prozent genutzt.
Ohne Frage werden wir hier bedrängt von der unheimlichen Eigengesetzlichkeit, die die ‚Dinge' erlangen. Dennoch gilt unter ethischem Gesichtswinkel die christliche Erkenntnis, wie sie Otto Weber (Grundlagen der Dogmatik, Band I, 1955, S. 567) formulierte: „Der Glaube an Gott-in-Christus *wagt* es, dem allen gegenüber dem *Wort* zu trauen, das ihn ruft und trägt, und das heißt: er wagt es, dem Undurchschaubaren in ‚Natur' und ‚Geschichte' die rational unbeweisbare

These entgegenzusetzen: ‚Gott der Herr regiert'." Im Schöpfungspsalm 104 ist das unsere Welt und die Menschheit bewahrende Wirken Gottes bewundernd und anbetend ausgesprochen. Dort heißt es abschließend in den Versen 28–32 auch gültig für unser Nachdenken über die Probleme der Energiequellen und Energieversorgung der Menschheit: „Gibst du ihnen, dann sammeln sie; verbirgst du dein Gesicht, dann sind sie verstört. Du blickst auf die Erde, und sie erbebt. Sendest du deinen Geist aus, so werden sie alle erschaffen, und du erneuerst das Antlitz der Erde". Alle unsere technischen Möglichkeiten und unsere Energiequellen sind und bleiben Gottes Gabe an uns. Wir haben sie als Lehnsleute und treue Haushalter verantwortungsvoll und gewissenhaft einzusetzen.

9. Natur

Die wissenschaftlich-technische Forschung hat als Gegenstand die Natur und jegliche Materie auf der Welt. Für das Denken vieler sind diese an die Stelle von Gott gerückt. Er wird angeblich nicht gebraucht. Allenfalls kann der Naturwissenschaftler ein frommer Mensch sein, was sich vielleicht in einigen Folgerungen auswirkt. Oder ein Naturwissenschaftler bemerkt Zusammenhänge zwischen den Ergebnissen seiner Fachgebiete und theologisch-biblischen Aussagen. Dann erst hält sein nüchterner Verstand diese Standpunkte für wirklichkeitsnah. Mit einer Vorgabe seines Vertrauens aus Gottes Schöpfer- und Herrsein über die ganze Erde samt den Folgerungen daraus vermag er nicht viel anzufangen. Wer hingegen aus dem biblischen Glauben lebt und Christus nachfolgt, hat einen Standpunkt, von dem aus er die Natur erforschen kann und der ihn nicht vergessen läßt, daß Gott als der Herr aller Natur diese dem Menschen anvertraut hat und als Lebensraum gab. Deshalb folgt er nach Möglichkeit den ‚Weisungen' der Natur und vermeidet das Widernatürliche.
In unserem Zusammenhang fragen wir gerade nach dem Handeln, das schöpfungsgemäß ist und sich gegenüber dem Schöpferwillen Gottes verantworten kann. Das hängt eng mit dem Befreiungswerk Christi in seiner Schöpfung zusammen. Wir erfahren, daß nicht nur der Mensch Gottes Gnade braucht, empfängt und erlebt, sondern „die ganze Schöpfung wartet sehnsüchtig auf das Offenbarwerden der Söhne Gottes ... Denn auch die Schöpfung soll von der Knechtschaft der Vergänglichkeit befreit werden zur herrlichen Freiheit der Kinder Gottes" (Röm 8,19ff). Wie sich das in Wirklichkeit vollzieht, wissen wir nicht.
In der Welt handelt Gott, und wir Menschen handeln auch. Die Welt mit der ganzen Natur ist dem auf Gott vertrauenden Menschen nicht ein feindliches Gegenüber (wie in alten Philosophien oder für gottlos lebende Menschen); sondern sie ist für den Christen die nützliche, unverzichtbare und schöne Lebensgefährtin. Entsprechend wird er mit ihr umgehen. „Die ethische Antwort des Glaubenden auf seine Erlösung widersteht der knechtischen Undurchsichtigkeit des Kosmos (vgl. Gal 4,3.9; Kol 2,8.20). Das ethische Handeln verweigert auf der

Ebene des Kosmos die Unterwerfung unter ein blindes Schicksal ebenso wie es in der Welt des Menschen die Diktatur der Vernunft, des Gesetzes, der Sucht nach Zeichen und Wundern bricht“ (A. Dumas, Neues Glaubensbuch, 1973, S. 429).
Nach verschiedenen Richtungen hin durchschreiten wir nun das, was Natur mit dem Leben und Geschehen in ihr genannt wird.

9.1 Das Naturverständnis

Die verschiedenartigen Verwendungen des Wortes Natur zeigen, daß es sich um einen Sammelbegriff handelt, in dem Unterschiedliches zum Ausdruck kommt. Es gibt die Natur eines Menschen neben etwas, das „in der Natur der Sache“ liegt. Wir denken ferner an die Landschaft ebenso wie an die rohen Naturgewalten oder an die gesunde Natur eines Menschen. Immer sind es Erscheinungen und Kräfte um uns und in uns, deren wir nicht Herr sind und die uns offensichtlich überlegen sind. So wird Natur „einmal als die Gesamtheit aller beobachtbaren, nicht von Menschen hergestellten, sondern gewachsenen, anorganischen und organischen, pflanzlichen und tierischen Gegebenheiten betrachtet (materieller Naturbegriff). Zum anderen gilt der Inbegriff der gesetzmäßig erfaßbaren Bestimmungen eines Dinges wie auch des Menschen als dessen Natur (formaler Naturbegriff)“ (Lexikon d. Ethik, 1977, z. St.).
So vielfältig der Naturbegriff vor uns steht, ist es auch mit den Wissenschaften, die sich um sie herum entwickelten, unter anderem Biologie, Physik, Chemie, Geologie, Mineralogie, Ökologie, Astronomie; auch Anthropologie mit ihren Nachbardisziplinen.

9.1.1 Alle Naturwissenschaften gingen ihre Wege des Erforschens und Eindringens in die Geheimnisse der belebten und unbelebten Natur, und zwar im Makrokosmos des Riesengroßen und weit Entfernten (Sternenwelt), als auch im Mikrokosmos, des für unser Auge längst nicht mehr sichtbar Kleinen (Mikroskopie u. a. m.). Diese *Wissenschaften haben gegen den herkömmlichen christlichen Schöpfungsglauben Angriffe* geführt. Entgegen immer wieder verändert aufgestellten Erklärungsversuchen der Weltschöpfung anhand biblischer Belegstellen gibt es alte und neue Weltentstehungslehren (Kosmogonien), in

denen Hypothesen aufgestellt werden, unter welchen die vom Urknall vor rund 19 Milliarden Jahren gegenwärtig die verbreitetste ist. Und über das Entstehen des Lebens, vor allem des Menschen, haben die Biologen mit Hilfe ihrer Lehren von der Evolution, Mutation und Selektion ebenfalls Ansichten, die sich schwerlich mit Bibelzitaten in Übereinstimmung bringen lassen. Schließlich wird der Schöpfungsglaube von bestimmten Philosophien und Psychologien angegriffen, wonach dieser Glaube nichts anderes sei als Vorstellungen (Projektionen heißt der Fachausdruck) unseres seelischen Erlebens, welche wir auf die außermenschliche unbeseelte Natur übertragen.
Alle drei Angriffe vermögen den Schöpfungsglauben und damit das christliche Naturverständnis nicht aus den Angeln zu heben; denn das biblische Denken hat eine völlig andere Richtung. Diese stößt sich kaum mit den Ergebnissen des jeweiligen Forschungsstandes. „Die biblische Darstellung der Schöpfung bildet neben den anderen Kosmogonien einen unermeßlichen Fortschritt in der Richtung zur reinen, der Wirklichkeit gehorsamen Erforschung der Natur und hatte für diese eine ungleich größere Bedeutung als jede einzelne, noch so geniale Entdeckung“ (A. Schlatter, Christl. Ethik, 4. Aufl., 1961, S. 253). Das bedeutet: der unselige Streit zwischen Wissenschaften und Christen sowie leider auch zwischen großzügigen und sehr eng denkenden Bibel-Lesern sollte endlich begraben werden, weil er meist ein Reden aneinander vorbei ist, weil man in unterschiedlichen Gedankenbereichen argumentiert und nicht selten vorgefaßte Meinungen vertritt.

9.1.2 Dennoch sind einige ethische Hinweise zum *Umgang mit der Natur* (so weit dieser Begriff auch gefaßt werden mag) zu geben.
(1) Natur ist das uns stets Umgebende und Gegenwärtige. Der Mensch ist durch Gottes Ordnung als derjenige in sie hinein gesetzt, der sie zu beobachten, zu pflegen und zu bewahren hat. Er ist die „Krone der Schöpfung“, zugleich aber „auf Gedeih und Verderb“ während seines Erdendaseins an sie gebunden.
(2) Das Pflegen und Bewahren der Natur darf nicht zu ihrer beliebigen und unbegrenzten Veränderung führen. Wo die Grenzen liegen, das ist im Laufe der Geschichte oft bedacht worden. Doch der ‚Stör-

faktor Mensch‘ hat beständig und in zunehmendem Umfang in sie eingegriffen. Veränderungen der Natur sind unter anderem Gewässerregulierungen, Küstendeiche, Urbarmachen von Landstrichen durch Abholzen der Wälder für Besiedlungen. Die globale Urbanisierung (Verstädterung) bedeutet ebenfalls Veränderung der Natur durch Überbauung; sie ist schon wegen der wachsenden Weltbevölkerung unaufhaltsam geworden, wobei sich bezeichnenderweise die Berufe der Landschaftsplaner entwickelten. In die Aufzählung gehören ferner Militär‚erfordernisse‘, Verkehrsnetze und riesige Monokulturen, die zur Bearbeitung zweckmäßig erscheinen und für einige Zeit wirtschaftliche Gewinne erbringen, die aber das ökologische Gleichgewicht stören und auf lange Sicht schaden. Weiteres Fragen nach den Grenzen bei unserem ‚Umgang‘ mit der Natur richtet sich auf die Pflanzen- und Tierwelt, wobei hier nur Unkräuter (falls es so etwas überhaupt gibt) und Ungeziefer (ebenfalls für das ökologische Gleichgewicht keineswegs ohne Bedeutung) erwähnt seien. Patentantworten gibt es nicht, aber das Bewußtmachen des Problems und das Schärfen des Gewissens ist Aufgabe der Ethik.

(3) Gegenüber Gott dem Schöpfer ist Natur alles Geschöpfliche, welches er in einer Art Eigenständigkeit sich gegenüber ausgebreitet hat (vgl. Gen 9,8–17; 1Sam 2,8; Ps 90,2; 104; Eph 1,10; Phil 2,10; Hebr 11,3.13.38). „Das Natürliche ist die von Gott der gefallenen Welt erhaltene Gestalt des Lebens“, sagt Dietrich Bonhoeffer (Ethik, 1949, S. 94) und setzt fort, daß sie „auf die Rechtfertigung, Erlösung und Erneuerung durch Christus ausgerichtet ist“.

(4) Hier ist mit der gefallenen Schöpfung die Entartung der Natur in den Blick gekommen, welche wiederum durch den Menschen bewirkt wird. Dies ist zu verstehen als das Entarten zum Unnatürlichen hin, etwa durch Auflösung der Familienordnungen oder durch sexuelle Perversionen (Lk 21,16; Röm 1,26f). Eine andere Entartung ist die Mechanisierung der Natur durch die völlige Veränderung der Erdoberfläche, um industrielle oder wirtschaftliche Zwecke damit zu errreichen oder durch Verkehrsentwicklung mit dem allmählichen Vergiften der Natur.

Hier setzen die Umweltprobleme ein, die viele heutige ‚Aussteiger‘ erkannt haben. Auf ihre Weise wehren sie sich dagegen, indem sie ‚natürlich‘ leben und essen, Naturheilverfahren anwenden, Schutz der

Natur pflegen oder ‚grüne Parteien' mit entsprechenden Programmen gründen.

9.2 Naturschutz und Umweltschutz

Ökologische Probleme lassen sich in unserer hochzivilisierten Gesellschaft nicht völlig vermeiden. Deshalb ist neben den politischen Bemühungen um pfleglichen Umgang mit unserer Natur der ethische Appell an jedermann von Jugend auf unerläßliche Verpflichtung. Die einstige Ehrfurcht vor dem Umgang mit Gottes guter Schöpfung steht uns nach wie vor gut an.
Der Ausdruck Ökologie (in Verbindung mit Ökosystemen) ist griechischen Ursprunges und meint dort das verantwortliche Haushalten. Im heutigen Verständnis ist der Begriff zur Bezeichnung für die Wissenschaft von den Beziehungen aller Lebewesen zu ihrer Umwelt geworden. Neben dem Festland hat unser Planet noch Meere (die zuständige Wissenschaft ist die Ozeanologie) und den Lebensraum Süßwasser (dafür ist die Limnologie zuständig).
„Ein ungestörtes Ökosystem kann sich selbst erhalten. Erst spät wurde klar, daß Pflanzen und Tiere, in Lebensgemeinschaften zusammengefaßt, mit ihrer jeweiligen Umwelt ein Schicksalsgefüge darstellen, das in vielfachen gegenseitigen Beziehungen aufeinander einwirkt, ineinander verstrickt ist und sich in einem Gleichgewicht der Kräfte erhält" (J. Illies, Das Geheimnis des Grünen Planeten, 1982, S. 229). Unsere Lebensräume sind weltweit bedroht, was sich auf überbesiedelte Gebiete ebenso bezieht wie auf die Ozeane, die Urwälder und die sonstigen sterbenden Wälder, auf die Randgebiete an den sich immer weiter ausdehnenden Wüsten.
Hinzu gehören noch Industrieabwässer, das Abblasen ungeheurer Mengen von Schadstoffen in die Luft und die Kühlsysteme allzuvieler Atomkraftwerke (welche auf Dauer das Flußwasser oder die Luft ein wenig erwärmen können, wodurch das Großklima verändert würde mit entsprechenden Folgerungen für das Ökosystem). Die Umweltkrise, die sich in den letzten Jahrzehnten beschleunigte, ist unübersehbar und höchst bedrohlich geworden.
Wo nicht brutale Machtpolitik oder egoistisches Gewinnstreben das

Feld beherrschen, entwickelt sich erfreulicherweise immer mehr ein Bewußtsein dafür, daß der Mensch seine Grenzen nicht ungestraft überschreiten kann. Die von Albert Schweitzer formulierte ethische Forderung der „Ehrfurcht vor dem Leben" beginnt sich in das Bewußtsein und damit in das Gewissen der Menschen einzuprägen.

Begonnen wird mit dem Naturschutz, der bezeichnenderweise lange nach dem Denkmalschutz aufkam. Man grenzte bestimmte Bezirke ab und erklärte sie zur ‚Naturlandschaft' oder zum ‚Naturschutzgebiet'. Auf der anderen Seite bemüht man sich um die Erhaltung von Tier- und Pflanzenarten, die vom Aussterben bedroht sind. Hinter alledem steht die Erkenntnis, daß nicht nur Naturgeschichte gepflegt werden soll, sondern der Lebensraum des Menschen gesund und funktionsfähig erhalten werden muß. Christlich betrachtet heißt das: der Mensch hat sich seiner Verantwortung als Treuhänder (Mandatar) Gottes zu besinnen und als verantwortlicher Verwalter (Ökonom) auf seinem Planeten zu wissen.

Neben den vielen Maßnahmen, die jenseits vom persönlichen Lebenskreis vor allem ganze Staaten und Kontinente zu ergreifen haben – dazu hat man bereits Umwelt-Ministerien und internationale Gremien eingerichtet –, sind die für überholt gehaltenen uralten ethischen Regeln so zu betonen, daß sie jedermann „in Fleisch und Blut übergehen". Unser menschliches ‚Tun und Lassen' muß von der Bestimmung unserer Menschennatur erfüllt sein. Das ist aber nicht um jeden Preis das Erlangen von Lust und Meiden von Unlust, wie der Hedonismus lehrt, sondern es ist das ethische Prinzip des Sich-selbst-Genügens, des Maßhaltens. In der Fachsprache gibt es dafür den Ausdruck Mesotes (griech. = das mittlere Maß oder lat. = mediocritas). Dieses mittlere Maß einzuhalten ist eine Tugend, die nach philosophischer Überlieferung vom Altertum bis heute Sache der Vernunft ist, welche den Willen des einzelnen Menschen leitet und ihn zu einer verantwortlichen Persönlichkeit prägt. Dabei ist zu beachten, daß der Mensch oder eine gesellschaftliche Gruppe sich nicht selbst zum (möglichst hochgefüllten und anspruchsvollen) „Maß aller Dinge" zu setzen hat. Vielmehr gilt es das – in unserem Falle durch die Natur – vorgegebene und geordnete Maß anzuerkennen. Dieses Maß kann durchaus vom Menschen gesetzt werden, jedoch unter Berücksichtigung des Doppelgebotes der Liebe zu Gott und zum Nächsten. Es kann aber auch als gottgegeben hingenommen sein.

Auf dieser doppelten Linie bewegt sich das neutestamentliche Denken dazu, bei dem begreiflicherweise noch nicht Fragen des Natur- und Umweltschutzes im heutigen Verständnis anstehen. Es ist verknüpft mit den Begriffen Genügen, genügsam und Genügsamkeit (griech. = arkeo und autarkeia). Damit wird die Lebenshaltung beschrieben, die sich mit dem zufrieden gibt, was vorhanden ist (Hebr 13,5), konkret: die Nahrung und Kleidung (1Tim 6,8f) oder die Besoldung (Lk 3,14). Diese Haltung gründet auf dem grundsätzlichen Vertrauen zu Gottes Fürsorge und Erhaltung seiner Welt und Menschheit in Gegenwart und Zukunft. Die gegenwärtigen Umweltfragen hängen im Tiefsten tatsächlich mit dem falschen und rechten Sorgen zusammen, wovon Jesus Mt 6,19–34 spricht und worin er die herrliche Natur als Beispiel heranzieht.

Die Natur ändert sich beständig und zwar sowohl durch das Eingreifen des Menschen in sie wie auch aus sich selbst. Das wissen die Naturwissenschaftler, die Archäologen (die oft ihre geschichtlichen Funde viele Meter unter der heutigen Erdoberfläche entdecken) und die Historiker (die Kenntnisse haben von untergegangenen Kulturstätten, die heute im Meer oder in Wüsten liegen). Das ist offenbar manchen Umweltschützern nicht bewußt, sonst würde ihnen nicht so betont am Erhalten des gegenwärtigen Zustandes oder dem Zurückholen vergangener Formen gelegen sein. Nicht jeder Eingriff des Menschen in die Natur ist zu deren Nachteil. Es geht vielmehr um Betonung von mehr Umweltverträglichkeit der menschlichen Eingriffe in die Natur. Wegen der Gebundenheit des Menschen selbst an die Natur ist damit ein Fortschritt zu mehr Lebensverträglichkeit hin verknüpft.

Naturschutz hängt zusammen mit dem biblischen Herrschaftsauftrag an den Menschen, sich die Erde untertan zu machen. Die scheinbar uneingeschränkte Herrschaft ist jedoch gewiesen an die uneingeschränkte Verpflichtung verantwortungsvollen Umganges mit der Natur. Sein ‚Ebenbild' Mensch läßt Gott in der Natur handeln, die seine Schöpfung ist und die er den Menschen anvertraut. So ist dieser Gott gegenüber für die Natur verantwortlich. Zerstören der Natur ist

unmittelbare Schuld vor Gott, dessen Willen darin mißachtet wurde (1Kor 10,26; Ps 24,1; Ps 19,1–5).
Gott bleibt der Herr und damit der Richter und Erlöser der Natur. Davon spricht Paulus Röm 8,19–22. Das gilt für die Tierwelt ebenso wie für den „um des Menschen willen verfluchten Ackerbodens" (Gen 3,17). Nur Jesus Christus hat als das vollkommene Ebenbild Gottes den Schöpferwillen gehorsam erfüllt, auch bezüglich der Natur. Er ist der Schöpfungsmittler (Joh 1,3; Kol 1,15–17 u. ö.). Sein bewahrendes und erneuerndes Erlösungswerk bezieht sich auf alles Geschaffene (Ijob 38f; Jes 65,17; 66,22; Offb 21,1), und nicht nur auf den Menschen. Diesem ist in der Nachfolge Christi der Auftrag zum Bewahren der Erde aufgetragen. Das gehört mit zum Gebot der Nächstenliebe. Denn „Nächstenschaft ontologisch verstanden, ist konkrete Begegnung. Das bedeutet Nahesein des Menschen zu Dingen, die seine Sache, und zu Gegenständen, die ihm zur Hand sind; aber auch zu Pflanzen und Tieren, deren Gebrauch und Pflege ihm zusteht, die seinen Weg begleiten, an ihm stehen oder auch ‚im Wege stehen', ihm in den Weg gelegt sind" (E. Wolf, Recht des Nächsten, 1966, S. 28f). Zu diesem Auftrag ist der Mensch befugt und verpflichtet. Die Zusammengehörigkeit von Ökologie und Ethik hierin ist unübersehbar.
In dieser Abzielung ist jeglicher Umweltschutz viel tiefer zu sehen als es gegenwärtige Vereinigungen dazu meist merken. Hier scheinen viele afrikanische Religionen, der Buddhismus oder die Lebensweise der alten Indianer in Nord- und Südamerika uns fortschrittswütigen Weißen viel voraus zu haben. Wir müssen das Thema Schöpfung, Schöpfungsethik und damit eingebunden die Fragen des Schutzes der uns anvertrauten Umwelt grundsätzlicher nehmen. Es gehört durchaus auch in unsere Erntedankgottesdienste hinein.

9.3 Tier- und Pflanzenwelt

Mensch, Tier und Pflanze gehören zusammen. Ihre Beziehungen zueinander haben sich im Laufe der Zeiten jedoch geändert. Es sind Auswirkungen der schöpfungstheologischen Erklärung von Gen 9,2f: „Furcht und Schrecken vor euch soll über alle Tiere der Erde kommen und über alle Vögel unter dem Himmel und über alles, was auf der Erde kriecht und über alle Fische im Meer; in eure Hand sind sie gegeben. Alles, was sich regt und lebt, soll euch zur Nahrung dienen, wie das grüne Kraut übergebe ich euch alles." Als Herr über die Tier- und Pflanzenwelt drängt der Mensch sie zurück, rottet sie sogar aus, sei es durch Jagd, durch Entzug der Lebensbedingungen, durch Chemie oder Umweltverschmutzung. Das hängt mit seiner Säkularisierung zusammen; denn in uralten Zeiten waren die Tiere oftmals noch die Herren über die Menschen. Letztere hatten große Angst vor ihnen. Deshalb stellten sie die als heilig angesehenen Tiere unter Tabu und machten sie – bis heute gültig – zu Vorbildern, indem sie sie zu Wappentieren erhoben. Auf der entgegengesetzten Seite hat der Mensch in vielen Sprachen eine große Reihe von Tieren ausgesucht, deren Namen er sowohl zu Schimpfwörtern verwendet wie auch zu Kosenamen.

Weil die Tiere neben den Pflanzen dem Menschen als Nahrungsmittel dienen, entwickelten sich schon früh Riten, die beim Erlegen der Beute zu beachten waren. Das ist heute noch so bei der waidgerechten Jagd. Weniger deutlich, aber vorhanden, sind die Bräuche beim Ernten von Pflanzen.

Zur Ethik gehört – um einen Sammelbegriff nach Gotthard Teutsch zu wählen – die Ethik der Mitgeschöpflichkeit. Tiere und Pflanzen, die beide in der Bibel häufig und vielfältig in mannigfachen Beziehungen erwähnt werden, sind mit den Menschen Gottes Geschöpfe und insofern seine Partner auf Erden. Dabei ist zu bemerken, daß heutige Forschung nicht nur bei Tieren, sondern auch bei Pflanzen eine Art Seelenleben experimentell nachgewiesen hat. Unsere Moderne beginnt zu begreifen, wovon sogenannte primitive Naturvölker schon immer reden. Solche Erkenntnisse drängen um so mehr auf die Ethik der Mitgeschöpflichkeit hin. Sie ist gewissermaßen der weitere Kreis der Nächstenschaft, welcher den engeren der Mitmenschlichkeit umgibt. In beiden aber gilt Gottes Gebot zur Nächstenliebe.

9.3.1 Hier ist zunächst auf das Gespräch zwischen Theologen und den Vertretern der naturwissenschaftlich verstandenen biologischen *Evolution* hinzuweisen, das immer noch mühsam ist. Manche bibeltreue Christen haben die Sorge, hiermit werden Schöpfungsaussagen verra-

ten, obwohl die Botschaft von der Schöpfung Gottes vom Ziel seiner Pläne handelt und nicht den ‚Anmarschweg' dahin biologisch oder geophysisch oder astronomisch erklären will. Über die Entstehung des Lebens und ihren Wandel, ihre Entwicklung wissen wir viel, doch die Geheimnisse des Lebens selbst sind uns nach wie vor verschlossen. Jedermann einsehbare Vorgänge in die belebte Welt können wir beschreiben, aber nicht erklären. Warum haben manche Christen hier Angst vor dem Verrat der Wahrheit Gottes? Die platten Lehren Darwins – den wir zu den vier Dysangelisten der Neuzeit gesellten – sind längst ebenso überholt wie der Sozialdarwinismus, der in seinen grausamen Folgerungen zu einer menschengemachten ‚Selektion' nach zwei Seiten hin geführt hat, nämlich zum Versuch der Züchtung eines Herrenmenschen und zum Beginn der Ausrottung von Juden, Zigeunern und anderen ‚Untermenschen' genannten Völkern.
Evolution ist der Fachausdruck für ein Denkmodell, mit dessen Hilfe das menschliche Erkenntnisvermögen einige Fragen zu geschöpflichen Tatsachen beantworten möchte. Warum sind Mensch, Tier und Pflanze aufeinander angewiesen? Warum gibt es außer dem Leben auch biologischen Tod? Warum ist der Sexualtrieb bei allen Lebewesen ein prägendes und arterhaltendes Grundprinzip des Lebens? Warum gibt es Leben, das tötet, also warum fressen viele Tiere (wie der Mensch) das Fleisch von anderen Tieren? Hier sind wir in der Nähe der biblischen Schau, nach welcher erst in der messianischen Vollendung der ganzen Welt Tier und Tier sowie Mensch und Tier friedlich beieinander wohnen werden (vgl. Jes 11,6–8).
Die Evolution ist eine in Raum und Zeit angesiedelte Erscheinung des Lebens, von der wir weder den Anfang noch das Ende, ja nicht einmal den gegenwärtigen Stand mit unserer Vernunft durchschauen können. Wir wissen auch kaum etwas über die Fragen von Zufall oder Notwendigkeit im Naturgeschehen. Und unter Einbeziehung des Menschen selbst gilt 1Joh 3,2: „Was wir sein werden, ist noch nicht offenbar geworden." Aber auch das gegenwärtige und zurückliegende Handeln Gottes ist mit Methoden der Evolution nicht erfaßbar; denn es liegt auf anderen Wirklichkeitsebenen.
Zwei Fachleute auf diesem Gebiet sollen hier zu Wort kommen, um die Bedeutsamkeit der Fragen zur Evolution in ihrem Zusammenhang mit der Schöpfung anzuzeigen und um unnötige Sorgen zu zerstreuen.

Der Theologe Günter Altner (Anstöße, Heft 2/1982, S. 77) schreibt: „Die Natur ist weder jene unabänderlich stampfende Maschine der Mechanisten noch jener verschlingende Kampf ums Dasein der Rassisten noch jener beliebig ausbeutbare Steinbruch aller Technokraten. Sie ist mehr. Sie ist Schöpfung im Werden. Ihr Ursprungsgeheimnis und ihr nicht ansagbares Ende spiegeln sich in jedem Schritt vom Gestern zum Morgen. Wir sind Zeugen dessen und können dies nur in der Gestalt einer evolutionären Erkenntnistheorie dokumentieren."
Und von anderer Sicht bekennt der Biologe und Christ Joachim Illies (Das Geheimnis des Grünen Planeten, 1982, S. 71): „Die Evolution ist also wirklich ein Zauberwort, aber sie verliert ihren Zauber, wenn man sie zum Zufallsereignis reduzieren will. Wir sind der Wahrheit über unseren Grünen Planeten wesentlich näher, wenn die Biologen heute eingestehen, daß wir die Erscheinung der Evolution zwar erkennen und beschreiben können, daß uns ihr letzter Hintergrund aber wissenschaftlich völlig unzugänglich ist."
Damit ist beide Male der theologisch zu sehende Auftrag Gottes, der Erhalter und Begleiter ist, seiner ganzen Welt für den Menschen angeklungen, diese Welt und das Leben auf ihr dankbar hinzunehmen und entsprechend bewahrend zu erhalten in angemessener Mitgeschöpflichkeit.

9.3.2 Wie soll nun der *Umgang des Menschen mit dem Tier* sein? Wir stellen eine Reihe von Gesichtspunkten zusammen, die teils berichtend (= zur Diskussion stellend) und teils ausrichtend (= orientierend) sind. Dabei ist klarzustellen, daß nicht von einer Ethik der Tiere oder gar der Pflanzen zu reden ist, die es nicht gibt, sondern von einer Ethik des Menschen in bezug auf sein Verhalten zum Tier und zu den Pflanzen.
(1) Auf diesem Gebiet gehen die Ansichten weit auseinander, wobei an die verschiedenen Völker und deren Lebensverhalten ebenso zu denken ist wie an den modernen Städter oder den Lebensmittelhändler und an die unterschiedlichen religiösen Bestimmungen. Beispielsweise hatte das Judentum immer schon eine Tier-Ethik, was aus seinen Riten abzulesen ist.
Der eine genießt bedenkenlos jede ihm schmeckende und bekommende Fleischsorte, andere sind der Meinung, es sei biblisch nachzu-

weisen, daß der Mensch eigentlich kein Fleischesser, sondern Vegetarier und daß das Töten von Tieren nicht schriftgemäß sei. Wie diese Meinung allerdings mit dem gegenseitigen Fleischfressen unter den Tieren selbst zurechtkommen will, sei dahingestellt. Eine Begründung für das Meiden vom Fleischessen habe Jesus in seinem Herrengebet geboten, worin er ausdrücklich die Bitte um das „täglich Brot" aufgenommen, aber nicht vom Fleischessen geredet habe. Vermutlich werden wir auf diese alternativen, aber durchaus bedenkenswerten Standpunkte in unserer gefallenen Welt keine endgültige Antwort finden.
(2) Jeder ‚normale' Mensch wird Mitleid empfinden, wenn er ein Tier leiden sieht und wird gedrängt sein, es zu schützen, vielleicht zu streicheln (was sich aber bezeichnenderweise nicht mehr auf Spinnen oder Regenwürmer bezieht). Hier kommen spontane Beschützerinstinkte zum Vorschein, die jenseits des Naturgesetzes vom Stirb und Werde liegen. Die Tier-Ethik zeigt gerade hier ihre Bezogenheit auf den Menschen; denn dieser kann abgöttisch (!) liebevoll mit seinen Hunden umgehen und dabei ein böser Menschenschinder sein. Auf der anderen Seite kann er deswegen zum Tier hingetrieben werden und so etwas ähnliches wie eine Freundschaft zu ihm hin empfinden und sie über das Grab hinaus betrauern, vielleicht weil er von seinen Mitmenschen abgesondert und vereinsamt lebt.
(3) Verwerflichen Umgang mit Tieren gibt es vielfältig, bei dem es oft schwer ist, die Grenze zwischen erlaubt und nötig sowie verboten und unmenschlich zu erkennen. Haustierhaltung ist nötig, aber die bekannte Batteriehaltung von Hennen beispielsweise ruft den Tierschutz auf den Plan. Medizinisch-pharmazeutisch sind Tierversuche unerläßlich; vorher aber muß ihre tatsächliche Notwendigkeit genau überprüft werden, und dann sind sie in einer Weise zu vollziehen, die nicht zur Tierquälerei wird. Auf diesem Gebiet haben die Tiere schon sehr viel zum Wohl der Menschheit und ihrer Gesundheit beigetragen.
Als Wohngefährte halten sich ungezählte Menschen in ihren vier Wänden Tiere, meistens Hunde, Katzen oder Vögel. Einer der inzwischen ganz großen Wirtschaftsmärkte in unserem Lande lebt davon gut. Es lohnt sich zu hinterfragen, welches die jeweils zutiefst liegenden Gründe zu dieser Art Tierhaltung sind. Ob diese seit Jahrhunderten domestizierten (= gezähmten) Tiere sich zufrieden ‚fühlen', oder

ob ihre Instinkte sie nach einer Art Befreiung streben lassen, wissen wir nicht. Wir wissen nur von einem Untersuchungsergebnis, daß lediglich ein Prozent der Tierhalter auch wirkliche Tierliebhaber sind und sie tiergemäß behandeln. Deutlich läßt sich oft erkennen, wo Gedankenlosigkeit und Ahnungslosigkeit statt Tierhaltung zu pflegen, aus dem Tier ein Spielzeug für den Menschen gemacht hat. Das betreffende Tier wird wie ein – auch noch falsch erzogenes – Menschenkind behandelt, oder es werden nur kommerzielle Überlegungen mit ihm verbunden. Hingegen gibt es ungezählte Fälle von Haustierhaltung, die allen mit diesem Gefährten umgehenden Personen Freude bereiten und ihnen manches zu bedenken gibt.
Beiläufig sei noch eine Perversion im Umgang von Menschen mit dem Tier erwähnt, die Sodomie heißt. Das ist der geschlechtliche Verkehr von Männern oder Frauen mit einem Tier, den die Bibel selbstverständlich schärfstens verbietet (vgl. Lev 18,22f).
(4) Die Tiere haben da, wo sie mit Menschen unmittelbar oder mittelbar in Verbindung kommen, einen Anspruch darauf, als Mitgeschöpfe des Menschen von diesem entsprechend ‚partnerschaftlich', aber ihrer Art und Eigenart gemäß behandelt zu werden. Und „es ist nicht unsinnig, wenn schon Tierquälerei eine Rechtsverletzung darstellt, diese Verletzung als die eines Rechtes anzusehen, welches die Tiere gegen uns haben" (W. Kluxen, Handbuch der christlichen Ethik, Band III, 1982, S. 408).
(5) Die Mitgeschöpflichkeit zwischen Mensch und Tier darf nicht soweit gehen, daß die wertvollen Erkenntnisse der Verhaltensforscher und ihre Ergebnisse für die Beurteilung oder gar Erziehung der Menschen übernommen werden. Tierische Verhaltensweisen sind triebhaft und instinktgesteuert, während der Mensch das auch hat, aber darüber hinaus das von Gott besonders angesprochene und geistbegabte Lebewesen ist.

9.3.3 Weniger deutlich erkennbar, aber insgesamt entsprechend gilt der *Umgang des Menschen mit der Pflanzenwelt*. Die Extreme sind der unberührte Urwald auf der einen Seite – über den wir angesichts zivilisatorischer Entwicklungen froh sein können – und auf der anderen Seite die durch Einwirkung des Menschen sich ausbreitenden Sand- sowie Betonwüsten. Allzu betontes regulierendes Eingreifen in die Natur (durch Monokulturen, Flußregulierungen, gigantische Rodungen, chemische Schädlingsbekämpfung, Auslaugen des Bodens durch falsche Düngung u. a. m.) hat sich immer schon schlimm ausgewirkt und schließlich die Menschen aus der betreffenden Region vertrieben. Es ist für jedermann eine Forderung, seinen Anteil dazu beizusteuern, daß die Biosphäre, also der lebenserfüllte Raum, in dem er wohnt und tätig ist, im Gleichgewicht bleibt. Beispiele dafür gehören hier nicht her.

Noch einmal sei „Das geheime Leben der Pflanzen“ erwähnt. Das ist der Titel einer Studie der Naturwissenschaftler P. Tomkins und Ch. Bird (deutsch 1973). Sie haben, durch einen Zufall angeregt, in langen Untersuchungsreihen und nach weltweiter Diskussion darüber festgestellt, daß auch Pflanzen Gefühle und Gedächtnis haben, auf Menschen empfindsam und schrecksam reagieren. Diese manchem märchenhaft anmutenden, aber experimentell gesicherten Aussagen bestätigen unter anderem die Beobachtung, daß die Pflanzen bei einem ‚Blumenfreund‘ besonders gut gedeihen und blühen, wenn er sie liebevoll und überlegt behandelt, sogar zu ihnen spricht.

Wer dies alles einmal erkannt hat, wird sein ganzes Verhalten gegenüber der Pflanzenwelt überdenken. Das gilt nicht nur für das Blumenfenster und den Garten ums Haus, sondern für die Flora in seinem Land und auf der ganzen Erde. Die Stichwörter gesunder Boden, Schutz der Natur, natürliche Ernährung und die Ernährungsfragen der Welt überhaupt tauchen dabei auf. Tier und Mensch sind beide naturgemäß von gesunden und ausreichend vorhandenen Pflanzen abhängig. Das gilt sowohl für ihre Ernährung wie im weiteren Ökosystem für den Wasserhaushalt und die uns umgebende Luft.

Gott ist der Schöpfer all dessen (vgl. Gen 8,22; Ps 104,13–15; Jer 5,24; Apg 14,17). Im Nachsatz zum bekannten dreimal-heilig in Jes 6,3 wird lobpreisend bezeugt, daß die „Fülle der Erde“ Gottes Herrlichkeit bezeugt; daher ist unser Amt, Gott zu preisen nicht nur durch Worte, sondern auch durch unser Verhalten. Denn Gott hat dem Menschen alles Lebendige auf Erden untertan gemacht und zum Benutzen übergeben (Gen 9,1–3). Welche Folgerungen daraus zu ziehen sind, sei den einzelnen Bereichen überlassen, also der Landwirtschaft und Forstwirtschaft, Garten- und Parkgestaltung, den Grünanlagen und Erholungsgebieten sowie weiteren Quellen für eine natürliche

Lebensweise überall. Wir haben hohe Verantwortung für das Erhalten und Erneuern des Lebens auf Erden „solange sie steht“ (Gen 8,22).

9.4 Ehrfurcht vor dem Leben

Dieser 1923 von Albert Schweitzer geprägte Gedanke – die veneratio vitae – ist für ihn der Inbegriff der Ethik. Und die „Bejahung der Welt, das heißt Bejahung des Willens zum Leben, der um mich herum in die Erscheinung tritt, ist nur dadurch möglich, daß ich mich selber an anderes Leben hingebe“ (Kultur und Ethik, 2. Teil, 1923, S. XV). Wir benutzen hier seine Formel, weil sie außer dem Bezug auf das Doppelgebot der Liebe – wenigstens in ihrem zweiten, ‚anthropologischen‘ Teil – alles Lebendige, also auch die Tiere und Pflanzen, mit einbezieht. Streng theologisch ist festzustellen, daß christliche Ehrfurcht mit der Ehre Gottes einzusetzen hat, ehe sie sich im Verhalten und Handeln des Menschen an das Lebendige auf Erden wendet. Gottes Ehre aber umgreift auch die belebte Natur. In dem Zusammenhang geht es uns um die Grundsätze einer Ethik der Ökologie.
Wachstum der Weltbevölkerung, weltweite Beeinflussung aller Lebensbereiche durch Technologie, Forschung, Kybernetik, Weltwirtschaft, Wachstumspolitik und nicht zuletzt durch Einfluß der Militärblöcke haben den Ruf nach Umkehr von einem bedrohlichen Weg immer drängender gemacht. Wir suchen also nach anwendbaren Maßstäben sowohl im privaten wie im öffentlichen Handeln. „Ökologisch orientierte Ethik kann nicht umhin, über die politische Relevanz ihrer Grundsätze Auskunft zu geben und konkrete Handlungsanweisungen zur Diskussion zu stellen“ (G. Altner, Leidenschaft für das Ganze, 1980, S. 228). Altner zeigt die Momente einer Fehlentwicklung auf, die durch (meist zuspätkommenden) Umweltschutz nicht an ihren Wurzeln gepackt sind.
Er stellt sodann fest (a. a. O., S. 226): „Dort, wo der unersättliche, selbstversessene und gottvergessende Mensch der Neuzeit auf das ökologische Eingebundensein seiner Existenz und die damit verbundene Gleichheit in der wechselvollen und vergänglichen Dynamik des Evolutionsprozesses aufmerksam wird, da erschließt sich eine neue

Transzendenzerfahrung." Mitmenschlichkeit und Mitgeschöpflichkeit bekommen unter diesem Gesichtswinkel die Gestalten von Bescheidenheit und Konsumaskese (das heißt anderes Verbraucherverhalten, besonders in den reichen Ländern), von Rücksichtnahme (Einbeziehen der anderen) und Umsicht bei den Entwürfen für Fortschritt und Wachstum. Hierher gehört auch das Fasten im weitesten Verständnis.

Die Aufgabe ist riesengroß. Wir Menschen bewältigen sie nicht, haben jedoch von Gott Verantwortung für diese seine und unsere Welt übertragen bekommen. Im Gefolge des Christushymnus aus Phil 2,5–11 ist diese Aufgabe anzugehen und dieser Weg beschreitbar. Dann wird die Ehre Gott dem Schöpfer gegeben, welcher uns in Jesus Christus „mit allem Segen seines Geistes gesegnet hat ... damit wir heilig und untadelig leben vor Gott" (aus Eph 1,3–12). Von daher gewinnen wir die Maßstäbe für die Verantwortung auf unserem Grünen Planeten und die erforderlichen Kräfte. Und es gilt der (in einer Sekundärschrift bei Lk 6,4 stehende) vielleicht von Jesus gesprochene Hinweis: „Mensch, wenn du weißt, was du tust, so bist du selig."

Gott hat uns seine Erde in die Hände gegeben, und wir ‚manipulieren' sie (= handhaben und steuern nach unserem Gutdünken, wörtlich ‚befingern'). J. Illies zählt einiges (a. a. O., S. 241) Bemerkenswerte auf und fragt nach den Zielen: Wofür „manipulieren wir den Tag und die Nacht (mit künstlichem Licht), den Sommer und den Winter (durch Heizung), das Lebensalter (durch Medizin), die Fruchtbarkeit und Vermehrung (durch hormonelle Eingriffe), die totale Information (durch Nachrichtenmedien), unsere Beweglichkeit (durch Verkehrsmittel) und schließlich gar die eigene Stimmung und Haltung (durch Drogen und Medikamente)?" Zu ergänzen wäre noch manches, beispielweise: die Jugend (durch Indoktrination), das Sterben (durch Injektionen und Ablenkungen). Wir haben Gottes Erde reichlich mit ‚beschmutzten Händen' manipuliert. Wofür?

10. Kultur

Wir wenden uns einem Bereich des menschlichen Lebens zu, den manche meinen übergehen oder nur sehr beiläufig bemerken zu sollen, weil es sich dabei lediglich um Freizeitbeschäftigungen handle. Das ist ein großer Irrtum, denn die Kulturentstehung und -pflege ist ein sehr wichtiges Zeichen wirklichen Menschseins. Das ist schon in der biblischen Urgeschichte betont. Darauf weist Claus Westermann in seinem Genesis-Kommentar (Biblischer Kommentar. Altes Testament, I/1, 1974, S. 466f) hin, in dem er daran erinnert, daß die Urgeschichte nach den Berichten von der Schöpfung des Menschen und seinen Verfehlungen gegenüber Gott und dem Bruder „direkt den Abschnitt von der Kulturentstehung folgen läßt, so ist damit deren grundlegende Bedeutung für den Menschen als Geschöpf Gottes zum Ausdruck gebracht ... In den Genealogien der Urgeschichte fehlen politische Strukturen gänzlich. Als grundlegend für die Menschheitsgeschichte werden hier die Kulturwirksamkeit und die Kulturfortschritte angesehen." Genannt sind in der Kulturentstehungsnotiz von Gen 4,17–26 der Städtebau, die Musik und der Ursprung aller Metallverarbeitung sowie – das ist ein unerläßlicher Abschluß dazu – der Beginn des Anrufens von Gottes Namen, also der religiöse Kult.
Mit diesem Hinweis ist zweierlei angedeutet: Kultur ist einmal die Bezeichnung für eine Reihe von geordneten und überlegten Verhaltensweisen und Schöpfungen der Menschen. Sie ist Inbegriff für den von ihm geschaffenen und gestalteten Lebensraum. Sodann ist in Fortsetzung dessen Kultur „das Weiterleiten einer Bewegung, die sich ‚seiner Zeit' ereignet, das heißt in den Raum ergossen hat" (E. Rosenstock-Huessy, Soziologie I, 1956, S. 204f). Jede Art von kulturellem Ereignis zu irgendeiner Zeit und irgendwo in der Welt ist ein Teil vom ursprünglichen Kulturbefehl Gottes (Gen 1,28; 2,15), der über seine Zeit hinaus Auswirkungen hat. Damit kommt vieles in den Blick, das unser Menschsein auf der Erde – ganz im Unterschied zum kulturlosen Tier – menschenwürdig macht. In evolutionistischer Denkweise hat sich Dank der Kultur das Geschöpf und Lebewesen Mensch durch Gottes Willen vom Tier weit fortentwickelt in die Nähe des Schöpfers des Himmels und der Erden. Kultur fordert den Menschen heraus,

denn sie „ist die Stellungnahme zur Aufgabe humaner Weltgestaltung, die in jedem Fall wahrgenommen werden muß; ihre elementare Verbindlichkeit, die in keiner bestimmten Gestalt des Lebens abschließbar ist, beansprucht darum die menschliche Lebensführung insgesamt und in allen Fähigkeiten des Menschen“ (T. Rendtorff, Ethik, Band II, 1981, S. 32). Kulturpflege ist ein Dienst für andere Menschen – auch späterer Generationen – und das Erhalten von nützlichen Leistungen anderer Menschen.

Die ethische Bedeutsamkeit von Kultur kommt in einem weiteren zum Vorschein. Weil der Mensch nicht ausschließlich trieb- und instinktgesteuert ist, kann er weder für sich allein menschenwürdig leben noch ohne weiteres in der Gemeinschaft. Das Ordnen und Ermöglichen des Zusammenlebens auf Erden vollzieht sich vornehmlich durch das Mittel Kultur in allen ihren Verzweigungen. Schon deshalb ist es nicht richtig, wenn Kultur und Zivilisation von vornherein getrennt werden sollen, wenn Kultur von der Technik und den anderen Naturwissenschaften abgehoben wird und einzig den Geisteswissenschaften, insbesondere den ‚schöngeistigen‘ Wissenschaften zugeordnet erscheint. Ein den genannten Gebieten gemeinsamer menschlicher Antrieb ist die Neugier. Weil dem so ist, ist „das Verhältnis der christlichen Verkündigung zur Kultur wohl dahingehend zu bestimmen, daß der Mensch als Kulturträger und Kulturgestalter von der Verkündigung anzusprechen ist. Dabei ist es gleichgültig, ob es sich um Vertreter einer Hochkultur oder um Angehörige primitiver Kulturen handelt. Das bedeutet nun aber, daß Kultur von der Verkündigung her nicht als letzter und höchster Wert verherrlicht, aber auch nicht als ‚böse Welt‘ diffamiert werden darf. Denn sie ist ja Teil des Menschseins und hat daher an Sünde und Schuld teil. Indem aber die Verkündigung dem Sünder die Gnade Gottes zuspricht, befreit sie den Menschen, der die Kultur trägt und gestaltet, zu neuem verantwortlichem Handeln. Ja sie wird dann auch zu einer Kulturethik führen können, die nicht von den autonomen Kulturträgern her denkt, sondern von dem durch die Verkündigung des Evangeliums bestimmten Menschen“ (W. Schneemelcher, Ev. Staatslexikon, 2. Aufl., 1975, Sp. 1422).

Kultur bleibt ein zum Menschen gehörendes Menschenwerk und ist somit der Vergänglichkeit unterworfen. Sie ist keinesfalls ein Stück Verwirklichung des Reiches Gottes und also auch nicht zu vergötzen.

Wir leben mit ihr und wissen dennoch um die Vergänglichkeit allen Erdenwesens, so daß beim Umgang des Christen mit seiner Kultur und in ihr ein gewisser kritischer Abstand zu wahren und zu beobachten ist, der aber nicht zur ‚Bilderstürmerei' entarten darf.
Hiermit dürfte deutlich geworden sein, daß der immer wieder beschworene Gegensatz zwischen Kultur und Natur ebenso unsachgemäß ist wie das Versuchen, aus dem Kulturgetriebe auszusteigen, um möglichst naturgemäß zu leben. Die so leben, machen meist keinen besonders glücklichen und fröhlichen Eindruck. H.-G. Fritzsche macht in dem Zusammenhang auf einen bedeutsamen Unterschied aufmerksam (Ev. Ethik, 2. Aufl., 1963, S. 183): „Nur beim Menschen ist die Freude eine Grundstimmung seines Daseins. Das Lächeln ist ja fast die Normalphysiognomie des Menschen in der Gemeinschaft. Tiere lachen nicht, und ‚tierischer Ernst' gilt als unmenschlich." Das einstige „Land des Lächelns", China, wußte darum. Kultur ist allerdings das Ende des rücksichtslosen Kampfes ums Dasein in der reinen Natur.
Die grundlegenden Feststellungen zur Kultur haben gezeigt, daß diese Ethik sich schon kapitellang im Umkreis des Themas Kultur bewegt. Dennoch befassen wir uns damit in einem enger eingekreisten und so bezeichneten Bereich, der in unserer Kulturgeschichte und aus systematischen Gründen auf die nachfolgend abgehandelten Gebiete bezogen ist. Trotz der Vorstellung vieler einzelner Kulturen müssen wir uns beschränken. Wir tun es wiederum in Bindung an den christlichen Glauben und im Horchen auf den in der Bibel angelegten Kulturauftrag. Und wir schauen über die Ränder der jeweiligen Kultur hinweg, in welcher wir persönlich erzogen sind. Im Raum der ökumenischen Bewegung ist daher auch das Fragen nach unterschiedlichen Kulturentwicklungen eine wichtige Aufgabe. In der Vielfalt menschlicher Kultur kann die Weite unserer Menschlichkeit abgelesen werden, negativ als selbstbezogener Hedonismus, positiv als verwirklichte Nächstenliebe. Erkenntnis und Wissen machen „aufgeblasen, die Liebe dagegen baut auf" (1Kor 8,1–3).

10.1 Sprache

Was Sprache ist, muß nicht erklärt werden, oder doch? Sprache kennen wir in mehrfacher Gestalt, zunächst als das Sprechen zu jemandem auf sehr unterschiedliche Weise. Es gibt im Deutschen weit über fünfzig Ausdrücke, mit denen wir das Sammelwort ‚sprechen' je nach der Situation treffend ausdrücken können. Bei der Erwähnung des Deutschen bemerken wir, daß es noch Hunderte von weiteren Sprachen gibt, die wir Fremdsprachen nennen. Ferner kennen wir Sprachen im (keineswegs nur) übertragenen Sinn, wie die Sprachen der Gewalt oder der Liebe und Leidenschaft. Wir lassen Blumen sprechen oder reagieren auf beredtes Schweigen. Sprache und Gefühl gehören zusammen. Doch wir wollen uns nicht in die Gebiete der Linguistik (Sprachwissenschaft) und Psychoanalysen hinein verlieren. Sprache ist also, ganz allgemein ausgedrückt, ein Mittel der Verständigung oder des Mißverstehens, der Einbeziehung oder Auseinandersetzung, der zu bewirkenden Folgen, sei es im Tun oder im Lassen.

10.1.1 Die *Macht des Wortes* tritt hier schon zutage: das Wort kann helfen, trösten und leiten, es kann auch verletzen und irreleiten. Jak 3,1–12 wird in verschiedenen Bildern von der Macht der Zunge gesprochen, die nur ein kleines Glied ist, dem Steuerruder vergleichbar, welches das riesige Schiff lenkt. Oder es ist einem – wir würden heute sagen – kleinen Streichholz vergleichbar, das einen gewaltigen Wald in Brand stecken kann. Da wundert es nicht, wenn sich die Bibel oft mit dem Sprechen und Reden des Menschen befaßt. „Aus dem einen Mund kommen Segen und Fluch" (Jak 3,10; vgl. Mt 15,11; ferner Dtn 32,1f; Ijob 2,10; 7,11; Ps 19,15; 71,23f; Spr 10,19; 13,2f.13; 15,1–4.23; 18,21; Jer 9,4 u. ö.).
Die angeführten Bibelstellen verdeutlichen, daß das Wort eine erkennbare (durch Rede hörbar, geschrieben sichtbar) gewordene Ausdrucksform menschlichen Denkens ist, das von einem getrosten, zufriedenen, falschen, listigen oder bangen Herzen herkommt. Jedermanns Sprache ist verräterisch. Das gesprochene Wort ist viel mehr als eine geordnete und grammatisch geregelte Tonfolge, es ist auch mehr als Signal; sondern es bewirkt etwas. Aufgrund unserer

Worte und Reden werden wir am Tage des Gottesgerichtes freigesprochen oder verurteilt (Mt 12,36f).
Unsere Selbsterkenntnis als Sünder vor Gott zeigt uns, daß wir kraft unseres Redens schon viel Unheil angerichtet haben. Wir haben „unreine Lippen und leben mitten in einem Volk von unreinen Lippen" wie schon Jesaja (6,5) erschrocken ausrief. Es geht also um die Kultur einer verantwortbaren und entsprechend gepflegten Sprache. Wir sind dazu auf den angewiesen, der selbst das Wort Gottes ist, auf Jesus Christus (vgl. Joh 1,1; u. 1 Joh 1,1; Offb 19,13). Dieses Wort, der Logos, ist Mensch geworden (Joh 1,14). Er hat uns zunächst das Ohr geöffnet, um sein Wort gehorsam aufnehmen zu können. Durch sein Wort werden wir buchstäblich ‚be-geistert', das heißt, mit seinem Geist erfüllt. Das führt wieder zum Mitteilen, also zum Weitersagen der Botschaft vom Heil für die ganze Welt. Die Lippen sind gereinigt (Jes 6,7), wodurch Gott „Frucht der Lippen" schafft (Jes 57,19; auch Hos 14,3 aufgenommen in Hebr 13,15), und das bedeutet Lob Gottes in Wort und Tat vor aller Welt und im Gottesdienst.

10.1.2 *Reden und Hören* stehen in Verbindung miteinander, wie auch das Anhören und Gehorchen. Die Sprache im Wechsel zwischen reden und hören schafft sowohl Kommunikation (= Gemeinsamkeit) im weiten Rahmen der verschiedensten Möglichkeiten, als auch die Heranbildung des Menschen zur Persönlichkeit. Sprachliche Kommunikation bereitet das Feld, auf dem sich alles sittliche Handeln vollzieht. Es ist das Feld der Freiheit, zu welcher uns Christus befreit hat. „Daß menschliches Handeln sittlich sein kann, wird durch das Faktum der Freiheit belegt, die es nur als durch die Freiheit der anderen ermöglichte und geförderte und im eigenen Handeln ergriffene Freiheit gibt" (I. Dalferth/E. Jüngel, Handbuch der christlichen Ethik, Bd. 2, 1978, S. 457). Das Hören wird zum Horchen, welches sich wiederum zum Gehorchen entwickelt. Damit ist in der Nachfolge Christi der Weg zum Glaubensgehorsam und zum Zeugnisgeben vorgezeichnet.
Es ist nicht die Fülle der gesprochenen Wörter, also das wortreiche Geplapper (nach Mt 6,7 auf das Gebet bezogen), schon verantwortliches und förderliches Reden. Hinzu gehört die Kunst des Zuhörens und genauen Hinhörens. Diese ist ebenso wie das Reden nicht allein

auf das Ohr angewiesen, sondern auch auf das Sehen der vielen feinen Abstufungen und Andeutungen der Körpersprache, des Verhaltens einzelner sowie einer Masse oder auf das geschriebene Wort und das Bild. Ein Stück Sündersein besteht in der Feststellung (nach einer ironischen Bemerkung von Kurt Tucholsky): „Man kann den Menschen geradezu als ein Wesen definieren, das nie zuhört." Das wußte schon Sir 11,8: „Laß die Leute zuvor ausreden".

Die Sprache offenbart die Welt unserer Gedanken. Im Wissen darum ist die Pflege der Sprache und Rede für jeden überaus wichtig. Von daher ist völlig unverständlich – außerdem unverantwortlich –, wenn in unserer Zeit die Pflege geordneten und richtigen Sprechens sowie Schreibens derart vernachlässigt wird, wie es schon länger in unseren Schulen verbreitet zu finden ist und worunter nicht nur die Universitäten und Behörden zu leiden haben. Es gehört zur ethischen Verantwortung, daß wir – von welcher Seite der einzelne auch herkommen mag – uns gegen den Verfallprozeß in unserer Sprache ebenso wehren, wie gegen das Eindringen mancher entbehrlicher Wörter (Neologismen). Trotz der im technischen Leben empfohlenen Kürzelsprache und trotz der Formel „Fasse dich kurz" bei Informationsübermittlungen und trotz der Überrumpelungen zu unvorbereiteten Äußerungen bei Life-Sendungen ist die Pflege unserer Sprache hochnötig; denn der Verfall der Sprache ist dem Verfall der sittlichen Erziehung gleichzusetzen.

Schlechte und ungenaue Aussprache verrät ungeordnete Gedanken, auch wohl Schlichtheit des Gemütes. Das wiederum ist ein Zeichen für das Nicht-verstanden- oder Nicht-verarbeitet-Haben eines Problemes. Wie soll bei solcher Verkettung von unklarem und falschem Zeug etwas Ersprießliches herauskommen! Die alte Erzieherweisheit gilt nach wie vor: Ehe du etwas sagen willst, überlege es vorher und ordne deine Gedanken! Die Weisheit der Väter geht noch weiter und läßt den zum Reden Ansetzenden vorher prüfen, ob das Mitzuteilende überhaupt wahr, neu und nützlich sei, andernfalls brauche es gar nicht erst mitgeteilt zu werden. Dies erinnert an das Sprichwort „Reden ist Silber, Schweigen ist Gold".

10.1.3 „Gott sprach: Es werde . . . und es wurde. Denn der Herr sprach und sogleich geschah es; er gebot, und alles war da!" (Gen 1,3 u. ö.; Ps

33,6.9). So leben wir vom Wort Gottes, das nie neutral, nie ‚unverbindlich' ist, und auch nie leer ergeht und leer zu Gott zurückkommt, sondern „es ist euer Leben" (Dtn 32,47 u. Jes 55,11).
Der *Mensch ist Ant-Wort* auf Gottes Wort, sozusagen ‚Echo'. Auch hier kommt wieder zum Vorschein, daß wir in der Bestimmung zur Ebenbildlichkeit Gottes dem Grundgebot der Beachtung des Nächsten zu folgen haben. Das kann einmal bedeuten, „immer freundlich, doch mit Salz gewürzt (also nicht fades Geschwätz, sondern Anreiz gebend) und jedem in rechter Weise antworten" (Kol 4,6). Ein andermal kann es Schweigen bedeuten (vgl. Ps 39,2f; Mk 14,61; Mt 22,12). Am besten ist auf Fragen (jedenfalls beim Verhör) ein verantwortbares und klares Ja oder ein Nein, jedes Wort mehr stammt vom Bösen (Mt 5,37). Daraus entwickelte sich die ans Gewissen gebundene Eidesverweigerung der Mennoniten. Diese außerordentliche Redebeschränkung will auf eine Gefahr im vielen Reden hinweisen. Warum stammt jedes überflüssige Wort vom Bösen? Weil ‚viele Worte' Zeichen von Unklarheit sein können und durch ständige Wiederholungen entweder an Einwirkungskraft verlieren oder bewirken, daß doch etwas Verdächtiges oder Benachteiligendes hängen bleibt oder daß im Sinne der Werbe- und Propagandatechniken die Beeinflussung schließlich sicher erfolgt.
An Beispielen für die Wirkkraft des Menschenwortes ist unser Leben erfüllt. Wenn zwei junge Menschen einander zu lieben beginnen und dann die Frage gestellt wird „Willst du mich heiraten?", ändert sich beider Leben von dem Augenblick an sehr, und spätere Kinder, also wir alle (!), sind letztlich die Frucht einer Liebeserklärung. Wenn jemand durch seinen Vorgesetzten einen Auftrag bekommt oder getadelt wird, dann geschieht etwas, sei es nun von geringer Bedeutung oder von weitreichender Wirkung. Manches in der Jugend gehörte Wort behält und befolgt man bis ins Alter. Die Aussagen in den Reden von Politikern haben oftmals auf Millionen von Menschen spürbaren Einfluß. Unmittelbare Auswirkungen auf Menschenschicksale haben Urteilssprüche im Gerichtssaal, Befehle in einer Armee, bestimmte Nachrichten in den Massenmedien (z.B. über drohende Wirtschaftsprobleme mit alsbald folgendem Verfall der Börsenkurse). Und besonders noch: „Der Glaube entspringt aus dem Hören der Botschaft, diese aber aus dem Wort Christi" (Röm 10,17 in Verbindung mit den Versen 13–18).

Immer bleibt es bei der Regel: auf ein Wort hin wird Ant-wort gegeben. Das beeinflußt das Miteinander der Menschen und bleibt ein nicht aufhörender Prozeß im Menschenleben. Schließlich sei noch das Sprechen des Glaubensbekenntnisses im Gottesdienst genannt. Es soll keiner meinen, das dreimalige laute Erklären „Ich glaube" im Apostolikum seien nur leere Worthülsen, physikalisch schnell verlorene Schallwellen ohne jede Auswirkung. Ähnlich ist es bei unserem Grüßen, ob es nun das ‚Guten Tag' ist oder das ‚Grüß Gott'. Solche Worte bleiben ebenso wie Gratulationen oder Kondolationen (das ist ‚Bei-Leid' ausdrücken) nicht ohne Wirkung. Wir haben allen Grund, überlegt und kontrolliert zu reden und mit J. Heermann zu beten: „Hilf, daß ich rede stets, womit ich kann bestehen; laß kein unnützlich Wort aus meinem Munde gehen. Und wenn in meinem Amt ich reden soll und muß, so gib den Worten Kraft und Nachdruck ohn Verdruß."

10.1.4 Wir stehen vor den Fragen nach *Wahrhaftigkeit und Lüge*. Vor Gericht werden die Menschen durch Eid verpflichtet, „nichts als die Wahrheit zu sagen". Das ist ein Appell und eine Pression zugleich, sie zielt auf die logisch faßbare Wahrheit. Ist das denn erreichbar, ja überhaupt allenthalben erwünscht? Wer in seinem Alltag damit anfängt, immer und überall die Wahrheit (im Sinne – vermeintlicher – Richtigkeit und Zutreffendheit) nicht nur zu erkennen, sondern auch auszusprechen, der wird von einer Aufregung in die andere, von einer Schererei in die nächste stolpern. Das Problem darf nicht herabgespielt werden; denn einerseits begegnet es uns dauernd, etwa in der Kindererziehung, oder es legt sich manchem schwer aufs Gewissen. Die Redewendung hilft da ein wenig weiter: „Du sollst immer die Wahrheit sagen; aber du sollst die Wahrheit nicht immer sagen (= aussprechen)". Hierher gehört auch die verbreitete unüberlegte Redewendung „ehrlich gesagt ...", mit der glücklicherweise eigentlich gemeint ist „offen gesagt". Das Menschliche, Menschenmögliche und Menschen-Zumutbare hat die Art unserer Aussagen zu bestimmen.

Das gilt beispielsweise bei der Wahrheit am Krankenbett. Ein Gedanke aus Eph 4,14f.25 gibt hier die Richtung an. Dort heißt es in Vers 15: „Wir sollen in der Liebe bei der Wahrheit bleiben und so ganz und gar zu Christus hinanwachsen." Wo das Doppelgebot der Liebe in Verbindung mit der Wahrheitssuche beachtet wird, bekommen ungezählte Aussagen und Beurteilungen von uns Menschen über andere eine neue Färbung. Das beginnt bei der üblen Nachrede, dem Klatsch, es geht über die sogenannten Notlügen und mündet bei der politischen Propagandalüge.

Die Notlüge spielt in der Ethik eine besondere Rolle, zumal wenn sie sich auf biblische Beispiele (Gen 12,13; 1Sam 16,2) berufen kann. Hier ist genau zu prüfen, welche Art von Not es gibt, um womöglich das ‚einfältige' Vertrauen auf die Führung des Geistes Gottes zu verlassen, um sich auf selbstgeknüpfte Lügennetze zu stützen. Ein anderer Hinweis ist die Zwecklüge als ein „Dienst der Liebe" (officium charitatis, wie Luther sagt). Es ist unbedingt darauf zu achten, daß die Wahrhaftigkeit als Redlichkeit und Offenheit gegenüber Gott ebenso zu wahren ist, wie der Wille, dem Nächsten mit einer so gefärbten Aussage wahrhaftig zu dienen. Ein bequemes Rezept für vielzuviele Fälle kann und darf die Notlüge jedoch nicht sein.

Es gibt Unrechtsituationen (Diktatur, Erpressung, betrügerische und unredliche Geschäftsbeziehungen), in denen die wahrheitsgemäße Aussage nur Schaden und neues Unrecht bewirkt. „Genauso, wie es Menschen gibt, die einer Wahrheit noch nicht gewachsen sind (wie etwa das Kind, das um die Wahrheit der biologischen Zeugungsvorgänge zunächst herumgeführt werden muß), gibt es auch Menschen, die den Anspruch auf die Wahrheit verwirkt haben . . . Der Anspruch auf Wahrheit besteht, positiv gesprochen, nur dann, wenn mein Gegenüber sich selber dem Anspruch der Wahrheit unterstellt, wenn ich also auf der gleichen Ebene mit ihm rede" (H. Thielicke, Theol. Ethik, Band II/1, 1959, S. 124f). Im Blick auf die dem Christen gebotene Feindesliebe bleibt es eine Frage des Gewissens, ob sich jemand im Sinne des Genannten entscheidet oder nicht, ob er diese oder jene Folgerung für geboten erachtet, ob er sich in tapferem Bekennen an die Tatsache hält, daß Gott mit uns auf allen unseren Wegen ist und „nichts uns scheiden kann von der Liebe Gottes, die in unserem Herrn Jesus Christus ist" (Röm 8,39).

Wer in die Nachfolge Jesu gerufen und bestrebt ist, in der Wahrheit zu bleiben, jedoch im Sinne der Agape, der ist zum Zeugen Christi berufen. Alles, was er sagt, wird auf Jesus Christus hin ausgerichtet sein. Das bedeutet praktisch beim Gespräch mit jemandem im Krankenbett – aber nicht nur dort –, daß mit ihm, jedoch nicht über ihn (weder frei ins Gesicht noch hinter seinem Rücken) zu reden ist. Dabei wird zu sichten sein, was mit dem Todkranken vor allen Dingen zu besprechen wichtig ist, nämlich die Botschaft von der Nähe des Guten Hirten für den Kranken an dem betreffenden Tag, insbesondere aber im Blick auf den letzten Erdentag.

Hier spielen die gesprochenen und verschwiegenen Worte ebenso wie die Körpersprache eine besondere Rolle. Das Auge der Liebe beobachtet, wie weit der Kranke mit seiner ‚wahren' Lage belastet werden darf und worüber er sprechen möchte. Es geht also nicht immer und absolut um die Richtigkeit einzelner Sätze und Gedanken, bei denen nicht von vornherein sicher ist, ob es sich dabei um die Wahrheit handelt. Ein Lügengewebe kann aus lauter Richtigkeiten, Andeutungen und Halbwahrheiten bestehen. Manche Publikationen und Propaganda verstehen das meisterhaft. Wahrheit ist die Einstellung und das Bekenntnis zu der ewigen Wirklichkeit in Christus. Hierbei rückt für die ethische Betrachtung der erste Teil des Doppelgebotes der Liebe, nämlich die zu Gott, in den Vordergrund. Diese zielt auf Wahrhaftigkeit vor Gott, welcher selber uns mit seinem Geist lenkt und zur rechten Zeit das richtige Wort auf die Lippen legt (Mt 10,20; Lk 12,11f).

Ob unsere Gespräche wahrhaftig oder unwahr in ihren Ergebnissen sind, überschauen wir oft nicht von vornherein; denn statt ein Gespräch zu führen, geraten wir oftmals in ein solches oder werden in ein Gespräch verwickelt. „Die Verständigung oder ihr Mißlingen ist wie ein Geschehen, das sich an uns vollzogen hat. So können wir dann sagen, daß etwas ein gutes Gespräch war, oder auch, daß es unter keinem günstigen Stern stand. All das bekundet, daß das Gespräch seinen eigenen Geist hat, und daß die Sprache, die in ihm geführt wird, ihre eigene Wahrheit in sich trägt, d. h. etwas ‚entbirgt' und heraustreten läßt, was fortan ist" (H.-G. Gadamer, Wahrheit und Methode, 4. Aufl., 1975, S. 361).

Wir stehen vor der Pilatus-Frage „Was ist Wahrheit?" (Joh 18,38). Nach der Botschaft des Johannes-Evangeliums hat Wahrheit ereignishaften und personalen sowie geschichtlichen Charakter. Sie ist gebunden an Jesus Christus, der (Joh 14,6) darauf hinweist, daß er der eigentliche Weg ist, nämlich „die Wahrheit und das Leben“ (auch Joh 18,37). Auf diesem Weg ist die Macht der Lüge gebrochen (Joh 8,43–47). Lüge führt in Finsternis und Tod, die Wahrheit zur Auferstehung mit Christus.

Allerdings wird der, der sich auf die Wahrheit Jesu einläßt, in Konflikte mit den Menschen und Verhältnissen kommen. Dennoch gilt unter ethischem Aspekt, daß der Christ auf dem Weg mit Jesus sich nicht auf Lüge zu stützen braucht, sondern Wahrhaftigkeit üben kann. Sie besteht in „Aufrichtigkeit, Ehrlichkeit und Redlichkeit sich selbst, Gott und den Mitmenschen gegenüber“ (H.-G. Link, Theol. Begriffslexikon zum Neuen Testament, Band II, 1971, S. 1354f). Link ergänzt: „Wahrhaftigkeit gegenüber anderen Menschen bedeutet nicht, ihnen schonungslos die ‚nackte‘ Wahrheit ins Gesicht zu schleudern. Taktlosigkeit, Frivolität und Zynismus haben ebenso wenig etwas mit Wahrhaftigkeit zu tun wie selbstquälerischer Masochismus. Nur der Zyniker verfolgt als Wahrheitsfanatiker ein Götzenbild der Wahrheit um jeden Preis und richtet das personale Vertrauensverhältnis zugrunde.“

10.1.5 Hierher gehört das *Neunte Gebot* (nach biblischer Zählung): „Du sollst nicht falsch gegen deinen Nächsten aussagen.“ Im Hebräischen (jedenfalls in Ex 20,16) steht für ‚falsch aussagen‘ unser Lehnwort ‚schäkern‘ = täuschen oder treubrecherisch handeln. Gegenüber vorausgehenden Geboten, die sich außer den religiösen Themen mit ‚schweren‘ Fällen wie Familie, Ehe, Lebensbedrohung und Eigentum befassen, scheint dieses Gebot, das sich mit ‚bloßen Wortdelikten‘ und Beleidigungen (ein interessantes Wort) befaßt, harmlos zu sein.

Der biblische Sitz im Leben dieses Gebotes geht vom Zeugenstand vor Gericht aus, wo es um Aufdecken der Wahrheit gegenüber der etwas verbergen wollenden Lüge geht. Insofern kommen auch Eid und Meineid mit in den Blick, die wiederum beide an die Ehre Gottes und die Gefährdung des ewigen Lebens der Menschen im Jüngsten Gericht gebunden sind. Damit ist schon hier zu erkennen, daß Gott mit seinem Gebot uns Menschen – und seiner ganzen Schöpfung – durch das Setzen von Recht und Wahrheit gegenüber von Unrecht und Unwahrheit jeder Art einen Schutzraum zum Lebenkönnen in wahrer Freiheit geschaffen hat. Der hohe Stellenwert des Neunten Gebotes ist formal schon daran abzulesen, daß nach dem Übergeben des Dekalogs (Ex 20) im Bundesbuch (Kap. 21–23) sofort nähere Anweisungen über Verhalten im Rechtsverfahren mit dem Verbot von Rechtsbeugung und dem Rechtsschutz der Fremden zu finden sind (Ex 23,1–9). Diesen Gotteswillen erwähnte Paulus 1Tim 2,4f unter Beziehung zum Mittler zwischen Gott und Menschen Jesus Christus, nämlich daß alle Menschen „zur Erkenntnis der Wahrheit" gelangen sollen. In unserem Zusammenhang gilt das für beide, für Machthaber und Besitzende sowie für Abhängige und Arme. Gemeint ist die Wahrheit im vollen Sinne biblischen Verständnisses, die über das Reden hinaus die Wirklichkeit des ganzen Lebens umgreift. Von da führt eine direkte Linie zur Wahrhaftigkeit unter allen Menschen als eine der Voraussetzungen sinnerfüllter Menschlichkeit.

Falsches Aussagen ist nach dem Wortverständnis des Gebotes das bewußte Schädigen des Nächsten und Vergewaltigen seines Rechtes, also seines ihm zustehenden Lebensraumes. Deutlich kommt die für die christliche Kirche unbedingte Zusammengehörigkeit von Recht und Gerechtigkeit im Lichte des Evangeliums zum Vorschein. Angefügt sei, daß sich Aussagen, die auf Irrtümern beruhen, aber gutgläubig getan wurden, nicht in diese Beurteilung gehören.

Die christliche Ethik hat in vielen Zusammenhängen Verbindung mit dem Neunten Gebot, was der in ihm vorkommende Ausdruck ‚Nächster' (das Wort steht im Dekalog nur noch in dreifacher Aufzählung im Zehnten Gebot) anzeigt, der auf den Mitmenschen allgemein anspielt, der täglich und überall vor irgendwelchen Tribunalen steht. Wir beschränken uns hier auf eine – selbstverständlich unvollständige – Aufzählung solcher Foren: der Klatsch bei zufälliger Begegnung an der Haustür oder durch das Telefon; die ewige Jagd von Presse, Rundfunk und Fernsehen nach Sensationen oder (Un)Menschlichkeiten, die dann bewußt oder unbewußt gefärbt und verzerrt dargestellt werden. Hier ist oft höchst fraglich, ob die behauptete Informationspflicht der Medien tatsächlich das eindringlich-lästige Herumbohren in allen Wunden und Stochern in jeglichem Nebel erforderlich macht. Das erwünschte Wächteramt der Massenmedien schlägt nicht selten um in journalistisches Erfolgs- und Gewinnstreben. Da sind Recht und Pflicht zur freien Meinungsäußerung zweifellos an ihre Grenze gekommen. Dann gehört in diese Skala das umfangreiche Zeugnis-

und Beurteilungswesen, von dem in der Regel nicht nur Karrieren abhängen, sondern manches Menschenschicksal beeinflußt wird. Wir kommen im Alltagsleben nicht darum herum; nur muß die Frage bleiben, ob dabei die „Wahrheit in Liebe festgehalten" wird (Eph 4,15), ob der Beurteiler sich zugleich als Anwalt seines Nächsten weiß und sich auch um dessen Wohlergehen und seine Freiräume zu kümmern hat. Selbstverständlich gehören das Verletzen anderer durch Wort und entsprechende Handlungen oder Unterlassungen in diese Reihe.

Das weite Feld der Lüge tut sich hier alsbald auf. Wie im nahen Bereich der Nächstenschaft steht es im weiten des Politischen und des Staatsschutzes, wo das ungute Wort Denunziation (der Hinterbringer, wörtlich in doppelter Bedeutung der ‚Angeber') seinen Platz hat. Bekanntlich kann sie für den verleumdeten Angezeigten meist böse Folgen haben (ob zu Recht oder Unrecht sei dahingestellt), nämlich Verhöre und Verhaftungen, sachliche Auflagen und Mißhandlungen, Verbannung und Ausbeutung oder Tod.

Die Wahrheitssuche berührt in unserem Zusammenhang auch das Eindringen in das Innere des Menschen, sei es aus purer Neugier, sei es aus beruflichen Gründen in der Psychotherapie, Medizin, Beratung und Seelsorge. Neurosen beispielsweise sind Lügen, welche die Wirklichkeit, die Liebe und Zuneigung, schließlich Menschen zerstören. Die Wahrheitssuche berührt außerdem noch die Bezirke der Kunst, in welcher der menschliche Körper enthüllt dargestellt wird, was allerdings bis zu pornographischen Druckerzeugnissen geht, wovon unsere „Striptease-Gesellschaft" (J. M. Lochman) überflutet wird.

Die positive Erwartung im Neunten Gebot richtet sich auf das Sagen und Tun der Wahrheit. Dazu gehört, daß nicht alles ‚aufgedeckt' (das ist die Wortwurzel des griech. Wortes für Wahrheit „aleteia") zu werden braucht, erst recht nicht im Lichte des Evangeliums, das verheißt, die Sünde ist durch Jesus ‚bedeckt' (Röm 4,7; Ps 32,1f; 85,3; Jak 5,20).

Die Wahrheit sagen, ergibt sich nicht von selbst. Darüber hat D. Bonhoeffer (Ethik, 1949, S. 283ff) nachgedacht und eine Reihe von wichtigen Feststellungen getroffen. Zur Wahrheit gehört das Bedenken der Lebensumstände und Verhältnisse sowohl der betroffenen einzelnen Menschen wie der großen Zusammenhänge (was in der

Geschichtsforschung stets bedacht wird). Das alles muß gelernt werden, was bei der Erziehung des Kindes zu beginnen hat. Hinzu kommt das sorgfältige Abwägen der erkannten Gegebenheiten. Im christlichen Bezug der Nächstenliebe kann die Wahrheit als Offenlegen einer Wirklichkeit nicht ohne Rücksicht auf den Nächsten gesagt werden, den sie betrifft; denn sie kann Vertrauensbruch, Störung der Gemeinschaft und Verletzung der Scham zur Folge haben. Dann fragt Bonhoeffer (a. a. O., S. 289): „Wie wird mein Wort wahr?“ und antwortet: „1. Indem ich erkenne, wer mich zum Sprechen veranlaßt und was mich zum Sprechen berechtigt. 2. Indem ich den Ort erkenne, an dem ich stehe. 3. Indem ich den Gegenstand, über den ich etwas aussage, in diesen Zusammenhang stelle.“

10.2 Leumund und Massenmedien

Den Überlegungen um das Neunte Gebot folgt nun das Nachdenken über das Weiterberichten und Veröffentlichen jeder Art über alles und jeden. Die Verwendung des alten Wortes Leumund stellt dabei die ethische Beziehung her; denn Leumund meint das, was man über jemanden gehört hat, wodurch dieser in einen guten oder schlechten Ruf gebracht werden kann. Wir stellen das Problem in den Rahmen der publizistischen Medien, und zwar derjenigen, welche mehr oder weniger große Reichweite erlangen, die also das Wohnzimmer, den Vortragssaal oder die Predigtkirche weit hinter sich lassen (bei einem einzigen Radiogottesdienst, von einer großen Rundfunkanstalt ausgestrahlt, erreicht der Prediger mehr Zuhörer, als er beim üblichen Sonntagsgottesdienst seine gesamte Dienstzeit über haben würde). Wir denken jetzt an Presse, Radio und Fernsehen einschließlich der über Telefon und Kabel laufenden Möglichkeiten mit dem Bildschirm- und Video-Text. Wir denken auch an Buchdruck, Zeitschriftenwesen, Schallplatte, Tonband, Video-Bänder und andere Kassetten oder den Film. Gegenwärtig weiß niemand, ob unsere fortschreitende Technik uns noch mehr Möglichkeiten solcher vorzüglicher Kommunikationsmittel bescheren wird. Wir wissen aber, daß die nahe Zukunft uns in ein Zeitalter der Medienfülle führen wird.
So sehr wir alle diese phantastischen Möglichkeiten bestaunen, müs-

sen wir aus ethischer Sicht nach deren Wirkungen fragen. Ist die Möglichkeit zur totalen Information nützlich, hilfreich und bekömmlich, oder ist sie gefährlich, überflüssig und verführerisch? Auffallenderweise haben sich dazu Begriffsvergleiche entwickelt, die aus der Physiologie vom Magen und Darmkanal stammen. Wir reden von Lese- und Fernsehhunger, von Überfütterung und Nachrichtenverstopfung und fragen uns, wer das alles verdauen solle. Um in der Bildrede noch zu bleiben: eine gesunde Verdauung führt das Unnötige und die Ballaststoffe einfach ab, nachdem sie das Nahrhafte vorher verwertete. Allerdings nimmt der Körper auch ihn schädigende Nahrung auf, womit wir wieder bei den Medien als die auf uns einströmenden geistigen Nahrungsmittel sind. Manche sind „zum Kotzen".

Medien bedeuten ‚Mittel', und zwar im Sinne von Zwischengliedern wie auch als wirkungsträchtige Sache. Es ist unsere Sache, sie zu beherrschen, sowohl auf seiten des Konsumenten als auf seiten des Anbieters. Ohne Frage hat jeder Mensch ein Bedürfnis und auch ein Recht auf Unterricht und Auskunft, also auf Information sowie auf Hilfen, das Erfahrene zu verstehen. Wie schnell und gründlich das zu erfolgen hat – oder ob es in vielen Fällen überhaupt sein muß –, das ist eine Frage der Berücksichtigung verschiedener Gesichtspunkte. Der bekannte Wettlauf darum, wer als erster die Meldung gebracht hat, mag wirtschaftliche Vorteile für den Sieger bringen. Nicht selten grenzt die Eile aber ans Komische, beispielsweise wenn wenige Minuten nach Abschluß von Wahlen die ersten Hochrechnungen und Trendmeldungen über die Bildschirme laufen, oder wenn von Ansprachen, die Staatsoberhäupter auf Tonband sprachen, damit sie zu gegebener Zeit gesendet werden, durch andere bereits vorher die Hauptgedanken mitgeteilt werden (trotz der im Journalismus üblichen Sperrfristen). Wichtigere Fragen sind die nach dem ‚Was' in den Massenmedien. Unter Beachtung der ganzen Breite der genannten Medien lautet die Antwort: Alles wird publiziert und gesendet, ob das erwünscht ist oder nicht. Dies gilt verständlicherweise für die Staaten, in denen Presse- und Publikationsfreiheit bestehen. Bei Druckerzeugnissen sind aus pädagogischen und finanziellen Gründen zwar einige Hürden gesetzt, die aber leider für minderwertige und schädliche Erzeugnisse leicht übersteigbar sind und vor allen Dingen niemanden als Käufer ernstlich hindern. In Unterdrückungssystemen hingegen

sind die Medien Machtinstrumente, die nur Parteigänger handhaben dürfen. Einige wenige haben das Recht (womöglich im Namen aller) zu vielen zu sprechen, während die große Masse nur rein entgegennehmendes Objekt für die „öffentliche Meinung“ (Ausdruck von J. J. Rousseau) ist, welche den Anspruch des „vox populi – vox dei“ (Volkes Stimme ist Gottes Stimme) erhebt.
Die Medien sind ohne Frage Kommunikationsmittel, die viel Gutes bewirken, wenn sie sinnvoll und verantwortungsvoll gegenüber jedermann eingesetzt werden. „Auch sie gehören in die Absicht und Vorsehung Gottes“, erklärte dazu die Weltkirchenkonferenz in Vancouver 1983 (vgl. Bericht S. 129) und stellt fest (a. a. O., S. 130): „Wirkliche Kommunikation muß Menschen zu Erfahrungen bringen, die sie befähigen Ich – Du – Wir zu sagen. Und das entdecken wir, wenn wir uns dem öffnen, was Gott uns zu sagen hat.“ Mit klarem Bezug auf die Botschaft vom Heil für die ganze Welt in Christus ist die Kommunikation mittels der Massenmedien handzuhaben. Ihr Ansatz findet sich schon 1 Joh 1,1: „Was von Anfang an war, was wir gehört haben, was wir mit unseren Augen gesehen haben, was wir geschaut und was unsere Hände angefaßt haben, das verkünden wir: das Wort des Lebens“. Solche Kommunikation christlicher Prägung geschieht unter Wirkung des Heiligen Geistes (vgl. Apg 2,5–12).
In dem Zusammenhang, der nicht aufgelöst werden soll, ergeben sich für die Kirchen und ihre verantwortungsvollen Erzieher immer größer werdende Aufgaben. Sie haben sich beispielsweise zu befassen mit Verbindungen zwischen den ethisch gefestigten und gebildeten sowie den noch heranreifenden unfertigen jungen Menschen einerseits und den technologischen Möglichkeiten zur Massenkommunikation in unserer Zeit andererseits. Dabei ist der Blick auf deren Gebrauch zu richten und auf die helfende Begleitung der die Informationen Aufnehmenden.
Daneben ist durch möglichst viele und deutliche Stellungnahmen, etwa durch Leserbriefe und Anrufe bei den großen Rundfunkanstalten auf die Programme und deren Inhalte Einfluß zu nehmen. Das geht an die Adresse der in den Medien jeder Art tätigen Personen. Christen kann es nicht gleichgültig sein, daß im Vergleich mit dem Bevölkerungsdurchschnitt in unserem Land die Quote von Kirchenaustritten bei den Mitarbeitern in Fernseh- und Rundfunkanstalten

deutlich viel höher ist. Die Auswahl der Themen, die Kameraführung und nicht zuletzt die beurteilenden Zusammenfassungen werden also von Menschen verantwortet, die sehr viele sich als heimliche Miterzieher nicht wünschen, weil deren Meinungen – oft in kleinen Nebenbemerkungen untergebracht – vor Millionen Menschen dargelegt, gewiß nicht aus den Wurzeln christlicher Überlieferung heraus entwickelt sind. So sind wachsam zu hinterfragen die Inhalte und Absichten, die Urteile und auch der Stil, die Werteskala und die Glaubenshaltung in dem, was verbreitet wird. Es wird obendrein darauf zu achten sein, in welchem Maße gerade die neuen elektronischen Medien das Informationsgefälle – und damit die Kommunikationsregelungen – reiche Länder zu Lasten ärmerer Länder bevorzugen.
Kommunikationsforscher und -pädagogen bekommen hier sehr viel zu tun, was Schulen und Familien, einzelne und ganze Gesellschaftsschichten berühren wird. Wir nennen einige Erwartungen, die an Journalisten, Informationsgeber, Verleger, Autoren und schließlich auch an die ‚Verbraucher' zu richten sind. Entscheidend ist zunächst die Achtung vor der Würde aller Menschen, über jegliche Wahrheit in liebevoller Weise zu melden. Das kann in manchen Fällen Schweigen oder alsbaldiges Abbrechen bedeuten. Alle Medien sind kritisch zu begleiten, damit sie immer mehr verbessert und nützlicher werden. Bei der Auswahl der Nachrichten und Dokumentationen jeder Art ist nicht nur auf deren Neuheit und Sensationsgehalt Wert zu legen, sondern auch darauf, daß sie dem Empfänger förderliche Mitteilung bedeuten, zu der er sich selbst ein Urteil bilden kann. Von Langeweile bei solcher Berichterstattung braucht dabei keineswegs die Rede zusein. Von den Möglichkeiten des Kontrastes (in demselben oder in unterschiedlichen Medien) ist Gebrauch zu machen. Die Gewissensfreiheit und Eigenverantwortlichkeit des Weitergebenden und des Aufnehmenden sind wichtig. Der Schutz des Privatbereiches aller Bürger muß respektiert bleiben. Hier geht es um den erwähnten Leumund eines jeden einzelnen Menschen. Das gilt auch angesichts der Tatsache, daß die Medien nicht selten wesentliche Beiträge dazu erbringen, daß der Staat seine Macht nicht ungebührlich ausdehnt oder daß Unredlichkeiten großen Umfanges ans Licht der Öffentlichkeit kommen und dorthin gebracht werden, wo sie zu beurteilen sind.

Zuletzt hat sich der Leser, Seher und Hörer immer wieder darüber Rechenschaft abzulegen, welchen Raum und wieviel Zeit die Massenmedien in seinem Leben im Vergleich zu anderen Werten, Pflichten und Möglichkeiten einnehmen. Er hat sich zu fragen, was in der für den Medienkonsum aufgewendeten Zeit sonst hätte getan werden können, beispielsweise in Hinwendung zum Nächsten, also zur unmittelbaren Kommunikation vom lebendigen Menschen zum lebendigen Mitmenschen, beginnend in der eigenen Familie.

Handfeste Leitlinien, die diese auf uns immer stärker zukommende Flut bewältigen, haben wir noch kaum. Von der christlichen Ethik her erhalten wir allerdings außer den genannten grundlegenden Richtungsweisungen einige neutestamentliche Mahnungen und Orientierungen angeboten. Es gilt zu prüfen, was gut ist (1Thess 5,21), und zu prüfen, was unserem Herrn gefällt und was gute Frucht erbringt (Eph 5,10). Zu erinnern ist auch an die Warnungen vor Irreführungen, die nur (körperlich und geistlich) „krank machen vor lauter Auseinandersetzungen und Wortgefechten ... unter den Menschen, deren Denken verdorben ist, die von der Wahrheit abgekommen sind“ (1Tim 6,4f).

„Unser Verhältnis zu den Medien muß vom seelsorgerlichen, verkündigenden und prophetischen Amt der Kirche geprägt sein. Aus seelsorgerlicher Perspektive muß die Kirche die Spannungen unter denjenigen zu verstehen suchen, die in den Medien tätig sind, und ihnen helfen, ihre Arbeit in einer Weise zu tun, die menschliche Werte bejaht“ (a. a. O., S. 133).

Abgesehen vom kritischen Begleiten nichtkirchlicher Massenmedien haben wir auf diesem Gebiet mit seinen vielerlei Möglichkeiten sehr weitreichender Einflußnahme unbedingt aktiv beteiligt zu sein. Das entspricht dem Missionsbefehl Jesu (Mt 28,18–20) und dem Zusatz (Apg 1,8): „Ihr werdet meine Zeugen sein ... bis an das Ende der Erde.“ Feinde des christlichen Glaubens wissen genau, warum sie jede Art Massenmedien (gedruckt, als Bild, gesendet oder auf Kassetten u. a. m.) zu hindern versuchen, die Gottes Wort verbreiten. Da darf nicht falsch gespart werden, um das gute Ziel zu erreichen.

10.3 Wissenschaften

10.3.1 Zum *grundsätzlichen* Kulturauftrag des Menschen gehört, daß er mit Hilfe seiner Verstandesgaben, seiner Begabungen, in die Welt beobachtend, experimentierend und denkend methodisch eindringt, um nach Ursachen und Gesetzmäßigkeiten zu forschen. Das ist die Aufgabe der Wissenschaften. Sie ist Anwendung der Vernunft. Es ist menschlich, daß Wissenschaft nach Wissen strebt und aus natürlicher Neugier erwächst. Daher hat sie einen Bezug zur Ethik; denn ihre Ergebnisse sind weiterzugeben, damit sie geprüft und vor allem verwertet werden. Ob und wem sie nützen, ist bereits zu hinterfragen; denn „Nützen" unterliegt bereits dem zeitgenössischen Urteil.
Dieses Bemühen hat Folgen. Einmal haben die wissenschaftlichen Ergebnisse der Menschheit schon ungezählte Hilfen und Fortschritte eingebracht, und zwar auf allen Gebieten von Natur und Technik, in Kunst und Gesellschaft, um nur Weniges zu nennen. Zum anderen ist die Wissenschaft niemals abgeschlossen, sie ist immer in Bewegung. Selbst da, wo jahrhundertelang von gesicherten Ergebnissen gesprochen wurde, ist oft schon durch neue Erkenntnisse alles ins Rutschen geraten oder zumindest ‚noch richtiger' erkannt. Das gilt vor allem dort, wo die Erkenntnisse der einen Wissenschaft sich in die größeren Zusammenhänge mit anderen Wissenschaften einordnen müssen. Aus solchen Gründen errichten Wissenschaftler Hypothesen und schaffen Theorien, die solange deren Handwerkszeug und Stützen sind, bis sie durch jemanden umgestoßen oder verbessert werden. Gewissenhafte Wissenschaftler formulieren deshalb stets sehr vorsichtig und sagen bei der Vorstellung neuer Ergebnisse etwa „Wir haben begründeten Anlaß zu der Annahme, daß . . ." Der Kundige erkennt hier ein Respektieren des Zweiten Gebotes, das uns die Herstellung jeglicher Art von (Götzen)bildern verbietet, zu denen schon oft im Laufe der Geschichte die wissenschaftlichen Erfolge gemacht wurden.
Mit seiner Vorsicht kündet der verantwortliche Wissenschaftler an, daß die Verwertung der gefundenen Ergebnisse nicht rücksichtslos hingestellt und praktiziert werden dürfen, sondern deren Wert für die Menschen mit in Betracht zu ziehen ist. Bekannte bedrückende Beispiele unseres Jahrhunderts sind die Nuklearforschung mit dem

Ergebnis der Atombombe, die Genbiologie mit der drohenden Gefahr, in das menschliche Leben selbst einzugreifen, und die Sozialwissenschaften mit ihrem Einfluß auf die Erziehung und die Vielzahl der sozialen Einrichtungen.

Die Wissenschaftsethik warnt den Wissenschaftler und Gelehrten – erst recht den ‚einfachen Bürger' – vor blinder Wissenschaftsgläubigkeit und rücksichtslosem Vorantreiben der Untersuchungen auf den jeweiligen Gebieten, womöglich noch angetrieben durch eigensüchtige Wünsche der im Staat jeweils Herrschenden. Damit hier Schranken gesetzt werden, muß die Publikationspflicht so geordnet sein, daß neue Entwicklungen nicht jedesmal zunächst vom Staat und Militär beschlagnahmt werden, und daß die Ergebnisse so verständlich wie möglich vorgetragen werden, damit Fachleute anderer Gebiete gegebenenfalls ihre ergänzenden Stellungnahmen dazu geben können.

Wissen und Wissenschaft müssen wahr sein und nach der Wahrheit suchen, die ohne Bezug auf den Menschen nicht zu finden ist. Das ist um so mehr von Wichtigkeit, als die wissenschaftlichen Möglichkeiten unserer Zeit bereits außerordentliche Umwälzungen in der Welt bewirkten und den Menschen Mittel an die Hand gaben, die sie und die ganze Welt von Grund auf erschüttern können. Damit berühren wir die christliche Sicht auf die Wissenschaften, die darum weiß, daß die Wissenschaft vom geschichtlichen Wandel mit fortbewegt wird. P. Althaus (Grundriß der Ethik, 2. Aufl., 1953, S. 102f) sagte dazu: „Die Lauterkeit der Wissenschaft gründet wesentlich in der Gewißheit und Furcht Gottes. Wo diese erstirbt und Gott als Illusion erscheint, da zerbricht früher oder später auch der strenge Wahrheitssinn. Da wird die Wissenschaft verfälscht: an die Stelle des Gehorsams gegen die Wirklichkeit treten eigenmächtige Ideologien und Postulate; die Dogmen einer Weltanschauung ersticken die echte Forschung und den kritischen Geist. Die Wissenschaft verkümmert in politischer, säkular-dogmatischer Gefangenschaft." Hemmungsloses Forschen und industrielle Verwertung aller Ergebnisse ist zutiefst unmoralisch und Gefährdung der Menschenwürde.

Es bleibt bei der häufig in der Bibel vorkommenden Erkenntnis, daß die „Furcht des Herrn der Weisheit Anfang ist; denn alle, die danach leben, sind klug" (Ps 111,10; Ijob 28,28; Spr 1,7; Jes 33,6; Apg 9,31;

2Kor 7,1 u.ö.). Dann erweisen sich Wissenschaft und Wissen als Mächte, die jedoch dem Menschen dienen in Ehrfurcht vor Gott.

10.3.2 Im Rahmen jeder Kultur spielt das *Geschichtsbewußtsein* eine wichtige Rolle. Wie ist es von der christlichen Ethik her zu beleuchten? Indem wir von Verantwortung aller Wissenschaft sprachen, war ein Schlüsselwort für unsere jetzige Überlegung gegeben. Verantwortung, die stets nur ‚für' etwas möglich ist, haben die Christen zu jeder Zeit für die verlaufende Zeit gehabt, in der sie etwas von der Zukunft her erwarteten. Die Zuversicht dafür nehmen sie aus ihrer Bindung an Gott. Geschichte ist insofern immer auch Geschichte der Führungen Gottes, ist Unterwegssein mit Gott. Das Alte Testament, zu dessen Prophetenzeit unser christliches Geschichtsdenken seinen Ausgang nahm, spricht sogar von einzelnen Tagen, die „der Herr gemacht hat" und bringt sie sogleich mit der Freude darüber in Verbindung (Ps 118,24). Die Blickrichtung des auf Erden einige Zeit lebenden Menschen wird geändert, und zwar eschatologisch ausgerichtet, das bedeutet: „Jede Geschlossenheit von Geschichte durchbrechend ist Gottes kommendes Reich die Geschichte der Erwählung und des Bundes, die dem universalen Telos (= Endziel) der Weltgeschichte entgegengeht. Es ist die Geschichte der Verheißung der Freiheit, die auf alle Welt zukommt und in die alle Menschen einbezogen sind" (H.-J. Kraus, Reich Gottes: Reich der Freiheit, 1975, S. 102). Daß solche Gedankengänge nur dem biblisch denkenden Christen selbstverständlich sind, zeigen die das gleiche Thema berührenden Überlegungen in der Philosophie zur Geschichte. Beispielsweise meint H.-G. Gadamer (Wahrheit und Methode, 4. Aufl., 1975, S. 187): Für die Geschichte gibt es „kein Ende und Außerhalb der Geschichte. Das Verständnis des gesamten Verlaufs der Universalgeschichte kann daher nur aus der geschichtlichen Überlieferung selbst gewonnen werden."
Aus biblischer Sicht wird Geschichte nicht gedeutet (sie ist mehrdeutig), sondern sie geschieht, und zwar in dem Heilshandeln Jesu Christi, der in seinem Geist lebendig gegenwärtig ist und bleibt. Das Geschichtsbewußtsein durchzieht bereits das Alte Testament, etwa im deuteronomistischen Geschichtswerk (Dtn 1–2Kön 25), bis hin zu der universalgeschichtlichen Sicht im Danielbuch. Im Neuen Testament finden wir das gleiche, z.B. im Geschichtswerk des Lukas. Dort ist

„der Handelnde Gott und das Behandelte ein von Gott bewirktes Geschehen für den Menschen. Wo Menschen als Wirkende gezeigt werden, wird immer deutlich gemacht, daß sie in Wirklichkeit Handlanger Gottes sind“ (W. Kasch, Ev. Kirchenlexikon, Band I, 1956, Sp. 1544). Im Leiden, Sterben und Auferstehen Jesu Christi, welches die ganze Welt entscheidend beeinflußt hat und ‚bis in Ewigkeit‘ hinein sich auswirkt, ist das zentral zu erkennen. In diesen Zusammenhängen kommt das Erste Gebot in den Blick, welches uns Menschen gerade auf das ausschließliche Vertrauen zu Gott und seine liebende Begleitung für uns hinweist. Unser Anteil ist dabei (nach Mi 6,8) „Recht tun, Güte und Treue lieben und in Ehrfurcht den Weg mit Gott gehen“.
Also nicht die bekannte Aneinanderreihung von Geschichts‚tatsachen‘ – und sei es der Umfang aller Gebiete, wie Staaten, Kriege, Literatur, Kultur und Technik – ist das Christliche und damit auch ethisch Bedeutsame für uns, sondern das Wirken Gottes in der Welt und für uns. Irrtümlicherweise könnte das Gesagte den Menschen dazu verleiten, sich einfach treiben zu lassen. Das ist keinesfalls gemeint, was schon der Ausdruck ‚Handlanger Gottes‘ widerlegt. Des Menschen Vernunft ist nicht lediglich beurteilender Richter des Geschehens in der Welt, sondern die Vernunft ist Werkzeug im Dienste Gottes. Alle Geschichte hat und erhält durch Gottes entscheidendes Wirken in ihr einen Sinn. Von daher lassen sich Profan- und Kirchengeschichte nicht voneinander trennen.
Deshalb ist das Befassen mit der Geschichte in ihrem Ablaufen sowie im Betrachten der Fülle einzelner Persönlichkeiten darin ein Quell der Anregungen, Beispiele und Vorbilder. Sie alle legen Zeugnis ab vom wunderbaren Wirken Gottes in seiner Welt, in der seine Fußspuren überall erkennbar sind. Wir bemerken dabei, daß das Verhalten und Wirken der Menschen jeweils von der Geschichte Jesu her bestimmt sind. Alles Tun und Lassen der Christen muß in geschichtlichem Zusammenhang stehen, der aus der Vergangenheit kommend unsere Gegenwart prägt und uns in die Bewegung zur Zukunft hinein mitnimmt. Daher gilt die uralte Aufforderung aus der Geschichte, aus den „vorigen Zeiten“ (Dtn 32,7) zu lernen. Deshalb kann auch christliche Ethik nie ein starres System sein, weil die in ihr wirkende Kraft und Gnade Christi die des lebendigen Gottes ist. Christliche Ethik ist selbstverständlich ihrer Gegenwart zugewandt, sie wurzelt aber in der

Geschichte, in welcher Jesus Christus Mensch geworden ist. Er hat kurz vor seinem Opfertod am Kreuz in dem historisch scheinbar abseitigen Ereignis der Fußwaschung (Joh 13,1–17) das Beispiel einer Handlungslehre, also Ethik gegeben, die sich durch alle Zeiten hindurch richtungweisend offenbart. Dieses Beispiel ist ein Zeichen für Gottes ewigen Gnadenbund, der nicht Selbstzweck ist, sondern zweierlei in der Geschichte auch ethisch bewirkt (H.-G. Fritzsche, Lehrbuch der Dogmatik, Band II, 1967, S. 323), nämlich „das Einschärfen des Sinnvollen und Möglichen menschlicher Anstrengungen, welches Verheißung und Leben bedeutet, wie das Einschärfen, daß Anstrengungen, und nicht nur physische, sondern auch moralische, nötig sind, was immer wieder Aufforderung zur Buße werden muß."

10.3.3 Hier ist auf das Verständnis der *Tradition* hinzuweisen, die das aus der Geschichte bewahrt und vergegenwärtigt, was in der Ethik (und nicht nur dort) zu gelten hat. Sie lebt sowohl aus ihren Überlieferungen wie aus selbständig begründeter Lebensführung. Beides muß und kann als Tradition zutreffend begründet werden. Also „Wer moralisch handelt, muß auch eine ethische Tradition wollen und sich am Aufbau einer solchen beteiligen" (T. Rendtorff, Ethik, Band I, 1980, S. 85). Damit ist ausgesprochen, daß Ethik ein aus der Vergangenheit schöpfendes und für die Zukunft wirkendes Handeln ist. Gerade das Miteinander von überlieferten Ordnungen und Gepflogenheiten – die einem widerfahren, die ‚die gute alte Zeit' zu bewahren scheinen –, also Traditionen, und von verantwortlichem Handeln aus den Besinnungen der Gegenwart heraus, dieses Miteinander deutet auf gute und falsche, überholte und bleibend gültige Traditionen hin.
Die heutige Zeit hat Grund, sich auf ihre Traditionen mehr zu besinnen und nicht zu meinen, man könne alle Brücken ungestraft hinter sich abbrechen und völlig Neues gestalten. Aus der Erfahrung gewonnene und bewährte Ansichten zu erhalten, ist ethisch geboten. Ein alttestamentliches Beispiel für das Bewahren des bewährten „Erreichten ebenso wie das Ermöglichen des Weiterschreitens" mit dem unbedingten „Respekt vor den Älteren in ihren Schwächen" aus Gen 9,18–27 zeigt, was wir Tradition nennen (nach C. Westermann, Genesis. Biblischer Kommentar. Altes Testament, Band I/1, 1974, z. St.).

Tradition hängt eng mit *Heimat* zusammen (man denke an „Anatevka“). Der Begriff ist schwer zu erklären. Heimat ist der über die Wohnung hinausreichende Lebensraum, in den man hineingeboren wurde oder in dem der Heranwachsende verwurzelt ist. Nachbarschaft, Sprache, Sitten, Kultur, Natur und Religion prägen den Menschen in seiner Heimat. Wenn er viel Ortswechsel erlebt, gilt ihm als Heimat meist die Region, in der er während seiner Entwicklungsjahre wesentlich geprägt wurde. Heimatgefühl verschafft Sicherheit und Geborgenheit. Heimatlosigkeit fördert Traurigkeit und Heimweh. Verlust der Heimat (durch Vertreibung oder Flucht) entwurzelt den Menschen.
Heimat ist also eines der Güter, die Gott dem Menschen zuteilt, manchmal aber durch Ortswechsel (vgl. Gen 12,1; 24,7; Rut 1,16.21; Ps 45,11). Gott läßt also den Heimatbegriff nicht zur „Blut und Boden“-Ideologie entarten (vgl. auch Mt 13,54–57). Denn unsere wahre „Heimat ist im Himmel“, wie es der ‚heimatlose‘ Paulus (Phil 3,20) unmißverständlich ausdrückt, und worauf besonders auch der Hebräerbrief (11,13–16.38; 13,14) mit der Bemerkung hinweist, daß Gott sich der Heimatlosen keineswegs schämt und für sie eine (himmlische) Stadt vorbereitet hat.

10.3.4 Eine scheinbar entgegengesetzte Grundvoraussetzung ethischer Ordnung und menschlichen Zusammenlebens ist die *Phantasie* als ein besonders anregendes und damit wichtiges Kulturgut. Es handelt sich um die Einbildungskraft, dank derer zunächst die Vorstellungs- und Denkinhalte zu schöpferischen Ergebnissen angeregt werden, die tunlichst in die Wirklichkeit umzusetzen sind. Phantasie ist ohne Frage zunächst eine Begabung, und zwar im allgemeinen Verständnis wie in demjenigen der Anregung durch den im Menschen wirkenden Heiligen Geist (Joh 20,22; 1Kor 3,16; 7,40; Gal 5,22). Phantasie ist eine in der Ethik selten beachtete typisch menschliche Fähigkeit, die das Zusammenleben bereichert, erhält und – wenn sie sich aus guten Quellen nährt – immer wieder zu neuen Möglichkeiten in der Begegnung miteinander und auf dem gemeinsamen Wege zum Reich Gottes hin eröffnet. Und sie ist als Vorstellungskraft Teil der Wissenschaft.
In den verschiedenen Künsten ist ein produktiver Mensch ohne Phan-

tasie gar nicht denkbar. Mit Hilfe ihrer Phantasie stellen Künstler stets wieder Neuschöpfungen vor uns hin, die die ständigen Aufbrüche ‚zu neuen Ufern' dokumentieren. Ob an jenen Ufern auch Christen stehen wollen oder nicht, das sei dahingestellt. Wir brauchen aber nicht auf die ‚begnadeten Künstler' zu warten; denn in jedem Menschen schlummert Phantasie, welche ungeahnte Fähigkeiten freilegen kann. Das beweisen Fachleute in heutigen Bildungseinrichtungen, die „modernen Kreativitätstechniker" (P. Matusek), welche durch Basteln, Modellieren, Zeichnen, Musik, Schauspiel und vieles andere die Phantasie der Menschen anzuregen vermögen. Aber vieles bleibt dabei im Kunstbetrieb stecken und hat noch nicht den Rang reiner Kunst erreicht.
Mit seiner Phantasie hebt sich der Mensch deutlich von allen anderen Lebewesen auf Erden ab. Der phantasievolle, im Ausnahmefall genial begabte Mensch durchstößt immer wieder starre Schulmeisterei und beweist „freien Schwung der Erfindung und damit musterbildende Originalität" (H.-J. Gadamer, Wahrheit und Methode, 4. Aufl., 1975, S. 49). Es ist gewiß kein Zufall, daß verliebte Menschen, die intensiv füreinander ‚ganz da' sind, besonders viel Phantasie entwickeln und sich das Schönste denken, um dem Geliebten seine Zuneigung zu zeigen. Das alttestamentliche Hohelied ist ein herrliches Beispiel für gute Phantasie.

10.4 Kunst und Bildung

Mit dem zuletzt Angesprochenen haben wir bereits das ebenfalls ethisch bedeutsame Gebiet der Kunst berührt.

10.4.1 *Kunstwerke* sind Leistungen und Ergebnisse der menschlichen Phantasie, die aber als Versuche zu werten sind, die uns umgebende Weltwirklichkeit zu erfassen, also zu ‚be-greifen', sei es, um in ihr Geheimnis einzudringen, sei es um die Hintergründe und Zusammenhänge der Wirklichkeit vor jedermanns Augen und Ohren hinzustellen. Kunst macht sichtbar oder hörbar, was vorher unerkannt war. Das Kunsthandwerk geht auf Gottes Auftrag zurück (Ex 35,30–35 und 31,1–6).

Als Teil der Kultur betrachtet sind Bildung und Kunst Zeichen der Zusammengehörigkeit der Menschen. „Kunstäußerungen aller Zeiten können helfen, die Voraussetzungen, Möglichkeiten und Grenzen unseres Lebens tiefer zu erfahren und zu verstehen. Deshalb ist es immer ein Abenteuer, wenn man sich ernsthaft auf ein Werk der Kunst, welcher Gattung auch immer, einläßt, und seinen Anspruch in sich hineinläßt. Unversehens erkennt man Erfahrungen wieder, über die man noch nicht genug nachgedacht hat und die in ihrem weiten Zusammenhang plötzlich deutlich ins Bewußtsein treten“ (Ev. Erwachsenen-Katechismus, 1975, S. 682).
Dasselbe gilt für die sogenannte christliche Kunst, die zwar durch Zeiten der Kunstfeindlichkeit und Bilderstürmerei hindurchging (zu denen der Calvinismus keineswegs gehört, trotz gegenteiliger Behauptung), sich aber mit ihren berechtigten und biblisch verantwortbaren Anliegen immer wieder durchsetzte. Das betrifft die darstellende Kunst genauso wie die Musik. Die Grenzüberschreitung beginnt dort, wo der Dreieinige Gott und sein himmlisches Reich dargestellt werden sollen. Das gilt letztlich auch für Darstellungen von Jesus Christus, dessen Bild jeder kennt, obwohl nach der ersten Christengeneration niemand mehr wußte, wie der irdische Jesus ausgesehen hatte. Nicht nur in Erinnerung an das Zweite Gebot (im Zusammenhang mit Jes 40,18 u. 44,9ff), sondern auch mit Karl Barth (Kirchl. Dogmatik IV/2, 1955, S. 114 u. 170) ist hier zu sagen: „Von der Christologie her ist . . . sicher: daß jedenfalls das Christusbild als Mittel zur Auferbauung der Gemeinde nicht in Frage kommen kann . . . Hätte es doch die christliche Kunst unterlassen, das Wunder (der Auferstehung) nun doch darstellen zu wollen!“
Kunst befindet sich in einer Scheinwelt, die es nicht mehr oder noch nicht gibt. Damit ist auf den Zwischenzustand hingewiesen, in welchem wir Menschen leben, nämlich jenseits der vor dem Sündenfall unschuldig gewesenen Schöpfung und diesseits der noch ausstehenden Vollendung der Erlösung durch Christus am Ende der Tage. Was die Kunst in schönen Darstellungen erträumt oder in Schreckensbildern vor uns hinstellt, weiß der Christ aus dem Evangelium, jedoch meist anders akzentuiert. „Um der Wahrheit und Wirklichkeit Jesu Christi willen sind dem Glauben Übereinstimmung und Widerspruch im Verhältnis zum Bild der Welt, das die Kunst entwirft, gleichermaßen

notwendig“ (H.-G. Geyer, Die Religion in Geschichte u. Gegenwart, Band IV, 3. Aufl., 1960, Sp. 165).

Auf dieser Grundlage kann einiges zur ethischen Bedeutung der Kunst gesagt werden, sofern keine Vermischung mit Glaubensaussagen besteht. Kunst gehört ganz auf die anthropologische Seite der Welt, in der sie, im Unterschied etwa zur Technik, zweckfreie Räume des Lebens schafft, und wenn einmal davon abgesehen wird, daß sie als Botschaft etwas aussagen will. In ihr soll der „Mensch das Maß aller Dinge“ bleiben. Gleichzeitig bewirkt sie, daß der Mensch von sich und seinen täglichen Belastungen oder Sorgen Abstand gewinnt und beim Anschauen eines Bildes, beim Bemerken eines Schmuckstückes oder beim Hören einer Bach-Kantate dem Alltag ‚entrückt‘ wird. Das schafft Befreiung, auch Erinnerung an die Nähe des Geistes Christi, der uns zu seiner Freiheit befreit hat.

Dies darf nicht dazu verleiten, die Kunst zu einem Mittel zu machen, mit dessen Hilfe dem Leben samt seinen Problemen ausgewichen wird und man die Augen vor der Not des Nächsten verschließt. Die Gefilde der Kunst, in die sie einen entführte, sind nicht die wirkliche Welt, in der wir uns zu bewähren haben. Wir können aber nach einem Kunstgenuß wieder ermuntert, aufgerichtet und ermutigt in den Alltag zurückkehren. Das geschieht allerdings nur, wenn der Künstler sein Werk nicht als Ausdruck seiner Ängste, inneren Leere oder einer pessimistischen Gesellschaftskritik versteht, sondern – letztlich als auf Gott vertrauender Christ – das Geordnete und Positive in der Welt berücksichtigt und eine gute ‚Botschaft‘ zum Ausdruck bringt, und sei es durch ein ‚Mahnmal‘ unterschiedlicher Art.

10.4.2 Kunst soll und will es mit *Schönheit* zu tun haben, die zu unserer Erde gehört; denn Gott schuf Himmel und Erde samt allem, was darinnen ist, nicht nur gut, sondern auch schön. Weil sie gefallene Welt ist, bleibt mancher Künstler mit seinen Aussagen bei ihren dunklen Seiten stehen. Das ist aber wenig hilfreich und schon gar nicht tröstlich. Dabei gibt es so unendlich viel Schönes um jeden von uns herum zu erleben! Die Teilhabe am Schönen und Guten (Sokrates’ Kalokagathie) ist uraltes ethisches Prinzip. Die Wissenschaft, die sich mit dem Schönen, und zwar ihren Gesetzen und Formen befaßt, ist die *Ästhetik*. Was sie als schön und geschmackvoll erkennt und erklärt,

unterliegt einerseits fachgerechten Regeln und Ordnungen, andererseits jedoch sind die Urteile vom jeweiligen Zeitgeist und von der ethisch-religiösen Fundierung des Künstlers oder Kunstkritikers abhängig. Daher kommt es, daß dem einen etwas nichts sagt, während es einen anderen selig strahlen läßt. Oder eine Kunstrichtung wird von den Zeitgenossen, manchmal auch von einer folgenden Generation, nicht verstanden, gar als ‚entartete Kunst' verworfen. Und dann kommt eine neue Zeit, die jene Kunst als Höhepunkt künstlerischen Schaffens ansieht. Solche Urteile sind um so schneller bei der Hand, je weiter das Kunstwerk zeitlich in uralten Epochen anzusiedeln ist.
Ästhetik wandelt sich unter dem Erbarmen Gottes (Röm 12,1f) und zeigt damit ihre subjektive Wirkseite. In solchem Fall kann das Gesicht eines Mongoloiden oder das Opfer eines Verkehrsunfalles ‚schön' für den werden, der sich dem Unglücklichen erbarmend zuwendet. In einem der apokryphen Evangelien wird berichtet, Jesus und seine Jünger hätten einmal einen toten und schon halb angefressenen Käfer gefunden. Während die Jünger sich angeekelt darüber ausließen, sagte Jesus: „Aber er hat sehr schöne Flügel".

10.4.3 Hier kann ein Wort über die *Kosmetik* angefügt werden. Das Wort ist wiederum griechischen Ursprunges und bedeutet wörtlich Ordnung. Damit ist schon viel angedeutet. Positiv ist Kosmetik das selbstverständliche Pflegen der eigenen Person, das sich zunächst auf den Körper, unbedingt aber auch auf das Seelenleben und die Gedanken erstreckt. Die Kosmetik als Körperpflege bewegt sich mit Hilfe der Fülle von sich anbietenden guten oder auch wirkungslosen Mitteln im Rahmen der jeweiligen Kultur, Mode, Eitelkeit und Geschäftstüchtigkeit. Ihre ethische Beziehung ist also das Bemühen, Mitmenschlichkeit, Kommunikation angenehmer zu machen oder erst herzustellen. Kosmetik ist insofern auch ein Stück Rücksichtnahme und zuchtvolle Lebensweise. Ihre Negativseite ist in dem Sprichwort „Mehr Schein als Sein" umschrieben. Hier finden sich auch die Aggressionsformen des ‚Angebers' (der angeblich mehr vom Leben hat). Soweit Kosmetik sich auf Körperpflege allein bezieht, darf falsch verstandener Biblizismus sich nicht auf (aus dem Zusammenhang gerissene) Bibelstellen berufen; dann wäre z.B. das

Färben der Haare verboten (Mt 5,36) und das Benutzen von Haarfett geboten (Mt 6,17). Beide Beispiel finden sich ausgerechnet in der Bergpredigt!
Eine weitere Frage ist die nach dem Tragen von Schmuck. Sie soll hier mehr gestellt als ausführlich beantwortet sein. Ist etwa die Krawatte des Mannes, die keinerlei Bekleidungsbedeutung mehr hat, schon übertriebener Schmuck? Ist das Zerzaust- und Schmutzigsein des alternativen Aussteigers ein naturgemäßerer Schmuck? Ist die Menge an Geschmeide, die jemand trägt, immer nur Zeichen der Eitelkeit? In asiatischen und afrikanischen Völkern hat das Anlegen vorgeschriebenen Schmuckes ethnologische und religiöse Bedeutung. Muß das Tragen eines Pelzmantels nur deswegen verwerflich sein, weil dafür weit entfernt ein Tier gejagt und niedergemacht wurde? Haben die Menschen, die sich nach einem Unfall oder aus sonstigen Gründen einer kosmetischen Operation unterziehen, das nur aus Eitelkeit getan? Gab nicht oft die erwähnte Bemühung den Anlaß dazu, auf die Mitmenschen nicht abschreckend, sondern anziehend zu wirken? Letztlich ist Kosmetik auch ein Versuch zum Überwinden der menschlichen Einsamkeit. Und das ist durchaus in ‚Ordnung'. Allerdings sei angemerkt: wirkliche Ausübung der Kosmetik sollte man auch kritisch handzuhaben verstehen.

10.4.4 Die *Bildung* stellen wir deshalb in den weiteren Zusammenhang mit der Kunst, weil mancher meint, Kunstgenuß verlange grundsätzlich ‚Gebildetsein' als Voraussetzung. Damit kann christliche Ethik in die Gefahr geraten, unsachlich und lieblos zwischen Gebildeten und Ungebildeten, zwischen ‚höherer Bildung' und unzureichender (Aus)bildung, zwischen angelernter und Herzensbildung zu unterscheiden.
Wir merken, daß Bildung nicht einfach mit Anhäufen von Wissen zu tun hat, das im Idealfall ein gesunder Mensch auf der Höhe seines Lebens verfügbar hat, sei es durch gutes Gedächtnis oder durch die bekannte Methode ‚Bildung ist wissen, wo's steht'. Doch Bildung will und soll angewendet werden. Damit ist ihre Zusammengehörigkeit mit der Ethik erkennbar. Eine Bildung an sich oder für sich gibt es nicht. Das wäre – auf die Spitze getrieben – dann nur noch eine umfassend ausgerüstete Bibliothek oder eine leistungsfähige Infor-

mationszentrale. Manche ‚Alleswisser' sind Fälle für die Psychiatrie.
Zur Bildung gehört die Mitmenschlichkeit und Nächstenschaft, in der sich wahre Bildung beweisen muß durch Rücksichtnahme und Beistand, durch jede Art von Aufmerksamkeit, durch Hilfeangebote (wie beim barmherzigen Samariter Lk 10,29ff) oder durch taktvolle Zurückhaltung. Das könnte in den Bereich der schlichten Herzensbildung gehören; denn wahre Bildung fügt sich grundlegender Moralregeln und dem Liebesgebot. Aber Bildung darf in diesem Zusammenhang nicht auf das Denken verzichten wollen. Eben deswegen gehören Bildung mit Charakterprägung und daraus folgender Sittlichkeit zusammen, weil der Gebildete seine ihm von Gott verliehene Vernunft und Fähigkeit gebraucht und einsetzt. Daher ist Bildung angetrieben durch einen Zug zur Neugier, dem Merkmale der Wissenschaftlichkeit angehören. Das bedeutet praktisch: beobachten, die Welt kennenlernen – von welchem Podest es auch sein mag –, Erfahrung sammeln, ordnen und anwenden.
Nur eines vermag diese Bildung nicht: sich selbst erlösen. Das stellt bekanntlich Goethe in seiner Gestalt des Faust dar, der trotz aller Wissensverarbeitung von seinen Trieben geschüttelt sich letztlich nicht selbst in höhere Welten oder Himmel hinein erlösen konnte. Wenn also Bildung im Aufnehmen und Handeln in Verbindung mit Wissen und Gewissen steht, dann ist – so einfältig das zunächst klingen mag – die Bibel und die darin angebotene Botschaft unsere wichtigste Bildungsquelle. Denn da Bildung letzten Endes nichts anderes ist als das Erstreben von mehr Leben, dann gilt hier unmittelbar das Angebot Jesu: „Ihr erforscht die Schrift, weil ihr meint, in ihr das ewige Leben zu haben; gerade sie ist es, die Zeugnis über mich ablegt" (Joh 5,39). Aus ihr erfahren wir, wann wir etwas tun oder lassen sollen und wer uns die Kraft gibt, das Richtige vom Falschen zu unterscheiden und es schließlich auch durchzuführen. Die von Gott eingegebene Schrift ist nützlich (sagt 2Tim 3,14–17) zur Besserung und Erziehung in der Gerechtigkeit und macht „zu jedem guten Werk bereit und gerüstet"; denn in ihr und durch sie wirkt Gottes Geist.

10.5 Sitten und Stil

10.5.1 *Sitten*, das sind zunächst die uns bekannten bewußten, oft jedoch unbewußten sozialen Verhaltensformen. Wir meinen damit nicht die ‚Sittlichkeit'. Wenn sie Bräuche genannt werden, dann kommen noch Praktiken hinzu, die die Menschen in bestimmten Regionen oder Volkszugehörigkeiten tunlichst einhalten. Denn deren Mißachtung kann ihnen Unannehmlichkeiten einbringen, entweder durch die beleidigten Mitmenschen oder – wenn die Bräuche zum Aberglauben hin abrutschen, was erschreckend viel der Fall ist – man hat die ‚Götter' beleidigt. In der Regel erstreckt sich Sitte auf äußere Formen des Benehmens im gegebenen Zusammenhang.
Durch die Sitte werden Umgangsformen der beieinander lebenden und aufeinander angewiesenen Menschen geregelt. Bei genauem Hinsehen merkt man, daß fast alles von Sitten und Gebräuchen bestimmt sein soll: Kleidersitten, Tischsitten und Wohnsitten; Sitten beim Umgang der Geschlechter miteinander, im Wirtschaftsverkehr und Straßenverkehr. Wer die ‚guten Sitten' mißachtet, ist schnell gebrandmarkt. Die Sitte ordnet auch den Umgang der Menschen in unterschiedlichen Rang- und Machtstufen miteinander, und sie verschafft sich in vielen Situationen den nötigen Respekt. „Andere Länder (haben) andere Sitten", sie haben aber welche. Im internationalen Verkehr werden die erforderlichen Sitten sorgfältig beachtet, in der Regel auch bei Staaten, die einander nicht wohlwollend gesonnen sind. Schließlich haben auch die Kirchen Sitten und Gebräuche, die wir im Kirchenjahr oder in der christlichen Haussitte mit Tischgebet und Abendgebeten kennen sowie bei den unterschiedlichen Konfessionen.
So sind die guten Sitten eine „tragende Macht der gesellschaftlichen Ordnung, welche das geltende Recht jedenfalls ergänzt, es aber auch oft an innerer Kraft und Bedeutung für solche Lebensbereiche überwiegt, welche vom geltenden Recht gar nicht mehr erreicht werden können" (W. Trillhaas, Die Religion in Geschichte u. Gegenwart, Band VI, 3. Aufl., 1962, Sp. 54).

10.5.2 In diesen Zusammenhang gehört das einfache *Benehmen* mit den vielen Benimmregeln. Sie haben fast ausnahmslos ihren ‚Sitz im

Leben', das bedeutet, einen ernsten oder wichtigen Entstehungsgrund. Dazu sei ein Beispiel genannt, das gleichzeitig die gegensätzliche Entwicklung in Völkern zeigt. In unserem Kulturkreis ist es üblich, bei Mahlzeiten die freie Hand gerade eben auf den Tischrand zu legen, der Ellenbogen hat schon gar nichts auf dem Tisch zu suchen. Dahinter steckte einst der Hinweis des Gastes, daß er in friedlicher Absicht und vertrauensvoll am Tische seines Gastgebers sitze und nicht etwa die freie Hand unter dem Tisch am Dolch habe. In den anglo-amerikanischen Ländern entwickelte sich diese Tischsitte genau umgekehrt. Dort gehören alle Körperteile, die nicht unbedingt zum Nehmen der Speisen gebraucht werden, von der Tischplatte entfernt. Daher wird zu Anfang alles zu Schneidende zerkleinert und dann sogleich die freie Hand auf den Schoß gelegt. Dem Gegenübersitzenden soll durch nichts (etwa unansehnliche Hände) der Appetit verdorben werden.
Im Gefüge der Ethik bleibt die Erwartung auszusprechen, jede Erziehung von Kindern und die Selbsterziehung so gründlich wie möglich auf gutes Benehmen auszurichten. Es soll in Fleisch und Blut übergehen. Und es zahlt sich aus; denn Menschen mit gutem Benimm und mit Höflichkeit sind überall gern gesehen. Nicht selten schlichten sie allein durch ihr gehöriges Auftreten vorhandene Spannungen, oder sie bewirken, daß die entgleiste Ordnung unter den am betreffenden Ort weilenden Menschen wieder hergestellt wird. Richtiges Benehmen ist eine wichtige Äußerungsform der Kultur.

10.5.3 Obwohl Wesentliches dazu schon unter anderen Begriffen gesagt wurde, soll auf den *Stil* hingewiesen werden, und zwar sogleich in theologisch-ethischer Zuspitzung. Stil (ursprünglich ein Schreibgerät) ist die Art und Weise des Ausdruckes, damit auch ein Verhalten überhaupt, mittels dessen manche Unsicherheiten bewältigt werden. Jürgen Albert (Diakonie, 1981, S. 103–107), von dem das folgende übernommen ist, hat den gebotenen Lebensstil als die „Gangart des Glaubens" in Verbindung mit diakonischem Verhalten gebracht. Danach ist der ethisch bedeutsame Stil dreifach zu gliedern, was mit Fachausdrücken geschieht, die jeweils in sich das Gemeinte anzeigen:
(1) Dieser Stil ist sympathisch, also mit-leidend. Er ist dem Leiden

verpflichtet, welches aus sich eine schöpferische Unruhe bewirkt und zur Agape hintreibt.
Er ist (2) symbiotisch (wörtlich = mit-lebend). Damit ist das gemeinsame Bemühen um gegenseitiges Verstehen gemeint, das das Verhältnis zwischen den Menschen angstfrei, sachlich und gegenseitig hilfreich macht.
Dieser Stil ist (3) synchronisch (wörtlich = zeit-gleich), also zeitgemäß, was ausdrücklich nicht ‚modern' im vordergründigen Sinne meint. Es geht darum, daß jemand sich für den Nächsten Zeit läßt, mit ihm die eigene Zeit teilt (vgl. Mt 5,41). Hinzu gehört die Geduld zum Wachsen- und Reifenlassen je „zu seiner Zeit", wenn die gute Saat des Gotteswortes ins Herz gesät wurde (Mk 4,26–29). So ist (sagt Albert a. a. O., S. 107) Stil „die Physiognomie des Heiligen Geistes, in Gang gesetzte Antwort auf den Stil Gottes, der unbedingte Offenheit meint und Leben".

10.6 Spiel und Sport

Der Mensch ist „homo ludens" (= Spieler). Damit ist jetzt nicht gemeint, daß er mit der Sünde und dem Feuer spiele, um seine Standhaftigkeit zu prüfen, was ihm meist mißlingt. Diese Seite des Menschen als ‚Spieler' darf in der Entwicklung nicht unterdrückt werden.
Wir meinen den Menschen mit seinem Spieltrieb (der rein genommen allerdings nur zur Verspieltheit führt), den er überlegt einsetzt. Damit nimmt er als Kind spielerisch die Erfahrungen des Lebens vorweg. Das ist Einüben in den Ernst des Lebens. Das Miteinander von Spiel und Ernst begleitet den Menschen durch sein ganzes Leben hindurch. Das kommt ebenfalls im Schauspiel auf dem Theater zum Ausdruck. Aus dem Spiel des Menschen heraus hat sich die breite Palette der Kultur entwickelt. Und Spielregeln sind Lebensregeln; denn das Spiel verlangt Partnerschaft – wenn einmal von modernen spielerischen Selbstbeschäftigungen abgesehen wird, bei denen der ‚Partner' durch Elektronik ersetzt wird. Im Spiel lernt man Verlieren- und Gewinnenkönnen, wie es ethisch verantwortbar ist.
Das Ineinander von Ernst und Spiel wird meistens im Laufe des

Lebens entzerrt. Das zeigen schon die Räume, denn zwischen die Welt der Wohnhäuser und Arbeitsstätten werden immer mehr Spiel- und Sportplätze, Schwimmbäder und Wanderwege oder Bühnen eingestreut. „Spiel reflektiert und studiert, und dadurch gestattet es Erholung von jedem ernsten Lebensvorgang so sehr, bis dieser selber leichter wird“ (E. Rosenstock-Huessy, Soziologie I, 1956, S. 67).

Wo im eigentlichen Sinne des Wortes gespielt wird, da sind Kampf und Krieg fern. Das hat in unserer Zeit erhebliche politische Bedeutung bekommen, weil die Machtblöcke ihr Selbstbewußtsein, etwa bei den Olympischen Spielen oder der zunehmenden Menge von Weltmeisterschaften, darstellen können. Solange die Nationen noch miteinander spielen und Sport treiben, schießen sie nicht aufeinander. Bedrückend ist allerdings, daß nationaler Ehrgeiz die sportlichen Talente maßlos fördert – der Gedanke an wissenschaftlich ausgetüftelte Dressur legt sich zuweilen nahe –, was eine für die betroffenen Sportler sehr zu bedauernde Begleiterscheinung ist.

Im weiteren Zusammenhang mit alledem ist Spielen eine Äußerung der Sorglosigkeit gegenüber dem Kampf des Lebens. Beim Spiel kann man alles um sich herum vergessen und die Zeit, also nur die Gegenwart, genießen. Das ist vergleichbar der Sorglosigkeit, von der Jesus Mt 6,25–32 unter Hinweis auf die Vögel am Himmel spricht. Spiel ist wahrlich nicht nur eine Kinderbeschäftigung, sondern eine Äußerung wahrer Kultur, die auch vor Gott im Lobpreis seiner Herrlichkeit ihren Platz hat – obwohl der Begriff Spiel als solcher in der Bibel keine Bedeutung gewann.

Ein Alarmzeichen ist gegeben, wo das Spiel seine ursprünglichen Funktionen verliert. Das fängt schon im Kinderzimmer an, wo durch technisch hochkompliziertes (und teueres) Spielzeug das Kind gar nicht mehr das eigentliche Spielen lernt und nur wenig Anregung für seine Phantasie bekommt. Ähnliches gilt, wo ursprünglich harmlose Spiele zur Mühe und Arbeit ausarten, womit die Freiheit der durch Freizeit geschaffenen Freiräume von innen her eingeschränkt wird. Am deutlichsten ist das dort zu sehen, wo ein Spieler regelrecht besessen ist und nicht mehr vom Spieltisch (auf dem Karten oder Chips vom Roulett liegen) loskommt und sich selbst sowie Angehörige obendrein in Not und Elend treibt. Ähnliches kann beim Fußball oder anderen großen Spielen beobachtet werden, bei denen auch noch die riesige Menge der Stadionbesucher und Vereinsanhänger eine zusätzliche Problematik bedeuten. Nicht selten wird die Grenze vom wirklichen Spielen als Ausdruck der Freude und Freiheit überschritten.

Mit unserem Gedankengang befinden wir uns inzwischen im Umkreis des Sportes. In diesem Sammelwort sind die Leibesübungen jeder Art im Freien oder in Hallen, zu Lande, in der Luft, auf dem Wasser und inzwischen auch unter der Wasseroberfläche zusammengefaßt. Doch Leibesübungen reichen nicht, weil es auch Denksport (Rätsel, Schach, Bridge und anderes) gibt. Und um ‚Übungen' handelt es sich zunehmend auch nur noch während der Anlauf- und Lernphase, weil beim Sport weithin das Element des (Wett)kampfes seinen Einzug hielt. Bekanntlich ist außerdem der Sport zunehmend zu einem Wirtschaftsfaktor riesigen Ausmaßes geworden, nicht zuletzt auch beim Fernsehen und den hohen Einschaltquoten dabei.

Zum Sport gehören somit eine Reihe von Betrachtungsfeldern; denn in ihm geht es um die Bewegung, Gesundheit und Freude, sodann um Leistung und Kampf im Hochleistungssport (was ist das für ein Ausdruck!) und im Breitensport. Und es geht um das Gemeinschaftserlebnis. In unseren Gesellschaften, in denen viele Arbeitsplätze gesundheitliche Probleme aufwerfen, zumindest aber Ausgleich für nur tätige und einseitige Beschäftigung verlangen, da übernimmt der Sport wichtige gesellschaftliche Aufgaben, die sich sowohl auf die körperliche Gesundheit erstrecken wie auf die Geselligkeit und das Begegnen mit vielen anderen Menschen – und im Stil der großen Wettkämpfe auch mit anderen Völkern.

Die Fragen der Durchführung des organisierten Sportes können hier ebenfalls nur am Rande berührt werden. Sportkampf ist im eigentlichen Sinne des Wortes ‚Konkurrenz', nämlich ‚rennen miteinander', und zwar um den Gegner hinter sich zu lassen (oder niederzuringen oder ihm Bälle ins Tor zu jagen). Solcher Kampf verläuft nach Regeln und braucht Schiedsrichter sowie Zeitnehmer und Meßlatten. Was wir beim Sport auch nennen mögen, hinter jedem eröffnen sich immer wieder neue Probleme, die in der Regel sozialethische Bedeutung gewinnen.

Ohne Frage verliert der Sport seinen ethischen und humanen Wert, wenn alles nur noch darauf abgestellt wird, daß die eine Gruppe besser ist als die andere. Und wer nach zwei Stunden Qual eines 25-km-

Langstreckenlaufes zwei Hundertstel Sekunden (das entspricht 3 oder 4 cm) hinter einem anderen durch das Ziel kam, ist eben nicht der Bessere, sein Name wird auch eher vergessen sein als der des ‚Siegers'. Die Konkurrenzkämpfe im übertragenen, bekannten Sinne des Wortes, sind im Sport auch an der Tagesordnung. Das gilt – erfreulicherweise – meist nur für den Hochleistungssport und für eine kleine Anzahl von Menschen samt ihrem Troß. Das allerdings kommt nicht zuletzt dem Steuerzahler wieder teuer zu stehen. Doch es sei wiederholt: viel lieber ist uns der Kampfsport und mit ihm ein bißchen Nationalismus als Krieg gegeneinander mit viel Vernichtung und Trauer.

Im übrigen ist der Sport – die „wichtigste Nebensache der Welt" –, wenn in ihm noch die Merkmale des frohen Spieles erhalten sind, eine gute Sache, in der Fairneß und Gemeinschaft neben der persönlichen Gesundheitsförderung geübt werden, und er macht Spaß. Ethisch betrachtet gilt nach wie vor das angestrebte Quartett aus den alten Zeiten des Turnvater Jahn, und zwar mit Nachdruck auf allen vier Inhalten des Wahlspruchs von 1848: Frisch, fromm, fröhlich, frei.

10.7 ‚M'-Kulturen

Die Überschrift verlangt Erläuterung; denn der Begriff steht nicht im Duden, er ist geprägt aus der Feststellung, daß ein sehr großer Teil der einzelnen unter Kultur einzureihenden Gebiete im Deutschen mit dem Buchstaben M beginnen. Wir fügen eine Reihe von ihnen aneinander, wobei einzelnes eine Rückbeziehung auf schon Besprochenes nötig macht, alles aber aus rein ethischem Blickwinkel so knapp wie möglich angerissen bleibt. Selbstverständlich sind – um das Wortspiel mit M durchhalten zu können – einige Begriffe mehr als Schibboleth (= Erkennungszeichen, vgl. Ri 12,5f) für dahinterliegende Zusammenhänge zu verstehen. Außerdem zeigt sich in vielen Fällen die enge Zusammengehörigkeit von Tugenden und Kultur, von christlich verstandener Ethik und Kultur im Sinne von Pflege wahren Menschseins auf Erden.

10.7.1 *Muße* braucht bekanntlich jeder Mensch; sie ist mit gedacht im Gebot zur Sonntagsruhe, sie ist – im bekannten Vergleich das Einatmen nach dem Ausatmen – voller Erquickung. Das Dolcefarniente (= süßes Nichtstun), also der Müßiggang, hat nichts damit zu tun, weil Muße höchst aktiv sein kann. Sie ist der gefüllte Zeitraum, in dem das schöpferisch erfüllte Menschsein zur Besinnung auf die Dinge und Verbindungen im Leben kommt, die jenseits vom schlichten ‚Kampf ums Dasein' nötig sind. Zur Muße gehört das Entspannen als eine der Gestalten der Freiheit, zu der uns Christus befreit hat (Gal 5,1), und die Stille mit dem aufmerksamen Schweigen, in der wir Gottes Stimme hören können. Unsere heutige durch Eile und Hast gepeitschte Gesellschaft, zumindest der westlichen Länder, muß von vorn beginnen, um die hohe Bedeutung der Muße als Ausgangsbasis für alle Kultur zu erfassen. Denn nur durch sie hindurch ergibt sich die Gelegenheit zum schöpferischen Tun des Menschen im tieferen Verständnis. Und nur aus solcher Muße heraus sind wir frei für den Dank und den Lobpreis gegenüber Gott.

10.7.2 *Musen* sind zunächst in der griechischen Mythologie die neun Göttinnen der höheren Schöngeistigkeit, davon abgeleitet verschiedene Bezeichnungen für einige darstellende Künste. Weil die meisten unter unseren ‚M'-Kulturen auftauchen, sei hier nur auf zweierlei verwiesen.
Einmal ist die *Tanzkunst* ein dem Menschen innewohnendes Vermögen, das in unserem Kulturkreis fast ganz auf den Gesellschaftstanz mit seinen festgelegten Formen und Rahmen sowie auf den Volkstanz mit ähnlichen Abgrenzungen verwiesen wurde. Dabei ist bekanntlich in Asien, Afrika und Südamerika der Tanz eine nicht zu hemmende Äußerung der Lebensfreude – wobei von religiös-ritual bestimmten Tänzen einmal abgesehen wird. Wenn Jesus (Mt 12,34) sagt, daß dem, dessen Herz voll ist, „der Mund übergeht", gilt das auch für die weiteren Körperglieder, dann ist das Verhalten der nichtabendländischen Menschen, auch der Christen, zu verstehen, weil Freude zur Bewegung treibt. Das bekannte biblische Beispiel dafür ist König David bei der Überführung der Bundeslade nach Jerusalem, der voller Freude „mit ganzer Hingabe vor dem Herrn her" tanzte (2Sam 6,14; vgl. auch Jer 31,4). Der Mensch ist immer dann als Leib, Seele und Geist zusammen zu begreifen.

Das Abendland machte aus dem Tanz seit etwa zwei Jahrhunderten den Paartanz mit engerer körperlicher Berührung; er wurde also stark vom Bereich des Erotischen vereinnahmt. In den ethischen Betracht gehört selbstverständlich die Erwähnung des Entgegengesetzten, daß Tanz Schranken niederreißen kann, die besser geblieben wären, und daß er bis in den Trancezustand führen kann, wo die Tanzenden ihrer Sinne nicht mehr mächtig sind.

Zweitens soll im Zusammenhang dieser Aufzählung (von der Muse Kalliope angeregt) die Bedeutung des *Schreibens und Lesens* angesprochen sein. Beides ist durchaus des Erwähnens wert, obwohl jeder meint, bis auf die immer weniger werdenden Analphabeten seien wir doch längst dieser ‚Kulturtechniken' kundig. Gewiß, aber wie ist es mit der Anwendung? Genaues Hinschauen läßt überraschenderweise erkennen, daß viele Menschen um uns herum gewissermaßen zwar nicht tatsächliche, aber praktizierende Analphabeten sind. Wer schreibt noch, abgesehen vom Ausfüllen von Formularen und von Unterschriften? Genannt sei nur das (private) Briefeschreiben. Es ist weithin vom Telefonieren verdrängt. Und beim Lesen ist es ähnlich, trotz des hohen Zeitungs- und Zeitschriften-Konsums. Das Lesen in Muße, die dazu nötig ist, oder seine Gedanken zu Papier zu bringen, um sie jemandem anderen mitzuteilen, das ist eine Fähigkeit, deren Vernachlässigung sich bei unserer nichts behalten könnenden und schnellebigen Gesellschaft auf die Dauer nachteilig auswirken wird. Vermutlich hängt für Christen damit zusammen auch das viel zu seltene gründliche Lesen in der Bibel, unserer schriftlichen Glaubensgrundlage.

Wenigstens erwähnt werden muß hier das kaum noch zu übersehende Gebiet des Literaturschaffens, bei dem das Bemühen um gute und um christliche Literatur gegenüber der Flut entgegengesetzter Druckerzeugnisse jede Unterstützung durch Gemeinde und einzelne braucht. Dieser Hinweis gilt trotz des bekannten Satzes aus Koh 12,12f: „Es nimmt kein Ende mit dem vielen Bücherschreiben, und viel Studieren ermüdet den Leib. Hast du das alles gehört, so lautet der Schluß: Fürchte Gott und achte auf seine Gebote, das allein hat jeder Mensch nötig."

10.7.3 Neben das Lesen und Schreiben sei die *Mathematik* gestellt, die als weitere Kulturtechnik in unseren Schulen gelehrt wird. Ihr verbunden ist die Muse Urania, mit anderen Worten die Astronomie. Hinter dieser wiederum steht das denkende Ordnen aller Erscheinungen im Weltall nach beiden Richtungen hin, im Makro- und im Mikro-Kosmos. Das gehört zum ursprünglichen Kulturauftrag an den Menschen hinzu (Gen 2,15–17). So ist Mathematik für uns ein Stichwort dafür, um in den hier anzuschneidenden Umkreis auch das einzubeziehen, was wir Logik und Klärung des Denkens nennen; denn Mathematik ist letztlich nichts anderes als in Zahlen und Symbole umgesetzes Anwenden von Regeln und folgerichtig aufeinander bezogene und miteinander in Verbindung stehende Gesetzlichkeiten der Welt. Sie ist eine Art Philosophie, die auf das Leben Einfluß nimmt.
Sodann ist Mathematik ein Stichwort für die Ethik der Baukultur. Nicht jede berechnete Statik berechtigt zu gigantischen Bauten, die auf weite Sicht weder ästhetisch noch vor allem menschenfreundlich sind.

10.7.4 Nun nennen wir das Stichwort *Memory* und wollen damit nochmals auf die *Geschichte* hindeuten. Die Muse Klio ist ihr verbunden und beweist, daß schon die Vorväter davon wußten, wie töricht und schädlich es ist, wenn die eigene Geschichte mißachtet wird. Niemand lebt aus sich heraus oder aus seiner gegenwärtigen Umwelt. Alle Wissenschaften vom Menschen leben von dem Gewicht der Geschichtsbedeutung. Daher haben die Menschen sich Museen (= den Musen gewidmet) gebaut. Im *Museum*, sei es der Urgeschichte, Naturgeschichte, Völkerkunde oder der Malerei und Skulptur bestimmt, wird jeweils Geschichte ‚gesammelt' und vorgestellt. Jeder Museumsbesuch kann zum Staunen und Bescheidenwerden anregen, weil dokumentiert wird, daß die Väter und Vorfahren ebenfalls Bedeutendes leisteten und großartige Einfälle hatten.
Der Mensch ist gegenüber dem geschichtslos vegetierenden Tier nicht nur anthropologisch und ethnologisch, sondern auch über die Religion an die Geschichte gebunden. Die Ethik selbst, als eine der Gegenwart zugewandte Wissenschaft, ist begründet in der Geschichte, wodurch auch die christliche Ethik ihrer Richtung erhält. Denn der Christenglaube ist selbst in die Geschichte hineingebunden und mit ihr gewach-

sen. Die Welt und Menschheit als Kultur betrachtet ist als solche Geschichte. Ethische Entscheidungen müssen zweierlei berücksichtigen: einmal die geschichtlichen Entwicklungen und Zusammenhänge, also ihre Wurzelgründe, zum andern die soziologischen Erkenntnisse, welche gegenwartsbezogene, großflächig zu beobachtende Erscheinungen als Teil des zu beurteilenden Handelns der Menschen sind. Deshalb ist Geschichtsbewußtsein Teil der Orientierung für die Zukunft. Gott überspannt alle drei Zeiten, wovon das Zeugnis der Bibel voll ist; denn er erhält und begleitet seine Schöpfung durch alle Zeiten und will nicht „im leeren Raum" bloß dem Augenblick verhaftet sein und angebetet werden (vgl. u.a. Jes 45,18f).

10.7.5 Hier ist mit *Memoria* der gleiche Ausdruck (statt englisch nun lateinisch) unmittelbar anzuschließen. Er zielt jetzt auf den Umgang mit Gestorbenen in Gestalt von Grabsteinen, von Gedenk- und Mahnmälern. Für alle Kulturen der Erde ist der Ort der Toten ein besonderer, meist heiliger Platz. Darin kommt etwas vom ‚Recht der Toten' zum Ausdruck. Vieles, was wir über das Leben bis zurück zu den Urmenschen wissen, wurde in Beisetzungsstätten entdeckt. Schon immer erwarteten die Menschen ein Weiterleben nach dem Sterben, schon immer war ihnen der große Lebensfeind Tod unheimlich. Und schon immer setzte die Trauer Denkmäler über den Abschiedsschmerz ebenso wie die Eitelkeit und Machtbesessenheit.
Friedhöfe sind ein besonderes Symptom für den jeweiligen Kulturstand und die Äußerung der Religiosität. Insofern ist das Umgehen mit den Gestorbenen eine Frage der ethischen Haltung, die für Christen eng verknüpft bleibt mit dem, der der Erste der Entschlafenen ist, also mit dem Tod und Auferstehen Jesu Christi (1Kor 15,20f). Das führt entweder zu besonders nüchternen und schmucklosen Gräberfeldern, die ohne Bedenken nach wenigen Jahrzehnten neu belegt werden können, oder es werden auf die Friedhöfe ganze Vermögen in Bauten über den Toten ausgegeben. Daneben gibt es noch in einigen Ländern die Sitten der Verbrennung, wonach die Asche entweder in einem Park oder über dem Meer ausgestreut wird. Andererseits findet sich das Einbalsamieren und Aufbahren der toten Persönlichkeit.
Die Beisetzungsriten der Menschheit sind von vier Verhaltensweisen bestimmt (vgl. J. Illies, Das Geheimnis des Grünen Planeten; 1982, S.

184) (1) Das kann nicht wahr sein, vielleicht schläft der Tote nur (wie in Mt 9,24). Deshalb wird er schön gekleidet, oft auch geschminkt. Das Denken wehrt sich gegen die Wirklichkeit Tod, Blumenschmuck lenkt davon ab. (2) Er ging auf die große Reise, wozu Grabbeigaben bis hin zum ‚Fährgeld' nötig sind. (3) Der Gestorbene soll bei uns bleiben. Erinnerungsstücke, Fotos und bei manchen Völkern sogar sein präparierter Schädel, mindestens Haare, werden aufgehoben. Sein Zimmer oder Schreibtisch wird nicht angerührt. Mumifizierungen bezwecken dasselbe. (4) Letzteres gilt für die ‚sterbliche Hülle', den Körper; aber die Seele und des Verstorbenen Geist sind ‚unsterblich'. Das meint nicht nur Philosophie und manche Religion, sondern Naturwissenschaft kann ähnliches folgern nach dem Gesetz der Erhaltung von Masse und Energie. Danach muß die ‚Geisteskraft' (außer in Büchern u. dgl.) doch ‚irgendwo' weiterexistieren.
Die ethische Haltung und Einstellung für Christen dabei zeigt eine große Bandbreite. Sie hat jedoch ihre Grenze dort, wo die Ehre Gottes und die Botschaft vom Leben mit Christus in Ewigkeit überdeckt wird durch die Menschen und ihr Werk. Das bedeutet aber kein Freibrief für völliges Unterlassen jeglichen Gedenkens an Gestorbene.
Der Ausdruck für Gestorbene durch kriegerische Ereignisse ist Gefallene. Ehrenfriedhöfe für sie in vielen Ländern werden gepflegt, weil die (zunächst) Gleichaltrigen dort ihre Toten liegen haben. Zugleich aber sind Ehrenfriedhöfe sichtbare Mahnungen zum Frieden unter den Völkern. Es wäre nur zu fragen, ob manche Ehrenmäler mit vielen Namen darauf, weit über ein Jahrhundert hinweg in so großer Zahl noch zu rechtfertigen sind.
Die kritische Sonde für unser Verhältnis zu Totenmälern jeder Art ist da anzusetzen, wo das Bekenntnis zu unserem lebendigen Herrn Jesus Christus beginnt, verdunkelt zu werden.

10.7.6 Hohen Rang unter den ‚M'-Kulturen nimmt die *Musik* ein, für die unter jenen griechischen Musen gleich drei vertreten sind, nämlich für die sogenannte leichte Musik und für verschiedene Musikinstrumente, auf denen mehr die sogenannte ernste Musik vorgetragen wurde. Bekannt ist das hohe Lob des musikalischen Martin Luther: „Die Musica ist eine schöne, liebliche Gabe Gottes, sie hat mich oft so erweckt und bewegt, daß ich Lust zu Predigen gewonnen habe“ (aus den Tischreden). Abgesehen von einigen abwegigen Kulten ist jede Religion mit Musik verschiedenster Art verbunden. Im Alten Testament ist das umfangreiche Gesangbuch Israels, der Psalter, ein Zeugnis dafür. In ihm ist zugleich und selbstverständlich sehr viel Theologie enthalten. Mehrfach werden wir in der Bibel aufgefordert, „dem Herrn ein neues Lied zu singen“ (z.B. Ps 108,1f; 137,1–6; 149,1–3, wo das Singen mit dem Tanzen verbunden ist, ebenso der letzte Psalm 150, in dem eine Reihe von Musikinstrumenten aufgezählt sind). Hymnen, Psalmen und Lieder finden sich manche in der Bibel, beginnend beim Mose-Lied Ex 15 (worin auch die Lieder der Frauen ausdrücklich mit erwähnt werden in Vers 20f), über die erwähnten Psalmen bis hin zum Lobgesang bei der Abendmahlseinsetzung Jesu (Mt 26,30), über den Gemeindegesang (Eph 5,19) und schließlich bis zum „neuen Lied“ in Offb 5,9 und 14,3.

Solcher Lobgesang ist erkennbar als Wirkung des Heiligen Geistes. Im Gottesdienst ist das Singen nicht nur die (oft etwas mäßige) aktive Beteiligung der Gemeinde an seinem Ablauf, sondern zugleich Akt des Bekenntnisses.

Für christliche Ethik ist das der Einsatzpunkt allen Umganges mit Musik, sei sie gesungen oder instrumental ausgeübt, sei sie nur ‚konsumiert‘, also angehört. Unser Zeitalter ist wegen der Massenmedien überflutet mit Musik, wie es nie zuvor in der Weltgeschichte war. Doch auch hier wieder muß gesichtet und gewichtet werden nach auferbauend, nur zerstreuend oder schädigend. Das betrifft neben der Lautstärke der Musik auch deren Form und Inhalt. Es gibt Untersuchungen medizinisch-psychologischer Art darüber, welche Art von Musik dem Menschen nützt oder schadet. Obwohl der Erfahrungszeitraum für diese Untersuchungen noch nicht über mehrere Generationen ging, ist bereits erkannt, daß manche Musik, vor allem wenn sie entweder zu Trancezuständen führt oder durch ihre Kompositionsart der Menschennatur zuwider ist, physische oder psychische Schäden hervorrufen kann. Sogar bei der Musik stehen wir also vor den Überlegungen nach dem Was und Wie ihres ‚Konsums‘. Theologisch geurteilt ist eindeutig, daß dann, wenn Gottes Geist auch durch die Musik wirkt, ebenso teuflische Mächte dies Mittel zur Beeinflussung des Menschen wählen.

10.7.7 Das gleiche gilt für die *Malerei* einschließlich der Plastik. Ihre Themen und Techniken sind schier unerschöpflich. Wir haben sie hier nicht aufzuzählen, sondern knüpfen an das Vorige gleich an. Wieder ist eine Spannbreite von der Ikonographie (den heiligen Bilderwänden in jeder orthodoxen Kirche) bis hin zur abstrakten Malerei der Gegenwart gezogen, angesichts derer die Betrachter nicht wissen, ob sie für dumm verkauft werden sollen; denn vieles unter der neueren Malerei mag zwar originell – und damit eine ‚künstlerische Schöpfung' – sein, aber es hängt nicht mehr mit ‚Kunst' in der eigentlichen Bedeutung des Wortes, mit besonderem ‚Können' zusammen.
Für christliche Beurteilung gilt erneut, die Geister zu prüfen. Sehr praktisch ist dann zu überlegen, welche Kunstwerke man in seiner eigenen Umgebung, vor allem zu Hause haben möchte und sollte. Dabei ist zu berücksichtigen, daß Schmuck an den Wänden einmal beeinflussend wirkt und zum anderen über die Geisteshaltung des Besitzers Aussagen macht. Erinnert sei nur an die ‚Schlafzimmermalerei' schon Generationen hindurch. So ist wichtig, daß Bilder neben Blumen und Büchern sowie neuerdings auch Bildschirmen (den vier B unserer Wohnzimmerkultur) außer unter Geschmacksfragen, vor allem unter dem Gesichtspunkt ausgewählt werden, ob sie Aussagen machen und welche. Das brauchen in einer christlichen Familie selbstverständlich keineswegs nur Motive aus der Bibel und christlichen Geschichte zu sein; aber deren Bilderschmuck sollte weder das Auge noch den Glauben beleidigen.

10.7.8 Wir kommen zur *Mode*, die sich ebenfalls in der gerade erwähnten Wohnkultur bemerkbar macht und in vielen Erscheinungsformen eines Zeitalters den gemeinsamen Geschmack darstellt. Weil damit erhebliche Möglichkeiten zu geschäftlichem Gewinn verbunden sind, haben viele Industrien sich darauf eingestellt und versuchen, ihrerseits die Mode und ihren im Unterschied zur Sitte schnelleren Wechsel noch zu beschleunigen.
Von der lateinischen Wortwurzel modus = Maßstab und seiner grammatischen Verwendung her läßt sich ethisch einiges über sie sagen. Die Wirklichkeitsform (Indikativ) macht jede Mode zu einem Zeichen dafür, daß die betreffenden Menschen sich als Kinder ihrer jeweiligen Zeit und Umwelt entsprechend solidarisch verhalten. Dabei gilt der

Rückständige als altmodisch und der Vorreiter als neumodisch, zu schweigen über jene, die alle Modetorheiten (einschließlich der Modewörter) jedesmal mitmachen. Ein Beispiel dafür, wie eine Gruppe von Menschen hinsichtlich ihrer Kleidung ‚aus der Mode' geraten kann, sind die Diakonissen. In den 30er Jahren des vergangenen Jahrhunderts gab Fliedner ihnen als gemeinsame Kleidung das Gewand der verheirateten Bürgersfrau seiner Zeit und Landschaft. Damit waren sie in die Lage versetzt, sich als Frauen in der Öffentlichkeit allein zu bewegen, um ihrem Pflegedienst nachzugehen. Alle Welt wandelte sich und mit ihr beständig die Kleidermode; nur die Diakonissen behielten ihr einmal eingeführtes Kleid, das sie allmählich als ‚Tracht' tragende Sozialgruppe erscheinen ließ. Immer seltener wird jedoch die Zuordnung von Kleidung zu bestimmten Ständen (abgesehen von Uniformen). Sogar die Männer- und Frauenmoden gleichen sich immer mehr an.

Hinsichtlich der Mode muß jeder wissen, wozu er sich entscheiden und ob er unbedingt durch Schwimmen gegen den Strom auffällig werden möchte. Die meisten Moden machen aber uniform (Beispiel: die weltweit andauernde Jeans-Mode). Daß unanständige Moden, die es gibt, zu meiden sind, versteht sich von selbst. Hier taucht die Möglichkeitsform (Konjunktiv) auf, in unserem Zusammenhang also die Grenze der Moden am Geldbeutel oder bei Staaten, die sich den Standard anderer nicht leisten können, obwohl – womit der Modus der Wunschform (Optativ) vor uns steht – das Sehnen nach der schickeren oder vielleicht zeitgemäßeren Mode vorhanden ist. Theologisch wird im Wandel der Mode auch die „Sehnsucht des Menschen nach dem Sein im Lichtkleid der Vollendung verstanden" (Offb 3,4; W. Philipp, Ev. Kirchenlexikon, Band II, 1958, Sp. 1408), was sich bei einzelnen Gruppen auf die Art ihrer Kleidung auswirkt.

10.7.9 Manche Moden bewegen sich schon in der Nähe der *Maske und Mime*. Hinter diesen Begriffen stehen die beiden Musen der Tragödie und Kommödie, für uns das weite Feld von Theater, Schauspiel, Oper, Pantomime, also die Schauspielkunst jeder Art. Sie hat ihren Ursprung wie so vieles in den Ängsten vor Dämonen, die abgewehrt werden sollen, und in vielerlei Aberglauben. Durch darstellendes Wiederholen von Ereignissen will sie diese bewältigen und besser verstehen, womit sie auch belehrend für die Zuschauer werden. Hinter einer vorgegebenen Maske und Gestalt, die man selbst gar nicht ist, wird mit dem Fluidum eines anderen Wesens etwas auszudrücken versucht. Viele Menschen schöpfen neben der Unterhaltung, die gutes Theater – bis hin zum Zirkus, der Kirmes, dem Filmproduzieren, wenn die Theaterwissenschaft solche Nachbarschaft gestattet – bietet, aus den Vorstellungen frische Kräfte und oft neue Zuversicht. Damit ist für christliche Ethik bereits zum Vorschein gekommen, daß säkularisierten Menschen diese Kunst zur Ersatzreligion geworden ist. Sogar in den längst üblich gewordenen Zeitüberschneidungen zum sonntäglichen Gottesdienst wird das sichtbar. Hier ist also neben den nützlichen und nötigen Funktionen der künstlerischen Darstellung jeder Art deutlich zu unterscheiden und abzuschneiden, was nicht mehr der Ehre Gottes dient. Wie weit dabei zu gehen ist, muß im einzelnen das jeweilige Beispiel erweisen. Es geht zu weit, wenn manche religiöse Kreise – aus anderen Ängsten heraus – alles Theater völlig meiden.

10.7.10 Der Vollständigkeit halber sei noch einmal auf den sportlichen Wettkampf unter dem englischen Ausdruck *Match* kurz eingegangen und nachholend herausgehoben, daß neben der Körperertüchtigung mit vielen Übungen zum Gesundbleiben das geistige Gesundbleiben nicht vergessen werden darf. So wie durch verschiedene Arten von regelmäßigen Körperübungen die Muskeln trainiert und gestärkt werden, ist es auch mit dem Körperteil Gehirn. Das Bessern und Trainieren des Gedächtnisses, das im Gehirn angesiedelt ist, ist wesentlich durch Auswendiglernen zu erreichen. Es ist eine fast sträfliche Kulturschande, daß die gegenwärtige Generation, vornehmlich im Schulunterricht, das völlig zu vernachlässigen wagt. Und die Behauptung, Denk- und Urteilsfähigkeit mache das Lernen von reinem Wissensstoff überflüssig, ist schon auf der Grenze zur ideologischen Indoktrination, welche die Masse Mensch, die wenig Gelerntes aus Geschichte und Gegenwart zum eigenen Urteil verfügbar hat, damit leichter beeinflussen kann.
Hier ist in unseren Zusammenhängen auf die uralte Ordnung der israelitisch-jüdischen Frömmigkeit hinzuweisen, für die das Lernen und Weitergeben ihrer Heilswahrheiten unerläßlich ist. Gemeint ist

das bekannte Sche'ma Israel = Höre Israel (Dtn 6,1–9, bes. V. 4. Vgl. ferner Ps 78,1–7; 119,71f; Mt 5,1f; Joh 6,45; Offb 1,3).
Nur scheinbar entfernten wir uns damit vom Leitwort Match. Doch wer so durch gelerntes Gutes – es handelt sich selbstverständlich nicht nur um Bibeltexte oder Choräle – an Geist und Seele gestärkt ist, wird auch mit Maßstäben für körperliche und sonstige Kämpfe im Leben gerüstet sein.

10.7.11 Ein Gebiet im Umkreis der Kulturpflege ist das *Mäzenatentum*. Dabei handelt es sich um ihr Vermögen einsetzende Personen zur Förderung der Künste. Viele Orchester, Galerien, Wissenschaften, ganze Hochschulen und manche künstlerische Existenzen sind nur durch Mäzene und ihre reichen Stiftungen möglich. Das gilt immer noch und sollte – wobei wir einen Brückenschlag zur Wirtschafts- und Steuerpolitik vollziehen – zum Wohl der Menschheit nicht unterbunden, sondern eher angeregt werden. Nur auf diesem Wege sind schon viele schöngeistige und außerdem nützliche Werke für die Menschheit geschaffen worden.

10.7.12 Daneben gehören die bereits früher erwähnten *Moneten* (hängt mit Münze zusammen, engl. money). Wie sie in Haushaltsplänen von Staaten und Städten ihren Ort haben, so ist es auch im häuslichen und familiären Bereich, in dem eingeteilt werden muß, damit auch für die Kultur etwas übrig bleibt. Das ist hier ebenso angesprochen wie die Kultur und Ethik des Geldausgebens als solche, von der die ‚Wegwerfgesellschaft' nur eine abartige Erscheinung ist. Ob über Geld in ‚guter Gesellschaft' geredet werden darf oder nicht, sei dahingestellt. Auf jeden Fall ist der Umgang mit ihm eine Frage im Bereich der Kultur im urtümlichsten Sinne des Wortes, wobei psychische neben ökonomischen Gesichtspunkten hinzukommen. Mit Geld kann manches gekauft werden, aber nicht alles. Man denke daran, daß zwar Betten, aber nicht Schlaf, Medizin, aber nicht Gesundheit, Besitz, aber nicht Zufriedenheit, Luxus, aber nicht Kultur, Vergnügungen, aber nicht Glück gekauft werden können. Und ewiges Leben erst recht nicht.
Wiederum darf nicht übersehen werden, daß hinsichtlich des Einsatzes von Geld für Kultur auch die Kulturschaffenden selber ebenso

einen Beruf ausüben und für ihre Arbeit Lohn verdient haben, wie es für Handwerker oder geistig Schaffende anderer Art zutrifft. Da überrascht nicht manche Regelung, Urheber-Ansprüche durch einschlägige Gesellschaften geltend zu machen oder geistigem Diebstahl (Plagiat), auch dem ungehemmten Fotokopieren sowie Band-Aufzeichnungen, Riegel vorzuschieben. Andererseits ist zu bezweifeln, ob finanzstarke Anstalten von Massenmedien Honorare an wirkliche oder angebliche Talente in Größenordnungen ausschütten sollten, die den oft noch jugendlichen ‚Künstlern' ethisch betrachtet nicht förderlich sind und wenig Solidarität kundtun.

10.7.13 Das Lernen und Erziehen wurde ebenfalls schon angesprochen. Wir greifen es erneut auf und verbinden es mit dem Wort *Maturum* (= Reifeprüfung). Der Mensch lernt vieles in seiner Jugend, er legt Examen ab und erlangt damit Berechtigungen. Dann sammelt er Erfahrungen in der Praxis des Lebens. Richtige Erfahrung ist das aber nur, wenn der Mensch damit nicht ungezähltes Wiederholen ein und derselben Tätigkeit oder Aussage meint, ohne sie je durch Vergleiche daraufhin geprüft zu haben, ob sie verbesserungsfähig sei.
Angesichts der heutigen schnellen Entwicklung, die das Wissen der Menschheit gegenwärtig in etwa einem Jahrzehnt verdoppelt, sind für jeden geistig regen Menschen nach seinen Ausbildungsjahren Fort- und Weiterbildungen unerläßlich geworden. Welcher Art sie sind, das hängt von den Umständen und nicht zuletzt der Beweglichkeit oder Lust des einzelnen ab.

10.7.14 Wir kommen zum Problemkreis *Milieu*. Der Begriff hat verschiedene Färbung, je nachdem er ideologisch, soziologisch, juristisch oder psychologisch aufgegriffen wird. Wir bleiben in unserem Rahmen christlicher Ethik und weisen vor allem darauf hin, daß die Prägung, die ein Mensch in seinem Milieu erfuhr, das heißt durch seine Lebensumstände und Umwelt samt Familie und Sippe, sich erheblich auf sein Denken und Verhalten auswirkt. Das gilt ebenso für sogenannte ‚christliche Kreise', die ihre eigenen Stilformen entwickeln. Das zeigt sich im vielstimmigen Chor der Konfessionen, wie sie bei Weltkirchenkonferenzen zur Vorstellung gelangen.
Kaum jemand wird seinem Milieu völlig entwachsen. Dennoch gilt

nachdrücklich und deutlich erkennbar, „wenn jemand in Christus ist, der ist ein neues Geschöpf: das alte ist vergangen, Neues ist geworden“ (2Kor 5,17). Im vorausgehenden Vers hierzu betont Paulus, daß lebendige Christen damit auch „nicht mehr nach menschlichen Maßstäben eingeschätzt werden“, sondern als die in Jesu Nachfolge Lebenden erkannt werden. Das ist eine Grunderkenntnis allen diakonischen Arbeitens, das keinerlei ‚Klassen‘ kennt. Joh 3,3–8 spricht Jesus von dem gleichen, nämlich dem Neugeborenwerden eines Menschen durch den Heiligen Geist. So wird jemand aus seinem alten Milieu herausgenommen und in die Gemeinschaft der „Kinder des Lichtes“ (Eph 5,8–11) gestellt, die damit auch einen anderen Lebensstil entwickelt.

10.7.15 Zu solchem Lebensstil gehört das *Maßhalten*. Es ist ein altes Thema der Kirchenväter und Philosophen und hat viele Wurzeln in der Bibel. Wir nennen einige wenige Beispiele. Jesus fragte einmal seine Jünger, ob sie angesichts ihres Daseins als einkommenlose, umherziehende Wanderprediger mit ihm „ohne Geldbeutel, ohne Vorratstaschen und ohne Schuhe etwa je Mangel gehabt“ hätten (Lk 22,35), was sie verneinten. Das gilt für die Frommen zu jeder Zeit. Das ist schon die Erfahrung des Volkes Israel während seiner Zeit der Wüstenwanderung, als Gott sie durch Manna und Wachteln ernährte. Sie haben ihr „täglich Brot“ von ihm erhalten, wobei Vorratshaltung aus bestimmten Gründen verboten war. Paulus gibt ein Lehrbeispiel für Maßhalten im Sinne vom Sich-genügen-Lassen in Phil 4,11–18, wo er erklärt: Er kann im Überfluß oder unter Entbehrungen leben, allemal findet er das nötige Maß durch die Kraft Christi. Das eigene maßvolle Leben in jeder Hinsicht, das auch medizinisch und hygienisch sehr angeraten ist, befreit zur Umsicht und der Fähigkeit, sich anderen mitzuteilen. Es ist eine angemessene Lebenshaltung des Christen auf seinem Weg zur Vollendung des Reiches Gottes. Das Maßhalten hat in dieser Verbindung also außer persönlichen Vorteilen noch diakonische und eschatologische Bedeutung.

10.7.16 Scheinbar abwegig schließen wir hier das Stichwort *Mahl* an, womit auf die Eßkultur hingewiesen ist. Zum Menschen gehört wie zu jedem Lebewesen der Trieb nach Nahrung, also nach Speise und nach

Arbeitsgemeinschaft Kirchentagsbuchhandlung - Ruhrgebiet 1991

Herkulesstraße 9-11

4300 Essen 1

Juni 1991

Quittung

über

1 theologische Fachliteratur 24,50

7% Mehrwertsteuer enthalten

Getränk. Hier gilt das soeben erwähnte Maßhalten, denn jedes Übermaß – einschließlich des Aufnehmens bekannter, schädigender Nahrungsmittel – führt zu Krankheit, Trägheit, Trunksucht und in mancherlei Gier hinein. Es ist gewiß kein Zufall, daß (neben der Spruchweisheit des Alten Testamentes) Paulus auch hierauf zu sprechen kommt. Röm 13,13 warnt er im Zusammenhang mit dem Nahesein des Jüngsten Tages (!), daß die Christen „ehrbar leben wie am Tage, nicht in Fressen und Saufen". Und 1Kor 10,31 lesen wir: „Ob ihr eßt oder trinkt oder etwas anderes tut: tut alles zur Verherrlichung Gottes!". Vorher (Vers 21f) wird außerdem auf solchen Benimm bei Mahlzeiten hingewiesen, der der Gemeinschaft, sogar dem Gemeindeaufbau förderlich ist.

Der menschliche Nahrungstrieb ist damit von dem des Tieres weit fortgerückt. Das erweist sich schon daran, daß der Mensch seine Nahrung zubereitet und – wenn er Kultur hat – sie der Gesundheit zuträglich und außerdem schmackhaft genießt. Ist es da nicht ohne weitere Besinnung für Christen selbstverständlich, regelmäßig das Tischgebet zu pflegen? Zur christlichen Kultur auch des ‚Bekennens' gehört es beim Mahl dazu.

Noch ein anderes soll hier unter ethischen Vorzeichen angesprochen sein. Das Essen und Trinken dient nicht nur der Nahrungsaufnahme, es ist unter Menschen obendrein eine der wichtigsten Formen geübter Gemeinschaft, bis hin zum Beginn des „brüderlichen Teilens" zwischen Habenden und Nichthabenden. Ob es bei der Gemeinschaft sich um das alltägliche Treffen der Familie oder Kollegen um den Tisch handelt, ob es Festmahlzeiten oder die in Mode gekommenen Arbeitsessen sind: jedesmal wird damit verbunden die Mahlgemeinschaft. Dahinter ist ferner die Verknüpfung zum Sakrament des Herrenmahles angedeutet. Vorgezeichnet ist das Festmahl Gottes in seiner Vollendung schon Jes 25,6, auch Ex 24,11. Es geht über Jesu Gleichnis vom königlichen Hochzeitsmahl (Mt 22,1–14 u. Lk 14,15–24) und die Abendmahlseinsetzung bis hin „zur Erfüllung dieses Mahles im Reiche Gottes" (Lk 22,16). So weit ist der ethische Spannungsbogen von der täglichen Mahlzeit her zu sehen.

10.7.17 Sehr banal stehen daneben die *Manieren*, die Art und Weise des Umganges miteinander. Rechte Manieren zu haben, also das, von dem es heißt „das tut man nicht“ (vgl. Gen 20,9 u. ö., die ‚deontische Ethik‘), während anderes gerade zu tun ist, ist grundsätzlich nicht zu vernachlässigen. In anderem Zusammenhang war schon vom sittsamen Benehmen die Rede. Daher sei es hier nur der Vollständigkeit halber erneut genannt.

10.7.18 Dasselbe gilt für die Kultur der *Medien*, welche unser Leben im technischen Zeitalter immer mehr zu bestimmen ‚drohen‘ als etwas, das sich (wie die Wortbedeutung meint) zwischen-hineinschiebt. Dadurch wird die unmittelbare Verbindung von einem Menschen zu einem anderen oder von einem Menschen zu sehr vielen anderen nicht oder nur noch schwer möglich. Auch hier gilt die Weisheit aus 1Thess 5,21: „Prüft alles, und behaltet das Gute“, das es dann zu tun gilt (Tit 3,1f.8f). Ob zum Beispiel das Verhältnis des Zeitaufwandes zwischen Produktion und Information heute noch gut und richtig ist, gehört zu dieser Prüfung. Und wichtig ist zu beobachten, ob die Medien zu einem Mittel der Macht mißbraucht werden.

10.7.19 Eine völlig andere Art der Verwendung von Medien findet sich in der *Mantik*. Das ist der Sammelbegriff für die weltweite Wahr- und Weissagungskunst, zu der Orakel, Visionen, Okkultismus, Talisman, Spuk, Strahlungsglaube, selbstverständlich auch Astrologie, Horoskop und Traumdeutungen gehören. Mantik ist als Bereich des Dämons Aberglauben in der Reihe der ‚M‘-Kulturen die Unkultur.
Die begonnene Aufzählung muß erschütternderweise weitergeführt werden: Hexensabbate, ‚Besprechungen‘, Beschwörungen, Spiritismus, Weiße Frauen, Erscheinungen und manches andere. Vieles sind Vorkommnisse in unserem Alltag, die ungezählte Menschen für harmlos oder als Spielerlei ansehen. „Den Teufel spürt das Völkchen nie, und wenn er sie beim Kragen hätte“, läßt Goethe seinen Mephistopheles zu Faust sagen, der selbst fest in den Krallen der Mantik und *Magie* saß.
Von der Mantik (Griech./lat. = rasen, nämlich die Ekstase des Sehers) und ihrer Verbreitung soll die Aufzählung genügen und möglichst auch abschreckend wirken. Auf sie ist – in Anlehnung an Karl Barths Beschäftigung mit Teufel, Satan, dem Bösen und dem ‚Nichtigen‘ – nur ein kurzer zorniger Blick zu werfen. Denn dieses alles beherrscht

in unvorstellbarem Ausmaß das Denken und Verhalten oft auch der aufgeklärtest sein wollenden Menschen in unserer hochwissenschaftlichen Zeit ebenso wie eh und je.

Alle Gebiete der Mantik werden im Alten und Neuen Testament scharf verworfen als Beleidigung Gottes und als Werke der gegengöttlichen Mächte. Sie verstoßen gegen das Erste, Dritte und Neunte Gebot. Diese sind die wesentlichen Hindernisse des wahren Glaubens, selbst dort, wo sie sich als Frömmigkeitsäußerung darstellen. Gott läßt durch seine Propheten und Apostel unmißverständlich erklären: „Ich bin der Herr, der alles bewirkt, der ganz allein den Himmel ausgespannt hat, der die Erde gegründet hat aus eigener Kraft.“ Jenes ‚alles bewirkt‘ steht absolut gebraucht im Text, was selten vorkommt. Er fährt dann fort: „... der die Zeichen der Wahrsager zunichte macht und die Weissager zu Narren“ (Jes 44,24f).

Im Aberglauben wollen die Menschen ihre Geschicke in den Griff bekommen. Das ist ein Mangel an Gottesfurcht und Gottvertrauen. Christen haben immer danach zu fragen, in welcher Vollmacht etwas geschieht (Mt 12,22–30; Apg 8,9–13; Eph 6,12f; Jak 2,19). Auf diesem Gebiet sind genau auseinanderzuhalten Psychologie, Parapsychologie, Mantik und Seelsorge. Paulus mahnt 2Tim 2,16: „Ungeistlichem, gottlosen Geschwätz geh aus dem Weg; denn das bringt solche Leute nur immer weiter weg von Gott.“ Die Verbindung zwischen ethischer Weisung und ihre Gründung auf dem Glauben an Christus ist hier unübersehbar. Viel mehr Gemeindearbeit muß ihr Augenmerk auf diese Unkultur richten, weil sie für lebendiges Christsein ein Haupthindernis ist, das gerade zum Verlust des Heils und der Seelen Seligkeit führt.

10.7.20 Wir schließen die lange Reihe der von uns oben sogenannten ‚M‘-Kulturen mit einem Begriff ab, der wiederum überraschen mag, aber durchaus hier seinen Ort hat. Es ist das *Magnifikat*. Dabei handelt es sich um das Anfangswort (in der lateinischen Übersetzung) des Lobpreises der Maria bei Lk 1,46. Der Ausdruck kommt bei Lukas und Paulus mehrfach in derselben Bedeutung im Urtext vor (Apg 10,46; 19,17; Phil 1,20; 2Kor 10,15). Im ‚Großmachen‘, also Preisen der Herrlichkeit Gottes erlangen wir den Höhepunkt unserer Bestimmung als Menschen vor Gottes Angesicht. Das ist das Ziel des Lebens und somit sein eigentlicher Sinn. In der *Messe* ist das gleicherweise ausgedrückt. Gottes Herrlichkeit erweckt uns zu seinem Lobpreis. Deshalb schließt der Reformator Calvin seine bedeutende ‚Institutio' zusammenfassend mit den Worten „Ehre sei Gott". So ist das ganze Leben des Christen Gotteslob und Gottesdienst, von dem her Glanz auf alle Kultur fallen muß.

Die ethische Verbindung ergibt sich daraus, daß unser ganzes Tun und Lassen davon bestimmt und durchzogen sein soll. Hier ist auch der Ansatz für die Kirchenmusik, Kirchenkunst, die Ausgestaltung der gottesdienstlichen Räume sowie die Formgebung der Kirchengebäude selbst. Und in diesen Rahmen gehört die Gottesdienstordnung, also die Liturgie. Im Französischen und anderen Sprachen gibt es dafür den Begriff ‚culte'.

Damit schließt sich der weite Kreis der Kultur im Sinne von Pflege der uns durch Gott anvertrauten Erde und das Leben auf ihr. Als Ebenbild Gottes stehen wir ihm gegenüber im Dienst (das bedeutet wörtlich der aus dem Griechischen stammende Ausdruck Liturgie), und zwar als Äußerung der Liebe zu Gott im Gebet und Lobpreis wie als Äußerung der Liebe zum Nächsten im helfenden Verfügbarsein (Apg 13,2 u. Phil 2,25.30).
Der Mensch ist Gott gegenüber verantwortlich für diese Erde und das pflegende Gestalten auf ihr, und er hat von Gott die freie Hand bekommen für sein Tun und Lassen dabei.

11. Gemeinde als Weggemeinschaft

Christliche Ethik darf dreierlei nicht vergessen: Erstens ist jegliches Tun und Lassen ein Leben vor Gott durch Gliedschaft am Leibe Christi. Zweitens ist solches Tun und Lassen bestimmt, ausgerichtet und gerichtet durch Gottes Wort. Drittens kommt dieses Wort im Geiste Christi zu uns Menschen und befähigt uns zu einem dem Evangelium gemäßen Tun und Lassen. Alle drei Aussagen treffen sich in einer Formulierung von Paulus (Röm 1,7; 1 Kor 1,2), wonach es sich um die „berufenen Heiligen" handelt. Anders ausgedrückt: der Christ ist kein vereinzelter Einzelner, sondern Glied am Leibe seines Herrn Jesus Christus, er ist Gemeindeglied, und zwar zu jeder Zeit, an allen Orten und in allen Bezügen. Er ist herausgerufen zum Glauben und Dienst als Teilhaber am Reiche Gottes. In der Gemeinde – auch Kirche genannt, welches die Versammlung der ‚Herausgerufenen' ist (Kirche = Ekklesia = die Herausgerufenen) –, die die ‚Gemeinschaft der Heiligen' ist, bekommen die Christen in Verbindung mit Wort und Sakrament ihre Zurüstung, Unterweisung, Ermahnung und Aussendung zu dem, was sie tun sollen. Daher werden Christen Jesu ‚Jünger' genannt (u. a. Mt 28,19; Lk 14,26 f.33; Apg 11,26). Jünger sind offen für die Weisungen seiner helfenden und Zukunft schenkenden Botschaft. So wird die Berufung zum ‚Beruf' des Christseins (1 Kor 7,20).

11.1 Gemeinde-Ethik

Von hierher ist die christliche Ethik zu verstehen, und von hier aus ist jeweils die Probe aufs Exempel zu machen. Erneut zeigt sich, wie wenig ratsam es ist – abgesehen von didaktischen Gesichtspunkten –, Trennungen zwischen Individual- und Sozialethik zu machen. Als Beispiel sei auf die Zachäus-Episode hingewiesen (Lk 19,1–10). Dieser von Statur kleine, aber an Geldvermögen große Mann spürte sich herausgerufen, also buchstäblich provoziert durch Jesus, der ausgerechnet in seinem Hause einkehrte und bewirkte, daß dem Zachäus die Bedeutung des Geldes klein und das Jüngersein groß wurde. Da ist

„seinem Hause“, gewissermaßen der Zachäus-Gemeinde, das Heil geschenkt worden. Der gehaßte Vereinzelte hat sein Herz und seine Hand sogleich für viele geöffnet, indem er von da an das Gute tat und das Böse ließ. Zachäus war von da an – nicht mehr nur Abrahams Sohn, sondern – Glied in der Gemeinschaft der Heiligen.

Die Gemeinschaft der Gemeindeglieder heißt im griechischen Neuen Testament „Koinonia“. Für die Gemeinde-Ethik prägte der Amerikaner Paul L. Lehmann (Ethik als Antwort, deutsch 1963) den Ausdruck Koinonia-Ethik, die er vom Wesen der Kirche als Leib Christi mit vielen Gliedern ableitete. Das gibt ein weitverzweigtes Beziehungsfeld, wie wir es in seiner Ethik vorgestellt bekommen. Jede Art philosophische Ethik kann dies nicht leisten, weil sie nach ihren aufgestellten ‚Regeln der Vernunft‘ und dem Schauen auf reine Mitmenschlichkeit die Kluft zwischen Forderung und Tat nicht zu überbrücken vermag und mit dem Problem nicht fertig wird, weshalb selbst noch so einsehbare Normen immer wieder durch das Böse bedroht, ja mißachtet werden. Wenn aber „die Kirche das Beziehungsfeld der ethischen Reflexion ist, gewinnt das Verhalten Beziehungsfeldcharakter, der alle Menschen in das Tun dessen einbezieht, was Gott in der Welt tut, um das menschliche Leben menschlich zu machen und zu erhalten“ (a. a. O., S. 280). Kol 2,16–23 setzt sich in dem Sinne mit philosophischer Ethik auseinander. Im menschlichen Leben mag zwar ‚Weisheit‘ mit besonderen Äußerungsformen und Regeln liegen, aber sie läßt den Menschen letzten Endes egozentrisch, das heißt auf sich selbst bezogen, bleiben (vgl. 1Kor 2,4f). Nötig ist, sich „an das regierende Haupt (also Christus) zu halten, von dem aus der ganze Leib durch Gelenke und Bänder versorgt und zusammengehalten wird und durch Gottes Wirken wächst“ (Kol 2,19).

In fünf Schlagworten läßt sich die Koinonia-Ethik und ihre Reichweite skizzieren (z. T. nach Reinhard Neubauer, Haus für Kranke, 1981, S. 108ff. – Von Lehmann wird nur der Begriff übernommen):

(1) Sie ist biblisch-christlich ausgerichtet. Alle Anregungen und Kräfte zum ethischen Tun kommen aus der Befreiungstat Jesu Christi für uns, aus seinem Opfertod und seiner Auferstehung zur Herrschaft über alles. Er selbst macht alles neu (Offb 1,5 u. 21,5). Das ist ein völlig anderer Ansatz als derjenige bei menschlichen Geboten, Gesetzen und Werten.

(2) Sie ist konfliktbezogen. Das bedeutet, sie weicht nicht der Wirklichkeit in unserer gefallenen Welt aus, die heillos ist und von uns Menschen auch in keiner Richtung hin geheilt wird, selbst wenn wir uns noch so sehr ‚strebend bemühen' (Goethe). Koinonia-Ethik sieht den Auftrag Jesu, in alle Welt zu gehen, „wie Schafe mitten unter die Wölfe" (Mt 10,16), durch Gottes Geist und bekleidet „mit aufrichtigem Erbarmen, mit Güte, Demut, Milde, Geduld in gegenseitigem Ertragen und in Vergebung" (Kol 3,12f).
(3) Sie ist transformatorisch. Damit ist jener Wandel aus einem vorherigen Zustand gemeint, der in eine ganz andere ‚Form' hinüberführt (vgl. 2Kor 5,17). So ist beispielsweise der Onesimus – im Philemonbrief – zwar der entlaufene und durch Paulus zurückgeschickte Sklave, den sein Herr nach damaligem Recht der Todesstrafe hätte überantworten dürfen, aber er wird zu seinem Herrn in eine neue Gemeinschaft als Bruder im Herrn zurückgeführt. Dennoch behält jeder seine ihm durch die Gesellschaftsordnung bestimmte Rolle als Herr oder Sklave. Und das ist ganz in der Ordnung. Der transformatorische Wandel liegt auf der geistlichen Ebene, die im Alltag aller Dinge enorme Auswirkungen hat. Gottesdienst und tägliche Lebensführung hängen zusammen (vgl. Ps 15).
(4) Sie ist kommunikativ. Im Anschluß an das schon Gesagte wird die Gemeinsamkeit und gemeinsame Verantwortlichkeit füreinander und vor Gott unterstrichen. Die Kommunikation ist ein Prozeß der Erneuerung, des Wandels und des Wandelns in einer Ausrichtung auf die Vollendung des Reiches Gottes hin.
(5) Sie ist emanzipatorisch. Die durch Christus geschenkte Freiheit ist, um einen anderen biblischen Begriff zu nehmen, die Bekehrung zum Leben aus dieser Freiheit heraus. Apg 19,1–7 wird berichtet, wie solche Befreiung möglich ist. Dort begegnet Paulus einem Dutzend Jünger Christi, die noch nie etwas vom Heiligen Geist gehört, geschweige denn ihn empfangen hatten. Da hat Paulus sie getauft und ihnen die Hand aufgelegt, wonach der Heilige Geist auf sie herabkam und sie zur Freiheit der Kinder Gottes gelangten (Joh 1,12; Röm 8,14.16.21; 1Joh 3,1).

11.2 Dreifaches Amt der Glieder Christi

Der Weg Jesu Christi auf Erden vollzog sich im göttlichen Geheimnis seiner Erniedrigung und Erhöhung (vgl. Phil 2,5–11), womit er uns dank der Erlösung Beispiel und Lebensrichtung gab. Seine Heilsbedeutung fassen die christlichen Kirchen in der Lehre vom dreifachen Amt (munus triplex Christi) zusammen. Sie wurde zunächst von Johannes Calvin (Institutio II,15) ausgebildet, jedoch – ein einmaliger Vorgang in der bisherigen Kirchengeschichte – danach in die lutherische, die römisch-katholische und die griechisch-orthodoxe Theologie aufgenommen, hat also ökumenischen Rang. Inhaltlich faßt diese Lehre vom dreifachen Amt – nicht drei einzelne Ämter! – die biblische Botschaft von der Heilsbedeutung Christi für uns zusammen: sein prophetisches Amt ist das Offenbarmachen des Liebeswillens Gottes über uns, den seine Jünger weiterzusagen haben (Joh 1,18; 15,15ff). Jesu priesterliches Amt ist sein Opfer am Kreuz und nun sein fürbittendes Eintreten vor dem Vater im Himmel (Hebr 7,21; Röm 8,34). Sein königliches Amt ist das Weltregiment in Ewigkeit durch Wort und Geist (Mt 28,18; Lk 1,33).
Wer Christ ist, gehört zu Christus als seinem Haupt. Christen leben, und zwar Leben im vollen Verständnis des ewigen Lebens, durch das Annehmen der Christustat, in der Koinonia, also in der Gemeinschaft mit ihrem Haupt, dem sie nachfolgen. Mit ihm ist ihnen wiederum ein dreifaches Amt aufgetragen, das wir auf seine ethische Seite hin im folgenden vorstellen.

11.2.1 Das *prophetische Amt* der Glieder Christi ist nichts anderes als ihr Bekennen zu ihm als seine Kinder und Brüder (vgl. Hebr 2,10–12). Hier ist darauf hinzuweisen, daß das Neue Testament niemals für Jesus die Anrede Bruder verwendet, denn er ist der Herr und das Haupt, unser Heiland. Wir unsererseits sind seine Brüder und sind Brüder untereinander. Der manchmal zu hörende Umkehrschluß, Jesus sei unser Bruder, ist unbiblisch. Selbstverständlich umfaßt die Bezeichnung Brüder auch die Schwestern, was die Syntax der biblischen Ursprachen ebenso belegen wie diejenige vieler lebender Sprachen. Insofern dürfte diese Sprachgewohnheit kein Stoff zum Ärger in modernen Emanzipationsbewegungen sein.

Es geht darum, daß der Christ „auch einer ist, der mit diesem Jesus von Nazaret zusammen war und zu ihnen gehört" (Mt 26,69ff par. im Bericht von der Verleugnung Jesu durch Petrus). Wie schnell siegen Feigheit und Taktik, wenn es darum geht, sich als Christ zu offenbaren! Berufener Heiliger ist der Christ als einer, der seinem Herrn nachfolgt und somit im Zeugendienst steht. Er ist Märtyrer, wie das neutestamentliche griechische Wort für Zeuge sagt, wobei die heutige einseitige Bedeutung des Leidens um dieser Zeugenschaft willen schon mit eingeschlossen ist. Es geht im zeugenhaften Bekennen um die Lebenshaltung, um das Erkennungsmerkmal der Christen, um das Übereinstimmen von Wahrheit und Wirklichkeit. P. Jacobs (Grundlinien christlicher Ethik, 1959, S. 103) faßt das Entscheidende im Zeugnis zusammen als „ein Dreifaches: 1. das personale Moment im doppelten Bezug: in bezug auf die Person, die bezeugt, und in bezug auf die Person, die bezeugt wird; 2. das geschichtliche Moment, wiederum im doppelten Bezug: in bezug auf Tatsachen, die geschehen sind und in bezug auf Personalgeschehen; 3. das Wahrheitsmoment, ebenfalls im doppelten Bezug: im Gottesbezug der Wahrheit und im personalen Geschichtsbezug der Wahrheit. Alle drei Momente schmelzen zu einer Einheit zusammen."

Auf die Verwirklichung dessen in der Ethik hinzuweisen, müßte zu einer Aufzählung aller Gegenstände ethischer Betrachtung werden, was das Verweisen auf das in diesem Buch Gesagte bedeutet. Hier gilt der Hinweis auf die Durchhaltekraft des Glaubensgehorsams (Röm 1,5 u. 16,26), die erhebliche persönliche, soziale und politische Auswirkungen hat. Das prophetische Amt der Christen entspricht dem Auftrag, ihr Licht nicht bedeckt zu halten, sondern es weithin leuchten zu lassen, „damit sie eure guten Werke sehen und euren Vater im Himmel preisen" (Mt 5,15f). Das ist kein Leuchtenwollen aus sich selbst, sondern – um einen Vergleich zu wählen – es ist ein Leuchten wie beim Phosphor (wörtlich = Lichtträger). Phosphor leuchtet nur dann auf, wenn es Leuchtkraft von einer anderen Lichtquelle her empfängt. Beim prophetischen Amt geht es also gewissermaßen um das ‚Phosphoreszieren' der Christen, um das Aufleuchten des Gotteslichtes in unseren Herzen zum Eifer im Dienst (2Kor 4,1–6).

11.2.2 Das *priesterliche Amt* der Glieder Christi hängt mit dem Opfer Christi zusammen, das (nach biblischem Wortgebrauch) sowohl Sühnopfer wie auch Dankopfer ist. Wir hingegen bringen keinerlei Sühnopfer, unsere Dankopfer aber sind Lobopfer, die wir Gott bringen (Hebr 13,13–16). Den ethischen Teil seines Römerbriefes (12,1) eröffnet Paulus mit dem Aufruf an die Christen, ihr „leibliches Leben Gott zu einem lebendigen, heiligen, ihm wohlgefälligen Opfer darzubringen".

Worin das praktisch besteht, zählt Alfred de Quervain in seiner Ethik (Die Heiligung I, 2. Aufl., 1946, S. 47) unter Aufnahme einer reformatorischen Gliederung nach biblischen Anweisungen auf: (1) Es ist das Opfer des Leibes in Abtötung des alten Menschen und in Darreichen der Glieder zu Waffen der Gerechtigkeit (Röm 6,13). Daraus folgen Wahrheit, Klarheit, Herrlichkeit und Mut im alltäglichen Leben. (2) Unsere Gebete (Hebr 13,15), also die geistliche Verbindung im Gedenken und Fürbitten vor Gott und für unsere Mitmenschen. (3) Unsere Spenden und Gaben, Almosen genannt (Apg 10,4), also das Teilen mit offener Hand aus befreitem Herzen. (4) Das Bekenntnis des Evangeliums (Röm 15,16; Phil 1,15–18), das zur Folge haben kann, sich plötzlich aus bisherigen Gemeinschaften und Meinungen abgesondert vorzufinden. „Aber diese Absonderung geschieht nicht nach eigenem Gutdünken, nach einer bestimmten Heiligungsmethode, aufgrund einer bestimmten Weltanschauung, um einen menschlichen Gegensatz zu unterstreichen. Kann doch das Dankopfer der Christen, sein priesterlicher Dienst niemals vom Lobpreis der Gnade Gottes gelöst werden, ruft doch ein jedes Gebot Gottes zu solchem Lobpreis auf. So werden die Glieder der Gemeinde davor bewahrt, daß aus den Dankopfern, aus dem Lobpreis des Gehorsams und des Sieges Christi wieder ein eigenmächtiges Handeln, Opfern, Kämpfen wird" (a. a. O., S. 51f). 1Kor 5,9–13 ist ein konkretes Beispiel solcher Absonderung in der anderen Richtung, nämlich wo ein Übeltäter aus der Gemeinde ausgesondert werden muß. (5) Das geduldige Ertragen von Kreuz und Leid (2Tim 4,5f u. ö.), welches durchaus einen christlich-ethischen Bezug hat, welcher einerseits durch das geduldige Erwarten der erlösenden Nähe Gottes gekennzeichnet ist wie andererseits durch das tröstende und fürbittende Begleiten der Mitleidenden (2Kor 1,4–11).

Die Verbindung zwischen priesterlichem Amt und der Gemeinschaft als Koinonia wird 1Petr 2,4f in einer Bildrede zum Ausdruck gebracht, welche (naturwissenschaftlich betrachtet) Widersprüchliches zusammenfügt. Dort ist vom „lebendigen Stein“ Christus gesprochen, für den wir uns „als lebendige Steine zu einem geistlichen Haus aufbauen sollen, um durch Jesus Christus geistliche Opfer darzubringen, die Gott gefallen“. Hier wird das Gebundensein an die Erlösungstat Christi besonders deutlich, weil er aus uns toten, unfruchtbaren Steinen Leben erweckt, das Frucht bringt und Gemeinde bildet.

11.2.3 Das *königliche Amt* der Glieder Christi zeigt sie mitten in der Welt als jener, die gegen die Mächte dieses Daseins – die die Bibel Sünde, Teufel, Welt, Fleisch, Finsternis nennt – kämpfen mit der Aussicht, daß ihnen der endgültige Sieg mit Christus verheißen ist, welchen sie schon jetzt und hier erfahren. Sie werden in ‚königlicher Freiheit‘ mit freiem Gewissen vor allen Menschen reden, zeugen und wirken. Dieses Amt äußert sich in der erkennbaren Freude und Zuversicht, über die Martin Luther (in einer Predigt zu Joh 16,16–23) sagte: „Wovor wollte sich einer fürchten, da er doch sprechen kann: Mein Herr Jesus Christus ist ein Herr über alle Dinge, über Tod, Hölle, Teufel und über alle Kreaturen im Himmel und auf Erden.“ Als Werkzeuge der Königsherrschaft Christi treten die Glieder Christi gleich ihm ohne weltliche Gewalt auf, nur mit der ‚Rüstung Gottes‘ angetan, nämlich Gerechtigkeit, Friede, Glaube, Wort, Gebet und Geist (vgl. Eph 6,11–18).
Die Grundlage des Tuns und Gehorsams der Christen ist ihre Gewißheit, welche Paulus in einer Art Hymnus Röm 8,31–39 vorträgt. Dort läßt er die Mächte dieser Welt vorüberziehen und fragt jedesmal, welche von ihnen uns gegenüber Christus mit Erfolg anklagen und verurteilen, verfolgen und bedrängen, unterdrücken und umbringen könne. Die Antwort ist: nichts von alledem „kann uns scheiden von der Liebe Gottes, die in Christus Jesus, unserem Herrn ist“. Das königliche Amt der Glieder Christi ist die dritte Weise, in der christliche Ethik geboten und tatsächlich möglich ist. Christen leben in der Welt, aber nicht von ihr und durch sie; denn Christus hat die Welt für sie überwunden (Joh 16,8.11.20f.33 u.ö.).

11.3 Taufe und Abendmahl im ethischen Bezug

Hier ist keine Lehre von den Sakramenten Taufe und Abendmahl zu erwarten, sie ist vorausgesetzt. Die Sakramente gehören zur Gemeinschaft der Heiligen hinzu, und sie haben auch beide ethischen Bezug, nach dem nun zu fragen ist. Es geht um die ethischen Wirkungen der Sakramente, welche Gaben an die Gemeinde unterwegs zum ewigen Ziel sind.

11.3.1 Am Beginn allen Christwerdens steht die *Taufe*. Sie ist kirchliches Handeln, jedoch Gottes Tun an uns. Dem einzelnen Menschen wird unter Namennennung und Anrufung des dreieinigen Gottes der Bundeswille Gottes zugesprochen. Das geschieht in der Wassertaufe – über Geisttaufe ist in dem Zusammenhang nicht zu reden –, die der Mensch erlebt, entweder bewußt als Herangewachsener oder unbewußt als Säugling. Sie ist ein leibliches Widerfahrnis. Die Taufe führt in die Gemeinde (Gal 3,27; Eph 4,3–6). Kraft der Taufe ist der Christ in den Bau der Gemeinde als lebendig sein sollender Stein eingefügt. Der Heilige Geist dabei übereignet den Glaubenden Christus dem Herrn. Durch diesen wird der Getaufte reingewaschen, freigesprochen und geheiligt. Er empfängt als Teil seiner „Tauferfahrung eine neue ethische Orientierung unter der Führung des Heiligen Geistes" (Taufe, Eucharistie und Amt, Konvergenzerklärungen der Kommission für Glauben und Kirchenverfassung des ÖRK, Lima-Text genannt; 1982, S. 10).
Taufe ist also das Berufenwerden zu einer „Ermächtigung und Verpflichtung dazu, mit seinen Gaben, Kräften und Fähigkeiten der Sache Jesu Christi dienen zu wollen und sich in seinem Denken und Sinnen von Christi Geist leiten lassen zu wollen, kurz: seine ‚Natur' in bestimmter Richtung prägen und formen zu lassen" (H.-G. Fritzsche, Hauptstücke des christlichen Glaubens, 2. Aufl., 1978, S. 225). Damit ist schon alles gesagt, was die Taufe in Verbindung mit christlicher Ethik bringt: Das Leben in der christlichen Gemeinschaft und aus dem Wort Gottes gibt die Richtung der Nachfolge Jesu an und verhilft dazu, sich so zu verhalten, wie der Herr der Taufe es will und wozu er seine Geistesgaben ausgießt. Wer in heidnischer Umgebung lebt, verpflichtet sich infolgedessen, mit heidnischen Sitten zu brechen.

Dabei brauchen wir gar nicht erst an Kulte von Urwaldvölkern zu denken, sondern können gleich vor der eigenen Tür im ‚christlichen Abendland' kehren. Zu nennen sind die vielen Formen des Aberglaubens, angefangen mit dem sogar bei Getauften unausrottbar scheinenden gedanklichen Umgang mit Astrologie, also den Tierkreiszeichen (die die meisten genau kennen, aber nicht ihren Tauftag), weiter über Horoskope, welche wahrlich nicht harmlos sind, dem „Toi, toi toi" und ungezählten Beachten von Regeln auf diesem finsteren Gebiet und bis hin zu den als harmloser Schmuck erscheinenden Ketten und Amulette oder Gegenständen, die angeblich Heilstrahlen in sich haben.

Alles das geht in der bewußt angenommenen Taufe unter. Sie verleiht eine Bewegung, die das ganze Leben und die ganze Welt umfaßt. Der Getaufte wird in die Freiheit Christi geführt, die weder jene erwähnten heimatlichen Sitten noch irgendwelche Gemeindesitten als Fesseln haben kann. Denn weil der Getaufte mit Christus starb und auferstand, weil er als neuer Mensch wiedergeboren, geheiligt und gerecht geworden ist im Namen Christi (Röm 6,4f; 1Kor 6,11; 1Petr 3,20f u.ö.), wird erkennbar, daß Taufe und Heiligung zusammengehören. Die Taufe ist Bundeszeichen derer, die Christus gehorsam sind und denen die Liebe zu Gott wie zum Nächsten ins Herz geschrieben ist. Das sind die ethischen Folgen, die nach außen wesentliche Erkennungszeichen der getauften Christen sind sofern sie Christus folgen.

11.3.2 Das *Abendmahl*, treffender Herrenmahl genannt, ist für uns noch unmittelbarer ein Geschehen, das die Gemeinschaft zum Ausdruck bringt. Es ist eine Feier, die der gekreuzigte und auferstandene Herr für die Seinen eingesetzt hat und mit dem Zuspruch der Vergebung zugleich Stärkung für das vor uns Christen liegende weitere Stück Weg durch das Leben ist. Das Abendmahl erbaut den Leib Christi und erneuert seine Glieder. Es schafft Frieden ins Herz und untereinander, und es öffnet die Augen für jene, die ohne Frieden ‚im Dunkeln sitzen'. Im Abendmahl wird den Gemeindegliedern das „Brot des Lebens" (Joh 6,48ff) dargereicht, damit sie es brechen, teilen, austeilen und nehmen. Wieder erscheint der einzelne im vollen Sinne persönlich genannt und frohgemacht durch seinen Herrn, jedoch in Gemeinschaft mit dem anderen. Im Abendmahl vollzieht

sich die Kommunion (= Gemeinschaft) mit Christus und mit der Gemeinde.
Jesus ist in der Einsetzung des Abendmahls inmitten der Jünger „wie der, der bedient" (Lk 22,27). Das gilt für jede Abendmahlsfeier, weil Jesus Christus gegenwärtig wirkend und erwartend ist. In den Arnoldshainer Abendmahlsthesen von 1957/1962 ist dieser Vorgang, den wir nur auf seinen ethischen Bezug hin beleuchten, wie folgt zusammengefaßt: „Er, der gekreuzigte und auferstandene Herr läßt sich ... von uns nehmen und nimmt uns damit kraft des Heiligen Geistes in den Sieg seiner Herrschaft" (These 4). Dann heißt es weiter: „Das Abendmahl stellt uns auf den Weg des Kreuzes Christi. Das Kreuz Christi weist uns in die Wirklichkeit in dieser Welt. Wo wir schwach sind, da ist die Gnade Gottes mächtig. Wenn wir sterben, leben wir mit ihm. Noch ist sein Sieg verborgen unter Anfechtung und Leiden. Darum speist uns der Herr durch sein Mahl, um uns zu stärken in dem Kampf, in den er die Seinen sendet, und uns zu wappnen gegen alle Schwärmerei und alle Schlaffheit, damit wir nicht entweder in falschen Träumen das Künftige vorwegnehmen oder verzagt die Hand sinken lassen. In der Gemeinde, der er sich im Abendmahl gibt, sind wir Brüder. Diese Gemeinschaft lebt allein in der Liebe, mit der er uns zuerst geliebt hat" (These 7).
Das füreinander Dasein beginnt in der Abendmahlsfeier selbst, die offen ist als Stärkung zur Sendung in die Welt hinein, wo der Christ sich zu bewähren hat. Das Abendmahl ist eine „ständige Herausforderung bei der Suche nach angemessenen Beziehungen im sozialen, wirtschaftlichen und politischen Leben (Mt 5,3f; 1Kor 10,16f; 11,20–22; Gal 3,28). Alle Arten von Ungerechtigkeit, Rassismus, Trennung und Mangel an Freiheit werden radikal „herausgefordert, wenn wir miteinander am Leib und Blut Christi teilhaben" (Lima-Text, S. 24).
Im Agape-Mahl, dem vom Abendmahl der Gemeinde streng zu unterscheidenden Liebesmahl der weiten Gemeinschaft ist „die Tätigkeit der urchristlichen Diakonie in erster Linie lokalisiert" (P. Philippi, Christozentrische Diakonie, 1963, S. 138). Das Agape-Mahl ist also ein Freuden-, Lob- und Dankmal derer, unter denen Christus selbst als der Dienende ist. Er ist Beispiel und Vorangehender dieses Dienstes. „Der Ort eines solchen Dienstes zwischen dem Abendmahlstisch

und den Bedürftigen bezeugt in rechter Weise die erlösende Gegenwart Christi in der Welt“ (Lima-Text; S. 24).
Das Abendmahl ist sodann das Mahl der eschatologischen Heilsgemeinde, indem ihr versichert wird, daß sie im Leben unterwegs von ihrem Herrn und seinem Geist nicht verlassen wird. Damit ist auch von diesem Zusammenhang her die Liebe als göttliche Wirklichkeit des Reiches Gottes erkannt. Das darf aber nicht zu einer sogenannten antizipatorischen Ethik führen, das heißt ein ethisches Bestreben, das Gute und Glückliche des Gottesreiches durch menschliches Tun erreichen und vorwegnehmen zu wollen (dieser Gedanke wird auch mit dem Begriff einer ‚deontischen Ethik‘ umschrieben, was wörtlich bedeutet „das, was sich gehört“). Richtig ist vielmehr christliche Ethik eine Interimsethik, also eine Ethik, die zwischen der Einsetzung des Abendmahls am Passa-Abend durch Jesus und seiner Wiederkunft am Ende der Tage zur Vollendung des Reiches Gottes führt. „Ethos im Lichte Gottes, aber Ethos im Christsein, ist Ethos aus Liebe im Glauben und auf Hoffnung“ (G. Huntemann, Der verlorene Maßstab, 1983, S. 92). Hinter und vor uns ist unser Herr Jesus Christus, welcher „Anfänger (= Urheber) und Vollender des Glaubens“ (Hebr 12,2) ist.

11.3.3 Wir stellten fest, daß die Kirche als Gemeinschaft der Heiligen unterwegs ist, sich auf Wanderschaft zum Ziel befindet. Sie wird zuweilen *das wandernde Gottesvolk* genannt. Es sind die aus unguten Bindungen, Sünden und der Eigensucht oder Verblendung ‚Herausgerufenen‘ (= ecclesia). Aber sie sind auf diesem Weg, den niemand allein geht, in der Gewißheit, daß Christi Geist der Begleiter ist. „Jesu, geh voran auf der Lebensbahn“ sang dazu Graf Zinzendorf und gab damit dem wandernden Gottesvolk, wie es Hebr 11 u. 12 klassisch vorgestellt wird, auch eine Reihe von ethischen Anweisungen: Über Lasten und Trübsal braucht nicht geklagt zu werden, eigener ebenso wie fremder Schmerz kann mit Geduld ertragen werden. Und schließlich ganz schlicht die Bitte „Ordne unsern Gang, Jesu, lebenslang.“
Der Glaubensweg Israels wie derjenige der Gemeinde Christi wird vorgestellt und erlebt als uns aufgetragener, „verordneter Kampf“ (Hebr 12,1), in dem es um das Ausharren und Durchhalten geht bis zum Ziel, an dem die Vollendung sichtbar wird (Mt 10,22). Dazu ist

unerläßlich, Jesus immer im Auge und im Bewußtsein zu halten. Der Maßstab ist er selbst, was den erwähnten Kampf und das Mit-ihm-leiden bedeutet (Gal 3,1; 1 Petr 2,20–25). Das Aufsehen ist eine große Hilfe zum Bestehen in diesem Lebenskampf, weil von daher der uns begleitende Heilige Geist kommt und weil von daher die Liebe und Kraft ausstrahlt auf uns, damit wir sie weitergeben (Phil 4,13). Mit der Taufe beginnt das Unterwegssein und im Abendmahl wird Gottes Volk mit Wegzehrung gestärkt.

11.4 Frömmigkeit und Barmherzigkeit

„Geh deinen Weg vor mir und sei rechtschaffen." Luther übersetzt diese Stelle Gen 17,1: „Wandle vor mir und sei fromm." Und nach einer Reihe weiterer Stellen wird am anderen Ende der Bibel (Offb 22,11) schlicht erwartet: „Wer fromm ist, sei fernerhin fromm", in anderer Übersetzung: „Wer recht tut, tue weiterhin recht." Hier ist die Nachbarschaft zur Barmherzigkeit sichtbar.

11.4.1 *Frömmigkeit* ist, sehr allgemein ausgesagt, das, was den erkennbaren Äußerungen der Christen „zugrundeliegt, das innerste persönliche religiöse Empfindungsleben und die Entfaltung der religiösen Vorstellungswelten, die doch die eigentlichen Motive für das religiöse Willensleben enthalten" (K. Sell, zit. in Handbuch der christlichen Ethik, Band II, 1978, S. 507). Im dafür bekannten Fremdwort Pietät kommt dies klar zum Vorschein. Auf der anderen Seite hat das Wort ein Gefälle zur ‚Frömmelei' erhalten, worin signalisiert ist, daß entweder der Nichtchrist seinen Neid zeigt oder der Christ sich falsch verhält.

Der Fromme ist nicht der bessere Mensch, sondern der, welcher nach Jesu Forderung (Mt 5,20) die „bessere Gerechtigkeit" hat (vgl. Lk 1,75; Eph 4,24). Hier ist gegen die Gefahr des Ausweichens auf eine nicht zu störende Innerlichkeit anzugehen; denn Frömmigkeit ist nicht das Unsagbare, das ganz persönliche des Glaubens, der als solcher dann reine Privatsache wäre, wohin ihn viele verdrängen möchten. Sollte dann noch für Nächstenliebe ein Rest übrig bleiben, entartet solche Ethik zur Rede von der hehren Mitmenschlichkeit. Die Rede von der Frömmigkeit wird so zur Flucht vor der Wirkichkeit und aus der Zeit. Otto Weber (Grundlagen der Dogmatik, Band I, 1955, S. 435) deutet mahnend darauf hin, daß die wirkliche Frömmigkeit immer dann in Gefahr ist sich aufzulösen, wenn die Gemeinde das Verständnis des Dreieinigen Gottes aus dem Bewußtsein verliert. Dann wird sie zur ‚Vorsehungsfrömmigkeit‘, die keine Belastungen in dieser Welt aushalten kann, oder zur ‚Jesus-Frömmigkeit‘, welche die Welt und das Reich Gottes gleicherweise aus dem Blick verliert, oder sie wird zur haltlosen und inhaltlosen ‚Innerlichkeit an sich‘. Die Haltung der Frömmigkeit, die auch rein psychologisch deutbar ist, bleibt die gelebte und erkennbare Äußerung von Glaube, Liebe und Hoffnung im Christenleben: Sie ist fest gegründet auf dem Erlösungswort Christi, sie ist gehorsam seinem Doppelgebot der Liebe, und sie ist voller Vertrauen unterwegs in dem Wissen, daß Jesus selbst mitgeht.

Rechte Frömmigkeit ist also weltoffen und bewährt sich als die Haltung der Christen, „um den Geist Christi dort zu bezeugen, wo die Menschen ihre täglichen großen und kleinen Lebensentscheidungen zu treffen haben“ (L. Coenen, Theol. Begriffslexikon zum NT, Band I, 1967, S. 398f). Christliche Frömmigkeit ist kein System von Verhaltensregeln oder das Durchhalten einer vorgeschriebenen christlichen Rolle, die es zu ‚spielen‘ gilt. Auf diesem Wege ergeben sich beispielsweise in christlichen Familien nicht selten schwere Generationenkonflikte, welche zur schmerzhaften Abkehr herangewachsener Kinder vom Denken, Reden und Verhalten der Eltern führen können, leider auch manchmal zum Verlassen des Elternhauses. Der Fromme wird dennoch seinem Verhalten und der Entscheidung für Christus treu bleiben. Er wird seine Kraft im Hören auf das Wort und im Gebet holen, tunlichst „im stillen Kämmerlein“ (Mt 6,6). Und er wird Geduld haben. „Frömmigkeit wird da ihre neue, ihre je angemessene Gestalt finden, wo Menschen einerseits sich ganz vor Gott zu beugen und andererseits in der Hinwendung zum Mitmenschen diesem Repräsentant Christi zu sein vermögen“ (a. a. O., S. 399).

Wahre Frömmigkeit ist das Leben „in Christus“ – der zentralen paulinischen Formel für das lebendige Christsein –, aber in der Vielfalt und dem Getröstetsein der Freiheit, wie sie nur Gott geben kann. Frömmigkeit läßt sich nicht machen oder gar befehlen, sie ist Geschenk und eine Lebens- und Wesensäußerung lebendigen Christseins in der jeweiligen Zeit und Umwelt.

11.4.2 Damit kommen wir zum weiteren zentralen biblischen Begriff der *Barmherzigkeit*. Unser deutsches Wort (aus Lateinisch misericordia = ein Herz für Arme haben), umfaßt im griechischen Bibeltext drei bedeutungsähnliche Wörter: die Rührung, von der jemand angesichts eines Übels erfaßt wird und etwas tun läßt; der jähe Krampf (meist im Bauch spürbar), der einen angesichts einer schrecklichen Szene überfällt und zum Helfen treibt; das klagende Bejammern eines Mitmenschen in Not. Barmherzigkeit ist also nicht nur das erlebte, sondern auch tätige Mitleid.
Wichtig ist für biblisches Denken, daß Barmherzigkeit ausschließlich von Gott her verstanden werden muß. Sie ist die Treue des überlegenen und erbarmenden Gottes zu seinem Bundesvolk, das er sich erwählt hat. Viele Stellen schon im Alten Testament rühmen, daß Gott barmherzig, gnädig, geduldig und gütig ist (Ex 34,6; Ps 86,15; 103,8; Jes 49,13). Diese Linie setzt sich im Neuen Testament fort (Röm 9,15; Eph 2,4 u.ö.). Von der Barmherzigkeit ist zwar „ihre Triebkraft Liebe; ihr Bestand aber ist Auswirkung einer Rechtsbindung. Darum steht sie nicht im Widerspruch zur Gerechtigkeit, sondern erfüllt sie“ (H. H. Eßer, Theol. Begriffslexikon zum NT, Band I, 1967, S. 58). Jesus hat in Fortsetzung der göttlichen Bundestreue diese tätige und wirkungsvolle Barmherzigkeit vielfältig im Umgang mit jeder Art Menschen praktiziert. Die Evangelien sind voller Beispiele davon. Das gilt dann vor allem für seinen Opfertod am Kreuz, an dem Gottes Barmherzigkeit und Gerechtigkeit im Geheimnis des Versöhnungswerkes für uns offenbart worden ist. Hierin unterscheidet sich der christliche Glaube grundlegend von den Religionen des Judentums, Islams oder Buddhismus, die sämtlich eine stellvertretende Erlösungshandlung als Gottes Gericht, die zugleich Barmherzigkeit und Liebe bedeutet, nicht verstehen können. Durch diese Tat ist eine Bresche in unsere dem Untergang und Tod verfallene Welt geschlagen und das Tor zum Leben in Ewigkeit aufgestoßen.
Jesus Christus hat in unserer Welt Maßstäbe gesetzt, nach denen wir auf dem Wege seiner Nachfolge leben und handeln können und sollen (Lk 6,36; Kol 3,12). „Barmherzigkeit ist die dankbare Antwort des

ganzen Menschen, der ganzen Gemeinde, indem sie sich ganz zu dem bzw. den jeweils auf Erbarmen Angewiesenen hinwendet und ihre Solidarität mit ihm darin erweist, daß sie die ihr verfügbaren persönlichen, gemeindlichen, gesellschaftlichen und sächlichen Gnadengaben ihm zuwendet" (a. a. O.). Die eschatologische Bedeutung der Barmherzigkeit ist ebenfalls deutlich angesprochen: Barmherzigkeit „triumphiert über das Gericht" (Jak 2,13; sodann das große Gleichnis vom Weltgericht in Mt 25,31–46).

Damit sind die ethischen Betonungen geübter Barmherzigkeit angesprochen: Aus der bis an Herz und Nieren gehenden Betroffenheit erwächst unmittelbar ein Anstoß zur Zuwendung und ein „qualitativ bestimmtes Hilfehandeln" (H. Seibert, Die soziale Arbeit der Kirche, 1982, S. 29), welchem auf der Empfängerseite nur das Annehmen und keinerlei ‚Gegengaben' entsprechen. Für die ethische Betrachtung wird wiederum erkennbar die unerläßliche Zusammengehörigkeit beider Teile im Doppelgebot der Liebe. Denn die Hinwendung zum Nächsten erwächst aus der Barmherzigkeit, die nicht menschlicher Vernunft und Planung entspringt, vielmehr Gnadengabe Gottes in Christus ist und ihr letztes Ziel jenseits unserer Weltzeit hat, die alle menschliche Vernunft übersteigt. Das ist mit der Vollkommenheitsforderung Jesu (Mt 5,48) gemeint, nämlich gleich ihm Barmherzigkeit üben, die kein Vorbeidrücken am hilflosen Nächsten zuläßt.

Barmherzigkeit ist entscheidend zum Antrieb, Inhalt und Ziel auch dessen, was wir Diakonie nennen.

11.5 Diakonie im ethischen Bezug

Weil christliche Ethik ausgerichtet ist auf Liebe, Barmherzigkeit sowie Nachfolge Christi und von daher bestimmt wird, hat sie zugleich eine diakonische Dimension. Diakonie heißt zunächst einfach Dienstleistung. Diese kennzeichnet das Tun der Gemeinde in ihrem ganzen Umfang. Dienen wird in der Bibel durch mehrere Wörter ausgedrückt, doch der aus dem Griechischen kommende und dort selten verwendete Ausdruck Diakonie (in seiner semantischen Bedeutung soviel wie ‚Staub aufwirbeln', und zwar durch dienendes

Tun) ist zu einem christlichen Schlüsselbegriff geworden, der im Neuen Testament rund hundertmal verwendet wird.
Indem christliche Ethik sich wesentlich zu dem Mitmenschen hinwendet und von ihm her mit geprägt wird, hat kirchliche Diakonie als Dienen einen besonderen ethischen Sinn. Sie ist das Wirken derer, die „in Christo“ sind und alles von daher sehen und tun, das jeder in Christus auch „neues Geschöpf“ geworden (2Kor 5,17) und entsprechend zu ‚behandeln‘ ist, wie fremdartig oder behindert er erscheinen mag.

11.5.1 In der wiederholt erwähnten Befreiung der Christen durch ihren Herrn in eine herrliche Freiheit, wovon Gal 5,1.13 sprechen, lesen wir unmittelbar darauf als Folgerung „Dient einander in Liebe“. Das ist kein Widerspruch, wie Weltlichkeit meint und praktiziert, sondern das Gesetz Christi (Gal 6,2). Im Christushymnus von Phil 2,5–11 ist es vorgestellt: er erniedrigte sich selbst und wurde gehorsam. Mt 20,25–28 hat Jesus diese *Ordnung seiner Gemeinde* deutlich derjenigen der Heiden, also der Nichtchristen gegenübergestellt. Nicht Gewalt und Herrschaft von oben gelten, sondern „wer bei euch groß sein will, der soll euer Diener sein“ (vgl. zu dieser christlichen ‚Grundordnung‘ der Gemeinde ausführlich P. Philippi, Christozentrische Diakonie, 1963, S. 108ff). In Jesu Umkehrung der Machtausübung von oben herab wird seine Grundordnung lebendig. „Diese juristisch gar nicht zu fassende dynamische Doppelpoligkeit (kann) ihr Wesen nur aus der christologischen Wende herleiten“ (a.a.O., S. 114f).

11.5.2 Vor Gottes Angesicht kann *alles Tun der Gemeinde* nichts anderes sein als *Diakonie* im Sinne von Dienstleistung. Was wir im engeren Sinne unter Diakonie verstehen, nämlich das ‚Hilfehandeln‘ der christlichen Gemeinde, hängt selbstverständlich mit allem anderen Wirken in der Gemeinde zusammen; und umgekehrt „gibt es keine Predigt, Evangelisation oder Seelsorge, die nicht auch Akte der Diakonie sein oder direkt und indirekt in sich schließen müßten“ (K. Barth, Kirchl. Dogmatik, IV/3, 1959, S. 1021).
In beiden Richtungen kann Diakonie die Welt nicht bessern. Sie ist aber hinweisendes Zeichen auf die in Jesus Christus geschehene Ver-

söhnung und auf die Liebe zu Gott und zu den Menschen. Beides muß in ihrer Praxis erkennbar sein, wenn sie wirkliche Diakonie sein will statt einfache soziale Aktivität von Christen.

11.5.3 Diakonie lenkt ihre besondere Zielrichtung auf den oder die *Menschen, die Hilfe nötig haben.* Darin besteht ein Stück ihrer Freiheit, daß sie „jedermann untertan" ist (M. Luther). Dabei wird kein Unterschied gemacht zwischen Armen und Reichen, Kranken und Behinderten, Sündern und Frommen, Freunden und Fremden, Nahen und Fernen, Jungen und Alten, Neugeborenen und Sterbenden. Wo und wie die Not ist, wird den Menschen geholfen und damit auf die Ordnung des Reiches Gottes tätig hingewiesen. In solchem Wirken ist Diakonie gleichzeitig mit staatlicher Sozialverantwortung auf dem selben Felde tätig und wetteifert unter Umständen mit ihr um die Vorbeugung, Beseitigung und dauerhafte Verhinderung von Nöten. Solche Not ist zunächst meistens leiblicher Art; doch Diakonie geht es ebenso um geistige, seelische und geistliche Not. Die Nöte aus Armut unterschiedlichster Art nehmen auf Erden kein Ende; denn „ihr habt allezeit Arme bei euch und wenn ihr wollt, könnt ihr ihnen Gutes tun" (Mk 14,7 par und Dt 15,4.11). Es sind Nöte sowohl persönlicher wie sozialer Art. Im vierfachen Katalog von 1 Petr 2,17 ist der Umkreis abgesteckt: Ehrt jedermann (die Menschenwürde ist allen eigen und verlangt angemessene Zuwendung), liebt die Brüder (und Schwestern mit der Agape-Liebe aus Gott), fürchtet Gott (denn Gottes-Dienst geht Menschen-Dienst vorauf und prägt diesen), ehrt den Kaiser (Diakonie entfaltet sich auf demselben Feld wie staatliche Fürsorge).
Die ‚Fürsorge' der Diakonie ist umfassend. Sie kann entweder durch ausgebildete und eingeübte Fachkräfte oder durch solche Gemeindeglieder getan werden, die von ihrem Erbarmen her zu Werken der Barmherzigkeit getrieben werden. Insofern finden sich die haupt- und nebenamtlich Tätigen vereint mit jenen, die wir – etwas mißverständlich ausgedrückt – ehrenamtliche Helfer nennen. Für alle gilt der Auftrag: „Ihr sollt Frucht bringen in jeder Art von guten Werken" (Kol 1,10). Die Kraft und Fähigkeit dazu schenkt Christus selbst (2 Thess 2,17). Es darf nicht übersehen werden: „Glaube für sich allein ist tot, wenn er nicht Werke vorzuweisen hat" (Jak 2,17). Hier ist also

auch die Verbindung von Diakonie, Liebeswerk und Glaube angesprochen.
Die Theologie der Diakonie insgesamt steht hier nicht an, sondern die Überlegung, was die Ethik mit Diakonie zu tun hat und ob von ihr her Richtlinien für diakonisches Wirken zu bekommen sind. Die oben gemachte Aufzählung derer, an die sich Diakonie wendet, hat einen wichtigen Punkt schon angesprochen. Es ist nach dem zu fragen, was der Nächste, der in den Blick kommt oder der sich selbst bemerkbar macht, tatsächlich braucht im Unterschied zu dem, was er vielleicht (noch obendrein) wünscht. Gerade in Wohlstandsgesellschaften wird der Bedürfnispegel sehr hochgeschraubt. Und wenn in dem betreffenden Staat auf Sozialhilfe fast jeder Art auch noch ein Rechtsanspruch gesetzlich festgelegt ist, steigern sich verständlicherweise solche Wünsche und Versorgungsansprüche.
Hier hat ethische Verantwortung und Besinnung rein diakonischem Tun und Lassen vorauszugehen. Hans Schulze (Handbuch für Zeugnis und Dienst der Kirche, Band II, 1979, S. 288) formuliert angesichts dieser Tatsache: „Die Frage, mit der evangelische Ethik das diakonische Handeln im sozialen Raum immer neu motivieren muß, lautet: Sind diese Dauerformen (nämlich das gesellschaftliche Beziehungsgefüge und ihre Rahmenbedingungen) für den Menschen lebensdienlich, sind sie gut genug, sind sie verbesserungsfähig oder einfach schlecht?". Ob die Diakonie auf den einzelnen, auf Gruppen oder auf große politische Gefüge hin ausgerichtet ist, ist dabei nicht die entscheidende Frage. Hier wird erkennbar, daß Diakonie nicht als erstes oder gar überwiegend an den sozialen Strukturen und damit Mängeln der betreffenden Gesellschaft anzusetzen hat, sondern aus der Gemeinde heraus und ihrem Gottesdienst zu fragen hat, wo Antworten und Anstöße durch Gottes Wort und seinen Heiligen Geist gegeben werden für das, was zu tun oder zu lassen ist. Es geht dabei grundsätzlich um Wohltun, niemals um Wehtun.

11.5.4 Mit dem zuletzt Gesagten ist angedeutet, daß die *Vielfalt diakonischen Wirkens* sowohl die Gestalt unmittelbarer und ohne Zögern, also als spontan geübter Barmherzigkeit hat, als auch die der sorgfältig vorbereiteten, ‚gekonnten' und organisatorisch sowie finanziell geordneten Praxis hat. ‚Berufsmäßige Nächstenliebe' birgt Gefahren in sich, wie Verlust der unmittelbaren Begegnung mit dem Leidenden, Routine, Bevorzugung einzelner oder Gruppen, Erfolgsstreben, Resignation, Verwaltung der Hilfe für den Nächsten und manches andere. Daher sind Wachsein, Phantasie, Kreativität und immer wieder nötiges Durchstoßen bestehender Gepflogenheiten und Ordnungen um des Nächsten willen unerläßlich in der durch Christus bestimmten Diakonie, die vorbeugend, begleitend, fürsorgend und nachsorgend ist.

Dabei wird sich auch zeigen, daß die Diakonie als Leistung solchen Dienstes beim Helfenden Freude bewirkt und beim Empfangenden Freude bereitet. Sie erweist – wie in jedem Menschenleben vielfach erfahren –, die Wahrheit des Jesuswortes (Apg 20,35): „Geben ist seliger als nehmen." Dann werden auch die sechs (nach kirchlicher Tradition sieben) Werke der Barmherzigkeit wie beiläufig oder selbstverständlich getan: Hungernde speisen, Durstige tränken, Fremde beherbergen, Nackte bekleiden, Kranke besuchen, Gefangene ansprechen und Tote begraben (Mt 25,35–40). Jesus der Herr hat sich selber in die Gestalt von Hunger, Durst, Nacktheit, Krankheit, Heimatlosigkeit und Gefangenschaft hinein erniedrigt. Als der königliche Richter wird er von uns erwarten, „was wir für einen seiner geringsten Brüder getan haben, das haben wir ihm getan."

Neuere Zeit hat den biblischen sieben Barmherzigkeiten ein weiteres Septett an diakonischer Konkretisierung hinzugefügt: Unwissende lehren, Zweifelnden raten, Traurige trösten, durch Verfehlung Irrende zurechtbringen, Beleidigern vergeben, Lästige tragen und für alle beten. Wir begegnen jedem von ihnen als ‚Lazarus' vor unseren eigenen Füßen (Lk 16,19–31) in jeder Altersstufe und überall auf der Welt.

Die Art der Hilfe ist vielfältig, sei es „mit Herzen, Mund und Händen", sei es direkt oder indirekt durch Spenden. Das Werben, Geben und Verteilen von Spenden hat seine eigene theologisch-ethische Wertigkeit (vgl. hierzu u.a. 2Kor 8f).

11.6 Heiliger Geist als Begleiter

Die Gemeinde als Weggemeinschaft zum Reich Gottes hin ist nicht allein. Sie folgt ihrem Herrn Jesus Christus. Er hat den Seinen den Tröster, den Parakleten (wie der Urtext lautet) gegeben, damit dieser bei ihnen sei, sie also begleite (Joh 14,16; 15,26; 16,7). Er ist die Kraft des Dreieinigen Gottes, die im Menschen, der glaubt, wirkt und ihm beisteht. Dieser Geist steht uns aber nicht zur Verfügung in dem Sinne, daß wir ihn bestimmen oder festhalten könnten. Daher ist bei jeder ethischen Entscheidung in jeder Situation immer wieder neu zu fragen, wohin und wie der Heilige Geist uns lenken will. Er ist und bleibt der Herr (2 Kor 3,17).
Wir werden im Heiligen Geist zu Menschen geprägt, die Christus nachfolgen auf den Weg, den er je für uns bestimmt hat. Damit ist er keine neutrale Kraft, vergleichbar jenen Kräften, die in der Physik oder Chemie wirken . Er ist vielmehr Gott selbst, der uns gnädig errettet vom falschen Weg, der uns widersteht, wo wir von seinem Weg abweichen wollen, und der unser Tun und Lassen ausrichten wird.
Auf dieser Linie findet der Christ das dem Glauben gemäße Leben im Umgang mit der Natur und Umwelt, mit dem ihm begegnenden oder zugesellten Nächsten, zum Ablauf der Geschichte und den politischen Verhältnissen seiner Zeit, schließlich auch ein Verhältnis zu den ihm anvertrauten Dingen.

11.6.1 Weil der Heilige Geist lebendig ist und lebendig macht, schafft er auch die *Früchte des Geistes* in uns. Im Anschluß an einen der sogenannten Lasterkataloge ist davon in einem Tugendkatalog von Paulus (Gal 5,19–26) die Rede, wo eine Reihe von Geistesfrüchten aufgezählt sind. Sowohl im negativen wie im positiven Textteil stehen lauter menschliche Taten und Verhaltensweisen aufgereiht, die ethischen Rang haben. Deshalb nennen wir sie, gewissermaßen als Wiederholung und Rückerinnerung an das dazu früher schon Dargelegte. „Werke des Fleisches", also aus dem bösen und eigensüchtigen Wesen des Menschen kommend, sind Unzucht, Unsittlichkeit, ausschweifendes Leben, Götzendienst jeder Art einschließlich der Geldbesessenheit, Zauberei und Aberglaube, Feindschaften, Streit, Eigensucht,

Jähzorn, Eigennutz, Spaltungen und Auseinandersetzungen, Parteiungen, Neid, Mißgunst, Trink- und Eßgelage. Vielleicht wäre die Liste in heutiger Zeit noch durch den Mißbrauch der ‚Kulturgifte' wie Alkohol, Nikotin und Drogen sowie Sensationsgier erweitert worden.
Der positive Katalog nennt die wahren Früchte des Geistes, nämlich Liebe, Freude und Friede; Langmut, Freundlichkeit und Güte; Treue, Sanftmut und Selbstbeherrschung. Es sind jeweils Verhaltensweisen lebendiger und fruchtbarer Mitmenschlichkeit.

11.6.2 Ein Wirkungsfeld für den Heiligen Geist sind die Bereiche im Reiche Gottes, die unter der Bezeichnung *Seligpreisungen* bekannt sind (Mt 5,3–12; ähnlich aber kürzer und verbunden mit Wehe-Rufen Lk 6,20–26; vgl. auch alttestamentliche Seligpreisungen, z.B. Ps 1,1 und Dan 12,12). In ihnen werden die Wirkungen und Früchte des Geistes in einer anderen Richtung veranschaulicht, jedoch kein bißchen weltfremd oder wirklichkeitsentrückt. Sie stehen bezeichnenderweise nicht in der Sprachgestalt der Vergangenheit und der Befehlsform vor uns, sondern als Tatsachen-Mitteilungen, die für Gegenwart und Zukunft gelten. ‚Selig' (‚makarios' heißt es im Urtext, daher auch Makarismen genannt) ist kein Gefühl oder frommer Wunschtraum. Die Seligpreisungen sind Grundlagen und mögliche, weil Zukunft eröffnende Wegweisungen für Christen.
In allen Fällen ist Gott und sein Heiliger Geist als eine unserem Dieseits jenseitige Kraft Garant und Pfand bzw. Angeld (2Kor 1,22; 5,5; Eph 1,14) des Zugesagten. Neunmal wird neu eingesetzt und neunmal führt der Weg aus einer menschlich-irdischen Verlegenheit und Bedrückung heraus in eine ungeahnte Freiheit, in welcher christliche Ethik ihr Feld und ihre Wertordnung hat. Die Makarismen Jesu geben Einblicke in tätige und bekennende Frömmigkeit (praxis pietatis) der Christen und auf den versprochenen Lohn, der der wirkliche ‚Gotteslohn' ist, weil hier gilt „Vergelt's Gott".
Wir stellen die Seligpreisungen nach Matthäus im einzelnen kurz vor.
(1) Die Armen im Geist sind jene, die endlich aufgehört haben, sich

auf eigene Vernunft und Tüchtigkeit zu verlassen und sich völlig ohne Hintertüren oder ‚weitere Eisen im Feuer' auf das Wirken des Geistes Gottes stützen.
(2) Die Leidtragenden wissen sich nicht auf ferne Zukunft vertröstet, sondern sie erleben schon mitten in den Rätselhaftigkeiten und Schmerzen der Welt die Nähe des göttlichen Trostes.
(3) Mit den scheinbar harmlosen Sanftmütigen läßt sich reden, weil sie als kluge Menschen nachzugeben wissen, wo es erforderlich ist, und dadurch oft weitreichenden Einfluß gewinnen. Ist es Zufall, daß bei Personalentscheidungen häufig nicht die Mächtigen und die Leute mit Durchsetzungsvermögen auf den Stuhl gehoben werden, sondern die angeblichen ‚Verlegenheitslösungen', welche keiner Seite wehtun?
(4) Der Hunger nach Gottes Gerechtigkeit als unverzichtbares Lebens-Mittel wird denen gestillt, die ernstlich danach verlangen, also Gott um Vergebung und um das Erkennen und Befolgen seines Willens anrufen.
(5) Die Barmherzigen bleiben nicht an der Oberfläche hängen und eilen nicht geschäftig an den Nöten vorbei. Sie haben ein Auge für den Lazarus vor ihrer Tür, und sie nehmen sich Zeit und pflegen Zuwendung für andere.
(6) Jene mit dem reinen Herzen, das Gott selbst ihnen schaffen will samt einem neuen, beständigen Geist (Ps 51,12), sind die, welche um Beichte und Vergebung, um Befreiung und Ermutigung durch das Evangelium wissen. Sie erreichen bestimmt das Ziel und werden Gott schauen. Diese Seligpreisung erinnert an das sechste der sieben Sendschreiben aus Offb 2 u. 3 – die zu einem Vergleich mit den Seligpreisungen heranzuziehen sich lohnt –, wo Christus von der offenen Tür spricht, die vor ihnen aufgetan ist und die niemand zuschließen kann, obwohl jene Christen nur eine kleine Kraft haben, aber wegen des Festhaltens am Worte Gottes (Offb 3,8ff) die Siegeskrone erhalten.
(7) Die Friedenschaffenden leisten im unmittelbaren Sinne des Wortes einen Gottes-Dienst. Deshalb werden sie auch seine Söhne geheißen werden, was höchste Ehre bedeutet. Es geht um das Schaffen des Friedens im Sinn des Trachtens nach dem Reich Gottes (Mt 6,33), also darum, mit Gott in Ordnung zu kommen. Dieser Friede ist allen

innerweltlich-politischen Bemühungen vorrangig einzuordnen. Sie bewirken Frieden, also ‚eiränä' von der Wortwurzel ‚man spricht wieder'.

(8) Wer um Gerechtigkeit willen verfolgt wird, ist ein Flüchtling um seines Glaubens willen. Dieser nach wie vor traurigen Erscheinung in unserer Welt, die das Meiden schlechter und falscher Gesellschaft einbezieht, gilt dieselbe Verheißung wie jenen Armen im Geist, nämlich die eschatologische Vollendung und wirklich himmlische Ruhe nach dem Umherirren während der irdischen Wanderschaft.

(9) Schließlich hat Jesus noch ein seligmachendes Trostwort für jene, die Verfolgung und Zurücksetzung oder Übergangenwerden erleiden deshalb, weil sie sich unerschütterlich zu Christus und seiner Kirche bekennen, statt aus ihr ‚auszutreten' und ihr damit den Rücken kehren. Das ‚Bleiben' bei Christus und seinem Wort – wovon 118mal im Neuen Testament gesprochen wird – scheint leicht gesagt, schwer zu halten, ist aber wiederum nicht aussichtslos, sondern mit hohem Lohn bedacht.

In der Tat: „Die Seligpreisungen sind die Magna Charta der Selbstfindung des Menschen in den Wirren der Geschichte. Nach ihren Aussagen findet der Mensch sich, indem er ein ‚Jünger' wird; denn zu diesen sind die Worte gesprochen worden" (D. von Oppen, Der sachliche Mensch, 1968, S. 155). Der Jünger aber ist der Lernende, Abhängige, Folgsame und der Dankbare.

Wir schaffen das in den Seligpreisungen Erwartete von uns aus nicht. Aber der Heilige Geist begleitet uns auf dem Lebensweg, der von den aufgezählten Engpässen gesäumt ist; denn es ist der „schmale Weg", der allerdings als einziger Weg zum ewigen Leben führt (Mt 7,13f). Auf diesem Wege und vor allem mit diesem Begleiter ist eine christliche Ethik durchzuhalten möglich. Der Geist ist die Norm eines Lebens, in dem mit Gott kein Spott getrieben wird, sondern der einen das Gute unermüdlich, und zwar zur rechten Zeit (zum „Kairos") tun läßt (Gal 6,7–10). Das bedeutet, wer sich diesem Heiligen Geist anvertraut, wird als Frucht seines Tuns „vom Geist ewiges Leben ernten".

12. Gebot und Gebet

Nachdem systematisch an ihrem Platz zu den Geboten in der Ethik früher Ausführungen gemacht wurden und außerdem die einzelnen *Gebote* des Dekalogs aus Ex 20 über die ganze Ethik hinweg jeweils an den Stellen Erwähnung fanden, denen sie zugehören, soll nun der Dekalog ein weiteres Mal zur Sprache kommen. Im Gebot Gottes haben wir es mit dem Wort Gottes zu tun, der vorzeitlich, überzeitlich und nachzeitlich, also ewig ist. Gott ist an keine Zeit und keinen Raum gebunden, er ist der Herr über Zeit und Raum. Daran halten wir uns fest, danach richten wir uns aus, darauf stützt sich unsere Hoffnung. „Die Ethik hängt eben daran, daß sie das Gebot des überzeitlichen Gottes verkündigt“ (K. Barth, Kirchl. Dogmatik II/1, 1948, S. 719). Im Gehorsam unseres Glaubens (Röm 1,5 u. 16,26) verherrlichen wir Gott in unserem persönlichen und gesellschaftlichen Leben. Durch sein Gebot hilft der Dreieinige Gott uns dazu, bei ihm und auf seinem Wege zu bleiben. Von ihm selbst kommt die Kraft dazu. In der Bildrede vom Fruchtbringen des Weinstockes erklärt Jesus das (Joh 15,1–8). Deshalb weist christliche Ethik auf die Frage, was wir denn tun sollen oder zu unterlassen haben, immer wieder auf diese Antwort Jesu hin. Von daher reguliert sich alles Weitere. Die Bildrede vom Weinstock in die von Technik überflutete Welt des heutigen Menschen übertragen läßt uns an die Elektrizität denken: Die Glühbirne in einem Zimmer leuchtet nur dann auf, wenn von ihr eine Leitung bis zum Elektrizitätswerk hinführt, die an keiner einzigen Stelle auch nur geringfügig unterbrochen sein darf. Nur so kann der Kraftstrom fließen und die Umgebung erhellen. Die Ethik vermag letztlich nur darauf hinzuweisen, daß der Christ bei dem Angebot der Wegweisung und Gnade Gottes bleiben soll; denn nur so ist die Welt in geordneten Bahnen zu halten (vgl. Dtn 4,5–13).

Das Wort ‚Gnade‘ selbst schließt dies ein, wenn auf seine (hebräische) Wortwurzel zurückgegriffen wird, die nichts anderes als ‚Verbundenheit‘, Angebundensein bedeutet, nämlich von uns Menschen mit unserer ganzen Welt und Zeit an die gnädige und liebevolle Zuwendung Gottes zu uns. Der Vergleich mit der Stromleitung läßt sich auch auf das *Gebet* anwenden. Denn in ihm sind die verschiedenen Elemente

erkennbar, die – allerdings nach beiden Richtungen hin – die Verbindung zwischen Gott und seinen Menschen halten.
Gottes Angebot, das er uns über das Gebet macht, ist unbegrenzt: „Bittet, so wird euch gegeben; suchet, so werdet ihr finden; klopft an, so wird euch geöffnet“ (Mt 7,7f par). Hierin wird Jesus beim Wort genommen, wofür es schon in den Evangelien Beispeile gibt, etwa die kanaanäische Frau (Mk 7,24–30 par) oder der Hauptmann von Kafarnaum (Mt 8,5–13 par). Lk 11,5–8 stellt ein Gleichnis über die Erfüllung des Wunsches eines hartnäckig Bittenden zwischen das Vaterunser und den Hinweis (Vers 13): „Wieviel mehr wird der Vater im Himmel den Heiligen Geist denen geben, die ihn bitten.“ Gebetsleben ist das Praktizieren der Mitarbeiterschaft Gottes, die er uns Menschen einräumt.
Und was wird empfangen? Es sind Heilungen von Krankheiten, Behinderungen und Schicksalsschläge; Wiedererlangen des Lebens bei Toten, Ende von Bedrückungen, Weisung in politisch schwerer Situation, Wiederherstellung von Freundschaften, Klärung des Sexuallebens, Vergebung von Blutschuld, Diebstahl und Täuschungen. Wohlgemerkt: das sind alles Beispiele aus der Bibel selbst, ihr ethischer Bezug ist unübersehbar.

12.1 Dekalog und Vaterunser

Die Einladung zum Gebet, das also Glaubensäußerung, Kraftquelle und Wegweisung für das tägliche sowie zum ewigen Leben ist und in die Gemeinschaft der Heiligen führt, hat Jesus uns mit seinem besonderen, man möchte sagen Beispiel-Gebet geschenkt. Es ist das Vaterunser – oder wo es im deutschen Sprachraum üblich ist: das Unservater. Schon sein Name, also die beiden Eingangsworte lassen unsere Stellung Gott gegenüber erkennen: Er ist der uns überlegene Schöpfer und Erlöser; wir sind seine Kinder, Brüder und Schwestern. Diese kindliche Zuversicht und Ehrfurcht ist der Grund unseres Gebetes, der im Alltag ausreichend tragfähig ist und uns mutig aller Unberechenbarkeit der Zukunft entgegensehen läßt. Denn „wir wissen nicht, was kommt, aber wir wissen, wer kommt: Er ist der, der uns jeden Tag entgegenkommt und am Ende vor uns stehen wird: Jesus Christus

unser Herr" (aus der Botschaft der Weltkirchenkonferenz 1954 in Evangston).
In früheren Zeiten sind der Dekalog als die ethische Grundregel und das Vaterunser, das voller ethischer Bezüge steckt, einander zugeordnet worden. Wir tragen es hier vor, um auf die Zusammengehörigkeit auch dieser Stücke unseres Glaubens hinzuweisen, und um zu verdeutlichen, daß unser Tun und Lassen des Beistandes von Gottes Geist bedarf, um den wir stets und in allen Dingen bitten dürfen.
Im folgenden nennen wir jeweils zuerst das Gebot (nach biblischer Zählung) und ordnen ihm einen Satz aus dem Vaterunser zu. Damit ist keine theologisch gekünstelte Konstruktion gemacht (für die es in der Kirchengeschichte ohnehin Vorbilder gibt), sondern das Angebot einer weiteren Sicht auf Gottes Welt, die außerdem didaktisch-katechetischen Wert hat.
(1) „Ich bin der Herr dein Gott; du sollst *keine anderen Götter* neben mir haben." Hierzu gehört die Anrede des Herrengebetes *„Vater unser"*. Über die Verknüpfung von Gottes Überlegenheit und dem wunderbaren Geschenk unserer Kindschaft sprachen wir wiederholt.
(2) „Du sollst dir *kein Bildnis oder Gleichnis* machen, um es anzubeten oder ihm zu dienen." Dazu: *„Der du bist im Himmel"* zeigt uneingeschränkt, wer der Herr über alles und alle ist. In der Begründung zum Gebot – wie sie außerdem noch im Vierten Gebot gegeben wird – ist negativ davor gewarnt, Gott verdrängen zu wollen, und positiv sein Erbarmen gegenüber den vielen zugesagt, die ihn lieben und seine Gebote halten. Des himmlischen Gottes Überlegenheit ist unangreifbar (vgl. Ps 2,4; 115,3–9; Apg 17,24–29; Dtn 4,15–20 u.ö.). Wie sollte das ethische Bemühen überhaupt andere Wege gehen wollen!
(3) Dem Verbot, „den *Namen des Herrn*, deines Gottes, nicht zu *mißbrauchen*", ist das *„Geheiligt werde dein Name"* zugeordnet. Hier ist nicht nur an Worte zu denken, sondern auch an Werke. Unser ganzes Denken, Leben und Verhalten untereinander soll auf die Verherrlichung und Heiligung Gottes ausgerichtet sein.
(4) Das Gebot von der *Sabbatheiligung* ist auch mit einer Begründung versehen und will betonen, daß wir Gott lenken lassen sollen und uns ganz auf ihn verlassen dürfen; denn *„dein Reich komme"* ist die Vaterunser-Bitte, worin ruhig und getröstet, aber auch vom unruhi-

gen Gewissen erwartet die Zukunft unseres Herrn Jesus Christus ausgesprochen ist. Ziel des Glaubens und der Ethik ist das Reich Gottes, in dem es mit allen Schwierigkeiten und Enttäuschungen unseres Lebens sein Ende haben wird. Indem das Dritte Gebot und diese zweite Bitte des Vaterunser miteinander in Verbindung gebracht werden, kommen unser Alltag und jedes Hören von Nachrichten aus der weiten Welt in eine Gewißheit und ein Vertrauen hinein, die am Sonntag eingeübt und gefeiert werden dürfen. Dieses Verhalten führt in die Seligkeit, die jetzt schon in Ansätzen erfahrbar ist.

(5) Gleich daneben steht das Gebot vom *Ehren der Eltern*, dem die Verheißung eines langen Lebens in dem durch Gott gegebenen Land beigefügt ist. Gott, „*dein Wille geschehe*, wie im Himmel so auf Erden". Vater und Mutter sind die ersten der uns Vor-Gesetzten jeder Gestalt bis hin zu Gesetzen und Bestimmungen, Leitlinien oder dem eigenen Willen mit seinen Vorhaben. Sowie das Gebot wie die dritte Bitte des Herrengebetes machen uns bescheiden und klug, denn niemand kann von seinem Wollen sagen, dessen Durchsetzung hätte nur gute Ergebnisse. Niemand hat den völligen Überblick, und wo wir eines aufbauen, reißen wir – oft unbemerkt – anderes wieder ein. Da ist es schon besser, daß Gottes Wille sowieso im Himmel geschehe, aber danach unbedingt auch auf Erden erbeten wird und geschehe.

(6) Dem *Tötungsverbot* ist nicht die vierte, sondern die fünfte Bitte zuzuordnen. Es ist ohnehin überraschend festzustellen, wie parallel bisher und dann auch weiterhin Dekalog und Vaterunser laufen, sogar in der Reihenfolge, die beide Male eine Rangfolge ist, auf die wir hier nicht näher eingehen wollen.

„*Vergib uns unsere Schuld, wie auch wir vergeben unseren Schuldigern.*" Ob das Töten mit dem Messer, mit der Bombe oder mit Gedanken, Worten und Verhaltensweisen geschieht, ist vor Gottes Angesicht letztlich nicht zu unterscheiden. Und im Ergebnis ist es auch für uns fast dasselbe. Es ist allemal Schuld, um derentwillen Christi Blut am Kreuz zur Erlösung für viele hingegeben wurde. So wie Christus uns vergeben hat, sei es auch bei uns (Eph 4,32). Das Doppelgebot der Liebe zu Gott und zum Nächsten steht hier unmittelbar im Hintergrund; denn das Vergeben führt zum Tun des Guten und ist Frucht des Heiligen Geistes. Damit erweist sich Gottes Vergeben als ein Neumachen und Ändern des Menschen in allen seinen Lebensbezügen.

(7) Das Verbot des *Ehebruches* läßt gleich an die so notwendige sechste Bitte denken *„Führe uns nicht in Versuchung"*. Alles, was wir zu diesem Thema zu bedenken haben, braucht die Zuflucht zu Gott, der uns die Kraft seines Heiligen Geistes schenken will, um zu widerstehen und festzubleiben, wo es nötig ist. Die Fülle der Versuchungen ist riesig. Doch Gott kann den ihm Nachfolgenden zwischen allen Klippen und Abgründen, die ihm – und anderen – Schaden zufügen, gnädig hindurchführen.
(8) Beim Verbot des *Stehlens* ist die vierte Bitte des Vaterunser nachzuholen, die leicht erscheint: *„Unser täglich Brot gib uns heute."* Darin wird jedes Heute mit jedem auf uns zukommenden Morgen verbunden. Großes Vertrauen auf Gottes Zukunft ist darin zum Ausdruck gebracht. Das gilt auch in Not- und Leidenszeiten; denn wir sind in der Lage, das zu (er)tragen, was uns zu tragen auferlegt ist. Allemal aber haben wir die Verheißung der ewigen Fülle am Ende aller Tage. Wozu dann sorgen und raffen, betrügen und überlisten? So nackt, wie wir auf die Erde kamen, verlassen wir sie auch wieder (Ijob 1,21). Für diese Erdenzeit aber hat Gott versprochen, uns zu versorgen (vgl. Ps 145,14f). Unser Dank äußert sich darin, daß all ‚unser Tun und Lassen' Gott die Ehre gibt.
(9) Das vorletzte Gebot biblischer Tählung, welches das *falsche Zeugnis* gegen den Nächsten abwehrt, kann mit dem zweiten Teil der sechsten Bitte in Beziehung gebracht werden: *„. . . sondern erlöse uns von dem Bösen"*. Das theologische Problem des Begriffes ‚Bösen' kann hier nicht aufgerollt werden. Aber soviel ist deutlich hinsichtlich der Verbindung zum Neunten Gebot: das falsche Zeugnis ist eine Aussage gegen den Nächsten. Wir aber sollen mit Christus und um Christi willen für ihn, der selbst die Wahrheit ist, zeugen und mit ihm den Weg des wandernden Gottesvolkes gehen. Getroste Nachfolge ist das Bewahrtwerden vor allen Mächten der Lüge und Finsternis, vor dem Bösen, das personifiziert ist im Teufel. Dieser ist „Lügner und Mörder von Anfang an" (Joh 8,44f). Wer ein Bekenner Christi ist, wird unter Umständen noch mehr vom Teufel angegriffen, damit er sich nicht nur gegen Gott, sondern auch gegen seinen Nächsten richte. Angesichts unserer schwachen Kraft können wir nur immer wieder zu Gott hin fliehen und ihn um Erlösung sowie Bewahrung vor dem Versagen bitten.

(10) Im letzten Gebot geht es um das *Abwehren des Begehrens*, wobei die Menge der menschlichen Machenschaften eingeschlossen ist, die sich zum Ziel setzen, „immer mehr haben zu wollen". Die meisten Menschen halten das für ihr eigentliches Lebensziel und weiten den Kampf darum über den persönlichen und familiären Kreis weit aus, wobei manche unter ihnen Gruppen von Menschen, ja ganze Völker und Kontinente mit ihrem Verlangen nach immer mehr überziehen.
Angesichts dessen erscheint es nicht unangemessen, daß dieses Zehnte Gebot vom Herrengebet *die Doxologie*, also den lobpreisenden Abschluß des Gebetes, das Jesus uns gelehrt hat, zugeordnet bekommt: „Dein ist das Reich und die Kraft und die Herrlichkeit in Ewigkeit." Die Ausweitung des Begehrens in staatspolitische Ausmaße hat biblische Vorbilder, beispielsweise in dem Lobgebet von David (1 Chr 29,11): „Dein, Herr, sind Größe und Kraft, Ruhm und Glanz und Hoheit; dein ist alles im Himmel und auf Erden." Dieser Herr ist für uns und im Blick auf unser Verhalten und Benehmen auf Erden unser Richter, Meister und König, der uns retten wird (Jes 33,22). Wie klein und kläglich wird demgegenüber all unser Begehren nach lebendigem, geschweige denn nach toten Dingen auf Erden! Was wir zum Leben und dem Umgehen miteinander brauchen, will Gott uns alles geben; denn es kommt aus dem Seinen. Unser Leben und unsere Lebens-Mittel sind und bleiben Leihgabe.
Auch hier geht es um den Glauben, den uns der Heilige Geist anbietet und schenkt. Er führt uns in Liebe aufeinander zu, statt daß wir uns begehrlich voreinander abgrenzen. Eph 3,14–21 ist ein alter Kommentar zu der Verbindung des Zehnten Gebotes mit dem abschließenden Lobpreis des Herrengebetes. Dort heißt es abschließend (Vers 20f): Unser Dreieiniger Gott, „der durch die Macht, die in uns liegt, unendlich viel mehr tun kann, als wir erbitten oder uns ausdenken können, er wird verherrlicht durch die Kirche und durch Jesus Christus in allen Generationen für ewige Zeiten. Amen". „Beten, glauben, vergeben (sind) die Eckpunkte eines gewaltigen Dreiecks der Kräfte. Über jeden Punkt her schießt der Geist ein in die Welt als Kraft der großen Verwandlung" (P. Schütz, Evangelium, 1984, S. 404).
Den „Geboten Gottes zu gehorchen und im Zeugnis von Jesus festzuhalten" (Offb 12,17), auch in Verbindung von Dekalog und Vaterunser, ist eine Bindung, die zum ewigen Heile führt.

12.2 Gebet als ‚Kompaß'

Noch einmal wird zum Abschluß des ethischen Nachdenkens auf das Gebet Bezug genommen, und zwar in Verbindung mit der Bildrede vom Kompaß. Das ist bekanntlich ein Gerät zur Bestimmung der Himmelsrichtung. ‚Himmel' meint in der Nautik selbstverständlich das Firmament über uns (im Englischen ‚sky'); doch wir denken eher an den Himmel als Bereich Gottes (im Englischen ‚heaven'). Die Richtung, in der wir und aus der wir den ‚Himmel' erwarten, kann erfaßt werden durch das ‚Instrument' Gebet. Wir sprachen schon davon. Im Rahmen einer christlichen Ethik über das Gebet handeln, legt fest, daß solche Ethik sich eben von jeder anderen abgrenzt, weil sie ihr Ziel ebenso wie ihre Möglichkeiten, das Gewollte und Erwartete zu tun, außer ihrer selbst hat.
In fünf bekannten biblischen Fremdwörtern soll über diesen Kompaß, der uns Weisung für den Lebensweg zu Gott hin gibt, einiges gesagt werden. Ohne Bild geredet: im Gebet erbitten wir voller Vertrauen auf die bestmögliche Weisung für uns dasjenige, was wir im Leben für uns und miteinander nötig haben.

12.2.1 *Immanuel* ist das erste zu nennende biblische Wort. Es findet sich – wahrscheinlich zunächst als ein Heilsruf im Tempelkult – in Ps 46,8–12 u. Jes 8,10; besonders aber in der bekannten Stelle Jes 7,14, die Mt 1,23 aufgenommen hat. Dort heißt es über Jesu Geburt „man wird ihm den Namen Immanuel geben, das heißt übersetzt: Gott ist mit uns". Da Immanuel nicht der Rufname Jesu war, ist der Gemeinde bei Matthäus damit etwas anderes gesagt, nämlich daß Gottes gnädige Gegenwart uns geschenkt ist. In Christus werden Gott und wir Menschen miteinander in Verbindung gebracht. Wir werden eingeladen, ihm als dem Weg, der die Wahrheit und das Leben ist, zu folgen.
Immanuel ist im ethischen Bezug eine Kurzformel dafür, daß wir nicht den Mut sinken zu lassen brauchen, wenn es um das Bestehen der ethischen Erwartung geht. Jenseits davon, ob die ethische Forderung von uns überhaupt erfüllt wird, steht in vielen Fällen noch, ob wir es auch wollen. Mancher denkt: Warum soll nicht doch einmal ‚ein bißchen gesündigt' werden, wo doch angeblich einmal keinmal

sei, wie der Versucher uns einflüstert und von der verbotenen Frucht zu nehmen so verlockend ist (Gen 3,6).

Wenn wir beten „Gott sei mit uns“, dann ist eingeschlossen, daß „Gott es ist, der in uns (bereits) das Wollen und (außerdem) das Vollbringen bewirkt, ja noch über unseren guten Willen hinaus“. So rät uns Paulus Phil 2,13ff und fährt zentral ethisch gedacht fort: „Tut alles ohne Murren und ohne Zweifeln, damit ihr rein und ohne Tadel seid, Kinder Gottes ohne Makel mitten in einer verdorbenen und verwirrten Generation, unter der ihr als Lichter in der Welt leuchtet“, denn Gott ist mit uns. Wer daran zweifelt, bei dem stimmen Glauben und Tun nicht überein, infolgedessen schwankt er haltlos hin und her wie die Welle im Meer (Jak 1,6–8). Nicht zufällig schließen in der Bibel Beten und Zweifeln einander aus (vgl. Sir 7,10; Mt 21,21f; 28,17 u.ö.).

12.2.2 *Kyrie eleison!* Diese Ruf durchzieht seit den Tagen Jesu die ganze Christenheit im Gottesdienst und im persönlichen Gebet. Die Bitte findet sich wiederholt in den Evangelien, zum Beispiel Mt 20,30, und ist das flehentliche Bitten der Ohnmächtigen, Traurigen und Verzagten: „Herr, erbarme dich.“

Wenn wir in unserem Leben auf jeder Altersstufe, von klein auf bis ins hohe Alter und in das Sterben hinein, immer wieder das nicht tun, was Gott von uns erwartet und immer wieder sündigen, dann ist die Bitte um die Teilhabe am Heilsweg unseres erbarmenden Heilandes erst recht unverzichtbar. Deshalb hängen auch die Abendmahlsfeier und das Tun der Nächstenliebe eng zusammen. Vom Zentrum der unmittelbar zugesprochenen Vergebung her, daß Leib und Blut Christi für mich selbst dahingegeben sind, geschieht Befreiung und Aussendung in die Welt hinein zum Nächsten in jeder Gestalt, in der Nähe und Ferne. Christus ruft uns vor dem Hintergrund seiner Liebe zu: „Werdet barmherzig, wie euer Vater barmherzig ist“ (Lk 6,36; auch Mt 5,7).

12.2.3 *Maranata* ist ein aramäischer Gebetsruf, der wörtlich in der Bibel nur 1 Kor 16,22 vorkommt und sich im vorletzten Vers der Bibel Offb 22,20 in Übersetzung findet: „Unser Herr, komm!“ In der Urgemeinde und dann in der sich weiter entfaltenden Kirche wurde das Maranata bei der Abendmahlsfeier viel verwendet.

Es gibt drei Deutungsmöglichkeiten dieser aramäischen (die Muttersprache Jesu) Formel (vgl. K. G. Kuhn, Theol. Wörterbuch zum NT, Bd. IV, 1942, S. 470ff; auch R. Schippers, De gereformeerde zede; 1955, S. 239ff): Erstens ist es ein Gebetsruf „Herr, komm“, also die Bitte, wieder zu erscheinen und damit das Ende dieser im argen gefangenen Weltzeit herbeizuführen. Das ist das eschatologische, adventliche Verständnis. Zweitens ist es ein Bekenntnis, nämlich „Unser Herr ist gekommen“ in unsere Welt, die der Erlösung bedarf, also ohne Christus als den Herrn über alles nicht bestehen kann. Das ist die Botschaft, die von Weihnachten und Ostern herkommt und weiterzugeben ist. Drittens läßt sich Maranata übersetzen als „Unser Herr ist da“, er ist jetzt gegenwärtig. Das ist die Erfahrung von Pfingsten, das Erleben und die Frucht vom Gottesdienst und beim Abendmahl.

Wir binden alle drei Deutungen zusammen und stellen fest, daß sie wie alle Erscheinungen christlichen Lebens auch ethischen Rang erhalten. Es geht in allen dreien um das Herrsein unseres Gottes und Heilandes, der seine Welt und Menschheit nicht auf sich allein gestellt bleiben läßt, sondern sich ihrer mit unbegreiflicher Liebe annimmt. Im Maranata ist darüber hinaus das prophetische, priesterliche und königliche Amt des Christen angesprochen; denn was wir auch tun oder lassen, wir erhoffen die helfende Nähe unseres Gottes, der uns begleitet durch alle Tage und uns durch seinen Heiligen Geist ermutigt und froh macht, das zu beginnen, was er von uns erwartet.

Vielleicht ist es kein Zufall, daß unser bekanntestes Tischgebet jenes Maranata aufgenommen hat, zumal die Mahlzeiten und das Abendmahl unseres Herrn eine verwandte äußere Form und verschiedene Merkmale gemeinsam haben. Gemeint ist das Gebet – hier in leichter Abwandlung, aber theologisch zurechtgerückt formuliert – „Komm, Herr Jesus, mach uns zu deinem Gast, und segne uns und was du uns bescheret hast.“ Gott hat uns zunächst die äußeren Lebens-Mittel beschert, durch die uns die Kraft zum Leben und Wirken gegeben wird. Dann bitten wir ihn um Anteilhabe an seiner Kraft, also um seinen Segen, ohne den wir nichts Gescheites und nichts Rechtes zu tun vermögen (vgl. Num 6,24–27). Und wir sollen schon jetzt bestrebt sein, die in seinem Reich geltende Ordnung einzuhalten. Dank seines Segens durch den Heiligen Geist ist es möglich.

12.2.4 *Hosanna* (in überlieferter Weise uns als Hosianna bekannt, in der katholischen Tradition mehr als Osanna – die hier verwendete Schreibweise, wie überhaupt sämtliche biblischen Namen in dieser Ethik richten sich nach den für die im deutschen Sprachraum gültigen neueren Richtlinien) ist wiederum ein hebräischer Bittruf und heißt im Deutschen „Hilf doch!". Ps 118,25, wo dieser Ruf an Gott gerichtet wird, heißt es weiter „Ach Herr, gib doch Gelingen!". Dieser alte Heilsruf steht im Neuen Testament nur in Verbindung mit dem Einzug Jesu in Jerusalem. Ethische Betrachtung wird dabei sofort an das wankelmütige Wesen von uns Menschen erinnert; denn bald darauf schreien dieselben Leute „Kreuzige ihn". Wir haben wahrlich die Hilfe des Herrn nötig, den wir bedrückenderweise selber immer wieder verraten, weil wir unser Lebenspensum nicht schaffen und aus eigenem Vermögen nicht auf dem rechten Wege bleiben.
Vielleicht müssen es gerade die Kinder und Unmündigen sein (vgl. Mt 21,15), die wir im Anschluß an Jesu Einzug und der folgenden Tempelreinigung das Hosanna rufen hören. In ihrer Einfalt sprechen die Unmündigen einfach aus, daß nicht die Geschäfte des Alltages, wie sie im Getriebe um den Tempel von Jesus vorgefunden wurden, das Eigentliche im Leben sind, sondern das Lob Gottes, das sich dort (Vers 14) in Gestalt der Diakonie zeigt: Nach der Austreibung der mit ihrem Lebensunterhalt befaßten selbstsüchtigen Menschen wurde neben dem Gottesdienst im Tempel Platz für heilende Diakonie; denn dann „kamen Blinde und Lahme zu ihm, und er heilte sie". Wieder begegnet uns ein Beispiel für die Zusammengehörigkeit von der Liebe zu Gott und zum Nächsten.

12.2.5 *Halleluja* ist das letzte der in ethischen Rahmen gestellten biblischen Fremdworte. Es ist ebenfalls Hebräisch und heißt „Preiset Jahwe". Wir finden es wie eine Klammer um Ps 106,1.48, auch 104,35 und viele weitere Male bis hin zu Offb 19,1–7. Es wird dort gesungen von einer „großen Schar im Himmel", die alles irdische Mühen, Versagen und Leiden, alle Traurigkeiten und Nöte überwunden hat durch die Liebe und Macht Gottes. Alles, was zu tun war, hat sich aufgelöst in Freude und Jubel und darin, „ihm die Ehre zu geben".
So schließen wir die Fülle der ethischen Überlegungen ab mit dem Hinweis darauf, daß wirkliches christliches Handeln seine Höhe und

sein Ziel darin hat, Gott die Ehre zu geben und ihn zu loben. Das ist der christlich gebotene und einzig sinnvolle Kompaßkurs, welcher uns unterwegs durchs Leben auf der Bahn hält.
Unter den mehreren Lobpsalmen ist der Ps 100 in der Reformationszeit zu einem Choral umgestaltet worden, der einiges davon andeutet, worum es uns zu gehen hat. Wir stellen einige Stücke daraus zusammen als einen auf dem Glauben gründenden Appell: „Nun jauchzt dem Herren, alle Welt! Kommt her, zu seinem Dienst euch stellt ... Erkennt, daß Gott ist unser Herr, der uns erschaffen ihm zur Ehr, und nicht wir selbst; durch Gottes Gnad ein jeder Mensch sein Leben hat ... Gott loben, das ist unser Amt ... Gott Vater in dem höchsten Thron und Jesus Christ, sein einger Sohn, samt Gott, dem werten Heilgen Geist sei nun und immerdar gepreist." ‚Loben' bedeutet im Kern ‚etwas Gutes über jemanden sagen'. Gott loben – wovon der Psalter erfüllt ist – ist also nichts anderes als gegenüber anderen, das heißt bekennend (!), von dem Guten reden, das Gott an uns tut und wodurch wir tätig (weiter)leben können.
Mit einem Gebetswort von Paul Gerhardt, der um die unerläßliche Verbindung von Gottes Gnade und ethischer Forderung an uns wußte, schließen wir die Fülle der ethischen Anstöße ab. ‚Anstöße' sind dem einen Anregung, einem anderen ein heilsames „Ärgernis des Kreuzes" Christi (Gal 5,11; auch Röm 14,13 u. ö.; Griech. = „skandalon"), uns allen eine Hilfe, auf dem rechten Kurs unseres Lebensweges zu bleiben: „Gib, daß wir heute, Herr, durch dein Geleite auf unseren Wegen unverhindert gehen und überall in deiner Gnade stehen. Treib unsern Willen, dein Wort zu erfüllen; lehr uns verrichten heilige Geschäfte, und wo wir schwach sind, da gib du uns Kräfte. Lobet den Herren."

Begriffsregister

(Hier nicht auffindbare Begriffe suche man in der Inhaltsübersicht)

Abendmahl 381, 393ff
Aberglaube 362, 376, 382, 393
Abstinenz 139
Abtreibung 96, 205
Abulie 205
Adelphia 101
Adiaphoron 122f
Ästhetik 166, 359
Agape 101f, 125, 221, 364, 401
Agape-Mahl 394
Allotria 121f
Almosen 21
Alter 401, 415
Amt 238, 272, 388ff
Anarchie 223
Angst 134ff
Anstoß 418
Anthropologie 24, 48, 203
Arbeit 215, 219, 232ff
Arbeitskampf 240
Arbeitslosigkeit 240f
Aristokratie 256
Askese 136ff, 144, 332
Astrologie 65, 382, 393

Barmherzigkeit 161, 201, 248, 303, 398f
Baukultur 370
Begehren, Begierde 154, 230ff
Behinderte 84, 203f, 206f
Bekenntnis 40, 225, 412
Benehmen 168, 363f
Berechenbarkeit 259
Bergpredigt 39, 79f, 361
Beruf 232ff
Besitz 227f
Bigamie 178
Bilderstürmerei 335, 358
Bildung 195ff, 361f
Bleiben 407

Buddhistische Ethik 20
Bürokratie 231, 258f, 287

Charismen (s. auch Gnadengaben) 150f, 303
Chinesische Ethik 20f

Dankbarkeit 67ff, 88
Datenerfassung 30, 270
Dekalog (s. auch Gebote) 25, 39, 65ff, 72ff, 117, 216, 219, 233, 408ff
Demokratie 217, 219, 284
Demonstrationen 222
Demut 126, 156, 220, 387
Denken 129ff, 132f
Deontische Ethik 36, 382, 395
Determinieren 64
Diakonie 55, 142f, 157, 162, 194, 198, 202, 213, 221, 241, 243, 252, 285, 302, 379f, 394f, 399ff, 417
Dienstgeber 243
Dinge 310f
Dirne 165, 175
Disziplin 141
Dogmatik 39ff
Doppelgebot der Liebe 85, 95, 97ff, 118, 164, 255, 269, 286, 303, 331, 341, 342, 399, 411
Dritter Weg 243
Dysangelisten 26f

Ebenbild Gottes 48ff, 56, 68, 92, 113, 139, 160, 219, 287, 323, 339
Ehe 174, 180ff, 215
Ehebruch 177f, 187f
Ehelosigkeit 140, 188
Ehescheidung 184ff
Ehre 153f, 164
Ehrenfriedhof 373
Ehrfurcht 331f
Eid 339, 343
Eigentum 215, 226f
Emanzipation 169f, 387
Empfängnisverhütung 192
Empirische Ethik 29
Energie 312ff
Enthaltsamkeit 140, 174, 188
Entscheidung 105, 122, 124f
Erbarmen 161, 410

Erfahrung 15, 84
Erfolg 35, 144
Erinnerung 359
Erotik 101
Erröten 167
Ersatzreligion 376
Erziehung 111, 125, 156, 193, 195ff, 363
Eßkultur 380
Eudämonismus 32f, 178, 252
Eugenik 204
Euthanasie 205, 209f
Evangelisation 44
Evangelische Räte 137
Evangelium 44, 75ff, 85, 104, 120, 385
Evolution 26, 32, 319, 325ff, 331
Ewigkeit 147
Exekutive 258
Existenzminimum 290

Familie 188ff
Familienplanung 191f
Fasten 21, 141
Faulheit 156f
Feindesliebe 99f, 126, 278, 282, 341
Feminismus 169ff
Fluch 336
Flüchtlinge 208f, 407
Folter 219
Fortschritt 236, 307
Frauenhäuser 179, 231
Freiheit 43, 55, 61, 64f, 95, 138f, 142, 215, 229, 479
Freizeit 333
Freude 139, 155, 162, 335, 391, 417
Friede 26, 131, 139, 215, 244, 247, 252, 263, 276ff
Friedhof 372
Frömmigkeit 377, 382, 396ff, 405
Fürsorge 401
Furcht Gottes 278, 401

Gastfreundschaft 161
Gebet 104, 134, 149, 156, 182, 191, 194, 225, 408, 414ff
Gebot, neues 44
Gebote (nach bibl. Zählung), s. auch Dekalog
  Erstes 68f, 354, 382, 410
  Zweites 115f, 358, 410

Drittes 133f, 382, 410f
Viertes 147f, 410f
Fünftes 190, 411
Sechstes 212f, 248, 411
Siebtes 177ff, 187, 411f
Achtes 230ff, 248, 412
Neuntes 244, 343ff, 382, 412
Zehntes 154, 187, 190, 344, 412f
Gedanken 129ff
Geduld 152f, 387
Gefährdete 207
Gefühle 109ff, 120
Gehorsam 36, 71, 80, 132, 138, 274, 391, 408
Geiselnahme 231
Geiz 152
Geld 299ff, 378
Gemeinde 184, 191, 194
Gemeinschaft der Heiligen 96, 116, 151, 385, 395
Gemeinwesen 116, 151
Gemeinwohl 253
Generation 251f
Genetik 29, 203f
Gerechtigkeit 216, 244ff, 274, 285, 314, 344, 396,398, 406
Geschichte 23, 111f, 315, 352ff, 370f
Geschlechter 168ff
Geschlechtsverkehr 171, 174
Geschöpflichkeit 325
Gesellschaft 22f, 29, 189, 195, 214f, 251f, 378
Gesetz 70, 75ff, 98f
Gesinnung 35, 108, 109ff, 150
Gesundheit 198ff, 229
Gewalt 220ff, 275
Gewerkschaft 223, 260ff
Gewissen 90ff, 125, 263, 267f, 269, 391
Gleichberechtigung 153, 170f, 206, 182
Gnade 408, 418, 354
Gnadengaben (s. auch Charismen) 150f, 303
Goldene Regel 26, 86ff, 102
Gottesdienst 162, 383
Grabkultur 371f
Grenzfälle 205ff
Grundrechte 217
Grundwerte 36, 215ff
Gruppe 159
Gut, höchstes 24, 32

Habgier 152
Haushalter Gottes 229
Haustafeln 80, 117
Hedonismus 34f, 178, 335
Heiliger Geist 58, 65, 68, 108, 245, 250, 362, 364, 373, 379, 387, 394, 396, 403ff, 409, 412, 416
Heiligkeit 26
Heiligung 55f, 78, 137f, 216
Heimat 355f
Herz 49f, 80, 86, 97f, 109, 120, 131f
Heteronome Ethik 30
Heuchelei 80, 110
Hilfehandeln 399f
Hinduistische Ethik 21
Höflichkeit 168, 364
Homosexualität 175ff
Horoskop 382, 393
Humanität 89, 131, 179
Humor 153, 158
Hunger 207

Ideologie 105, 214, 229, 249f, 356
Imitatio Christi 58
Individualethik 28, 112, 385
Intelligenz 51, 131
Interimsethik 106
Islam 21f, 128, 187

Jobeljahr 228
Judentum 25f
Judikative 258
Jünger 385f, 407
Jus talionis 26, 86, 100

Kairos 144, 407
Kalender 145f, 191
Kalokagathie 359
Kapitalismus 224, 297
Kasuistik 84f
Kasuistische Ethik 30
Kernenergie 312ff
Kirche 268, 395f
Kirchenaustritt 406
Klassenkampf 23
Kleidung 164f

Königsherrschaft 271f
Körpersprache 337, 342
Koinonia-Ethik 386f
Kommunikation 348, 387
Kommunismus 23, 226
Kompromiß 126f
Konflikte 125f, 387, 397
Konfuzionismus 20
Konkubinat 184
Konkurrenz 367
Konsum 139, 295, 314, 332, 374
Kontextethik 31f
Korban 289
Kosmos 318, 370
Kraft 98, 413
Krankheit 198ff, 203
Kreativität 356
Kreuzträger 59
Krieg 222, 276ff
Kultur 88, 141, 187, 235, 244, 252, 306, 369, 378

Lachen 335
Lastenausgleich 228
Laster 149ff
Lasterkataloge 85, 158, 175
Leben, ewiges 52, 378
Lebensqualität 135, 204, 283ff
Lebenswandel 44
Legalität 117, 261
Legislative 257
Legitimität 261
Leiden 61ff, 204, 212
Leidtragende 405
Leistung 242, 245
Lernen 377
Lesbizismus 175
Liberalismus 296f
Liebe 79ff, 87, 99f
Lied 373
Literatur 366f
Liturgie 383
Loben 418
Lobpreis 46, 383
Lohn 59, 239, 245 302
Lüge 343f

Lust 34, 114, 178

Macht 33, 264f, 321
Märtyrer 211, 389
Makarismen 459
Makrokosmos 318, 370
Mammon 100, 152, 229, 289, 301
Manipulation 94, 203
Manipulieren 332
Marktwirtschaft 297
Marxismus 22ff, 224
Massenvernichtungsmittel 279
Maßhalten 155, 215, 322
Maßstäbe 94
Medien 195, 339, 346ff, 374
Medizin 198ff
Mensch 48ff, 52ff, 249, 312, 319
Menschenrechte 217ff
Menschenwürde 202, 229, 349, 401
Mesotes 155, 322
Meta-Ethik 37
Methode 108
Mikrokosmos 318, 375
Milieu 88, 379
Mitbestimmung 221, 243
Mitgeschöpflichkeit 325, 329, 331
Mitleid 63, 65, 139, 161, 202, 328
Mitmensch 160ff, 163, 200, 386, 398
Mittelweg, goldener 86
Mode 375f
Mohammedaner 21
Monogamie 191
Moral, doppelte Moral 17f, 23, 26f, 80, 105, 117, 173, 179, 188, 246, 271
Mord 212
Müßiggang 207, 241
Musik 373f
Mutation 203, 319

Nachfolge 39, 57, 65, 104, 194, 234, 275, 341, 392, 398, 404, 412
Nacktheit 166
Nächstenliebe 25, 31, 40, 102, 104, 128, 133, 141, 160, 229, 275, 325, 335, 402, 415
Nächster 160ff, 235, 324, 343, 399, 404, 412, 415
Natur 23, 88ff, 315, 317ff, 335, 392, 404
Naturrecht 86, 88ff

Neid 153f
Neugier 334, 351
Nihilismus 64
Normen 24, 30, 82ff, 137, 246, 407
Notlüge 341
Nuklearenergie 104, 124
Ökologie 321f
Ökonomie (s. Wirtschaft)
Okkultismus 381
Oligarchie 256
Opfer 59ff, 208, 211, 281, 390f
Orden (Ehrenzeichen) 157, 269
Ostern 146, 162, 416

Pädagogik 93, 195ff
Päderastie 176
Paraklese 80
Paränese 39, 80ff, 117
Partnerschaft 365
Patient 203f
Persönlichkeit 89, 111
Personalethik 28
Pfingsten 416
Pflanze 320, 329ff
Pflichten 24, 35, 88
Pflichtenkollision 124f
Phantasie 356f
Philia 101
Physiognomie 335
Philanthropie 160
Pietät 396, 405
Philosophische Ethik 24f, 386
Politik 235f
Positivistische Ethik 29f
Promiskuität 174
Proprium 55f
Prostitution 173ff
Psychologie 26, 111

Quietismus 282

Recht 89, 221, 244ff, 343, 363, 371, 402
Rechtfertigung 54f, 77f, 211
Rehabilitation 202
Reich Gottes 31, 102ff, 136, 162, 216, 222, 225, 309, 395, 401, 403, 413f

Reichtum 228
Revolution 222ff

Sabbat 147
Sachzwänge 105
Sanftmütige 405
Sanftmut 156
Schalom 277
Scham 164ff
Schande 167
Schicksal 115, 310
Schmuck 358, 375
Schöpfung 185, 234, 238, 315, 317, 324
Schuld 50ff, 60, 228
Schulden 228, 302
Schwangerschaftsabbruch 192f, 210, 213
Seelsorge 203
Segen 99, 113f, 136, 182, 238, 310f, 336, 416
Selbstbefriedigung 173
Selbstmord 114, 176, 205, 210f
Selbstverleugnung 140, 290
Selbstverwirklichung 27, 30, 54, 131, 140, 149, 184, 237
Sexualität 101, 140, 171ff
Sinn 112, 211, 216
Sitte 84, 105, 109, 362ff, 392
Sittlichkeit 18, 116f
Situationsethik 31
Skandal(on) 288, 418
Sklaverei 230f, 387
Sodomie 329
Solidarität 161f, 215
Sonntag 147f
Sorge 135f
Sorglosigkeit 366
Sozialethik 28, 112, 385
Spieler 365ff
Spenden 289f, 403
Sport 140, 365ff, 376f
Spuk 381
Staat 253ff, 261f, 266f, 273, 352
Stamokap 297
Status confessionis 40, 124, 128
Sterbehilfe 209f
Sterben 208ff
Steuern 221, 224, 254, 260f, 267f, 284, 290, 301f, 304f, 367, 377

Stiftungen 377
Strafe 32, 55, 94, 245
Streben 144
Streik 222, 282
Subsidiarität 286f
Sucht 193, 208
Sünde 50f, 94, 106, 209, 211, 272, 288
Sündenfall 247, 358
Suizid 210f
Syllogismus practicus 143f
Sympathie 139, 161

Taktgefühl 168
Tanzen 369
Tapferkeit 215
Tastsinn 111
Taufe 194, 196, 392f, 396
Technik 292, 305ff, 331, 358
Technokratie 307f
Telefonseelsorge 212
Theodizee 62, 211
Tier 130, 164, 305, 320, 327ff, 335, 380
Tischgebet 380, 416
Tod 206ff
Todesstrafe 212
Toleranz 127f, 141, 184, 250
Tourismus 155
Tradition 223, 355
Transsexualität 177
Transvestit 177
Trauung 182
Treue 110, 157f, 182f, 186
Triebe 162ff
Triplex usus legis 75ff
Tugend 149ff, 182, 368
Tugendkataloge 46, 80, 404
Tun 45ff, 95
Tyrannenmord 274

Umwelt 32, 52, 64, 88, 321ff, 404
Ungehorsam 222
Unkultur 382
Unmoral 17
Urteil 39, 92f, 117ff
Utilitarismus 24, 33

Utopie 32

Vaterunser 104, 409 ff
Verantwortung 35, 49, 65, 128 f
Verfügungsgewalt 228
Vergebung 43 f, 407, 409
Vergeltung 26, 86, 246 f
Verhalten 117
Vernunft 93, 129 ff, 277, 309, 354, 386, 399
Versicherungswesen 248
Völkerrecht 265 f
Vorurteile 117 ff

Wahrheit 42, 215, 250, 340 ff, 343 ff, 352, 358, 414
Wandel 70, 88, 106
Weg 106 f
Wehrdienstverweigerung 48, 92
Weihnachten 146, 416
Weisheit 386
Welt 103 ff, 331, 359
Weltanschauung 249 ff
Weltregiment 262, 270
Werke 72, 78, 142 ff, 403
Werte 16, 36, 113, 215
Widerstandsrecht 273 f
Wille Gottes 83, 89, 92
Wirtschaft 216, 290, 293 ff, 331
Wissenschaft 49, 204 f, 350 ff, 371
Wohlfahrt 114
Wohlfahrtsstaat 231, 283 ff
Wohlstand 288, 295

Zehn Gebote (s. Dekalog und Gebote)
Zeit 144 ff, 300 f, 353 f
Zeugendienst 389
Zinsen 302
Zorn 156
Zunge 336
Zuverlässigkeit 151
Zweifeln 415
Zwei-Reiche-Lehre 89, 271 f

Bibelstellenregister

Genesis (1. Mose)
1–11 253, 306
1,3 92, 338
1,26f 48
1,28 129, 191, 234, 306, 333
2,5 233, 238
2,15–17 370
2,15 233, 238, 306, 333
2,20 238
2,24 181
2,25 164
3 51, 253
3,3 244
3,4ff 116
3,5 53, 308
3,7f 165
3,17 324
3,21 165
3,23 233
4 212
4,7–15 245
4,17–26 333
6,5 80
8,22 282, 330
9,1–3 330
9,8–17 320
9,18–27 355
9,21ff 167
10,8–12 264
11 250, 253, 262
12 57
12,1 356
12,13 341
17,1 71, 396
19,5–11 175
20,9 25, 381
24,7 356
32, 57
37–50 135
50,20 63

Exodus (2. Mose)
15 373
15,20f 373
18,13–27 236
19,5 227
20 25, 74, 343, 408
20,2–17 72
20,2f 68
20,4–6 115
20,5 100
20,7 133
20,8–11 147
20,12 190
20,13 212
20,14 177
20,15 230
20,16 343
20,17 154
21–23 80
21,23–25 26, 343
23,1–9 343
23,10f 228
24,11 44, 381
31,1–6 357
32,32 270
34,6 398
35,30–35 357

Levitikus (3. Mose)
16,8–10 60
18 167
18,4f 263
18,22f 329
18,22 175
18,29f 175
19,3 26
19,13ff 72, 160
19,14 206
19,18 25, 86, 97, 102
25 228

Numeri (4. Mose)
6,24–27 136, 416

Deuteronomium (5. Mose)
4,1 73
4,5–13 408
4,15–20 410
5,6–21 72
5,33 73
6,1–9 377
6,2 73
6,5 97
8,1 73
10,14 227
15,1f 228
15,4 228, 401
15,11 401
16,20 73
22,5 177
22,7 73
23,20f 228, 302
27 72
27,15ff 160
27,18 206
30,16 73
30,20 73
32,1f 336
32,7 354
32,35 86
32,47 73, 338

Josua
24,14 71

Richter
6,24 276
9,7–15 262
19,22f 175

Rut
1,16 57, 356
1,21 356

1. Samuel
2,6 212
2,8 321
8,5 267
8,20 267
8,22 267
9,15f 267
16,2 341
16,7 46
18–20 175
24,6 90
24,13–16 245

2. Samuel
6,14 369
12,7ff 90
24,10 90

1. Könige
3,1–15 120
3,9–14 294
3,9 72
3,16–28 120

2. Könige
6,16f 276
6,21–23 282
19,31 100

1. Chronik
29,11 413

2. Chronik
20,12 46

Nehemia
8,10 155
9,13 72
9,2 74

Tobias
4,15 86

2. Makkabäer
15,4 137

4. Makkabäer
13,22 137

Ijob (Hiob)
1,21 412
2,10 336
3,1 ff 211
7,11 336
7,17 ff 50
28,28 277, 352
29,15 206
31 25, 160
33,4 212
38 f 324

Psalmen
1,1 405
2,4 266, 410
2,8 227
8 53
8,5 48
8,7 49
12,3 f 80
15 25, 80, 387
15,2 46
18,7 63
19,1–5 324
19,15 336
24,1 227, 324
25,17 90
31,16 147, 210
32,1 f 345
33,6 338
33,9 337
33,10 129
37,5 106
37,28 263
39,2 f 339
41,2–4 286
44,16 167
45,11 356
46,8–12 414
46,10 278
51,6 120
51,8 120
51,12–16 192
51,12–14 120
51,12 80, 86, 406
69,20 167
69,29 270
71,23 f 336
73 115
73,4 198
78,1–7 377
85,3 345
86,15 398
90,2 320
90,12 148, 209
94,10 f 246
94,10 197
94,11 129
94,12 197
94,14 f 246
94,15 247, 263
96,10 266
100 418
102,24–28 148
103 67
103,8 398
103,14 52
104 320
104,13–15 330
104,28–32 316
104,28 227
104,35 417
106,1 417
106,48 417
107,20 198
108,1 f 373
111,10 277, 352
112,9 285
115,3–9 410
118,24 353
118,25 417
119 71
119,71 f 377
127,1 ff 238
137,1–6 373
139,16 270
139,23 80
145,14 f 412

149,1–3 373
150 373

Sprüche
1–7 25
1,7 352
3,5 132
5,15–23 188
5,21–23 105
10,4 238
10,19 336
10,22 238
11,16 238
11,24 304
12–19 80
12,16 156
12,24 238
13,2f 336
13,13 336
14,13 61
14,23 238
15,1–4 336
15,23 336
18,21 336
21,5 238
25,21f 126
29,8 156

Kohelet (Prediger)
3,1–8 148
12,1 148
12,12f 370

Hohelied 179, 186, 357

Weisheit
3,1–4 63
5,13 50

Sirach
7,10 415
10,18–11,7 251
11,8 338
16,26–17,9 49
18,19 200
20–30 167
26,5–8 221
29,21 226
30,17 61
31,15 86
33,28 241
37,10–17 237
38,1–15 199
41,16–42,8 167

Jesaja
1,6 198
1,17 263
2,4 279
5,8ff 228
6,3 330
6,5 337
6,7 337
7,9 158
7,14 414
8,10 414
9,1 267
9,5f 267
9,6 100
10,1ff 228
10,5ff 254
11,6–8 326
25,6 381
26,12 282
28,29 63
32,1–8 263
32,6f 161
32,15–18 261
33,6 352
33,22 413
35 208
40,15 266
40,18 358
42 154
42,8 100
43,24 234
44,9ff 358
44,24–45,8 254
44,24f 382
45,1–8 262

45,16 167
45,18f 371
49 154
49,13 398
50 154
53 154
53,11 234
54,13 197
55,7 245
55,8 129, 134
55,11 74, 338
57,19 337
57,20f 276
58,6–12 141, 221
59,2–8 80
60,17–21 282
65,17 324
66,22 324

Jeremia
1,4–10 237
3,1–13 174
5,24 330
8,11 277
9,1ff 80
9,4 336
11,18ff 225
12,2 80
25,9 254
29,7 225
29,11 134
30,17 198
31,4 369
31,19 167
31,33 72

Klagelieder
3,22 152
3,59 263

Ezechiel
14,14–20 51
16 174
18,2ff 189
18,4 227
18,21–25 245
23 174

Daniel
12,12 405

Hosea
1–3 173
2,21 245
4,1–3 151
4,1 157
10,2 46
12,7 142
14,3 337

Amos
1,1–2,3 266
2,6–8 80
4,1f 290
5,10f 290
8,4–7 290
8,4ff 228
8,11f 208

Jona
4 99

Micha
3,3 255
4,3 279
6,8 142, 217, 354

Habakuk
1,2–4 243

Maleachi
3,20 216

Matthäus
1,19 167
1,23 414
3,8 45
4,4 208
4,15f 267
4,17 103

5–7	42, 79
5,1 f	377
5,3–12	405
5,3–11	136
5,3 f	394
5,4	62
5,5	232
5,6	208
5,7	415
5,9	277
5,10 f	154
5,13–16	224
5,13 f	269
5,13	81, 276
5,15 f	389
5,17–48	42
5,17–19	71
5,17	79
5,20	396
5,21 ff	211
5,25	278
5,27–32	178
5,28	155, 187
5,36	360
5,37	339
5,38	26
5,39–47	99
5,39–42	279
5,41	364
5,42	289
5,44 f	126, 282
5,46 f	161
5,48	58, 399
6,1–4	141
6,3	99
6,6	397
6,7	337
6,10	104, 245
6,16–18	139
6,16	80
6,17	360
6,19–34	235, 323
6,19–21	230
6,24	100, 229, 271, 301
6,25–34	136, 230
6,25–32	366
6,26–34	42
6,26	102
6,31 ff	208
6,33	105, 121, 245, 406
7,1–5	119
7,1 ff	86, 96
7,1	128, 221
7,3	123
7,5	80
7,7 f	409
7,12	86
7,13 f	407
7,17 f	157
7,21–23	79
7,21 f	104
7,34 ff	133
8,5–13	409
9,4	129
9,24	372
10,16	387
10,19	136
10,20	342
10,22	396
10,24 f	63
10,28	211
10,34–39	57
10,39	199, 289
11,12	222
12,22–30	382
12,28	104
12,34	369
12,36 f	336
13	103, 105
13,48	157
13,54–57	356
14,16	208
15,11	336
15,17–20	85
15,18 f	174
16,24–28	290
16,24	59, 140
16,26	35, 287
17,24–27	301
18	156

18,1–6 154
18,1–5 156
18,23–35 300, 302
19,5 181
19,6 184
19,8 185
19,12 176, 188
19,16–29 295
19,16ff 222
19,21 229
19,23f 228
19,24 152
19,26 283
20,1ff 245
20,1 237
20,25–28 400
20,25–27 127
20,25f 267
20,30 415
21,14 417
21,15 417
21,21f 415
21,33–46 227
22,1–14 381
22,12f 165
22,12 339
22,15–22 267
22,21 248
22,36–40 25
22,37–40 97
23,13–29 80
23,23 78
24,6 280
24,12 78
24,3 146
24,38 34
24,44 146
24,50 146
25,1–13 106
25,14–30 242
25,14ff 301
25,21ff 157
25,26 156
25,31–46 399
25,32 266
25,35–40 403
25,40 206
26,30 373
26,52f 281
26,69ff 389
28,10 81
28,17 415
28,18–20 350
28,18 222, 264, 388
28,19f 196
28,19 385

Markus
1,15 102, 146, 282
1,16ff 57
2,1–12 198
2,17 84, 201
2,23–28 127, 208
3,31–35 191
4,19 154
4,26–29 364
7,11–13 289
7,18–23 85
7,21f 152
7,24–30 409
8,34 58
9,42–50 215
9,50 276
10,2–12 181
10,5 185
10,6 181
10,9 185
10,17ff 289
10,25 288
12,25 160
12,29–31 97
13,7 280
13,12 280
13,33 210
14,7 401
14,61 339

Lukas
1,32f 267
1,33 388

1,75	396
1,77	192
1,78	99
1,79	267, 277
2,10	155
2,14	277, 283
3,8	45
3,14	323
4,40 f	199
6,4	332
6,11	131
6,20–49	79
6,20–26	405
6,21	208
6,24	228
6,25	208
6,27–35	99
6,28	272
6,31	86, 87
6,35	87
6,36	58, 398, 415
6,37–42	119
6,43	157
6,46	45
9,57–62	57, 103
10,20	270
10,25–37	66, 98
10,25 ff	84, 301
10,27 f	97
10,29 ff	221, 361
10,38–42	135
11,5–8	409
11,13	409
11,42	78, 99
12,11 f	342
12,13–21	135, 228
12,21	228
12,22–31	136
12,48	98, 242, 296
13,17	155
14,15–24	381
14,21 ff	206
14,23	128
14,25–30	59
14,26–33	133
14,26 f	385
14,33	385
15,11–32	114
15,17	208
15,22	167
16,8	133
16,9–11	230
16,9	229, 301
16,11	229, 301
16,12	121
16,13	229, 301
16,19–31	403
16,19 ff	202, 208, 289
17,10	60, 142, 286
17,11–19	68
17,20 f	282
17,21	104
17,33	33
18,35 ff	206
19,1–10	303, 385
19,11–27	228
19,12 ff	301
19,15 ff	98
20,9–19	227
20,20	80
21,16	320
22,16	381
22,20	70
22,27	394
22,35	379
23,2–5	224
23,34	211
24,38	129
24,52	155

Johannes

1,1	337
1,3	324
1,4 f	62, 99
1,11	228
1,12	387
1,14	75, 337
1,18	388
1,29	60
2,19–21	55

2,25 46
3,3–8 379
3,16 42, 99
3,19–21 62, 142
5,29 45
5,39 362
6,32 ff 208
6,45 377
6,48 ff 393
7,6 210
8,1–11 174, 178
8,12 92
8,43–47 342
8,44 f 412
8,44 154
9,4 234
9,24 100
10,9 234
10,14 234
12,24 f 61
12,31 100
12,32 87
12,35 f 290
13,1–17 234, 354
13,15–17 58
13,34 44, 70
14,6 42, 55, 102, 342
14,15–17 102
14,16 403
14,19 209
14,27 274
15,1–8 408
15,15 ff 388
15,18–21 59
15,18 f 54
15,26 403
16,7 403
16,8 391
16,11 391
16,16–23 391
16,20 f 391
16,33 59, 277, 391
17,14–18 140
17,14 f 277
18,36 102
18,37 342
18,38 342
19,30 104
20,17 81
20,19 278
20,20–27 59
20,21 278
20,22 356
20,26 278

Apostelgeschichte
1,8 350
2,5–12 348
2,17 87
2,37 45
4,2 f 59
4,12 127
5 301
5,29 91
5,39 63
7,60 99
8,9–13 382
9,31 382
10,4 390
10,36 277
10,46 383
11,26 385
13,2 383
14,17 330
16,31 191
17,24–29 410
17,24 228
19,1–7 387
19,17 383
20,33–35 238
20,35 87, 135, 403
22,22–29 263
24,16 137, 141

Römer
1,5 44, 389, 408
1,7 278, 385
1,18 225
1,24–27 52
1,25 153

1,26f 174, 175, 320
1,29–31 150
2,11 161
2,14f 91
2,19 62
3,10–18 220
3,19ff 76
3,20 142
3,23 220
3,28 70, 79
4,7 345
5,5 87
5,10 60
5,19 54
6,4f 393
6,4 70
6,12–14 200
6,12f 155
6,13 390
6,16–18 54
6,23 209
7 95
7,6 70
7,10 76
7,14ff 45
7,19f 41, 117
7,24f 118
8,1–4 71
8,14–17 191
8,14–16 112
8,14 387
8,16 387
8,17 55, 202
8,18 63, 211
8,19–28 196
8,19–22 324
8,19ff 317
8,19 151
8,21 387
8,26 134
8,28 113, 311
8,31–39 391
8,34 388
8,37–39 113
8,39 341
9,6–23 245
9,15 398
9,16 138
9,20 49
10,2 127
10,4 70
10,13–18 339
10,17 339
11,36 100, 311
12,1ff 70
12,1f 359
12,1 69, 134, 391
12,2 70
12,3 155
12,9–21 161
12,9 80
12,11 156, 157
12,13 207
12,14 99
12,16 46, 156
12,18 277
12,19 156
12,21 100
13 268
13,1–7 268
13,8–14 303
13,8–10 79, 142
13,8 81
13,10 102
13,13 150, 380
14,1 207
14,12f 90
14,13 288, 414
14,15 128
14,17f 216
14,17 245
14,21 288
14,22f 91
15,1ff 101, 205
15,5 109
15,7 207
15,13 277
15,16 390
16,5 191
16,26 44, 389, 408

1. Korinther

1,2	385
1,26	237
2,4f	386
2,10f	112
2,10	311
2,16	132
3,9	56, 59
3,16	356
3,21ff	19
4,4	91
4,5	46
4,7	46
4,9–13	264
4,12	99
4,20	177
5	79
5,9–13	390
5,10f	150
5,11	152
6	79
6,1–11	268
6,9–20	174
6,9f	150
6,11	174, 393
6,12ff	173
6,12	96, 307
6,16	181
6,19	172
6,20	296
7,1–16	181
7,1–9	138
7,2	174
7,7	174
7,17–24	237
7,20	385
7,25–40	176, 181
7,25–28	174
7,31	190
7,36–38	174
7,40	356
8	96
8,1–3	362
8,6	311
8,7ff	205
9,24–27	163
9,25–27	137
10,4	57
10,16f	394
10,21f	380
10,23ff	123
10,23	65, 96
10,26	228, 324
10,31	100, 380
11,11f	170
11,20–22	394
12,23	154
12,26	62, 202
13	287
13,4–7	99, 150
13,8	102
13,9	244
15,20f	372
15,58	242
16,22	415

2. Korinther

1,4–11	390
1,22	405
2,6f	245
3,5f	244
3,14f	132
3,17	43, 404
4,1–6	389
4,4	49
4,6	62, 273
4,17	211
5,5	405
5,10f	93
5,14–18	102
5,14f	272
5,17	53, 70, 125, 307, 387, 400
5,18–20	60
6,6	80
7,1	352
8	302, 403
8,2ff	229
9	302, 403
9,6ff	216, 229

9,6f 286
9,8f 285
10,15 383
12,7–10 204
12,9f 62
12,20f 150

Galater
1,3 278
1,9 128
2,9 154
2,13 80
2,16 79
2,20 102, 201
3,1 196
3,24f 76
3,27 392
3,28f 170
3,28 133, 247
4,3 317
4,9 317
5,1 42, 64, 231, 368, 400
5,6 142
5,11 418
5,13–25 79
5,13–18 231
5,13f 57
5,13 43, 64, 400
5,16–26 137
5,16 106, 154
5,19–26 404
5,19–21 150
5,19 153
5,22f 150
5,22 78, 156, 356
5,26 154
6,2 62, 63, 79, 81, 89, 185, 400
6,7–10 407
6,15 70

Epheser
1,3–12 332
1,4f 54
1,4 121
1,7 192
1,10 268, 320
1,14 405
1,17–23 268
1,20f 222
1,21 264
2,4 398
2,10 78, 88
2,14 276
2,16 276
3,9–11 275
3,14–21 413
3,20f 413
4,1–7 80
4,2 126, 155
4,3–6 392
4,14f 340
4,15 340, 344
4,17–23 132
4,22 154
4,24 56, 396
4,25 340
4,26 156
4,28 229
4,29 157
4,31 150, 156
4,32 150
5 182
5,3f 150
5,8–11 379
5,8f 62
5,10 350
5,16 146
5,19 373
5,20 67
5,21–33 181
5,22–6,9 80
5,25 181
5,28f 181
5,31 181
5,32 181
6,1–7 197
6,11–18 391
6,12f 382

Philipper
1,6 81
1,15–18 390
1,20 383
1,21 61, 209
2,2 109
2,3 126
2,5–11 332, 388, 400
2,5 109
2,10 320
2,13ff 415
2,13 294
2,25 383
2,30 383
3,12 56
3,18–21 269
3,20 59, 350
4,3 270
4,4f 155
4,7 132, 212, 277
4,8f 47
4,8 150
4,11–18 380
4,12f 163
4,13 179, 396
4,22 191

Kolosser
1,10 106, 401
1,12f 67
1,12 62, 151
1,15–17 324
1,15 49
2,6–10 250
2,6f 67, 88
2,8 317
2,13f 76
2,16–23 386
2,19 386
2,20 317
3,2f 240
3,5–17 137
3,5 150, 151
3,8 150, 156
3,10f 265
3,11 133, 247
3,12–17 182
3,12–14 150
3,12f 387
3,12 398
3,18–4,6 80
3,18f 181
3,23f 235
4,6 339

1. Thessalonicher
1,3 235
2,12 105
2,17 155
3,2 56
4,11f 238
5,2f 280
5,21f 197
5,21 350, 381
5,23f 251

2. Thessalonicher
2,17 401
3,3 157
3,6–8 238
3,6 106
3,11 106, 238

1. Thimotheus
1,5 80, 92
1,9f 150
1,19 92
2,1f 272
2,4f 343
2,8 156
3,4ff 191
3,9 92
4,7f 137
5,4 191
6,4f 350
6,8f 323
6,9f 228
6,10 152
6,11 150

6,17 228

2. Thimotheus
1,3 94
1,5 80
1,7 150
1,9 237
2,7 311
2,13 157
2,16 382
2,22f 277
3,1–9 280
3,2–5 150
3,2 149
3,14–71 362
4,5f 390

Titus
1,16 45
2,1–10 80
2,11–13 154
2,11 87
3,1f 269, 381
3,8f 381
3,9 269
3,14 269

Philemon
1–25 84, 161, 387
2 191

Hebräer
2,10–12 388
4,1–11 148
4,11 107
4,15 63, 139, 140
6,11 155
7,21 388
8,8 70
8,13 70
9,14 60, 92, 192
10,24 143
10,33–36 202
11 395
11,3 320
11,13–16 356
11,13 320
11,38 320, 356
12 395
12,1 395
12,2 116, 125, 209, 395
12,14 277
13,2 161
13,5 307, 323
13,13–16 390
13,14 356
13,15 337, 390
13,18 92

Jakobus
1,19f 156
1,25 64
2,10 52
2,13 161, 399
2,17 401
2,19 382
3,1–12 336
3,10 336
3,17 150
4,1f 277
4,10 126
4,13–15 145
5,1ff 228
5,20 345

1. Petrus
1,19f 60
1,21 80
2,1 80
2,4f 391
2,9 150
2,12 190
2,13–3,9 80
2,13 264
2,14 269
2,15–17 277
2,16f 255
2,17 248, 401
2,18 272
2,20–25 396

3,1 f 172
3,1 44, 191
3,7 f 172
3,9 99
3,20 f 393
4,3 154
4,15 121, 238
5,6 126
5,7 230

2. Petrus
1,3 150
1,5 150
1,8 156
1,10 143

1. Johannes
1,1 337, 348
1,9 157
2,5 151
2,7 f 70
2,15 f 104
2,16 154
2,17 52
3,1 387
3,2 326
3,14 ff 151
3,14 143
3,23 103
4,10 60, 101
4,12 f 87
4,12 99
4,17 f 99
4,19 100
4,21 151

Offenbarung
1,3 377
1,5 386
2 270, 406
2,10 158
3 270, 406
3,4 376
3,5 167, 270
3,8 ff 406
3,17 228
3,18 167
3,21 153
5,9 373
7,14 167
9,13 ff 280
11,7 100
12,10 264
12,17 413
13 264, 268
13,1–10 268
13,11–18 268
14,3 370
14,4 59
14,13 143
19,1–7 417
19,13 337
20,12 270
21 208
21,1 324
21,5 386
22 208
22,11 396
22,20 415